ME ESQUEÇAM FIGUEIREDO

BERNARDO BRAGA PASQUALETTE

ME ESQUEÇAM FIGUEIREDO

A BIOGRAFIA DE UMA PRESIDÊNCIA

2ª EDIÇÃO

EDITORA RECORD
RIO DE JANEIRO • SÃO PAULO
2021

CIP-BRASIL. CATALOGAÇÃO NA PUBLICAÇÃO
SINDICATO NACIONAL DOS EDITORES DE LIVROS, RJ

P296m
2ª ed.

Pasqualette, Bernardo Braga
Me esqueçam — Figueiredo: a biografia de uma Presidência / Bernardo Braga Pasqualette. - 2ª ed. – Rio de Janeiro: Record, 2021.

Inclui bibliografia e índice
ISBN 978-85-01-11849-3

1. Figueiredo, João, 1918-1999. 2. Brasil - Política e governo, 1979-1985. 3. Presidentes - Brasil - Biografia. I. Título.

20-63609

CDD: 923.1
CDU: 929:32(81)

Meri Gleice Rodrigues de Souza - Bibliotecária CRB-7/6439

Copyright © Bernardo Braga Pasqualette, 2020

Todos os direitos reservados. Proibida a reprodução, armazenamento ou transmissão de partes deste livro, através de quaisquer meios, sem prévia autorização por escrito.

Texto revisado segundo o novo Acordo Ortográfico da Língua Portuguesa.

Direitos exclusivos desta edição reservados pela
EDITORA RECORD LTDA.
Rua Argentina, 171 – Rio de Janeiro, RJ – 20921-380 – Tel.: (21) 2585-2000.

Impresso no Brasil

ISBN 978-85-01-11849-3

Seja um leitor preferencial Record.
Cadastre-se no site www.record.com.br e receba informações sobre nossos lançamentos e nossas promoções.

Atendimento e venda direta ao leitor:
sac@record.com.br

A Elio Gaspari.

*A leitura de suas colunas durante a adolescência
e da obra* Ditadura *na idade aduita me despertaram
o desejo de escrever este livro.*

"Aquilo que não se compreende
não se pode possuir."

GOETHE, 1749-1832

Sumário

Explicação — Ditadura ou democracia? 17

Introdução — A mão esquerda jamais será esquecida 21

Parte I — A chegada 35

Capítulo 1 — Eleição de um só eleitor 36

Radicalismo derrotado 36

Eleição de um só eleitor 41

O último a saber 48

A quarta estrela 51

Dissidência civil na Arena 56

A candidatura oficial se impõe 60

Euler, a oposição militar 66

Vitória de Geisel 72

Capítulo 2 — Movimentos iniciais   75

Um ministério entre os contrários   75

Antropofagia militar   79

A mão estendida   83

Nasce um novo João   86

Capítulo 3 — A anistia   94

O Movimento Feminino pela Anistia (MPFA)   94

O funeral de Jango   96

O Comitê Brasileiro pela Anistia (CBA)   102

Quem vai dar o bombom é o Figueiredo   106

Um bombom para Brizola?   109

A abrangência da anistia   115

Órfão de pai vivo   118

Xeque-mate   120

Fome de liberdade   124

A volta dos exilados   126

Parte II — Abertura e sociedade   135

Capítulo 4 — Liberdade vigiada: a reorganização sindical   136

As primeiras greves e seus protagonistas   136

Capítulo 5 — Liberdade cerceada: a reorganização estudantil   145

Deixa os meninos brincarem   145

Ovos contra Kissinger   152

"Javier é brasileiro"   155

A longa caminhada da UNE   158

Capítulo 6 — Liberdade consentida: a reorganização partidária 162

Divisão das oposições e multipartidarismo 162

Os novos partidos políticos 166

A reforma eleitoral embaralha o jogo 175

As eleições de 1982 179

Quem ganhou, quem perdeu 183

Parte III — Abertura e autoritarismo 191

Capítulo 7 — A abertura ameaçada 192

A época das bombas 192

Detalhes de uma guerra particular 195

A longa noite de 30 de abril 199

A bomba explodiu dentro do governo 205

Nada será como antes (Golbery diz adeus) 210

O conselho de Lenin 217

A última reviravolta do caso: Figueiredo sabia? 226

Imprensa e impunidade 227

Capítulo 8 — Saúde e impedimento 232

Pequena indisposição 232

Tradição quebrada? 236

A "Pax Aureliana" 240

Capítulo 9 — A bomba atômica brasileira 246

Conexão Bagdá–Brasília 246

Da cooperação econômica à megalomania nuclear 250

Capítulo 10 — Dossiê Baumgarten   257

Crônica de uma morte anunciada   257

"Mostrengo"   259

A volta da revista *O Cruzeiro*   263

Yellow Cake   265

A batalha das Caravelas   267

Capítulo 11 — O autoritarismo agonizante   270

Vou chamar o Pires   270

Demolição na praia do Flamengo   273

"Sequestro" do DC-10   278

Como escravos de Debret   283

O discurso do cacique   286

Bastonadas no asfalto   290

Parte IV — A economia   295

Capítulo 12 — A imprevisibilidade de uma crise anunciada   296

Milagre econômico e dívida externa   296

Dois personagens de uma só crise   300

A derrocada de Simonsen   307

Na caçamba do Delfim   314

O triste fim do milagre brasileiro   319

Capítulo 13 — A mãe de todas as crises   324

Moratória mexicana e crise na América Latina   324

Setembro negro   328

Os quatro cavaleiros do Apocalipse   333

Capítulo 14 — A economia enterrou o regime   339

As negociações com o FMI   339

A maxidesvalorização do cruzeiro   346

A lenta agonia das promessas não cumpridas   350

Delfim ganhou mais uma   353

As greves de 1983   358

Reajustes salariais em épocas de hiperinflação   363

A insatisfação popular ganha a rua   370

Fim de caso   379

Parte V — Figueiredo sendo Figueiredo   383

Capítulo 15 — A ira   384

Não chegaria à metade do caminho   384

Prendo e arrebento   386

A fama de destemido   388

Novembrada   392

Capítulo 16 — As frases   397

Me envaideço de ser grosso   397

Prefiro o cheiro dos cavalos ao cheiro do povo   398

Dava um tiro no coco   400

Cavalo e mulher a gente só sabe se é bom depois que monta   402

Coração novo, mulher nova   403

O Brasil é um pinto que colocou ovo de avestruz   404

Isso até a minha neta faz   406

Estou convencido de que fui uma besta   407

Capítulo 17 — Encontros e desencontros   409

Na Bahia de Todos os Santos   409

A garotinha que "desafiou" o presidente   413

A bênção, João de Deus   416

Nos braços do povo   419

O elogio do cineasta   423

Reconciliação no céu e na terra   425

Jango, Jânio e JK   428

Os encontros com Reagan   437

Os desencontros com Geisel   446

Em Beijing com Deng Xiaoping   452

Sorria, presidente   454

Capítulo 18 — Casos e acasos   458

"Primo" Figueiredo   458

O sumiço do Rolex   463

A extinção da TV Tupi   466

A concessão da Rede Manchete e do SBT   470

A demissão do porta-voz   476

O Povo e o Presidente   479

A Velhinha de Taubaté   483

Vaias na Quinta   487

Copa de 1986 no Brasil   491

Espionagem no gabinete   496

Suriname sob ameaça   499

Parte VI — A partida 505

Capítulo 19 — A ameaça vermelha 506

A fobia comunista 506

A URSS nos tempos de Figueiredo 513

Capítulo 20 — A sucessão 519

A sucessão começou órfã 519

Chora Figueiredo, Figueiredo chora (Diretas Já) 522

Indefinição e três presidenciáveis 538

A solução do problema sem solução 548

A implosão do PDS 554

Jogo bruto 560

A saída do almirante 568

"Tancredo *Never*" 575

O dia "D" 594

Colégio Eleitoral (Xô urucubaca) 597

Capítulo 21 — A despedida 609

Me esqueçam 609

A fome dos povos 613

Vá buscar o seu ministro na cadeia 618

Trapaça do destino 621

A saída é pela lateral 629

Capítulo 22 — Day After 634

Ainda a polêmica da faixa 634

Insultos no adeus a Médici 639

Declarações pós-governo   642

O roto e o esfarrapado   644

Inconfidências em Paraíba do Sul   649

Código ETAM   652

Figueiredo 94   657

Um cabo eleitoral mal-humorado   661

Solidão com vista para o mar   663

Polêmicas até depois da morte   667

A revelação da CIA   670

Epílogo — O final que não houve e o governo que não foi   673

Discurso de Figueiredo, 15 de março de 1985   679

Agradecimentos   681

Notas   691

Fontes   769

Bibliografia   775

Índice onomástico   785

Explicação

Ditadura ou democracia?

— Não foi ditadura, tampouco foi democracia. A sua principal tarefa vai ser descobrir o que foi.

Assim o jornalista Elio Gaspari de mim se despediu ao término do nosso primeiro encontro. Autor dos cinco volumes da série *Ditadura* — influência decisiva em minha decisão de escrever este livro —, sua assertiva colocação me causou certa estranheza, pois a princípio me parecia um tanto quanto óbvio que o período em que o general João Baptista Figueiredo esteve à frente do país havia sido uma ditadura — talvez mais branda, mas ainda uma ditadura tal qual eu compreendia o termo.

Entrava no segundo ano pesquisando o governo Figueiredo, e a frase do jornalista intuitivamente me remeteu à manchete do *Jornal do Brasil* de 31 de dezembro de 1978: "Regime do AI-5 acaba à meia-noite de hoje."[1]

Saí do escritório do Elio Gaspari — que também foi o responsável pela antológica manchete — e imediatamente busquei reler a edição do *JB* daquele dia. O pequeno texto de capa é elucidativo sobre o que significou para a vida nacional o derradeiro dia do ano de 1978:

> À meia-noite de hoje o Brasil sai do mais longo período ditatorial de sua história. Dez anos e 18 dias depois de sua edição, o Ato Institucional nº 5, que suspendeu liberdades individuais, eliminou o equilíbrio entre os Poderes e deu atribuições excepcionais ao presidente da República, encerra a sua existência. O presidente Ernesto Geisel, que governou com o Ato e comandou a política de distensão que o revogou, passa a última noite do ano — e do regime — na Granja do Riacho Fundo. O general Figueiredo, que receberá o governo sem poderes arbitrários, começará o ano na Granja do Torto, também em Brasília.[2]

Aprovada pelo Congresso cerca de três meses antes, a extinção do Ato Institucional significava um silencioso divisor de águas na vida do país. Poucos à época disso se deram conta, pelo menos naquela data exata — 31 de dezembro de 1978.

Assim, saía de cena o AI-5. Aquele longínquo domingo do ano de 1978 — último dia de vigência do famigerado Ato — teria muito mais influência sobre a minha obra do que eu inicialmente poderia supor.

O cineasta Glauber Rocha talvez tenha sido a principal personalidade a ecoar de maneira entusiástica aquela mudança que silenciosamente se operaria nas primeiras horas do novo ano: "1979 é o ano zero da cultura brasileira. É preciso fazer a revolução cultural, única forma de viabilizar a abertura política."[3]

Se a revolução cultural não veio, a otimista previsão do cineasta não estava de todo errada. De fato, uma revolução silenciosa seria realizada nas entranhas do regime militar, pouco antes de ser iniciado o último ciclo de um general-presidente.

Invisível a olho nu, seria feita diante de todos. Mudaríamos para melhor.

DITADURA OU DEMOCRACIA?

Naquela virada de ano, o terreno estava sendo preparado para a chegada ao poder do general Figueiredo, em um ambiente político completamente diferente daquele enfrentado pelo governo anterior, e cuja principal missão seria completar o legado mais importante de seu antecessor — o processo de abertura política.

Não seria tarefa fácil. Nem simples.

Era esse o período que eu me propunha a retratar. Era exatamente essa a realidade que eu deveria descrever e, para tanto, seria fundamental compreender com exatidão o seu tênue ponto de partida.

Ditadura ou democracia? Provavelmente nenhuma das duas.

A partir dessa premissa — nem ditadura, nem democracia —, me vi forçado a rever alguns dos meus conceitos, e acabei por reformular a direção do meu trabalho, sempre buscando retratar o período e o próprio presidente Figueiredo da forma mais honesta possível e, principalmente, mais próxima da verdade.

Nesse tocante, fiz o melhor que pude.

Voltando um pouco mais no tempo, devo confessar que escrever este livro, a princípio, não passava pela minha cabeça. Gostaria de tê-lo lido. Sempre me interessei pelo período Figueiredo, tendo como ponto de partida uma coluna publicada no jornal *O Globo* em homenagem aos vinte anos da anistia.[4] Recordo-me, ainda hoje, de sua data exata: 8 de agosto de 1999. Por mais paradoxal que à primeira vista possa parecer, este livro começou a ser escrito exatamente naquele dia, embora, na ocasião, eu sequer desconfiasse desse fato.

Não foi uma caminhada sem percalços, devo também confessar. Quando me deparei com o primeiro livro da série *Ditadura*, no distante ano de 2003, após uma indicação do meu professor de Direito Constitucional na Universidade do Estado do Rio de Janeiro (Uerj),[5] uma singela frase em sua "Explicação" quase colocou tudo a perder: "Como não tenho interesse pelo governo do general Figueiredo, a sua administração ficará no esquecimento que pediu."[6]

Jamais um início poderia ter sido tão frustrante, já que era justamente o período do regime militar pelo qual eu mais me interessava. No entanto, fui em frente e obviamente não me arrependi. Li os quatro volumes então existentes de forma sequenciada em duas oportunidades: entre 2003 e 2004, e depois em 2013.

Contudo, sentia que algo ainda faltava. Treze anos depois de eu ter o primeiro contato com a obra, veio a redenção — o último volume *A ditadura acabada* afinal foi publicado, quando eu imaginava que pela falta de interesse do autor no período isso jamais aconteceria.

Nunca foi tão bom estar enganado.

Prontamente lido e relido, o livro me legou mais dúvidas do que certezas. Mais que isso, ficou um imenso desejo de conhecer com maior profundidade aquele importante ciclo da vida nacional.

Não me restava mais esperar. Chegara a hora de pôr mãos à obra. E assim eu fiz.

Para elaborar este livro, entrevistei quase uma centena de pessoas, além de me debruçar em referências que consumiram quase cinco anos de esforços e resultaram nestas páginas, acompanhadas de aproximadamente 1.600 notas.

Ouvi atentamente todos aqueles que se dispuseram a comigo conversar, sem distinção. O critério fundamental foi ter vivenciado o período. De integrantes do ministério ainda vivos, passando por ex-presidentes do Brasil, ministros do STF, parlamentares, militares, ajudantes de ordens, o chefe de sua segurança pessoal e até os garçons que serviram Figueiredo, busquei todos aqueles que de alguma forma pudessem me fornecer uma visão viva da história.

Pela força do acaso, devo reconhecer que acabei por ter muita sorte na elaboração deste trabalho. Além da participação ativa de Elio Gaspari durante todo o processo no qual elaborei os originais e conduzi as entrevistas, quis o destino que outro craque da escrita acabasse por se tornar meu editor. Carlos Andreazza, a quem eu já admirava pela elegância e assertividade de suas colunas jornalísticas, acabou por ser o responsável pela revisão final e edição do livro.

Exímio conhecedor do período, além da robusta experiência de já ter editado algumas centenas de livros, Andreazza fez de sua análise profunda a mola mestra que faltava para que o livro se tornasse exatamente o que hoje chega às mãos do público.

Sorte minha e também do leitor.

Introdução

A mão esquerda jamais será esquecida

A ensolarada manhã de 28 de agosto de 1979 tinha tudo para ser mais um dia normal no seco inverno de Brasília. Não seria. Quando a mão esquerda do presidente João Baptista Figueiredo assinou a Lei da Anistia (Lei n° 6.683/1979), em despacho corriqueiro e sem maiores formalidades, um importante e tormentoso ciclo da vida nacional naquele momento se encerrava.

Era a 48ª anistia da história do Brasil. Poucos compreendiam a magnitude daquele gesto como o próprio Figueiredo. Para alguém que já havia sentido na pele o gosto amargo de "ser filho órfão de pai vivo",[1] aquele ato representava um reencontro com algo perdido em algum lugar do passado. Foi o mais largo passo na busca da reconciliação nacional.

Pouco tempo depois, apesar da discussão jurídica sobre a abrangência da anistia, não havia mais exilados obrigados a viver fora do Brasil. No réveillon de 1979, apenas dois cidadãos brasileiros permaneciam presos por razões políticas no país. Transcorrido pouco mais de um ano após a edição da lei, nenhum deles continuava encarcerado.[2] Um gesto simples, a assinatura em um papel, tivera consequências gigantescas.

Passados vinte anos, poucos se lembraram do gesto ou de seu autor. Em agosto de 1999, não houve nenhuma homenagem ou ato de reconhecimento ao ex-presidente. Talvez não tenha feito falta a Figueiredo (provavelmente, ele não aceitaria nenhuma homenagem). Fez falta à memória do país.

Naquela data, o general vivia recluso em seu apartamento de frente para a praia de São Conrado. Com a saúde debilitada, mesmo após se submeter a uma cirurgia espiritual para atenuar as crônicas dores na coluna, o ex-presidente evitava o convívio social, e nos últimos anos de vida pouco saía de casa.

Morreria na véspera do Natal de 1999.

É certo que o general pediu que o esquecessem. Conseguiu o que queria, é verdade. Mas é injusto legar à história esse esquecimento. Aquele breve período, entre março de 1979 e março de 1985, foi bastante significativo para a vida nacional.

Aqui vai contada a história desses seis anos. Refém do próprio temperamento, o general Figueiredo construiu durante o governo a (má) fama que o acompanharia pelo resto da vida.

De temperamento irascível, Figueiredo foi capaz de transformar um cargo político em uma máquina de fazer inimigos. Inábil no relacionamento com a imprensa, era incapaz de conter o seu "coloquialismo desabusado",[3] e assim transformava declarações corriqueiras em manchetes espetaculosas. Como ex-chefe do Serviço Nacional de Informações (SNI), embora tenha chegado à Presidência pelo muito que ouvia (e sabia), acabou ficando marcado por aquilo que dizia.

E não foi pouco.

Suas frases, mal calculadas ou inoportunas (quando não as duas coisas), construíram o folclore errático em torno de sua figura. Não pôde (nem conseguiria) se livrar disso. Assim, até o final da vida, evitou dar entrevistas, e o seu relacionamento com a imprensa só piorou após deixar a Presidência.

A MÃO ESQUERDA JAMAIS SERÁ ESQUECIDA

Esse era o perfil do último general-presidente. Acabaria marcado pelas frequentes oscilações de humor e pelo comportamento completamente imprevisível, capaz de surpreender até mesmo seus mais próximos colaboradores. Também eram frequentes as contradições entre suas posturas e manifestações, sendo que algumas vezes negava o conteúdo do que dissera, atribuindo aos seus interlocutores a culpa pela falta de entendimento sobre suas declarações.

No trato pessoal, revelou-se um completo desastre.

Pouco interessa a personalidade de Figueiredo. A importância do período em que governou o Brasil transcende a opaca figura de sua pessoa. É covardia esquecê-lo, a despeito de qualquer vontade sua. Fez muito em um período turbulento.

De bom e de ruim.

Muito se dizia que o general não gostava de ser presidente. No início do mandato, sua máquina publicitária tentou transformá-lo em um simples João, um sujeito simpático e afável. Não deu certo. Seu destempero não lhe permitia transformar-se em quem de fato não era. Transcorridos pouco mais de seis meses de mandato, até brigar na rua ele já fora.

Estava mais para "João Valentão".[4]

O presidente também sempre tentou propalar o espírito democrático herdado de seu pai, que havia combatido Getúlio Vargas em nome da legalidade e foi um dos líderes da Revolução Constitucionalista de 1932. Contudo, como militar, defendeu o AI-5, e durante a sua carreira não hesitou em usar a força coativa do Ato Institucional em investigações.[5]

Ao mesmo tempo, Figueiredo se revelava sensível ao arbítrio e foi peça fundamental para que o aclamado filme de Glauber Rocha, *Deus e o diabo na terra do sol*, escapasse das garras da censura. Chegou-se até a afirmar que a existência do filme em muito se devia à intervenção firme do então coronel João Figueiredo — caso contrário, os originais poderiam ter sido queimados.[6] Sua biografia convive permanentemente com essa dualidade.

Esse mesmo AI-5 havia sido revogado nos estertores do governo Geisel, deixando para trás mais de dez anos de truculência e arbitrariedades. Se durante o governo Figueiredo não se vivia mais no cinza dos "anos de chumbo", é verdade também que o autoritarismo, embora enfraquecido, ainda agonizava, sendo capaz de dar seus últimos suspiros em meio à abertura política.

Aconteceu de tudo um pouco, revelando a face obscura de um governo que publicamente acenava — com a sua "mão estendida" — ao retorno à democracia: a sede histórica da União Nacional dos Estudantes (UNE), na praia do Flamengo, foi demolida a marretadas; suspeitos um tanto insuspeitos foram amarrados pelo pescoço pela polícia; um voo comercial foi desviado de sua rota para atender autoridades; e teve até general a cavalo dando bastonadas em veículos que participavam de um "buzinaço" em Brasília.

Autoritário ou não, o certo mesmo é que o tal "espírito democrático" de Figueiredo deve ser visto dentro de um paradoxal dualismo — marca definitiva de sua personalidade e de sua própria biografia.

Por sugestão do seu marketing pessoal, o presidente passou a evitar óculos escuros em eventos públicos, herança de seus tempos de SNI. Mesmo assim, Figueiredo ainda parecia estar sempre zangado. Mas, apesar do aparente (e permanente) mau humor, houve momentos felizes também. Não foram muitos, é verdade. Pelo menos foram sinceros.

Dois deles saltam aos olhos. Quando foi carregado nos braços por garimpeiros em Serra Pelada, no Pará, a sua genuína expressão de felicidade o transformou no João que sempre quis ser — pelo menos por um dia. Nos braços do povo, vestiu à feição o personagem que nunca conseguiu moldar na vida real. Pena que não durou muito.

A reconciliação com Alzira Vargas, filha de Getúlio, foi outro ponto alto. Foram embora mais de cinquenta anos de inimizade entre as duas famílias. O genuíno sorriso estampado no rosto de Figueiredo ao cumprimentá-la eternizou aquele momento. A bonita imagem nos jornais do dia seguinte valeu mais que mil palavras, ofuscando a própria campanha eleitoral que ensejou o fortuito encontro.[7] Marcado

A MÃO ESQUERDA JAMAIS SERÁ ESQUECIDA

por frases erráticas, dessa vez a sensibilidade deu o tom: "Meu pai e Getúlio devem estar abraçados no céu."[8]

Em verdade, era uma reconciliação no Céu e na Terra.

Politicamente, o seu melhor momento foi a promulgação da Lei da Anistia, mas não é o único que merece ser lembrado. Some-se a isso a condução das eleições livres, em 1982, passo fundamental para a abertura política e a convivência harmoniosa com os novos governadores, a partir da vitória da oposição nas principais capitais naquelas eleições.

Em março de 1983, o Brasil passou a viver algo que era inimaginável em abril de 1964: a convivência pacífica entre Leonel Brizola, então governador do Rio de Janeiro, e João Figueiredo, presidente da República e legítimo representante do movimento que depôs João Goulart, cunhado de Brizola, pouco menos de vinte anos antes. O simbolismo histórico deste fato torna menos importante a figura das pessoas envolvidas. As instituições é que saíram fortalecidas. Ponto para a abertura, àquela altura um caminho sem volta.

Era um avanço significativo em tempos em que muitos ainda se opunham ao fim da ditadura, não apenas no campo das ideias, mas muitas vezes com bombas e outros gestos de beligerante intolerância, ações um tanto incomuns na vida política brasileira.

Aliás, foram essas mesmas bombas que fizeram o seu governo ruir, a partir do declínio da autoridade moral que o cargo lhe conferia, mas que jamais voltaria a exercer em sua plenitude após o episódio da bomba do Riocentro. Na primeira entrevista após a sua eleição, afirmou que "prenderia e arrebentaria" quem se opusesse à abertura. Pura bravata. Não fez uma coisa nem outra, e o Riocentro ficou sem culpados. A bravura sempre propagada contrastou com a maneira tímida e pouco incisiva com que agiu ante o episódio.

Acabaria marcado por isso.

Tampouco Figueiredo voltaria a ser o mesmo após o Riocentro. Poucos meses depois, sofreu um enfarte e teve de se tratar nos Estados Unidos. Sem paciência, interesse e saúde para presidir o Brasil, viu seus principais colaboradores se tornarem amargos desafetos. Ungido ao cargo pela astúcia de Golbery do Couto e Silva e pelo poder de Ernesto Geisel, deles se distanciou.

Muito precocemente, era o início do fim.

O problema é que nesse momento ainda estávamos no final de 1981, com mais três longos anos de mandato pela frente. Para piorar, o horizonte econômico para a América Latina a partir de 1982 era tenebroso. Quanto maior a dívida do país, mais nefastos seriam os efeitos da crise sobre a sua economia. Pior para o Brasil. Àquela altura, o país era o maior devedor dos países do então denominado "Terceiro Mundo".

Prenúncio de uma era de grandes dificuldades.

Seriam tempos de uma lenta agonia econômica, na qual o Brasil tecnicamente "quebrou". Aqui deve ser feita justiça. Embora os efeitos da famigerada "crise da dívida" tenham eclodido durante o mandato, a verdade é que sua gênese se deu por conta de políticas econômicas anteriores ao governo Figueiredo.

Se não foi responsável pelos fatores que a criaram, é certo que faltou a Figueiredo a sorte que os seus antecessores tiveram. Nos períodos de Emílio Médici e Geisel, havia fartura de crédito internacional. Mesmo com o Primeiro Choque do petróleo, o crédito permaneceu abundante na praça. E os ex-presidentes não tiveram pudor de usar e abusar da profusão de petrodólares então disponíveis.

Para os anos de Figueiredo, nada disso. A conta tardou, mas chegou. À dramática situação associavam-se fatores internacionais que pioravam o que já era muito ruim. Da revolução islâmica no Irã à nova política de juros do Tesouro norte-americano, tudo conspirava contra. Não teve jeito — a economia explodiu em setembro de 1982. Era o denominado "setembro negro", e o país entrou em *default*.

A partir daquele momento, só havia uma solução: negociar um socorro com o Fundo Monetário Internacional (FMI). Relutante pela repercussão negativa junto à opinião pública, o governo protelou a medida o máximo que pôde. Pior para o Brasil, que se sentou à mesa de negociação de pires na mão. Da insinceridade (de ambos os lados) nas negociações com o FMI até um inusitado pedido de empréstimo por meio de uma chamada telefônica direta de Figueiredo para Ronald Reagan (na qual o "pires" foi passado), tudo foi pitoresco e anedótico naquele período.

Pobre Brasil.

Sorte foi realmente o que faltou a Figueiredo. Além da disparidade na conjuntura econômica internacional, durante o governo Médici o Brasil se sagrara tricampeão mundial de futebol no México, fato amplamente capitalizado pelo regime militar. Já no governo Figueiredo, a taça Jules Rimet, em posse definitiva da seleção brasileira em virtude das três conquistas mundiais, acabou sendo roubada no Rio de Janeiro. Provavelmente derretida por um comerciante de ouro argentino, a taça original jamais seria encontrada. O caso acabou virando um vexame mundial.

Houve ainda a sucessão presidencial. Na tradição do regime militar, quem estava no comando do país indicava o sucessor. Nos dois últimos governos do regime, embora com alguns percalços, essa tradição foi mantida. Com Figueiredo na condução, tudo era incerto.

Incumbido de conduzir o processo sucessório pelo Partido Democrático Social (PDS), pouco tempo depois Figueiredo devolveria a responsabilidade ao partido, demonstrando que não pretendia liderar o processo. Fazia parecer que, para ele, tratava-se de um fardo. Também dizia que não gostava de ser presidente, e afirmava que estava contando os dias para o mandato acabar. Nunca se soube ao certo até que ponto tudo isso era verdade.

Irresoluto e extremamente ambíguo, ninguém sabia exatamente o que ele queria. Talvez nem ele próprio. Acabou levando a fama de que era candidato de si mesmo. Criou um problema pretensamente sem solução, como bem observado à época por uma perspicaz declaração atribuída a José Sarney: "Ele [Figueiredo] brigou com o Aureliano [Chaves], não ajuda o [Mário] Andreazza, tem horror a [Paulo] Maluf. Sabe que os militares vetam outro general para presidente. Quem sobra? Ele."[9]

Figueiredo seria a própria solução do tal problema "sem solução". Assim, seu mandato seria estendido por dois anos em manobra surpreendentemente apoiada por ninguém menos que Leonel Brizola. Realmente, eram outros tempos.

Não colou.

No meio desse turbilhão de acontecimentos, surgiu o movimento pelas eleições diretas. Fruto do vácuo de liderança no processo de sucessão presidencial, a campanha Diretas Já ganhou as ruas. Oficialmente, Figueiredo não a apoiava. Algumas declarações suas (ou atribuídas a ele), embora rapidamente desmentidas, davam conta do contrário. Supostamente ditas em solo africano, acabaram conhecidas como "Vozes D'África". Os desmentidos não surtiriam efeito, e o presidente acabaria virando alvo de um divertido refrão entoado pela multidão que comparecia aos comícios.

Se realmente preferia o cheiro do cavalo ao do povo, o certo mesmo é que Figueiredo foi parar literalmente na boca desse mesmo povo, de quem parecia não gostar tanto. "Chora, Figueiredo/ Figueiredo, chora/ Chora, Figueiredo/ Já chegou a tua hora" era um dos cantos entoados com maior entusiasmo pelas multidões que lotavam os comícios da campanha.

Sem dúvida, a hora havia chegado. A campanha pelas diretas foi rechaçada pelo Congresso, por uma ínfima diferença de 22 votos. Pouca coisa. Na convenção do PDS, Maluf batera Andreazza. Figueiredo teria que o engolir para que seu partido não perdesse as eleições. Não quis. Deixou Maluf a pé. Assim, abriu caminho para a vitória oposicionista de Tancredo Neves.

Sem o apoio de Figueiredo, Maluf tornara-se presa fácil para Tancredo no Colégio Eleitoral, mas nem tudo seria tão simples para o político mineiro em sua jornada até o Planalto. Embora na seara política a candidatura tancredista estivesse navegando de vento em popa, ainda havia resistência militar. Muitos ainda viam (ou inventavam) uma improvável infiltração comunista radical na candidatura oposicionista. Fabricava-se uma crise artificial, mas que, naquela época, representou um risco concreto de retrocesso institucional.

Em reunião com a cúpula militar, a proposta de virada de mesa foi levada explicitamente a Figueiredo em caso de vitória oposicionista. A resposta do presidente, precedida de murros na mesa, deixou claro que Figueiredo só aceitaria aquela tenebrosa sugestão em duas situações: se estivesse morto ou fosse deposto. A incisiva resposta representou um ponto final às aventuras golpistas.

Figueiredo saiu daquela reunião maior do que entrou.

Era o fim do arbítrio. O poder simbólico da Presidência da República retornaria a um civil. Melhor ainda — com uma vitória da oposição. Haveria um final feliz para os longos 21 anos de ditadura.

Pelo acaso das circunstâncias, quis o destino que tudo saísse completamente diferente do imaginado. Em episódio que comoveu todo o Brasil, Tancredo Neves passou mal a poucas horas da posse e teve de ser prontamente hospitalizado para uma intervenção cirúrgica de emergência. Assim, acabou impedido de comparecer à solenidade de transmissão do cargo que ocorreria no dia seguinte. Embora eleito, jamais tomaria posse como presidente do Brasil.

Eis que dessa fatalidade surgiu o evento que desconstruiria definitivamente a imagem de Figueiredo. Rompido com Sarney desde o episódio da saída do senador maranhense da presidência do PDS, recusou-se a transmitir pessoalmente o cargo. Teria dito ao ministro Leitão de Abreu, possivelmente no início da madrugada de 15 de março de 1985: "Não passo a faixa nem recebo o Sarney em Palácio, essa hipótese está totalmente descartada."[10]

Sem dúvida, Figueiredo não soube dimensionar a grandeza daquele momento. O simbolismo que poderia ter tido, mas que não teve por uma atitude mesquinha, manchou definitivamente sua biografia. A polêmica permaneceu, e inúmeras versões para a ausência surgiram ao longo dos anos. O próprio Figueiredo justificou o episódio de maneiras diferentes. Só não foi possível voltar atrás no tempo. Nada do que foi dito será capaz de modificar o que (não) foi feito. Infelizmente.

Pela precisão com que aborda o tema, vale a transcrição da síntese de Elio Gaspari sobre o incorrigível desacerto daquele momento final:

> Patético e errático, o último dos generais deixou o poder pedindo que o esquecessem. Conseguiu, e a narrativa dos seus seis

ME ESQUEÇAM – FIGUEIREDO

> anos de governo acumula fracassos para os quais contribuiu a figura folclórica que ajudou a construir. São raros os casos que um gesto constrói ou desconstrói a figura de um político. [...] Numa decisão tomada entre a noite de 14 de março de 1985 e a manhã seguinte, Figueiredo faltou à cena final do seu governo. Num gesto infantil, recusou-se a passar a faixa presidencial a Sarney e deixou o palácio do Planalto por uma porta lateral. Embaçou o seu melhor momento, a entrega do poder a um civil. O cavalariano estourado mutilou a biografia do presidente.[11]

Assim terminava o governo. Parecia que os meses finais de seu mandato haviam sido um suplício para o próprio Figueiredo. Em uma de suas derradeiras declarações à imprensa, deu a tônica do fim: "Dizem que eu fiz um desgoverno."[12] Era isso mesmo, como bem pontuava a revista *Veja*: "Sem saúde para o cargo e sem capacidade para a função, ele marcou os seus seis anos de governo pela falta de uma linha de ação enérgica e coerente. Diante dos problemas que só poderiam ser minorados com a intervenção do governo, o desastre avançou."[13]

Figueiredo deixou o governo rumo ao ostracismo. Queria voltar a ser simplesmente o João. Viu ruir o regime que o fez emergir. Foi o personagem central do ocaso de uma ditadura que se arrastou política e economicamente arrasada até o seu melancólico fim. Deixou o país pior do que o encontrou, pelo menos em termos econômicos.

Para muitos, um dos piores governos da história republicana.

Os números frios da economia[14] e os desajustes de seu comportamento ajudaram a moldar uma imagem bastante desfavorável de seu governo. O caso Riocentro manchou definitivamente a sua reputação pessoal. Ao final, o "conjunto da obra" era desolador.

Não é justo terminar assim.

Goste-se ou não de Figueiredo, a verdade é que ele conduziu o processo de abertura até o fim, devolvendo o poder a um civil ao final do seu governo. Para tanto, teve de "destruir a sua própria base de sustentação de poder",[15] em um verdadeiro processo de "antropofagia"

A MÃO ESQUERDA JAMAIS SERÁ ESQUECIDA

que afastou os militares do centro decisório da política. Hoje pode não parecer muito, mas naquela época significou muita coisa.

A grandeza da abertura política seguramente supera os personagens que dela fizeram parte, mas não autoriza a História a esquecê-los. A anistia, a volta dos exilados, as eleições livres realizadas em 1982, a convivência pacífica com antigos adversários a partir da vitória eleitoral das oposições — todos foram passos muito importantes para o retorno da democracia no Brasil.

Marcado pela omissão do governo na apuração da bomba do Riocentro, o que muitas vezes fez sua figura ser associada à maneira tíbia com a qual se portou diante do episódio, Figueiredo também teve momentos em que pôde demonstrar toda a sua coragem.

Em reunião preparatória na Blair House,[16] antes da visita à Casa Branca, em meio ao inesperado conflito entre ingleses e argentinos pelas ilhas Malvinas, Figueiredo advertiu diretamente o governo norte-americano que o Brasil não admitiria um ataque da Inglaterra ao continente sul-americano.[17] Ficou implícito que, no caso de um bombardeio à Argentina, o Brasil apoiaria militarmente seu vizinho. Podia ser por solidariedade a um país irmão. Podia significar também apoio à outra ditadura militar.

Pouco importa. As condições econômicas do Brasil em maio de 1982 tornaram o gesto ainda maior. Profundo conhecedor da debilidade econômica brasileira, e mesmo ciente de que a ajuda dos Estados Unidos era fundamental para superar a sinistra crise que se avizinhava, o presidente não titubeou. Seu recado, dado de forma clara e direta ao poderoso secretário de Estado norte-americano, foi levado ao presidente Reagan e certamente chegou ao conhecimento dos britânicos.

Em 1983, nova prova de independência. Recebendo a visita secreta do embaixador dos Estados Unidos, propuseram-lhe uma invasão brasileira ao Suriname em resposta à presença de militares cubanos naquele pequeno país. Figueiredo, no entanto, resistiu ao intento. Nas memórias publicadas por Ronald Reagan, o registro histórico daquele fato: "O presidente do Brasil tinha uma ideia algo diferente da nossa."[18] Tinha mesmo, e a invasão nunca ocorreu, preservando-se a soberania de um país sul-americano.

Também é verdade que, se foi omisso na apuração do Riocentro e dúbio na coordenação política da sua sucessão, pelo menos não se pode acusar Figueiredo de populismo. Ao se deparar com a chance de sediar a Copa do Mundo de 1986, preferiu recusar. Embora inicialmente favorável, logo voltou à realidade e declarou que o Brasil "não poderia gastar um só cruzeiro"[19] naquela empreitada.

O presidente sabia o tamanho da crise que o país enfrentava, e assim não hesitou em desistir da iniciativa, a despeito do entusiasmo dos dirigentes esportivos. No seu veto, foi realista: não queria deixar (mais) dívidas para o futuro governo (o mundial de futebol seria realizado no ano seguinte ao término de seu mandato) e a situação da economia brasileira à época impunha "estrita austeridade nos gastos públicos".[20]

Figueiredo soube resistir à popularidade que tal iniciativa poderia lhe conferir em um momento de extrema dificuldade por conta dos altos índices de inflação e desemprego. Acossado pela crise, poderia ter optado por "jogar para a plateia". Mas não o fez.

Por fim, Figueiredo ainda pôde resgatar, pelo menos em parte, um passado amargo e doloroso. Legítimo representante do movimento que depôs João Goulart e cassou os direitos políticos de Jânio Quadros e Juscelino Kubitschek, em seu governo Figueiredo reabilitou simbolicamente os vencidos de 1964. Em um momento marcante da história do Brasil, Jânio voltou ao Planalto para uma audiência com o presidente, e um emblemático aperto de mãos selou um novo momento político na vida nacional.

Batidos em 1964, Jango e JK não viveram para ver o governo Figueiredo nem a anistia levada a cabo pelo presidente. No entanto, a memória dos ex-presidentes voltou ao Palácio do Planalto, pelo menos por alguns curtos momentos. Ao receber as ex-primeiras-damas Maria Thereza Goulart e Sarah Kubitschek em dois encontros marcados por um tocante simbolismo, Figueiredo demonstrou ao país que, em seu coração, anistia também significava reconciliação.

Não podendo apagar o passado, o presidente fez um aceno para o futuro. Superava-se assim uma página infeliz da nossa história. Coube a Figueiredo encerrá-la com altivez e elegância. Mais que reconciliação, anistia também significava esquecimento. E até mesmo perdão.

Melhor para o Brasil.

Após a sua morte, foi possível perceber a real dimensão do personagem. Os diversos obituários de Figueiredo registraram de tudo um pouco e, de certa forma, fizeram justiça à sua pessoa: da carreira brilhante no Exército aos arroubos verbais durante a Presidência, das "Vozes D'África" à reconciliação com os desafetos do regime, da demolição da sede da UNE à recusa em sediar a Copa de 1986, da crise da dívida externa à condução de eleições livres em 1982, da briga com estudantes em Florianópolis a ser carregado nos braços por garimpeiros em Serra Pelada, da anistia ao caso Riocentro.

Tudo foi lembrado, apesar do seu pedido para ser esquecido.

São recordações de uma época que se foi. Não deixou saudades, é verdade. Mas é inegável que seu governo foi fundamental para o retorno do Brasil à democracia.

PARTE I:
A CHEGADA

Capítulo 1

Eleição de um só eleitor

Radicalismo derrotado

O 12 de outubro de 1977 foi o dia "D" para que a candidatura do general Figueiredo à Presidência da República se sagrasse vitoriosa cerca de um ano depois. Naquele dia, feriado católico no Brasil, a sorte de Figueiredo estaria em jogo. Haveria o embate derradeiro entre a anarquia militar e a autoridade constitucional do presidente da República.

Era um choque de forças assimétricas. O presidente da República é o comandante-chefe das Forças Armadas e, portanto, hierarquicamente superior a todos os oficiais que compõem o Exército brasileiro, sem exceção. Mesmo assim, havia o risco real de uma crise institucional, e o presidente Geisel cercava-se de todas as cautelas possíveis.

A evolução dos acontecimentos naquele segundo semestre de 1977 não fluía com a naturalidade que a ordem constitucional estabelecia. Pelo contrário. O presidente Geisel tinha a sua autoridade permanen-

ELEIÇÃO DE UM SÓ ELEITOR

temente contestada por sistemáticas ações do general Sylvio Frota, então ministro do Exército. Frota, dissimulado postulante a suceder o próprio Geisel em pleito que seria realizado no ano seguinte pela via indireta do Colégio Eleitoral, forjava a sua candidatura de forma sorrateira e ao arrepio das orientações presidenciais.

O presidente Geisel havia sido claro sobre o processo sucessório. A questão seria conduzida por ele próprio, e as discussões e consultas sobre quem seria indicado pela Aliança Renovadora Nacional (Arena) como candidato do governo à Presidência da República só seriam iniciadas em janeiro de 1978.

Contudo, isso não impediu que surgisse, no Congresso Nacional, um movimento de apoio — que crescia rapidamente — à candidatura do ministro. Estimulado pelo próprio "candidato a candidato", a incipiente candidatura também crescia em ritmo acelerado, chegando a contar com a expressiva adesão de 92 arenistas.[1] Não era pouca coisa.

Embora dissimulasse a real intenção em se candidatar, o ministro passou a comparecer a reuniões com políticos em Brasília e receber toda espécie de homenagens em diversos municípios Brasil afora. Em privado, Frota se referia ao abandono dos princípios e ideais do movimento de 1964.[2] No aparente vazio do discurso, residia um recado implícito: topava a aventura de se tornar o "patrocinador" de um endurecimento extemporâneo do regime.

Cumprindo agenda de candidato, faltava-lhe, todavia, o essencial: o apoio de Geisel. Pretendia driblar esse obstáculo dando musculatura a sua candidatura até que chegasse ao ponto de ganhar vida própria, tornando-a um fato consumado. Era um movimento arriscado. Frota sabia disso, mas foi em frente.

Logo a candidatura do ministro do Exército passou de mera conjectura justificada pela autoridade do cargo que ocupava a uma ameaça real ao projeto de abertura política que Geisel pretendia implantar em dois momentos: em seu mandato, no qual o processo foi efetivamente iniciado, e no mandato de seu sucessor, que seria responsável por consolidar e finalizar a abertura política no Brasil.

Caso Frota conseguisse viabilizar-se como candidato e posteriormente fosse eleito presidente do Brasil, todos esses planos estariam seriamente ameaçados. A abertura política, que em última análise pretendia levar os militares de volta aos quartéis, naquele momento corria um risco real.

Para obter êxito no processo de abertura que planejava desde meados de seu governo, Geisel deveria conter o radicalismo militar que almejava a permanência das Forças Armadas no poder por tempo indefinido. A manutenção do poder foi um constante obstáculo no processo de redemocratização do Brasil. Havia motivos ideológicos para tanto.

Mas havia oportunismo também.

A redemocratização faria com que os militares perdessem o poder e também os cargos que ocupavam na administração federal. Um estudo realizado em 1979 revelava que 30% de todos os cargos geralmente ocupados por civis no governo federal eram ocupados naquele momento por militares das três armas.[3]

A candidatura Frota tinha um componente ideológico forte, mas também era apoiada pelos oportunistas de plantão que embarcavam na aventura com o objetivo de usufruir de eventuais benesses que a proximidade do poder provavelmente lhes conferiria no futuro, como bem observa um general que vivenciou aquele período: "Tinha ali [na candidatura Frota] uma turma radical sincera. Mas tinha também os aproveitadores que queriam ver o Frota presidente para usufruir do poder, da situação."[4]

E era exatamente isto que significava a candidatura Frota: endurecimento de um regime que já havia começado a se flexibilizar, longa permanência no poder por parte dos militares e anticomunismo tão exacerbado que colocava em dúvida até o próprio governo militar comandado por Ernesto Geisel. Nada podia significar uma guinada tão radical do regime como a ascensão do ministro do Exército à Presidência da República.

De fato, essa possibilidade representaria um grande retrocesso à abertura política. Se o processo de abertura era lento e gradual com Geisel, na eventual hipótese de um governo Frota fatalmente seria interrompido. O recrudescimento do regime militar com Frota na

ELEIÇÃO DE UM SÓ ELEITOR

Presidência da República representaria uma anacrônica volta ao passado, retornando a um mundo que não mais existia, embora alguns ainda teimassem em enxergá-lo.

Diante desse contexto, Geisel foi forçado a fazer a sua escolha. No dia 12 de outubro de 1977, o presidente colocou fim às aspirações de seu ministro do Exército ao demiti-lo sumariamente em uma manhã ensolarada na capital federal. Foi a primeira e única vez durante o regime militar que um ministro do Exército foi exonerado diretamente pelo presidente da República. O comum à época era ministros do Exército sucederem o presidente. Exoneração sumária como aquela era fato inédito e demonstrava a gravidade da situação.

Contando com um dispositivo militar habilmente costurado para aquela ocasião, Geisel sufocou qualquer reação de seu ex-ministro. Até chegou a haver uma tentativa frustrada de reunir o Alto Comando do Exército em torno de Frota logo após sua demissão. Não deu certo. O governo habilmente havia desarticulado a tentativa. Na manhã seguinte, Frota rumaria para o ostracismo de uma vida pacata como oficial da reserva em seu apartamento no Grajaú, Zona Norte do Rio de Janeiro.

Ao sair, o já ex-ministro fez de seu último ato a derradeira mancha em sua biografia. Uma pesada nota deu o tom de seus ideais e sentimentos, acusando o governo de complacência e passividade diante da perigosa ameaça comunista.[5] Nada mais anacrônico e desconectado da realidade brasileira naquele final de 1977, tendo a nota sido considerada pela maior parte da imprensa como uma mistura espúria de "dedo-durismo e sandice".[6]

A princípio, poderia ser censurada pelo governo, ainda amparado pelos amplos poderes conferidos pelo AI-5. No entanto, quando o presidente Geisel se deparou com os termos extremamente radicais da nota, não só permitiu como até estimulou a sua difusão. Segundo o próprio Geisel, "[...] esse manifesto é tão ruim que trabalha a meu favor".[7]

Fácil era inferir os motivos para tanto: a nota era algo tão divorciado da realidade brasileira e do contexto de abertura que se desenrolava naquele final de década de 1970 que a divulgação seria muito mais prejudicial ao próprio Frota, pois revelava quem ele realmente era e, principalmente, quais eram seus reais propósitos.

Em realidade, a nota revelou-se um completo desastre. Para a caserna, era contraproducente, não despertando a solidariedade esperada no meio militar. Para a opinião pública e para a imprensa, era grotesca em seus termos e anacrônica em seu conteúdo, identificando o general como um "gorila"[8] capaz de divulgar um texto em completo descompasso com os anseios da sociedade civil.

Consumada a decisão e debelada a crise, o presidente Geisel superara uma das maiores crises militares brasileiras do século XX e assim conseguira fazer prevalecer a continuidade de seu projeto de abertura política, além de encaminhar a sua sucessão na direção que desejava.

A saída de Frota enfraquecia a chamada "linha dura" que existia dentro do Exército brasileiro. Mais do que isso, sua demissão representou o restabelecimento da primazia da autoridade constitucional do presidente da República sobre as Forças Armadas. A falta de reação militar à demissão mostrou que uma "quartelada" àquela altura era considerada inconcebível pelo próprio Exército.

Melhor assim.

O presidente Geisel a partir daquele momento se cercou de todas as cautelas e colocou oficiais de sua estrita confiança em postos-chaves. Seu objetivo primordial era prosseguir com o processo de abertura política, sendo que a partir do momento da demissão de Frota a tendência era que houvesse muito menos contestação às decisões presidenciais que pretendiam levar a cabo tal finalidade.

Do episódio da demissão do ministro do Exército até o final do governo, a abertura adotou um ritmo mais lento, em uma espécie de preparação do terreno para a consolidação do processo de flexibilização do regime, já sob a orientação do próximo presidente da República que viria a suceder Geisel no cargo.

Por outro lado, Geisel se assenhorou da situação política e militar após a demissão de Frota, consolidando sua autoridade e deixando claro que prosseguiria com a abertura política, e que não permitiria interferências no processo sucessório, que continuaria a correr sob a sua estrita condução pessoal.[9]

E isso aconteceu, de fato, com a aquiescência expressa dos altos comandantes militares. Após a declaração de Geisel de que só trataria da questão sucessória em janeiro de 1978, seguiram-se declarações do seu novo ministro do Exército, general Fernando Bethlem, no sentido de que "o Exército não trata da sucessão, nem antes nem depois de janeiro",[10] acompanhada por outra declaração de um de seus generais em posto de comando, que de forma ainda mais incisiva afirmava: "O Alto Comando não é colégio eleitoral."[11]

Essas declarações, ditas por quem foram, representavam o apoio irrestrito das Forças Armadas ao presidente Geisel. Naquele momento, significavam muita coisa. Estava sepultada de maneira definitiva qualquer aspiração radical e a imposição de um nome a Geisel. Não era o Exército que imporia o seu candidato ao presidente, mas o próprio presidente que imporia o seu candidato à nação.

A hierarquia vencera a força. Estava quebrada a espinha dorsal da anarquia e da indisciplina, e reafirmada a prevalência da Constituição.

Melhor para o general Figueiredo, cujos caminhos à candidatura presidencial estavam definitivamente abertos.

Eleição de um só eleitor

A possibilidade de Figueiredo ser o sucessor de Geisel remontava à sucessão do presidente Emílio Médici. Figueiredo, próximo de Geisel e Médici, teria sido inclusive o escolhido para transmitir pessoalmente o convite para que Geisel viesse a assumir a presidência da Petrobras no início do mandato de Médici.[12]

Algumas fontes chegam a relatar que Geisel já havia escolhido Figueiredo como seu sucessor antes mesmo de se tornar presidente da República,[13] quando trabalhava no processo de contatos e articulação do seu futuro governo, no final de 1973,[14] em um escritório no largo da Misericórdia, no Rio de Janeiro.

O certo é que Figueiredo foi um dos grandes articuladores da candidatura do então presidente da Petrobras à Presidência da República, sendo um dos principais responsáveis pelo sucesso da empreitada. A importância estratégica de Figueiredo no êxito da candidatura Geisel reside no fato de o general ter supostamente trabalhado para neutralizar a antipatia de Médici em relação a Golbery do Couto e Silva, que poderia até impedir que a candidatura de Geisel fosse levada adiante, tal era o grau de aversão que o então presidente nutria por Golbery.

A importância desse gesto de Figueiredo pode ser medida pela descrição de uma reunião crucial para a confirmação da indicação de Geisel, já ao final do governo anterior, quando o então presidente Médici estava em processo de decidir definitivamente sobre quem seria seu sucessor. Na narrativa de Roberto Médici, filho do ex-presidente, a importância de Figueiredo nesse episódio teria sido decisiva para o seu desfecho:[15]

> Ao final do governo quando o assunto começava a ser tratado de modo explícito, em uma reunião com os "Ministros da Casa", General Fontoura, Doutor Leitão de Abreu e General Figueiredo, meu pai declarou que estava fixando-se no nome do general da reserva Ernesto Geisel para seu sucessor. A única dúvida que o perturbava, e ainda estava impedindo a sua decisão, era a possibilidade de Geisel aproveitar Golbery. [...] Figueiredo assume a palavra e declara: "Não se preocupe, presidente. Estão completamente separados. O senhor não acha que, se estivessem juntos, o Golbery não estaria junto com ele na Petrobras?". Essa passagem me foi contada pelo meu pai e que pode ser confirmada pelo General Fontoura, uma das duas testemunhas ainda vivas.

Esse gesto deixou marcas profundas na relação de Figueiredo com a família do ex-presidente Médici. No velório de Médici, seu filho

ELEIÇÃO DE UM SÓ ELEITOR

Roberto impediu ostensivamente que Figueiredo concluísse suas condolências à viúva,[16] e um neto do ex-presidente falecido chegou até mesmo a ofender Figueiredo durante o velório.[17]

A participação de Figueiredo na sucessão do presidente Médici foi tão significativa que o próprio Geisel chegou a cogitá-lo para ser seu vice-presidente,[18] pois achava que precisava de um vice capaz de substituí-lo com efetividade em qualquer situação[19] e, de certa forma, todo aquele processo fez nascer uma relação de confiança entre os dois generais. Em realidade, Figueiredo tornara-se o "articulador entre os contrários",[20] sendo a figura capaz de fazer o elo entre o grupo "Castelista" (afastado do poder desde a ascensão do presidente Artur da Costa e Silva) e o grupo mais ligado ao presidente Médici.

A vantagem de transitar bem nos dois grupos levou Figueiredo a ter um papel central na costura que levou Geisel à Presidência, pois "era amigo do Médici, do Golbery, do Ernesto e do Orlando [Geisel], amigo de todos. Já que era esse grande articulador, Figueiredo despontava naturalmente, antes mesmo da posse do presidente Geisel, como seu provável sucessor".[21]

Por toda essa participação no processo de sucessão presidencial no biênio de 1973-74 é que Geisel acabou inicialmente se fixando no nome de Figueiredo para sucedê-lo ao final de seu mandato. Assim, Figueiredo já largava muito à frente de todos os eventuais futuros pretendentes ao cargo.

Aquela era uma eleição de um só eleitor.

Em meados de 1977 já se cogitava abertamente nos bastidores do poder a candidatura do ministro chefe do SNI à Presidência da República, sempre seguida de fortes rumores de que seria o candidato preferido do Palácio do Planalto.

Pura verdade.

Contudo, paralelamente havia a candidatura do ministro do Exército sendo costurada pela ala militar mais radical, e tal possibilidade começava a ganhar força no Congresso Nacional. Era necessário colocar a candidatura "oficial" na rua o quanto antes, a fim de que também começasse a ganhar visibilidade e, principalmente, passasse a dividir o espaço político. Caso contrário, em pouco tempo a candidatura do general Sylvio Frota poderia se tornar um fato consumado.

Ainda estava viva na memória do presidente Geisel e de seu entorno de auxiliares mais próximos o exemplo da sucessão de Humberto de Alencar Castelo Branco, na qual a indefinição do presidente em escolher o seu sucessor fez com que o general Costa e Silva, então ministro do Exército, ganhasse paulatinamente força até que a sua candidatura se tornasse irreversível, não havendo margem para o presidente Castelo Branco buscar nenhuma alternativa civil ou militar para sucedê-lo.

O grupo "castelista" à época convencionou denominar aquele episódio de "A Primeira Guerra". Havia sido uma derrota dolorosa. Mas deixou um aprendizado que naquele momento se revelava útil. A sucessão de Geisel seria "A Segunda Guerra", e dessa vez aquele mesmo grupo castelista capitaneado por Golbery e Geisel, atuando agora diretamente do Palácio do Planalto, não estava disposto novamente a perder uma disputa pela Presidência da República.

Com essa premissa em perspectiva, o entorno de Geisel decidiu que em meados de 1977 a candidatura do general Figueiredo precisava se tornar pública. O primeiro sinal veio em julho daquele ano, quando o próprio Figueiredo confirmou a possibilidade de sua candidatura em rápida entrevista na saída de uma missa em Brasília.

Naquele momento, Figueiredo condicionava a sua candidatura a três fatores distintos: a vontade de Geisel, a sua própria vontade e, ainda, que houvesse um entendimento político e militar nesse sentido.

Admitindo a candidatura sem comunicar Geisel previamente, Figueiredo poderia se ver em uma situação incômoda perante o presidente, cujo "voto" era o que realmente contava naquela eleição. Ao abordar o assunto com Geisel, Figueiredo foi cauteloso: "Não sei se o senhor já viu o *Jornal de Brasília* hoje. Eu não falei o que está escrito. O senhor sabe como são essas coisas. A gente fala de um jeito, sai de outro."[22]

ELEIÇÃO DE UM SÓ ELEITOR

Reservadamente, o presidente Geisel confidenciou que considerava positiva a declaração de Figueiredo.[23] Tinha mesmo razão em pensar dessa forma. Ao ser lançada, em julho de 1977, a candidatura de Figueiredo vinha a ocupar um espaço político que gradativamente ia sendo preenchido pela candidatura linha dura do general Frota. Naquele momento, a estratégia era dividir as atenções e o espaço, e, ao mesmo tempo, evitar que a candidatura de Frota se consolidasse como alternativa real à sucessão de Geisel.

Não havia mais tempo a perder. O "candidato a candidato" tinha que se tornar conhecido do grande público, algo que a própria natureza do cargo que exercia àquela altura (ministro chefe do SNI) não favorecia.

Assim, ainda naquele mesmo mês foi lançado o Pacote de Julho, com a biografia de Figueiredo distribuída à imprensa com o propósito de torná-lo conhecido. A partir de um perfil positivo que combinava traços de um pai de família associados a um general de Exército esportista e adepto da equitação, buscava-se transmitir a imagem — que não era tão verdadeira assim — de Figueiredo como um sexagenário "jovial", cuja pretensa vitalidade seria determinante para a função que desempenharia pelos seis anos seguintes.

Nesse contexto, foi muito enfatizada também sua tradição familiar, já que ele era filho do também general Euclides Figueiredo, oficial de perfil notadamente democrático e que fora preso pelo governo de Getúlio Vargas ao participar da Revolução Constitucionalista de 1932.

Não havia, em teoria, ninguém melhor para levar adiante os planos de distensão iniciados no governo Geisel. Era esse o perfil que o governo pretendia "vender" à opinião pública. E assim se fazia pela mais pura convicção do presidente Geisel, que acreditava que Figueiredo era a pessoa ideal para concluir o processo de retorno à democracia.

Inicialmente, afirmava-se que, caso o ambiente político e militar permitisse, Geisel gostaria que um civil o sucedesse. Contudo, o presidente já aparentava ter desistido da ideia, pois convenceu-se de que aquele ainda não era o momento propício. A demissão de seu ministro do Exército levou Geisel a constatar que a pretensa candidatura não era um fato isolado, mas, antes, revelava a existência de um "bolsão" de radicalismo dentro das próprias Forças Armadas.

Analisando com clareza o contexto da época, Merval Pereira assim enuncia as intenções do presidente Geisel em relação à sua sucessão: "O Presidente Geisel, embora decidido pelo general Figueiredo, guardava uma pequena margem de escolha para outras alternativas, todas elas civis. Se chegasse à conclusão de que o momento político favorecia um passo mais largo, ele poderia escolher um civil para sucedê-lo."[24]

Não foi o caso.

Diante daquelas circunstâncias, sobretudo em função do delicado incidente envolvendo o ministro Frota, Geisel optou mesmo pela manutenção da candidatura daquele que fazia muito tempo já participava da vida do governo, sempre com eficiência e discrição. Na visão do presidente, Figueiredo tinha a vantagem de ter acompanhado todo o governo dos presidentes Médici e do próprio Geisel, além de ter participado da administração do presidente Castelo Branco.

Assim, o nome de Figueiredo ganhava força, fosse pela circunstância da sua larga experiência no governo, fosse pelo consequente conhecimento amplo da máquina administrativa, fosse pela sua fidelidade ao processo de distensão. A sua escolha representava também uma alternativa à linha dura, que àquela altura ainda almejava um recrudescimento completamente extemporâneo do regime militar.

Para Geisel, era o nome mais adequado àquelas circunstâncias.

Ao rememorar a escolha de Figueiredo muitos anos depois, Geisel reconheceu que a experiência administrativa pesou bastante na sua decisão. Para ele, Figueiredo tinha o perfil mais adequado para ocupar o cargo: "Ele [Figueiredo] viveu dentro da área do governo uns quatro ou cinco anos enquanto o Médici governou, e os cinco anos do meu governo. E participou também uma certa época do governo do Castello. Então, ele estava familiarizado com todo o problema."[25]

Essa análise mostra com clareza a linha de raciocínio responsável pela escolha de Figueiredo. O único erro conceitual do raciocínio, que explica em boa parte os motivos pelos quais o governo Figueiredo

ELEIÇÃO DE UM SÓ ELEITOR

não foi nem de longe tão bem-sucedido quanto Geisel imaginava, foi confundir "presença com participação". Ou seja, o fato de estar participando ou de ter conhecimento dos problemas é completamente diferente de exercer uma posição de liderança na qual passaria a ser o responsável pela tomada de decisão em relação às grandes e complexas questões nacionais.

Como bem define Elio Gaspari, esse é o conceito chave para entender as razões da falta de êxito de Figueiredo como presidente do Brasil:[26]

> A assiduidade dera ao general uma inédita intimidade com o poder, mas a sua transposição para o domínio dos assuntos de Estado confunde presença com participação. Mantendo-se em funções de assessoria, conhecera o poder, porém não o exercera. [...] Uma coisa era estar no Planalto enquanto Orlando Geisel chefiava o Exército e Delfim Netto comandava a economia. Outra era participar, de forma relevante, nas decisões de governo. [...] Uma coisa era saber dos hábitos e das conversas de um político grampeando-lhe o telefone e lendo informações do SNI ao seu respeito, sem jamais tê-lo visto. Outra bem diversa seria lidar com ele. [...] Nos registros do governo, vê-se que não há decisão política relevante de que tenha participado na condição de formulador engajado. De um lado isso era consequência do seu virtuoso recato. De outro, poderia ser o resultado de um vicioso despreparo na lida das grandes questões nacionais.

Assim, a presença de Figueiredo nos últimos governos o tornava "o cidadão brasileiro de nível ministerial com mais tempo de serviço acumulado no gabinete do presidente".[27] Tanto poderia significar muita coisa como poderia nada significar. Tudo dependia de como essa oportunidade havia sido aproveitada.

No caso de Figueiredo, parece que a mera presença combinada a uma participação que pouco tinha de decisiva não fez com que o atributo "tempo de serviço acumulado no gabinete do presidente" o transformasse em um virtuoso governante.

Pelo contrário.

No entanto, pela tradição do regime militar, cabia ao presidente a prerrogativa de escolher o seu sucessor. A revista *Veja*, de forma objetiva, sintetizava a enorme influência de Geisel em sua sucessão, e também o paradoxo representado pela estranha dinâmica daquela eleição indireta: "[Foi a eleição] mais fechada, porque só um eleitor votou, e a mais aberta [do regime militar] porque a imprensa, livre de censura, pôde anunciar o resultado antes mesmo da votação."[28]

Assim, coube a Geisel decidir de forma soberana. E ele o fez partindo de três critérios objetivos: a impossibilidade (ou inconveniência) de um civil naquele momento (dado o radicalismo militar ainda existente) associada à escolha de alguém cuja experiência acumulada fosse um diferencial para ocupar o cargo e, ao mesmo tempo, estivesse firmemente comprometido com o processo de abertura política e flexibilização do regime.

Sorte de Figueiredo que esses argumentos foram decisivos, pois seu perfil se enquadrava perfeitamente nos três.

Mais sorte ainda, porque se tratava de uma eleição de um só eleitor.

O último a saber

O general Hugo Abreu era o único colaborador mais próximo do presidente Geisel que não dava como certa a indicação de Figueiredo como candidato da Arena à Presidência. Naquele janeiro de 1978, parecia mal informado. Só parecia. Na realidade, remava contra a maré.

Inútil esforço.

Ao afirmar reiteradamente à imprensa que em janeiro de 1978 seriam iniciadas amplas consultas aos mais diversos setores da sociedade sobre a questão sucessória (empresariado, militares e políticos, não necessariamente nessa ordem), Hugo Abreu sistematicamente negava uma realidade que estava diante de seus olhos: Figueiredo já havia sido escolhido por Geisel como seu sucessor e nada mais havia a ser feito em relação a isso.

Era um fato consumado.

Naquele momento, o general Hugo Abreu era uma voz solitária frente ao rolo compressor no qual a candidatura de Figueiredo havia se transformado. Não se sabe por que razões o chefe do Gabinete Militar ainda continuava a falar sobre tais consultas, mas o certo é que a insistência em afirmar esse fato à imprensa comprometera sua credibilidade.

Ou estava mal informado, ou era cego. Ou as duas coisas.

Na visão de Geisel, rememorando os fatos muitos anos depois, havia a possibilidade de que Hugo Abreu, após a demissão do ministro Frota, tenha imaginado a sua candidatura como uma possível terceira via, uma opção às candidaturas de Frota (rechaçada com a sua demissão) e do próprio Figueiredo. É esclarecedora a visão de Geisel sobre o tema:[29]

> [Hugo Abreu] era um bom soldado, mas não tinha muitas luzes. Dizia-se que a família era muito ambiciosa e talvez também tenha posto a mosca azul na sua cabeça. Não posso afirmar. São impressões sem uma base concreta, ilações que a gente pode fazer em razão dos fatos. O Hugo estava vendo que eu ia encontrar dificuldades para conciliar a candidatura do Frota e a candidatura do Figueiredo. Seria possível que eu encaminhasse um *tertius* e por que não ele? Era mais antigo que Figueiredo, tinha a Cruz de Combate de Primeira Classe, conferida na Itália, era dedicado na função de chefe da Casa Militar, logo, podia alimentar esse sonho. Quando eliminei o Frota e indiquei o Figueiredo como candidato à Presidência, ele se decepcionou, resolveu romper e ir embora.

Em realidade, Hugo Abreu tentava explorar uma suposta fragilidade da candidatura de Figueiredo no âmbito militar. Embora ostentasse a patente de general, Figueiredo não era uma unanimidade na caserna, pois não havia ocupado por muito tempo postos de comando relevantes no Exército, o que fazia com que seus opositores afirmassem que seu perfil era mais burocrata do que propriamente militar.

Imaginando-se uma alternativa ou não, o certo é que Hugo Abreu caiu atirando. Na derradeira tentativa de impedir a candidatura Figueiredo, o chefe do Gabinete Militar chegou a apresentar um dossiê contendo denúncias graves contra pessoas que articulavam a candidatura oficial, incluindo também em seu denuncismo vazio os próprios filhos de Figueiredo (que não ocupavam quaisquer cargos na administração pública).[30]

Pelo conteúdo do documento apresentado ao presidente, Hugo Abreu imaginava que, na qualidade de chefe do Gabinete Militar, seria o coordenador informal de uma consulta mais ampla às bases militares sobre a sucessão presidencial. Nada feito. Não haveria essa consulta e o general Hugo tampouco desempenharia qualquer papel relevante no processo sucessório.

Como esperado, Geisel não embarcou em nenhum desses argumentos, chegando até mesmo a perguntar a Hugo Abreu se "realmente acreditava em tudo o que estava escrito em seu dossiê".[31] Não havia lastro probatório naquelas denúncias, que acabaram por não prosperar. Tratava-se de forma sem conteúdo.

Por ter mantido a lealdade ao presidente no episódio da demissão do ministro Frota, era até possível imaginar que o general Hugo Abreu fosse ouvido em relação à sucessão presidencial. Contudo, nem isso lhe foi franqueado. Deixado ostensivamente ao largo do processo, sentiu-se marginalizado (e tinha razão em pensar assim) e optou por pedir exoneração do cargo que ocupava.

Em uma visita particular a Sylvio Frota, ainda em 1978, o ex-chefe do Gabinete Militar de Geisel resumiu assim os sentimentos ao ser informado pelo presidente acerca da escolha de Figueiredo como candidato da Arena:

> No dia 2 de janeiro, uma segunda-feira, achei que poderia tratar com o presidente da questão sucessória. Enviei-lhe

um estudo em caráter de assessoramento, para que examinasse o problema. Estávamos em 1978 e cessara a proibição de falar no assunto. Mandou-me chamar no dia seguinte, conversamos muito e disse-me finalmente que já convidara o Figueiredo para substituí-lo. Fiquei indignado com a notícia. Esconderam-me a verdade. Em não merecia confiança. Ridicularizaram-me. Demiti-me.[32]

Talvez a passagem que melhor ilustre o tamanho de seu desengano seja a narrativa de um encontro em sua residência naquele período, em que o general Hugo Abreu afirmava a um círculo íntimo de amigos que Figueiredo ainda não estava escolhido. Ao ouvir tal disparate, sua esposa comentara em voz alta, de forma que todos os demais presentes pudessem ouvir: "Só você ainda acredita nisso."[33]

Era a mais pura verdade. Não apenas naquele encontro, mas no início de 1978 todo o Brasil que lia jornais já sabia da escolha de Geisel.

Menos o general Hugo.

Nunca se saberá ao certo os motivos que o levaram a agir assim, mas o certo é que o general Hugo Abreu continuou a afirmar insistentemente o contrário do que todos já sabiam, mantendo-se convicto até o último minuto antes de ser formalmente comunicado por Geisel. Agia dessa forma tanto em seus encontros privados como em suas declarações à imprensa.

Insistentemente, optara por negar o óbvio. Acabou sendo o último a saber.

A quarta estrela

O maior obstáculo formal à candidatura de Figueiredo residia no fato de o general candidato ainda não possuir a quarta estrela na patente de general, grau máximo dentro da hierarquia do Exército.

Mais uma vez, Hugo Abreu seria a principal voz a ecoar um empecilho à candidatura Figueiredo. Além da tática do denuncismo exacerbado, o ex-ministro de Geisel apresentava ponderações públicas no sentido de que Figueiredo não possuía ainda a quarta estrela de general de Exército naquele momento (algo que supostamente seria suficiente para o Exército não aceitar a sua escolha).

Assim, no início de 1978, Figueiredo ainda era general de divisão e aspirava à promoção a general de Exército. Não que esse fosse um requisito para qualquer cidadão brasileiro se candidatar à Presidência da República, mas a sua ausência causava certa inquietação no meio militar.

O presidente Geisel, apesar de reconhecer de que essa questão era mais um dos obstáculos no caminho de Figueiredo, entendia que a ausência da quarta estrela não era um problema capaz de inviabilizar a candidatura do general, sobretudo porque a Presidência da República não é um cargo de natureza militar no qual deveria prevalecer a hierarquia:

> Vinham a mim e diziam "O Figueiredo tem que ser promovido a general de Exército." Ele era General de Divisão e havia alguns mais antigos que ele. Eu perguntava: "Mas por que ele tem que ser promovido? Ele não pode ser presidente da República como general de divisão? Não tem nada a ver com o posto. Ele é um cidadão como outro qualquer." Um dia vieram ameaçar: se o Figueiredo não for promovido a general de Exército, para ter ascendência sobre os outros, ele não quer ser candidato. [...] eu achava isso irrelevante, mas me rendi.[34]

Em que pese a lógica cartesiana do ex-presidente Geisel, o fato é que realmente havia um histórico dentro do próprio regime militar de que para ser presidente da República era indispensável ter a quarta estrela, por se tratar de uma questão hierárquica. Isso já havia ocorrido em relação ao general Albuquerque Lima na sucessão de Costa e Silva.[35] Era um precedente perigoso e que poderia ser utilizado no momento certo para neutralizar a candidatura. Convinha evitar tal situação.

O raciocínio subjacente era simplista: como o presidente da República é o comandante supremo das Forças Armadas, todos os demais oficiais estariam a ele subordinados e, portanto, no caso de o presidente ser um militar, deveria ter a patente máxima do Exército (general de Exército).

Dessa forma, os generais de quatro estrelas (general de Exército) não estariam hierarquicamente subordinados a um general de três estrelas (general de divisão). Isso também evitaria o constrangimento de esses oficiais terem que "bater continência para baixo", em expressão consagrada durante a sucessão do presidente Costa e Silva.

A situação não era exatamente tranquila. A ascensão de Figueiredo precisava ser feita de maneira cautelosa. O ônus do tempo (já que Figueiredo deveria obter a quarta estrela antes de ir para a reserva do Exército e antes da eleição que seria realizada em novembro de 1978) poderia acarretar problemas para o êxito da promoção pretendida, sobretudo em virtude de preterições à antiguidade, tema que ainda era considerado um grande tabu na caserna.

O general Figueiredo era o quinto colocado na lista de generais de três estrelas que concorriam a general de Exército. Uma manobra de ultrapassagem atabalhoada, desrespeitando de forma flagrante a antiguidade, poderia repercutir muito mal dentro do corpo de oficiais do Exército, abalando o próprio prestígio do Alto Comando.

Convinha, assim, muito cuidado.

Aproveitando-se do aspecto formal das promoções e da tradicional ordem de antiguidade estabelecida pelo Almanaque do Exército, o general Hugo Abreu (demissionário do Gabinete Militar da Presidência) repercutia a questão na imprensa, tentando desgastar a imagem do governo na hipótese de uma futura promoção de Figueiredo, ao afirmar a jornalistas que tal promoção não seria "tecnicamente possível".[36]

Em entrevista ao jornal *Folha de S.Paulo*, cuja manchete era "Figueiredo não terá a quarta estrela", o general Hugo Abreu se mostrava categórico: "O general a ser promovido será, na minha opinião, o Serpa Louro[37] e os outros dois da lista a ser apresentada ao presidente serão os generais [Ernani] Ayrosa e Walter Pires [de Carvalho de Albuquerque], que não podem ficar de fora. Para o Figueiredo receber a quarta estrela teria que passar por cima de cinco outros generais, numa indicação política que desmoralizaria o Alto Comando. Em julho não há vagas e em novembro ele já será presidente."[38]

Na realidade, Hugo Abreu tentava atingir duas frentes ao mesmo tempo. Ao afirmar ser "tecnicamente" impossível, a promoção de Figueiredo deixava o Alto Comando em uma situação delicada pois, caso fosse imposta pelo Planalto, significaria a sua desmoralização. Também colocava a Presidência da República em situação embaraçosa, tentando caracterizar uma pressão indevida ao Alto Comando na futura análise da promoção do general Figueiredo.

Dificilmente haveria melhor jogada em termos estratégicos. As declarações à imprensa de Hugo Abreu pressionavam tanto o Planalto (em não tentar a manobra) como o Alto Comando (em não a aceitar). Era um lance hábil que de forma sutil tentava colocar simultaneamente na berlinda os dois lados envolvidos na questão, criando uma aparente tensão entre as partes, capaz de por si só inviabilizar a promoção de Figueiredo.

Tiro na água.

O Almanaque do Exército era rígido, mas havia brechas que poderiam ser exploradas para tornar a promoção de Figueiredo aderente aos preceitos legais que regiam a questão. Tecnicamente, Figueiredo estava na posição de "agregado", já que ocupava a posição de ministro chefe do SNI e não ocuparia efetivamente a vaga.

Paralelamente, ao se colocar o general Arnaldo Calderari na presidência da Indústria de Material Bélico do Brasil (Imbel), à época estatal ligada diretamente ao Exército, foi aberta mais uma vaga à promoção a general de Exército.[39] Como Hugo Abreu, em função das divergências públicas com o governo, certamente não seria promovido e tal fato não causaria grande comoção no Exército, o caminho para Figueiredo estava praticamente sedimentado.

Quando o Alto Comando encaminhou a lista de promoções ao presidente Geisel, o general Figueiredo a encabeçava.[40] Foi uma decisão rara no meio castrense, carregada de simbolismo e conteúdo político. Em realidade, o colegiado de generais oferecia "um simbólico endosso ao processo sucessório insculpido por Geisel".[41]

ELEIÇÃO DE UM SÓ ELEITOR

O próprio Geisel, em suas reminiscências, se referia assim à indicação de Figueiredo no topo da lista das promoções: "Manobraram no Alto Comando e ele [Figueiredo] veio na cabeça da lista. Foi promovido."[42] Esquecia-se apenas de citar que o Palácio do Planalto fez saber ao Alto Comando que "tal deferência seria recebida com extrema simpatia pelo Gabinete Presidencial".[43]

Embora rara, a decisão não causou grande surpresa. O próprio Geisel também havia passado a frente de outros generais mais antigos na promoção a general de Exército.[44] Naquele momento, a indicação de Figueiredo como primeiro nome na lista de promoções refletia fielmente o predomínio do presidente Geisel sobre a cúpula militar e o fortalecimento da sua autoridade dentro do Exército.[45]

Foram promovidos à patente de general de Exército os oficiais João Figueiredo, Serpa Louro e Walter Pires. Além de Hugo Abreu, acabou preterido também o general Ernani Ayrosa, oficial mais antigo que Figueiredo na data da promoção.

Escaldado devido às recentes crises militares e cauteloso quanto a não ferir suscetibilidades em um momento tão delicado para o processo sucessório, Geisel convocou o general Ayrosa a fim de lhe explicar pessoalmente os critérios adotados para a promoção.

Ao iniciar a audiência, o presidente Geisel ouviu do próprio oficial que não havia necessidade de quaisquer explicações, mas fez questão de pontuar: "Você é general, o Figueiredo vai ser presidente da República, você é o número um agora. Você não foi preterido, porque ele vai passar para a reserva e vai embora."[46]

Após a rápida entrevista, embarcaram juntos no carro presidencial para o tradicional almoço no qual os oficiais-generais homenageavam o presidente da República em virtude do aniversário de instauração do regime militar.

Não haveria maiores turbulências na preterição do general Ayrosa, que aparentemente compreendeu que a questão da promoção se inseria em um contexto muito mais amplo. Figueiredo teria a quarta estrela, tornando-se general de Exército antes da eleição presidencial de novembro.

Um dos entraves de maior relevância à sucessão presidencial havia sido ultrapassado, com sobras, graças a Geisel.

Durante a Presidência da República, a patente acabou sendo irrelevante e pouco notada, salvo por um comentário feito por Deng Xiaoping, secretário-geral do Partido Comunista chinês, no encontro que teve com Figueiredo na China, em 1984.[47] Xiaoping destacou expressamente a patente ostentada pelo presidente brasileiro durante o encontro realizado entre os dois líderes.

Curiosamente, no anúncio fúnebre que lamentava o falecimento de Figueiredo e informava sobre a sua missa de sétimo dia, veiculado pelo Exército em jornais de grande circulação, foi destacada acima do seu nome a patente de general de Exército, e não a sua condição de ex-presidente da República.[48]

Dissidência civil na Arena

O senador José de Magalhães Pinto sonhava em ser presidente da República desde antes da instauração do regime militar. Como bom mineiro, seu perfil era moderado, articulando-se "à esquerda e à direita".[49] Era um conciliador nato. Havia sido governador de Minas Gerais durante o governo João Goulart e era o dono do Banco Nacional, um dos maiores do país à época. Como ministro das Relações Exteriores de Costa e Silva acabou signatário do AI-5.

Em função de sua idade, pressentia que aquela talvez fosse a sua última chance de concorrer à Presidência da República. Sua biografia assim o permitia. Então, sonhava alto. Acalentava o desejo havia muito tempo e não capitularia facilmente diante da imposição da candidatura de Figueiredo.

Assim, comportava-se como "candidato a candidato", como se houvesse uma disputa em aberto pelo posto de representante da Arena nas eleições que seriam realizadas em 15 de outubro de 1978. Não havia, e ele sabia disso. Inicialmente, preferiu ignorar os fatos de maneira deliberada.

ELEIÇÃO DE UM SÓ ELEITOR

Vivia uma ilusão. Assim, até setembro de 1977, afirmava esperar do presidente Geisel apoio à sua candidatura. Era melhor aguardar sentado. O improvável apoio jamais viria.

Na tentativa de demonstrar fôlego da sua pretensa candidatura peregrinava pelo país, prestando-se a todo tipo de atividade de caráter eleitoral: concedia entrevistas a rádios locais, aceitava convites para ser paraninfo de formaturas e recebia as mais variadas homenagens em câmaras municipais.[50] Valia tudo naquele momento. Chegou até mesmo a propor um improvável debate na televisão com o general Figueiredo, ao arrepio da vigência da Lei Falcão (que havia limitado bastante a propaganda eleitoral no Brasil desde as eleições realizadas em 1976).

Justificava a existência de sua candidatura na legitimação do próprio regime, que se autoproclamava democrático. Então, nada melhor do que uma disputa de ideias amparada em um amplo debate para assim escolher o melhor candidato. Na Arena, não havia o menor espaço para uma dissidência civil arregimentada ao arrepio do projeto de continuidade de Geisel.

Empurrado pelas circunstâncias, cogitou mudar de partido e ir buscar espaço no Movimento Democrático Brasileiro (MDB), apoiado nos votos da oposição e em uma eventual dissidência dentro da Arena capaz de transferir votos que a princípio iriam para a candidatura oficial. Esse era o único meio capaz de tornar viável a sua candidatura à Presidência.

Como Magalhães Pinto acreditava que o instituto da fidelidade partidária não poderia ser aplicado à votação do Colégio Eleitoral que definiria o próximo presidente, o senador mineiro imaginava que partindo desse pressuposto haveria arenistas dispostos à dissidência, e, pessoalmente, estava disposto a trocar de lado e embarcar numa candidatura oposicionista.[51]

Não foi possível. O MDB não lhe abriu espaço e, em um contexto de viabilidade (ainda que remota) de uma candidatura de oposição, o partido optara por aquela que lhe apresentava maiores chances de êxito: a candidatura do general da reserva Euler Bentes Monteiro, representando (ao menos em tese) uma dissidência militar.

Apesar de todos os esforços de Magalhães Pinto, sua iniciativa não deu certo e a candidatura não decolou.

Em realidade, a entrada de Euler na disputa "desidratou"[52] a candidatura de Magalhães Pinto, retirando-lhe, com uma só tacada, não apenas a base militar que não simpatizava com a candidatura de Figueiredo, como também a legenda do MDB. Assim, a candidatura restava inviabilizada — sem um partido pelo qual pudesse se apresentar como candidato não havia como o senador disputar a eleição de acordo com as regras eleitorais vigentes.

Ainda que tivesse uma sólida base política em seu estado e o general Euler fosse considerado um *outsider* na seara política, isso pouco acrescentava naquele momento. Faltava-lhe uma legenda pela qual pudesse participar da disputa.

Fim da linha.

A Magalhães Pinto restava assim embarcar na candidatura oposicionista, hipótese que o general Hugo Abreu (principal articulador da candidatura Euler) se empenhava pessoalmente em viabilizar, ou permanecer na Arena e resignar-se ao "infortúnio" de seu destino, candidatando-se a algum outro cargo eletivo diferente da Presidência da República.

O general Hugo Abreu apostava todas as suas fichas no apoio de Magalhães Pinto à candidatura do general Euler, mas, apesar de todos os seus esforços, tal apoio acabou não se confirmando, como o general bem descreve em suas memórias sobre aquele período:

> Minha preocupação era conseguir acertar o problema do Magalhães Pinto. Tinha consciência da importância do seu apoio para o êxito da candidatura Euler. Parecia-me que não seria tão difícil mostrar ao senador que ele não teria a menor chance de chegar pessoalmente à Presidência da República, mas poderia influir decisivamente no problema sucessório, caso se unisse a Euler. Por estranho que pareça, o que me era tão claro, não era visto da mesma maneira tanto pelo pessoal que cercava Euler quanto pela equipe de Magalhães Pinto.

ELEIÇÃO DE UM SÓ ELEITOR

Nessas condições, todo o meu exaustivo esforço para unir os dois sob a mesma bandeira acabou sendo inócuo.[53]

Em realidade, a carta que Hugo Abreu considerava decisiva para equilibrar o jogo eleitoral nunca esteve no baralho. Magalhães Pinto jamais considerou de verdade a possibilidade de ser candidato a vice-presidente em uma chapa encabeçada por Euler Bentes.[54]

Dotado de um caráter apaziguador, o senador mineiro não foi para o confronto com o grupo do Planalto que apoiava a candidatura do ex-chefe do SNI à Presidência. Assim, após alguma relutância acabou aceitando se encontrar pessoalmente com Figueiredo, primeiro de maneira reservada e, posteriormente, em um encontro com conhecimento da imprensa e costurado de maneira pública.

Após avistar-se com Figueiredo, aceitou o apelo deste para se candidatar a deputado federal por Minas Gerais pela Arena. Embora não declarasse apoio formal à candidatura de Figueiredo, alegando que deveria se manter coerente à premissa sistematicamente defendida por ele próprio de que aquele era o momento de "uma alternativa civil", o fato era que Magalhães Pinto capitulara.

O apoio formal a Figueiredo tinha um simbolismo que naquele momento pouco significava. Durante todo o processo, o senador Magalhães Pinto poderia ter adotado ou deixado de adotar posturas que potencialmente poderiam atrapalhar a candidatura de Figueiredo. Não fez nenhuma das duas coisas. Pelo contrário. Quando não apoiou nenhuma das candidaturas, enfraqueceu a candidatura Euler, negando-lhe um apoio que poderia ter sido significativo.

De maneira semelhante, ao aceitar se candidatar a deputado federal pela Arena, mostrou que, embora reticente e um tanto quanto decepcionado pela imposição do nome de Figueiredo, ainda jogava no time do governo em vez de optar por abandonar o barco.

Assim, pouco significado teve a leitura de um manifesto de sua autoria que, um tanto quanto contraditório, queria fazer o grande público acreditar que ainda se considerava uma alternativa civil à

Presidência da República[55] mesmo aceitando a candidatura a deputado federal. Palavras ao vento.

Àquela altura, para se efetivar como a tal "alternativa civil", Magalhães Pinto necessitava da aprovação de um projeto em tramitação no Congresso Nacional que permitiria candidaturas avulsas à Presidência mediante a coleta de assinaturas equivalentes a 1% do eleitorado nacional.[56]

Tal aprovação, contudo, era extremamente remota naquele momento. O senador mineiro sabia disso. Manteve um discurso que tinha forma, mas era desprovido de conteúdo. A coerência que buscava manter na teoria era dissociada dos fatos. Completamente.

A dúbia declaração de Magalhães Pinto à imprensa após o seu encontro com Figueiredo deu o tom melancólico do fim de suas aspirações presidenciais: "Não seria normal apoiar o general Euler, que é do MDB, mas poderia ser normal apoiar o general Figueiredo, que é candidato da Arena."[57] Assim, manteve-se firme no propósito de não apoiar expressamente a candidatura de Figueiredo. Contudo, depois de tal declaração, não havia mais a menor necessidade de nenhum apoio explícito.

Tudo já havia sido dito, apesar das poucas palavras.

A candidatura oficial se impõe

Ao longo de 1977, o general Figueiredo foi sistematicamente apontado pela imprensa como o candidato favorito do Palácio do Planalto. Figueiredo adotava um comportamento discreto, bem apropriado às circunstâncias, mantendo-se sabiamente em compasso de espera. Recusava-se a comentar o assunto e, salvo por uma rápida entrevista na saída de uma missa em Brasília, na qual reconhecera pela primeira e única vez a possibilidade de ser candidato, em regra não a admitia.

Ao começarem a ser ventiladas na imprensa as especulações sobre o seu nome como o mais forte candidato a ser o próximo presidente da República, teria confidenciado a interlocutores próximos: "só vou empurrado."[58]

ELEIÇÃO DE UM SÓ ELEITOR

Até o momento de receber o convite, Figueiredo mantinha-se reticente, afirmando que toda e qualquer especulação em relação ao seu nome era realizada à sua revelia, e que a condução do processo sucessório era de competência exclusiva do presidente da República. Ao adotar essa postura, Figueiredo cumpria à risca o ritual sucessório delineado por Geisel, que em algumas ocasiões (inclusive em solenidades formais) havia declarado que só admitiria tratar do processo sucessório em janeiro de 1978.

Muito havia de encenação nesse processo. O próprio Humberto Barreto, tido como uma das pessoas mais próximas ao então presidente Geisel, já havia anunciado à imprensa a candidatura de Figueiredo em julho de 1977, ainda na linha de conter o avanço político da candidatura Frota no Congresso Nacional.

Como Humberto não foi desautorizado publicamente pelo presidente Geisel, a candidatura continuou a ser urdida de forma silenciosa e eficiente, nos bastidores do poder em Brasília. Mais ainda: parecia que Geisel havia tacitamente endossado aquela declaração.

Era verdade.

A largada na grande imprensa se deu por meio do aludido Pacote de Julho, quando reportagens começaram a enfatizar os mais diversos aspectos da vida pessoal do então "candidato a candidato". Assim, sob um múltiplo enfoque, foram abordados aspectos da vida pessoal de Figueiredo, como a casa onde vivera a infância, a professora primária, o aluno brilhante que sempre fora durante toda a instrução militar e até mesmo os versos que escrevera ao filho de um soldado que serviu sob suas ordens.[59]

Era uma faceta de Figueiredo que pouquíssimas pessoas conheciam.

Com a derrocada definitiva do general Frota após a sua exoneração, em 12 de outubro de 1977, a candidatura deslanchou de vez. Geisel, embora praticamente decidido, começava a testar o nome de Figueiredo, até para avaliar a repercussão de sua futura escolha nos meios civil e militar. Sempre elogiava de forma sutil as qualidades do provável futuro presidente e enfatizava sua capacidade de consolidar a abertura política que havia sido iniciada em seu próprio governo.[60]

Após esse período de sondagens e avaliações, o convite finalmente foi formalizado nos últimos dias de 1977. Era a "coreografia" da sucessão daquele regime de exceção. Na realidade, ambos cumpriam um ritual cuidadosamente encenado, cujo desfecho era previsível.

A versão que passou à história foi de que, ao ser informado, Figueiredo respondeu que, caso se tratasse de um mero *convite*, recusaria. Como lhe foi dito, em resposta, de que se tratava de uma *missão*, aceitou-a a contragosto.[61]

Era a "coreografia" da sucessão daquele regime de exceção. Na realidade, ambos cumpriam um ritual cuidadosamente encenado, cujo desfecho era previsível.

Embora demonstrasse dissimulada contrariedade ao receber o convite, em seu íntimo Figueiredo logo pensou em sua família, acreditando que sua esposa e seus filhos ficariam felizes quando soubessem da confirmação da notícia. Ao comunicar a "novidade", seu pressentimento revelou-se correto: sua família ficou exultante.[62]

Dessa forma, no início de 1978, surgia oficialmente o candidato Figueiredo, postulante ao posto de mandatário máximo do país pelos seis anos seguintes, contados a partir de março de 1979.

Naquele momento, a oficialização da candidatura não significava nenhuma surpresa digna de nota, nem representava nenhuma novidade instigante. Era a revelação de um "segredo" do qual todos já sabiam.

Como oficial blindado ora pela natureza dos cargos que ocupara, ora pela trama urdida para levá-lo à Presidência da República, Figueiredo esteve protegido a maior parte do tempo da imprensa e de suas perguntas pouco convenientes. Pela natureza dos cargos que ocupara anteriormente, Figueiredo "ouvia muito, quase nada falava".[63]

Dali por diante, no entanto, tudo seria diferente. O regime já havia iniciado a sua distensão e a censura começava a ser abrandada. Pior para Figueiredo. Como candidato à Presidência da República, não haveria mais como blindá-lo, e o general teria necessariamente que se expor ao público. A dúvida era se o seu temperamento explosivo resistiria a esse duro teste.

ELEIÇÃO DE UM SÓ ELEITOR

O general candidato reconhecia que na condição de chefe do SNI mantinha certa carranca, e também confessava que inicialmente não se sentia plenamente confortável com a exposição que a candidatura lhe impunha, sobretudo em função do nítido contraste com a natureza da sua função anterior, como o próprio Figueiredo admitia: "Vocês imaginam um passarinho fechado numa gaiola, durante oito anos. Depois, de repente, abre-se a porta da gaiola, para o passarinho voar. Como é que vocês acham que ele pode voar logo que readquire a liberdade? Sai às tontas, sem rumo, desacostumado."[64]

Mais do que a curta distância que separava o hotel Aracoara, que sediava o seu escritório eleitoral, do Palácio do Planalto, o instável temperamento de Figueiredo seria o principal obstáculo a distanciar o general da Presidência da República. Além do reconhecido pavio curto, o general candidato tinha também aversão a jornalistas e políticos,[65] justamente os dois segmentos com que mais teria de interagir em sua nova fase como aspirante ao cargo máximo da República.

Tudo indicava que aquela não seria uma jornada exatamente tranquila e despida de percalços. O primeiro grande teste seria diante de jornalistas, e esse primeiro evento ajudou a revelar ao Brasil quem de fato era Figueiredo e o que realmente se passava pela sua cabeça.

Assim, o futuro presidente do Brasil quase colocou tudo a perder.

Em uma longa entrevista exclusiva ao jornal *Folha de S.Paulo*, Figueiredo falou de tudo um pouco. De maneira direta e sem hesitações (até porque o general inicialmente imaginava que se tratava de uma conversa informal, cujo conteúdo não seria objeto de uma publicação),[66] declarou que não havia democracia plena; que o povo brasileiro não sabia votar; que não existia opinião pública; e que os empresários não queriam privatizações, mas receber as empresas públicas como doação.[67]

A entrevista evoluiu na linha sobre o conceito de democracia, abordando a experiência de outros países, como a França e a Inglaterra. Naquele momento, algumas respostas tornaram-se lendárias, como esta, sobre os senadores biônicos: "O que é que tem nomear um terço do Senado, a rainha da Inglaterra não nomeia toda a Câmara dos

Lordes?"[68] Ainda sobre democracia e eleições, o candidato perguntava, um tanto quanto sarcástico: "Me digam: o povo está preparado para votar?"[69]

Como era de esperar, a repercussão da entrevista foi péssima, desgastando politicamente a candidatura que ainda tentava se consolidar perante a opinião pública. O próprio Figueiredo chegou a pensar em desistir da candidatura em função da repercussão negativa, e foi aconselhado por Antônio Carlos Magalhães a negar o seu conteúdo.[70]

Não fez uma coisa nem outra.

A entrevista acabou por ganhar o Prêmio Esso de Jornalismo em 1978. A justificativa da premiação curiosamente trazia um prenúncio de como seria o general Figueiredo no exercício da Presidência da República: "A paciente reconstituição de uma longa entrevista do general João Baptista Figueiredo, à época candidato do regime à sucessão presidencial, e que proibia que suas palavras fossem gravadas ou anotadas, revelou à Nação o linguajar, as ideias e o temperamento do futuro presidente, em tudo diferentes da propalada imagem oficial."[71]

Essa entrevista e outras declarações que se seguiram demonstravam claramente algo que o entorno mais próximo de Geisel sabia, mas naquela época fingia desconhecer: Figueiredo era melhor ouvindo do que falando. Era nítida a sua impaciência em relação à imprensa, sobretudo quando abordados temas sobre os quais já havia se manifestado em ocasiões anteriores.

Certa vez, ao ser indagado por um repórter sobre "quando começaria a organizar o seu futuro ministério", e um tanto quanto fatigado por ter que falar várias vezes sobre o mesmo assunto, o general candidato respondeu de forma ríspida: "Quando eu quiser."[72]

Era o melhor prenúncio do que estava por vir em um futuro não muito distante.

Como ministro chefe do SNI, a importância estratégica de Figueiredo não tinha a ver com o que ele dizia ou pensava, mas, antes, com o que sabia. Ao ser alçado do cargo de ministro a candidato a presidente, Figueiredo era um curioso caso de aspirante ao cargo de mandatário máximo do país que não se fortalecia por suas propostas, mas pelo conhecimento adquirido na época em que dirigia o SNI.

ELEIÇÃO DE UM SÓ ELEITOR

Sua candidatura ainda representava um importante e significativo elo com o passado, pois tudo indicava que caso se elegesse presidente traria de volta figuras influentes do governo Médici que haviam permanecido no ostracismo durante o período Geisel. Era realmente o "articulador entre os contrários" e demonstraria isso de forma cabal ao montar o seu ministério após eleito.

E assim foi. Um pouco enrolado em suas polêmicas declarações, estratégico em seu conhecimento acumulado e "costurando o passado ao futuro",[73] Figueiredo foi viabilizando a candidatura, sempre com alguns "tropeções" em algumas das suas declarações à imprensa.

Consagrado pela convenção da Arena, com 775 votos em um universo de 802 votos válidos (houve ainda 25 votos brancos e 2 votos nulos),[74] uma de suas primeiras declarações após a formalização da candidatura dava o tom no qual a campanha iria se desenrolar: "Soldado, recebo a indicação como missão."[75] Bem ao gosto de Geisel.

Para cumprir as exigências da legislação eleitoral, Figueiredo teve de se desincompatibilizar do cargo em 15 de junho de 1978. Após mais de oito anos ininterruptos ocupando um gabinete no Palácio do Planalto, o general passaria a ocupar dois escritórios: o último andar do hotel Aracoara, em Brasília, e um gabinete no prédio do Serviço Nacional de Aprendizagem Industrial (Senai), na Zona Norte do Rio de Janeiro, que serviria de base à sua campanha eleitoral na cidade. Também teria de deixar a Granja do Torto, sua residência desde os tempos do governo Médici, e se instalaria provisoriamente em outra residência com características campestres, a Chácara Karina, de propriedade de um ex-ministro do Tribunal de Contas da União (TCU).[76]

Embora com o resultado praticamente assegurado, Figueiredo passaria a cumprir verdadeira agenda de candidato, cruzando o Brasil em uma pequena aeronave para visitar inúmeras cidades pelos quatro cantos do país.

Formalizada a sua candidatura, o general candidato ainda teria ainda uma longa jornada até a eleição a ser realizada em 15 de novembro de 1978.

Euler, a oposição militar

Em 1978, o general Euler Bentes Monteiro se encontrava precocemente na reserva do Exército. Oficial cuja especialidade era a engenharia, acabou se beneficiando de uma época na qual essa Arma era dotada de uma progressão mais rápida na carreira militar e assim conseguiu ascender à patente de coronel ultrapassando oficiais de cinco turmas anteriores à sua.[77] Dessa forma, teve uma ascensão rápida na carreira, como os preceitos legais vigentes à época permitiam.

Homem de convicções firmes na seara econômica, era adepto à linha "nacional-desenvolvimentista",[78] um dos traços mais conhecidos do seu pensamento em nível ideológico.

O general não tinha traços de um típico político. Longe disso. Era formal no trato pessoal (inclusive no relacionamento com a imprensa), não falava bem em público e não se mostrava nem um pouco arrojado. Faltava-lhe ousadia, qualidade que futuramente faria muita falta a alguém que pleiteava ser a alternativa da oposição nas polarizadas eleições que ocorriam durante o regime militar. Magro e fumante inveterado, também pairavam dúvidas sobre se a sua saúde resistiria à pressão do cargo a que aspirava.

Por outro lado, sua carreira no serviço militar ativo credenciava-o a disputar a Presidência da República. Participara do Alto Comando do Exército até março de 1977, era tido como um competente administrador e gozava da estima dos demais oficiais daquela arma, sendo considerado um oficial de "inatacável honestidade e vida particular exemplar".[79]

Não era um revolucionário "de primeira hora", como denominados os militares que apoiaram a quebra de legalidade de 1964. Não aderiu ao movimento desde o início e jamais tomou parte em indisciplinas militares. Era comedido por natureza. Desconheciam-se declarações radicais de sua autoria.

Na reserva desde março de 1977, rumores davam conta de que fora convidado para ser vice-presidente em uma eventual chapa de Magalhães Pinto, mas não admitia sequer ter ouvido sondagens.[80] Caso fosse convidado, era direto: "Não aceitaria."[81]

ELEIÇÃO DE UM SÓ ELEITOR

Era bem-comportado. Até demais. Em suas declarações públicas, jamais criticou abertamente o presidente Geisel (em realidade, sempre teve amizade com os irmãos Geisel e só obteve a quarta estrela na patente de general após Geisel assumir a Presidência, em 1974).[82]

Em janeiro de 1978, em longa entrevista a jornalistas, nem ao menos admitia se envolver diretamente no processo sucessório. Nessa mesma entrevista, deu um voto de confiança ao presidente Geisel, a quem, na sua opinião, cabia conduzir o processo de "institucionalização", que em suas palavras significava o mesmo que redemocratização.[83]

Cogitado desde a primeira hora como alternativa à sucessão de Geisel, seja na lista apresentada ao presidente por Hugo Abreu, seja na lista de potenciais presidenciáveis publicada pelo *Jornal do Brasil* ainda em 1977,[84] a postura inicial de Euler era negar qualquer intenção de ser candidato.

Contudo, o tempo passou e o general acabou cedendo aos apelos para lançar-se candidato pelo MDB. Sua candidatura foi articulada pelo grupo mais à esquerda do partido, denominado de "autênticos". O senador Roberto Saturnino se engajou pessoalmente no esforço para que o partido emplacasse seu nome como candidato, mas as figuras mais proeminentes do MDB (Ulysses Guimarães e Tancredo Neves, apenas para citar os dois principais) olhavam para a candidatura com alguma desconfiança.

Difícil era compreender suas propostas. Antes mesmo de ser candidato, defendia o retorno ao "Estado democrático de direito, sem adjetivos",[85] sabe-se lá o que isso significava exatamente. Era a favor da eleição direta, após a normalização do processo democrático — quando, não sabia ao certo: "Que seja obtido o mais rápido ou menos rápido, isto é uma questão de ansiedade, dos desejos de cada um."[86]

As suas propostas assim permeavam uma visão liberal e rápida do processo de retorno à democracia. Apoiava eleições diretas em todos os níveis já no ano de 1982, embora fosse candidato a um mandato de seis anos. Também era a favor da anistia ampla e do retorno dos exilados, embora se mostrasse contrário a anistiar presos políticos que tivessem cometido os denominados "crimes de sangue".[87] Propunha, ainda, a redução do mandato presidencial (sem ser incisivo quanto à eventual duração), a convocação de uma assembleia constituinte (sem precisar quando) aliada à pouco clara ideia de "autorreinstitucionalização"[88] e à revogação de toda a legislação excepcional (sem ser específico sobre a que exatamente se referia).

Em maio daquele ano, lançou junto com o senador Magalhães Pinto a intitulada Frente Nacional de Redemocratização (FNR). Formalizada por meio de nota conjunta assinada pelo senador e pelo general, a FNR era ambígua em seus propósitos. Ao tempo que "reafirmavam os ideais democráticos da Revolução de 1964",[89] buscavam "a volta ao Estado democrático de direito e pela livre manifestação eleitoral do povo brasileiro".[90] Por fim, clamavam pelo apoio do MDB na formação da frente.

Não daria certo.

Pouco tempo depois, a FNR viraria pó. Nas lembranças do general Hugo Abreu há uma explicação interessante sobre o principal motivo que levou à sua derrocada: "A ideia inicial da FNR era aglutinar as forças interessadas na volta do país ao regime democrático [...] Dois meses depois a Frente não conseguiu progredir [...] a Frente se perdeu pelos desentendimentos entre as suas três forças básicas, que nunca chegaram a se acertar inteiramente: Magalhães Pinto, Euler e a direção do MDB."[91]

Já a sua base militar de apoio não era nem um pouco homogênea, e o único traço a uni-la era a resistência à imposição de um candidato pelo atual governo e a pouca simpatia ao nome de Figueiredo em alguns círculos militares (porém sem maior difusão entre a oficialidade de uma maneira mais ampla).

O próprio candidato se apressava em refutar o caráter militar da sua candidatura, afirmando ser oficial da reserva e assim já ter readquirido o "status" de cidadão comum.

Apesar de afirmar que a sua candidatura não tinha viés militar, o general Hugo Abreu era o maior entusiasta de sua campanha. Ao contrário de Euler, Hugo Abreu era destemido e arrojado, mergulhando de corpo e alma na campanha presidencial. Por vezes, parecia

ELEIÇÃO DE UM SÓ ELEITOR

que ele próprio era o candidato e não Euler, tal o seu engajamento. Essa postura, que chegou a afrontar diretamente o governo Geisel, ainda lhe traria muitos prejuízos.

Esse era um apoio de peso. Desde que deixou a Casa Militar do governo Geisel, Hugo Abreu se empenhava obstinadamente para garantir o fracasso eleitoral de Figueiredo. Os seus dois livros, escritos entre 1979 e 1980, tinham outra obsessão: provar a "amoralidade e nocividade do 'Grupo do Palácio'"[92] (denominação pejorativa através da qual se referia aos seus ex-colegas do governo que deixara pouco tempo antes).

O general Hugo fazia de tudo um pouco e parecia incansável. Para atenuar um suposto apoio do presidente Médici a Figueiredo, marcou pessoalmente um encontro entre Euler e Médici, além de ter conseguido uma declaração de apoio de Roberto Médici, filho do ex-presidente, ao seu candidato.

Hugo Abreu não media esforços para arregimentar apoio. Chegou a ir pessoalmente à residência do ex-ministro Sylvio Frota para pedir--lhe uma declaração de apoio a Euler. Não era tarefa fácil, dada a situação pretérita envolvendo a demissão de Frota do cargo de ministro do Exército e da fidelidade de Hugo Abreu a Geisel naquele episódio. Contudo, o general tentou. Como era de esperar, não foi bem-sucedido. Nunca mais voltariam a se encontrar.

O empenho de Hugo Abreu contrastava com o comedimento de Euler. O episódio mais emblemático nesse sentido foi a desistência de Euler em falar a estudantes da Universidade de Brasília (UnB), em compromisso assumido anteriormente pelo próprio candidato junto ao corpo discente daquela instituição. Após ser avisado pelo reitor da universidade que tal encontro seria considerado ilegal, Euler pediu que o aviso lhe fosse enviado por escrito. Ao receber formalmente da UnB uma comunicação nesse sentido, simplesmente optou por não ir.

Essa foi uma decisão de caráter estritamente pessoal, como na época o próprio general fez questão de destacar. Ainda que oficial da reserva, Euler era demasiado bem-comportado para uma ação que ressoasse como indisciplina.

Na dúvida, não avançava.

Optara, assim, por deixar cerca de 3 mil estudantes à sua espera. Em declaração que lhe revela o perfil moderado, reafirmava o propósito de "trilhar o caminho legal vigente, por estreito e limitado que seja".[93] Esse episódio marcou negativamente a sua campanha. A foto de capa do jornal *Folha de S.Paulo* do dia seguinte, com uma multidão de estudantes de braços cruzados, dava a dimensão do prejuízo que a ausência imputara à candidatura oposicionista.

A repercussão foi péssima no MDB e os próprios estudantes decidiram formalmente retirar o apoio à sua candidatura. Nas reminiscências de Hugo Abreu: "A repercussão da desistência de Euler em comparecer ao encontro da UnB foi a pior possível. Entre os partidários de Euler, o sentimento maior era de frustração. Sentia-se que, com esse episódio, praticamente caíam por terra as últimas esperanças de vitória da oposição no Colégio Eleitoral."[94]

Não havia jeito mesmo. O perfil do general candidato era moderado, e ele definitivamente não se deixava levar por nenhum tipo de radicalismo. Tinha na disciplina um traço essencial de sua personalidade e não se permitia transcender determinados limites. Assim, "nunca atiçou radicalizações e distanciou-se das tentativas de ressurreição da tática do 'mar de lama' estimuladas por Hugo Abreu",[95] sempre escolhendo trilhar o caminho da legalidade, cujos limites eram impostos pelo próprio regime militar.

Nos momentos derradeiros da campanha, Hugo Abreu tentava de tudo. Em uma última e desesperada tentativa de virar um jogo que parecia irremediavelmente perdido, chegou a mandar cartas a oficiais da ativa contendo denúncias contra o governo, o que lhe rendeu uma prisão disciplinar por vinte dias. Era a tal tática "mar de lama" calcada na estratégia do denuncismo, última cartada para tentar fazer deslanchar a candidatura Euler.

Todo o esforço seria em vão.

Por esse comportamento um tanto quanto subserviente ao governo, sobretudo para um candidato de oposição, Euler acabou sendo criticado pelo senador Itamar Franco em termos tão enfáticos que

ELEIÇÃO DE UM SÓ ELEITOR

acabou virando manchete de capa do *Jornal do Brasil* sob o título "Euler desaponta Itamar por não fazer oposição".[96]

> O senador mineiro subia o tom das críticas, tanto para constatar que o candidato não tinha o mínimo perfil oposicionista como para criticar a sua postura durante a campanha, chegando a afirmar que Euler era mais governista que o próprio Figueiredo: [Euler] É muito enquadrado para ser candidato da oposição. Dos dois generais candidatos até parece que o nosso é que foi lançado pelo governo. O outro, pelo menos de vez em quando tem arroubos oposicionistas. [...] Qual é, por exemplo, a contribuição dele na nossa campanha eleitoral? Onde se encontram os dissidentes arenistas que os seus assessores disseram ter? Onde se encontra o irresistível apoio militar que anunciavam?[97]

Itamar realmente tinha razão. Enquanto Euler prometia mudanças, mas desconversava sobre os prazos ou os previa em longos três anos, Figueiredo mostrava-se muito mais arrojado, e como um verdadeiro candidato em campanha afirmava que com ele as reformas seriam "para depois de amanhã".[98]

Retórica de candidato ou não, o fato é que, ao contrário de Figueiredo, Euler não parecia sequer ter vontade de fazer o jogo típico de uma campanha eleitoral. A síntese de Itamar prenunciava o fracasso de sua candidatura. Sem crise militar, seus apoios se resumiam àqueles oficiais muito descontentes com o governo ou que tinham alguma restrição pessoal em relação a Figueiredo. Não era um contingente significativo. E eram poucos os que estavam dispostos a se "queimar" com o governo para embarcar explicitamente numa iniciativa na qual o próprio candidato parecia pouco entusiasmado.

As críticas públicas de Itamar Franco demonstravam que o comportamento um tanto quanto omisso de Euler durante a campanha não empolgava nem o próprio MDB. Logo, seria muito improvável que a sua candidatura fosse capaz de arregimentar um contingente significativo de dissidentes dentro da Arena, sobretudo dadas as circunstâncias da campanha e a pressão exercida pelo Planalto sobre os parlamentares de sua base de apoio.

Diante de circunstâncias tão adversas, não havia mesmo como dar certo.

E não deu.

Vitória de Geisel

A candidatura Euler chegou ao pleito de 15 de outubro de 1978 se arrastando. Boatos davam conta de que o candidato iria desistir. O MDB estava dividido entre o grupo dos "autênticos", que apoiou a candidatura, e o grupo dos "moderados", que a encarava com desconfiança cada vez menos disfarçada.

Para agravar ainda mais o quadro, o general Hugo Abreu havia sido preso disciplinarmente por vinte dias pouco antes da data da eleição, em virtude de suas cartas contendo toda espécie de denuncismo, enviadas a oficiais de diversas patentes.

O panorama era completamente desolador.

A comissão executiva do MDB optou por manter a candidatura (havia forte pressão de uma ala do partido pela desistência) que já se sabia de antemão derrotada, cedendo aos apelos do próprio Euler, que bradava no linguajar militar (mas sem aparentar muito entusiasmo) que "não é hora para desistir, seria uma deserção".[99]

Em um de seus raros arroubos verbais durante toda a campanha, Euler fez o derradeiro desabafo em discurso no Senado um dia antes da eleição: "Uma nação de 120 milhões de pessoas não pode ser governada por um presidente escolhido por um único brasileiro e referendado por mais alguns poucos."[100]

Tarde demais para lamentar.

O discurso serviu apenas para arrefecer os ânimos dentro do MDB — alguns setores que, a despeito da decisão da executiva do partido, ainda continuavam a defender a renúncia da candidatura. Pelo menos esse discurso "reabilitou" o general diante dos oposicionistas, que esperavam dele uma linguagem mais incisiva e um maior comprometimento com a campanha.

De fato, a influência do ainda presidente Geisel na eleição de seu sucessor foi decisiva, como relata o diplomata Carlos Átila, que testemunhou aquele período:

> [Geisel] tinha conseguido domar os "bolsões radicais" na expressão cunhada por ele mesmo. Com base na força de comando que demonstrou nesses episódios, havia conseguido fazer o Figueiredo presidente. Impôs o nome dele ao Congresso. Assisti pessoalmente, como adjunto do Ludwig, ao Geisel receber em seu gabinete no Planalto líderes e dirigentes do partido do governo, a antiga Arena, e, de pé, diante de todos, lhes dizer — ou melhor, comunicar, ordenar — que o candidato deles era o Figueiredo. Falou, de dedo em riste, que a missão deles era fazer o partido consagrar candidato a elegê-lo. Vi ali um comandante dando ordem a seus comandados: ratifiquem este nome, e ponto final.[101]

Assim, em clima de "jogo-jogado", o Colégio Eleitoral se reuniu no dia 15 de outubro de 1978 para definir quem seria o próximo presidente do Brasil. Pela sétima vez, um brasileiro seria escolhido presidente da República pela via indireta. Não se esperava nenhuma surpresa naquele pleito.

Em uma eleição morna, prevaleceu todo o esforço do presidente Geisel e de seu grupo político nas articulações anteriores à eleição, e o resultado foi tranquilo: Figueiredo amealhou 355 votos ante os 226 votos obtidos por Euler Bentes.

Em comparação com o pleito anterior, não foi um resultado expressivo. Em 1973, o general Geisel alcançara 84% do total de votos do Colégio Eleitoral frente à "anticandidatura" de Ulysses Guimarães. Figueiredo ficou com 61%, percentual significativamente inferior ao obtido por seu antecessor.

Contudo, a frieza dos números não traduz o tamanho daquela vitória. Se comparada à tranquila sucessão de Médici, a tumultuada sucessão de Geisel (sobretudo no âmbito militar) obteve um resultado eleitoral que pode ser considerado bastante positivo. O importante era eleger o sucessor e garantir a continuidade do processo de abertura política. Esse objetivo foi conseguido com sobras, apesar do caminho acidentado.

Assim, superados todos os percalços, o general João Baptista Figueiredo terminava aquela atribulada jornada eleito presidente do Brasil. Seu mandato teria duração de seis anos (um a mais que o mandato de seu antecessor), começando em março de 1979 e se estendendo até março de 1985.

Vitória de Geisel.

Capítulo 2

Movimentos iniciais

Um ministério entre os contrários

Após ser eleito, Figueiredo teria pela frente cinco meses para organizar a formação de seu governo. A sua disposição estaria um andar do prédio do Banco do Brasil em Brasília, onde seriam concentrados os trabalhos da transição e de onde Figueiredo passaria a despachar até se tornar o 30º brasileiro a ocupar a Presidência da República.

Naqueles breves cinco meses, o país passaria por uma revolução silenciosa. Como noticiava o *Jornal do Brasil*, o réveillon de 1978 traria uma novidade que mudaria por completo a vida política nacional: "Regime do AI-5 acaba à meia-noite de hoje"[1] era a manchete de capa do jornal carioca, que logo abaixo enumerava resumidamente o que efetivamente mudava com a extinção do Ato.

A revogação da legislação excepcional representava mais um passo no processo de abertura política, sendo que poderia ser considerado o último grande passo nesse sentido dado durante o governo Geisel.

A partir daquele momento, o protagonismo no processo e os lances seguintes caberiam a Figueiredo.

Tendo como premissa esse novo ciclo do regime militar após o AI-5, Figueiredo buscava formar a sua equipe de governo. O futuro presidente sabia que governaria um país em condições completamente diferentes do seu antecessor, sobretudo em função dos poderes de que disporia para enfrentar situações adversas.

A princípio, parecia que a marca principal da formação do ministério civil do novo governo seria a continuidade. A começar pela figura central do governo Geisel, o poderoso Golbery do Couto e Silva, que permaneceria no cargo de ministro chefe do Gabinete Civil, exatamente a posição que ocupava no governo anterior.

A perspectiva da manutenção de Golbery transmitia a ideia fundamental de que o processo de abertura política continuaria em essência a ser aquele moldado pelo presidente Geisel. Assim, havia duas premissas postas sobre a mesa: a primeira delas é que o processo continuaria a ser lento, gradual e sujeito a avanços e recuos, dependendo das condições concretas e reações que suscitasse. A outra era simplesmente que o processo seria forçosamente concluído, não admitindo retrocessos ou mudança de rumos.

Já na área econômica, Mário Henrique Simonsen relutava em permanecer no governo (havia sido ministro da Fazenda durante a administração Geisel), mas Figueiredo insistia em sua permanência. A situação chegou a tal ponto de dubiedade que foi apelidada pela imprensa de "questão Simonsen".[2]

Em realidade, Simonsen até aceitava ficar no ministério do novo governo, mas queria concentrar poderes para ditar as principais diretrizes da política econômica do país. Em suas aspirações, migraria da Fazenda para uma nova área do Planejamento, muito mais robusta em comparação ao governo anterior.

Talvez a "questão Simonsen" tenha sido o maior entrave à formação do núcleo central do ministério de Figueiredo. No entanto, após algumas reuniões e muitas especulações, o martelo foi batido em janeiro de 1979. Simonsen permaneceria e seria o novo superministro do Planejamento, concentrando amplos poderes em suas mãos.

MOVIMENTOS INICIAIS

A manutenção de Simonsen e Golbery fechava o "primeiro círculo"[3] do governo Figueiredo. Seriam as duas figuras centrais do ministério. Indicavam um alinhamento direto em relação aos desígnios do governo anterior, como bem pontuava a revista *Veja*: "A composição dos postos já distribuídos indica claramente que Figueiredo tem a intenção de reunir os melhores funcionários dos dois últimos governos. Porém a definição dos postos chaves, em mãos de Golbery e Mário Henrique Simonsen, revela que o primeiro compromisso do futuro governo — ao menos no início do mandato — é com a continuidade do governo Geisel."[4]

Somava-se a essa dupla outro articulador de peso também ligado a Geisel. Assim, a pasta da Justiça seria assumida por Petrônio Portella (líder do governo Geisel na Câmara), àquela altura considerado "o político civil mais prestigiado do país".[5] Ao lado de Golbery, teria um papel relevante na articulação política do governo, sobretudo em temas sensíveis e estratégicos para o processo de abertura, como a anistia e a reorganização partidária.

A partir dessa trinca, a impressão inicial era que a continuidade do governo Geisel seria a principal marca do ministério de Figueiredo. Mas não seria bem assim. Figueiredo era a figura que "costurava o passado ao futuro",[6] tendo também fortes laços com o governo de Emílio Médici. Demonstraria toda a força que ainda o ligava ao passado na formação de seu ministério.

Assim, o outrora "articulador entre os contrários" acabou por formar o "ministério dos contrários", no qual o grupo mais ligado a Geisel iria de certa forma rivalizar com o grupo mais antigo, ligado ao presidente Médici. Seria um "duelo de titãs". Junto aos pilares da continuidade da era Geisel coexistiriam ministros de grande expressão do governo Médici.

Encabeçando a lista, um amigo de longa data do presidente Figueiredo: Mário Andreazza, militar da reserva que havia adquirido notoriedade por ser um competente gestor de obras públicas, tendo sido o responsável pelos megaempreendimentos brasileiros durante a década de 1970, como a rodovia Transamazônica e a ponte Rio--Niterói.

Andreazza fora indicado para o Ministério do Interior, considerado o "braço desenvolvimentista do governo", e passaria a cuidar do Brasil desassistido, passando a ser o responsável pelas regiões menos favorecidas do país. Sua relação com Figueiredo remontava à década de 1950 e comentava-se então que sua indicação ao robustecido ministério teria sido estratégica, pois tratava-se de uma pasta na qual suas comprovadas habilidades na gestão de megaempreendimentos poderiam alçá-lo a voos ainda maiores em um futuro não muito distante.

Aliado de Andreazza no governo Médici, quando dirigira o Departamento Nacional de Estradas de Rodagem (DNER), o engenheiro Eliseu Resende retornaria ao governo ocupando uma vaga no primeiro escalão, tendo sido convidado por Figueiredo para ocupar o Ministério dos Transportes. Reviveria junto ao ministro do Interior uma afinada dupla dos tempos de Médici.

Outra figura proeminente do primeiro escalão do governo Médici que reaveria o protagonismo de outrora seria o economista Delfim Netto, responsável pela economia brasileira durante boa parte da década de 1970 e cujo nome sempre esteve umbilicalmente associado ao "Milagre Brasileiro". Recebendo o convite por intermédio de Andreazza quase ao final do processo de composição do ministério,[7] assumiria uma pasta da Agricultura "turbinada", que passou a incorporar importantes institutos do Ministério da Indústria e Comércio.[8]

Também ocupariam posições importantes no primeiro escalão de Figueiredo, mas sem identificação forte com os dois governos anteriores, o chanceler Ramiro Saraiva Guerreiro (Relações Exteriores), o engenheiro Karlos Rischbieter (Fazenda) e o publicitário Said Farhat (Comunicação Social).

Embora houvesse indicações a postos importantes descoladas dos governos Médici e Geisel, o certo mesmo é que os principais assessores de Figueiredo haviam sido ministros influentes nos dois governos que o antecederam. Era uma combinação que dificilmente daria certo, exceto se a liderança exercida permanecesse vigilante, fosse atuante e principalmente dotada de uma influência carismática.

MOVIMENTOS INICIAIS

Não haveria nada disso, e o Figueiredo disciplinado e suscetível à influência de Golbery simplesmente não existiria na Presidência da República. A voz de comando, tão necessária em um ministério intrinsecamente antagônico, soaria fraca e relutante.

Estava dada a senha para o fracasso.

De fato, a tônica do ministério de Figueiredo foi a tensão reinante entre os dois grupos que compunham o seu núcleo duro. Com visões opostas sobre aquilo que era essencial, não ia ser fácil encontrar convergência em um ambiente nitidamente antagônico. Relatos dão conta de que Figueiredo não tinha como hábito realizar reuniões com todos os seus ministros em conjunto, preferindo manter uma reunião diária, sempre às nove horas da manhã, com aqueles mais próximos, os denominados "ministros da casa".[9]

Em cinco anos de governo, Figueiredo convocou todo o ministério em apenas três oportunidades, e mesmo assim apenas para divulgar medidas que já haviam sido decididas anteriormente.[10]

Ante a falta de unidade associada à ausência de liderança, o natural era que o ambiente se transformasse em uma dissimulada "guerra fria", no qual interesses setoriais (e, por vezes, pessoais) se sobrepunham às próprias questões de governo. Como tudo indicava, acabou por acontecer exatamente isso.

Logo haveria um grupo vencedor.

Antropofagia militar

Na fase de articulações para a formação do ministério de Figueiredo, algo muito importante era deixado no ar de forma subliminar — a ausência de militares no centro das principais decisões políticas no governo que estava prestes a se iniciar. Sutilmente seriam deslocados para matérias afetas a sua competência típica, relegando a política aos políticos. Vários indícios multiplicavam-se nesse sentido, porém o mais importante de todos os sinais existentes era que esse intento aparentava ser um desígnio genuíno do próprio Figueiredo.

O dilema do novo presidente era que para "fazer deste país novamente uma democracia", como futuramente proclamaria em seu discurso de posse, Figueiredo necessitaria "que as Forças Armadas fossem afastadas do centro do processo decisório político".[11]

Naquele momento, isso definitivamente não era algo simples. Embora desde o governo Geisel os ministros militares já houvessem começado a deixar de ocupar um espaço de centralidade na política (ainda que de forma tímida), o governo de Figueiredo teria que dar um passo ainda mais incisivo nessa direção e se tornar "essencialmente civil",[12] relegando aos militares as questões próprias de sua competência, como a defesa do país e a fiscalização das fronteiras.

Por outro lado, Figueiredo sabia que muito provavelmente encontraria resistência ao processo de abertura política. Para ser capaz de enfrentar com sucesso eventuais resistências, necessitaria da imprescindível lealdade dos militares, principalmente dos oficiais em posição de comando. Relegando-os a posições secundárias e afastando-os de todo o protagonismo dentro do governo, poderia não contar com um precioso apoio justamente quando mais necessitasse.

Não era uma escolha fácil. Em realidade, o novo presidente transitaria em uma linha tênue. E muito. Figueiredo estava consciente de que o seu sucesso residia na "destruição da sua própria base de sustentação do poder",[13] em um aparente paradoxo que as circunstâncias impiedosamente lhe impunham.

O novo presidente também sabia que deveria ser muito hábil nessa ação, porque qualquer descuido que ferisse a suscetibilidade dos militares poderia gerar um preço alto a ser pago, sobretudo em momentos decisivos para o processo de abertura política.

Assim, acabou se cercando de militares com os quais cultivava laços afetivos e profissionais. Entregou os três principais cargos militares[14] a três pessoas de sua confiança.[15] O cargo de maior expressão, o ministério do Exército, ficaria a cargo do general Walter Pires, amigo fraternal do presidente. Companheiros de arma (ambos eram da cavalaria), Pires era o membro do Alto Comando mais próximo a Figueiredo, ao ponto de se atribuir a ele a afirmação de que, na hipótese de Euler Bentes vencer as eleições indiretas de 1978, poderia "não levar",[16] o que insinuava uma possível quebra da legalidade em favor de Figueiredo. Fidelidade maior ao presidente não poderia haver.

Para o Ministério da Aeronáutica convidou o brigadeiro Délio Jardim de Matos, um velho conhecido dos tempos de Escola Militar do Realengo.[17] Além das antigas relações que cultivavam, Délio também havia se transformado em um dos principais conselheiros informais de Figueiredo durante o processo de sucessão de Geisel, e na qualidade de ministro do Superior Tribunal Militar (STM) "empreendeu uma larga série de contatos sigilosos, sempre a favor do amigo Figueiredo".[18] Intimidade e confiança não faltavam entre ambos.

Para completar o time, foi convidado para a pasta da Marinha o almirante Maximiano Fonseca. De todos os ministros militares, era o menos próximo ao presidente e seria o único a não ficar no cargo durante os seis anos de mandato de Figueiredo. Sairia em março de 1984, após uma crise militar envolvendo o processo de sucessão presidencial.[19]

No SNI, que à época tinha o status de ministério, seria mantido o general Otávio Medeiros, que sucedera Figueiredo no cargo quando o general se desincompatibilizou do ministério para concorrer à Presidência da República. Primo do presidente[20] e influente nos bastidores do ministério militar, o general Medeiros iniciou o governo já sendo apontado como uma das possíveis alternativas à futura sucessão de Figueiredo.

Ainda no SNI, outro velho companheiro de Figueiredo teria posição de destaque. O general Newton Cruz permaneceria no comando da poderosa Agência Central do serviço de informações, cargo que já ocupava desde setembro de 1977, ainda nos tempos de Figueiredo como ministro. Com Figueiredo na Presidência, reeditariam a velha parceria, fato que ainda iria gerar muita dor de cabeça ao presidente.

Outro cargo importante seria o Gabinete Militar da Presidência da República, considerado um ministério expressivo dentro do governo. O seu titular seria o general Danilo Venturini, apontado como um oficial de caráter liberal, além de hábil articulador político. Cultivava relações de longa data com Figueiredo e foi um dos principais articuladores de sua bem-sucedida candidatura presidencial.

Esses eram os militares com quem Figueiredo contava para conseguir levar adiante o processo de abertura. Escolhidos entre oficiais da ativa, gozavam da confiança irrestrita do presidente. Não seria uma jornada fácil e haveria muitas provas duras pela frente. O retorno dos exilados, trazendo de volta ao país velhos antagonistas do movimento de 1964; as primeiras eleições diretas em todos os níveis, com exceção da Presidência da República; e a volta da liberdade de imprensa são exemplos de como a política iria evoluir de forma extremamente rápida durante o mandato do novo presidente.

Era preciso estar preparado para todas essas bruscas mudanças no cenário político. Hoje podem parecer triviais, mas naquela época significavam muita coisa. E há que levar em consideração também o fato de que a política brasileira imediatamente anterior ao governo Figueiredo contava com a ameaça do AI-5 a pairar sobre a sociedade brasileira. Agora, sem a intimidatória existência do famigerado Ato Institucional, tudo seria diferente.

Diante de circunstâncias tão peculiares e consciente das prováveis dificuldades futuras que enfrentaria em relação à abertura, Figueiredo escolheu a dedo o seu núcleo duro militar. Teria de levar a cabo uma tarefa difícil. A escolha de militares para o primeiro escalão levou em consideração, além de critérios pessoais, o grande desafio que teria pela frente: "E isso ele fez [destruir a sua própria base de sustentação] com a ajuda de um grupo de amigos também militares, que tinham convicções democráticas, acreditavam no projeto e acatavam a sua liderança."[21]

Ao convidar para os ministérios militares oficiais com quem tinha uma relação de afinidade, Figueiredo muito provavelmente esperava contar com a lealdade dos escolhidos. Era um cálculo político até simplista e que tinha a sua lógica baseada na premissa de que no meio militar a camaradagem e o apreço pessoal desempenham um papel relevante.

MOVIMENTOS INICIAIS

Possivelmente, pode ter pesado também nessa escolha o episódio envolvendo a demissão do ministro Sylvio Frota no governo anterior, pois Geisel (embora forçado pelas circunstâncias)[22] pusera no Ministério do Exército um ministro com quem jamais havia trabalhado antes, mantendo com ele relações meramente protocolares.

As variáveis que levaram Figueiredo a fazer tais escolhas não eliminam um fato: ao conduzir velhos conhecidos ao topo da hierarquia militar e governamental, esperava deles um apoio quase que incondicional ao projeto de abertura política. Em um cálculo político voltado para o futuro, o presidente esperava poder contar com a lealdade da cúpula militar em uma eventual emergência.

Naquele momento inicial, era nítido que o seu governo estava diante de um inevitável paradoxo, pois a "sua base de sustentação eram as Forças Armadas e não o aglomerado Arena-PDS. [...] O processo político, naquele tempo, ainda era essencialmente militar. O povo, os políticos e a mídia não estavam estruturados, não mandavam nada, nem sustentavam ninguém. O poder estava nos quartéis".[23]

Caberia a Figueiredo desfazer todo esse complexo quadro, destruindo a sua própria base de sustentação e retornando o poder aos civis. Era um verdadeiro processo de "antropofagia militar". Não seria tarefa fácil.

A mão estendida

O dia 15 de março se 1979 seria um dia marcante para a política do Brasil. Não apenas pelo fato da alternância de poder na Presidência da República, com a posse do novo presidente. Aquele dia significaria bem mais do que isso. Pela primeira vez em quase dez anos, um brasileiro assumiria a Presidência sem o poder de cassar mandatos eletivos, colocar o Congresso Nacional em recesso ou legislar por decretos.

Naquela data, teria início a quinta e presumidamente última etapa do regime militar. O general João Baptista Figueiredo assumiria a

Presidência com o objetivo explícito de colocar um ponto final no ciclo de generais presidentes e, ao fim de seus seis anos à frente da nação, a promessa era devolver o poder a um civil.

Aquela foi uma manhã quente e luminosa em Brasília. Figueiredo se permitiu dormir até um pouco mais tarde, deixando de realizar os seus habituais exercícios de equitação matinais. Afável com a imprensa naquela manhã, conversou com os repórteres e confraternizou com alguns populares que esperavam para saudá-lo, antes de entrar em um carro aberto rumo ao Congresso Nacional. Embarcaria para uma curta viagem de cerca de dez minutos que o levaria diretamente à Presidência do Brasil.

A solenidade de posse foi marcada por intensa emoção. Após a transmissão da faixa presidencial, o já ex-presidente Geisel fez um pequeno discurso, em que a sua personalidade séria e austera cedeu lugar à emotividade, evidenciada pela voz embargada com a qual discursara.

Em outro momento tocante, o já ex-presidente cumprimentou seus colaboradores ao som da "Valsa da despedida", quando não conseguiu conter a emoção e irrompeu em lágrimas.[24] Era o fim da era Geisel. Acompanhado por Figueiredo (que quebrou o protocolo e fez questão de o acompanhar até o carro que o levaria ao aeroporto), desceu pela última vez a rampa do Palácio do Planalto rumo a Teresópolis, no Rio de Janeiro, cidade onde passaria a residir.

A expressão de genuína felicidade de ambos naquele momento derradeiro fez a alegria dos fotógrafos que puderam registrar um dos raros momentos sorridentes do ex-presidente Geisel em solenidades oficiais.

A diferença de estilos entre Geisel e Figueiredo ficou bastante nítida desde o primeiro minuto do novo governo. Pela primeira vez desde a instauração do regime militar, um general-presidente convidou para a cerimônia de posse políticos cassados pelo próprio regime. Os ex-deputados Salvador Mandim e Jorge Cury — que tiveram seus mandatos interrompidos pelo AI-5, mas eram amigos de Figueiredo — foram pessoalmente convidados pelo novo presidente e compareceram à cerimônia.

Sorridente e visivelmente emocionado, Figueiredo esbanjou simpatia em sua cerimônia de posse. Aquele realmente foi um dia festivo

MOVIMENTOS INICIAIS

em Brasília. Noventa e sete delegações estrangeiras compareceram à cerimônia, vinte a mais em comparação à posse de Geisel. Houve um show da escola de samba Mocidade Independente de Padre Miguel em um ginásio de Brasília, e até uma partida de futebol entre os dois times mais populares do Brasil[25] foi realizada no Distrito Federal, como parte das festividades pela posse do novo presidente. Segundo a revista *Veja*, aquela foi a maior celebração ocorrida na capital do país desde a sua fundação.[26]

Festejos à parte, o momento mais importante da cerimônia foi o discurso de posse do novo presidente. Aguardada com grande expectativa, tanto por parte de governistas como por parte da oposição, a fala de Figueiredo não decepcionou. O novo *staff* presidencial elaborou um discurso cujas expressões foram empregadas de forma cuidadosa e planejada, com o objetivo de deixar claros os propósitos do novo governo que se iniciava naquele instante.

Primeiramente, o presidente recém-empossado reafirmou "o propósito inabalável de fazer deste país uma democracia",[27] ressaltando claro que o seu mandato visava restituir ao país todas as garantias inerentes ao Estado de direito, acabando definitivamente com quaisquer resquícios de arbítrio.

Logo em seguida, o presidente optou por utilizar um tom mais pessoal, quase como um aceno à oposição, no qual prometia manter "a mão estendida em conciliação".[28] Era um indicativo evidente de que a anistia viria logo no início do governo, no mais largo passo em busca da reconciliação nacional. Com palavras tão assertivas na direção da abertura política que tanto se esperava do governo prestes a ser iniciado, Figueiredo cumpria à risca a cartilha de Geisel de levar adiante o processo de distensão.

Do momento em que se desincompatibilizou do cargo de ministro até o final de seu primeiro ano de mandato, Figueiredo utilizou em seus discursos e pronunciamentos oficiais com mais frequência três palavras-chaves: democracia (89 vezes), conciliação (29 vezes) e abertura (22 vezes).[29]

Não poderia haver início mais animador.

Nasce um novo João

A experiência de Figueiredo na qualidade de candidato a presidente foi decisiva para o seu *staff* julgar que era necessário mudar a sua imagem assim que assumisse o cargo. Desde o relacionamento com a imprensa até o visual, tudo seria modificado para passar uma imagem mais leve do general que se transformara em presidente da República.

Assim, o presidente Figueiredo foi o primeiro chefe de Estado no Brasil a submeter explicitamente a sua imagem pública ao marketing político. Ao assumir o governo, Figueiredo criou a Secretaria de Comunicação Social (com status de ministério), para a qual havia sido nomeado o publicitário Said Farhat, indicado por um de seus irmãos. Logo o ministro daria início a uma revolução silenciosa na imagem do presidente.

A ideia era transformar a carrancuda figura do general em algo mais palatável ao povo, como se ele fosse um simples João. Simples é a última coisa que esse processo seria. A personalidade forte e o gênio irascível se mostravam difíceis de ser contidos. A espontaneidade e a sinceridade extrema de Figueiredo eram traços profundos de sua personalidade. Por melhor que fosse a sua máquina publicitária, em alguns momentos não se conseguia impedir o presidente de revelar quem realmente era.

Seus gostos já denunciavam uma personalidade *sui generis*, um tanto quanto distante das predileções populares. Figueiredo gostava de música clássica[30] e das composições mais românticas de Chico Buarque.[31] A musicalidade realmente era um traço permanente da personalidade do presidente. Quando jovem, foi um exímio tocador de "harmônica de boca" e, ao receber uma de presente de alguns auxiliares, já como ministro chefe do SNI, Figueiredo mostrou que não havia perdido o cacoete musical: de toques militares à música clássica, improvisou um recital de quase meia hora.[32]

Também era apaixonado por equitação, e antes do seu dia de trabalho começar gostava de se exercitar numa cavalgada. Sua especialidade era saltar obstáculos e, já sexagenário, conseguiu transpor

MOVIMENTOS INICIAIS

um obstáculo de 1,70 m de altura. Realmente um feito impressionante. Essa havia sido a maior marca atingida em uma prova oficial do Exército disputada apenas um dia antes de Figueiredo também conseguir alcançá-la.[33] Proeza maior ainda porque o general conseguiu realizar o salto no auge de seus 60 anos, e obstáculos dessa altura costumavam ser saltados por oficiais muito mais jovens.

Embora fosse um hábil cavaleiro, nunca pôde jogar polo, por ser canhoto.[34]

Sua paixão por cavalos era tamanha que, mesmo após assumir a Presidência, Figueiredo optou por continuar morando na Granja do Torto, abrindo mão de se mudar para o Palácio da Alvorada (residência oficial do presidente da República). Desse modo, permaneceria perto de seus cavalos e em um ambiente que lhe agradava mais. Nas memórias do presidente norte-americano Ronald Reagan, que visitou Figueiredo no Torto em dezembro de 1982, tal fato não passou despercebido, lhe deixando uma forte impressão: "O Palácio devia ser a residência do presidente, mas ele vive em seu rancho. [...] A casa que lá tem é modesta, mas o estábulo e os cavalos são fantásticos."[35]

Outro de seus passatempos prediletos era a matemática, matéria na qual se divertia resolvendo complexos problemas de aritmética e sofisticadas questões de cálculo integral e diferencial,[36] além de exercícios de geometria plana.[37] Por mais de trinta anos manteve correspondência com um colega que lhe enviava periodicamente intricados problemas matemáticos aos quais se dedicava com afinco em resolver.

Apreciava o xadrez, e era tido por alguns de seus amigos como um bom enxadrista, embora não se detivesse com frequência diante de um tabuleiro. Também gostava de sinuca, e há relatos de que a praticava com maior assiduidade em comparação ao xadrez.

Embora sempre propalado que seu espírito democrático vinha das raízes paternas, como também dali provinha a sua repulsa ao autoritarismo, Figueiredo não podia ser considerado propriamente um liberal. Não há notícias de que alguma vez tenha se oposto ao AI-5 e, como chefe da Casa Militar e do SNI, participou de investigações nas quais o Ato Institucional acabou por ser utilizado.[38] Também era assumidamente machista, ao ponto de confessar que deixara de praticar natação após ser superado por uma mulher em uma prova na enseada de Botafogo.[39]

Já a sua leitura era diversificada — gostava de *Os sertões*, de Euclides da Cunha, e de *1984*, de George Orwell. Próximo de tomar posse como presidente da República, Figueiredo passou a ler livros sobre economia, como *Capitalismo e liberdade*, do economista norte-americano Milton Friedman, e *Macroeconomia*, do seu futuro ministro do Planejamento, Mário Henrique Simonsen. Muitas vezes fazia as refeições lendo papéis de serviço, hábito que levou para a Presidência da República.

Seu vestuário era, na maioria das vezes, formal. Optava preferencialmente por ternos escuros e sapato preto de cordão, hábito ainda dos tempos da caserna. Muitas vezes, usava ternos justos e que aparentavam estar apertados. Não gostava de retardatários e era sempre bastante pontual. Em relação aos costumes, nada tinha de liberal. Pessoalmente, não aprovava cabelos compridos no visual masculino nem apreciava estilos musicais que faziam sucesso na época, como o rock'n'roll.

Do gosto popular, só sua paixão pelas famosas "churrascadas" e o seu amor pelo futebol — torcia para o Fluminense, embora tivesse nascido numa família repleta de torcedores do América, clube tradicional da Zona Norte do Rio de Janeiro.[40]

No Exército, cultivava a fama de glutão, e no meio castrense narrava-se de forma descontraída que em certa ocasião fora capaz de comer meio boi em um churrasco quando servia no batalhão de cavalaria sediado em Brasília. Também era afeito a pimentas e dizia-se que, como anfitrião em uma refeição, tinha o hábito de oferecer aos seus convidados uma variedade de molhos de pimenta, sendo que a sua preferência pessoal era por aquelas mais ardidas.

Não cultivava quaisquer sofisticações em relação aos seus hábitos alimentares, sendo considerado uma pessoa voraz, que gostava de uma comida simples e tipicamente brasileira, com predileção por

MOVIMENTOS INICIAIS

feijão com arroz em suas refeições do dia a dia. Não dispensava uma boa rabada, pelo menos uma vez por semana.

Por seus hábitos despidos de requinte, certa vez surpreendeu um amigo que trouxera uma garrafa de vinho da França para juntos degustarem. Figueiredo misturou a bebida com água e afirmou que "vinho eu gosto assim",[41] para espanto e graça dos presentes.

Uma curiosidade sobre os hábitos do presidente era que uma de suas predileções em seu tempo livre era ir a supermercados e gastar parte do seu dia comparando preços e marcas de produtos nas prateleiras. Natural do Rio de Janeiro, Figueiredo sempre o fazia quando ia à cidade. Em meados da década de 1970, estavam começando a surgir os hipermercados situados na Barra da Tijuca, tendência que mudaria o conceito de pequenos mercados de bairro para a era em que todas as compras se concentravam em um só lugar. O general foi um dos primeiros a aderir a essa nova tendência, sendo um de seus passatempos prediletos passear incógnito pelas gôndolas do recém--inaugurado Carrefour, um dos maiores supermercados da cidade e conhecido à época como o "*boulevard* das compras".

Ao ter o seu nome confirmado como candidato à Presidência, costumava comentar em tom bem-humorado que "ninguém pode acusar-me de conhecer os problemas do custo de vida só pelos jornais e relatórios".[42]

Esse era o perfil do presidente eleito. A missão de Farhat seria difícil. Consistia em transformar rapidamente o novo presidente, afeito a hobbies e gostos tão peculiares, em uma figura tipicamente popular. O objetivo era que tal transformação ficasse visível logo no início do mandato de Figueiredo. O tempo corria contra o publicitário trasvestido de ministro.

Algumas providências simples foram rapidamente tomadas por Said Farhat, consciente de que o novo presidente precisava mudar sua imagem logo ao assumir o mandato. Em um primeiro momento, as medidas adotadas tiveram enorme efeito prático. Said convenceu Figueiredo a abandonar os óculos escuros, que usava por causa de uma conjuntivite crônica, e que o tornava uma autoridade permanentemente distante das pessoas comuns e um tanto quanto sombria.

Outra medida foi a troca do seu "nome oficial", abreviado para João Figueiredo (mais leve) em vez de João Baptista Figueiredo (mais formal e cerimonioso). Além disso, sempre que as circunstâncias permitissem, Figueiredo deveria ser tratado simplesmente como "João". Essa era a ideia básica para torná-lo mais popular: um "João" comum, alguém que emergia do povo.

O slogan do Ministério da Agricultura talvez seja o exemplo mais sintomático dessa mudança de paradigma na comunicação do governo, sobretudo se comparada ao formalismo do governo anterior, centrado na distante e por vezes autoritária figura do ex-presidente Geisel. Atribuída a Delfim Netto, a mensagem era curta e direta, trazendo o novo "João" para a propaganda oficial do governo na busca de fixar o conceito no inconsciente da população: "Plante que o João garante."[43]

No entanto, o mais difícil era conter a sua linguagem. A incontinência retórica de Figueiredo era impossível de ser represada. Sua linguagem em muitas oportunidades era chula, trocando "a pontuação por palavrão",[44] o que dava certo ar grotesco a sua figura, sobretudo em função da liturgia requerida para o cargo de presidente. Em uma visão um pouco mais benevolente, o ex-ministro Simonsen qualificava a linguagem de Figueiredo como "exótica".[45] Podia até ser. O difícil mesmo seria conseguir modificar isso.

O estilo informal de Figueiredo rendeu-lhe a fama de ser uma pessoa grosseira, que, instada a se expor, revelava seus maus modos e sua personalidade impulsiva. Até em seus papéis de serviço Figueiredo parecia não se adequar à liturgia que o cargo requeria. Ao receber um telegrama de uma associação de professores da Universidade Estadual de Campinas (Unicamp) que protestava contra a expulsão sumária de um dos docentes daquela instituição, o presidente não titubeou e em um de seus típicos impulsos despachou por escrito: "Vão à merda."[46]

Sua relação com a imprensa inevitavelmente refletia seus excessos verbais e acabara marcada pela hostilidade com a qual Figueiredo respondia a perguntas que lhe desagradavam. A revista *Veja* ilustrava bem essa situação que revelava parte da irritadiça personalidade do presidente:[47]

> A questão está que o presidente Figueiredo responde perguntas agressivas com respostas agressivas. Faz assim um jogo em que é prejudicado, pois a função de um repórter pode até ser agredir com perguntas, enquanto agredir com respostas não é atributo do presidente — pois ele não responde ao repórter, mas aos leitores e ouvintes. Em pouco tempo de atividade política, ele não percebeu que quem pergunta é um intermediário irrelevante, pois o personagem a ser convencido é o leitor ou telespectador.

Seus assessores sempre tentavam preservá-lo, e até o próprio presidente se esforçava para ter uma relação mais cordial com a imprensa. Mas não havia jeito de domar a personalidade impulsiva e irascível de Figueiredo, como bem observado pelo jornalista Álvaro Pereira ao relembrar a tumultuada relação do presidente com a imprensa: "Tentavam discipliná-lo e ele tentava ser disciplinado, mas o Figueiredo era um homem muito emocional. Se você provocava com uma pergunta — e jornalista sabe provocar —, ele não resistia e acabava falando, às vezes até de uma forma irritada."[48]

Apesar de toda a dificuldade nesse processo de transformação, inicialmente os resultados foram satisfatórios, e o marketing associado ao "presidente João" até conseguiu repercutir positivamente na população de um modo geral. Fruto também da força de vontade de Figueiredo, que se empenhou bastante nos primeiros momentos de seu mandato para mudar a sua imagem.

Esse tipo de iniciativa não era propriamente nova, pois já havia sido utilizada durante o regime militar. No início do mandato do presidente Artur da Costa e Silva, foi realizado movimento similar: "[...] Figueiredo tudo fez, no primeiro tempo de seu governo, para conquistar a opinião pública. Assim como Costa e Silva viveu o seu tempo de 'Seu Artur', Figueiredo gozou a popularidade do João. Essa imagem foi bem trabalhada pelo Said Farhat e chegou a sensibilizar a opinião pública."[49]

Todavia, em pouco tempo a iniciativa se revelou um verdadeiro fracasso, apesar do aparente sucesso inicial da empreitada. Não pela falta de empenho do presidente ou por falta de competência dos responsáveis pelo seu marketing. Em verdade, a forte personalidade de Figueiredo era incapaz de ser transformada após mais de sessenta anos de vida. Era uma missão impossível, como bem observa o seu ex-porta-voz, Carlos Átila:

> [Figueiredo] tinha sido sempre um chefe militar, acostumado à obediência, à hierarquia, à disciplina. E tinha pavio curto, como ficaria provado ao longo do governo. Por tudo isso, querer de uma hora para a outra transformá-lo numa pessoa capaz de lidar com todo tipo de pessoa, capaz de ouvir e responder com habilidade a questionamentos pertinentes e impertinentes, nem sempre respeitosos e até afrontosos, com certeza não ia dar certo. Como de fato não deu.[50]

Dificilmente uma pessoa consegue se transformar de uma hora para outra, a despeito de toda a vontade que possa depreender na iniciativa. Tudo se torna ainda mais difícil quando a tentativa ocorre logo após essa pessoa ser alçada ao poder. Tarefa complexa e de dificílima implementação prática.

Ainda mais se tratando de Figueiredo.

Os hobbies de Figueiredo sugeriam uma pessoa dotada de grande inteligência analítica, sobretudo na área de exatas. Era verdade. Sua personalidade denotava alguém irascível e incapaz de resistir aos próprios impulsos, principalmente quando contrariado. Era verdade também.

O presidente acabou refém do próprio temperamento. Era o arquétipo de uma pessoa complexa, imprevisível e afeita a idiossincrasias e bruscas oscilações de humor, além de se impacientar com facilidade. Apesar disso, colaboradores mais próximos também o descreviam como brincalhão e bem-humorado no trato cotidiano.

MOVIMENTOS INICIAIS

A transformação de Figueiredo em "João" resultou em um retumbante fracasso. Figueiredo jamais conseguiria amoldar a sua personalidade a um tipo. Assim, nunca seria o "João" no qual sua equipe de marketing pessoal tentou transformá-lo, por mais que se esforçasse.

Provavelmente, o maior erro de Farhat foi imaginar que Figueiredo seria "um 'produto' que pudesse ser reembalado".[51] O publicitário acabou deixando o cargo com menos de dois anos de governo e, após a sua saída, a Secretaria de Comunicação da Presidência acabou por ser extinta, passando o cargo de porta-voz a ser novamente subordinado ao Gabinete Civil da Presidência.

O cargo de presidente talvez tenha potencializado os traços de personalidade do general que nem todos conheciam, mas ele, em essência, manteve-se fiel à pessoa que sempre fora ao longo de sua vida. Alçado ao poder, revelou ao país o personagem que era na vida real, com suas virtudes e mazelas.

Ao ter que se expor ao grande público, revelou-se "um primitivo".[52] Um tanto quanto rude e extremamente sincero, não soube se adaptar às formalidades que o cargo que ocupava requeria, e durante os seis anos de seu mandato mostrou a todo o país quem de fato era João Figueiredo.

Deixaria o governo com a sua imagem pública definitivamente arruinada.

Capítulo 3

A anistia

O Movimento Feminino pela Anistia (MFPA)

A Organização das Nações Unidas (ONU) declarou 1975 como Ano Internacional da Mulher. Vivia-se no Brasil o início do governo Geisel e a discussão pela anistia política mal engatinhava em um país cujo cenário ainda era dominado pela constante ameaça da utilização do AI-5 contra os opositores do governo.

Contudo, foi nesse ano dedicado pela ONU às mulheres que surgiu uma personagem que iria chacoalhar a velha cena política com uma bandeira não tão nova na história do Brasil,[1] mas bastante atual naqueles tempos: a anistia política. Tratava-se da advogada Therezinha Zerbini. Ainda criança, já havia feito parte do esforço de guerra brasileiro e aos 23 anos tinha trabalhado como voluntária no amparo a tuberculosos. A vocação para o assistencialismo e para a militância havia começado cedo em sua vida.

Durante o trabalho voluntário, conheceu seu futuro marido, o general Euryale Zerbini, vinte anos mais velho. O general Zerbini

A ANISTIA

foi cassado logo após a vitória do movimento de 1964, pois fazia parte do dispositivo militar de João Goulart e, assim, se manteve fiel à Constituição vigente. Perseguido, foi preso e mantido recluso por um curto período em uma instalação militar.[2] Acabou reformado.

Aqueles acontecimentos marcaram bastante a vida de Therezinha, que já tinha atuação na militância política desde a época do "Getulismo".

Em 1968, após a prisão de estudantes durante o 30º Congresso da União Nacional dos Estudantes (UNE), em Ibiúna (SP), Therezinha lançou seu primeiro desafio ao governo militar ao formar o movimento "Mães Paulistanas contra a Violência". Eram tempos perigosos para esse tipo de "empreitada". Aquela, contudo, era uma mulher extremamente corajosa e combativa, que não se curvava à pressão de quem quer que fosse.

Ainda em virtude do episódio concernente aos estudantes (Therezinha foi acusada de ter relação com a operação de empréstimo do sítio onde foi realizado o congresso estudantil), foi presa em 1970 pela Operação Bandeirantes (OBAN),[3] quando jantava com o marido e os filhos em sua residência. Chegou a ficar oito meses detida.[4]

Apesar de 1975 ainda não apresentar o ambiente propício para o início da luta pela anistia, Therezinha resolveu fazer um movimento ousado, mas que o tempo revelaria acertado: legalizou o Movimento Feminino pela Anistia (MFPA) contando apenas com uma dezena de mulheres em São Paulo, mais precisamente no bairro do Pacaembu, na rua Caio Prado. Era um começo modesto.

O movimento foi inspirado em uma reportagem sobre a inserção da mulher no mercado de trabalho, lida casualmente por Therezinha poucos meses antes. Logo, o MFPA rompia as fronteiras do estado de São Paulo e se expandia para outros estados do Brasil.

A receptividade foi especialmente grande no Rio Grande do Sul, e o estado concentrou mais da metade das 15.600 assinaturas de um manifesto a favor da anistia. A jovem Dilma Rousseff foi a primeira coordenadora do movimento em Porto Alegre.[5] Na sessão gaúcha do movimento, se juntariam ao grupo outras duas importantes militantes:

Francisca Brizola (irmã de Leonel Brizola, à época exilado) e Mila Cauduro, que fora candidata a deputada e teria um papel fundamental nos acontecimentos que mobilizariam o processo mais adiante.

A partir desse momento, as ações se proliferaram. Comitês estaduais foram formados, e entrevistas, concedidas aos mais diversos veículos de comunicação, sendo a mais importante delas veiculada no espaço nobre do semanário *O Pasquim*.

A obstinação de Therezinha e suas correligionárias fez com que o movimento crescesse e ficasse nacionalmente conhecido a ponto de o SNI ver no atuante mas pacífico grupo conexões muito mais amplas do que de fato possuía. Em um informe reservado, o SNI conjecturava, de forma bastante dissociada da realidade, que havia "vinculações do movimento feminista no Brasil com o Movimento Comunista Internacional".[6]

Nada mais falso.

Apesar de toda a engajada militância a favor da anistia e do reconhecimento que o MFPA adquirira naquela época, o tema ainda não repercutia de forma mais ampla e, principalmente, não atingia a dimensão desejada por aquelas obstinadas mulheres, sobretudo na grande imprensa.

Contudo, um acontecimento inesperado em uma dessas trapaças da sorte fez com que aquele movimento de mulheres conseguisse dar à anistia a tão almejada repercussão nacional.

Pena que tivesse como pano de fundo um acontecimento tão trágico.

O funeral de Jango

Deposto em 1964 pelos militares, o ex-presidente João Goulart vivia pacificamente como fazendeiro no exílio desde a sua deposição. Evitou o confronto direto com os militares que lhe usurparam o poder, preferindo viver em uma das suas fazendas no Uruguai e passou a ter uma vida produtiva criando gado e exercendo atividades rurais.

No final de 1976, ao tempo de sua morte, era dono de cerca de 136 mil hectares de terras em fazendas situadas no Brasil, na Argentina e no Uruguai, área um pouco maior que o extinto estado da Guanabara.[7] Vivia, assim, como um próspero estancieiro e, embora pudesse estabelecer conversas reservadas sobre a situação do Brasil com personalidades ou outros exilados que o procuravam no exterior, evitava declarações públicas contundentes ou o enfrentamento aberto à ditadura.

Apesar da postura nada beligerante, Jango nunca abandonou o sonho de retornar ao Brasil. Em 1974, iniciara tratativas com emissários brasileiros visando ao seu retorno, e um primo de Getúlio Vargas chegara a conversar com Orlando Geisel para sondar sobre a possibilidade de Jango voltar ao Brasil.[8]

Na ânsia de aferir a temperatura política brasileira e a reação dos militares à sua pessoa, o ex-presidente chegou até mesmo a enviar seu filho João Vicente, que completara 18 anos, para realizar o alistamento militar obrigatório, apenas para verificar como o jovem seria tratado ao retornar ao Brasil com esse intento.[9] Não era uma provocação aos militares. Muito pelo contrário, Jango queria mesmo era preparar o terreno já imaginando uma futura volta.

Ainda no final de 1974, junto com o imenso desejo de retornar ao Brasil, Jango começou a se sentir inseguro no Uruguai devido ao clima político que lá se instaurara a partir daquele ano. O ex-presidente chegou a ser avisado por Miguel Arraes que o serviço de inteligência da Argélia identificara sérios riscos a sua integridade física caso permanecesse naquele país.

O tom da advertência era mesmo sério, pois Arraes havia se referido até mesmo à possibilidade de sua eliminação física: "Jango, o serviço de informação argelino me avisou que a tua segurança no Uruguai está muito comprometida. Existe uma aliança de direita muito pesada nessas ditaduras da América Latina, e tu és uma das peças mais visadas para eliminação. Não podes brincar em serviço."[10]

A pressão no Uruguai se intensificou não apenas em relação à pessoa do ex-presidente, mas envolveu também sua família. João

Vicente foi preso e depois Maria Thereza Goulart, esposa de Jango, também acabou detida no Uruguai, ambos por motivos banais. Com o agravamento da situação, Jango resolveu se mudar para a Argentina, onde também mantinha propriedades rurais e laços de relacionamento com o governo de Juan Domingo Perón, inclusive contando com a estima e amizade do próprio presidente argentino.

No entanto, após a morte de Perón, a situação voltou a se complicar mais uma vez, ao ponto de já no final de 1975 Jango não ter mais nenhum contato com o instável governo de Isabelita Perón e voltar a se sentir ameaçado no exílio. Eram tempos verdadeiramente duros para o ex-presidente brasileiro.

No final de 1976, já com a saúde debilitada, Jango não aguentava mais viver longe de seu país. Sua intenção era retornar ao Brasil, mesmo correndo o risco real de ser preso. Segundo seu filho João Vicente, os planos de Jango eram "pedir uma audiência com o papa no começo de 1977; falar com Ted Kennedy nos Estados Unidos e mostrar ao regime brasileiro e ao mundo que Jango não era o que a imprensa brasileira lhe imputava; e de lá anunciar o seu regresso, pegar um avião e desembarcar no aeroporto do Galeão, no Rio de Janeiro".[11]

Parecia mesmo ser o maior desejo de Jango naquele momento. Maria Thereza Goulart confirmou que naquela época Jango "só pensava em voltar"[12] ao Brasil, sendo tal intento quase uma obsessão na vida do ex-presidente exilado. Em termos jurídicos, nada havia de errado, pois sua cassação e respectiva suspensão de direitos políticos, cujo prazo era de dez anos, já estavam superadas e não recaíam sobre Jango quaisquer outras condenações perante a Justiça.

Porém, o risco ainda existia, apesar de a situação formalmente aparentar ser tranquila, pelo menos sob a perspectiva prática. A ditadura ainda mostrava suas garras e o AI-5 estava vigente. Na hipótese de sua volta, ninguém sabia ao certo o que poderia ocorrer. A prisão era a hipótese mais plausível àquela altura, mesmo sem nenhuma condenação a recair sobre o ex-presidente.

Nesse clima de guerra fria e ameaças veladas, a fazenda de Jango no Brasil foi invadida por militares brasileiros em setembro de 1976,

A ANISTIA

chegando até mesmo a ser mantida uma pequena guarda de prontidão na propriedade a fim de prendê-lo caso ele por lá aparecesse.[13]

Em telegrama divulgado pelo jornal *Folha de S.Paulo* muitos anos depois desses acontecimentos, foi revelado que esse era de fato o verdadeiro intento do ministro do Exército à época, general Sylvio Frota. A ditadura não estava para brincadeiras, e realmente pretendia deter o ex-presidente caso retornasse ao Brasil.[14]

Em suas memórias, o general Frota confirmou que a intenção do governo era banir ou deportar o ex-presidente na hipótese de seu retorno. Também afirmava que a prisão era algo cogitado. No entanto, isso ocorreria somente se Jango retornasse durante uma eventual ausência de Geisel do país. Em tal caso, a prisão seria mantida até o retorno do presidente brasileiro.[15]

A despeito das memórias de Frota, a ordem de prisão de Jango ficou expressa no telegrama enviado pelo ministro à Secretaria de Segurança Pública do Estado do Rio de Janeiro, local onde informes da ditadura indicavam que Jango pretendia desembarcar. A mensagem transmitida era a seguinte: "Sendo constantes os informes de que João Goulart tentará retornar ao Brasil por esses dias, determino as seguintes providências: 1) João Goulart deverá ser imediatamente preso e conduzido ao quartel da PM, onde ficará em rigorosa incomunicabilidade à disposição da Polícia Federal."[16]

O ex-presidente Geisel, também em suas memórias, confirma essa versão: "Não, ele [Jango] não podia retornar ao Brasil. Se entrasse seria preso."[17]

No entanto, os planos de Jango para o início de 1977, que possivelmente culminariam no seu retorno ao Brasil (e na sua provável prisão), foram frustrados no dia 6 de dezembro de 1976. Naquela fatídica data, o ex-presidente morreu dormindo em sua fazenda na cidade de Mercedes, território argentino.[18]

Se não deu o gosto aos seus algozes de vê-lo preso, também não conseguiu ver de novo o solo que tanto amava, e foi o único presidente brasileiro a morrer no exterior.

Poucos meses antes de sua morte, Jango tinha ido a Londres, onde viviam os seus filhos, para conhecer seu primeiro neto. Acabara de se tornar avô e tudo o que queria naquele momento era reunir novamente sua família e viver pacificamente no Brasil, sem ser humilhado pela ditadura.[19] Jamais conseguiria.

Apesar de morto, Jango ainda causava temores aos militares. A ditadura que tanto o perseguiu em vida não lhe deu trégua nem mesmo após a sua morte.

A discussão do translado do corpo para o Brasil ganhou status de assunto relativo à segurança nacional, e o general Frota, a princípio, só permitiria a entrada do corpo se fosse transladado de avião.[20] Os órgãos de informação temiam que fosse realizada uma marcha marcada por "possíveis agitações políticas"[21] caso o cortejo adotasse um trajeto terrestre até a cidade de São Borja, no Rio Grande do Sul.

Após intervenção do presidente Geisel em solicitação recebida por meio de seu vice-presidente, general Adalberto Pereira dos Santos, o corpo pôde enfim retornar ao país por via terrestre, com a condição de que fosse direto para São Borja sem interrupções ou desvio de rotas por outras cidades do Rio Grande do Sul que não fossem estritamente situadas no caminho mais curto para a sua cidade natal.

O presidente Geisel, no entanto, negaria a Jango o luto oficial de três dias. Ínfimos três meses antes, ele decretara luto oficial em todo o território nacional por três dias em virtude da morte do também ex-presidente Juscelino Kubitschek. A ordem oficial era para que ocorresse um enterro breve, despojado de qualquer conteúdo político. Ainda estavam frescas na memória dos generais as manifestações populares em Brasília por ocasião do funeral de JK.

O velório ocorreu em São Borja durante toda a noite. O enterro só ocorreria no dia seguinte, para que seus filhos, que moravam em Londres, pudessem chegar a tempo para a derradeira despedida.

Logo pela manhã, ao chegar, Denize Goulart, filha de Jango, foi abordada pela militante Mila Cauduro,[22] do MFPA, que lhe entregou uma faixa branca e vermelha na qual estava escrita a palavra "anistia" em letras maiúsculas. Mila então pediu a Denize que colocasse a faixa sobre o caixão do pai, junto com a enorme bandeira do Brasil que já o cobria.

A ANISTIA

Foi quando o acaso das circunstâncias deu à anistia o empurrão que faltava para que a causa ganhasse repercussão nacional. João Vicente, tocado pela mais profunda emoção no último encontro que teria com o pai, abraçou o caixão, aos prantos, balbuciando tão somente as palavras: "Meu paizinho, meu paizinho."[23]

A foto de João Vicente, em estado de indescritível tristeza, debruçado sobre o ataúde de Jango ao lado da faixa com a palavra "anistia", propiciou à causa uma amplitude inesperada, tendo grande destaque na imprensa.

Na missa de corpo presente, o padre que celebrava a cerimônia ainda lamentou que Jango, um dos maiores contribuintes para que a obra da igreja local fosse concluída em 1966, jamais pudesse ter voltado em vida para conhecê-la. A declaração foi considerada uma crítica velada às autoridades que não permitiram seu regresso ao país enquanto vivo.

O cortejo, com a presença estimada de 30 mil pessoas, conduziu o caixão nos braços, da Igreja de São Francisco de Borja até o cemitério municipal, apesar de pedido policial para que o curto trajeto fosse percorrido em carro funerário.[24]

A ditadura tentou minimizar a morte de João Goulart e dar-lhe um tamanho menor do que aquele que teve em vida. Não conseguiu. Ao colocar a faixa sobre o caixão do pai, Denize Goulart involuntariamente "deu à morte de Jango uma grandeza imprevista",[25] fazendo com que o último ato da trajetória política do ex-presidente tivesse outra dimensão.

No dia seguinte, a foto da primeira página do *Jornal do Brasil* mostrava o caixão coberto pela bandeira brasileira e pela faixa branca com a singela palavra "anistia" escrita em maiúsculas letras vermelhas.[26] Não havia dúvida de que se tratava de uma imagem que valia por mais de mil palavras. Em realidade, uma única palavra mudava tudo.

Naquele momento, a faixa colocada sobre o caixão de Jango simbolizava toda a dor daqueles que estavam proibidos de retornar ao Brasil. Expressava também a imensa angústia do ex-presidente deposto, que acabou obrigado a morrer longe da terra onde havia nascido e com a qual guardava os seus vínculos mais remotos e profundos.

Dali em diante, a anistia deixou de ser uma luta um tanto quanto abstrata para a maioria da população e passou a ser um sentimento que unia grande parte dos brasileiros num anseio único: o retorno dos exilados ao Brasil.

Um hábito simples de Jango no exílio, descrito por seu filho João Vicente, talvez simbolize com maior precisão toda a angústia daqueles que esperam um dia poder voltar para a casa: "Ao chegar a novos lugares meu pai alimentava a esperança de vencer os novos desafios. Mandava pedir sementes de flores de sua granja no Rio Grande do Sul, como se pudesse fazer florir um canteiro no exílio. Acho que ele assim tinha sensação de estar um pouco mais perto da sua terra."[27]

O Comitê Brasileiro pela Anistia (CBA)

A luta pela anistia se intensificou bastante após a morte de Jango. Começava então a repercutir de forma sistemática nos meios de comunicação a partir de uma série de iniciativas ainda protagonizadas pelo MFPA.

Na visão de Miguel Arraes, à época ainda exilado, "a pressão social de quem ficou forçou o regime a ceder espaços significativos"[28], e, nessa linha, Therezinha Zerbini continuou liderando ações cada vez com maior repercussão e conteúdo simbólico. Sua militância em prol da causa não tinha limites. Therezinha chegou até mesmo a enviar uma carta ao presidente Geisel solicitando audiência. Pode parecer um gesto meramente formal, mas representou muito mais do que isso. A carta chegou a ser respondida pelo poderoso ministro Golbery, que esclareceu que o presidente não concedia audiências para o recebimento de convites e memoriais, e recomendava que toda a documentação referente ao tema fosse entregue no Palácio do Planalto.[29]

Embora não tenha surtido o efeito inicialmente desejado, o MPFA e a luta de sua obstinada líder começavam a se fazer ouvir no primeiro escalão da República. Àquela altura, era um excelente sinal de que as coisas poderiam melhorar. O incessante esforço frutificava e Therezinha passou a ser uma personalidade conhecida nacionalmente, dando palestras em universidades, câmaras de vereadores, igrejas e até em um centro budista.[30] Também mantinha encontros frequentes com dom Hélder Câmara, à época considerado um dos membros da Igreja mais atuantes na luta pela defesa dos direitos humanos, e figura bastante visada pelo regime militar.

O ponto alto de toda essa mobilização acabou sendo a entrega de outra carta, dessa vez a Rosalyn Carter, durante a visita da primeira-dama norte-americana ao Congresso Nacional em 1977. Tratava-se de uma carta simples, cuja carga simbólica, no entanto, era imensa. Não pedia nada ao governo dos Estados Unidos, mas conclamava as feministas daquele país a apoiar os direitos humanos no Brasil. Também elogiava o presidente Jimmy Carter pela anistia concedida aos cidadãos norte-americanos que por objeção de consciência[31] se recusaram a lutar na Guerra do Vietnã.[32]

A tática sutil rendeu a Therezinha elogios da comitiva do presidente dos Estados Unidos. Um dos assessores norte-americanos enalteceu os termos nos quais Therezinha Zerbini colocou a questão: "A senhora é muito inteligente: não falou nada e disse muito."[33]

Ao todo, em sua visita ao Brasil, Rosalyn Carter recebeu três cartas diretamente ou por meio de emissários (além da carta de Therezinha Zerbini, também chegaram a ela uma carta aberta que denunciava a tortura e o cerceamento de liberdades fundamentais no país, e outra carta detalhando as condições de vida de 129 presos políticos). Isso fez com que Ibrahim Sued, em sua coluna no jornal *O Globo*, sugerisse que a primeira-dama trocasse seu nome para Rosalyn "Cartas".[34]

A visita da senhora Carter aconteceu alguns meses depois da morte de Jango e da repercussão da faixa colocada sobre o seu caixão. No momento de sua visita, porém, a luta pela anistia política já alcançara uma amplitude maior. Outro fator importante foi que a visita da comitiva norte-americana coincidiu com uma onda de protestos estudantis contra o governo devido à manutenção da custódia de três jovens da Liga Operária[35] presos em São Paulo por panfletar entre trabalhadores.[36]

Não poderia haver um momento mais apropriado para a visita ter sido realizada e a carta de Therezinha ser entregue à primeira-dama norte-americana.

Therezinha também esteve com políticos da oposição, como os senadores Tancredo Neves e Itamar Franco. Em todos esses encontros, sempre fazia questão de frisar que o MFPA era apartidário.

Em realidade, o movimento buscava se manter afastado "das demais bandeiras e da própria militância política".[37] Therezinha chegou a ser vaiada num debate em uma faculdade de medicina ao declarar que "queria a anistia para pacificar o país e não para fazer uma revolução".[38]

Faltava, assim, outro ator que pudesse agir na luta pela anistia e que não fosse declaradamente apartidário, podendo congregar militantes do MDB nessa luta de maneira explícita e declarada.

Para preencher essa lacuna, surgiu o Comitê Brasileiro pela Anistia (CBA) em fevereiro de 1978. Sua liderança de maior expressão era o general Peri Constant Bevilacqua, neto de Benjamin Constant (um dos líderes do movimento que instaurou a República). Durante o governo de João Goulart, Peri foi um adversário ferrenho dos movimentos de esquerda que tentavam se aproximar do presidente, sendo contrário às greves ocorridas durante aquele período e chegando a discursar em desfavor de organizações que considerava ilegítimas, como o Comando Geral dos Trabalhadores (CGT).[39] O general começou o governo de Humberto Castelo Branco como chefe do Estado-Maior das Forças Armadas (EMFA) e, posteriormente, foi transferido para o STM, exercendo o cargo de ministro.

É possível afirmar que o general foi o percussor da anistia — pelo menos em relação à abordagem extremamente pioneira do tema. Sua atuação no STM foi marcada desde o início pela defesa da anistia política, chegando até mesmo a dar uma entrevista para a revista *Manchete* nesse sentido.[40] Iniciou esse debate no tribunal cerca de dez anos antes de a discussão ganhar contornos mínimos no Brasil, e quatorze anos antes de a chamada Lei da Anistia.

Por essa postura arrojada para a época, sobretudo por se tratar de um momento ainda muito próximo à tomada do poder por parte dos

A ANISTIA

militares, o general Peri Bevilacqua foi cassado pelo AI-5 pouco antes de completar a idade máxima para a aposentadoria compulsória. O regime não deixaria barato tanta audácia, e até suas condecorações militares foram tomadas.[41]

Os argumentos para a sua cassação eram singelos e ao mesmo tempo autênticos, capazes de demonstrar de forma clara o tempo de arbítrios e o cerceamento de liberdades em que se vivia no Brasil. O general fora cassado por "conceder *habeas corpus* demais" e interpretar com "excessiva liberalidade" a Lei de Segurança Nacional (LSN).[42]

Contudo, ali estava outra pessoa obstinada e que não cedia àqueles que pretendiam calar a sua voz. Em 1974, mesmo cassado e monitorado de perto pelo regime, o general Peri escreveu uma carta alertando para a necessidade de anistia e a enviou aos jornais *Tribuna da Imprensa* e *Jornal do Brasil*. Acabaria por ser censurada em ambos.[43] Quatro anos depois, se tornaria a maior voz por trás do CBA, e mesmo não integrando formalmente o movimento[44] passaria à história como sua principal liderança.

Outra iniciativa importante nessa época foi um pequeno movimento surgido em Nova York entre 1974 e 1977 que buscava por meio de uma série de encontros realizados em universidades norte--americanas monitorar a situação da ditadura militar no Brasil.

Desses encontros surgiu a ideia de realizar uma obra coletiva que narraria as experiências e dificuldades dos exilados. O sugestivo nome *Memórias do exílio: Brasil — 1964-19??* ajudou a ampliar a repercussão internacional sobre o tema. Sua primeira edição foi publicada em Portugal, em 1976, e uma segunda, com o abrandamento da censura, foi publicada no Brasil em 1978, antes da concessão da anistia. A pergunta central da obra era a seguinte: "quando acabará a experiência traumática do exílio?". Uma espécie de contagem regressiva teve início, com pressão dentro e fora do país para que a anistia viesse a ocorrer o mais breve possível.

Memórias do exílio foi um marco, pois "fornecia uma ampla gama de descrições pessoais e experiência sobre gente de gerações, correntes políticas e origens sociais diversas. As narrativas pessoais humanizavam os que viviam no exterior e retificavam imagens anteriores de comunistas e terroristas que o regime militar havia projetado no Brasil e no estrangeiro".[45] Naquele momento, a obra aproximava o leitor do drama que era viver exilado.

Naquele final de década de 1970, tudo começaria a mudar. A abertura delineada por Geisel, embora lenta e sujeita a permanentes avanços e recuos, já era perceptível e resultava em maior liberdade à sociedade de uma maneira geral. A sociedade civil se mobilizava de forma mais organizada, e a luta pela anistia começava a repercutir bastante, tanto no plano nacional como no internacional.

No entanto, apesar da mobilização intensa da sociedade civil (fundamental para o impulso inicial do processo), a batalha final se daria no jogo de xadrez político.

O campo de batalha agora seria outro.

Quem vai dar o bombom é o Figueiredo

O mês de janeiro de 1979 foi marcado pela definição de que o debate sobre a concessão da anistia seria travado no governo do próximo presidente, não havendo a possibilidade de precipitar a discussão para o fim do mandato de Geisel. Àquela altura, Figueiredo já havia sido eleito e esperava sua posse, que ocorreria em março. A continuidade da abertura política estaria sob sua liderança pelos seis anos seguintes, devendo ser concluída em seu mandato.

A marcha lenta no processo de abertura no final do governo Geisel tinha a sua razão de ser. A anistia era o grande trunfo de negociação do futuro governo com a oposição e também um tema extremamente sensível à sociedade civil. Por essas razões, não interessava adiantar o debate para o fim do governo que estava se encerrando.

Em espirituosa frase sobre o assunto, o general Golbery definia bem a situação: "Quem vai dar o bombom é o Figueiredo."[46] Ainda nessa linha, o *Jornal do Brasil* anunciava que "O general Golbery do Couto e Silva observa que ao atual governo [Geisel] resta tomar medidas que aplainem o caminho, e não retirar instrumentos de

A ANISTIA

negociação que poderão se tornar particularmente preciosos para o general João Baptista de Figueiredo, como a anistia política".[47]

Como a Constituição vigente reservava à iniciativa privativa do presidente da República o projeto de lei sobre concessão de anistia,[48] caberia a Figueiredo propor a matéria ao Congresso Nacional. Quando e como? Esses eram os trunfos guardados na manga do futuro presidente.

Sem dúvida era uma grande vantagem estratégica para o futuro governo, pois caberia ao presidente propor o projeto de lei ao Congresso. Assim, o próprio governo poderia delimitar (pelo menos inicialmente) a extensão da anistia, além de estabelecer os contornos fundamentais dessa questão. Como detinha a iniciativa privativa, também caberia ao governo definir quando o Congresso apreciaria a questão. Do ponto de vista tático, fazia toda a diferença.

Era a abertura lenta, gradual e segura sendo calibrada de maneira paulatina e sem atropelos ou precipitações. Embora em pouco tempo Figueiredo viesse a assumir o protagonismo exercido por Geisel, nada indicava uma mudança de rota ou de velocidade do processo até então delineado.

Muito pelo contrário.

O general Figueiredo, em algumas de suas primeiras declarações públicas, admitia iniciar a discussão sobre o tema no início de seu mandato, faltando ainda definir a sua extensão (o que seria anistiado) e o seu alcance subjetivo (quem seria anistiado). O mais importante para o futuro presidente era não antecipar a discussão que deveria ser negociada em seu futuro mandato presidencial.

A ideia inicial articulada ainda no fim do governo Geisel era de uma anistia parcial negociada junto à sociedade, de uma maneira geral, e, em particular, junto aos setores oposicionistas nela interessados. Naquele início de novos tempos, já sem o AI-5, a anistia política seria um importante ativo estratégico para o mandato de Figueiredo.

Após a declaração de Golbery referindo-se metaforicamente ao "bombom", ficou publicamente estabelecido o marco formal para o começo efetivo das negociações da anistia: o início do mandato do futuro presidente, ou seja, março de 1979.

Contudo, isso não significava que até a posse de Figueiredo o processo de anistia ficaria congelado. Caberia ao então presidente do Senado e futuro ministro da Justiça, senador Petrônio Portella, iniciar uma séria de conversas informais com os principais líderes oposicionistas durante os dois meses finais do governo Geisel, numa espécie de "preparação de terreno" para as negociações mais consistentes que ocorreriam em um futuro próximo.

Naquele início de 1979, tudo ainda era muito dúbio, o que de certa forma fortaleceria Figueiredo em seu início de mandato. Uma declaração do senador Tarso Dutra (Arena-RS) evidenciava bem o grau de indefinição quanto à extensão da futura anistia: "[...] a anistia que o governo deverá decretar será política — nem parcial, nem imparcial, nem completa, nem incompleta."[49] A frase não dizia nada, além de obviedades desprovidas de significado prático. Parecia ser esse mesmo o objetivo.

Em meio a tantas incertezas, havia uma única pista sobre o sentimento do futuro governo em relação à anistia, que podia ser colhida ao final da declaração do senador arenista: "Tudo o que for definição política deve desaparecer. Quanto aos crimes comuns, não. A Justiça está aí para cuidar disso."[50]

As conversas iniciais de Petrônio Portella ocorreriam com Thales Ramalho e Tancredo Neves, dois dos principais expoentes do MDB à época. A classe política se alvoroçou ante esse início de tratativas. O governador eleito da Bahia, Antônio Carlos Magalhães, considerou "muito salutar" essa aproximação. Já o deputado federal Magalhães Pinto achava que tal preparação de terreno deveria começar logo, pois "primeiro de março já está em cima e, a partir de então, a anistia já deve ser discutida em tempo de conclusões".[51]

O presidente Geisel, ao final de sua gestão, ajudava bastante nessa dinâmica, e ao seu modo criava o ambiente propício para o início do mandato de Figueiredo. Já em fevereiro de 1979 o presidente "estava reduzindo as audiências e as aparições ao mínimo que a função exige" pois queria "deixar espaço para a chegada de Figueiredo".[52] Era uma estratégia acertada, pois assim deixaria o caminho livre para que interlocutores do futuro presidente começassem as conversas pela anistia ainda no final do governo que estava prestes a terminar.

A ideia inicial consistia em uma anistia parcial e de cunho bastante limitado. O líder do governo, deputado Nelson Marchezan — um dos principais assessores de Figueiredo durante o período de transição de governo e uma das poucas pessoas a gozar da total confiança do futuro presidente —, ainda em fevereiro daquele ano advertia que uma anistia total incluindo "crimes de sangue" poderia ser um problema para a própria evolução de todo o processo de distensão.[53]

Nesse contexto de sondagens e aproximações iniciais, veio a ocorrer uma primeira conversa entre Petrônio Portella e Thales Ramalho, no início de março de 1979. Nesse encontro — ocorrido às vésperas da viagem de Ramalho aos Estados Unidos a fim de se submeter a exames médicos e, aproveitando a oportunidade, encontrar Leonel Brizola —, a cordialidade deu o tom e ficou bem claro que tanto governo como oposição estavam dispostos a negociar.

Havia sido dada a largada.

Um bombom para Brizola?

Junto com seu cunhado João Goulart, Leonel Brizola seguramente era o maior antagonista do movimento militar que tomou o poder em 1964. O primeiro impulso de Brizola foi resistir ao golpe, como já havia feito em 1961, no episódio da renúncia de Jânio Quadros e a contenda que antecedeu a posse de Jango.

No entanto, o próprio presidente deposto evitou deliberadamente o confronto com os militares e não resistiu à usurpação do poder que lhe fora imposta, optando por exilar-se no Uruguai. Não sobrou alternativa a Brizola a não ser também seguir para o exílio, assim como o seu cunhado deposto já havia feito.

Desde então, Brizola sempre acalentou o desejo de retornar ao Brasil.

Assim, quando surgiu no horizonte a discussão da anistia, Brizola imediatamente se interessou, embora seu sentimento inicial fosse de que não estaria na lista dos anistiados, dado seu notório antagonismo ao regime militar, bem como seu histórico particular de resistência a esses mesmos militares que estavam no poder, durante o episódio da "Cadeia da Legalidade",[54] em 1961.

Somava-se a isso a desconfiança que Brizola tinha da oposição consentida que existia no Brasil à época. Fazia sentido tal desconfiança. O retorno de Brizola ao país poderia enfraquecer a oposição, dividindo a liderança oposicionista, que naquele momento era exercida com exclusividade pelos políticos do MDB.

Ainda no exílio no Uruguai, em um de seus últimos encontros com o cunhado, Brizola não ficou surpreso ao saber que Jango compartilhava sentimento semelhante: "Leonel, nós podemos até voltar pelas mãos de alguns generais. Mas jamais voltaremos pelas mãos do MDB."[55]

Naquele final de anos 1970, Brizola teve o seu asilo cassado no Uruguai. Ironicamente, recebeu asilo político dos Estados Unidos, um de seus mais notórios adversários históricos. Assim, acabou indo morar na América do Norte, mais precisamente na cidade de Nova York, onde passou a residir "em uma espaçosa suíte no hotel Roosevelt".[56]

Em realidade, Brizola acabou se valendo de um novo momento na política norte-americana. A nova conjuntura era bem diferente daquela dos idos de 1964, quando os Estados Unidos apoiaram a tomada de poder pelos militares no Brasil.

Em sentido semelhante, muita coisa também havia mudado para o agora social-democrata Leonel Brizola desde que deixara o Brasil em meados da década de 1960. Mais comedido, Brizola realizara uma verdadeira metamorfose, como bem descreve um importante observador do período:

> [Brizola] havia passado por uma transformação ao longo dos anos que o levou a uma aliança com os social-democratas europeus. [...] Seu fervoroso nacionalismo durante o tempo em que governara o estado do Rio Grande do Sul nos primeiros

A ANISTIA

> anos da década de 60 e a nacionalização da ITT, de proprie-
> dade norte-americana, provocaram uma crise nas relações
> com Washington no governo Kennedy. Quase uma década
> e meia depois, ele expressa gratidão aos Estados Unidos por
> oferecer-lhe asilo e elogiou a ênfase de Carter nos direitos
> humanos [...][57]

Morando nos Estados Unidos e comedido nas palavras, realmente era outro Brizola.

Quem te viu, quem te vê.

De Nova York, Brizola começa então a se movimentar para retornar na marra, da mesma forma que seu cunhado Jango um dia planejara.

Ainda em território norte-americano recebeu um recado de Golbery, sem direito a meias palavras: se voltasse seria preso.[58] Não se deu por vencido e o recado desta vez veio diretamente de Figueiredo: se insistisse, iria do avião diretamente para a prisão.[59]

Para os que acompanharam aquele período, Brizola corria o risco real de ser preso caso voltasse precipitadamente ao Brasil. Pior ainda, a sua volta intempestiva naquele momento delicado poderia significar um verdadeiro retrocesso à abertura, atrasando a própria concessão da anistia.[60]

O enredo parecia exatamente igual àquele de três anos antes, quando Jango também almejara voltar ao país a todo e qualquer custo, mesmo correndo o risco de prisão imediata assim que pisasse em solo brasileiro.

Inicialmente, Figueiredo não via com bons olhos o retorno de Brizola e tinha dúvidas, ainda em 1978, se a anistia abrangeria um adversário de longa data do regime, como era o caso do político gaúcho.[61] Naquele momento, Brizola personificava o antagonismo ao regime militar como ninguém.

Um inusitado diálogo demonstra a extensão da má vontade inicial de Figueiredo em relação a Brizola. Em um encontro logo após a sua eleição, o futuro presidente afirmou ao jornalista Elio Gaspari de forma enfática: "Ao Brizola não dou anistia. Jamais." A resposta do arguto jornalista demonstrava a sua perfeita compreensão sobre os meandros dos bastidores do poder em Brasília e do intricado jogo de xadrez no qual a discussão da anistia havia se transformado: "Presidente, o senhor dará anistia ao Brizola com essa sua mão esquerda que está aí."[62]

O tempo revelaria a correção da previsão do jornalista.

Em realidade, o pano de fundo do primeiro ano de mandato de Figueiredo era diferente daquele final de 1978, quando o general acabara de ser eleito. A pergunta não era mais se Brizola seria anistiado, mas quando isso aconteceria. O general Figueiredo, aconselhado pelo ministro Golbery, olhando para o tabuleiro de xadrez da anistia, pensava estrategicamente e temia que um retorno precipitado de Brizola dificultasse todo o plano mais amplo de abertura política que se desenrolava naquela época.

Era a "calibragem do tempo"[63] a pautar a abertura lenta, gradual e segura.

Além disso tudo, a volta prematura de Brizola poderia incendiar os grupos militares radicais e, dessa forma, sua própria vida corria riscos em caso de um retorno precipitado ao Brasil. Na visão do presidente Figueiredo, não se tratava de falso alarmismo, e a preocupação realmente se justificava naquele momento: "Se acontece uma coisa dessas [o assassinato de Brizola no Brasil], cai por terra tudo o que nós queremos construir."[64]

O tempo era agora fator crucial no tabuleiro de xadrez da anistia. E Brizola haveria de saber esperar. Para atenuar sua ansiedade e, principalmente, desfazer a ideia de que ele certamente não seria beneficiado em uma futura anistia, o deputado Nelson Marchezan ficou encarregado de levar a Brizola a mensagem de que não deveria se precipitar, pois uma futura anistia política acabaria por incluir o nome dele também.

Por outro lado, o recado estava mantido: a volta prematura inevitavelmente o levaria à prisão.

Houve, assim, uma reunião entre Marchezan, Luiz Mendes, que mantinha relações pessoais com Brizola, e os senadores Petrônio Portella e Francelino Pereira:

> Portella pediu a Mendes que dissesse a Brizola que aguardasse no exílio, pois o novo governo faria a anistia e ele seria beneficiado.
> "Posso contar a ele que o sr. disse isso?", perguntou Mendes.
> "Se você disser isso, eu tenho aqui na sala duas testemunhas [Marchezan e Francelino] de que eu não falei com você", foi a resposta.
> Mendes passou o recado. Brizola perguntou como ele sabia.
> "Palpite", respondeu.[65]

Mesmo após receber recado tão explícito, Brizola ainda desconfiava de uma anistia parcial e temia ficar de fora.

Em maio de 1979, um ansioso Brizola se reuniu com o deputado Thales Ramalho e lhe mostrou um bilhete da Varig, já em seu nome, para o Brasil. Passagem só de ida. Thales, que era amigo de Brizola, se aproveitou de sua proximidade para lhe dar um alerta direto: "Vai virar pretexto para retrocesso."[66] Assim, dissuadiu o velho político gaúcho a adotar aquela postura e novamente o alertou sobre a inconveniência de um retorno açodado. Poderia pôr tudo a perder.

Em realidade, a ideia inicial do governo mudara. Aquele Figueiredo então candidato que olhava com antipatia para um eventual retorno de Brizola ao país não existia mais.

O jogo de xadrez voltava a estar em aberto.

O governo movia uma peça aparentemente despretensiosa, mas, na realidade, estava pensando algumas jogadas à frente.

O temor inicial na volta de Brizola perdera gradativamente espaço para outra concepção que surgira e adquirira força naquele início de governo Figueiredo.

Tratava-se de uma ideia até simples em sua formulação básica: apostar em um retorno de Brizola e de outros exilados cuja expressão política era grande, para dividir a oposição, enfraquecendo o MDB. Essa "jogada" já visava às próximas eleições a ser realizadas no Brasil, bem como à futura reorganização partidária que viria a substituir o sistema bipartidário vigente à época.

Essa visão atualmente é quase unânime entre os estudiosos da vida do ex-governador Leonel Brizola, sempre na linha de que, no contexto da anistia, a premissa de que ele seria uma ameaça à segurança nacional foi superada pelo efeito desagregador que poderia causar à oposição.[67] A revista *Veja* resumia os verdadeiros objetivos do governo ao permitir o retorno de Brizola:

> O governo espera gerar, com a anistia, outros fatores de divisão nas fronteiras da oposição. "Com essa medida, o Brizola poderia voltar", lembra um assessor bastante próximo de Figueiredo. "E não há quem me faça acreditar que livre e no Brasil ele não dividiria o MDB." Segundo supõe a mesma fonte, assim se daria mais um passo concreto em direção à reformulação partidária — já que Brizola certamente tentaria montar o seu próprio partido.[68]

Em realidade, àquela altura Brizola já desistira de voltar precipitadamente e estava em compasso de espera pela concessão da anistia. Admitia até mesmo filiar-se ao MBD de forma provisória, desde que tivesse liberdade de ação para rearticular a criação do Partido Trabalhista Brasileiro (PTB).[69]

O futuro naquele momento era pautado pelo que se sabia e pelo que estava implícito — se sabia que quem "daria o bombom" era Figueiredo; não se sabia ao certo qual o conteúdo da "caixa de bombons"; mas estava implícito que não haveria quaisquer restrições a pessoas específicas.

Assim, ao contrário do que muitos imaginavam em um primeiro momento, parece que havia um "bombom" guardado para Brizola na "caixa" de Figueiredo.

Restava saber quando ele ganharia tal bombom e se, na calibragem do tempo da abertura, ele saberia esperar para recebê-lo.

A abrangência da anistia

O pensamento inicial de Figueiredo sobre a anistia era muito claro e foi dito em uma entrevista à revista *Veja* pelo então candidato à Presidência da República: "Anistia é esquecimento. E não é possível esquecer os crimes dos que assaltaram bancos, assassinaram e sequestraram. Estes são crimes comuns. E não cabe a alegação de que a motivação foi política. Esses crimes, não é possível esquecer. O alegado motivo político não justifica nada. Muito ladrão rouba porque está passando fome, e, no entanto, paga por isso."[70]

Em realidade, quando se abordava o tema da anistia, se pensava em duas questões distintas: a primeira era regularizar a participação política de todos os cidadãos brasileiros, superando as cassações sumárias e suspensões de direitos políticos impostas após a queda de Jango em 1964. Havia dúvidas de como isso seria implementado, havendo diferenças substanciais no âmbito civil e militar em relação às cassações e aposentadorias compulsórias. Esse processo não seria totalmente consolidado no governo Figueiredo, sobretudo no que tange a restrições a direitos políticos.

A outra questão era acerca da liberdade dos presos políticos. A anistia concederia liberdade a todos que cumpriam pena por motivos políticos, excetuando-se apenas aqueles que cometeram os denominados "crimes de sangue". Essa segunda questão ainda estava em aberto, apesar da posição oficial do governo contrária à anistia irrestrita.

A discussão sobre a extensão da anistia seguia assim a pleno vapor, e não havia consenso no próprio MDB. O então senador Itamar Franco (MDB-MG), partidário de uma anistia ampla e irrestrita, afirmava que o melhor caminho seria uma emenda constitucional que devolvesse ao Congresso a iniciativa sobre a matéria. Desse modo, no entendimento do senador mineiro, Figueiredo não teria desgaste junto aos seus camaradas militares em uma eventual anistia mais ampla, que seria, ao mesmo tempo, fruto de uma negociação menos amarrada entre Arena e MDB.[71]

No entanto, não era essa a ideia do governo. Em realidade, a iniciativa privativa do chefe do Executivo em matéria de concessão de anistia foi colocada na Constituição de 1967 pelo ministro da Justiça Carlos Medeiros e Silva, por orientação expressa do então presidente Castelo Branco.[72] Assim, doze anos depois, o Congresso Nacional era sujeito passivo em relação à matéria, pois só poderia apreciá-la após o envio do projeto de lei pelo presidente da República.

Se o senador Itamar Franco imaginava que a sua sugestão seria aceita, enganara-se. O governo não iria abrir mão de definir quando, quem e o quê seriam anistiados. O primeiro lance caberia a Figueiredo, a mais ninguém. Essa iniciativa era uma vantagem estratégica e, ao mesmo tempo, conferia um enorme poder de barganha para o governo dar continuidade ao processo de abertura política.

Contudo, a questão dos "crimes de sangue" continuava em aberto. Ainda em maio de 1979, esse tema se revelava um entrave à anistia ampla, sendo que a possibilidade mais provável naquele momento era mesmo uma anistia parcial, com a exclusão de tais crimes.

Em junho de 1979, uma importante voz passou a defender publicamente a inclusão dos "crimes de sangue" no projeto de anistia. Era Raymundo Faoro, advogado de vários presos políticos e ex--presidente da Ordem dos Advogados do Brasil (OAB). Sua intensa militância no período incluiu definitivamente a questão da anistia ampla e irrestrita na agenda política nacional, ajudando em muito a dar visibilidade ao tema.

A Igreja também passou a intervir na discussão a partir de uma contundente declaração por parte do arcebispo metropolitano de São Paulo, dom Paulo Evaristo Arns. O religioso fez ver que uma anistia parcial abrangeria os dois lados e, caso não fossem perdoados todos os atos praticados em contestação ao regime, tampouco poderiam ser perdoados aqueles que praticaram a tortura em instalações oficiais. Em suas palavras, "Se não anistiarem aqueles que cometeram crimes de sangue, então os torturadores não devem ser perdoados".[73]

A sociedade civil organizada aglutinava-se em torno da bandeira da anistia ampla, mas a posição do governo, a despeito de toda a pressão que sofria dos mais diversos setores da sociedade civil, permanecia contraditória. Ao mesmo tempo que dizia buscar a conciliação,

A ANISTIA

mantinha-se inflexível quanto à abrangência da anistia. Esse tema era o maior entrave para que o projeto de lei pudesse ser enviado ao Congresso Nacional.

No último minuto, uma entrevista de Leonel Brizola quase colocou tudo a perder. Diretamente de Portugal, o político gaúcho afirmava que a eventual criação de um partido popular poderia "disciplinar os militares".[74] Frase mal calculada e que poderia ter diversos sentidos, dependendo de quem a escutava. Naquele momento delicado, faltava exatamente um pretexto para que a linha dura pudesse causar alvoroço na área militar. Por muito tempo não o teve. Brizola quase lhes deu o que mais queriam de mão beijada.

Apesar de seu imediato desmentido, o ministro do Exército, com a anuência prévia do governo, emitiu uma nota enérgica rebatendo as declarações da entrevista de Brizola e recebeu a imediata solidariedade dos demais ministros militares. Na coreografia das crises castrenses, metade do caminho estava trilhado rumo a um impasse.

Assim, Brizola quase deu o pretexto para a criação de uma crise intransponível, pouco antes de o presidente Figueiredo enviar o projeto de lei ao Congresso Nacional. Entretanto, não havia mais espaço para retrocessos. Naquele momento, por mais desastrada e inoportuna que houvesse sido a declaração de Brizola, a abertura política era um caminho que não admitia retorno.

Talvez a mais emblemática declaração dessa crise tenha sido a do ministro da Aeronáutica, brigadeiro Délio Jardim de Matos. Embora solidário com a nota emitida pelo ministro do Exército, o ministro não se furtou a afirmar que "nem as declarações infelizes do senhor Leonel Brizola nem a nota do ministro do Exército vão interferir no projeto de anistia do governo, nem mesmo no que se refere à anistia ao senhor Leonel Brizola".[75]

A pressão vinha de todos os lados, e o presidente da República estava sob constante e permanente tiroteio. Barbosa Lima Sobrinho, presidente da Associação Brasileira de Imprensa (ABI), lhe enviara telegrama pedindo que não houvesse "discriminações casuísticas" e defendendo uma anistia ampla. Já o procurador-geral da República,

Firmino Paz, dava declarações em sentido contrário, defendendo uma anistia com exceção expressa aos "crimes de sangue".

Por fim, ao apresentar o projeto ao presidente, o ministro da Justiça optou pela anistia parcial, incluindo no projeto de lei o perdão aos chamados crimes políticos ou conexos, e excluindo os chamados "crimes de sangue", que desde o início de 1979 dominaram a discussão sobre o tema.[76] O crime de tortura eventualmente praticado por militares foi incluído na lei, pois a noção de crimes conexos passou a ser entendida como uma referência implícita à tortura.

A anistia seria parcial. Esse era o projeto de lei apresentado pelo governo. Restava à oposição uma última cartada: tentar modificá-lo no Congresso Nacional, onde seria discutido e depois votado em sessão conjunta, com votação em separado, primeiro dos deputados e, posteriormente, dos senadores.

Não seria uma jornada fácil, sobretudo em função da maioria governista no Senado, ainda por conta dos senadores eleitos por via indireta,[77] os denominados "senadores biônicos".

Órfão de pai vivo

O dia 28 de junho de 1979 tocou fundo a alma do presidente Figueiredo. Seria um reencontro com o passado. Reviveria um drama familiar pelos caminhos da abertura política.

Naquele dia, Figueiredo formalizaria o envio ao Congresso do projeto de lei que concederia a anistia política. A cerimônia para a assinatura do documento estava marcada pontualmente para as 15h no Palácio do Planalto.

Figueiredo teria um dia intenso. Logo às 10h da manhã haveria um compromisso oficial da maior importância, pelo menos sob o prisma formal. A fim de cumprir os termos da Constituição em vigor, o presidente reuniu o Conselho de Segurança Nacional (CSN) para avaliação conjunta da proposta de concessão da anistia política.

A ANISTIA

A consulta ao CSN foi rápida e a reunião durou apenas onze minutos. Era um requisito formal que, embora indispensável, tinha pouco significado prático. Cumprido o rito constitucional, restava agora esperar pela solenidade que ocorreria à tarde no Planalto.

Pontualmente às 15h04, de terno cinza-chumbo e gravata azul-marinho, Figueiredo chegou à solenidade acompanhado pelo general Danilo Venturini, chefe do Gabinete Militar. Intensos aplausos por parte de todos os presentes marcaram aquele momento. Era possível ver a emoção no semblante de todas as pessoas presentes à cerimônia.

Sem maiores atrasos, Figueiredo se dirigiu ao local onde proferiria seu discurso, um dos mais emblemáticos e de maior importância histórica do seu mandato. Politicamente, a anistia seria o melhor momento de Figueiredo como presidente.

A principal passagem do discurso remetia a algo que certamente havia ficado em algum lugar do passado, mas que ressurgia em todo o esplendor desta coincidência histórica: "Vi na minha família o amargor de ser órfão de pai vivo. Conheci as frustrações do soldado afastado da Pátria e de seu serviço, por delito político. Bem conheço todo esse sofrimento."[78]

A referência implícita ao seu pai, general Euclides Figueiredo — que participara da Revolução Constitucionalista de 1932 e, após conhecer as desventuras do exílio, foi anistiado por Getúlio Vargas em 1934 —, deu contornos emotivos àquele momento. O presidente estava visivelmente emocionado. Figueiredo, assim como o seu irmão Guilherme, fora aluno-órfão do Colégio Militar em função do exílio de seu pai.

Aquela data representava, assim, um reencontro com o que vivera um dia, em um passado amargo que o presidente forçosamente relembrava pela casualidade das circunstâncias.

Ao fim da solenidade, o presidente recebeu cumprimentos de inúmeras pessoas — desde o seu vice, Aureliano Chaves, primeiro a abraçá-lo após o discurso, até o último abraço daquela tarde histórica, dado pelo ascensorista do elevador privativo, no regresso de Figueiredo ao seu gabinete.

O caminho a ser trilhado, sem dúvida, era o da reconciliação nacional. O presidente deixou isso claro, ainda que expressasse certo desconforto quanto ao seu alcance: "Por isso mesmo, convertido em lei o projeto apagar-se-ão os crimes e serão sustados os processos em curso. Mesmo dos que, a rigor, não estão a merecer o benefício da medida, como a anistia, de natureza eminentemente política. Quer o governo, com isso, evitar o prolongamento de processos traumatizantes para a sociedade. Certos eventos, melhor silenciá-los, em nome da paz da família brasileira."[79]

Esquecia-se, porém, que o Projeto de Lei nº 14, de 28 de junho de 1979, anistiava torturadores, mas não anistiava aqueles que cometeram os denominados "crimes de sangue".

A estratégia do governo era perspicaz, pois enviara ao Congresso o projeto de lei a breves dois dias do recesso parlamentar. Esperava-se, assim, que repercutisse na mídia durante os trinta dias em que o Congresso não funcionaria, atenuando as críticas em relação à anistia parcial e amplificando a tese oficial de que apenas "terroristas" não seriam anistiados.[80] Ainda havia um caminho a trilhar até a promulgação da Lei da Anistia. A pressão por uma anistia total não arrefeceria até a votação no Congresso Nacional.

Nesse meio-tempo, surgiriam novos personagens que protagonizariam esse debate, sobretudo em relação à versão oficial de que a anistia parcial visava excluir somente os "perigosos terroristas" que haviam desafiado de armas em punho o regime militar.

O embate aproximava-se do fim.

Xeque-mate

Apesar do envio do projeto de lei ao Congresso Nacional, ainda havia muita pressão para a anistia ser total e não excluir nenhum dos presos políticos brasileiros, independentemente do crime cometido.

Um grupo de presos políticos no Rio de Janeiro recebeu a visita do presidente da comissão que iria analisar o projeto de lei da anistia,

A ANISTIA

senador Teotônio Vilela, que também visitara outro grupo de presos políticos em Salvador e declarou à imprensa não ter visto "nenhum terrorista"[81] após esses encontros.

Em realidade, Teotônio utilizou como estratégia a visita pessoal a todos os presídios brasileiros onde estavam sob custódia presos políticos para desmistificar a tese de que somente "terroristas" não estariam sendo anistiados. No fundo, sua ideia era mostrar à sociedade que aquelas pessoas que participaram da contestação armada ao regime militar eram apenas jovens idealistas que se deixaram levar pelo clima de acirramento político e que, transcorrido tanto tempo desde as últimas ações armadas, era hora de deixá-los seguir com a vida em vez de privá-los de sua liberdade.

Amplificando essa ação, um grupo de presos políticos do Rio de Janeiro iniciou uma greve de fome que durou 32 dias, e outros grupos em idêntica situação aderiram ao exemplo dos seus colegas cariocas, sendo iniciadas greves de fome em São Paulo, Salvador, Natal e Fortaleza.

Essas greves de fome aliadas às visitas de Teotônio amplificaram muito a repercussão da luta pela anistia ampla na grande imprensa. As ações assim se diversificaram, sempre com grande cobertura da mídia: ida de artistas a presídios (inclusive com a realização de shows durante essas visitas),[82] torcida de futebol abrindo faixa a favor da anistia nas arquibancadas do Morumbi,[83] e atos públicos em favor da causa em vários estados.

Aliás, a manifestação em uma partida de futebol, dado o caráter popular do esporte no Brasil, foi um dos atos em que mais se receou haver uma reação enérgica por parte do governo. Principalmente porque não era algo que passaria despercebido. Uma torcida organizada do Corinthians havia prometido a membros do CBA abrir uma faixa durante um jogo do Campeonato Paulista daquele ano.

A promessa foi cumprida em fevereiro de 1979, diante do Santos, no Morumbi. Havia o fundado temor de que poderia haver prisões em virtude de a faixa ter sido exposta no gradil da arquibancada durante todo o jogo. Ledo engano. Não houve prisões nem foram registrados quaisquer incidentes.[84] Mais um passo na direção da anistia.

Contudo, também houve momentos de descalabro nessa jornada, como os boatos sobre a morte de Nelson Rodrigues Filho durante o seu jejum voluntário no presídio Frei Caneca,[85] e o ofício do presidente do STM a Teotônio Vilela afirmando que suas visitas em presídios eram ilegais.[86] A pressão naquele momento sobre o governo era muito forte, mas não havia nenhum sinal de que este iria recuar em sua proposta de anistia parcial.

O jogo se encaminhava para o final. Ainda havia algumas peças no tabuleiro de xadrez delineado inicialmente por Geisel e Golbery, e agora conduzido por Figueiredo. Mas a dinâmica já estava consolidada e só uma combinação de jogadas muito ousada poderia mudar o resultado naquele momento.

Isso chegou a ser considerado.

Primeiro, houve a tentativa de modificação do projeto na comissão mista que o analisaria, com forte pressão do MDB sobre possíveis dissidentes da Arena. Não deu certo. O governo escolheu parlamentares fiéis para participar da comissão e o projeto original passou incólume para análise do plenário.

Embora a lei tenha tido inúmeros destaques propostos pelo MDB, no momento da votação em plenário o partido apoiou apenas o substitutivo de Ernani Satyro. No lance seguinte, após acordo entre os líderes do governo e da oposição, o MDB desistiu de todos os seus destaques, requerendo somente a apreciação da emenda do deputado arenista Djalma Marinho.

Era o lance final.

A emenda de Marinho propunha uma anistia ampla na pura acepção da palavra, modificando o parágrafo primeiro da lei. Era uma mudança textual sutil, mas de brutal efeito prático. O benefício aos crimes conexos que anistiava a tortura seria mantido, mas o perdão também se estenderia àqueles que cometeram "crimes de sangue" e que a redação original pretendia excluir, tornando a anistia verdadeiramente ampla, geral e irrestrita.[87]

A sessão de votação da Lei da Anistia foi tensa, tumultuada e demorada.[88] Houve a acusação, por parte de parlamentares gover-

A ANISTIA

nistas, de que militares à paisana teriam se postado nas galerias do Congresso durante a votação, ocupando o espaço de populares com o nítido propósito de inibir manifestações a favor da anistia irrestrita durante o pleito.[89]

Em realidade, houve a ocupação desde cedo de um "inusitado" grupo de jovens de cabelo curto que se opunha à manifestação de parentes de presos políticos e exilados que foram a Brasília para assistir à votação.[90] Supôs-se que se tratava de militares da Aeronáutica à paisana.[91] Por pouco não houve conflito entre os dois grupos e o presidente do Senado, senador Luiz Viana, que presidia à sessão, chegou a ameaçar esvaziar todas as galerias da Câmara se o ambiente conturbado perdurasse.

Foi por pouco. Muito pouco. Atraindo a base do governo, a oposição conseguiu 202 votos para a emenda de Marinho, incluindo nesse total 15 votos de dissidentes da Arena. A emenda acabou superada pela estreita diferença de 4 votos e mostrou a pouca margem de manobra que a maioria parlamentar governista detinha no Congresso Nacional naquele momento.

O perdão aos torturadores fora aprovado. A anistia àqueles que participaram do "surto terrorista", não. Incongruência? Iniquidade?

Na visão de muitos era o preço a pagar.[92] Na ensolarada manhã do dia 28 de agosto de 1979, em uma terça-feira aparentemente comum, o presidente Figueiredo, durante despacho rotineiro com o seu ministro da Comunicação Social, Said Farhat, e sem maiores formalidades, assinou a Lei nº 6.683 de 1979 — a Lei da Anistia.[93]

Estava sancionada a 48ª anistia da história do Brasil, algo ansiado pela oposição desde a promulgação do primeiro Ato Institucional, editado logo nos primeiros dias após a instauração do regime militar.

A anistia seria mesmo parcial, conforme o plano inicial de Figueiredo desde a época em que ainda era candidato, e de acordo com as diretrizes do próprio projeto de lei que o governo enviara ao Congresso Nacional cerca de dois meses antes.

Xeque-mate.

Fome de liberdade

A aprovação da anistia parcial poderia ser um problema que levaria a revanchismos posteriores, principalmente em um futuro governo civil democrático, pois uma eventual apreciação judicial da Lei da Anistia poderia acabar em um julgamento que declarasse a sua inconstitucionalidade em virtude da sua flagrante afronta ao princípio da isonomia, preceito fundamental previsto nas constituições da esmagadora maioria das democracias contemporâneas.

Contudo, esse problema da abrangência da anistia, que ganhara contornos teóricos de difícil resolução, ante o texto frio da lei, foi resolvido na prática pela Justiça Militar. Na síntese precisa de Elio Gaspari, "O bloqueio da anistia a pessoas condenadas durante o surto militar terrorista foi descosturado pontual e habilmente na Justiça Militar".[94]

Era a Justiça corrigindo o desacerto da política.

O jornal *O Globo* também repercutia o fato de que o caminho para aqueles que não foram anistiados passava pela Justiça Militar, responsável por analisar os casos concretos, sendo que a posição do governo (revelada por uma fonte próxima ao Palácio do Planalto) era no sentido de que "se amplie com a maior rapidez possível a concessão da liberdade aos presos políticos que não foram alcançados pela anistia".[95] Já a *Folha de S.Paulo* repercutia o assunto em reportagem de capa de maneira idêntica, afirmando que "O Planalto assegurava que até 1981 não haveria mais presos políticos".[96]

No entanto, não seria necessário esperar até 1981, pois a Justiça Militar realmente adotou uma postura de extrema celeridade. No dia seguinte à sanção da lei já foram libertados os primeiros presos políticos em Pernambuco e na ilha de Itamaracá, e a promessa era que até 31 de agosto de 1979, apenas três dias após a sanção presidencial, a Justiça Militar já tivesse analisado todos os processos de presos políticos,[97] pois seria adotado o regime de urgência e dada prioridade à análise do caso de réus presos. Ainda no final daquele ano, o presidente Figueiredo assinaria um decreto de indulto que beneficiaria cerca de vinte presos políticos que ainda se encontravam encarcerados.[98]

Os artifícios processuais e filigranas jurídicas foram utilizados em favor da isonomia e da anistia — o que no texto frio da lei era parcial, passou a ser total por meio de livramentos condicionais e sistemáticas reduções de pena. No início de 1980, a revista *Veja* noticiava que o último preso político brasileiro[99] teria direito à liberdade condicional provavelmente em abril daquele ano e que, após a sua soltura, o presidente Figueiredo cumpriria a sua promessa de libertar todos os presos políticos durante o seu mandato.[100]

Para Figueiredo, não era apenas uma promessa. Em realidade, tratava-se do anseio genuíno de um presidente cujo pai também vivenciara o trauma da prisão política e do exílio.

Demorou um pouco mais do que o previsto, mas, em outubro de 1980, o último preso político brasileiro finalmente fora libertado. Tratava-se do amazonense João Sales de Oliveira, solto em liberdade condicional pela Justiça Militar após cerca de oito anos de prisão.

Contudo, isso não significava que os presos políticos recém-libertados pelo STM estavam anistiados, na acepção mais ampla do termo. Muitos mantiveram a suspensão dos direitos políticos por dez anos e a obrigação de comparecimento semanal à Justiça Militar para assinar um boletim de localização.[101]

João Sales, o emblemático último preso político brasileiro, era um grande exemplo disso. A concessão de sua liberdade condicional continha oito restrições impostas em seu desfavor, como a curiosa proibição de frequentar "casas de bebidas alcoólicas ou tavolagem".[102] Ao responder a primeira pergunta após a sua libertação, acerca de quais seriam suas pretensões políticas, João Sales mostrava que a anistia plena ainda era um ideal um tanto quanto longínquo: "Olha, as cláusulas da liberdade condicional impedem que eu me pronuncie. Claro que eu tenho uma posição política definida, mas por força da lei não posso me pronunciar sobre o assunto."[103]

A anistia total, que suprimiria totalmente as restrições àqueles que cometeram delitos de natureza política, só viria em 1985, já no governo Sarney.

Havia também o problema dos servidores públicos, civis e militares, afastados de suas funções pelos famigerados atos institucionais. Embora fosse uma situação menos dramática em relação à situação das pessoas que se encontravam presas, também envolvia uma série de questões consideradas sensíveis pelo regime militar, que a princípio não permitiria que a anistia fosse aplicada indistintamente, trazendo todos os servidores afastados de volta ao serviço ativo.

Assim, os oficiais das Forças Armadas expurgados do serviço ativo e reformados não poderiam reassumir suas funções originais, sendo vedado o seu retorno à Arma que integravam originalmente. Como uma espécie de prêmio de consolação, ficou estabelecido que os militares afastados com vencimentos proporcionais passariam a receber vencimentos integrais a título de aposentadoria.

Em relação aos servidores civis, o critério adotado foi diferente e havia a possibilidade do retorno ao serviço ativo. Assim, professores universitários, diplomatas, funcionários públicos dos mais diversos órgãos e membros do Poder Judiciário poderiam retornar as suas funções, cabendo essa análise a comissões especiais de inquérito constituídas exclusivamente para tal fim.

Não foi a anistia sonhada pela voz da rua, mas foi a possível diante das circunstâncias e do contexto da época. A abertura política, mesmo aos solavancos, continuava a caminhar adiante.

A volta dos exilados

A parte mais visível da anistia seria o retorno dos exilados ao Brasil. Aquele talvez fosse o efeito prático de maior simbolismo da anistia promulgada pelo presidente Figueiredo. Ansiosamente aguardada pelas famílias que tinham entes queridos obrigados forçosamente a viver no exterior, a concessão da anistia propiciou cenas emocionantes

A ANISTIA

de famílias e amigos que se reuniam nos aeroportos de todo o país para recepcionar aqueles que retornavam após longos anos de exílio.

Existe pequena variação nos números, mas calcula-se que cerca de 5 mil brasileiros puderam retornar ao país após a anistia.[104] Entre exilados famosos e anônimos, havia o sentimento genuíno de retorno à pátria conjugado em apenas uma palavra: saudade. Era o retorno de "tanta gente que partiu em um rabo de foguete", parte da letra de "O bêbado e a equilibrista", canção imortalizada na voz de Elis Regina e que acabou por se tornar um hino da campanha vitoriosa pela anistia.

Dos exilados com maior notoriedade, o primeiro a retornar ao país foi Fernando Gabeira. Jornalista por formação, Gabeira estava no exílio desde 1970. Sua volta realçava as contradições da Lei da Anistia, pois Gabeira havia participado do sequestro do embaixador norte-americano Charles Elbrick. Como se encontrava no exílio, foi contemplado pela lei enquanto aqueles que cumpriam pena no Brasil por crimes com o mesmo grau de nocividade permaneciam presos — a anistia não contemplava os condenados pelos "crimes de sangue".

Pouco tempo após o sequestro, Gabeira foi preso em São Paulo, depois de uma perseguição policial com ares cinematográficos que incluiu a fuga por um matagal e um intenso tiroteio. Nessa ocasião, Gabeira acabou baleado nas costas e quase faleceu ao ter órgãos importantes de seu corpo perfurados pelos disparos da polícia.

No entanto, após se restabelecer, ficou por pouco tempo preso. Logo foi banido do Brasil e enviado à Argélia, depois de ser envolvido em uma troca entre os sequestradores do embaixador alemão Ehrenfried von Holleben e o governo do presidente Médici.

Após a promulgação da anistia, Gabeira não perdeu tempo e retornou ao Brasil apenas três dias depois do início da vigência da lei. Vindo da Suécia, onde se formou em Antropologia pela Universidade de Estocolmo, trabalhava como condutor do metrô na própria cidade onde estudara. Já havia vivido também em vários outros lugares do mundo, como Argel, Havana e Lisboa.

Seu desembarque no aeroporto do Galeão foi uma festa. Recepcionado por inúmeras pessoas que portavam faixas pró-anistia no saguão do aeroporto, foi carregado nos ombros por militantes do CBA ao som de "Apesar de você", entoado ao vivo por uma alegre banda de música contratada pelo cartunista Ziraldo.

Para aumentar o clima festivo, voltara no mesmo voo do time do Flamengo que retornava de uma excursão pela Europa. O saguão do Galeão teve ares de Maracanã naquele fim de tarde.

Belo recomeço.

O jornalista Fernando Gabeira era o retrato da emoção ao pisar novamente em solo brasileiro, e sua foto estampou a primeira página do *Jornal do Brasil* no dia seguinte à sua chegada. Suas primeiras declarações evitaram polemizar, e não houve nenhum tom de revanchismo. Como declarara, Gabeira buscaria "juntar-se às pessoas que lutam pela anistia".[105]

As polêmicas que evitara em suas primeiras declarações à imprensa não faltaram em seus posteriores registros fotográficos na praia de Ipanema, onde foi flagrado tomando um típico mate de galão das praias cariocas trajando uma inusitada tanga de crochê roxa, emprestada por sua prima Leda Nagle.[106]

O Brasil para o qual Gabeira retornava era sem dúvida um novo país. Com o abrandamento da censura, ele pôde publicar no Brasil suas memórias. Seu livro *O que é isso, companheiro?*, grande sucesso editorial da década de 1980, permaneceu por 61 semanas seguidas na lista dos livros mais vendidos, e ganhou o Prêmio Jabuti de Literatura em 1980.

* * *

Já o engenheiro Leonel Brizola era, ao mesmo tempo, o mais ansioso dos exilados em retornar ao Brasil, e também o maior antagonista vivo do regime instaurado em 1964 — mistura que quase colocou tudo a perder. Assim como o seu cunhado Jango, Brizola havia cogitado fortemente voltar a todo e qualquer custo, mesmo tendo conhecimento da real possibilidade de prisão, caso optasse por esse caminho. Não o fez. Convencido por Thales Ramalho a esperar pela Lei da Anistia, voltara ao Brasil na tarde de 6 de setembro de 1979, desembarcando em Foz do Iguaçu.

Sua postura agora seria muito mais cautelosa, sobretudo pela recente indisposição com os ministros militares, após a sua polêmica declaração sobre a disciplina militar.

No dia seguinte ao seu retorno, foi a São Borja, onde visitou os túmulos de Getúlio Vargas e João Goulart. Ao voltar ao país, conseguira realizar o sonho pelo qual seu cunhado tanto ansiara, mas que não pôde vivenciar. Prestava, assim, uma justa homenagem aos líderes trabalhistas do passado e, ao mesmo tempo, um tributo à luta de Jango e ao fato de ele ter sido impedido de retornar ao Brasil enquanto estava vivo.

No horizonte de Brizola, claramente estava a reconstrução do PTB. Ele demonstrou de forma clara tal anseio desde o primeiro minuto em que pisou em solo brasileiro, pois portava o distintivo do antigo partido, nas cores preto, vermelho e branco, na lapela de um terno em tecido jeans comprado em Nova York por cerca de 80 dólares.[107] Este era o novo Brizola: defendia ideais repaginados e vestia roupas compradas na cidade que melhor simbolizava o capitalismo mundial.

De certa forma, o político gaúcho seguiria a cartilha estabelecida pelo governo e, apesar do temor inicial de parte dos militares devido ao seu histórico, Brizola terminaria por satisfazer ao objetivo do governo ao permitir seu retorno: seria o protagonista de uma divisão das oposições em uma eventual reorganização partidária que não demoraria muito a acontecer.

Em seu retorno, Brizola deixava claro que o momento era de reconciliação, e assim se afastava do tom beligerante e contestador de outrora. Evitou deliberadamente retornar por um aeroporto de uma grande cidade, como Rio de Janeiro ou Porto Alegre, pois receava encontrar uma grande concentração de pessoas, podendo ocorrer distúrbios ou incidentes pelos quais certamente seria responsabilizado.

Em sua primeira entrevista em território brasileiro, concedida próximo às Cataratas do Iguaçu, elogiou o governo Figueiredo ao declarar que atendia "a muitos anseios do povo" e, ainda naquele dia, afirmou que, se necessário fosse, "dialogaria com o governo".[108]

Um modesto público de cerca de 5 mil pessoas ouviu o seu primeiro discurso em São Borja, no qual Brizola prescreveu as palavras-chave que iriam nortear sua atuação dali por diante: cautela, paciência e prudência. Para um observador atento, Brizola foi um pouco mais além: evitou utilizar o termo "ditadura" para se referir ao governo, hábito que passara a cultivar desde a sua estada em Nova York, penúltima parada do exílio.

Talvez sua declaração mais emblemática tenha sido pela televisão, transmitida para todo o Brasil pelo *Jornal da Globo*, em que afirmava ter "o coração cheio de saudades, mas limpo de ódios".[109]

Era um novo Brizola.

* * *

Miguel Arraes foi sem dúvida quem teve o retorno mais tenso de todas as figuras públicas anistiadas.

Havia informações de que agentes dos órgãos de informação se infiltrariam entre os partidários que pretendiam recepcioná-lo no saguão do aeroporto e promoveriam uma confusão generalizada. A ideia era fazer com que a culpa pela confusão e todas as suas eventuais consequências (feridos ou até mesmo mortos) recaíssem sobre o próprio Arraes e sobre um eventual radicalismo de esquerda originado pela sua volta, dificultando assim o processo de abertura política.

Com base nessas informações, foi montada uma delicada estratégia para a sua chegada, tal qual ocorrera em relação ao retorno de Leonel Brizola. Embora pousasse no Rio de Janeiro, Arraes dirigiu-se primeiramente para a cidade do Crato, no estado do Ceará, sob o pretexto de visitar seus familiares, em vez de ir direto para Recife ou mesmo realizar um ato público na própria cidade do Rio de Janeiro.

Arraes aterrissou em Recife apenas no dia seguinte, a bordo de um pequeno avião, desembarcando no aeroclube da cidade sem a presença de público. Voltava ao Brasil com a mulher e os seus quatro filhos após quinze anos exilados na Argélia. Era outro que buscava ser cauteloso em seus movimentos iniciais em solo brasileiro.

A ANISTIA

O primeiro ato público do qual participou foi um comício no bairro recifense de Santo Amaro, onde discursou para uma plateia estimada em 50 mil pessoas.

No seu retorno, assim como Brizola, adotou um tom de conciliação, sem margem para interpretações da linha dura sobre um eventual revanchismo ou radicalismo de sua parte. Em sua primeira grande agenda de encontros no Rio de Janeiro, além de inúmeras personalidades, se encontrou também com líderes sindicais. Mesmo assim não perdeu o caráter cauteloso inicial.

* * *

Por sua vez, o "Cavaleiro da Esperança", como Luís Carlos Prestes ficou conhecido depois da sua longa marcha pelo país na década de 1920, quando conduziu a cavalo a invicta Coluna Prestes, voltaria ao Brasil vindo direto de Moscou, capital da antiga União das Repúblicas Socialistas Soviéticas (URSS).

Era o segundo retorno de exílio que Prestes experimentava, pois já havia retornado ao Brasil em situação semelhante, anistiado por Getúlio Vargas. Desta vez, voltava como um senhor de 81 anos e o título de cavaleiro era apenas honorífico, já que não tinha mais condições físicas de cavalgar.

Sua postura foi distinta dos demais exilados. Prestes não adotou um discurso conciliatório — pelo contrário. Ele foi desafiador desde o primeiro momento e logo em suas primeiras declarações à imprensa em solo brasileiro, Prestes mostraria ao que veio ao afirmar que "não há democracia sem o comunismo",[110] ainda em um momento em que os partidos comunistas estavam proibidos no Brasil.

Além de populares que entoavam coros a seu favor, seu desembarque no aeroporto do Galeão foi prestigiado por toda a velha guarda do antigo Partido Comunista Brasileiro (PCB),[111] que já o havia precedido no retorno ao Brasil após a anistia. Ainda no aeroporto, subiu em uma espécie de carro de som e logo proferiu o seu primeiro discurso, no qual fez questão de citar os nomes dos seus companheiros mortos ou desaparecidos durante os anos de repressão.

Parecia uma provocação. Mas não era. Era apenas o velho Prestes de volta.

O país mudara, Prestes, não.

Do aeroporto, Prestes foi direto para o escritório de Oscar Niemeyer, na avenida Atlântica, em Copacabana, onde imediatamente iniciou uma intensa agenda de encontros políticos que se seguiriam ao seu retorno.

* * *

Já o sociólogo Herbert José de Sousa, o Betinho — imortalizado na música "O bêbado e a equilibrista" como o "irmão do Henfil" —, voltava ao Brasil depois de um exílio que começara em 1971. Passou por alguns países como México, Canadá e Chile, e foi um dos poucos exilados estranhos ao mundo da política que retornaram ao país sob homenagens.

No aeroporto de Congonhas, em São Paulo, foi recepcionado pelo irmão, Henfil, em um momento fortemente marcado pela emoção. Talvez a sua declaração ao programa *Fantástico*, exibido pela Rede Globo, tenha sido uma das mais emocionantes daquele momento de reconciliação nacional, por expressar de maneira sincera a alegria em estar de volta. "Oito anos fora do Brasil sem ver todas essas caras, todos esses amigos, gente que eu pensei em nunca ver mais",[112] disse com os olhos marejados por lágrimas.

* * *

Por fim, o retorno de Vladimir Palmeira representava a volta dos líderes estudantis que comandaram a Passeata dos Cem Mil,[113] em 1968. Vladimir, assim como Prestes, não adotou um discurso moderado. Em suas primeiras declarações à imprensa, ainda no saguão do aeroporto do Galeão, afirmou que a sua luta "era pela derrubada da ditadura, ao lado do povo".[114]

A ANISTIA

Em uma de suas ações mais notórias nos dias após o seu retorno, Vladimir visitou presos políticos que ainda permaneciam sob custódia e defendeu a bandeira pela libertação de todos de forma imediata.

* * *

Depois de quinze anos de instauração do governo militar, as principais lideranças políticas exiladas em 1964 estavam novamente no país. Não é exagero afirmar que nascia um novo Brasil naquele momento. Para a abertura política levada a cabo por Figueiredo, a primeira fase fora concluída com êxito. O momento era de prosseguir na direção pretendida.

Ao fim das contas, a anistia beneficiou cerca de 5 mil pessoas, entre exilados, banidos, cassados ou destituídos de seus empregos ou cargos públicos.[115] Ultrapassando a frieza dos números, a volta dos exilados e a sua reinserção na vida do país representaram um dos principais marcos de retomada da normalidade democrática.

O sopro de democracia trazido pela anistia também foi capaz de estimular setores da sociedade civil, como estudantes e trabalhadores, a se reorganizarem em busca do espaço perdido após a instauração do regime militar, além de robustecer a classe política que, de uma hora para a outra, se viu diante de um conjunto de novas lideranças ávidas por participação.

Apesar dos percalços, aquela seria a maior anistia de toda a história do Brasil. A conclusão de todo o processo significou o cumprimento da principal promessa de campanha de Figueiredo, e encerrou a primeira grande etapa de seu governo.

Mais que isso: a anistia concedida pelo governo Figueiredo representou o passo mais significativo em busca da reconciliação nacional de todo o processo de abertura política.

Não foi pouca coisa.

PARTE II:
ABERTURA E SOCIEDADE

Capítulo 4

Liberdade vigiada: a reorganização sindical

As primeiras greves e seus protagonistas

A abertura política iniciada ainda no governo Geisel foi a mola propulsora para o renascimento do movimento sindical. O gradativo retorno ao exercício das liberdades democráticas impunha ao governo algumas situações com as quais não estava acostumado a lidar. A reivindicação dos trabalhadores organizados em sindicatos livres e independentes era uma delas. Porém, esse era o preço a se pagar pela prometida distensão do regime.

O governo militar permanecia firme no ânimo de continuar com o processo de abertura política, e parecia sinceramente disposto a arcar com esse custo. Assim, naquele final do período Geisel, havia enfim uma brecha para a reorganização dos trabalhadores. A oportunidade surgiu quando o governo, em agosto de 1977, admitiu publicamente que as estatísticas oficiais relativas à inflação em 1973 e 1974 foram erroneamente calculadas, causando uma perda salarial aos trabalhadores da ordem de 34%. Logo, surgiu um pioneiro movimento,

LIBERDADE VIGIADA: A REORGANIZAÇÃO SINDICAL

denominado "campanha dos 34%" e que teve como principal mérito aglutinar diferentes grupos em torno de um ideal comum.[1]

A reorganização dos trabalhadores foi um passo importantíssimo rumo à redemocratização e para que o processo de abertura política em curso viesse a permitir que a classe trabalhadora enfim pudesse voltar a realizar suas reivindicações frente ao patronato de maneira coletiva, organizada e, principalmente, livre de quaisquer ameaças ou restrições.

Mas ainda haveria uma longa caminhada pela frente.

Naquele momento, a classe trabalhadora também tinha pelo que lutar. Com a crescente inflação corroendo de maneira impiedosa os salários, a reposição salarial passou de mera aspiração à real necessidade. Era uma luta concreta por um objetivo predeterminado, que não admitia o desvio de foco para questões de caráter político mais abrangentes.

Com a bandeira da questão salarial em punho e aproveitando-se dos novos ares que a abertura trazia, os trabalhadores perceberam que não poderiam tardar em sua reorganização. A brecha dada pelo governo somada a uma causa única que não apenas era capaz de uni--los, mas também de engajá-los em uma luta comum, constituíam as duas fagulhas capazes de desencadear um incêndio de grandes proporções. Caso a nova corrente sindical não agisse prontamente, perigava perder o bonde da história.

A oportunidade fazia a hora.

Assim, ressurgia de maneira oportuna um revitalizado movimento sindical. Ao contrário do que a linha dura comumente apregoava, o movimento dos trabalhadores renasceu apolítico. Não tinha ideologia comunista, nem era influenciado por organizações radicais de esquerda. Muito pelo contrário. Na lógica do novo sindicalismo, a política em sentido macro adquirira uma dimensão secundária.

O novo traço do sindicalismo brasileiro era o pragmatismo, e a sua palavra de ordem era a questão salarial. O sindicato tinha percebido que o seu papel naquele momento histórico era o de coordenar as propostas apresentadas pelos próprios trabalhadores. Preservar o poder de compra dos salários e defender os interesses concretos dos seus associados eram as suas diretrizes. O resto era supérfluo.

Por outro lado, a falta de engajamento em uma luta política de caráter mais amplo não estava na agenda dos novos sindicalistas. Não o faziam por omissão. Simplesmente essa não era a batalha pela qual pretendiam lutar. Essa nova corrente sindical era combativa, apolítica, tinha preparo para enfrentar tanto os problemas gerais da classe como os problemas específicos de seus representados e, mais importante ainda, a sua agenda era inegociável. Não tinham "donos", não se pautavam por aspirações políticas de ninguém, e suas prioridades eram definidas pelos próprios representados dentro dos sindicatos.

Tratava-se de uma corrente sindicalista autêntica, que em muitas das suas principais características fazia lembrar o "sindicalismo de negócios" norte-americano.[2] Nesse contexto, não tardaria a surgir um líder cujos traços essenciais fossem fruto direto do meio no qual estava inserido.

Esse líder surgiu em São Bernardo do Campo, no ABCD paulista. Era uma instigante novidade nascida no principal palco do renascimento sindical. Pela precisão com que o define, vale a transcrição da síntese de Elio Gaspari sobre aquele novo personagem surgido no final da ditadura militar: "Lula não tinha dono, raízes, muito menos conexões com ninguém, com nada além da peãozada de São Bernardo. Não tinha projeto político, não queria derrubar o governo, muito menos o regime, nem se fale criar uma sociedade socialista."[3]

O próprio Luiz Inácio Lula da Silva converge com a descrição ao explicar os seus objetivos no momento da criação de um partido político cujo principal objetivo era representar adequadamente a classe trabalhadora:

> Eu não queria criar um partido social-democrata, marxista-
> -leninista nem trotskista. Queria juntar a classe trabalhadora
> e criar um partido, só isso. O resto era invenção de intelectual.
> Eu só queria conseguir colocar na cabeça da peãozada a ne-
> cessidade de termos um partido, com dirigentes escolhidos por
> nós. Foi o pessoal mais intelectualizado que inventou essas

LIBERDADE VIGIADA: A REORGANIZAÇÃO SINDICAL

definições: social-democracia, marxista-leninista, bolchevique. Eu lá ia saber dessa porra?! Nunca tinha me preocupado com isso.[4]

Um jovem que panfletava em favor de uma corrente revolucionária trotskista durante uma assembleia de trabalhadores em São Bernardo do Campo chegou a ser expulso do encontro quando se percebeu a orientação política dos panfletos que divulgava.[5] No novo movimento sindical, não havia espaço para a propagação desse tipo de ideias, e o próprio Lula tentava se antecipar à questão, a fim de não dar ao governo pretexto para acusar o sindicato de estar repleto de infiltrações de grupos radicais de esquerda.

O carismático líder falava a linguagem do trabalhador, e a falta aparente de um projeto político bem definido era compensada pela sua independência. Não sendo pautado, mas pautando, priorizava a agenda que melhor defendia o interesse da classe que representava.

Nesse contexto, o embate com o patronato era uma questão de tempo.

E não tardou a vir. A forma pela qual esse embate se materializaria iria se constituir outra grande novidade para o regime — as greves. Estimuladas pela ida dos estudantes às ruas em 1977, as primeiras greves foram deflagradas no ano seguinte, ainda no governo Geisel. Eram realmente uma novidade e causavam até certo espanto às autoridades, que não sabiam ao certo como lidar com o fenômeno típico de democracias.

As greves de 1978 contavam também com uma estratégia original, que surpreendeu tanto o patronato como o governo. Não havia piquetes nas portas dos locais de trabalho nem qualquer operário era impedido de ingressar nas dependências das fábricas. Pelo contrário, todos entravam normalmente. Contudo, uma vez dentro das dependências fabris, todos se mantinham inertes e silenciosos, com as máquinas desligadas diante de si.

Aquela greve pioneira fez com que o movimento sindical ressurgisse no primeiro plano da cena política brasileira. Com a sua política pragmática, o movimento mostrava que vinha definitivamente para ficar. Não era um movimento efêmero, e o carisma de suas novas lideranças indicava que dificilmente o seu destino seria o ostracismo. Prenúncio de grandes dificuldades para o governo de Figueiredo, que se iniciaria no ano seguinte.

E não foi de outro modo. Poucas horas depois de chegar ao poder, uma das primeiras medidas do presidente recém-empossado foi enviar o novo ministro do Trabalho Murilo Macedo a São Paulo para negociar o fim da greve dos metalúrgicos. As primeiras horas de mandato já anunciavam como seria turbulento aquele início de governo.

Realmente, foi um começo agitado. Logo em seu primeiro ano como presidente da República, Figueiredo já teve de enfrentar a primeira grande greve do seu governo. Em São Bernardo do Campo foi deflagrada a paralisação, que logo se espalhou por todo o ABCD paulista. Cerca de 240 mil trabalhadores cruzaram os braços no coração industrial do país.[6] Eram números expressivos e que ligavam o sinal de alerta, sobretudo porque se tratava de um movimento que ressurgira havia tão pouco tempo.

A postura oficial era condizente com o esforço empreendido na direção de manter o processo de abertura política. Assim, oficialmente, as autoridades defendiam que a palavra-chave para a resolução do impasse era negociar. Mas o governo mostrava-se confuso, e sua perplexidade contrastava com o preparo dos trabalhadores para lidar com a situação.

Se na teoria o governo adotaria uma posição tolerante, na prática tudo seria bem diferente. As ações repressivas logo se iniciaram, apesar do discurso oficial em sentido contrário. Igrejas foram invadidas para impedir a realização de reuniões e aglomerações chegaram a ser dispersadas de maneira extremamente violenta pela ação policial.

A estratégia do patronato deixava claro que havia aprendido com as lições da greve de 1978. Se os trabalhadores interrompessem a produção no interior das fábricas, como havia ocorrido no ano anterior, eram prontamente forçados a deixar as dependências da empresa, que faziam locaute e fechavam as portas. Assim, as greves eram "empurradas" para a rua, onde o governo esbanjava truculência em ações violentas por parte das forças de segurança.

LIBERDADE VIGIADA: A REORGANIZAÇÃO SINDICAL

Outra estratégia do patronato, utilizada a partir de 1979, era a rotatividade do trabalho. O estratagema era até simplista: os trabalhadores eram demitidos às vésperas do reajuste salarial e contratavam-se novos por salários mais baixos. As demissões acabaram por servir ao desiderato de manipulação do nível salarial,[7] além de enfraquecer o movimento sindical.

Naquele ano, que começou com Geisel e terminou com Figueiredo à frente do país, mais de quatrocentas greves foram contabilizadas, muitas com grande repercussão econômica para a então cambaleante economia brasileira. Era um embate desproporcional de forças, com o governo utilizando-se de forte ação repressiva e o patronato se valendo da sua força econômica por meio de estratagemas que castigavam a classe trabalhadora. Apesar de todas as adversidades enfrentadas pelo movimento, as paralisações de 1979 representaram uma das maiores ondas grevistas de toda a história do Brasil.

O autoritarismo também reaparecera com toda a força em meio a essa nova realidade. Durante a discussão sobre a anistia, negociada com partidos políticos e setores da sociedade civil, o governo deixara claro que a liberalização do regime viria por etapas e, ao menos naquele momento, não se aplicava à classe trabalhadora.

Em verdade, tratava-se de mais um capítulo do velho jogo de avanços e recuos da abertura lenta, gradual e segura. A concessão da anistia política não poderia ser interpretada como um sinal de que o governo adotaria uma postura tolerante em todas as frentes em que negociava a distensão com a sociedade civil. O recado era claro e direto: as greves não seriam mais toleradas.

No entanto, nova greve foi deflagrada em abril de 1980. Ainda o mesmo ator, mas a bandeira de luta havia sido ampliada: Lula mantinha seu protagonismo defendendo uma agenda mais ampla, como o próprio sindicalista explicava à época: "Em 1980, compreendemos que não bastava pedir um reajuste de 10%. [...] De modo que reivindicamos melhorias que não eram econômicas. Em 1980, a última preocupação dos trabalhadores era o aumento percentual em seus salários. Aquele que fora o ponto mais importante nas discussões era, em 1980, o de menor importância."[8]

Nesse contexto, as reivindicações passaram a ser mais amplas e incluíam também a jornada de 40 horas semanais, a garantia de emprego por doze meses e a estabilidade para os dirigentes sindicais. O movimento havia encorpado, e o seu leque de reivindicações fora ampliado. Dentro da lógica da relação capital-trabalho era até natural que isso acontecesse.

Só que o governo não pensava assim. Dessa vez, a complacência das autoridades foi ainda menor, mostrando todo o vigor do autoritarismo que ainda sobrevivia, mesmo em meio ao firme compromisso de flexibilizar o regime assumido pelo próprio presidente. Em mais um teste para a abertura política, o governo do presidente Figueiredo se portava de maneira ambígua e até mesmo contraditória. O retorno à democracia não viria sem percalços.

Assim, a reação oficial à nova onda de greves foi dura e repleta de ações enérgicas. O Exército ocupou cidades do ABCD paulista, colocando as suas tropas de forma ostensiva e intimidatória nas ruas. Já o governo interveio diretamente nos sindicatos e prendeu suas principais lideranças (inclusive o próprio Lula), enquadrando-as nos rígidos e àquela altura um tanto quanto anacrônicos dispositivos da Lei de Segurança Nacional (LSN).

O governo não blefava ao prometer uma resposta enérgica. A reação oficial foi duríssima, envolvendo inclusive a utilização de blindados e artefatos militares contra operários desarmados. Sem dúvida, tratava-se de um choque assimétrico de forças: "Na blitz contra os metalúrgicos em greve, os militares utilizavam armas pesadas, veículos blindados e helicópteros do Exército em apoio às tropas de infantaria e da Policia Militar."[9] Naqueles dias, foram registrados violentos conflitos entre tropas do Exército e operários nas ruas de Santo André e de São Bernardo do Campo.

Após a prisão de Lula, sua liderança ganhou ainda mais notoriedade, tornando-o um líder em âmbito nacional. Pouco menos de um ano antes de ir preso, uma reportagem da influente revista norte-americana *Newsweek* o denominava como *"working-class hero"*.[10] Dentro da prisão, o líder sindical fazia sucesso, e a sua pregação era atentamente escutada pelos policiais responsáveis por sua custódia.

LIBERDADE VIGIADA: A REORGANIZAÇÃO SINDICAL

Sem dúvida, eram novos tempos.

Contudo, muita coisa mudaria no Brasil ainda naquele ano de 1980. Em um primeiro plano, foi promulgada legislação que disciplinava os reajustes salariais, tornando-os automáticos e semestrais. Essa mesma lei ainda favorecia os trabalhadores da menor faixa de renda, concedendo-lhes reajustes acima da inflação.

Era uma ação pensada em duas frentes distintas. Pelo seu caráter redistributivo, agradava a massa, ajudando o governo a tentar retomar a popularidade que aos poucos se esvaía. Ao mesmo tempo, tomava do sindicato a sua maior bandeira de luta, esvaziando seu poder de mobilização que àquela altura se amparava principalmente na questão salarial.

Se foi uma jogada projetada para esvaziar as novas lideranças sindicais e enfraquecer a forte adesão que as greves tinham naquele momento, o governo obteve sucesso, pois "o automatismo criado [em relação aos reajustes salariais] subtraiu grande força das lideranças sindicais para promover greves".[11] Retirava-se, assim, a vantagem tática que o movimento sindical tinha ao deter o monopólio da percepção crítica dos efeitos da inflação sobre os salários. Antecipando-se ao tema, o governo invertia (ainda que momentaneamente) uma situação que a princípio lhe era amplamente desfavorável.

Das mais de quatrocentas greves de 1979, ficou apenas a doce lembrança de um momento de retomada da liberdade. Restou o romantismo daquele idealismo. Apenas isso. Nos dois anos seguintes, foram menos de cinquenta greves, todas realizadas sem o vigor de outrora.

Aliada à legislação que instituiu o reajuste automático também havia a forte retração econômica, que já anunciava a grave crise que o país enfrentaria naquela primeira metade da década de 1980. Com a redução da oferta de emprego e o incremento das taxas de desemprego, também era natural e compreensível que o movimento sindical acabasse por se enfraquecer, bem como a ocorrência de greves diminuísse.

As poucas greves realizadas no Brasil entre 1981 e 1982 tinham como tema central forçar o patronato a readmitir empregados demitidos ou barrar uma nova leva de demissões que porventura se avizinhasse. Em meio a uma grave crise econômica, não havia espaço para uma pauta propositiva.

Já Lula passou por uma intensa transformação naquele curto período. Quando surgiu para o país, em 1978, era uma figura nova que desconfiava de políticos e intelectuais e não queria estudantes em assembleias operárias. Passou os dois anos seguintes sendo apontado como uma espécie de herói da classe operária e havia conseguido despertar a simpatia de amplos setores da classe média. Porém, após as greves de 1980 seria taxado de radical por parte da opinião pública, devido à forma como aqueles eventos foram conduzidos.

Mais difícil que chegar ao topo é, sem dúvida, manter-se lá.

Capítulo 5

Liberdade cerceada: a reorganização estudantil

Deixa os meninos brincarem

O presidente João Figueiredo não teve que conviver formalmente com a União Nacional dos Estudantes (UNE) durante seu mandato, pois a instituição estava proscrita desde 1964 e assim permaneceria até o fim do regime militar. Mas isso não fez com que durante o seu governo não houvesse polêmicas envolvendo a entidade que voltava a se organizar, a despeito da chancela oficial.

Muito pelo contrário.

Há que se lembrar que naquele início de mandato presidencial se discutia no Brasil a concessão da anistia e o retorno dos exilados ao país. Tal contexto gerava muita tensão e consequentemente deixava o governo constantemente pressionado tanto pela ala militar mais radical (que queria uma anistia muito reduzida, não abrangendo aqueles que praticaram os chamados "crimes de sangue") como pela oposição (que desejava uma anistia ampla, geral e irrestrita, não comportando nenhuma exceção).

Com a promessa do presidente de manter a mão estendida à conciliação nacional, e o seu compromisso de levar o país de volta à democracia, seu governo acabou sofrendo grande pressão pela restauração de todas as liberdades democráticas, incluindo o direito à livre organização e associação em entidades de classe.

E não tardou que esse compromisso fosse posto à prova. Os estudantes, conscientes dos novos ares que o governo Figueiredo trazia em relação à abertura política, logo se mobilizaram para reorganizar a sua emblemática entidade, uma das maiores vítimas do golpe militar perpetrado em 1964.

Assim, ao final de maio de 1979, o governo se deparou com um congresso intitulado Pró-UNE, a ser realizado em Salvador, no qual seria discutida a reorganização da UNE e possivelmente eleita uma nova diretoria para um mandato provisório. Esse seria o primeiro encontro público e aberto da UNE desde 1964. O congresso foi realizado no Centro de Convenções da Bahia e tinha como objetivos declarados a reestruturação da entidade e a eleição de uma nova diretoria (o que possibilitaria à entidade voltar a funcionar de fato).

Esse congresso era um desafio explícito ao governo, que não reconhecia a UNE como entidade formal de representação estudantil. Testava-se, dessa forma, a flexibilidade e a extensão da abertura prometida pelo presidente, inclusive porque o próprio Figueiredo já havia se declarado contrário à legalização da instituição ainda na época de sua candidatura à Presidência.

Apesar da posição pessoal do presidente, o governo inicialmente adotou uma postura tolerante. Não proibiu o congresso estudantil, embora não reconhecesse a existência da UNE enquanto entidade de representação de estudantes. Era uma postura dúbia e típica do lento processo de abertura gradual levado a cabo pelo regime militar.

Se no discurso o governo prometia ser condescendente, na prática tudo seria muito diferente. Assim, logo apareceram os primeiros empecilhos à realização do congresso. Ia-se na minúcia dos detalhes práticos para dificultar a mobilização estudantil, de forma a não chamar atenção da imprensa e da opinião pública para o que estava de fato acontecendo.

LIBERDADE CERCEADA: A REORGANIZAÇÃO ESTUDANTIL

As primeiras dificuldades começaram com a retenção de ônibus fretados pelos estudantes para levá-los ao encontro, pelos mais diversos motivos, por parte da Polícia Rodoviária Federal (PRF). Tudo era pretexto para reter os estudantes por longas horas nas estradas.

Mas, a bem da verdade, foram questões pontuais e que não chegaram a atrapalhar a realização do evento, que contou com adesão de mais de 5 mil estudantes, entre delegados com direito a voto e meros partícipes que apenas acompanhavam o desenrolar dos trabalhos.

Um dos discursos mais aclamados foi realizado logo na abertura do encontro, no qual o já economista e professor José Serra (o último presidente da UNE antes de a entidade ser posta na ilegalidade pelos militares) discursou entusiasticamente sobre a importância histórica da instituição para uma plateia de estudantes. Foi ovacionado.

O encontro também recebeu uma mensagem de apoio e solidariedade do presidente nacional do Movimento Democrático Brasileiro (MDB), deputado Ulysses Guimarães, que reafirmava a posição do partido em apoiar o direito dos estudantes a se organizarem de forma pública e legal.[1]

No fim deu tudo certo e o congresso transcorreu sem maiores incidentes. Em eleição entre os seus delegados, a UNE quebrou uma tradição que vinha desde 1937 e elegeu apenas uma diretoria transitória, deixando para setembro a eleição da nova diretoria que, a princípio, seria escolhida a partir do voto direto de todos os estudantes e não mais por meio de delegados eleitos por diretórios estudantis.

Ao final do encontro, o governo, por meio do ministro da Educação Eduardo Portela, afirmou que não reconhecia a UNE como entidade representativa dos estudantes. Embora estivesse satisfeito pelo congresso ter transcorrido sem nenhuma confusão ou interferência na ordem pública, o ministro reafirmou que não receberia estudantes na qualidade de representantes da UNE.[2]

Apesar da falta de reconhecimento formal, o governo manteve a sua postura de não coibir a reorganização estudantil de maneira direta. Parecia que o processo de anistia havia criado um ambiente permissivo em relação à entidade, que caminhava a passos largos rumo a volta à legalidade.

Entretanto, ainda haveria percalços. O governo Figueiredo não repetiu a repressão violenta de 1977,[3] mas, por outro lado, tampouco estava disposto a aceitar a legalização da UNE, pelo menos em um primeiro momento. A postura notadamente ambígua se mantinha, pois, embora não reprimisse diretamente, também não permitia que a reorganização estudantil fosse realizada sob o manto da legalidade.

Em tempos de abertura, era uma combinação difícil de entender caso não fosse compreendida dentro do contexto de avanços e recuos que marcou fortemente aquele processo.

Ainda em 1979, pouco antes da eleição definitiva para a diretoria da UNE, o próprio presidente Figueiredo assinou um decreto que estabelecia a destituição da diretoria de quaisquer diretórios estudantis que se filiassem a entidades "alheias à instituição de ensino superior à qual estivessem vinculados".[4]

A manobra espúria, revestida de legalidade por meio do decreto presidencial, visava claramente punir com a destituição de suas diretorias quaisquer entidades de representação estudantil então existentes que se filiassem ou mantivessem vínculos formais com a UNE.

Apesar do decreto, a eleição foi realizada e uma nova diretoria foi eleita. O governo insistia na postura de não reconhecer a entidade, o que levou Rui Costa Silva, presidente eleito da UNE a declarar, assim que teve ciência da vitória da sua chapa: "Ao mesmo tempo que afirma estar democratizando o país, [o governo] lança o Decreto Figueiredo às vésperas da eleição da UNE."[5]

O governo, a despeito do decreto, se mostrava permissivo em relação à reorganização dos estudantes desde que o processo se mantivesse na informalidade. Assim, não realizaria nenhuma intervenção direta que interferisse na sua reorganização e na eleição de sua nova diretoria. Tanto no congresso em Salvador como na eleição nacional realizada em outubro do mesmo ano, não houve quaisquer incidentes violentos envolvendo forças de segurança e estudantes.

Era um jogo de avanços e recuos. Se não havia repressão policial ou medidas de cunho violento, isso não significava que o governo aceitaria o ressurgimento formal da UNE. A legalização da entidade

LIBERDADE CERCEADA: A REORGANIZAÇÃO ESTUDANTIL

havia se tornado um verdadeiro tabu em meio à abertura política. Tal era a ambiguidade do governo Figueiredo que não se podia mais sequer afirmar ao certo qual seria a posição pessoal do presidente sobre o tema. Transcorrido pouco mais de um ano de sua declaração contrária à legalização da entidade, o governo não coibia a realização dos congressos que a UNE realizava com alarde público. A ausência de uma reação efetiva ao desafio lançado pelos estudantes era uma decisão que dificilmente não passaria pelo crivo pessoal do próprio presidente.

Assim, a emblemática frase do ministro Golbery do Couto e Silva chegava a apontar uma direção que provavelmente o governo poderia trilhar: "Deixa os meninos brincarem."[6]

Mas não foi bem assim.

Talvez o ministro Golbery já pressentisse que a UNE não teria mais o poder de mobilização de outrora. Perspicaz estrategista político, Golbery farejava que a UNE provavelmente não seria mais aquela de 1964. Mesmo legalmente constituída, dificilmente a entidade poderia representar alguma ameaça ao governo ou dificultar o projeto oficial de abertura política.

Contudo, nem todos pensavam assim, sobretudo na cúpula militar. A legalização da UNE e o seu retorno pleno à vida cívica do país tornaram-se um verdadeiro anátema[7] dentro do regime militar. Havia muitas vozes contrárias. A delicada questão estudantil poderia inclusive servir como pretexto para justificar retrocessos à abertura por parte daqueles que não se conformavam com a flexibilização do regime militar.

Mas, a despeito de todas as dificuldades, os estudantes iriam continuar tentando.

O passo seguinte na longa caminhada da reorganização estudantil foi a realização de mais um congresso da UNE. Dessa vez, o encontro estudantil seria realizado na cidade de Piracicaba, em São Paulo, em outubro de 1980. Após o primeiro congresso em Salvador, o governo tinha percebido que nada de extraordinário ocorria no restante do país quando estudantes exerciam o seu direito de livre reunião. A mobilização ficava restrita ao âmbito estudantil e alterava apenas a rotina da cidade escolhida para sediar o evento, enquanto outras regiões do país seguiam com a vida normal.

Assim, o congresso realizado em Piracicaba contou com amplo apoio, inclusive oficial, embora não diretamente do governo federal. A Universidade Metodista de Piracicaba (Unimep) suspendeu as aulas durante a realização do congresso e permitiu que fossem utilizadas as suas instalações, inclusive como dormitório e alojamento provisório para os estudantes que viriam de fora da cidade sede. A prefeitura também cedeu o estádio municipal para a realização do evento, propiciou algumas refeições aos estudantes e até mesmo disponibilizou guardas municipais para auxiliar na organização.

A controvérsia sobre o não reconhecimento da UNE por parte do governo foi abordada de forma original pelos estudantes. Foram expedidas centenas de convites para as mais diversas autoridades, inclusive ministros do governo Figueiredo e parlamentares do PDS. Algumas dessas autoridades, como os ministros do Trabalho Murilo Macedo e da Justiça Ibrahim Abi-Ackel, telegrafaram à entidade agradecendo o convite e desejando sucesso na realização do congresso.

Era tudo pelo que os estudantes ansiavam. Durante o evento, esses telegramas foram exibidos como prova de que o governo reconhecia a entidade. O sinal de que o governo finalmente estaria disposto a reconhecer a entidade estava dado. A resposta aos telegramas por ministros e senadores do PDS não fora um mero descuido. Eram autoridades do primeiro escalão a reconhecer a UNE de forma explícita e formal.

Enfim, havia sido estabelecida uma ponte com o governo. O próximo passo parecia ser saber esperar, tal qual já ocorrera com o processo de anistia. A arte de ter paciência, naquele delicado momento, havia se transformado em gênero de primeira necessidade.

Por meio de uma curta declaração, o prefeito de Piracicaba, Hermann Neto, deu o tom que prevalecera naqueles dias: "Piracicaba é território livre da UNE."[8] Era exatamente isso. A abertura política permitia que aquele tipo de reunião fosse livremente realizada, sem quaisquer espécies de repressão ou limitação. Ponto para a abertura.

LIBERDADE CERCEADA: A REORGANIZAÇÃO ESTUDANTIL

O evento transcorreu em clima festivo e sem quaisquer tensões ou temores. Foram distribuídas 2 mil garrafas de cachaça com o rótulo da UNE por estudantes travestidos de camelôs que bradavam sem quaisquer receios, sob o olhar complacente das forças de segurança: "Cachaça da UNE só dá ressaca na ditadura."[9]

Realmente eram outros tempos.

O médico responsável por chefiar toda a equipe médica do evento (que contava com cerca de 180 profissionais e quatro ambulâncias) involuntariamente refletia esse novo momento de liberdade que os estudantes e o próprio Brasil viviam: "Tinha me preparado para tudo. Principalmente para ferimentos com bombas, tiros ou casos de irritação provocada por gases. Menos para curar embriaguez."[10]

A ameaça de infiltração esquerdista radical no movimento estudantil se revelara uma grande falácia. Até havia elementos que bradavam pela iminente derrubada do governo e a sua substituição por um governo dos trabalhadores. Formavam uma minoria insignificante e foram solenemente ignorados pela ampla maioria dos estudantes. Segmentos de tendência trotskista e assemelhados ainda tentaram colocar em pauta três propostas que propugnavam uma greve geral dos estudantes por tempo indeterminado, até que se chegasse a uma indefinida "vitória final". Foram igualmente rechaçados.

Desse congresso, restou uma certeza. A liberdade de reunião estudantil havia sido restaurada no Brasil, apesar de o governo ainda não reconhecer formalmente a UNE. Mas, àquela altura, parecia faltar pouco para isso.

A maior lição que remanesceria daquele momento era que os estudantes reunidos não constituíam nenhuma ameaça e aos poucos poderiam se reintegrar à vida política nacional sem maiores sequelas ao processo de flexibilização do regime.

Mais importante do que tudo isso, no entanto, era o "reconhecimento" da entidade por parte do governo. A porta para o diálogo aparentava estar aberta. O retorno à legalidade parecia questão de tempo.

Nesse contexto, as tendências ultrarradicais de esquerda não encontravam guarida no ambiente estudantil e assim eram desconsideradas pelos próprios estudantes. Já as demais correntes esquerdistas de cunho mais moderado agrupadas na nova UNE pouco conseguiam fazer, além de organizar um congresso em que parecia haver mais confraternização do que propriamente debate político, como bem refletia o ex-militante esquerdista e veterano da Guerrilha do Araguaia, José Genoino: "À parte dos debates políticos esse congresso está sendo uma grande festa."[11]

Era nesse sentido que o novo movimento estudantil se reorganizava. Seu poder de mobilização das massas era nulo. E não se podia culpar nenhum estratagema do governo por isso. Ao refletir o inconformismo da juventude e por isso viver em um estreito sectarismo, a UNE não representava mais as dezenas de milhares de universitários brasileiros daquele início da década de 1980. O seu poder aglutinador de outrora simplesmente não existia mais.

Assim, a entidade não representava quaisquer perigos. Golbery tinha razão. O melhor a fazer era "deixar os meninos brincarem".

Ovos contra Kissinger

Restabelecida a liberdade de reunião estudantil e dizimadas quaisquer dúvidas sobre a força de mobilização da UNE, o caminho natural era que o governo permitisse a sua legalização como mais um dos passos rumo ao pleno retorno à democracia dentro do processo de flexibilização do regime.

Todavia, aquilo que se desenhava como uma marcha reta rumo à volta à legalidade da entidade cairia por terra no final de 1981.

A marcha estudantil continuou nessa direção, pois a UNE, naquele início de década de 1980, já estava funcionando de fato, faltando-lhe apenas a chancela jurídica. Parecia mera formalidade, mas o efeito simbólico era enorme. A entidade fazia tudo o que uma organização civil associativa constituída de pleno direito fazia: realizava eleições e congressos, tinha uma diretoria e um presidente eleitos e realizava diversas ações aderentes aos fins para os quais fora constituída em todo o território nacional.

LIBERDADE CERCEADA: A REORGANIZAÇÃO ESTUDANTIL

Naquele momento, faltava mesmo a legalização. E fazia muita falta. Mas, o caminho era promissor, e os fatos encadeados indicavam que o retorno da UNE à legalidade parecia estar cada vez mais próximo.

Contudo, a "ponte" que havia sido criada a partir da resposta aos telegramas no congresso de 1980 foi queimada por um ato hostil em novembro de 1981. Mais precisamente por um protesto dos estudantes contra o ex-secretário de Estado norte-americano Henry Kissinger, durante uma conferência realizada na Universidade de Brasília (UnB).

O protesto, que reuniu cerca de trezentos estudantes, obedeceu a uma diretriz da UNE que programava uma série de manifestações contra Kissinger no Brasil desde o seu último congresso, realizado em Cabo Frio, no Rio de Janeiro.[12] Já durante todo o dia em que o professor Kissinger esteve na UnB, ocorreram atos que denotavam a contrariedade em relação à sua presença na universidade. O principal deles foi um enterro simbólico do ex-secretário de Estado, com direito a um caixão nas cores da bandeira dos Estados Unidos, em memória "daqueles que perderam a vida no Vietnã".

Todavia, as formas pacíficas e simbólicas de protesto ficaram por aí. O passo seguinte foi muito mais agressivo. Os estudantes fizeram um cerco ao auditório da UnB onde que o encontro estava sendo realizado e assim sitiaram, por quase duas horas, todas as pessoas que compareceram à conferência. Além de Kissinger, várias autoridades do governo ficaram sem ter como deixar o recinto, incluindo o poderoso ministro do Gabinete Civil, professor Leitão de Abreu.

Das lembranças de Marcílio Marques Moreira, presente à conferência, restou o registro daqueles momentos de tensão: "A universidade foi cercada por estudantes furibundos, que fizeram um panelaço. O governo, já naquela época, não queria mandar tropas e não havia jeito de sairmos de lá."[13]

Para se ter ideia da dimensão do episódio, houve rumores de que o próprio presidente dos Estados Unidos Ronald Reagan chegara a telefonar ao Brasil para saber notícias sobre a situação, pois a Casa Branca havia sido informada de que Kissinger supostamente havia sido sequestrado.[14]

Nos momentos de maior tensão, se temeu até um conflito de grandes proporções entre os estudantes e a tropa de choque. Kissinger chegou a insistir que queria sair no veículo da embaixada norte-americana que o havia conduzido ao evento, mas lhe informaram que, caso optasse por essa solução, no mínimo (e com sorte) seria alvo de uma chuva de ovos e tomates. Mas poderia haver coisa muito pior.

Diante desse sombrio panorama, Kissinger não teve outra alternativa a não ser esperar. Acabou mesmo tendo que se render aos fatos e deixou o local de camburão, após a tropa de choque ter feito um cordão de isolamento em meio a ofensivas manifestações dirigidas à sua pessoa. O coro "Kissinger é ladrão, vai sair no camburão"[15] prevaleceu entre os estudantes amotinados, enquanto as autoridades que acompanhavam o ex-secretário de Estado se furtavam a traduzir as palavras de ordem gritadas em sua direção.

Ao final, não houve violência nem por parte dos estudantes nem pelas forças policiais, chamadas às pressas para "libertar" a audiência e o palestrante do apertado auditório onde se encontravam confinados.

O ministro Leitão de Abreu foi outro a não ter melhor sorte. Ao tentar deixar o local por uma saída lateral, acabou sendo atingido por um ovo, mesmo estando sob a escolta de vários seguranças, e teve que retornar a sua residência para trocar de terno antes de retornar à agenda oficial.

Não se podia afirmar que a adesão ao protesto tenha sido geral. Longe disso. Cerca de 3% de toda a população estudantil da UnB participou da manifestação.[16] Mas o problema com o governo estava criado, e não seria simples contorná-lo. O presidente Figueiredo ficou irritadíssimo com toda a situação, principalmente porque o episódio criava um constrangimento diplomático para o Brasil, tendo em vista a presença de diplomatas e jornalistas estrangeiros naquela audiência. O governo prometia identificar os responsáveis pelo protesto e processá-los criminalmente com base na Lei de Segurança Nacional.

Parte da imprensa de Brasília associou o protesto às diretrizes e orientações da UNE. Esse fato foi bastante prejudicial à caminhada da entidade na busca de sua legalização. Se o processo criminal para

LIBERDADE CERCEADA: A REORGANIZAÇÃO ESTUDANTIL

identificação dos responsáveis não gerou resultados práticos, por outro lado a associação da UNE a um protesto que prendera autoridades do governo, diplomatas e uma figura de renome mundial (como era o caso de Kissinger) por mais de duas horas num recinto fechado em Brasília fez cair por terra a aparente boa vontade do governo em relação à entidade.

Se não repreendeu com violência os manifestantes, o certo é que o governo também não seria mais complacente com a campanha pela volta da UNE à legalidade. A reinserção formal da entidade na vida política brasileira se tornaria impossível após o episódio. O legado de tolerância por parte do governo em relação aos dois grandes congressos realizados em anos anteriores ficara maculado pelo protesto em Brasília.

Irremediavelmente.

Queimara-se a ponte que poderia levar a UNE de volta à legalidade ainda durante o governo Figueiredo. O caminho agora seria muito mais longo e acidentado.

"Javier é brasileiro"

Ainda em 1981, foi eleito pela primeira vez um estrangeiro como presidente da UNE. Era o espanhol Javier Alfaya, ex-ator amador de teatro e que inicialmente era identificado pela imprensa como natural da Bahia. No entanto, após a eleição que o sagrou líder dos estudantes brasileiros, descobriu-se que a sua nacionalidade era espanhola e que havia chegado ao Brasil somente aos 7 anos de idade.[17]

Se antes de ser presidente da UNE Javier era desconhecido da grande imprensa, o mesmo não se pode afirmar em relação às autoridades. Ativista político atuante, Javier já havia ido ao Líbano em apoio à causa palestina e chegou até a ser fotografado ao lado do líder Yasser Arafat, o que despertou a atenção do SNI.

O novo presidente da entidade estudantil foi eleito defendendo uma plataforma que pregava "eleições livres em 1982 com candidatura unitária das oposições".[18] Ao ser questionado sobre a sua origem, reconhecia que era espanhol, mas informava também que havia chegado ainda criança ao Brasil e que já existia um processo de naturalização em curso na Polícia Federal.

A nacionalidade de Javier era o pretexto de que o governo precisava para retaliar os estudantes, ainda em virtude do episódio da UnB. Associavam-se a isso as diretrizes divulgadas durante o Congresso da UNE em Cabo Frio. Circulava uma versão de que, além de eleger Javier presidente da entidade, nesse congresso também havia sido incitada a realização de manifestações contra a presença de Kissinger no Brasil.

Estavam dadas as variáveis da equação que fariam com que Javier entrasse definitivamente na mira do governo.

O primeiro passo seria a prisão de Javier pela Polícia Federal ao desembarcar no aeroporto de Salvador. A justificativa se resumia ao fato de que supostamente uma mulher que o acompanhava estaria portando material de propaganda subversiva que fazia apologia ao comunismo e menções ao Partido Comunista do Brasil (PCdoB), partido político proscrito à época. Na realidade, Javier estava viajando desacompanhado, e o fortuito encontro com a suposta militante comunista havia sido simples coincidência.

Embora não tenha sido tratado com truculência nem tenha sofrido nenhuma violência física, aquela prisão seria o prenúncio de vários outros tormentos que o líder estudantil ainda iria enfrentar.

Ainda no primeiro semestre de 1982, a Polícia Federal iniciou um processo para a sua expulsão do Brasil, tendo como justificativa sua condição de estrangeiro associada à participação em um programa de TV no qual Javier emitira opiniões políticas, algo proibido pela legislação em vigor.[19] Anteriormente, seu pedido de naturalização já havia sido negado pelo Ministério da Justiça.

Coincidência ou não, o certo é que após o incidente envolvendo Kissinger a postura tolerante do governo em relação à entidade restou superada, como bem constatava o seu presidente, então ameaçado de expulsão do Brasil: "A UNE vem sofrendo uma campanha de

LIBERDADE CERCEADA: A REORGANIZAÇÃO ESTUDANTIL

perseguição desde janeiro. Há algumas semanas fui preso pela Polícia Federal, que tentou me incriminar com material considerado subversivo. Temos sofrido agressões de autoridades em declarações na televisão e, em Salvador, circulam panfletos apócrifos agredindo a entidade."[20]

A situação de Javier ainda pioraria. Após depor na Polícia Federal de Salvador, ficou em liberdade assistida e não poderia mais se ausentar da cidade sem comunicação prévia. Além disso, seria obrigado a comparecer a uma delegacia semanalmente para prestar contas sobre seu paradeiro.

A resposta estudantil foi firme. Os estudantes imediatamente formaram uma corrente de solidariedade e iniciaram uma campanha denominada "Javier é brasileiro".[21]

Na cidade de Juazeiro, na Bahia, uma vigília teve forte adesão e em pouco tempo alguns estudantes iniciaram uma greve de fome. Já a OAB classificou a tentativa do governo de expulsar Javier como uma afronta à Constituição, chegando ao ponto de o advogado Bernardo Cabral, presidente do Conselho Federal da Ordem dos Advogados do Brasil, se pronunciar publicamente contra a expulsão de Javier do país.

Em paralelo, diversas personalidades e políticos se associaram à causa do estudante, como Ulysses Guimarães, Paulo Freire e Leonel Brizola. Até no exterior o assunto repercutia. O Congresso Nacional da Espanha chegou a manifestar publicamente a sua preocupação com a situação do cidadão hispano-brasileiro e enviou uma comunicação à embaixada do Brasil em Madri sobre o tema.

Naquele momento, o processo de abertura política estava entrelaçado ao processo de expulsão de Javier. Seria um retrocesso para a abertura caso a expulsão se consumasse, até porque a decisão final caberia ao próprio presidente Figueiredo. Os advogados de Javier chegaram a conseguir uma decisão favorável do Tribunal Federal de Recursos (TFR) que suspendia o processo de expulsão, o que causou certo alívio e ajudou a diminuir temporariamente a tensão entre estudantes e governo.

ME ESQUEÇAM – FIGUEIREDO

Ao final de tudo, incluindo decisões contrárias e favoráveis da Justiça, Javier conseguiu completar seu mandato como presidente da UNE e acabou por ser bem-sucedido ao ajudar a eleger a sua sucessora.

Em realidade, a forte pressão sobre o governo (sobretudo a repercussão do tema na imprensa) foi capaz de paralisar o processo de expulsão. No entanto, até o final do governo Figueiredo, Javier teve de continuar comparecendo periodicamente às dependências da Polícia Federal para informar sobre o seu paradeiro. Apenas após o advento da Nova República é que o líder estudantil conseguiu êxito em seu processo de naturalização.

A longa caminhada da UNE

Após os incidentes envolvendo Kissinger e o processo de expulsão do país do presidente da UNE, a luta da entidade pela volta à legalidade até permaneceu acesa, mas a sua chama já não tinha mais o mesmo vigor. Os próprios estudantes perceberam que as coisas a partir daquele momento se tornariam muito mais difíceis, sobretudo enquanto Figueiredo estivesse no poder.

Em setembro de 1982, após 45 anos e de forma inédita em sua história, a UNE elegeu a primeira mulher como presidente. Era a estudante de Ciências Sociais Clara Araújo, cuja plataforma pregava prioritariamente a defesa do ensino gratuito e a volta da UNE à legalidade, além de defender que a entidade não apoiasse nenhum partido político.

No entanto, a despeito da posição inicial aparentemente apolítica, a nova presidente passou a defender publicamente que fosse criada uma frente nacional contra o PDS nas eleições que seriam realizadas em novembro de 1982.[22]

A caminhada continuou e a nova presidente conseguiu até mesmo ser recebida pelos líderes oposicionistas na Câmara dos Deputados, em abril de 1983. Era ainda o início da nova legislatura e um Congresso

LIBERDADE CERCEADA: A REORGANIZAÇÃO ESTUDANTIL

Nacional renovado recebia aquela jovem representante dos estudantes com um misto de curiosidade e entusiasmo.

Trajando calça jeans e blusa branca em meio a diversos parlamentares engravatados, a presidente da UNE tentava angariar apoio à causa estudantil. Foi o melhor momento da campanha pelo retorno da entidade à legalidade, mas pouca coisa significou do ponto de vista prático.

Os parlamentares presentes prometeram muita coisa, mas nada se realizou de concreto. Um deputado do Partido Democrático Trabalhista (PDT), falando em nome de Leonel Brizola, afirmou que "o Rio era território livre para a UNE".[23] Posteriormente, Brizola até lhes conseguiria uma sede temporária em um antigo casarão na rua do Catete, no Rio de Janeiro. Não passou disso. Uma carta aberta subscrita por parlamentares chegou a ser divulgada ao final do encontro, mas, salvo o efeito simbólico, em nada resultou.

De certo, o que restou de mais marcante daquele momento foi a foto de uma jovem aparentemente frágil e vestida de maneira informal em nítido contraste com os parlamentares trajando seus pesados ternos escuros.[24] Era um encontro de forças assimétricas. Simbolizava metaforicamente a luta da UNE para voltar a ser reconhecida pelo governo brasileiro, uma luta de jovens em meio aos "velhos" que detinham o poder de decisão. A repercussão daquele momento ficou mesmo no simbolismo da foto.

Nada mais.

A luta da UNE persistia sem nenhum avanço concreto. Em outubro de 1984 foi realizado um último congresso antes do final do governo Figueiredo. Diferentemente dos congressos realizados no início da década de 1980, esse encontro foi marcado por uma forte polarização.

Sua abertura ocorreu no anfiteatro da Uerj e posteriormente os trabalhos prosseguiram no ginásio do Maracanãzinho. Marcado por acirrados debates políticos, muito por conta das eleições para presidente que se avizinhavam, a grande questão a ser resolvida no Congresso era se a entidade apoiaria a candidatura de Tancredo Neves ou se pregaria o boicote às eleições, por considerá-las ilegítimas, tendo em vista que seriam realizadas por meio de um Colégio Eleitoral.[25]

As tendências radicais de esquerda tentaram tumultuar a reunião e houve registro de brigas e confusões. A tensão política que dominava o congresso logo transformou-se em acalorados embates verbais que pouco depois chegariam às vias de fato. Houve o registro de algumas brigas pontuais entre dissidências estudantis e integrantes de uma corrente trotskista acabaram expulsos do palco à força. No meio de toda a confusão, um fotógrafo do jornal *O Globo* chegou a ter a sua câmera quebrada por um dirigente da entidade.[26]

Findo o tumulto e realizada a votação, foi aprovada por estreita margem de votos uma moção de apoio ao candidato Tancredo Neves.[27] Nada valia naquele momento e até o simbolismo de tal apoio era diminuto. O presidente eleito pela UNE nesse congresso, Renildo Calheiros,[28] acabou o encontro incumbido de levar um "programa de emergência" com a pauta da entidade a Tancredo.

Ao término dos trabalhos, remanesceu a discussão sobre a legitimidade do Congresso que refletia bem a (falta) de identidade da UNE naquele momento. Grupos políticos que se intitulavam "independentes do Partido dos Trabalhadores (PT) e do PDT", e até mesmo a anacrônica figura dos anarquistas,[29] condenavam a posição estudantil pró-Tancredo Neves e contestavam abertamente a legitimidade daquele encontro.

Assim terminava a reorganização estudantil dentro do processo de abertura política do governo Figueiredo. O poder de mobilização dos estudantes revelara-se um "tigre de papel". Ao contrário do novo movimento sindical surgido no final da década de 1970 e que tinha grande poder de mobilização das massas, a capacidade de aglutinação e mobilização dos estudantes então era pífia.

Multifacetado entre diversas tendências de esquerda que só conseguiam sobreviver dentro do casulo do movimento estudantil, os estudantes não conseguiram reaver o protagonismo de outrora. Muito pelo contrário. Acabaram relegados a um segundo plano, sobretudo se compararmos a sua reorganização ao renascimento do movimento sindical.

LIBERDADE CERCEADA: A REORGANIZAÇÃO ESTUDANTIL

Em um momento de retomada das liberdades cívicas, o sindicalismo renasceu combativo e pragmático, capaz de entender as aspirações e os anseios da classe que representava. Assim, soube se tornar forte e representativo, ao passo que a UNE ainda caminhava com velhas bandeiras que ressoavam apenas dentro de um estreito sectarismo estudantil, mas não tinham apelo significativo em relação à massa de estudantes brasileiros da época. Era anacrônica em sua natureza e teórica em seus ideais. Assim, dissociava-se da realidade estudantil, pelo menos em relação à maioria dos estudantes que pretensamente representava.

A caminhada da UNE pela volta à legalidade ainda duraria alguns meses após o fim do governo Figueiredo e o restabelecimento pleno da democracia no Brasil. Ainda seria preciso esperar mais num pouco, e apenas em 31 de outubro de 1985 o presidente José Sarney sancionaria a lei que garantia a volta formal da entidade à vida cívica do país.

Em uma cerimônia no Palácio do Planalto, na qual pela primeira vez no governo Sarney não houve a presença de ministros militares,[30] uma plateia de estudantes ovacionou a volta da instituição à legalidade. Ao fim, o presidente Renildo Calheiros deu o tom da ideologia da entidade que permanecia divorciada da realidade prática da maioria dos estudantes: "É preciso romper com o [Fundo Monetário Internacional] FMI e suspender o pagamento da dívida externa. Só assim poderemos entrar em uma fase de desenvolvimento independente e defender a soberania nacional."[31]

A UNE continuava a ser exatamente a mesma entidade do governo Figueiredo. Jamais recuperaria o protagonismo que teve durante a década de 1960 na vida política nacional.

Capítulo 6

Liberdade consentida: a reorganização partidária

Divisão das oposições e multipartidarismo

O regime militar instaurado em 1964 modificou bastante o sistema político vigente, alterando drasticamente a composição das forças políticas existentes no Brasil até aquele momento. Como decorrência direta da quebra da legalidade e do novo panorama político iniciado dali em diante, foi modificado também o aglutinamento formal das lideranças políticas do país em partidos formalmente organizados.

Essa modificação era até esperada. A instauração do governo militar significou uma ruptura total em relação ao sistema político até então vigente, além de culminar na destituição e posterior exílio do então presidente João Goulart. As principais lideranças políticas do país estavam exiladas ou tiveram os seus direitos políticos cassados nos primeiros anos do governo militar, quando não as duas coisas juntas.

Nessa evolução dos acontecimentos não tardou muito para que os antigos partidos políticos fossem extintos,[1] sendo instituído um sistema bipartidário. Contudo, embora não houvesse eleições di-

LIBERDADE CONSENTIDA: A REORGANIZAÇÃO PARTIDÁRIA

retas para presidente da República e os principais cargos no Poder Executivo em âmbito municipal e estadual também fossem providos de forma indireta, ainda remanesciam eleições diretas para os cargos do Legislativo e do Executivo em cidades de menor expressão.

Com o fim do pluripartidarismo, as eleições diretas realizadas naquele período passaram a ter um caráter eminentemente plebiscitário no qual se votava, em âmbito local, a favor ou contra o governo federal. Isso se explicava pelo regime bipartidário instaurado junto com a tomada de poder pelos militares: como passaram a existir apenas dois partidos — a Arena, que representava a situação, e o MDB, que representava a oposição —, as eleições diretas em âmbito estadual e municipal[2] tornavam-se verdadeiros plebiscitos nos quais quem aprovava o governo em âmbito federal votava na Arena, e quem desaprovava tinha como única alternativa oposicionista possível o MDB.

Essa foi a regra do jogo político que perdurou até o início do governo Figueiredo. Todavia, a marcha da abertura tinha de prosseguir, e aquele sistema político que havia sido muito útil aos interesses do governo militar durante longos quinze anos perdera totalmente o seu sentido.

Era chegada a hora de modificá-lo. Segundo o senador José Sarney, a reforma era bem-vinda e bastante oportuna, pois significaria "o fim do maniqueísmo, da disputa entre revolução e antirrevolução, entre o bem e o mal".[3]

Àquela altura, a disputa plebiscitária de outrora não interessava mais ao regime militar.

As modificações seriam graduais. Em 1979 seria extinto o sistema bipartidário, com o Brasil retornando ao pluripartidarismo que sempre marcou a sua história política. Em 1980, seriam também restauradas as eleições diretas para governador em todos os estados da federação, além de extinta a figura do senador "biônico", preservando-se, no entanto, os mandatos então existentes.[4]

Não seria fácil modificar todo o panorama político até então vigente. Para atuar nessa intrincada dinâmica, surgiram dois grandes personagens que foram os principais responsáveis por planejar e colocar em prática todas as reformas desejadas pelo governo: Golbery do Couto e Silva e Petrônio Portella, ministros do Gabinete Civil e da Justiça, respectivamente. Ambos eram dotados de grande capacidade de articulação política e detinham muita engenhosidade para criar soluções um tanto quanto inovadoras para o sistema eleitoral brasileiro.

É possível afirmar que o ministro Golbery teve participação preponderante no contexto da reforma do sistema político a partir de 1979. Seja pelo seu maquiavelismo político, seja pela morte de Petrônio durante o processo, o certo é que o chefe do Gabinete Civil foi protagonista durante a reforma política que acabou com o bipartidarismo.

Assim, as artimanhas de Golbery foram fundamentais em todos os movimentos do governo nesse sentido, sobretudo nesse momento inicial. Com um olho no gradual processo de abertura e outro nas eleições que ocorreriam em 1982, a ideia do governo era basicamente dividir as oposições para enfraquecê-las.

Simples assim.

O objetivo central era conter o processo de fortalecimento da oposição e do próprio MDB, já que o partido oposicionista àquela altura aglutinava todas as forças de oposição, até por ser a única alternativa possível para tanto. Contudo, não era coeso. Aliás, estava longe disso. O MDB, ao final de 1979, era um partido que, atrás da subdivisão entre o "grupo autêntico" e o "grupo moderado", escondia várias outras tendências e até alguns antagonismos internos de difícil composição.

A reforma política que possibilitaria a criação de novos partidos políticos teria como consequência lógica a imediata divisão do MDB, o que enfraqueceria bastante uma futura legenda que eventualmente herdasse seu protagonismo oposicionista, tendo como horizonte as citadas eleições que seriam realizadas em 1982.

Além disso, havia também a recente volta dos exilados ao Brasil, após a sanção da Lei da Anistia, outro fator que contribuía bastante para dividir as oposições. O retorno das velhas e carismáticas lideranças à cena política nacional deixava o jogo político embaralhado de vez.

LIBERDADE CONSENTIDA: A REORGANIZAÇÃO PARTIDÁRIA

A lógica "golberiana" era até simplista e residia na premissa de que o retorno de políticos carismáticos como Leonel Brizola, Luís Carlos Prestes, Jânio Quadros e Miguel Arraes ao cenário nacional quebraria a unidade da oposição. Transformaria assim a oposição única em diversas oposições multifacetadas. A possibilidade de que essas lideranças criassem livremente seus próprios partidos políticos fragmentaria de forma irremediável uma oposição que se encontrava em seu momento de maior densidade política.

Assim, a posição consolidada do MDB viraria pó e a sua liderança não seria mais inconteste. Perderia o seu ativo mais valioso naquele momento: o "monopólio" do antagonismo em relação ao regime militar. Os políticos que tradicionalmente fizeram oposição ao regime no Brasil durante toda a ditadura passariam a disputar espaço com os exilados que retornavam.

Haveria, assim, oposição dentro da oposição. Ou, melhor ainda, seguindo a lógica "golberiana": haveria diversas oposições e de sua fragmentação adviria a sua debilidade.

Era uma estratégia inteligente que emanava diretamente da sofisticada engenharia política de Golbery. Simples em sua essência, tinha a virtude de com pouco produzir muito. Embora o governo navegasse naquele momento no desgaste de dezesseis anos de exercício ininterrupto do poder e a economia não ajudasse, a divisão da oposição após a volta dos exilados e o fim do bipartidarismo enfraqueceriam bastante o MDB, principal pilar de resistência à ditadura e a grande alternativa eleitoral para a população demonstrar sua insatisfação em relação ao regime nos futuros pleitos eleitorais que, em fins de 1979, ainda estavam previstos para 1980[5] e 1982.

Esse enfraquecimento da legenda ajudaria muito o governo e seu intuito de se manter no poder, em uma manobra que nitidamente já mirava as eleições futuras. Os objetivos do governo e de seu partido estavam muito claros e não se resumiam apenas à eleição para o cargo de governador (principal posição em disputa em 1982), mas, antes, o partido oficial também buscava manter a sua atual maioria parlamentar (tanto na Câmara como no Senado).

Em um horizonte mais amplo, mas não tão distante que não pudesse começar a ser previsto naquela época, o objetivo central era conseguir maioria na formação do Colégio Eleitoral que definiria o futuro presidente da República em janeiro de 1985.

Todas as questões delineadas seriam definidas nas eleições de 1982. A eleição principal era para os governos estaduais — em relação a isso não havia dúvida. Mas não seria a única disputa eleitoral; ainda que os governos estaduais tivessem maior relevância no âmbito federativo, também havia outros cargos em disputa cuja importância estratégica era imensa.

O ministro Golbery sabia disso e manobrou para que uma proposta de reforma eleitoral abarcasse os objetivos do governo de forma mais ampla e observando um horizonte um pouco além do que somente as eleições vindouras.

Assim, o fim do bipartidarismo era o primeiro passo em um movimento mais profundo que viria por meio de uma proposta de reforma eleitoral a ser realizada um pouco mais adiante.

Se fosse um jogo de xadrez, seria possível dizer que Golbery pensou quatro lances à frente.

Os novos partidos políticos

Como era previsível, o fim do bipartidarismo fez com que surgissem mais de dois partidos na nova ordem política brasileira. As expectativas do astuto ministro Golbery se confirmaram quase que em sua totalidade. Em suas previsões, imaginava que além da renovação das legendas da Arena e do MDB, aparecesse também um partido de centro de caráter moderado, o PTB com a velha e tradicional bandeira trabalhista voltasse à cena e surgisse, por fim, um partido de esquerda ligado ao novo sindicalismo que naquele momento emergia em São Paulo.[6] Quase isso. Golbery só errou ao imaginar que o MDB se desintegraria por completo. Na realidade, surgiram seis novos partidos, algo muito próximo ao imaginado por ele.

LIBERDADE CONSENTIDA: A REORGANIZAÇÃO PARTIDÁRIA

A principal inovação de cunho formal foi a obrigatoriedade da inserção da letra "P" designando a palavra "partido" antes da sigla, uma exigência que viria muito a calhar para a Arena, que sofria enorme desgaste. Aproveitando a "oportunidade", passou a ser denominada de Partido Democrático Social (PDS).

O novo partido que surgia do espólio da Arena não tinha uma linha ideológica muito definida, salvo a defesa dos interesses da "classe média", sem delimitar ao certo quem o partido considerava como tal. Aliás, o próprio presidente da nova legenda, senador José Sarney, parecia não saber definir a linha ideológica do PDS, ao ser perguntado especificamente sobre o tema: "Eu não posso afirmar qual vai ser o caminho ideológico do partido que reunirá as nossas forças."[7]

Para o presidente Figueiredo, como o próprio chegou a afirmar em algumas oportunidades, o novo partido seria uma "Arena purificada dos infiéis".[8] Já para Francelino Pereira, ex-presidente da sigla e à época governador de Minas Gerais, o PDS seria simplesmente "o maior partido do Ocidente",[9] cujo comentário remetia à tendência megalomaníaca do regime militar de autoelogio e propagação da própria grandiosidade.

O certo mesmo é que o novo partido seria alinhado ao governo. Isso parecia ser o único ponto sobre o qual o futuro presidente da legenda tinha segurança em afirmar: "Eu acho que num sistema partidário legítimo não existe a separação do governo e partido. O partido deve ser leal ao seu governo e este ao seu partido. Serão duas faces de um todo."[10]

Dessa forma, Sarney deixava claro que o PDS seria um mero fantoche do governo Figueiredo, um partido subalterno aos interesses governamentais sem nenhum traço ideológico claro. Algum tempo depois, a influente Coluna do Castello no *Jornal do Brasil* daria a medida exata da dependência do PDS em relação ao governo, rotulando o partido com expressões pouco elogiosas, como "O PDS não é de nada"[11] e "Quem decide é o governo e para isso que o PDS é o partido do governo".[12]

Sarney acertara em cheio em suas previsões.

Já para o MDB, naquele momento não convinha mudar nada, muito menos a sua sigla bastante identificada como oposição ao regime militar e que emergia como a grande opção para uma gradual alternância de poder em nível regional nos pleitos eleitorais que se aproximavam.

Forçado a modificar a sua sigla, o partido optou por mudar o mínimo possível para se ajustar à nova legislação eleitoral que lhe foi imposta. Assim, foi inserido um mero "P" precedendo a sigla original, transformando o antigo MDB no novo PMDB. Nas faixas alusivas ao partido, o "P" era colocado de uma forma diminuta de modo a lembrar intuitivamente as pessoas de que na realidade aquele ainda era o velho MDB que se manteve durante todo o período militar na oposição à ditadura.

Parecia uma questão superficial, mas não era. A identificação do eleitor com a sigla da oposição era um dos maiores trunfos do MDB ao ponto de o partido "enfatizar com a impressão, em todas as publicações partidárias, do 'P' em cores suaves e do 'MDB' em cores fortes e contrastantes".[13]

Para o MDB, a reorganização partidária seria a responsável por redefinir o seu tamanho e o seu espectro político. Tendo exercido o monopólio da oposição nos primeiros quinze anos de ditadura militar, o partido congregava em seus quadros um leque muito amplo de ideologias e pensamentos políticos, como bem observava Tancredo Neves à época das discussões sobre a nova ordem político-partidária brasileira: "O MDB, como se conceituava, era uma federação de partidos; havia uma gama de pensamentos políticos, desde o mais reacionário até o mais avançado."[14]

As palavras de Tancredo refletiam bem a realidade da legenda que abrigava em seus quadros desde ex-integrantes de governos militares e parlamentares que já haviam integrado o partido governista até antigos militantes políticos que participaram do enfrentamento armado ao regime.

Assim, a tendência natural era que o MDB, ao virar PMDB, ficasse menor.

LIBERDADE CONSENTIDA: A REORGANIZAÇÃO PARTIDÁRIA

Aconteceu exatamente isso. No lugar do MDB surgiria um novo partido inevitavelmente menor em termos de representação legislativa. A ação de Ulysses Guimarães e dos demais líderes que permaneceram no partido era administrar o prejuízo, evitando o número de "baixas" na maior medida que fosse possível.

Outro partido que surgiu com o pluripartidarismo foi o Partido Popular (PP) de cunho moderado e cujo líder era Tancredo Neves. O novo partido tinha forte apoio do setor financeiro, o que o cacifava para propor negociações políticas com base no seu poderio econômico, podendo ser uma alternativa viável no momento do reposicionamento político e futura partilha de poder.[15] Seu grande trunfo, por ser uma alternativa centrista, era se aproveitar da conjuntura favorável originada pela renovação partidária para se constituir como uma nova força no jogo político brasileiro, pois sua plataforma era capaz de atrair dissidências tanto da antiga Arena quanto do MDB.

A estratégia era simples: o partido pretendia aglutinar em uma única legenda tanto a ala considerada moderada do MDB quanto a ala considerada liberal da Arena e, dessa forma, constituir um partido de centro, sem radicalizações e credenciando-se como uma alternativa democrática apta a conduzir os rumos do país em um futuro próximo. Prometia ser o fiel da balança, acenando com a garantia da estabilidade e evitando revanchismos na eventual transição que o regime militar inevitavelmente teria de realizar em um futuro não muito distante.

Os ministros Golbery e Petrônio Portella projetavam inicialmente essa alternativa centrista com perfil um pouco mais modesto. Na visão deles, deveria surgir um partido que orbitasse o PDS,[16] um aliado apto a agregar as suas dissidências liberais, mas que não tivesse aspirações próprias em um primeiro momento, podendo a longo prazo ser uma alternativa real de poder. Na acertada expressão do jornal *Folha de S.Paulo*, esse novo partido poderia ser, em um futuro não muito distante, "a ponte para o recuo honroso dos militares".[17]

Os dois ministros imaginavam inicialmente que o novo partido de centro viesse a formar um bloco político com o partido governista e, ganhando gradativamente espaço no cenário político, poderia vir a se viabilizar como uma alternativa confiável para finalizar o processo de transição democrática.

Mas nem tudo saiu como Golbery e Petrônio imaginavam. Em uma surpreendente composição da velha política mineira, Magalhães Pinto e Tancredo Neves (cuja rivalidade política em Minas Gerais datava de muito tempo antes) se aliaram na formação do novo partido, que conseguiu uma adesão parlamentar bastante expressiva e se constituiu como terceira força no jogo político brasileiro do início da década de 1980, atrás apenas dos dois partidos que já estavam constituídos antes do fim do bipartidarismo e com aspirações reais de poder desde o momento inicial da sua constituição.

Surpreendendo pelo tamanho adquirido logo na largada da reorganização partidária, o PP passou a ser visto como uma alternativa viável, cujo centro de gravidade situava-se em Minas Gerais. Contando com o beneplácito do governo, que enxergava com bons olhos a postura cautelosa tipicamente mineira de suas principais lideranças, o partido acabaria tornando-se conhecido como a "oposição confiável".[18]

Devido à forte adesão inicial, o partido poderia até mesmo ser o fiel da balança entre governo e oposição (PDS e PMDB) desde a sua constituição e não apenas um partido figurante, aliado e dependente do PDS, como inicialmente imaginado pelos estrategistas do governo. As perspectivas iniciais do PP eram muito promissoras e o partido caminhava a passos largos para se constituir como uma nova força política no cenário nacional.

Em entrevista ao jornal *O Globo* em dezembro de 1979, cuja chamada para o novo partido de Tancredo era "Partido de oposição, nunca de radicalismos",[19] o velho político mineiro esclarecia qual era a real dimensão de suas aspirações políticas a partir da criação da nova legenda: "Não há grande democracia no mundo sem um partido de centro."[20]

Tancredo havia identificado uma lacuna na política brasileira. Seu objetivo era ocupar o espaço vago. O novo partido seria o veículo que lhe possibilitaria isso.

LIBERDADE CONSENTIDA: A REORGANIZAÇÃO PARTIDÁRIA

Já a volta do antigo trabalhismo teve alguns percalços. A princípio, Brizola se considerava o herdeiro natural da velha sigla PTB (Partido Trabalhista Brasileiro) e chegou a dar entrevistas nesse sentido ao final de 1979 se autoproclamando o legítimo legatário do velho trabalhismo. Afirmou que mesmo após decorridos 25 anos da morte de Getúlio Vargas e quinze anos da extinção do PTB pelo AI-2, o povo ainda tinha em sua memória afetiva a figura do maior líder trabalhista brasileiro. Afirmava também que o novo PTB seria um partido que não faria coligações e chegava até a mencionar uma nova fase pela qual passava o velho trabalhismo, na qual se buscaria o "socialismo com liberdade".[21]

Só faltou combinar com a Justiça Eleitoral. Alegadas artimanhas por parte do governo ajudaram a que a legenda fosse concedida a Ivete Vargas, sobrinha-neta de Getúlio Vargas, após uma intricada batalha judicial. Seu pedido de registro do PTB, que ocorrera antes do pedido de Leonel Brizola, foi homologado. Prevalecera assim o critério cronológico do registro a despeito de toda a ligação pretérita, até mesmo afetiva, de Brizola com a sigla.

Apesar da decisão judicial desfavorável, não havia dúvida de que o herdeiro natural do legado de Getúlio Vargas era Leonel Brizola. Além das razões históricas que o ligavam ao velho trabalhismo, Brizola congregava em torno de si a maioria dos remanescentes do velho PTB.

Brizola e seus correligionários atribuíram a decisão de negar o registro da legenda ao conjunto de "feitiçarias" do ministro Golbery, sendo considerada mais uma de suas manobras para enfraquecer a oposição.

Nas tais articulações creditadas a Golbery, afirmava-se até que ele gostaria de ter no mesmo partido três políticos bem diferentes, como revelava a revista *Veja* em 1980: "De volta ao centro da cena Jânio terá participação decisiva com Ivete e Brizola no quebra-cabeça montado pelo ministro Golbery do Couto e Silva. Ele joga com estas três cartas para obter um só resultado: um partido trabalhista fraco ou ao menos dócil, em São Paulo. Para o Planalto o ideal seria obrigar Brizola a conviver com Ivete no PTB [...]."[22]

Político calejado, Brizola não era bobo, tampouco ingênuo. Pressentindo a manobra, não aceitou ingressar no PTB sob o comando de Ivete, optando por criar um partido próprio, ainda que sem a chancela formal de herdeiro do getulismo que a sigla PTB lhe outorgaria.

O presidente do PMDB, deputado Ulysses Guimarães, chegou a até a abrir as portas do partido a Leonel Brizola.[23] No entanto, o velho caudilho não pretendia ingressar em um partido oposicionista já constituído, no qual não poderia ditar os rumos partidários como melhor lhe conviesse, como faria em um partido concebido por si próprio. Pior ainda: no PMDB teria que dividir espaço com outras lideranças de relevo, inclusive o próprio Ulysses.

Sem alternativa, restou a Brizola contentar-se com a fundação de uma nova sigla, o PDT, alinhado à Internacional Socialista (IS) e que se constituiu como um dos partidos que reivindicavam o legado do velho trabalhismo. O partido teria influência social-democrata e uma estrutura organizacional fortemente centralizada, com a natural preponderância de Leonel Brizola.

A nova sigla, que teve até sugestões de denominação um tanto quanto personalistas, como Partido Getulista da Libertação Nacional (PGLN),[24] e a princípio se chamaria Partido do Trabalhismo Democrático (PTD),[25] trocou de nome por alguns motivos, desde evitar a confusão com o velho PTB, que ficara com Ivete Vargas (as siglas ficariam muito parecidas), até uma eventual fusão com o PT, cuja assembleia de constituição seria realizada um pouco mais adiante.

Acreditava-se à época que siglas foneticamente assemelhadas (PT e PDT) poderiam facilitar uma futura fusão entre os partidos. Porém, a razão decisiva para que o novo partido fosse batizado de PDT se deveu a um pedido direto do cardeal dom Paulo Evaristo Arns a Brizola. O cardeal acreditava ser significativo naquele momento ter a palavra "democrático" na sigla do novo partido.[26]

Uma última nota simbólica: a filha do ex-presidente João Goulart, Denize Goulart, bem como a viúva e ex-primeira-dama, Maria

LIBERDADE CONSENTIDA: A REORGANIZAÇÃO PARTIDÁRIA

Thereza Goulart, viajaram para o Rio de Janeiro especialmente para participar da solenidade de criação do partido e assinar o ato de constituição do PDT.

Já o PTB, cuja legenda acabou nas mãos de Ivete Vargas, se consolidou sob a liderança de Jânio Quadros em São Paulo, além de herdar o legado conservador de Carlos Lacerda no Rio de Janeiro. Na prática, acabou dotado de um pragmatismo intenso, o que levava seus integrantes a se posicionarem tanto com a oposição como com o governo, dependendo do tema a ser tratado.

Outra das alternativas que surgiam para ocupar o espaço do velho trabalhismo era o PT, que emergiu do movimento sindical recém--surgido no ABCD paulista. Aproveitando-se da repercussão em âmbito nacional das greves ocorridas próximas àquele momento e de uma postura mais flexível do governo em relação ao movimento sindical e suas reivindicações, a ideia era criar um partido de massa de cunho trabalhista. Disputaria com o PTB e com o PDT o posto.

A instigante novidade naquele momento era o surgimento de novos líderes dentro do movimento sindical, que transcendiam os próprios limites do sindicato para se tornar lideranças com um grau bem maior de relevância. O principal expoente de renovação era Lula, o carismático líder do movimento, que à época era presidente do Sindicato dos Metalúrgicos de São Bernardo do Campo e despontava de forma promissora para futuramente se tornar uma liderança política expressiva em âmbito nacional.

Ainda houve uma curiosidade na criação do PT. O Partido dos Trabalhadores quase esbarrou na nova lei orgânica dos partidos que proibia "a utilização de designação ou denominação partidária com base em credos religiosos ou sentimentos de raça ou classe".[27] A referência a "trabalhadores" na denominação do partido aparentemente conflitava com esse dispositivo legal.

No entanto, o PT argumentou que a sua composição era heterogênea, abarcando, além de operários, setores da classe média, camponeses e outros segmentos do setor produtivo, não havendo arregimentação em uma "classe específica", mas um programa partidário comum.[28] A Justiça Eleitoral aceitou a argumentação e permitiu seu registro eleitoral.

Já a possibilidade de fusão entre o PT e o PDT não prosperou. Passada a fase inicial, na qual se esperava uma convergência das legendas de esquerda em torno de um programa comum, a realidade acabou muito distante desse romântico ideal. Em visita ao Sindicato dos Metalúrgicos de São Bernardo, Brizola foi recebido por um mal--humorado e impaciente Lula que, ao ouvir uma referência a Getúlio Vargas, vociferou: "Getúlio ferrou o trabalhador."[29]

O malfadado encontro acabou de forma melancólica, com Lula sequer se levantando de sua cadeira para se despedir de Brizola. Em realidade, o PT nunca teve a real aspiração de se fundir com o PDT, procurando ao máximo se diferenciar do partido de Brizola, que tentava "reciclar" o velho trabalhismo.[30] Nesse clima de rivalidade e mal disfarçado antagonismo, foi até natural que cada partido seguisse o seu próprio caminho.

Com o registro do PT, ficava legalizada no Brasil a politização de atores cujo âmbito de atuação originalmente se dava fora da esfera política, como era o caso de sindicatos e associações de classe. Embora imaginasse que isso pudesse acontecer, esse fato não estava de acordo com os propósitos originais de Golbery, cujas proposições iam no sentido de devolver tais associações aos papéis para os quais foram concebidas, afastando-as da política formal.[31]

Como era de esperar, no reinício do ano legislativo em 1980, as duas maiores siglas eram o PDS e o PMDB, mas seguidos por uma representação expressiva do moderado PP. Apenas esses três partidos tinham representação no Senado Federal.[32] Os outros três partidos, além de não ter representação no Senado, tinham uma participação pouco expressiva também na Câmara.[33]

Como os novos partidos ainda estavam se organizando e constituindo os seus diretórios em âmbito estadual, sobretudo as quatro novas legendas que não sucederam os dois partidos até então existentes e precisavam se estruturar praticamente do zero, o governo articulou a edição de uma emenda constitucional que estendia o mandato dos atuais prefeitos e vereadores até janeiro de 1983.[34]

LIBERDADE CONSENTIDA: A REORGANIZAÇÃO PARTIDÁRIA

O motivo alegado era a dificuldade de os novos partidos, constituídos em 1980, já participarem de eleições em novembro daquele próprio ano. No entanto, tratava-se de mais um artifício, quase que um passo preparatório que precederia uma reforma eleitoral mais ampla que já estava sendo urdida silenciosamente pelo governo.

Era o novo jogo político que se iniciava sob o horizonte do pluripartidarismo. As cartas ainda não estavam todas sobre a mesa, mas sabia-se que o jogo estava sendo embaralhado com esmero.

A cartada principal ainda estava por vir.

A reforma eleitoral embaralha o jogo

A reforma eleitoral era muito casuística em relação aos interesses do governo e causaria grande impacto nas eleições de 1982. Os principais traços da proposta eram nitidamente direcionados às aspirações eleitorais do PDS, partido do governo. Tal direcionamento, nada disfarçado, acabou ficando conhecido como a "manipulação eleitoral".

Denominada Pacote de Novembro, a primeira grande modificação introduzida foi a proibição das coligações eleitorais, comuns em pleitos regionais nos quais os partidos (sobretudo partidos novos que ainda estavam se estruturando) poderiam ter compatibilidade programática aliada ao compartilhamento da incipiente estrutura partidária. Em um contexto de novos partidos com pouca estrutura, faria todo sentido a existência de coligações, sobretudo em se tratando de eleições estaduais e municipais. Mas o governo proibiu.

Em realidade, o objetivo era privilegiar a forte estrutura existente em âmbito municipal da antiga Arena que foi herdada pelo PDS e que o beneficiaria bastante, sobretudo em termos de eleições proporcionais para os cargos do Poder Legislativo em disputa.

Entretanto, o pacote de novidades não pararia aí. A reforma eleitoral criou a obscura figura do "voto vinculado", no qual o eleitor teria de votar em todos os candidatos de um mesmo partido, sob pena de anulação do voto.

ME ESQUEÇAM – FIGUEIREDO

Era uma clara estratégia a fim de favorecer o PDS, que, na qualidade de sucessor da Arena, tinha naquele momento cerca de 75% dos vereadores de todo o país.[35] Na época se acreditava que a tendência era o eleitor ser mais fiel em âmbito municipal, em que muitos políticos concorreriam à reeleição. Assim, o eleitor votava no vereador de sua predileção e teria todos os outros votos vinculados a essa escolha original ou perderia o seu voto, em manobra que ficou conhecida como "voto de baixo para cima".

Engenharia política da melhor qualidade. Mas, novamente, não parava por aí.

Em uma disputa com cargos tão distintos, que iam de vereador até senador, passando por prefeito,[36] deputados (estaduais e federais) e governador, a criação do voto vinculado significava uma artimanha um tanto quanto esdrúxula que nitidamente limitava o poder de escolha do eleitor.

Na realidade, o que se buscava impedir era que os partidos de oposição se unissem em coligações, pois com a obrigatoriedade do voto vinculado a única opção dos novos partidos era sucumbir ou lançar uma chapa completa. Assim, ficava vedada aos partidos oposicionistas a possibilidade de se unirem em contraposição ao partido do governo, concorrendo especificamente aos cargos nos quais julgassem ter maior chance de êxito.

Era tudo ou nada. Mais uma vez da imposição divisionista adviria a fraqueza da oposição.

Até que houve alguma resistência.

O ex-presidente Jânio Quadros denunciou em um intitulado "Manifesto aos brasileiros" o que denominou "farsa eleitoral", desenvolvida de forma subjacente à reforma proposta pelo governo, pois, em seu entendimento, esta visava assegurar o "usufruto do poder" por aqueles que já o detinham.[37] E esse seria só o começo. Fiel ao seu estilo de lances de efeito e sem perder o velho hábito de jogar para a plateia, Jânio ameaçava pedir a desfiliação do PTB e desistir da futura candidatura ao governo do estado de São Paulo. Caso confirmada, seria mais uma renúncia para o currículo do experiente

LIBERDADE CONSENTIDA: A REORGANIZAÇÃO PARTIDÁRIA

político, dessa vez por um partido ao qual havia se filiado pouco mais de sete meses antes.

Jânio não explicitou seus objetivos. Citou ao final do seu manifesto o pai do presidente Figueiredo, Euclides Figueiredo, a quem chamou de "revolucionário caído" e "cavaleiro andante".[38] Uma pequena menção histórica ou uma sutil afronta ao presidente? Provavelmente a segunda opção.

É possível inferir que Jânio estava preocupado com a reforma eleitoral desde o nascedouro da discussão, e já havia até tentado patrocinar uma frustrada fusão entre o PTB e o PP em duas visitas públicas aos caciques "pepistas" Tancredo Neves e Magalhães Pinto em Minas Gerais e no Rio de Janeiro, respectivamente.[39] Como a iniciativa não obteve êxito, restou a Jânio permanecer no PTB. Ainda que como político calejado farejasse a inviabilidade da sua candidatura por aquela legenda após a edição das novas regras eleitorais, era o que lhe restava naquele momento.

Houve até um caso um tanto quanto anedótico sobre os verdadeiros objetivos da reforma eleitoral. O presidente do PP, Tancredo Neves, durante as discussões sobre a reforma, afirmou que o texto proposto pelo governo estava repleto de "casuísmos eleitorais" que poderiam levar o país a uma "perigosa e traumatizante agitação".[40]

Para perplexidade geral, o líder do governo no Senado, senador Nilo Coelho, admitindo os tais casuísmos, optou por responder a fala de Tancredo de forma inusitada, justificando a reforma eleitoral de maneira um tanto quanto sincera: "Porque não podemos perder o poder."[41] Acabou sendo chamado de cínico pelo vice-presidente do PMDB, senador Teotônio Vilela.[42]

Em verdade, nada teve de cínica a declaração do líder do governo. Pelo contrário. Era até sincera demais.

Essa reforma eleitoral um tanto quanto heterodoxa e muito conveniente aos interesses do governo não chegou a ser votada no Congresso Nacional, pois acabou por ser aprovada pelo decurso do prazo em janeiro de 1982, após ser enviada ao Congresso em regime de urgência no final de 1981.

ME ESQUEÇAM – FIGUEIREDO

Depois da sua aprovação, surgiram as inevitáveis vítimas. A principal delas foi o PP, que rapidamente percebeu que o voto vinculado acabaria por prejudicar o partido que não teria como viabilizar-se em uma eleição que exigisse o mesmo voto para todos os cargos. Seria uma disputa desleal ante a Arena e o PMDB, que contavam com uma estrutura muito maior, sobretudo em âmbito municipal, onde o PP ainda não conseguira constituir bases sólidas, até mesmo pelo pouco tempo de sua fundação.

Assim, caso viesse a disputar as eleições de 1982, o partido provavelmente sairia muito fragilizado e com uma dimensão significativamente menor. A possibilidade de estabelecer coligações no âmbito estadual era um dos grandes trunfos do PP para ter sucesso naquelas eleições. Com a proibição das coligações, sua posição restou muito debilitada, colocando em xeque o próprio projeto político do partido e as pretensões de suas principais lideranças.

Além disso, motivos políticos contribuíram bastante para a sua derrocada. Os principais foram obra do acaso: a morte de Petrônio Portella e a saída de Golbery do ministério de Figueiredo. Foram os dois grandes artífices de uma alternativa de centro que pudesse ser uma futura peça-chave no tabuleiro político da transição. Não estavam mais em seus lugares. Nada poderiam fazer para viabilizar aquela alternativa que um dia já havia sido apontada como a ponte para eventual retirada honrosa dos militares da cena política.

Com os dois ministros fora do páreo e uma reforma eleitoral que prejudicava visceralmente as suas possibilidades políticas nas eleições que se aproximavam, pouco restou a fazer. Muito precocemente, era o fim do PP.

Restou ao partido se retirar do cenário político e se reincorporar ao PMDB, em fevereiro de 1982. A proposta de fusão entre os dois partidos ainda teve alguma resistência interna no PP, mas acabou aprovada. Para evitar futuros problemas junto à Justiça Eleitoral, o PP foi formalmente incorporado ao PMDB.

Porém, mesmo depois de tudo, o governo ainda tentou atrapalhar. Preocupado com a reunificação de uma oposição dividida, o governo

LIBERDADE CONSENTIDA: A REORGANIZAÇÃO PARTIDÁRIA

alegou a inconstitucionalidade dessa incorporação e tentou impugná--la, mas a Justiça Eleitoral barrou tal intento.

Assim, sem disputar nenhuma eleição, o PP acabou sua pequena trajetória de pouco mais de dois anos. Pelo seu potencial promissor, o jovem partido entrou para a história pelo muito que poderia ter feito, mas que acabou por não fazer em função de uma reforma eleitoral aderente aos interesses do governo.

Tancredo Neves, afinal, rumou novamente para o PMDB, sendo eleito vice-presidente do partido. A velha raposa mineira estava de volta à antiga casa e ao convívio dos velhos companheiros.

Logo o tempo revelaria o acerto dessa decisão.

As eleições de 1982

Com o cancelamento das eleições municipais de 1980, o Brasil teria em 1982 uma das maiores eleições da sua história. Disputar-se-ia de tudo um pouco: legislativo municipal, estadual, Câmara e Senado federais, e, por fim, os cargos de prefeito e governador.

Havia muita coisa em jogo, mas, por incrível que pareça, ainda tinha algo de mais valioso: o Colégio Eleitoral que elegeria o futuro presidente do Brasil em janeiro de 1985 também seria decidido naquelas eleições.

Os números traduziam a grandiosidade daquele pleito eleitoral: eram nada menos de 55 milhões de eleitores nas urnas escolhendo entre um universo de 400 mil candidatos, o que fazia daquela eleição a maior da história do país em números absolutos até aquele momento.

Além disso, era também o primeiro pleito pluripartidário que ocorreria no Brasil desde 1965, pouco antes do Ato Institucional nº 2 (AI--2) extinguir os partidos políticos até então existentes. Formalmente sem o caráter plebiscitário das eleições anteriores, o eleitor teria novas opções de partidos com seus matizes ideológicos variados (voltava à cena política a possibilidade de voto ideológico na esquerda ou do voto no "velho" trabalhismo, ainda que pudesse haver dúvida sobre quem era o seu verdadeiro legatário) e uma instigante disputa por diversos cargos em todos os níveis federativos.

Sem dúvida, um momento de muitas novidades em uma eleição que provavelmente ditaria o rumo da nação pelos próximos nove anos.[43] Exceto o cargo de presidente, tudo mais estava em disputa e, apesar da conveniente reforma eleitoral que atendia aos interesses do governo, era possível afirmar pouco antes do pleito que o resultado estava completamente em aberto.

Com a situação econômica desgastando o governo, e sem horizonte próximo que indicasse o fim da recessão que o Brasil atravessava, não havia mais a "legitimação pelo desempenho econômico", na feliz expressão de Ronaldo Costa Couto,[44] e o regime militar já dava os primeiros sinais do seu iminente fim.

A princípio, a eleição foi marcada pelo retorno da propaganda eleitoral na televisão e no rádio, inclusive com a realização de debates transmitidos ao vivo. Os candidatos do PDS sofriam fortes investidas dos oposicionistas, que, fortalecidos pelo desgaste do governo após mais de dezoito anos ininterruptos no poder, faziam severas críticas a todos aqueles candidatos que encarnavam a situação.

O governo inicialmente adotou uma posição tolerante em relação às críticas que indiretamente sofria no debate eleitoral, fazendo supor que considerava normal esse tipo de situação, e tudo levava a crer que essa aceitação seria mais um passo para a consolidação do processo de abertura política.

Contudo, o autoritarismo, que então agonizava, voltava a mostrar sua face. Após negociações para arrefecer a Lei Falcão,[45] no início de agosto de 1982 o governo rompeu os entendimentos existentes nesse sentido que estavam sendo cuidadosamente costurados no Congresso Nacional, e a legislação eleitoral restritiva foi integralmente mantida para as eleições daquele ano.[46]

O resultado prático era o pior possível do ponto de vista do eleitor que pretendesse votar minimamente informado sobre as suas opções: a propaganda eleitoral transmitida pela televisão seria extremamente restrita nos sessenta dias anteriores às eleições, limitando-se à exibição

LIBERDADE CONSENTIDA: A REORGANIZAÇÃO PARTIDÁRIA

de fotos dos candidatos cujos currículos eram lidos por um locutor em off.

As estratégias eleitorais dos novos partidos eram as mais diversas possíveis. O PMDB valia-se da exortação ao voto útil, defendendo que o eleitor optasse não por aquele candidato de sua mais genuína predileção, mas por aquele postulante que tivesse mais chances de vencer o partido do governo naquelas eleições.

Já o PDS, apesar de encarnar o desgaste governista, também contava com o apoio da máquina administrativa federal, além de o próprio presidente Figueiredo ter atuado como cabo eleitoral naquele pleito. Se faltava popularidade ao governo, é certo também que o seu apoio trazia inúmeras vantagens, sobretudo em termos de estrutura, para os candidatos realizarem suas campanhas.

O apoio oficial ajudava com um pouco de tudo, aparentemente sem se preocupar com as restrições eleitorais então vigentes: "Fundos públicos, facilidades administrativas, gráficas, gasolinas, carros, aviões foram abertamente usados para promover a campanha de todos os candidatos do PDS."[47]

Por sua vez, o PTB se fiava em sua penetração em São Paulo a partir do legado de Jânio Quadros e da herança do "lacerdismo" no Rio de Janeiro. Como o herdeiro formal do trabalhismo de Getúlio Vargas (cuja herança, na prática, era polarizada com Leonel Brizola), apostaria suas fichas na memória afetiva do eleitor em relação aos velhos líderes políticos do país. O tempo mostraria que seria muito pouco para reviver os tempos de glória do partido.

O PDT apostaria suas fichas no carisma de Leonel Brizola, herdeiro político do presidente deposto João Goulart, além de também reivindicar para si a herança política do trabalhismo de Getúlio Vargas.

Já o PT apresentava como principal novidade para aquela eleição a sua capacidade de trazer para o processo político formal setores da sociedade civil outrora marginalizados e que jamais haviam participado formalmente de eleições por meio de partidos políticos. A consequência negativa disso era a falta de experiência política dos

ME ESQUEÇAM – FIGUEIREDO

filiados "mais acostumados à militância sindical ou nas organizações de base do que à formação político-partidária".[48]

O governo, mesmo valendo-se da máquina administrativa que tinha a seu dispor, já antevia a real possibilidade de derrota. Assim, o presidente Figueiredo enviou ao Congresso uma proposta de alteração do quórum para a aprovação de emendas constitucionais, cujas regras vigentes naquele momento remontavam ainda ao Pacote de Abril,[49] aprovado pelo governo Geisel em 1977.

A legislação vigente impunha apenas maioria simples do Congresso Nacional para a reforma constitucional. No entanto, precavendo-se em relação a uma futura derrota nas eleições de 1982, Figueiredo optou por rever essa situação e conseguiu aprovar uma lei que voltava a exigir o quórum de dois terços para reformas constitucionais. Assim, em caso de derrota nas eleições, a oposição não conseguiria modificar facilmente a Constituição.

De certa forma, a fusão do PP com o PMDB e a instituição do voto vinculado acabaram por propiciar a uma eleição multipartidária o caráter plebiscitário das eleições anteriores. Por mais incomum que possa parecer, por se tratar de uma eleição com cinco partidos políticos, com raras exceções pontuais (como os estados do Rio de Janeiro e Rio Grande do Sul), a eleição de 1982 acabou centrada no embate entre governo e oposição, simbolizados naquele momento por PDS e PMDB.

Independentemente do resultado eleitoral, o patrocínio de eleições livres na confusa conjuntura que antecedeu a redemocratização do país (sobretudo por sua casuística legislação eleitoral) era mais um passo inequívoco na direção da abertura política. Nesse ponto, o governo foi fiel aos desígnios prometidos por Figueiredo ainda em sua campanha presidencial e cumpriu a promessa de levar adiante o processo de abertura política.

Assim, as imagens do governo e do próprio presidente Figueiredo saíram fortalecidas desse pleito. Não tanto pelo resultado em si, mas pelo patrocínio de eleições livres. Tanto a campanha eleitoral como a própria realização das eleições transcorreram em um ambiente

LIBERDADE CONSENTIDA: A REORGANIZAÇÃO PARTIDÁRIA

de lisura, incompatível com a ruptura institucional que em alguns momentos chegou a ser alardeada como uma ameaça real. Tais conjecturas revelaram-se, na prática, um fantasioso delírio por parte de uma minoria alarmista.

Em breve, o presidente Figueiredo teria nas sedes dos governos estaduais antigos opositores do regime. E todos teriam de conviver bem e manter o diálogo em nível institucional. Em um regime que até pouco tempo indicava com mão de ferro os governadores dos principais estados, era um desafio e tanto.

Seria mais uma dura prova para a abertura.

Quem ganhou, quem perdeu

Se por um lado as eleições conduzidas com isenção pelo governo geraram um inegável ganho para a sua imagem, por outro lado, houve uma inequívoca derrota eleitoral do PDS, pois o partido do governo deixaria de governar os principais estados brasileiros a partir de março de 1983.

Era uma derrota para o governo do presidente Figueiredo. E não foi uma derrota qualquer. Representou um expressivo fracasso eleitoral, seguramente o maior de todos durante o regime militar. Simplesmente os estados de São Paulo, Minas Gerais e Rio de Janeiro passariam a ser governados por opositores. O presidente, que havia entrado em campo para ajudar a viabilizar os candidatos do PDS, acabou por se sentir "pessoalmente derrotado".[50]

Em termos absolutos, até que houve certo equilíbrio. O PDS conquistou doze governos estaduais contra nove do PMDB e um do PDT. O partido do governo continuava no controle da maior parte dos estados do Nordeste e surpreendentemente ganhou no Rio Grande do Sul, capital onde o PMDB era o favorito.

Contudo, mesmo com a maioria dos estados sob seu controle, o governo acabou considerado derrotado pela maior parte da imprensa e não teve tanto o que comemorar em relação às eleições majoritárias, perdendo espaço nas grandes capitais que concentravam a maior parte da renda e do eleitorado brasileiro.

Outra derrota que emergiu diretamente das urnas em 1982 foi materializada pelo fracasso retumbante dos candidatos comunistas naquele pleito. Fizeram água. Ao menos em tese, aquela eleição ajudou a desmistificar a suposta "ameaça vermelha" que ainda ressoava em alguns círculos militares, e cujo único intuito parecia ser legitimar a manutenção das Forças Armadas no poder por mais tempo.

O mundo havia mudado bastante naqueles dezoito anos que separavam 1964 de 1982. Se o Ocidente ainda não podia prever o futuro colapso do mundo comunista, era notório que o regime soviético já dava os primeiros sinais de desgaste, sobretudo no campo econômico, e que aquela ideologia que outrora conquistara corações e mentes ao redor de todo o mundo agora já não tinha o mesmo vigor — a não ser para os alarmistas de plantão que muitas vezes tentavam justificar interesses escusos sob uma pretensa ameaça comunista a pairar permanentemente sobre o Brasil.

Aquela eleição mudou esse panorama, como bem assinalava o jornalista Ricardo Kotscho: "Os maiores derrotados naquela eleição foram os candidatos do PCdoB [na verdade candidatos que defendiam a ideologia comunista, pois o PCdoB estava proscrito no Brasil à época], cujos votos mal deram para eleger um ou outro vereador, talvez um deputado estadual."[51]

O PMDB, por sua vez, saiu fortalecido daquele pleito, e com o genuíno sentimento de que teria sido o vencedor "moral" daquela disputa, tendo em vista que as oposições conquistaram dez governos estaduais (nove governos estaduais pelo PMDB e o Rio de Janeiro pelo PDT), que representavam, em conjunto, cerca de 70% da arrecadação tributária e 80% da renda interna.[52]

Olhando para os números sob uma perspectiva macro, a oposição obteve cerca de 7 milhões de votos a mais do que o governo na disputa pelos governos estaduais.[53] O recém-eleito governador de Minas Gerais, Tancredo Neves, repercutia de forma direta a magnitude dessa conquista: "Vamos administrar 80% do Produto Interno Bruto

LIBERDADE CONSENTIDA: A REORGANIZAÇÃO PARTIDÁRIA

[PIB]."[54] Finalmente, após dezoito anos à margem do poder real, a oposição tinha algo de concreto a comemorar.

O jornal *Folha de S.Paulo* refletia essa nova realidade com a seguinte manchete: "O Brasil rico fica com a oposição."[55] Valendo-se de dados do PIB coletados junto à Fundação Getulio Vargas (FGV), o jornal afirmava que "dois Brasis" surgiram das eleições de 1982, o "país da oposição", que concentrava cerca de 75% do PIB, e o "país do governo central", controlando os 25% remanescentes.[56]

Não era pouca coisa.

O resultado eleitoral fez com que fosse encerrado "o mais longo período de centralização administrativa da história republicana".[57] Era o marco formal que encerrava um ciclo, pois depois de longos dezoito anos as oposições voltavam a administrar os principais estados do país. Essa longa centralização administrativa causou sérias distorções nos governos estaduais, que estavam dissociados da realidade brasileira e, em alguns casos, da própria tradição republicana do país.

Um exemplo caricato ajuda a ilustrar o caos administrativo em que se encontravam os governos estaduais naquele momento: ao tomar posse como presidente do Banco do Estado do Rio de Janeiro (Banerj), indicado pelo novo governador Leonel Brizola, o então jovem advogado Marcelo Alencar levou um susto ao tomar conhecimento de que o banco estadual tinha em seus quadros à época nada menos que 36 diretores. Porém, o que mais o deixou assombrado foi o inusitado gabinete ao qual teria direito como presidente do banco, que de tão suntuoso contava até mesmo com uma sauna privativa.[58]

Vivia-se uma realidade paralela naquelas paragens. Tais excentricidades, que de certa forma ajudavam a ilustrar o descalabro administrativo e o consequente descontrole das administrações estaduais, davam a correta dimensão da fragilidade econômica em que se encontravam os estados brasileiros naquele momento. Despidos de qualquer noção de responsabilidade fiscal e com bancos públicos muitas vezes a emitir papel-moeda sem lastro, a situação econômica dos estados se encontrava em frangalhos.

Assim, embora tivesse conquistado uma parcela significativa do poder real, o fato é que os estados eram extremamente dependentes do governo federal. Imersos em robustas despesas, os governos estaduais precisavam rolar continuamente sua dívida com a União, o que fragilizava, sob certo ponto, a capacidade dos novos governadores de fazer uma oposição real e contundente ao governo do presidente Figueiredo.

Novamente, uma análise do jornalista Ricardo Kotscho definia com acerto esse panorama: "[...] os governos estaduais eleitos pela oposição em 1982, de mãos amarradas ao controle da política econômica exercida pelo governo central, sem recursos, não podiam cumprir as suas promessas de mudanças."[59]

Por esse motivo, as oposições foram discretas na comemoração da conquista dos governos estaduais. Embora alardeassem a vitória, não houve festas ruidosas nem repercussão efusiva que pudessem soar como provocação. A ordem era estabelecer uma relação de cordialidade e respeito com o presidente Figueiredo e seu governo.

Dessa forma, a possibilidade da criação de uma frente de governadores de oposição, hipótese aventada no auge do entusiasmo após a divulgação dos resultados da eleição de 1982, foi prontamente descartada pelos próprios governadores. A abertura política caminhava a passos largos, e aquele momento deveria ser celebrado com serenidade e moderação, sem ações que pudessem provocar retrocessos.

De todas as vitórias eleitorais oposicionistas, a única que realmente causou desconforto declarado à cúpula militar foi a eleição de Leonel Brizola para o governo do estado do Rio de Janeiro. Marcada por uma tentativa de fraude na contagem dos votos,[60] a eleição do velho caudilho era a única que ainda gerava alguma incerteza naquele momento no Brasil, principalmente por sua carga simbólica.

O alvoroço se justificava em parte: por mais que adotasse um tom moderado desde o seu retorno do exílio, Brizola ainda povoava o imaginário militar com o principal antagonista vivo do movimento de 1964. Assim, a sua eleição era vista com grande receio e ceticismo no meio castrense. Ainda havia enorme desconfiança sobre o caráter radical do novo governador do Rio de Janeiro.

LIBERDADE CONSENTIDA: A REORGANIZAÇÃO PARTIDÁRIA

Uma nota da Aeronáutica chamava Brizola de "latifundiário socialista", e apenas um dia antes da emissão dessa nota o comandante militar da Amazônia e irmão do presidente Figueiredo, general Euclides Figueiredo, deu uma declaração incisiva, adicionando uma dose de instabilidade à já turbulenta conjuntura política: "Brizola é um sapo que a gente engole, digere e na hora certa expele."[61]

Podia até parecer que o ambiente estava se tornando turvo e algo poderia acontecer para frustrar o resultado das urnas, mas era apenas alarme falso. Em reunião do Alto Comando das Forças Armadas, presidida pelo ministro do Exército, general Walter Pires, o recado foi claro: "Quem ganhou, leva."[62] E assim foi.

Há ainda relatos pontuais que dão conta de uma possível sublevação militar que contestaria o resultado eleitoral e impediria os novos governadores de tomar posse em março de 1983. A professora Maria Helena Moreira Alves relata esse difícil momento em sua pesquisa sobre aquele período:

> Fracassada a tentativa de fraude [do Proconsult], os oficiais planejavam uma sublevação militar para cancelar as eleições e impedir que os governadores eleitos tomassem posse. Os oficiais da linha dura pretendiam ocupar as estações de rádio do Rio de Janeiro na noite de 27 de novembro e divulgar uma "proclamação pedindo a volta ao autêntico espírito da revolução de 1964". Seriam detidos todos os membros do partido de Brizola e os oficiais promoveriam um levante militar em todas as unidades do país. A conspiração foi frustrada pela pronta e decisiva intervenção do presidente João Figueiredo e do ministro do Exército Walter Pires.[63]

Conjectura ou não, felizmente nada disso aconteceu.

Contudo, ainda que derrotado nas eleições majoritárias, o resultado não foi um desastre político para o governo.

Se por um lado era verdade que em relação aos governos estaduais o governo federal perdeu o controle das principais capitais em termos econômicos e populacionais, por outro lado continuou majoritário no Nordeste do país, região onde governaria nove estados.

Em realidade, a reforma eleitoral e todos os seus artifícios acabaram por ser muito bem-sucedidos em relação às eleições proporcionais. O PDS conquistou a maioria absoluta no Senado e manteve a maioria na Câmara, embora tenha perdido a maioria absoluta naquela casa legislativa.

Além disso, o mais importante tinha sido assegurado: o PDS conquistara a maioria absoluta no Colégio Eleitoral que elegeria o próximo presidente da República, obtendo 361 representantes em um universo de 686 eleitores.

Diante de todas as circunstâncias que influenciaram aquela eleição de maneira desfavorável ao partido do governo, sobretudo o dramático contexto econômico e seus reflexos no custo de vida da população de forma geral, tratava-se de um ótimo resultado para o PDS e para o próprio governo.

O fim do bipartidarismo, o cancelamento das eleições de 1980 e a reforma eleitoral tinham se revelado uma intricada engenharia política que ao final do processo se mostrou acertada à luz dos objetivos pretendidos inicialmente. A permanência à frente da Presidência da República estaria supostamente garantida até 1991 (o mandato presidencial naquele momento era de seis anos), já que o PDS conquistara maioria absoluta no Colégio Eleitoral que indicaria o sucessor de Figueiredo. Talvez esse fosse o prêmio maior concebido (e pretendido) por Golbery e Petrônio quando começaram a conceber o processo de reestruturação do sistema político-partidário brasileiro.

A conjuntura econômica desfavorável e o crescente desgaste do regime militar, de forma geral, e do governo Figueiredo, em particular, tinham sido atenuados pela reforma eleitoral e não repercutiram de modo a arruinar o PDS nas eleições para o Legislativo.

No fim das contas, triunfara a manipulação eleitoral.

Ponto para Golbery, o grande responsável por arquitetar boa parte daquelas ações que acabaram por redundar no controle do Legislativo, e do futuro Colégio Eleitoral por parte do partido oficial.

LIBERDADE CONSENTIDA: A REORGANIZAÇÃO PARTIDÁRIA

Podia parecer uma derrota, e o PMDB alardeou que a oposição saíra vitoriosa de 1982. Porém, que não se olvide a existência de outras variáveis nessa equação que não poderiam deixar de ser consideradas.

A revista *Veja*, em uma de suas edições posteriores às eleições, assim anunciou a matéria que analisava o resultado daquele pleito eleitoral: "O PDS ganha apertado, mas não troca os seus doze estados pelos dez da oposição, pois elegerá o novo presidente."[64] Era exatamente isso. Na vida, por mais paradoxal que possa parecer, há derrotas que na prática mais se assemelham a uma vitória.

O resultado das eleições de 1982 era um exemplo perfeito.

PARTE III:

ABERTURA E AUTORITARISMO

Capítulo 7

A abertura ameaçada

A época das bombas

Em seu discurso durante sua posse como presidente do Brasil, Figueiredo jurou "fazer deste país novamente uma democracia". Não seria uma trajetória fácil. Pelo contrário. O caminho seria tortuoso e bastante acidentado.

Da mesma forma como Geisel precisou enfrentar a linha dura em relação à tortura e às mortes dentro de instalações militares durante o seu governo, Figueiredo também teria de reafirmar a autoridade que o cargo de presidente da República lhe conferia diante de outra ameaça igualmente perigosa: os atentados terroristas, a grande maioria por meio da detonação de artefatos explosivos, cujo objetivo era desestabilizar a abertura política em curso, levando pânico à população.

Naquele março de 1979, início do mandato de Figueiredo, não havia mais organizações clandestinas de esquerda militando ou pregando quaisquer ideais revolucionários em território brasileiro. Mesmo assim, o "perigo comunista" insistia em pairar sobre o Brasil,

A ABERTURA AMEAÇADA

a despeito de todas as evidências verificáveis e plausíveis. Pelo menos, na cabeça de um (pequeno) grupo dentro das Forças Armadas.

Assim, retornava-se ao lugar comum da "ameaça comunista internacional" e da reorganização do Partido Comunista Brasileiro (PCB), que estaria atuando com grande vigor mesmo na condição de organização clandestina — até porque o partido estava proscrito naquele momento no Brasil e, dessa forma, não podia se reorganizar legalmente.

Não havia inimigos. Mas o aparato repressivo ainda existia, à espera deles. O que fazer então? Na sempre esclarecedora síntese de Elio Gaspari, a situação era até simples: "Não tendo adversário real, o radicalismo de direita buscava inventá-lo. Num nível, precisava disso para explicar temores políticos. Noutro, era necessário justificar a existência da máquina repressiva."[1]

Era exatamente isso. Se não tinha inimigos, o importante era fabricá-los. Se não havia alvos, o importante era criá-los. Afinal, a "ameaça vermelha" estava infiltrada de forma difusa e dissimulada na sociedade brasileira, e era preciso combatê-la a todo custo.

Puro delírio.

Com a extinção das organizações de esquerda e o PCB com grande dificuldade de rearticulação, a ameaça só existia mesmo na cabeça de alguns militares que pretendiam manter as Forças Armadas indefinidamente no poder e, em uma perspectiva mais próxima, justificar a existência do aparato repressivo e, principalmente, manter a sua estrutura funcionando.

Até quando? Até quando fosse possível, mesmo que isso custasse a vida de pessoas inocentes. Lutava-se pela sobrevivência de uma era. Vivia-se de maneira acrítica em um mundo que não existia mais.

E assim foi feito. Os atentados começaram tímidos, com explosões e incêndios em bancas de jornal e editoras acusadas de vender e fomentar publicações de índole "esquerdista". Em geral, eram publicações de menor circulação em comparação à grande imprensa e que tinham um público muito específico. Não sem razão, eram chamadas de "imprensa nanica", e não tinham uma difusão

ME ESQUEÇAM – FIGUEIREDO

expressiva em âmbito regional, muito menos em âmbito nacional. Essas ações voltaram-se principalmente contra os jornais alternativos *Movimento* e *Opinião*.[2]

No entanto, em todos esses episódios iniciais, parecia haver o cuidado de não vitimar ou ferir quaisquer pessoas. Por isso, as bombas eram colocadas durante a madrugada em bancas de jornal ou editoras completamente vazias.

Um dos atos que destoaram da ação típica dos terroristas foi o sequestro de Dalmo Dallari, no início de julho de 1980. Raptado quando entrava em casa, o jurista, também membro da Comissão de Justiça e Paz da Arquidiocese de São Paulo (CJP/SP), foi agredido moderadamente (teve hematomas debaixo do olho esquerdo e um braço ferido por instrumento cortante), e teve a aliança e o dinheiro que portava roubados.

Apenas dois dias depois, Dallari esteve diante do papa João Paulo II, que naquele momento se encontrava em visita ao Brasil. Mesmo com o rosto machucado, o jurista compareceu à missa no Campo de Marte para ler uma epístola, como já estava previsto. O encontro com o papa, no qual o sumo pontífice pôde ver as escoriações em seu rosto, fruto das agressões que sofrera ínfimos dois dias antes, foi um dos momentos de maior emoção da missa.

Talvez esse tenha sido o atentado mais violento até meados de 1980.

A postura dúbia do governo, que em seu discurso oficial prometia reprimir duramente os responsáveis pelos atentados, mas que na prática não agia com o rigor prometido, tendia a piorar o que já estava ruim. As investigações sobre os casos eram inconclusivas, mesmo quando havia testemunhas que se prestavam ao papel, um tanto quanto arriscado à época, de comparecer a uma delegacia de polícia com a anotação da placa de um veículo do qual tinha partido um suspeito de explodir uma banca de jornais no subúrbio do Rio de Janeiro. Ainda por cima, havia a descrição física dele.[3] Nada foi feito.

O governo dava sinais inequívocos de que titubeava. A complacência das autoridades em relação às investigações dos primeiros atentados foi interpretada como uma espécie de conivência em relação às ações em si. O sinal de fraqueza do governo era um convite para elevar um pouco mais o grau de violência dos atentados. Foi aceito por quem de direito. Assim, em pouco tempo, as atividades terroristas mudariam de patamar.

Para muito pior.

Detalhes de uma guerra particular

Em 27 de agosto de 1980, tudo mudou. Naquele fatídico dia, várias ações violentas foram orquestradas, principalmente no Rio de Janeiro. Literalmente, foi um dia de terror.

A primeira das ações acabou sem feridos: um atentado ao jornal alternativo *Tribuna da Luta Operária*, em São Paulo. A bomba explodiu em uma redação vazia, deixando suas instalações semidestruídas. Havia sido um mal menor. Mas era o prenúncio de que aquele dia estava apenas começando.

No início da tarde chegou uma carta-bomba à sede da OAB no Rio de Janeiro, endereçada a Eduardo Seabra Fagundes, presidente do conselho federal. Desafortunadamente, quem a abriu foi a sua secretária, Lyda Monteiro da Silva. Ela chegou a ser socorrida com vida e transportada consciente ao hospital Souza Aguiar, depois de uma espera de cerca de vinte minutos pela ambulância.[4] Tudo isso com parte de um braço arrancada do corpo.

A onda de choque causada pela explosão foi tão forte que encontraram a sua mão esquerda na marquise do terceiro andar do prédio da OAB.[5] A secretária morreria no hospital, devido ao forte trauma torácico, quando ainda se tentava uma transfusão de sangue.

Era a primeira vítima fatal do surto terrorista que se contrapunha à abertura.

Pouco depois, nova investida. Não houve vítimas fatais, mas foi por pouco. Dessa vez, a bomba foi endereçada à Câmara Municipal do Rio de Janeiro, explodindo no gabinete do vereador Antônio Carlos de Carvalho. Novamente, a bomba não vitimou o destinatário almejado:

ME ESQUEÇAM – FIGUEIREDO

ao abrir uma gaveta do gabinete, o assessor parlamentar José Ribamar de Freitas teve o braço esquerdo arrancado e ficou cego.

Assim como o presidente da OAB, o vereador escapara ileso. Houve, ainda, cinco vítimas com menor gravidade, atingidas por estarem no gabinete no momento da explosão.

Ainda havia uma terceira bomba, direcionada para a Associação Brasileira de Imprensa (ABI), que não chegou a explodir. O artefato havia sido colocado no oitavo andar do edifício onde ficava a sede da entidade.

Figueiredo ficou bastante abalado com o episódio. Seu porta-voz o descreveu como "apoplético"[6] nos dias subsequentes ao atentado, muitas vezes encontrando-o em um estado de profunda perplexidade. Já a sua reação pública era de extrema indignação. Pelo menos na aparência. Figueiredo demonstrava forte irritação em público em virtude desses episódios e chegou a determinar algumas ações para dinamizar as apurações, como a avocação das investigações sobre os atentados no Rio de Janeiro para a Polícia Federal, que ficou a cargo de seu diretor-geral.

Em reunião com os principais ministros após os atentados, Figueiredo chegou a dar socos na mesa e a afirmar que se sentia pessoalmente atingido por tais ações. Completava o enredo com um discurso melodramático que beirava o heroísmo retórico, mas que em sua essência pouco dizia: "Eu peço a esses facínoras que desviem as suas mãos criminosas sobre a minha pessoa, mas que deixem de matar inocentes."[7]

Quem eram os tais "facínoras"? Se sabia, preferiu não identificar. Em que pesem os termos estridentes do inflamado discurso realizado de improviso em Uberlândia, Minas Gerais, nada mais apontava para ações incisivas ou punitivas. Por enquanto, a indignação estava relegada tão somente às palavras.

A retórica presidencial continuava no mesmo estilo estridente, optando por um aparente enfrentamento: "Vou levar o país à normalidade democrática, a despeito de quatro, vinte ou mil bombas que atirem sobre as nossas cabeças."[8] Pena que as apurações não seguiam a mesma lógica das incisivas declarações presidenciais.

A ABERTURA AMEAÇADA

E se as declarações contundentes se sucediam, as bombas também. O jornal *Tribuna da Imprensa*, veículo de comunicação que por mais tempo sofreu censura durante a ditadura militar, teve a sede invadida por cerca de dez homens encapuzados que renderam funcionários e colocaram bombas em torno da rotativa de sua gráfica. Com cuidado para que ninguém se ferisse, todos os funcionários foram retirados do local pelos próprios autores do atentado e deixados nas imediações do aeroporto Santos Dumont. As bombas explodiram quinze minutos após a ação e destruíram parcialmente as instalações do jornal. Não houve feridos.

Outro caso de atentado a bomba envolveu a Petrobras. Em telefonema ao *Jornal do Brasil*, uma voz desconhecida alertou que uma bomba explodiria sob um ônibus que levava trabalhadores para o centro de pesquisas da companhia, na ilha do Fundão. O grupo, cujo único traço ideológico era se autodenominar nacionalista, afirmou que a bomba era para "terminar de uma vez com todos os tipos de mordomias, começando com a mordomia da Petrobras".[9] Ninguém se feriu: o ônibus estava vazio e estacionado nos arredores do centro de pesquisa quando a bomba explodiu.

Era uma guerra particular, travada dentro das Forças Armadas. Seus detalhes poucos conheciam, mas a sua essência tinha como face visível a série de atentados cometidos no período inicial do governo Figueiredo. Não se sabia ao certo até que ponto o governo conhecia os pormenores daquele embate, mas a leniência nas investigações e a dificuldade na identificação dos autores indicavam que nenhuma ação mais incisiva havia sido adotada até aquele momento.

A melhor definição vinha da Coluna do Castello, no *JB*: "O general Figueiredo fala grosso mas a sua mão ainda não baixou sobre qualquer opositor da política de abertura."[10] Já o ministro Golbery, embora avesso a declarações à imprensa sobre o tema, achou prudente advertir, diante do alarmante quadro de escalada da violência, para um eventual recrudescimento dos atentados, que poderiam se tornar gradativamente mais graves e perigosos "se, por acaso, não se conseguir descobrir os autores em prazo curto".[11]

Era a mais pura verdade, e os fatos posteriores vieram a confirmar todo o acerto de sua suposição. O risco levantado por Golbery levava em consideração a hipótese de não se conseguir desvendar os casos rapidamente. Pior seria se não se conseguisse chegar aos culpados em momento algum. Era o que as circunstâncias apontavam como o desfecho de toda a trama.

Pelos indicativos daquele momento, o porvir não era nada animador.

Assim, as investigações em relação aos atentados a bomba restaram inconclusivas e não pareciam contar com a boa vontade das autoridades.

O ministro da Justiça Ibrahim Abi-Ackel tentava ao menos repercutir o tom grave que o assunto merecia. Embora um tanto quanto teatrais, suas declarações tinham o mérito de conseguir dar aos episódios a gravidade que careciam. Contudo, parava por aí — a repercussão prática dessas declarações era praticamente nula.

Após o atentado à *Tribuna da Imprensa*, o ministro afirmou que o "governo estava chocado".[12] Se chocado estava, assim permaneceu, pois os culpados jamais foram identificados, mesmo após a realização de algumas prisões iniciais. Já em relação ao sequestro de Dallari, Abi-Ackel dera instruções ao governador Paulo Maluf para fazer "até o impossível"[13] para esclarecer o caso. Todavia, aquele seria outro caso a permanecer inconcluso e sem quaisquer punições.

Perspicaz mesmo foi a declaração do ministro chefe do SNI, Otávio Medeiros, que astuciosamente respondia à imprensa como uma singela pergunta após o atentado ao jornal: "A quem interessa?"[14] A utilização do método socrático, respondendo a uma pergunta com outra pergunta, aparentemente poderia soar como evasiva. Parecia dizer pouco. Mas dizia muito.

Naquele momento, não era uma resposta difícil. Difícil era tomar uma atitude enérgica que "cortasse o mal pela raiz". O governo preferia contemporizar e, apesar da teatralidade do ministro da Justiça em suas declarações, nada de muito efetivo era feito para conter o avanço do surto terrorista.

A ABERTURA AMEAÇADA

Em breve, pelo menos em seus planos e objetivos, as ações seriam muito mais ousadas. Agora os alvos seriam múltiplos.

Golbery acertara em suas previsões.

A longa noite de 30 de abril

A noite de 30 de abril de 1981, véspera do feriado pelo Dia do Trabalho, celebraria a chegada da data cívica com mais um show de MPB organizado pelo Centro Brasil Democrático (CEBRADE), entidade ligada ao PCB. O show seria realizado no Riocentro, um dos centros de convenção mais importantes do Rio de Janeiro. Com um público estimado em cerca de 10 mil pessoas, composto em sua maioria por jovens, o Riocentro receberia naquele evento grandes nomes da música popular brasileira, como Chico Buarque, Alceu Valença e Elba Ramalho.

Quem esteve no Riocentro naquela noite para ver o show não podia imaginar o enorme risco que estava correndo. O policiamento originalmente programado — cerca de quarenta policiais, entre oficiais e praças — havia sido cancelado devido à duvidosa justificativa de que se tratava de um evento privado.[15]

No entanto, a narrativa oficial se dissociava dos fatos. No Baile do Aleluia, evento de menor porte ocorrido no mesmo local apenas doze dias antes, houve pleno policiamento, como era a praxe em eventos realizados no Riocentro. Jamais se confirmou se, de fato, as portas do pavilhão onde o show fora realizado naquela noite estavam trancadas — havia indícios de que isso ocorrera e, segundo essa versão, isso teria impedido a evacuação rápida do público na hipótese de pânico, o que agravaria o quadro de terror e os efeitos do atentado, caso fosse bem-sucedido.

Aproximadamente uma hora após o início dos shows, durante a apresentação de Elba Ramalho, que naquele exato momento cantava "Banquete dos signos", uma bomba estourou dentro de um automóvel modelo Puma, localizado no estacionamento. O artefato explodiu no colo do sargento Guilherme do Rosário, vitimando-o fatal e instantaneamente. Ao seu lado estava o capitão paraquedista Wilson Machado, que, apesar dos graves ferimentos (as vísceras expostas), conseguiu sair do veículo em busca de socorro.

Poucos minutos depois, uma segunda bomba explodiu em frente à central de energia, sem, contudo, causar quaisquer danos. Mesmo que a explosão lograsse danificar a casa de força, não haveria nenhum prejuízo à continuidade do show. O Riocentro contava com um gerador que entraria em operação automaticamente em caso de queda de energia, impedindo a falta repentina de luz.

Ao redor do veículo no qual a bomba havia explodido, chocantes despojos davam uma pequena amostra do horror que os autores daquele atentado pretendiam infligir às pessoas que compareceram ao evento naquela noite: um dedo jazia sobre o teto de uma Brasília, a 30 metros de distância; uma mão estava ao lado do carro; assim como vísceras humanas, espalhadas pelo chão. Vestígios de sangue completavam o mórbido ambiente.

Cenário de guerra.

E poderia ter sido muito pior. Houve o relato de que poderiam existir mais bombas a ser detonadas no sinistro planejamento inicial dos autores do atentado. O coronel Pereira Nunes, comandante do batalhão de Polícia Militar responsável pela área, assim relembrou os fatos após a sua chegada ao local:

> Fui procurado por quatro ou cinco rapazes, um deles mais à frente, jovens bem-apessoados, que colocavam no meu rosto carteiras, identificando-se como agentes da Polícia Federal. Não me deixavam sequer ler as carteiras direito. Assustado com aquela situação, inusitada para mim, e com aquele trânsito livre dos rapazes dentro da própria administração do Riocentro, pedi que eles se acalmassem, para conversarmos sobre o que havia acontecido e o que eles desejavam. [...] Eles resolveram abrir o jogo e dizer a verdade: eram oficiais militares do DOI-Codi [Destacamento de Operações de

A ABERTURA AMEAÇADA

Informação — Centro de Operações de Defesa Interna] e estavam lá numa operação de acompanhamento daquele show do 1º de maio [...]. Pedi ao capitão que me acompanhava, que já era meu oficial de informações [...] que os identificasse, anotando o número da carteira de todos eles [...] Mais tranquilos, na presença deles o capitão que me acompanhava informou-me que havia mais dois petardos, mais dois artefatos dentro do pavilhão do Riocentro. Um estaria sob o palco e outro junto à instalação de ar-condicionado [...]. Confesso que ao tomar conhecimento disso perdi a calma e fui veemente em determinar que esses agentes do DOI-Codi comparecessem ao local e desativassem os petardos imediatamente, sob pena de eu responsabilizá-los se houvesse mais algum incidente. Mandei o capitão que me acompanhava ir junto deles para confirmar se esses artefatos seriam desativados. Minutos depois, voltou o capitão à minha presença e disse: "Coronel, fique tranquilo que já desativaram, não há mais problema algum".[16]

Pela fatalidade de uma das bombas ter sido detonada precipitadamente, felizmente nenhuma outra explosão veio a ocorrer naquela noite. Caso realmente houvesse a detonação de mais artefatos explosivos, o atentado poderia ter alcançado outra dimensão.

Por coincidência, o sobrevivente foi socorrido pela jovem Andrea Neves (neta de Tancredo Neves), que chegara um pouco atrasada ao show. Levado ao hospital Miguel Couto, na Zona Sul do Rio de Janeiro, após uma rápida passagem pelo hospital Lourenço Jorge (situado nas adjacências do Riocentro), o capitão sobreviveria após uma longa e delicada cirurgia.

A noite de 30 de abril acabava com o país em choque e as autoridades buscando explicações. O que era para ser uma noite de celebração por pouco não terminou em uma tragédia de grandes proporções. Versões conflitantes começaram a aparecer na imprensa, exaradas pelas mais diversas autoridades civis e militares que se manifestaram sobre o assunto.

Tudo dito, nada havia sido explicado.

Os efeitos daquela noite de terror se prolongariam por todo o dia seguinte. Se computado como mais um ato terrorista praticado pela direita radical que se contrapunha ao processo de abertura política, era a 74ª ação terrorista praticada no país até aquele exato momento.

Contudo, nem isso se confirmava. As autoridades que publicamente se manifestaram colocavam os oficiais do Exército na condição de vítimas. De quem? Àquela altura, não se sabia, embora as mais diversas ilações começassem a ser cogitadas sem o menor critério. Pior ainda: tais conjecturas eram totalmente desconectadas da realidade, e apresentadas pelas autoridades à imprensa totalmente desacompanhadas de provas mínimas que as comprovassem.

A primeira suspeita recaía sobre o Comando Delta, do qual pouco se ouvira falar até então. Já tendo assumido anteriormente a autoria de alguns atentados a bomba, divulgou-se que um suposto representante do grupo havia telefonado para a redação do *Jornal do Brasil* informando sobre o atentado às 22h30 da noite de 30 de abril. Uma voz masculina e jovial avisara que uma bomba explodiria no Riocentro e que o objetivo do ato terrorista era simplesmente "acabar com a manifestação subversiva".[17]

No entanto, potenciais autores do atentado não paravam de surgir, presentes sobretudo nas diversas declarações de autoridades militares que se manifestavam publicamente sobre o incidente. Suspeitos (um tanto quanto inverossímeis) não faltavam. Subversivos. Comunistas. Grupos radicais cujo objetivo era comprometer a imagem dos órgãos de segurança. Tudo era cogitado, por mais implausível que fosse.

Essa menção aos comunistas como supostos autores do atentado, cogitada até pelo presidente Figueiredo em sua primeira impressão sobre o caso, remontava a uma velha máxima de que para continuar uma guerra na qual o inimigo já não existe mais, a solução seria fabricá-lo.

Assim, de comunistas a radicais de diversos matizes ideológicos, todas as possibilidades eram cogitadas, exceto a alternativa mais

A ABERTURA AMEAÇADA

natural diante das circunstâncias em que o atentado ocorrera: considerar suspeitos os militares que ocupavam o veículo no qual as bombas explodiram.

Nessa ordem de apressadas convicções, o comandante do I Exército, general Gentil Marcondes Filho, foi um dos primeiros a declarar publicamente que os oficiais "foram vítimas de um atentado, é obvio".[18] De onde tirava essa obviedade, menos de 24 horas após o incidente, o general não explicava. Por certo, não sabia. Contudo, a assertividade em suas declarações à imprensa tentava fazer supor o contrário. Estava blefando.

O chefe de gabinete do ministro do Exército, general Sérgio de Ari Pires, endossava a posição de seus colegas de farda na tentativa de tornar inequívoca para o grande público a certeza que reinava no corporativismo das Forças Armadas: "Não há a menor dúvida de que a bomba foi colocada no carro das vítimas."[19] A desfaçatez de suas declarações poderia até soar como deboche, mas o general tentava falar sério ao afirmar que os oficiais do Exército vitimados estariam no Riocentro para "dar tranquilidade e segurança às pessoas".[20]

Melhor fez o ministro do Exército, general Walter Pires, que optou pelo mais absoluto silêncio. Reservara-se o estranho direito de só falar em "ocasiões oficiais". Na condição de ministro do Exército, tal postura era um tanto quanto incomum, sobretudo diante das circunstâncias do incidente e das atribuições do cargo que ocupava. No entanto, é bem provável que o general Walter Pires talvez tenha percebido que a melhor intervenção naquele momento era simplesmente nada dizer. Houve até quem interpretasse o silêncio do ministro do Exército como "a não aceitação daquelas apressadas declarações ou até mesmo uma gentil censura ao seu autor".[21]

Não era nada disso.

Se nada falou, não se pode dizer também que nada fez. O certo mesmo é que, ainda naquela fatídica noite, o ministro do Exército agiu rápido e mandou um de seus oficiais de confiança ao Rio de Janeiro em missão especial.[22] A senha estava dada. No dia seguinte, o comandante do I Exército foi pessoalmente ao hospital onde estava internado o capitão vitimado. Era uma visita que valia muito mais pelo simbolismo do gesto do que por qualquer interesse humanitário subjacente.

Ainda no dia subsequente ao atentado, outro ato emblemático que valia mais que mil palavras: o general Gentil compareceu ao velório do sargento fatalmente vitimado. Mais que isso, o sargento seria enterrado com honras militares, a pedido de seu filho mais velho, que justificou a medida à imprensa da seguinte forma: "Queremos honras militares, porque ele morreu em combate."[23]

Já a sua viúva foi lacônica: "Eles me proibiram de falar. Não me pergunte mais nada."[24] Para não deixar margem a dúvidas sobre o apoio à versão de que os oficiais foram vítimas, um último e derradeiro ato: oficiais da ativa, incluindo generais, ajudaram a carregar o caixão até a sepultura, em foto que ganhou as páginas da grande imprensa em todo o Brasil.

O general Gentil, ao declarar apressadamente que seus subordinados eram vítimas, precipitando-se ao próprio curso das investigações, tornou-se involuntariamente personagem central da crise. Com tanta exposição pública, acabou sendo alvo de uma manifestação no centro do Rio de Janeiro, na qual cerca de 5 mil manifestantes exigiam a sua saída do posto de comandante do I Exército poucos dias após o atentado.

Apesar do clamor popular, nada aconteceu ao general, salvo a frieza de Figueiredo ao cumprimentá-lo na base aérea do Galeão.[25] Aparentava ser um gesto simbólico de repúdio público. No entanto, tal gesto do presidente era desprovido de qualquer consequência prática. De concreto, a "frieza" de Figueiredo quase nada significava. O general Gentil passaria para a reserva em junho de 1981, ao completar doze anos de generalato. Como as investigações não apontariam a responsabilidade de quaisquer oficiais do Exército, ele rumaria ao ostracismo incólume, sem nenhuma reprimenda oficial.

Ao contrário de Geisel, que fez valer o peso da sua autoridade em relação aos comandantes do Exército em cujas jurisdições ocorreram atos de indisciplina, Figueiredo nada fez de semelhante, mantendo uma postura omissa diante dos fatos.

Ao final do enterro, nova declaração do comandante do I Exército sobre o Riocentro, maculada pela aparente convicção que de assertiva nada tinha: "[Foi] um atentado, intencional ou não, a que foram submetidos dois auxiliares nossos no exercício das suas funções."[26] Já o coronel Job Lorena, na linha do seu chefe, leu uma nota ao final do enterro na qual reafirmava que os militares eram vítimas.[27]

O blefe continuava. A aposta havia sido dobrada.

O gesto simbólico associado às diversas declarações sobre o assunto traduziam a posição oficial de que os oficiais vitimados pela bomba estavam no Riocentro cumprindo uma pouco convencional (dadas as circunstâncias do incidente) "missão de informação".[28]

Assim, tudo supostamente apontava para o fato de que foram vítimas de uma armadilha, provavelmente a mando de elementos comunistas pretensamente infiltrados no Brasil. Todas essas informações foram divulgadas antes de qualquer inquérito ser aberto e com a perícia técnica ainda inconclusa.

Nesse momento, começava a façanha que acompanhou todo o desenrolar das investigações e que consistia na quase obsessiva peripécia de "explicar o inexplicável".

Com o abrandamento da censura, não seria algo trivial.

A bomba explodiu dentro do governo

Ao ser informado sobre a bomba que explodiu no Riocentro, Figueiredo deu uma declaração que se tornou célebre pelo desengano que representava: "Até que enfim os comunistas fizeram uma bobagem."[29]

Não era nada disso. Apesar da "certeza" propalada inicialmente por diversas fontes militares de que os oficiais do Exército seriam vítimas, as primeiras informações dos peritos técnicos e o próprio trabalho da imprensa (cuja cobertura investigativa ajudava a desmentir as informações oficiais) foram paulatinamente desconstruindo essa versão.

Figueiredo, então, teve que retificar a sua primeira declaração sobre o caso. As circunstâncias assim o obrigaram. Soube que não teriam sido os comunistas os prováveis autores do atentado cerca de

ME ESQUEÇAM – FIGUEIREDO

meia hora depois de tomar conhecimento do episódio. O presidente resolveu adotar um tom mais cauteloso e que prudentemente deixava margem a dúvidas: "Se foi coisa do lado de lá, não poderia ser mais inteligente. Se foi coisa do nosso lado, não poderia haver burrice maior."[30]

Independentemente das concepções e dos arroubos de bravura de Figueiredo, a melhor síntese do que havia acontecido foi dita em poucas palavras pelo seu ministro da Justiça Ibrahim Abi-Ackel: "A bomba explodiu dentro do governo."[31] Era verdade. Mais que uma perspicaz frase que, por muito dizer em poucas palavras, estampou as manchetes de capa de jornais no dia seguinte ao atentado, era também uma involuntária e certeira previsão do futuro.

Como a bomba figurativamente havia explodido dentro de um governo bastante pressionado pela opinião pública, Figueiredo não tinha outra saída senão mandar apurar com rigor. Em gesto de conciliação, a oposição se solidarizou com o presidente na luta contra o terrorismo, em uma frente multipartidária que pretendia levar o seu apoio diretamente a Figueiredo. A princípio, foi cogitada até uma visita de todos os líderes da oposição, além dos políticos do PDS. Coube a Tancredo Neves, veterano de crises institucionais na história recente do Brasil, dar o sinal de alerta e ponderar sobre a inconveniência de tal visita, pois a iniciativa poderia surtir efeito contrário ao pretendido, com o presidente se sentindo ainda mais pressionado em virtude do encontro.

Assim, coube a José Sarney (presidente do PDS) levar a Figueiredo o apoio externado por todas as lideranças políticas do país, bem como pelos líderes das mais importantes instituições da sociedade civil (a OAB, a ABI, a Conferência Nacional dos Bispos do Brasil — CNBB, entre outras),[32] no que se convencionou chamar de "Frente Nacional contra o terror".[33] Além de hipotecar solidariedade, davam um "cheque em branco"[34] ao presidente na condução da luta contra o terrorismo. Isso é que poderia ser considerada uma verdadeira moção de confiança. Naquele momento, Figueiredo tinha todas as lideranças do país ao seu lado.

A ABERTURA AMEAÇADA

Realmente, foi um momento singular. Seria a única vez, durante todo o regime militar, que a oposição unida viria a formalizar o seu apoio a um general-presidente. Nunca havia ocorrido antes, e jamais voltaria a ocorrer.

O coronel Luiz Antônio do Prado foi inicialmente escolhido para conduzir o inquérito policial militar (IPM) que apuraria o caso. Durante a execução dos trabalhos investigativos sob sua responsabilidade, foram encontrados indícios de que os oficiais do Exército vitimados poderiam estar envolvidos na ação.[35] Bastante pressionado no curso das investigações, o coronel Prado acabou pedindo para deixar a condução do IPM por "razões médicas".

Surgia, assim, a dúvida sobre quem poderia sucedê-lo em meio à crise gerada pelo episódio e o constante assédio da imprensa a todos aqueles que estavam investigando o caso ou tinham alguma relação com o assunto, por menor que fosse.

Inicialmente, a cúpula militar considerou elevar a patente do oficial que conduziria o IPM. Um general foi cogitado para assumir o inquérito em substituição ao coronel Prado. Possivelmente, uma forma de blindar mais as investigações ao se colocar um oficial mais experiente e graduado na sua condução.

O nome cogitado foi o do general de brigada Vinícius Kruel, oficial que detinha grande prestígio junto à oficialidade. Em reunião conduzida pessoalmente pelo ministro do Exército, o general Kruel foi convidado a assumir o comando do IPM e chegou a aceitar a incumbência, com uma única e decisiva ressalva: "devo deixar claro que não aceitarei pressões de qualquer tipo. Nem de companheiros, nem da imprensa, nem outras, partam de onde partirem. Vou buscar a verdade e os responsáveis pelo atentado para que sejam punidos."[36]

Durante essa mesma reunião, houve relatos de que o ministro do Exército atendeu a um telefonema do próprio Figueiredo no qual reportou ao presidente que o general Kruel aceitaria conduzir o IPM, mas que havia colocado as suas condições para tanto.

Pouco tempo depois, houve uma surpreendente (ou nem tanto) decisão: o coronel Job Lorena, homem de confiança do general Gentil, assumiria o IPM. O general Kruel fora preterido sem maiores explicações. As investigações continuariam a cargo de um coronel. Nesse caso, ainda mais casuisticamente, um coronel que já se manifestara publicamente sobre o episódio ao ler uma nota ao final do enterro do sargento vitimado no atentado.

O coronel Lorena foi rápido e em pouco tempo concluiu o IPM e o remeteu à Justiça Militar. Antes de enviá-lo, ele havia produzido um relatório para alguns generais abordando de forma resumida as conclusões do inquérito. Em cinco volumes, contendo cerca de setecentas páginas, o IPM concluiu que os militares haviam sido vítimas de elementos subversivos (denominados pela sofisticada designação de "elementos de contrainformação de organizações extremistas"),[37] que se aproveitaram do fato de os oficiais terem se ausentado do carro por cerca de quinze minutos para colocar as bombas no interior do veículo.

O IPM levantava também algumas suspeitas um tanto quanto extemporâneas, como a participação da Vanguarda Popular Revolucionária (VPR). O relatório dizia que a organização supostamente ainda em atividade seria "capaz de executar atos dissimulados ou não de terrorismo",[38] e ainda foram achadas pichações com a sigla em placas de trânsito situadas nas imediações do Riocentro.

O problema era que a VPR, uma organização de extrema esquerda que fez parte da luta armada durante a década de 1970, estava extinta desde 1973. Não havia registro de quaisquer ações suas desde então. Além disso, a VPR nunca fez pichações nas proximidades dos locais onde suas ações eram praticadas. Adotava estratégia diversa: deixava panfletos descrevendo seus objetivos e explicando os motivos de sua luta revolucionária nos locais onde praticava seus atos, a fim de conscientizar a população sobre seus propósitos e ideais.

Como não havia indícios mínimos de autoria nem qualquer outra pista sobre quem seriam os tais terroristas (com exceção da pouco precisa menção à VPR), a tendência após a conclusão do IPM era o arquivamento do caso.

E assim foi feito. O promotor militar Jorge Dodaro preferiu recomendar o arquivamento por não verificar indícios de autoria, e o juiz auditor Edmundo de Oliveira acompanhou as recomendações e determinou o arquivamento do caso. Assim, em 6 de agosto de 1981, o IPM do Riocentro estava arquivado, sem culpados, e apenas com a indicação de suspeitos um tanto quanto insuspeitos àquela altura dos acontecimentos.

No final de 1981, por solicitação do juiz corregedor Célio Lobão, foi levada à apreciação do pleno do STM o pedido de desarquivamento do inquérito. Em reunião secreta do Tribunal, o pedido foi negado pelo amplo placar de dez votos contrários ao desarquivamento ante apenas quatro votos favoráveis à medida.[39] Esta última decisão do STM representou o tiro de misericórdia nas investigações realizadas no calor dos acontecimentos. O Estado brasileiro chancelaria a versão do coronel Job Lorena. Não haveria culpados, apenas vítimas de uma grande conspiração. Quem eram os conspiradores? Jamais se saberia.

Anos depois, o coronel Job Lorena seria acusado de pressionar os peritos que atuaram no caso Riocentro, chegando supostamente a tentar deturpar os laudos técnicos elaborados por especialistas.[40] As denúncias se acumulariam em relação ao trabalho do coronel, mas ele nunca foi punido ou sofreu nenhuma sansão em decorrência da condução do IPM do Riocentro.

Muito pelo contrário. Ao final de sua carreira no Exército, acabou promovido a general. Sua maior punição talvez tenham sido as constantes matérias na imprensa, que se avolumaram a criticar e levantar suspeitas em relação ao seu trabalho ao longo dos anos posteriores ao atentado. Não foram poucas e nunca lhe deram paz.

Nada foi como antes após o Riocentro. Nem o governo nem o próprio Figueiredo seriam os mesmos depois do resultado pífio das apurações. Restaria para sempre a sensação generalizada de que o presidente havia sido conivente com o acobertamento das investigações. Figueiredo acabaria marcado definitivamente pelo episódio, algo que o incomodaria bastante para o resto da vida.

Costuma-se dividir o governo Figueiredo em antes e depois do Riocentro. Não é de todo errado, embora seja uma visão um tanto quanto reducionista do período. Contudo, a realidade é que após o

Riocentro o governo jamais recuperou a respeitabilidade que tivera outrora e, principalmente, o próprio presidente ficou com a credibilidade extremamente abalada perante a opinião pública. Nunca mais reaveria, em plenitude, a autoridade moral que o cargo lhe conferia.

Uma entrevista do ex-presidente Lula ajuda a demonstrar em que grau Figueiredo acabaria marcado pelo episódio. Decorridos muitos anos após o fim do regime militar, Lula, ao comentar a atitude do ex-presidente Geisel na exoneração do general Ednardo D'Ávila, deu uma curiosa declaração envolvendo Figueiredo, que sequer havia sido mencionado na pergunta que lhe havia sido formulada: "Foi um ato em que Geisel demonstrou que havia comando sobre os militares. Outro militar possivelmente não fizesse aquilo. Um Figueiredo não faria aquilo. [...] [Geisel] demonstrava o seguinte: eu tenho o comando deste negócio."[1]

A perspicaz frase "Um Figueiredo não faria aquilo", mais que a referência implícita ao caso Riocentro, demonstra o quanto a imagem do ex-presidente acabou vinculada ao episódio de forma extremamente negativa. Figueiredo acabara virando referência de postura omissa em função da falta de esclarecimentos sobre a autoria do atentado.

A grande verdade é que a bomba que estourou no estacionamento do Riocentro explodiu mesmo dentro do governo.

Bem no colo do presidente Figueiredo.

Nada será como antes (Golbery diz adeus)

O ministro Golbery acreditava que o caso Riocentro era a chance que o governo tinha para uma ação mais enérgica em face daqueles que ainda se opunham à abertura política. Devido à repercussão nacional do episódio e à grande cobertura na imprensa, estariam dadas as condições para o desmantelamento do aparato militar utilizado uma década antes nas ações de repressão.

Se havia um momento perfeito para agir, aquela era a hora certa. Golbery não tinha a menor dúvida disso. Estava amparado nos fatos

A ABERTURA AMEAÇADA

e na percepção geral de que Figueiredo estava diante do momento decisivo para a afirmação de sua autoridade. O editorial de capa do *Jornal do Brasil*, quatro dias após o atentado, expressava com exatidão a situação na qual o presidente se encontrava:

> É de real gravidade o momento brasileiro. Desde as vésperas do AI-5 a nação não vive momento tão alarmante.
>
> [...] Para prosseguir o seu programa, o presidente Figueiredo não pode contemporizar com atos que abalam o princípio da autoridade por ele exercida.
>
> É de real gravidade o momento brasileiro. Desde as vésperas do AI-5 a nação não vive momento tão alarmante.
>
> [...] A nação está à espera da definitiva demonstração do presidente da República de que não admite sequer a demora ou a falta de resultados na apuração dos fatos com uma gravidade desafiadora.
>
> [...] A sociedade escolheu a democracia e o presidente fez desta aspiração nacional o seu compromisso de posse. Terá de ser sua, portanto, a iniciativa para repor o lado democrático em vantagem exclusiva sobre os seus inimigos ocultos na sombra.[42]

O ministro Golbery sabia o que estava fazendo e por isso seguia firme na direção de uma apuração séria de todos os fatos. O seu objetivo principal seria reestruturar as comunidades de informações, os sombrios DOI-Codis, considerados segmentos do aparato repressivo que ainda resistiam mesmo após o fim da luta armada no Brasil.

Havia também a fundada suspeita de que tais órgãos estavam atuando à revelia da hierarquia militar. Era uma guerra fria e cada passo tinha que ser bem calculado. Com o desmantelamento das estruturas de informação, o ministro Golbery pretendia infligir um golpe definitivo na linha dura que insistia em se opor à abertura.

Faltou combinar com Figueiredo. O presidente caminhava em direção oposta e não parecia se sensibilizar com os apelos do seu ministro do Gabinete Civil. Ao contrário. Parecia que o presidente já havia tomado a sua posição.

Em breve, todos iriam conhecê-la.

O ministro Golbery ainda tentaria uma última cartada. Literalmente. Ele enviou a Figueiredo uma simples carta escrita de próprio punho, na qual muito dizia. Em termos firmes e diretos, enquadrava o caso Riocentro tanto sobre o aspecto fático (do que se sabia) como no aspecto propositivo (do que deveria ser feito). Afirmava de maneira expressa que se conhecia a verdade dos fatos por meio de fontes fidedignas, embora esse conhecimento não pudesse ser utilizado formalmente em processos ou investigações. Quando se referia a que "se sabia" dos fatos, Golbery provavelmente se referia a si próprio e ao presidente Figueiredo. Delimitava também o centro do problema com grande precisão, sem meias palavras. Um movimento de fato ousado, mas, diante das circunstâncias (e da oportunidade criada por elas), era agora ou nunca.

O próprio Antônio Carlos Magalhães, então exercendo o seu segundo mandato como governador da Bahia, ponderava sobre o risco de não aproveitar aquela oportunidade para uma ação mais incisiva por parte do governo: "Nessas ocasiões o importante é agir na hora certa. O importante é o timing."[43]

Obviamente que o estrategista Golbery sabia muito bem disso e tentou ao máximo convencer o presidente da importância de uma reação imediata e enérgica:

> E para quem sabe, como nós, de fontes altamente fidedignas (não utilizáveis embora, em qualquer investigação formal ou processo criminal), que tal convicção tem fundamento real mesmo — problema muito mais grave e que não é apenas problema de consciência, exige decisão lastreada no conhecimento da verdade dos fatos. Decisão nunca protelatória, nem retardada, muito menos ambígua.
>
> Verdade indiscutível é que um grupo radical, minoritário apenas, irresponsável e adepto de práticas terroristas, se não dominou ou controla, pelo menos infiltra os órgãos "vulgarmente chamados de DOI-Codi" e, desde aí, a coberto dessas

A ABERTURA AMEAÇADA

organizações e valendo-se, assim, de grandes facilidades e largas somas de poder, desencadeou ações terroristas múltiplas obedecendo a linhas hierárquicas distintas das legais e legítimas e que se estendem não se sabe até que níveis superiores dos escalões governamentais.[44]

Perspicaz como sempre e antevendo os acontecimentos e suas consequências muito antes de ocorrerem, Golbery também detalhava quais ações deveriam ser adotadas para o atingimento dos fins pretendidos. Não era uma questão apenas de conter o avanço da linha dura, mas, antes, de reafirmar o primado da autoridade do presidente da República sobre a anarquia militar.

No delicado momento que o Brasil atravessava, e, tendo em perspectiva as reiteradas e incisivas declarações de Figueiredo sobre a inevitabilidade do processo de abertura, estaria em jogo a própria credibilidade da figura presidencial. O poder simbólico do presidente da República havia sido publicamente desafiado. Golbery percebia com clareza todas essas nuances e tencionava demonstrar a Figueiredo a importância de uma reação mais incisiva naquele oportuno momento.

Embora implícito, era um ultimato:

> Daí: ou a existência alarmante de um núcleo de governo paralelo, agindo com êxito que só lhe acrescerá, dia a dia, a arrogância do poder — o que prenuncia para o futuro coisas ainda mais graves, no mesmo quadro de ações terroristas e irresponsáveis, inclusive o terrorismo —, ou, o que seria até mais grave, estariam sendo postas em dúvidas as incisivas declarações do próprio presidente quanto à sinceridade e honestidade com que impressionaram e confortaram a nação toda, quando ditas e reditas.
> Algo precisa e deve ser feito.
> Ao parecer — ordem presidencial — presidencial porque só a imagem e autoridade do presidente que precisam ser resguardadas e consolidadas — para que sejam logo extintos

> "os chamados DOI-Codi", claramente, expressa e difundida, sem estardalhaço, embora nem comportando justificativas, para tanto servirá, certamente.[45]

Se percebeu que era um ultimato, Figueiredo não se importou. O certo é que o presidente e o seu ministro do Gabinete Civil caminhavam em direções opostas. A escolha de um general ligado à linha dura para a chefia do gabinete militar do ministro do Exército definiu a questão. Golbery entendera perfeitamente de que lado estava Figueiredo. Não haveria resposta, muito menos seriam adotadas quaisquer ações em decorrência da missiva. O presidente, a bem da verdade, nunca admitiu ter recebido carta alguma.

Nas palavras do próprio Golbery, "quebrou a mola",[46] em uma alusão ao fato de que, em regra, as molas são fabricadas com um tipo especial de aço que não é passível de reparos. Uma vez quebrada, não há possibilidade de conserto, devendo a mola ser substituída. Nada mais havia a ser feito.

Em suas reminiscências, Geisel afirmava que o presidente naquele momento fez a sua escolha: "[...] acho que Figueiredo preferiu ficar com os companheiros de Exército em vez de apurar direito o fato. Mandou apurar, mas a apuração foi tendenciosa. É o que se pode deduzir do que houve com o Golbery: ali o Figueiredo fez uma opção."[47]

O certo é que o "tamanho" do outrora poderoso ministro chefe do Gabinete Civil foi gradativamente sendo reduzido ao longo dos dois primeiros anos do governo. O conjunto dos fatos mostrara que Golbery estava sobrando dentro do ministério e que pouco restara de sua notória influência nos bastidores do poder, sobretudo se comparado ao governo anterior e até mesmo à fase inicial do governo Figueiredo.

Perspicaz como era, Golbery não demorou a perceber. Alegando "divergências irreconciliáveis",[48] o ministro pediu demissão no início de agosto de 1981. Seria o fim de uma longa relação profissional com o presidente da República, desde que trabalharam juntos pela primeira vez, cerca de vinte anos antes, quando Golbery fora chefe de Figueiredo no CSN.[49]

A ABERTURA AMEAÇADA

O estrategista da abertura deixava o barco em pleno mar agitado. Quem enfrentaria as tormentas a partir daquele momento seria o professor Leitão de Abreu, ministro do STF à época e que já havia ocupado do Gabinete Civil durante o governo Emílio Médici.

Golbery e Figueiredo nunca mais se veriam pessoalmente.

O presidente Figueiredo perdia naquele momento a terceira e fundamental peça do núcleo duro deixado por Geisel. Primeiro saíra Mário Henrique Simonsen (Planejamento), ainda em 1979, depois houve o falecimento de Petrônio Portella (Justiça), em 1980, e, por fim, Golbery (Gabinete Civil) deixara o governo em 1981.

A concepção de abertura imaginada por Geisel era centrada na figura dos dois grandes articuladores (Golbery e Petrônio), que agora já não estavam mais no barco. Ambos fariam muita falta. Assim como Simonsen e suas propostas de austeridade para a economia.

O barco havia perdido o rumo em plena tempestade.

Naquele agosto de 1981, o governo perdera a sua identidade. Na verdade, a substituíra por outra. Se a trinca de Geisel estava fora do jogo, retornavam à cena as duas grandes molas mestras do governo Médici. Delfim Netto, no Planejamento, voltara a ser o superpoderoso ministro a ditar o norte da economia brasileira, enquanto o professor Leitão de Abreu retornava ao Gabinete Civil para liderar os rumos administrativos do governo.

O prestígio do ex-presidente Médici voltou a ser tão grande naquele momento que o professor Leitão de Abreu colocou como condição para aceitar o convite uma consulta prévia ao ex-presidente.[50] Recuperando-se de uma cirurgia em casa, foi difícil conseguir contato com Médici naqueles dias em que se encontrava acamado, mas o convite só foi aceito após a simbólica anuência.

Em meio a turbulências durante o seu governo, sobretudo quando tinha de fazer substituições em ministérios estratégicos (como o Gabinete Civil e o Planejamento), Figueiredo recorria a velhos conhecidos do seu período no governo Médici.

O ex-presidente Geisel considerava que essa postura significava certo "comodismo" por parte de Figueiredo, como bem observava em suas memórias:

> Sempre que tinha um problema Figueiredo voltava à cata de gente do Médici [...] Depois do Leitão de Abreu ainda trouxe o Jarbas Passarinho. Aos poucos foi fazendo o governo com a equipe que tinha sido do Médici. Eu achava que isso era comodismo. Para não ter o trabalho de procurar por auxiliares entre os homens públicos e os políticos que existiam, por comodismo, por excesso de camaradagem e amizade, ele escolhia os que tinha conhecido no governo Médici.[51]

Com o martelo batido, o professor Leitão de Abreu seria "a quilha que manteria o navio à tona",[52] passando a ser a figura central do governo a partir daquele momento. Com "gosto pelo mando",[53] deixaria a cômoda cadeira de ministro do STF para retornar ao Palácio do Planalto e assumir a difícil missão de auxiliar Figueiredo no processo de abertura política que deveria ser levado a termo pelo presidente.

O presidente mantinha um respeito cerimonioso pelo seu novo ministro, um jurista experiente e amplamente respeitado, a ponto de ser chamado por seus assessores mais próximos como o "condestável".[54] Se, ao virar presidente, Golbery começara a chamar Figueiredo de "senhor", Figueiredo adotou comportamento semelhante em relação a Leitão de Abreu, a ponto de só se referir a ele como "doutor Leitão", mesmo quando o ministro não estava presente.[55]

Em realidade, Figueiredo tratava o novo chefe do Gabinete Civil com "respeito, cerimônia e uma indisfarçável admiração",[56] tratamento que não dispensava a nenhum de seus outros auxiliares. O apreço e a consideração de Figueiredo por Leitão de Abreu eram nítidos e aparentavam ser um sentimento genuíno do presidente.

Ao assumir, Leitão não titubeou a expor de maneira clara a sua forma de pensar: "Ninguém institui um regime de compreensão de certas liberdades para durar eternamente."[57]

O recado estava dado.

O conselho de Lenin

A polêmica sobre o caso Riocentro, sobretudo em relação à falta de identificação dos verdadeiros autores do atentado, resistiu ao tempo. Até hoje ainda suscita muita polêmica e permanece como objeto de inúmeras dúvidas. Fato comum na esmagadora maioria das versões sobre o episódio que surgiram desde então é a conivência dos altos escalões do governo no acobertamento do caso.

Em março de 1985, em um balanço sobre o governo Figueiredo, que naquele momento se encerrava, a revista *Veja* publicou um informe revelador que supostamente demonstrava a falta de interesse pessoal de Figueiredo em apurar verdadeiramente o caso:

> Na manhã do dia 4 de maio de 1981, o chefe do Serviço Nacional de Informações, general Otávio Medeiros, atirou sobre a mesa de reuniões do Palácio do Planalto o nome do suposto mandante da operação feita pelo DOI-Codi do I Exército que resultou na explosão do Riocentro. Figueiredo, que ameaçava em público "prender e arrebentar" não fez uma coisa nem outra nessa hora da verdade: limitou-se a ouvir uma discussão entre os seus colaboradores. O suspeito era um general da ativa lotado no ministério do Exército, e tamanho foi o peso do silêncio presidencial que um dia depois Medeiros, constatando a inexistência de qualquer vontade de se apurar o caso, voltou atrás e informou que se baseara em informações equivocadas. Até a semana passada o SNI não conseguiu dar outro nome de suspeito para o Riocentro. Nem Figueiredo pediu. Em vez disso, preferiu jogar a culpa de tudo sobre a "Justiça" que, segundo ele, não lhe forneceu o nome dos culpados — como se a Justiça tivesse alguma coisa a ver com isso.
>
> No caso Riocentro separou-se em Figueiredo o cavalariano audaz, que prendia e arrebentava, do oficial de informações que ele foi a partir de 1964, cuja maior volúpia era ouvir e mover-se em um mundo cinzento.[58]

O teor da reportagem acima dá o tom nebuloso que o caso adquiriu durante o governo Figueiredo, muito em função da postura do próprio presidente, pouco empenhado em tentar esclarecer a questão e dar uma satisfação à opinião pública.

Ao final do mandato, o sentimento generalizado era de que não houve esmero nas apurações e que o acobertamento partiu dos altos escalões do governo, pairando a dúvida se Figueiredo não estaria pessoalmente envolvido na tentativa de encobrir o caso.

Nesse contexto de muitas dúvidas e poucos esclarecimentos, mesmo após o fim do governo, o interesse pelo caso e as polêmicas em torno dele só fizeram aumentar. E Figueiredo, já na condição de ex-presidente, em muito contribuía para isso.

Em abril de 1991, às vésperas de serem completados dez anos do atentado, Figueiredo falou ao jornal *O Globo* (embora não admitisse que a conversa fosse uma entrevista) e deu novas declarações que reavivaram o interesse da imprensa e do público em geral.

Em atabalhoadas e mal calculadas declarações, o ex-presidente falou de tudo um pouco, mas a ênfase dos questionamentos feitos pelo repórter estava mesmo no caso Riocentro, tendo em vista o simbolismo da "efeméride". Aí a conversa desandou, evoluindo ao sabor do arroubo de sinceridade que tocou o ex-presidente naquele dia.

A primeira opinião de Figueiredo que causou grande polêmica foi no sentido de que "os responsáveis pelo IPM não apuraram os culpados".[59] Ainda complementou afirmando que "A única pessoa que pode dizer alguma coisa é o capitão Wilson, que não vai abrir a boca se incriminando",[60] e terminou singelamente: "Fosse eu do Judiciário, o resultado seria outro."[61]

Com tantas e tão contundentes declarações sobre um caso tão polêmico e ainda não solucionado até aquela data, a manchete de capa do jornal *O Globo* é que não poderia ser outra: "Figueiredo 10 anos depois: bomba no Riocentro foi obra de militares."[62]

Ao ler o jornal no dia seguinte, o ex-presidente Figueiredo tomou um susto com os termos da manchete. Parecia que havia se esquecido da sua condição de ex-presidente e sobre como as suas opiniões, mes-

A ABERTURA AMEAÇADA

mo após já ter deixado a Presidência, ainda repercutiam bastante na imprensa. Um tanto quanto surpreendido, Figueiredo manifestou ao jornal contrariedade à manchete, por considerá-la muito contundente e o indispor com os militares,[63] mas não fez qualquer desmentido.

Outra consideração curiosa do ex-presidente foi que ele cogitava a possibilidade de que a autoria do atentado pudesse "ter sido obra de civis que estivessem trabalhando contra a esquerda".[64] Essa possibilidade nunca havia sido cogitada antes. Nem nunca mais se ouviu falar dela novamente.

Já a revista *Veja* publicou outra declaração bombástica sobre o caso, novamente atribuída ao ex-presidente e dada em caráter informal enquanto ele descansava em um banco na orla da praia de São Conrado. Segundo a revista, o ex-presidente teria dito o seguinte: "Dizem que foi o SNI, mas o Riocentro foi coisa do CIE. O SNI não teve nada a ver com aquilo. Foi coisa de sargento, tenentinho, no máximo capitão".[65]

Obviamente, diante de tão reveladoras declarações, a repercussão no meio político foi grande, principalmente porque na época se considerava que o crime ainda não estava prescrito e o IPM poderia ser reaberto com base nas novas declarações de Figueiredo.

Celeuma instalada, o ex-presidente acabou por elaborar uma nota distribuída à imprensa na qual tentava explicar melhor os termos de sua conversa com o repórter do jornal *O Globo*. Segundo seu porta--voz (um antigo ajudante de ordens), que divulgou a nota, a intenção de Figueiredo era "recolocar o trem nos trilhos".[66]

Em seus esclarecimentos, Figueiredo chegou a afirmar que poderia até aceitar um convite do Senado para depor sobre o caso, desde que não fosse "para ser humilhado ou colocado no banco dos réus".[67] A nota preparada com esmero e com termos um tanto quanto rebuscados muito dizia, mas novamente (o que sempre foi fato comum em relação ao Riocentro) pouco explicava.

O senador Eduardo Suplicy cogitou a ideia de convidar o ex--presidente para depor no Senado sobre o tema, tendo em vista que as recentes declarações traziam fatos novos que poderiam ajudar a esclarecer o episódio. Deu em nada. Embora o senador tenha protocolado um requerimento na Comissão de Constituição e Justiça (CCJ) do Senado nesse sentido, tal audiência jamais aconteceu.

Ainda em 1991, declarações do coronel Luiz Antônio do Prado colocaram ainda mais lenha na fogueira, aproveitando a polêmica reaberta sobre o caso. O oficial, àquela altura na reserva, no rastro das declarações de Figueiredo, não perdeu a oportunidade e teve os seus quinze minutos de fama ao revelar as verdadeiras condições nas quais as investigações foram iniciadas ainda sob o seu comando: "Se eu não podia fazer como pensava que deveria ser feito, achei por bem sair. Quando realizamos um trabalho de apuração, temos de pesquisar todas as possibilidades. Nunca violentei a minha consciência."[68]

Como não pôde se aprofundar nas investigações e foi bastante pressionado para que não apurasse o caso com rigor,[69] o coronel acabou pedindo licença médica. Ao retornar ao trabalho, logo solicitou passagem para a reserva. Preferiu deixar o Exército a compactuar com algo que não concordava e, principalmente, violava a sua consciência. Para uma melhor compreensão dos fatos, é importante descrever parte da entrevista que o coronel Prado concedeu à revista *Veja*, em maio de 1991:

> Procurei o general Gentil e disse que estava convencido de que não fora um atentado e de que deveríamos verificar as hipóteses de a operação ter sido executada pelo DOI ou de uma rebelião dentro do próprio DOI.
>
> [...]
>
> O general Gentil determinou que continuasse com a orientação de atribuir o atentado à origem desconhecida. Ele me disse que recebia a orientação do gabinete do ministro do Exército, Walter Pires.
>
> [...]
>
> Minha mulher começou a receber telefonemas anônimos. Foram dois telefonemas: um com voz masculina e outro com voz feminina. Nesses telefonemas garantiam que eu tinha

A ABERTURA AMEAÇADA

uma amante. Para mim, eles nunca falaram nada diretamente. Fui me convencendo de que o comando do I Exército estava contra mim. O general Gentil nem escondia mais de que se arrependera de ter me escolhido para o caso. Aceitar aquela orientação, de atribuir o atentado a uma origem desconhecida era o caminho mais fácil. Dali, eu sairia general.

[...]

O Exército é uma estrutura e eu era apenas um coronel. A estrutura estava contra mim. Não havia o que fazer.[70]

Assim como o coronel Prado, outro personagem com papel ativo nas investigações em 1981 também teve a sua carreira prejudicada pelo caso. O juiz Célio Lobão, antigo corregedor da Justiça Militar e que chegou a solicitar o desarquivamento do IPM no mesmo ano em que o caso foi arquivado, foi colocado em disponibilidade por um longo período e só retornou ao serviço ativo após uma decisão do STF em 1984.[71]

Apesar de todas essas declarações de Figueiredo e das declarações de outros envolvidos no episódio que se seguiram à fala do ex-presidente, o IPM não foi reaberto naquele ano. Milton Menezes, procurador-geral da Justiça Militar, afirmou que, embora as declarações de Figueiredo pudessem configurar uma nova versão para o caso Riocentro, o STM já havia concedido anistia ao caso em 1988 e, portanto, não caberia a reabertura do inquérito.[72]

Novo ponto final, dez anos depois. Outra versão surgida após o episódio e que envolve diretamente o ex-presidente Figueiredo na trama foi revelada pela revista *IstoÉ*, em abril de 1999. A revista fez uma revelação contundente sobre o polêmico caso e os seus desdobramentos: "Nos porões do regime foi feito um acordo com a linha dura: a investigação seria uma farsa, mas os atentados contra entidades da sociedade civil e bancas de jornal acabariam."[73]

Nessa versão, Figueiredo teria tido conhecimento de toda a trama armada em torno da substituição do oficial designado originalmente para conduzir o inquérito. Porém, por temer novos problemas com a linha dura, que se opunha à abertura política, teria optado por "tolerar um IPM que acabaria por nada esclarecer".[74]

Em suas reminiscências, José Sarney narra um diálogo que teve com Figueiredo pouco depois do atentado, no qual revela suas impressões de que, além de não se empenhar nas investigações, o presidente da República provavelmente sabia quem eram os verdadeiros autores do atentado:

> Depois de uma reunião sobre o atentado, propus ao Figueiredo receber todos os partidos. Naquele momento, pela primeira vez eu desconfiei da posição dele porque, quando lhe perguntei a quem eu deveria me reportar sobre as reuniões, insinuei: "Ao Golbery." E ele respondeu: "Não, converse com o Medeiros." O presidente, naquele dia, estava com olhar distante, não se fixava. Acredito que ele sabia quem eram os responsáveis pela bomba do Riocentro. E decepcionou a todos.[75]

Da versão de que houve um acordo para acabar com os atentados a bomba em troca do acobertamento das investigações sobre o caso Riocentro, algumas considerações extemporâneas ao episódio são dignas de nota.

Primeiramente, após a sua conversa com o jornal *O Globo*, em abril de 1991, ao emitir uma nota oficial para tentar explicar melhor as suas confusas declarações iniciais, Figueiredo assim escreveu em um dos parágrafos que concluíram sua manifestação:

> Foi um fato lamentável, mas penso que o tempo ratificou o acerto que adotei: o processo de abertura política prosseguiu, as eleições de 82 foram realizadas, todos os governadores tomaram posse sem qualquer problema, meu sucessor foi eleito conforme previsto na Constituição e pude me retirar da cena política com a satisfação de ter cumprido o compromisso que havia assumido, de restaurar o Estado de direito no país.[76]

A ABERTURA AMEAÇADA

Embora, nessa mesma nota, Figueiredo tenha utilizado os já batidos argumentos de autonomia do Poder Judiciário e de ter se mantido isento durante as apurações para justificar sua postura omissa, o certo é que a declaração abre brecha à interpretação de que, de fato, poderia ter ocorrido um acerto informal com a linha dura que garantiria a continuação do processo de abertura em troca da desídia nas apurações sobre o caso.

A frase "Foi um fato lamentável, mas penso que o tempo ratificou o acerto que adotei" seguida da enumeração das conquistas da abertura política faz crer que a falta de uma apuração consistente possibilitou a abertura seguir a sua marcha sem maiores percalços após o atentado.

Outra declaração do ex-presidente, em 1997, segue a mesma linha de raciocínio anterior, aduzindo, no entanto, que a resistência à abertura partia da linha dura militar: "[a resistência à abertura era responsabilidade] Da linha dura. Não sei como não continuou. Talvez a bomba, com todas as desgraças que ela trouxe para o Brasil, tenha sido um benefício para a abertura. Porque, com ela, cessou tudo."[77]

Nessa oportunidade, Figueiredo novamente associou explicitamente o episódio do Riocentro ao fato de os atentados terem parado imediatamente após aquele momento. Dessa vez, apesar das ressalvas, diz que a bomba pode ter sido um "benefício" para a abertura.

Em sentido análogo, o historiador Hélio Silva faz análise semelhante: "Estabelecera-se um consenso de que apurar devidamente o crime do Riocentro seria considerado provocação. Estabeleceu-se uma cortina de silêncio. Não apareceram mais bombas e, por várias circunstâncias, elementos ligados ao fato tornaram-se inativos."[78]

Também é digno de nota o relato do general Newton Cruz, à época chefe da agência central do SNI. Segundo ele, após o caso Riocentro, houve tratativas com integrantes da linha dura para que os atentados a bomba fossem imediatamente interrompidos.[79] Nessa versão, o próprio Newton Cruz teria se reunido em um hotel em Copacabana com dois militares[80] com tal propósito. No entanto, não há menção expressa ao abrandamento da investigação do Riocentro em troca do não surgimento de novos atentados.

Por fim, o antigo porta-voz de Figueiredo durante a Presidência, Carlos Átila, fez uma análise interessante da questão em artigo publicado no jornal *O Globo*, por ocasião do falecimento do ex-presidente no final do ano de 1999:

> Figueiredo, morto, é o exemplo vivo de um homem condenado por suas qualidades. Perspicaz, percebeu no episódio Riocentro que não tinha o controle integral da máquina militar. E, no entanto, sua base de sustentação eram as Forças Armadas e não o aglomerado Arena-PDS.
> O drama do projeto de Figueiredo se patenteou no primeiro dia de governo: seu objetivo central — "Fazer deste país uma democracia" — exigia justamente que as Forças Armadas fossem afastadas do centro decisório-político. Em suma: o sucesso de Figueiredo residia em destruir sua própria base de sustentação do poder. [...] E, para isso, teve de conduzir o barco do Governo com extrema cautela nos anos de 80 a 83. Um erro de cálculo, um gesto precipitado em 81 e o retrocesso bateria à porta.
> [...] Parece absurdo, mas Figueiredo seguiu o conselho de Lenin: nos momentos táticos nunca perca de vista o seu objetivo estratégico. O importante era superar o Riocentro sem comprometer a cena final.[81]

Assim como a nota de Figueiredo, a frase "nos momentos táticos nunca perca de vista o seu objetivo estratégico" também pode ser interpretada como uma forma de composição com a linha dura, consistindo em uma suposta troca da apuração fictícia que garantiu a impunidade dos verdadeiros autores do Riocentro pelo fim das bombas e atentados contra a abertura.

Estranhamente (ou não), após o atentado do Riocentro, a espiral de terrorismo de direita realmente cessou. Coincidência? Nunca poderá se afirmar com absoluta convicção. O que fica para a posteridade, sobretudo diante das novas versões que se sucederam decorridos mais de 35 anos do atentado, é que muita coisa não foi apurada como deveria ter sido.

A ABERTURA AMEAÇADA

O livro coordenado por Gilberto Paim, e que contou com a participação de pessoas próximas ao ex-presidente para defender o seu legado alguns anos após a sua morte, intitulado *João Figueiredo: missão cumprida*, também se alinha à tese de um acordo oculto no caso Riocentro: "Diz-se que o presidente fez concessões à 'linha dura' concordando em que, na condução do IPM a respeito, se evitasse a denúncia formal de todos os oficiais envolvidos em troca da suspensão definitiva de tais atentados."[82]

Esse mesmo livro ainda traz uma declaração bastante esclarecedora do general Diogo Figueiredo, irmão do ex-presidente, no sentido de que provavelmente houve leniência por parte das autoridades na condução das investigações: "Aquele relatório [IPM do Riocentro] não esclareceu nada, mas creio que o governo não quis também colocar em risco o processo de redemocratização."[83]

Outra reportagem do jornal *O Globo*, dezoito anos após o atentado, assim definiu a participação do ex-presidente Figueiredo nas investigações: "Presidente da República na época do atentado, aceitou as pressões dos militares para que o caso fosse abafado. Mais tarde, atribuiria também a essas pressões os problemas cardíacos que o levaram a implantar pontes de safena em Cleveland, nos Estados Unidos."[84]

O certo mesmo é que o senso comum — fortemente amparado pela cobertura da mídia, que nunca deixou de se interessar pelo caso (mesmo depois de decorridos muitos anos) — é de que houve acobertamento e desídias nas investigações.

Isso é o que fica para a história.

Talvez a declaração do ex-presidente Geisel defina, com alto grau de precisão, o sentimento coletivo que restou em relação à bomba do Riocentro: "O problema não foi apurado como devia ser. Passaram a mão pela cabeça dos culpados. Hoje em dia poucos são os que têm dúvidas. [...] Figueiredo nessa hora deve ter tido um drama de consciência muito grande. Achou que era mais importante ficar com a classe, ficar com os companheiros de Exército."[85]

Provavelmente, a verdade restará escondida para sempre.

A última reviravolta do caso: Figueiredo sabia?

Em 2014, houve uma última reviravolta do caso Riocentro: em reportagem publicada pelo jornal *O Globo*, amplificada pela grande repercussão no *Jornal Nacional* em matéria televisiva veiculada no mesmo dia da edição do jornal impresso, foi descoberto um depoimento em que o general Otávio Medeiros (chefe do SNI durante o governo Figueiredo) afirmava cabalmente que o ex-presidente Figueiredo teve conhecimento prévio do atentado que seria cometido no Riocentro.

O depoimento foi dado de forma oficial no ano 2000, por conta da reabertura do IPM no ano anterior. Apenas um ano antes, em entrevista ao jornal *O Globo*, o general Medeiros foi incisivo e afirmou que o Riocentro havia sido obra de "um bando de malucos clandestinos no Exército, com minhocas na cabeça",[86] e não mencionou o ex-presidente Figueiredo — pelo menos na entrevista que deu ao jornal.

No entanto, quando o seu depoimento no âmbito do IPM passou a ser de conhecimento do grande público (pelo trabalho árduo do jornalista José Casado, que fez rigorosa e detalhada pesquisa nos documentos relativos ao IPM),[87] quase quinze anos após a entrevista, a história foi bem diferente, e em nada lembrava a sua narrativa anterior.

O ex-chefe do SNI afirmou que Figueiredo sabia que ocorreria um atentado no Riocentro e informava até a fonte: o general Newton Cruz. Segundo Medeiros, não apenas Figueiredo sabia previamente do atentado, mas o chefe do Gabinete Militar, general Danilo Venturini, também sabia.[88]

Em realidade, foram dois depoimentos: em 1999, o general Medeiros afirmou que soube do atentado um mês e meio antes, e a sua fonte era o general Newton Cruz; no ano seguinte, afirmou que tanto o ex-presidente Figueiredo como o general Danilo Venturini também tinham conhecimento prévio do fato, com a mesma antecedência, de cerca de um mês e meio.[89]

O general Newton Cruz negou a informação e manteve a versão dada alguns anos antes, que já era de conhecimento público, ao contrário da versão dada pelo general Otávio Medeiros, que só foi revelada

A ABERTURA AMEAÇADA

em 2014. Newton Cruz alegou que só soube do atentado cerca de uma hora antes. Mesmo admitindo que sabia do planejamento do ato, ainda que com pouca antecedência, nada fez para impedi-lo.

A solução para acabar com o impasse foi uma acareação entre ambos, realizada em 2000. Assim, Newton Cruz e Otávio Medeiros estiveram frente a frente para confrontar suas versões. Os dois generais, que chegaram a discutir rispidamente durante a acareação realizada em Brasília, mantiveram suas posições.[90] Acabaram a audiência em um abraço emocionado.

Mas cada um ficou com a sua verdade.

Essa versão foi ventilada quase quinze anos após a morte do ex-presidente Figueiredo. Procurada pela Rede Globo para comentar a matéria do *Jornal Nacional*, a família do ex-presidente negou com veemência. Não apresentou evidências. Há de se reconhecer: é muito difícil provar fato negativo.

Ficou por isso mesmo.

Se Figueiredo sabia ou não com antecedência do episódio, nunca se poderá afirmar com absoluta certeza. Em 1987, o ex-presidente chegou a reconhecer o desengano de sua impressão inicial sobre a participação de comunistas no atentado, ao afirmar que "foi negócio do governo. Não tinha nada de comunismo como eu imaginava no início",[91] mas enquanto esteve vivo, Figueiredo jamais admitiu que soubesse do atentado antes do ocorrido.

Em meio a tantas versões desencontradas, é quase impossível reconstituir a verdade dos fatos. Mas o certo é que o caso Riocentro manchará para sempre a biografia do ex-presidente.

Imprensa e impunidade

A despeito de quem se opunha, a abertura política triunfou. O futuro mostrou que a ameaça comunista era uma falácia, mero pretexto para a manutenção acrítica e antidemocrática do poder. Aquela foi uma época de afirmação de uma imprensa que se desvencilhava da censura prévia e de uma nova classe dirigente civil que viria a ocupar o vácuo de poder deixado após a saída dos militares da cena política.

Analisando retrospectivamente aqueles tempos um tanto quanto sombrios, o jornalista Barbosa Lima Sobrinho descreveu com precisão aquela época que hoje parece um passado distante, mas que para aqueles que vivenciaram o período ainda permanece vívida:

> Tenho receio de que o período dos governos militares venha a ser conhecido, ou batizado, na história do Brasil como a "época das bombas de dinamite". Pois nunca foram tantas desde os primeiros dias de sua utilização, como instrumento de terrorismo. Com a particularidade de que o lançamento delas, quando vinha de elementos da direita, tinha assegurada total impunidade.
>
> [...]
>
> E ainda ficou tanta coisa por apurar! Onde estão os responsáveis pelas bombas contra as bancas de jornal? Onde também estão os responsáveis pelos atentados contra a OAB, contra a ABI, contra a Câmara de Vereadores da cidade do Rio de Janeiro? Quando o terrorismo teve carta branca para agir no Brasil, com a impunidade garantida, sempre que viesse da direita? O atentado do Riocentro, no IPM dirigido pelo coronel Job Lorena de Santana, foi atribuído à VPR, que, ao que me informaram, já havia desaparecido há algum tempo. E o coronel que havia recusado chegar às mesmas conclusões, Luiz Antônio do Prado Ribeiro, não atingiu o generalato, sem se levarem em conta os títulos da sua carreira. O que não impediu que o ex-presidente da República, general João Figueiredo, nos informe agora [1991] que o caso Riocentro não foi iniciativa do SNI, mas do Centro de Inteligência do Exército. O que significa que os seus responsáveis nem precisaram ser anistiados. E, como os culpados nem chegaram a ser apontados, o que é que impede a reabertura do inquérito, até para saber, se merecem ou não, o benefício da anistia?[92]

A ABERTURA AMEAÇADA

Essa análise, repercutindo as declarações de Figueiredo de 1991, elaborada já sob os ares democráticos da Nova República, reacendia a principal questão daquele período: a impunidade com a qual foi tratado o surto terrorista de direita.

A imprensa teve papel fundamental nessa questão, sobretudo na cobertura do caso Riocentro, em que o jornalismo investigativo participou ativamente da descoberta de fatos que impediram que a fantasiosa conclusão oficial do inquérito tivesse ares de verdade absoluta. Jamais teria. E, por toda a posteridade, as apurações sobre o que de fato aconteceu no Riocentro na noite de 30 de abril de 1981 ficaram maculadas por muitas dúvidas e incontáveis suspeitas.

A melhor síntese da importância da imprensa no caso Riocentro talvez esteja no livro sobre a memória do *Jornal do Brasil*, no qual a jornalista Belisa Ribeiro pontua com enorme poder de síntese:

> No dia seguinte [ao atentado], a imprensa continuou a exercer o papel de quarto poder. A cobertura do atentado ao Riocentro foi uma das maiores demonstrações de quanto a imprensa pode influir na conjuntura política e social de um país. A continuidade da cobertura foi definitiva para consolidar a verdade, já no dia seguinte ao atentado, e colocar por terra, desde o primeiro momento, as tentativas dos militares de acobertar o caso com as mais deslavadas mentiras em versões simplesmente ridículas.[93]

O *JB* ganharia um Prêmio Esso de Jornalismo pela cobertura do caso. Já o jornal *O Globo* voltaria ao caso de forma contundente em dois momentos distintos: 1999 e 2014.

Em 1999, novas reportagens publicadas em série pelo jornal provocaram uma grande reviravolta no caso, que chegou a ser reaberto por ordem da Justiça. O jornal ouviu novamente os principais personagens envolvidos no episódio, resgatou depoimentos e buscou a opinião de juristas para avaliar a viabilidade jurídica da reabertura do caso, tendo em vista os mais de dezoito anos transcorridos.

Assim, naquele ano a Procuradoria-Geral da Justiça Militar (PGJM) determinou que o Exército reabrisse a investigação. Um novo IPM foi instaurado, e pela primeira vez os nomes de militares apareceram como suspeitos do atentado.

Naquela oportunidade, também foi descoberto que o atentado ao Riocentro havia sido planejado com um ano de antecedência, e que possivelmente ocorreria na noite de 30 de abril de 1980, quando foi celebrado show semelhante àquele realizado no ano seguinte. Por ação do chefe da Seção de Operações de Informações do DOI, o coronel Romeu Antônio Ferreira, tal intento restou frustrado.[94]

Contudo, essa foi a única novidade digna de nota. Esse fato até chegou a ser interpretado como o prenúncio de uma apuração arejada e que não conteria os vícios da investigação original. Mas ficou na promessa.

Em maio de 2000, o STM decidiu arquivar o caso e rejeitou o envio da nova investigação para uma auditoria militar do Rio de Janeiro.

Então, em 2014, surgiu uma surpreendente possibilidade: a de o ex-presidente Figueiredo ter tido conhecimento prévio sobre o atentado. Naquele ano, o caso chegou a ser reaberto mais uma vez, agora em investigação da Procuradoria da República, capitaneada pelo Ministério Público Federal baseado no Rio de Janeiro (MPF-RJ).

Em árduo trabalho investigativo liderado pelo procurador Antônio Cabral, várias testemunhas foram ouvidas e novos fatos foram descobertos, incluindo a verdadeira identidade de agentes do DOI que somente eram conhecidos por codinomes.

A investigação do MPF também comprovou, por meio do depoimento de uma testemunha ocular, que havia pelo menos mais dois artefatos explosivos no interior do veículo,[95] o que demonstra que os responsáveis pela sinistra trama pretendiam dar ao atentado uma dimensão ainda maior. Baseando-se na premissa jurídica de que o atentado constituía verdadeiro "crime contra a humanidade", após a conclusão de sua criteriosa investigação, o MPF chegou a oferecer denúncia contra vários oficiais envolvidos no episódio.

A ABERTURA AMEAÇADA

No entanto, apesar do esforço do *parquet*, mais uma vez as investigações se revelaram infrutíferas, pelo menos do ponto de vista da efetividade. Embora a Justiça Federal tenha acolhido a denúncia do MPF e decidido mandar a julgamento os indiciados pela investigação, o Tribunal Regional Federal (TRF) da 2ª Região decidiu trancar a ação penal por "discordar do enquadramento do atentado em crime contra a humanidade e considerar o episódio coberto pela Lei da Anistia".[96]

Em face dessa decisão de segunda instância foi interposto recurso pelo MPF a ser analisado pela STJ, que, a princípio, não deverá decidir a questão de forma definitiva, tendo em vista que após a sua decisão ainda caberá recurso perante o STF.

Ainda há muita água para rolar sob essa ponte, e tudo indica que não haverá decisão definitiva em um horizonte de curto a médio prazos.

Independentemente dos complexos e morosos processos judiciais, pelo simbolismo e notoriedade que teve, o episódio do Riocentro sempre esteve no foco da imprensa, e as sucessivas tentativas de reabertura do caso pela Justiça só demonstram a pecha de impunidade adquirida pelo caso.

Mas é necessário frisar que não apenas o Riocentro, mas todos os atentados perpetrados contra o processo de abertura política acabaram sem punições.

É difícil retocar qualquer texto do saudoso Barbosa Lima Sobrinho, mas olhando retrospectivamente para aquele início de década de 1980, pode-se afirmar que mais que a época das bombas, aquele momento histórico foi mesmo a época da impunidade.

Capítulo 8

Saúde e impedimento

Pequena indisposição

Era um dia quente no Rio de Janeiro. Apesar de ainda ser primavera, a máxima daquela sexta-feira seria de quase 35 graus. O presidente Figueiredo cumpriria uma agenda intensa na cidade, inaugurando três estações (Catete, Morro Azul e Botafogo) do recém-criado sistema metroviário do Rio de Janeiro. Ainda teria que encontrar forças para participar de uma solenidade pelos oitenta anos de um tradicional colégio carioca.

Tratava-se de uma verdadeira maratona para um "jovem senhor" de 63 anos de idade, fumante inveterado e que havia pelo menos cinco anos sabia ser portador de uma insuficiência coronariana. No mesmo período que descobriu a cardiopatia, Figueiredo também foi informado de que tinha várias artérias obstruídas. Passou a fazer uso permanente de vasodilatadores deste então.[1]

Ainda assim, cumpriu à risca a maratona de compromissos no Rio de Janeiro. Para piorar a situação, a maioria de seus compromissos foi

SAÚDE E IMPEDIMENTO

concentrada na parte da manhã, o que tornou a agenda do presidente bastante intensa em um curto espaço de tempo.

Além disso, o presidente compareceu aos diversos eventos de terno escuro, apesar do forte calor que se abatia sobre o Rio de Janeiro naquele dia. Todos os fatores conspiravam contra a sua saúde. Durante seus compromissos, nos quais subiu e desceu inúmeras escadarias nas estações do metrô, Figueiredo suou bastante e, em alguns momentos, aparentava mancar levemente.[2]

Mesmo em meio a tantas adversidades, o presidente aparentava estar de bom humor e chegou a brincar com o jornalista Domingos Meirelles, que cobria a programação presidencial naquele sábado: "Aquele barbudinho ali não gosta de mim",[3] falou em voz alta e tom amistoso.

Parecia que Figueiredo gostava de testar os próprios limites. Naquele dia, o presidente retornou de seus compromissos fumando, e ao chegar à residência da Gávea Pequena, onde costumeiramente se hospedava em suas visitas ao Rio de Janeiro, ainda teve uma última ideia, provavelmente a pior de todas naquela fatídica manhã: resolveu fazer uma rápida sessão de ginástica antes de almoçar.

O cenário criado era perfeito para um enfarte: um cardiopata com roupas pesadas sob calor forte, suando em bicas, e enfrentando estafante agenda de sucessivos compromissos ainda se dispõe a praticar um pouco de exercícios físicos antes da principal refeição do dia. Era uma tragédia anunciada.

Ao sentar-se para almoçar, Figueiredo sentiu dores no peito. Prontamente examinado pelo médico de plantão na residência oficial, a decisão foi a mais sensata diante das circunstâncias: levar o presidente às pressas para o Hospital dos Servidores do Estado (HSE), situado no centro da cidade, a cerca de 20 quilômetros de distância da residência da Gávea Pequena, localizada no Alto da Boa Vista.

Ao chegar ao hospital, com o rosto coberto por uma toalha para não ser reconhecido, foi imediatamente levado ao centro de terapia intensiva. Em meio ao grande fluxo de autoridades civis e militares que chegavam para saber de seu estado, foi divulgada a primeira nota sobre a saúde do presidente. Utilizava dois termos, nenhum deles real: o presidente havia sentido uma "pequena indisposição"[4] e, levado ao hospital, verificou-se um "ligeiro distúrbio cardiovascular".[5] Nada além disso. Parecia uma irrelevância acudida com precaução extrema por se tratar de um presidente da República. Não era.

Apesar dos termos brandos, o entorno próximo ao presidente sabia que o quadro era muito mais grave. Um pouco mais tarde, não foi possível esconder o delicado estado de saúde de Figueiredo, e a verdade foi divulgada à nação em outra nota oficial. Dessa vez, os termos eram mais precisos e estavam de acordo com a realidade dos fatos. O novo comunicado afirmara que Figueiredo sofrera um "enfarte do miocárdio da parede diafragmática",[6] o que significa, em termos leigos, que o presidente enfartara. Com algum atraso, o país enfim fora informado sobre o que exatamente ocorrera.

Eram notas divergentes entre si e não pareciam relatar o estado de saúde do mesmo paciente. Mas havia uma sinistra coincidência entre as notas divulgadas, principalmente naqueles tempos "bicudos": nenhuma das duas falava na substituição do presidente.

Nem uma só palavra sobre o assunto.

O incômodo silêncio tinha um motivo. Ninguém sabia ao certo ainda qual seria a solução adotada. Todos tinham conhecimento do que deveria ser feito. Era bem simples até. Caso fosse constatado o impedimento temporário (o que provavelmente seria a hipótese, já que o enfarte havia sido constatado), Aureliano Chaves, o vice-presidente, assumiria. Apesar da clareza do texto constitucional, ninguém àquela altura poderia afirmar com convicção se essa solução realmente viria a ser acatada.

A inquietação naquele momento era gritante, embora não verbalizada. O temor remetia à quebra da legalidade que já havia ocorrido durante a ditadura militar, no caso do impedimento do presidente Artur da Costa e Silva e da usurpação do poder por uma Junta Militar, que impediu o vice-presidente Pedro Aleixo de assumir a Presidência da República.[7] Era um precedente perigoso.

É certo que já haviam se passado mais de dez anos daquele episódio, mas as recordações ainda estavam vivas.

SAÚDE E IMPEDIMENTO

Outra fonte de preocupações era que o enfarte do presidente ocorrera de maneira relativamente próxima ao atentado do Riocentro, ainda não esclarecido. Permaneciam dúvidas sobre a força daqueles que se opunham à abertura política, na qual a figura de Figueiredo era considerada fundamental para dar prosseguimento ao processo.

Em editorial, a revista *Veja* dava a correta dimensão sobre as dúvidas que pairavam sobre a continuidade da abertura após o enfarte do presidente:

> Gosta-se ou desgosta-se de Figueiredo pelos mais diversos motivos, mas a impiedade dos fatos deu a cada um a certeza de que precisamente aquilo que menos se lhe concede — a determinação de levar a efeito a abertura — é o que mais entra na faixa de risco quando o presidente é internado com uma crise cardíaca. Isto prova que o Brasil é um país de instituições débeis, que a política brasileira está atrasada, mas nada disso tem importância diante do fato de que, a despeito de tudo, é na pessoa do presidente João Figueiredo que está a garantia da abertura. Quando a sua vida corre perigo, é ela que está ameaçada. Não apenas pelos desdobramentos que a sua autoridade assegura, como também pela ressurreição de velhos fantasmas que só ele consegue manter a distância.[8]

Nesse clima de velada apreensão, as mais diversas autoridades acederam ao hospital, mas nada foi decidido naquele dia. As ideias mais absurdas chegaram a ser avaliadas. Uma das possibilidades cogitadas defendia que, a exemplo do que ocorreu com o presidente Ronald Reagan, que sofrera um atentado a tiros e chegou a governar os Estados Unidos de um leito de hospital entre abril e maio de 1981, Figueiredo também poderia governar o Brasil, ainda que convalescente e prostrado em uma cama hospitalar.[9]

Um dos ministros de Figueiredo dava o tom da estapafúrdia ideia que desprezava por completo a enorme diferença entre as constituições dos dois países: "Nos Estados Unidos, o presidente Ronald Reagan, quando esteve hospitalizado com uma bala no pulmão, não se licenciou e o vice não precisou assumir."[10] Esquecia-se somente de esclarecer que na tradição constitucional norte-americana o vice só assumia em caso de morte do presidente, diferentemente do que ocorre no Brasil, onde até pequenos afastamentos temporários, como viagens, davam ensejo à substituição.

Já Carlos Átila, porta-voz da Presidência, em entrevista na porta do HSE, afastou a possibilidade de o vice-presidente assumir de forma imediata, tendo em vista que o presidente estava "perfeitamente consciente".[11] Havia algo a se comemorar naquela declaração, apesar de aparentemente inconclusiva. Ignorada pelas notas oficiais, foi a primeira vez naquele dia que se mencionou a figura do vice-presidente. Também foi a única.

Mesmo assim, era um bom sinal.

A junta médica se apressou em esclarecer as restrições às quais Figueiredo estaria submetido. Não poderia se sujeitar nem de forma indireta às pressões típicas da Presidência da República. Aliás, não poderia ser exposto a pressões ou emoções de nenhuma ordem. Acabou proibido até de assistir pela televisão do hospital ao jogo da seleção brasileira de futebol diante da Irlanda do Norte.[12] Nada poderia perturbá-lo naquele momento.

Nesse clima de especulações diversas aliadas ao "mutismo" das notas oficiais sobre a eventual substituição do presidente, encerrou-se o longo dia no qual Figueiredo enfartara. Ninguém no Brasil sabia se a legalidade seria mantida e se o vice-presidente poderia assumir tal qual preconizava a Constituição.

Tudo era incerto naquele momento.

Tradição quebrada?

O professor João Leitão de Abreu, recém-empossado como ministro do Gabinete Civil, estava em Porto Alegre quando foi informado sobre o estado de saúde de Figueiredo. Na capital gaúcha para participar das festividades pelo título brasileiro conquistado pelo Grêmio em

SAÚDE E IMPEDIMENTO

1981 (seu clube de coração e do qual já havia sido inclusive presidente), Leitão teve de voltar às pressas ao Rio de Janeiro. Esse evento, aparentemente despretensioso em virtude das inúmeras autoridades que se dirigiram à cidade em função dos acontecimentos, em realidade acabou sendo fundamental na sucessão dos fatos que ocorreriam pouco mais adiante.

No clima dúbio e de forte instabilidade que se seguiu ao enfarte do presidente, Leitão de Abreu se reuniu com a junta médica. Após receber informações precisas sobre o quadro de saúde de Figueiredo e o tempo estimado de recuperação em casos semelhantes, não titubeou: prevaleceria o art. 77 da Constituição vigente — o vice substituiria o presidente em caso de impedimento.

Em tese, tudo muito simples. Bastava ser alfabetizado e ter um exemplar da Constituição ao alcance para saber o que deveria ser feito. Contudo, ainda haveria um tortuoso caminho a percorrer. Mais precisamente, uma reunião com a área militar do governo. Naquele momento, tudo era possível e a tensão pairava no ar.

A reunião foi convocada pelo general Danilo Venturini, chefe da Casa Militar, e seria decisiva para o processo. Realizada no Othon Palace Hotel, estiveram presentes o ministro Leitão de Abreu, os ministros militares e o próprio vice-presidente Aureliano Chaves. As passar pela porta do hotel, Aureliano foi cauteloso ao responder se assumiria a Presidência, refletindo de maneira involuntária a indefinição que predominava naquele momento: "Ainda não sei. Não posso dizer nada."[13]

Aquele, no entanto, seria o último momento de tensão, que logo se dissipou. O chefe do Gabinete Civil foi muito hábil e já abriu a reunião afirmando que todos estavam reunidos "para tratar dos detalhes da posse do dr. Aureliano".[14] A partir daquele momento, os rumos da questão já estavam definidos, havendo pouca coisa de realmente importante a tratar.

Ao final do encontro, Leitão leria uma nota na qual ficara definida a posse do vice por até oito semanas, em substituição temporária ao presidente. Prevalecera a Constituição.

ME ESQUEÇAM – FIGUEIREDO

Em singela declaração à imprensa, o professor Leitão de Abreu se limitou a explicar o óbvio: "A substituição foi acertada por consenso da equipe governamental, tão logo tivemos em mãos o atestado médico, revelando a extensão do problema de saúde do presidente, que o impede temporariamente de exercer o cargo."[15] Talvez tenha sido a declaração mais lúcida de algum representante do governo naqueles dias tensos. As demais declarações que se sucederam foram um completo desastre.

A começar pela curiosa (e enganosa) declaração do ministro do Exército. Em entrevista ao *Jornal do Brasil*, o ministro Walter Pires, em uma passagem imprecisa, demonstrava todo o seu desconhecimento sobre a história do Brasil: "[Aureliano] assume porque é o vice-presidente. Isso de vice-presidente não assumir é uma tradição que precisa ser quebrada."[16]

A inexata declaração foi parar na capa do *JB*. Era um completo desengano, além de demonstrar certa dose de ignorância. Implicitamente remetia ao episódio de Pedro Aleixo em 1969. Enganara-se, porém, ao qualificar aquele fato como uma tradição brasileira. Não era. Dos sete vice-presidentes que deveriam substituir o presidente em situações previstas constitucionalmente desde 1891, Pedro Aleixo foi o único impedido de fazê-lo.[17]

O que o ministro chamava de tradição era em realidade uma exceção. Outra declaração desastrada vinha de Carlos Átila, porta--voz da Presidência, ao afirmar de forma um tanto quanto ingênua que "[...] foi do presidente a decisão de pedir ao dr. Aureliano que o substituísse temporariamente".[18] Já ao jornal *O Globo*, Átila não quis se estender muito no assunto, pois "não era especialista em direito constitucional".[19] Bem se via. Independentemente das vontades de Figueiredo, nada seria capaz de mudar o fato de que essa decisão não lhe cabia. Cabia à Constituição — e somente a ela — prescrever qual a decisão correta. E assim foi feito.

A pretensa anuência prévia de Figueiredo nada representava em termos jurídicos, mas no mundo dos fatos foi essencial para que a Constituição fosse cumprida. Aliás, Figueiredo despertara após o

SAÚDE E IMPEDIMENTO

enfarte bem ao seu estilo: a primeira coisa que pediu ao enfermeiro foi um cigarro. Após ter o pedido negado, xingou-o.[20]

As 24 horas que se seguiram ao enfarte de Figueiredo não foram fáceis nem para a saúde do presidente nem para a saúde do regime constitucional. Foram momentos de indefinição e aflição.

Ao final, coube a um dos irmãos do presidente tocar diretamente na ferida: "Em 1969 quando o marechal Costa e Silva teve um derrame cerebral, mandou a Junta Militar. Agora, com o João, mandou a junta médica."[21]

Ultrapassada a fase de indefinições, deu-se a posse três dias depois. Durante esses três dias, o poder no Brasil ficou acéfalo, pois os médicos recomendaram a Figueiredo repouso absoluto, e Aureliano, embora soubesse que iria assumir, ainda não estava empossado. Na época, se chegou a afirmar que não se tratava juridicamente de uma posse, pois a substituição se operaria automaticamente. Bem se viu quão automática era essa substituição nas angustiantes 24 horas após o enfarte do presidente.

O certo mesmo é que houve um vácuo de poder nos poucos dias que transcorreram da confirmação de que Aureliano assumiria até a sua posse efetiva. Assim, apenas na nublada quarta-feira seguinte, dia 23 de setembro de 1981, um civil voltaria a ocupar, ainda que interinamente, a Presidência da República. Foram necessários longos dezessete anos, cinco meses e vinte e três dias para que tal fato voltasse a ocorrer, desde a destituição do presidente João Goulart, em 31 de março de 1964.

Também representava a volta por cima de Aureliano Chaves. Com o Congresso Nacional fechado em 1968, em virtude da edição do Ato Institucional nº 5 (AI-5), o então deputado federal por Minas Gerais acabou subitamente privado do seu subsídio e teve que se sustentar dando aulas de Física. Cerca de treze anos depois, seria o primeiro civil a ocupar a Presidência após longos anos de predomínio militar. Era um ato simbólico.

Naquele momento, significava muita coisa.

Pouco tempo depois, o presidente Figueiredo viajaria para os Estados Unidos a fim de realizar parte do tratamento na clínica Cleveland. Já Aureliano, ao assumir a Presidência, tentou imprimir o estilo arrojado que o caracterizava. Naquele momento, parecia estar alinhado com o presidente.

Em pouco tempo, tal quadro mudaria por completo.

A "Pax Aureliana"

O discurso com o qual Aureliano Chaves assumiu temporariamente a Presidência da República era de total lealdade ao presidente Figueiredo. Em cerimônia simples, tomou posse um tanto quanto emocionado e fez um pequeno discurso de cerca de quatro minutos. Em suas breves palavras, demonstrava total fidelidade aos desígnios do presidente sucedido. Era um bom começo.

Ficaria nisso.

A prática também aparentava seguir nessa linha, com o vice-presidente dando prosseguimento às ações de governo e articulações políticas, e mantendo o essencial das diretrizes do titular. A princípio, não haveria nenhuma ruptura. A palavra-chave a guiar o vice-presidente Aureliano Chaves era simplesmente continuidade.

Inicialmente cauteloso, até pelo clima de indefinição que se seguiu ao impedimento do presidente, Aureliano chegou a delegar ao ministro Leitão de Abreu a decisão sobre a manutenção ou não das audiências já agendadas por Figueiredo. Sinal de que queria estabelecer "pontes".

Era a tentativa de estabelecer a "Pax Aureliana",[22] e assim não entrar em conflito com o titular temporariamente ausente. Também era uma tentativa de evitar a proliferação de maledicências no entorno de auxiliares mais próximos ao presidente durante o período de sua interinidade.

Para Aureliano, tal desígnio era fundamental. O vice-presidente tinha aspirações presidenciais e sabia que Figueiredo já tinha cogi-

SAÚDE E IMPEDIMENTO

tado, naquele mesmo ano de 1981, o seu nome para sucedê-lo.[23] Não se indispor com o presidente não se tratava apenas de uma forma elegante e pragmática de assumir o cargo. Era também vital para o futuro de suas pretensões políticas.

No entanto, nada saiu como o planejado. Em que pese Aureliano ter dito que se esforçaria para que a sua interinidade não desse o mínimo pretexto para eventuais desentendimentos com Figueiredo, isso não foi possível. Ao contrário. Aquele período deixaria marcas profundas e permanentes na sua relação com o presidente. Pouco adiantaram as suas juras de lealdade e os afagos recíprocos que ambos fizeram em suas primeiras declarações à imprensa. A relação desandou logo após o fim da sua primeira interinidade.

Nunca mais se recomporiam.

Aureliano era onze anos mais jovem que Figueiredo. Com grande vigor e imprimindo um forte ritmo de trabalho, não raro as suas jornadas terminavam no avançado da noite. Não tardou para tal postura gerar as inevitáveis e presumíveis intrigas junto ao presidente.

Começava naquele momento a deterioração de uma relação que futuramente chegaria a níveis "perigosamente pessoais".[24] Anos após esses episódios, Aureliano Chaves confirmou que aquele momento foi crucial para o seu distanciamento de Figueiredo: "Meteram na cabeça dele umas bobagens que não têm tamanho. Que eu estava deixando acesas as luzes do Palácio do Planalto para demonstrar que eu trabalhava e que ele não trabalhava."[25]

Independentemente das intrigas palacianas, o certo é que após o retorno de Figueiredo à Presidência, a gritante diferença de estilos acabou por se tornar nítida. Enquanto o presidente poupava-se com jornadas que não se estendiam além das 18h, Aureliano ficara marcado por não ter hora para sair, sempre com jornadas extensas e que muitas vezes se estendiam noite adentro, além de trabalhar aos sábados e domingos quando necessário.[26]

A acentuada diferença de estilos entre o presidente o seu vice é bem definida pelo ex-presidente Geisel em suas memórias:

> Na época em que Figueiredo esteve doente e foi para os Estados Unidos, o Aureliano ficou interinamente na Presidência e se movimentou muito no cargo. Houve, inclusive, uma enchente no Rio Grande do Sul e ele foi lá. Aí encheram a cabeça do Figueiredo dizendo que o Aureliano tinha procurado mostrar o contraste entre ele, que era dinâmico e trabalhador, e Figueiredo que era estático. Intrigaram, como se o Aureliano quisesse sobressair na opinião pública em relação ao Figueiredo.[27]

Para o senador Pedro Simon, além da notória diferença de estilos, Aureliano ainda se mostrava muito mais receptivo no relacionamento com a sociedade civil, tendo recebido durante a sua interinidade entidades como a Central Única dos Trabalhadores (CUT) e até a União Nacional dos Estudantes (UNE), que não estava sequer legalizada naquele momento.[28]

É verdade que o ânimo do presidente não era mais o mesmo depois da sua volta. Após o caso Riocentro e o primeiro enfarte, Figueiredo perdera grande parte do interesse em governar o Brasil. A amigos, confidenciava a gravidade da situação que se abatera sobre si, ora afirmando que "um trem passou por cima do meu peito",[29] ora comentando que "parece que uma jamanta passou em cima de mim".[30]

Acabaria por perder também o apoio do seu antecessor, pois Geisel passara a defender de forma reservada que Figueiredo deveria renunciar.[31] Para muitos, ele perdera boa parte de sua vitalidade e começava inclusive a demonstrar certo desinteresse em relação ao cotidiano do governo. Em suas memórias, o ex-presidente Geisel se associava àqueles que afirmavam que Figueiredo havia se tornado uma pessoa diferente após o enfarte, tendo inclusive modificado a sua própria personalidade.[32]

Após o retorno de Figueiredo, a tensão entre o presidente e o seu vice era capaz de chamar atenção até dos menos atentos. Aureliano não conseguiria se livrar do estigma de que tentou estabelecer aos olhos do público uma espécie de "competição" com Figueiredo enquanto ocupou o cargo.

SAÚDE E IMPEDIMENTO

Para as suas aspirações presidenciais, isso seria fatal. Fortemente permeável à intriga, Figueiredo jamais recuperou a confiança em seu vice-presidente, e as suas relações passaram a ser frias. Pior que isso: Aureliano começou a ser hostilizado dissimuladamente por boa parte do primeiro escalão do governo,[33] incluindo os assessores mais próximos do presidente.

Já Figueiredo, ao retornar ao Brasil, adotou hábitos mais saudáveis e deixou de fumar. Fez também uma dieta que inicialmente se revelou eficaz, mas que não durou muito, dada a sua falta de disciplina. De duradouro mesmo só o fim do tabagismo.

Sua saúde oscilava, embora o quadro geral fosse consideravelmente melhor em relação àquele que antecedeu seu primeiro enfarte. Em julho de 1983, apesar de longa relutância, ele passaria por outra internação nos Estados Unidos após relatar a volta das dores no peito.

Decidida a nova viagem, uma constatação que revelava o quanto o país havia mudado nos quase dois anos que separavam as duas internações nos Estados Unidos: se a saúde de Figueiredo continuava periclitante e sujeita a sobressaltos, o mesmo já não se podia afirmar em relação ao regime constitucional brasileiro. Dessa vez, não houve sequer um minuto de indefinição, diferentemente das 24 angustiantes horas de setembro de 1981.

O precedente também havia mudado. Não se falava mais em Pedro Aleixo e na Junta Militar de 1969, mas todos naquele momento relembravam a primeira interinidade de Aureliano em 1981. Se em setembro de 1981 a revista *Veja* tivera como chamada de capa "O vice assumiu",[34] dando ares de manchete a algo que deveria ser absolutamente natural, agora a situação era outra. A "naturalidade" que o ministro Leitão de Abreu apregoara em 1981 ocorreu de verdade na substituição de julho de 1983.

A 10 mil quilômetros de distância do Brasil, Figueiredo transmitira o cargo ao seu sucessor antes de viajar e fora cuidar da sua saúde. Nessa oportunidade, ninguém mais cogitava um "governo direto do hospital". Após a divulgação da decisão do presidente, foi imediatamente elaborada uma nota à imprensa que não deixava margem à dúvida de que tudo se operaria dentro da legalidade. A agilidade deste ato valeu tanto quanto o seu conteúdo.

Se dessa vez não houve tensão ao assumir, o mesmo não se pode dizer da recepção que o vice-presidente teve por parte da equipe de governo, sobretudo do círculo de auxiliares mais próximos a Figueiredo. Distanciado havia muito do presidente devido às intrigas ocorridas durante a sua primeira interinidade, Aureliano não contava com o apreço dos ministros mais influentes do governo, que se encarregariam de minimizar a sua interinidade o tanto quanto lhes fosse possível.

Nas reminiscências do ministro Delfim Netto, as interinidades de Aureliano eram "um negócio horroroso", sobretudo pelo adiamento de decisões importantes durante o período no qual o vice sucedia o titular. O ministro do Planejamento chegou até mesmo a bancar um aumento da gasolina sem obter a anuência do presidente em exercício, após ver suas tentativas de tratar o assunto reiteradamente adiadas.[35]

Na primeira substituição em 1981 "o Planalto esvaziou-se".[36] Agora tudo seria ainda pior, pois "nenhuma das arestas anteriores fora retirada e havia outra, nova: Aureliano defendera a eleição direta, era candidato à Presidência da República e sabia que tinha o apoio de Geisel".[37]

Candidato a presidente, mas envenenado junto a Figueiredo, a segunda interinidade só contribuiu para afastá-lo ainda mais do presidente da República e, consequentemente, da própria Presidência da República. Como o processo sucessório em muito dependia da vontade do presidente, Aureliano acabou por se inviabilizar, em um fenômeno que o ex-ministro Golbery bem definiu como "Quanto mais cresce, mais cava a sua sepultura".[38]

As memórias do ex-presidente Figueiredo davam o tom da animosidade que minou definitivamente a relação entre ambos. Ao ser perguntado, muitos anos após deixar a Presidência, sobre a possibilidade de Aureliano Chaves sucedê-lo, Figueiredo foi sincero ao afirmar: "Ele quis. De todas as formas! E apoiado pelo Geisel. Mas eu não concordei. Esse eu não concordei."[39]

SAÚDE E IMPEDIMENTO

Os impedimentos temporários de Figueiredo por motivo de saúde legaram àquele período alguns dos seus momentos decisivos. Para a abertura política, representou a superação de um passado difícil. A assunção do vice-presidente dentro daquilo que preconizava a legalidade afastou os fantasmas de 1969.

Já para o processo sucessório, as ausências de Figueiredo significaram um revés definitivo à candidatura do vice-presidente Aureliano Chaves. Em verdade, os períodos de interinidade tiveram como resultado o rompimento definitivo entre o presidente e o seu vice. Tudo foi se deteriorando de tal maneira que ao final do governo ambos não se suportavam mais. A situação chegou a tal ponto que Aureliano chegou a ameaçar "meter a mão na cara"[40] de Figueiredo caso ele lhe fizesse alguma descortesia na cerimônia de posse do novo presidente.

A propalada "Pax Aureliana" acabou por jamais ser alcançada. A relação entre ambos acabou no limite de um embate físico, que por sorte nunca aconteceu. Melhor para a história do Brasil.

Capítulo 9

A bomba atômica brasileira

Conexão Bagdá–Brasília

A abertura política seguia o seu curso naquele início de governo Figueiredo, deixando claro que o caminho era o retorno à democracia e a restituição do país às bases do Estado de direito. No entanto, no meio dessa acidentada trajetória, ainda havia espaço para iniciativas pouco usuais para um país de tradição pacifista como o Brasil. Tratava-se de mais um dos arroubos de megalomania do regime, possivelmente em sua iniciativa mais heterodoxa e audaciosa: a construção de uma bomba atômica.

Curiosamente, a inadvertida empreitada teve suas origens históricas intrinsecamente ligadas a crises econômicas que o Brasil atravessou, sem nenhuma relação com necessidades estratégico-militares do país. O primeiro "Choque do Petróleo", ocorrido em 1973, fez com que o Brasil percebesse a necessidade de uma maior aproximação com o mundo árabe. Com uma economia extremamente dependente

A BOMBA ATÔMICA BRASILEIRA

da importação de petróleo, mais que um caminho natural, essa era uma verdadeira necessidade do país.

Assim, remonta a meados da década de 1970 um estreitamento da relação com o Oriente Médio e, em particular, com o Iraque. Nessa época, os dois países se aproximaram tanto em termos comerciais como diplomáticos. O passo decisivo foi dado pelo governo Emílio Médici, ao inaugurar a primeira embaixada brasileira em Bagdá. Na mesma época, o general Ernesto Geisel, ainda na qualidade de presidente da Petrobras, se recusou a aderir a uma tentativa de boicote por parte das grandes empresas petrolíferas contra o Iraque.[1]

Assim, com gestos simples, o Brasil conseguiu despertar a simpatia do governo iraquiano. O tempo não tardaria em revelar quão acertada e oportuna seria a postura das autoridades brasileiras em relação àquele país.

A partir dessas iniciativas, o governo passou a contar com a boa vontade das autoridades iraquianas. Em realidade, na década de 1970, tornara-se fundamental para o Brasil estreitar seus laços de amizade e cooperação econômica com o mundo árabe, não apenas em função da grande dependência do país em relação à importação de petróleo, mas, principalmente, devido às expressivas oscilações de preço dessa commodity no mercado internacional. Dentro dessa lógica, o Iraque se tornou o parceiro preferencial do país nas relações com o Oriente Médio.

O Brasil passou a contar até com certa condescendência por parte do governo iraquiano. Depois do Primeiro Choque do petróleo, em 1973, o Iraque era uma das poucas nações a não fazer exigências desarrazoadas para efetivar o embarque de remessas de petróleo ao país (como outros países exportadores faziam, aproveitando-se da situação). Além disso, o Iraque chegou a permitir que os envios de petróleo ao Brasil continuassem sendo realizados, mesmo que o país ainda estivesse com faturas em aberto.

A partir dessa evolução de acontecimentos, o caminho natural para o governo Geisel era intensificar as relações com o Iraque, e assim foi feito. Datam dessa época os primeiros grandes contratos de exportações brasileiras para o Iraque, o que aproximou de forma definitiva os dois países. Em suas memórias, o ex-presidente Geisel descreve de maneira objetiva o interesse brasileiro em se aproximar: "E ao Médio Oriente, [o governo deu atenção] por causa do suprimento de petróleo e de mercado para os nossos produtos, principalmente alimentos."[2]

Esse fluxo comercial, que de início comercializava essencialmente petróleo e gêneros agrícolas, ainda iria evoluir muito nos anos seguintes.

O presidente Figueiredo assumiu o governo com a relação comercial e diplomática entre Brasília e Bagdá consolidada. Naquela época, contar com a generosidade de um parceiro comercial com o potencial do Iraque era tudo de que o Brasil e o incipiente governo de Figueiredo precisavam.

O Iraque do início dos anos 1980 tinha 12 milhões de habitantes e era o quarto maior produtor de petróleo do mundo. Já o Brasil começava a perceber o grave problema de sua dívida externa, contava com sérios percalços na balança comercial e tinha grande dificuldade para pagar pelas importações de petróleo das quais tanto necessitava.

Um parceiro comercial localizado geograficamente no Oriente Médio e rico em petróleo era uma dádiva naquele momento, sobretudo diante da fragilidade da economia brasileira. Para o Brasil, mais que uma oportunidade, o incremento no relacionamento com o Iraque significava uma necessidade maior ainda que aquela da década de 1970, que desencadeou o início da relação entre os dois países.

O processo que fora iniciado no governo Médici e aprimorado durante o governo Geisel havia chegado ao ápice durante o governo Figueiredo. Mais que isso: havia se tornado indispensável para o Brasil, dada a debilidade da economia nacional naquele exato momento.

Só que agora o intercâmbio comercial iria se desenrolar por novas e surpreendentes vias.

No início da década de 1980, o apetite de Saddam Hussein em adquirir armamento para o seu país parecia insaciável, em muito

A BOMBA ATÔMICA BRASILEIRA

motivado pelo conflito com o Irã, que começou exatamente em 1980. Enquanto o ditador iraquiano tinha a intenção de reduzir a sua dependência da URSS em relação à importação de equipamentos militares, o Brasil percebia no ímpeto armamentista de Saddam uma ótima oportunidade comercial para alavancar a sua débil balança de pagamentos externos.

Era um negócio bastante proveitoso para as duas partes. E Saddam Hussein iria dar mais alguns passos na direção de estreitar o relacionamento comercial com o Brasil, ao eleger o país como um dos parceiros preferenciais do Iraque na aquisição de armamento.

Sorte da Engesa, principal fabricante brasileira de armamentos, que se aproveitou da oportunidade comercial que surgia e contou com o apoio decisivo do governo brasileiro para potencializar suas vendas ao Iraque. Não se tratava apenas de um mero apoio diplomático. Foi muito mais que isso e as ações iam além do discurso. Tanto era assim que aviões da Força Aérea Brasileira (FAB) chegaram a transportar veículos militares da empresa para um *road show* em Bagdá.[3]

Durante o processo de aproximação com o Iraque houve pequenos incidentes que obliquamente demonstravam o caráter belicoso do governo daquele país, reforçando a impressão do governo brasileiro de que a partir daquele momento a parceria se desenvolveria com maior vigor em seu viés armamentista.

Ao ser recebido pelo próprio Saddam Hussein na qualidade de ministro do Interior do Brasil, Mário Andreazza acabou por ser presenteado com uma sofisticadíssima pistola automática, muito provavelmente porque os iraquianos associaram a designação de seu ministério à repressão interna a opositores do governo militar porventura existente no Brasil.[4]

Apesar das diferenças culturais e da enorme distância que separava os dois países, havia um genuíno desejo dos dois lados de que a relação se intensificasse cada vez mais. E isso realmente aconteceu do ponto de vista comercial. Em 1980, o Brasil ainda era um grande importador de óleo do país árabe, que por sua vez quase que sextuplicou[5] suas importações do Brasil em comparação a meados da década de 1970, passando a adquirir variados gêneros alimentícios, diversas espécies de serviços (principalmente serviços de engenharia), além de quase todo tipo de armamento fabricado no país.

Comparado com o volume de importações que o Brasil recebia do Iraque, parecia que as exportações brasileiras tinham uma importância diminuta. Analisando-se friamente os números da balança comercial entre os dois países seria até possível chegar a essa conclusão. Mas era uma conclusão apressada. Naquele tempo ainda não era possível saber, mas a conexão Bagdá–Brasília escondia muito mais do que simples relações comerciais.

Da cooperação econômica à megalomania nuclear

Da intensificação do fluxo comercial a uma parceria estratégica para a cooperação nuclear, havia uma distância muito grande. Mas a disposição do governo de uma forma geral e, em particular, do SNI seria capaz de modificar por completo a natureza da relação entre os dois países. Travestido de relação comercial, o caráter militarista da relação entre Brasil e Iraque acabaria por preponderar durante o governo Figueiredo. Muito diferente da concepção de Geisel, que buscava no Iraque um fornecedor de petróleo que eventualmente também pudesse comprar gêneros agrícolas do Brasil.

Assim, o propósito inicial da relação estabelecida entre Brasil e Iraque havia se degenerado completamente. Naquele momento, só não se sabia o quão profunda havia sido essa mudança.

Os dois lados tinham interesse nesse novo propósito. Tanto o Brasil "grande" da ditadura militar como o Iraque "potência regional" de Saddam Hussein tinham objetivos parecidos nessa seara.

Ainda havia mais uma coincidência: ambos estavam parcialmente desinformados sobre o verdadeiro potencial tecnológico da outra parte. Por mais inusitado que possa parecer, essa falsa percepção da realidade seria o elo fundamental para que a conjugação de forças entre os dois países realmente viesse a se tornar efetiva.

A BOMBA ATÔMICA BRASILEIRA

O Brasil acreditava que o Iraque detivesse domínio avançado sobre algumas fases do complexo processo de enriquecimento de urânio.[6] Por sua vez, o Iraque acreditava na expertise dos técnicos brasileiros que, se não fossem capazes de auxiliar no cerne da questão, ao menos poderiam ser úteis em várias outras etapas essenciais para o sucesso do programa nuclear do país.

No horizonte de interesses iraquianos também estava o acordo nuclear celebrado entre Brasil e Alemanha durante o governo Geisel e que poderia — ao menos em teoria — ter transferido conhecimento especializado sobre o assunto a técnicos brasileiros. Mais adiante, os iraquianos descobririam o desacerto de suas crenças em relação ao avanço do estágio tecnológico do Brasil, como bem descreveu uma autoridade do país algum tempo depois ao relatar que "um empresário do setor bélico brasileiro, ligado à comunidade de informações, oferecera ao Iraque tecnologia que o Brasil sequer tinha".[7]

Os iraquianos ainda tinham mais um interesse em contar com o auxílio brasileiro na arriscada empreitada. O acordo nuclear firmado inicialmente com a França tornava o Iraque muito dependente dessa parceria, frequente e sistematicamente alvo de sabotagens. O Iraque desconfiava que Israel estivesse por trás de tal desiderato. Já Israel desconfiava dos fins pacíficos do programa nuclear iraquiano.

Ambas desconfianças iam no rumo certo.

Assim, o Iraque também visava reduzir a sua dependência da França e começou a buscar parcerias no campo nuclear com diversos países. Havia um verdadeiro temor nas autoridades iraquianas de que os franceses pudessem recuar no acordo nuclear.

Por todas essas razões, o Brasil (velho parceiro comercial e tido pelos árabes como uma nação confiável) entrara no radar iraquiano como uma das possibilidades para a diversificação da cooperação nuclear que o país árabe buscava.

Era a grande chance de o Brasil dispor da bomba nuclear, como bem descrevia ao *Jornal do Brasil* uma alta autoridade do governo Figueiredo, alguns anos após os fatos terem acontecido: "O objetivo final era formar uma associação militar com o Iraque que viabilizasse a fabricação da bomba atômica também pelo Brasil."[8]

ME ESQUEÇAM – FIGUEIREDO

Ao se deparar com tal anseio de Saddam Hussein, o regime militar se viu diante da oportunidade única de viabilizar uma de suas aspirações mais megalomaníacas. Em meio à abertura política, os arroubos egocêntricos e ufanistas do regime retornavam com força total.

Assim, o governo não titubeou. Pelo contrário, fez tudo que estava ao seu alcance para viabilizar a empreitada. O SNI, ora atuando ao sol, ora atuando à sombra, seria o elo que transformaria a relação comercial em algo muito mais complexo e sinistro.

Na esteira do acordo de cooperação nuclear assinado entre Brasil e Iraque em janeiro de 1980, o regime militar adotou diversas iniciativas para tornar o engajamento efetivo. Desde a criação (sob patrocínio do SNI) de uma empresa de aerofotogrametria para atuar no Oriente Médio, passando pelo apoio financeiro a empresas brasileiras dispostas a investir no Iraque, até a principal dessas iniciativas, a criação de um campo de provas militar de grandes dimensões na serra do Cachimbo, no estado do Pará. Oficialmente, seria um local de testes de mísseis e foguetes, mas, ao que tudo indicava, poderia servir mesmo como campo para testar artefatos atômicos.[9]

No entanto, tais iniciativas poderiam ser consideradas a parte visível do acordo de cooperação. Com o onipresente SNI tutelando a operação, havia também uma parte invisível, desconhecida da imprensa, do grande público e de boa parte das próprias autoridades do governo. Nesse sentido, é elucidativa a reportagem do *Jornal do Brasil*, que, aproveitando-se da repercussão da invasão do Kuwait pelo Iraque em 1990, fez uma série de matérias de cunho investigativo sobre a parceria nuclear entre os dois países ocorrida durante o governo Figueiredo:

> Mesmo após a formalização do acordo, porém, a parceria continuou se desenvolvendo no escuro. Isso contribuiu para que as iniciativas previstas no acordo se confundissem com as ações que não tinham amparo legal. Sem qualquer divulgação, diversas missões de técnicos iraquianos estiveram no Brasil ao logo da década de 80, para visita ou estágio nas instalações

nucleares do país. Os treinamentos eram patrocinados pela CNEN [Comissão Nacional de Energia Nuclear], o braço oficial do programa nuclear paralelo.[10]

Além das ações concretas oficiais e extraoficiais, o patrocínio do governo brasileiro ao desenvolvimento da cooperação com o Iraque se permitia chegar às minúcias do varejo das miudezas. Chegou a ser estruturada uma complexa operação de financiamento às exportações de armas brasileiras ao Iraque, envolvendo o Banco do Brasil, a Petrobras e a Interbras (subsidiária da Petrobras no exterior), em um inédito modelo de fomento à exportação que envolvia fornecimentos de armas e pagamento em óleo em uma nada convencional relação triangular[11] que desafiava a praxe do comércio internacional baseado havia séculos no papel-moeda e mais recentemente em transações bancárias.

Se a exportação de armas contava com o beneplácito das contas oficiais do Banco do Brasil, para as transações que envolviam atividades nucleares eram utilizadas contas secretas do mesmo banco. Quando o Brasil forneceu pasta de urânio concentrado ao Iraque, foram utilizadas contas secretas do Banco do Brasil em Paris para viabilizar a operação.[12] O pagamento a empresas brasileiras envolvidas em projetos de plantas nucleares para o Iraque também era realizado por meio de contas similares. Até as visitas de técnicos brasileiros ao Iraque eram ultrassecretas, e seus passaportes não eram carimbados no momento de ingresso em território do país árabe.[13]

Por trás de todos esses esforços e segredos estavam os reais intentos da cooperação nuclear, desconhecida do grande público, mas intensa e silenciosamente desenvolvida nos bastidores.

O auge dessa relação se deu com o envio clandestino de pasta de urânio enriquecido do Brasil ao Iraque, e que contou com três remessas embarcadas de maneira sigilosa em aviões iraquianos que decolaram do interior de São Paulo com destino a Bagdá. Algumas fontes relatam que podem ter ocorrido mais do que três carregamentos do elemento radioativo.[14]

A arriscada empreitada que ocorreu entre os meses de janeiro e junho de 1981 só cessou em virtude das denúncias na imprensa internacional[15] e da especulação da imprensa brasileira sobre o assunto naquela mesma época. Essa foi a ação mais ousada e importante do acordo nuclear estabelecido entre os dois países.

A iniciativa ganhou ainda mais ímpeto naquele momento em função da desconfiança brasileira sobre supostas pretensões atômicas por parte da Argentina. Coincidentemente, o ápice das preocupações do governo brasileiro também ocorreu em 1981, quando o SNI se empenhou com maior afinco para colher dados sobre o programa nuclear argentino.[16] Assim, a geopolítica do continente acabava por ser mais um fator a fomentar as pretensões brasileiras no campo nuclear.

A ilusão brasileira e iraquiana estava armada, e diversas ações concretas foram adotadas no sentido de transformá-la em realidade, por mais desprovido de sentido que isso fosse ante o contexto econômico e militar brasileiro da década de 1980. Acossado economicamente pela crise da dívida e sem nenhuma ameaça externa a rondar o país sob qualquer pretexto (a não ser o vencimento e o serviço das dívidas), o projeto conjugava o que de pior havia na ditadura militar: "A conexão Brasil—Iraque exibe em seus contornos, visíveis ou subterrâneos, a marca mais patética do espólio autoritário legado pelos governos militares: a megalomania. Numa surrada combinação de lemas como 'segurança nacional', 'Brasil-potência' e 'autonomia-energética', as oficinas do SNI pavimentaram as ligações especiais entre Brasília e Bagdá."[17]

Contudo, a ilusão nuclear dos dois países ruiu em poucos segundos quando em junho de 1981 caças da Força Aérea israelense bombardearam o reator nuclear iraquiano, danificando-o de maneira irremediável. Por sorte, nenhum técnico brasileiro foi atingido pelo bombardeio, tendo em vista que por diversas vezes peritos do país haviam visitado as instalações do reator, inclusive realizando uma inspeção técnica nos trabalhos realizados pelos franceses em sua montagem.

A BOMBA ATÔMICA BRASILEIRA

Esvaíam-se pelo ralo as pretensões nucleares dos dois países, dizimadas inapelavelmente pelos mísseis israelenses. Os megalômanos sonhos do regime militar em deter a tecnologia nuclear para fins bélicos jamais foram concretizados.

Em agosto de 1986, o jornal *Folha de S.Paulo* publicou reportagem na qual denunciava que o campo de serra do Cachimbo poderia ter sido utilizado como local para testes nucleares.[18] A investigação jornalística estava no rumo certo e faria ainda mais sentido quatro anos depois, quando a série de reportagens do *Jornal do Brasil* revelou a real dimensão do acordo de cooperação nuclear celebrado entre Brasil e Iraque.

A revelação ainda desencadeou uma crise diplomática e militar com a Argentina, que se sentiu ameaçada com a descoberta das supostas pretensões nucleares brasileiras. O incômodo das autoridades argentinas foi tão grande que uma série de reuniões e entendimentos bilaterais teve de ser realizada para tentar contornar o mal-estar diplomático junto ao país vizinho.

Durante o governo de Fernando Collor de Mello, o campo foi efetivamente desativado na presença do próprio presidente, que compareceu à serra do Cachimbo e colocou uma simbólica pá de cal no seu principal poço. A três dias da primeira viagem de Collor à Organização das Nações Unidas (ONU), e pressionado pela grande repercussão da matéria do *Jornal do Brasil*, o presidente pretendia transmitir publicamente a mensagem do fim inequívoco de qualquer pretensão nuclear brasileira, como bem salientava o jornal *O Globo*:

> Com o seu gesto feito de público e a três dias da viagem aos Estados Unidos para participar da Assembleia Geral da ONU, o presidente Fernando Collor quer diminuir as suspeitas internacionais — que se tornaram mais fortes com a crise no golfo Pérsico e as notícias de colaboração nuclear Brasil-Iraque — de que o programa nuclear brasileiro tem por objetivo o desenvolvimento da bomba atômica.[19]

ME ESQUEÇAM – FIGUEIREDO

Aquela ocasião marcou também a primeira vez que o governo brasileiro reconheceu oficialmente a finalidade nuclear do campo de serra do Cachimbo[20] e as consequentes pretensões brasileiras em possuir tecnologia nuclear para fins militares.

Em dezembro de 1990, uma comissão parlamentar de inquérito (CPI) constituída no Congresso Nacional para investigar a cooperação nuclear brasileira com o Iraque concluiu que "houve a decisão, tomada dentro do Palácio do Planalto, de construir o artefato nuclear",[21] e que as perfurações realizadas na serra do Cachimbo "seriam os campos de prova destes artefatos".[22]

A CPI acabou sem nenhuma punição a agentes públicos. Já o presidente Figueiredo jamais se manifestou publicamente sobre o assunto, nem sequer após o fim do seu mandato.

Contudo, aquele segredo tão bem guardado e que só foi revelado anos após o final do governo Figueiredo, quase foi colocado à luz do dia durante o processo de abertura política.

Acabou custando a vida de quem sabia demais.

Capítulo 10

Dossiê Baumgarten

Crônica de uma morte anunciada

O jornalista Alexandre von Baumgarten era um velho conhecido do SNI. *Alemão*, apelido do jornalista dentro da comunidade de informações, fora editor da revista *Defesa Nacional*, publicação especializada da Escola do Comando e Estado-Maior do Exército (ECEME), e sempre teve relacionamento próximo com militares oriundos do setor de informação, chegando a se reunir com o ministro Otávio Medeiros em seu gabinete no próprio Palácio do Planalto.[1]

Baumgarten também acumulava experiência fora da caserna. Havia sido assessor da presidência da Viação Aérea São Paulo (VASP) e colaborado com artigos de cunho político no jornal *Folha de S.Paulo*.[2] Cultivava contatos tanto na grande imprensa como nas Forças Armadas. Para alguns era um profissional arrojado; para outros, tratava-se de alguém que vivia de aparências e acima de suas posses.

Talvez vivesse no limiar dessas duas possibilidades.

No seu radar estavam duas grandes "empreitadas", ambas ao mesmo tempo ousadas e ambiciosas. A primeira consistia em reeditar a revista *O Cruzeiro*, publicação de grande relevância na imprensa brasileira em décadas anteriores. *O Cruzeiro* havia sido a principal revista ilustrada brasileira da primeira metade do século XX. Apesar do passado glorioso, seus dias como grande publicação tinham acabado e a revista deixara de circular em julho de 1975.

Menos de quatro anos após o fim de sua publicação, Baumgarten tentaria ressuscitar a revista. Para realizar tal intento, contaria com uma pouco usual parceria com o SNI, tendo em vista de que se tratava (ao menos em tese) de uma operação de cunho jornalístico.

A outra iniciativa era ainda menos ortodoxa. Baumgarten estava escrevendo um livro denominado *Yellow Cake*, no qual descrevia em detalhes uma sinistra trama envolvendo Israel, Saddam Hussein, altas autoridades do governo brasileiro e a produção de bombas nucleares.

Envolto em tramas tão obscuras, o próprio jornalista receava por sua vida e não tardou a vir o primeiro sinal de que suas desconfianças não eram nem um pouco despropositadas. Baumgarten, segundo a sua própria narrativa, fora vítima de uma tentativa de assassinato por envenenamento. Em sua versão, dois sujeitos tentaram inocular em seu corpo uma substância desconhecida por meio de uma ampola em uma rua pouco iluminada da cidade do Rio de Janeiro.

Parecia mania de perseguição. Mas não era. Tampouco significava histeria de alguém facilmente impressionável. Indícios convincentes apontavam a plausibilidade da narrativa. Pouco tempo depois, um funcionário da Telecomunicações do Rio de Janeiro (Telerj) morreu em um ataque exatamente igual ao descrito por Baumgarten, também na cidade do Rio de Janeiro. Ainda segundo Baumgarten, teria sido uma vítima da comunidade de informações, pois o funcionário da companhia telefônica supostamente estaria fazendo "grampo por fora".[3]

Na qualidade de protagonista em conspirações clandestinas de tão sombrio aspecto, não era de estranhar que Baumgarten temesse pela própria vida. Em meio às suas atividades pouco comuns (que ainda por cima eram realizadas em parceria com a comunidade de informações), o jornalista preferiu se antecipar a um futuro (e provável) infortúnio e resolveu deixar uma espécie de dossiê em posse de algumas pessoas de sua confiança e cujo conteúdo deveria ser revelado caso viesse a ocorrer algum atentado à sua vida.

Provavelmente, imaginava que a divulgação das ameaças e a repercussão da sua "futura" morte poderiam salvar sua vida. Por isso, deu ciência sobre o dossiê a várias pessoas, inclusive a autoridades do governo. Também no campo das conjecturas, provavelmente não imaginou que a divulgação de que a sua vida corria perigo e de que tinha informações bombásticas poderia soar como ameaça para aqueles que tentava justamente dissuadir. Esse seria um dos seus grandes erros.

Nesse sinistro dossiê, Baumgarten imputava responsabilidade diretamente ao SNI caso viesse a morrer sob circunstâncias suspeitas. Para complicar ainda mais a situação, o jornalista citava nominalmente duas autoridades do alto escalão militar: os generais Otávio Medeiros e Newton Cruz, ministro chefe do SNI e chefe da Agência Central do mesmo ministério, respectivamente. Também enviara cartas aos dois, descrevendo seus inúmeros e fundados temores, sobretudo em relação à sua própria vida.

Nos envelopes, a ameaça que pairava sobre si ficou consignada de maneira expressa: "Este envelope, que vai devidamente lacrado, só deve ser aberto pelo destinatário no caso de que venha a ocorrer a morte ou alguma violência com Alexandre von Baumgarten ou algum de seus familiares."[4]

Apesar de todos os avisos, nada foi feito.

"Mostrengo"

Os relatos deixados por Baumgarten em seu dossiê representavam a face visível das estranhas atividades que o SNI passou a desenvolver. Naquela época, o "serviço" — como também era conhecido o órgão de informações — já havia deixado de ser um órgão de assessoramento governamental voltado para a atividade de informações. Havia tempos, transformara-se em uma verdadeira aberração.

Some-se a esse contexto o fato de que o último chefe do SNI deixara o serviço de informações rumo à Presidência da República. Se esse fato, por si só, não for o suficiente para demonstrar toda a influência do cargo, serve ao menos para balizar a sua importância estratégica durante o regime militar. Era um cargo cujo ocupante mais ouvia do que falava. Blindado pela própria natureza da atividade de informações, seu titular conhecia como poucos os bastidores do poder em Brasília.

A missão de substituir Figueiredo no posto coube ao general Otávio Medeiros, nomeado ainda pelo presidente Geisel assim que Figueiredo se desincompatibilizou do cargo de ministro chefe do SNI para disputar as eleições presidenciais, em junho de 1978.

O SNI de Figueiredo era uma máquina implacável de espionagem, capaz de levantar dados e informações de quem quer que fosse. Um tanto quanto disfuncional à época, havia se tornado "uma assessoria política do Planalto" em vez de um serviço de informações criado para atender o Estado.[5] Prova maior disso é que, durante a campanha de Figueiredo à Presidência, o SNI virou um grande comitê eleitoral que trabalhava ostensivamente a seu favor.

Ao assumir efetivamente o cargo após a desincompatibilização de Figueiredo, o general Medeiros se defrontou com uma realidade muito diferente daquela que motivou a criação do SNI. Não havia mais o combate à subversão, os grupos de esquerda que pregaram a luta armada no surto terrorista da década de 1970 foram dizimados e a infiltração comunista era puro delírio de meia dúzia de militares radicais ainda insistindo em viver em um tempo que já não existia.

Como afirmava o ex-ministro Golbery do Couto e Silva sobre o SNI, o mais difícil era conter o ímpeto do órgão, mesmo que a sua existência não mais se justificasse: "Matar os monstros não é tão difícil, remover os despojos é que é."[6] Naquele momento, caberia ao general Medeiros removê-los.

DOSSIÊ BAUMGARTEN

Com a sua chegada à chefia do SNI, o problema em parte seria revolvido, pelo menos em relação à falta de "clientela". O foco e os propósitos do serviço de informações passaram a ser outros, muito mais amplos em relação à época em que Figueiredo comandou o órgão, mais se assemelhando a uma holding empresarial do que propriamente a um serviço de informações, como bem esclarecia editorial do *JB* à época:

> [...] o SNI transformou-se de órgão de informação em órgão operativo, dedicado a funções de repressão, abarcando em seu raio de atuação uma gama enorme de atividades: controle de jornais, revistas, atividades empresariais, administração de florestas, garimpo de ouro, operações financeiras, computação, censura telefônica ao arrepio da lei etc.[7]

Mas não parava por aí. O general Medeiros tinha planos de internacionalizar a atividade, expandindo-a para além das fronteiras brasileira. Não queria mais apenas comandar uma holding empresarial, mas sim uma verdadeira transnacional, cujos tentáculos abarcassem uma gama de atividades em distintas partes do mundo. Naquele período, até uma empresa denominada Prólogo, cujo objeto social era o desenvolvimento de tecnologia para cartões de banco, chegou a ser montada pelo SNI.[8]

Por incrível que pareça, esses não eram os seus planos mais ambiciosos.

O general Medeiros tinha um perfil moderno, era pragmático e possuía sinceras aspirações presidenciais. Era possível que imaginasse que, tal qual havia ocorrido a Figueiredo, o SNI poderia impulsioná-lo à Presidência da República. Assim, as suas iniciativas para desenvolver o órgão de informações não eram poucas nem modestas. De tão ambiciosas soavam quase como megalômanas e acabariam por desfuncionalizar o órgão, afastando-o completamente dos objetivos básicos para os quais havia sido criado.

O novo ministro chefe do SNI queria modernizar o órgão de informações segundo suas crenças e convicções pessoais assentadas na premissa de que o Brasil deveria se tornar "um relevante *player* internacional".[9]

Um perfil traçado pelo jornalista Roberto Lopes demonstra o tamanho de revolução silenciosa que o general pretendia realizar na comunidade de informações, e também a sua visão estratégica do papel a ser desempenhado pelo SNI: "Octávio (sic) Medeiros era 'científico', acreditava na informática, nos planejamentos baseados em estatísticas, levantamentos de campo. Ele queria colocar o SNI 'para fora', operacional. Ativo nas principais embaixadas do exterior, infiltrado nos partidos políticos, vigilante, perseguidor, informante."[10]

Somava-se a esse conceito arrojado e internacionalista do serviço de informações a pretensão do regime militar em tornar o Brasil uma potência mundial. Típica da ditadura militar, essa aspiração se materializava mais uma vez em planos ambiciosos e um tanto megalomaníacos. Juntas, essas iniciativas seriam capazes de fazer um estrago.

Assim, estavam dadas as condições para uma das maiores e mais despropositadas aspirações delineadas no governo Figueiredo: a detenção da tecnologia nuclear para fins militares em parceria com o Iraque.

O ministro Medeiros chegou a viajar de maneira sigilosa para Bagdá no segundo semestre de 1981. O sigilo da viagem não era à toa. O general brasileiro teria uma longa audiência com o próprio Saddam Hussein, na qual seria discutida a ampliação da cooperação tecnológica entre os dois países no campo nuclear.[11]

Era esse tipo de objetivo que guiava os rumos do SNI durante o governo Figueiredo. A afirmação de que o órgão havia sido "apenas" desfuncionalizado ao longo dos anos soava ingênua e já não refletia a radical mudança de seus objetivos. Do órgão de informações restava o nome, pois agora tratava-se de uma verdadeira agência de espionagem imersa em objetivos clandestinos e espúrios.

Não foi à toa que o criador do SNI, general Golbery do Couto e Silva, ao perceber no que a sua "criatura" havia se transformado, não teve dúvidas em qualificá-la de forma pouco meritória, intitulando-a

DOSSIÊ BAUMGARTEN

de "mostrengo".[12] Nada mais verdadeiro. O descompasso entre criador e criatura refletia o grau de transformação (para pior) pelo qual a comunidade de informações havia passado.

Já o atual chefe do "mostrengo" parecia acreditar piamente no acerto estratégico da parceria com o Iraque, muito provavelmente apostando que o seu êxito poderia credenciá-lo a voos ainda maiores: "O Medeiros achava que o Iraque deveria se transformar no grande aliado do Brasil no Oriente Médio. Ele apostou que seria possível desenvolver um projeto nuclear conjunto que beneficiasse os dois países."[13]

Contudo, o chefe do SNI não contava que, além dos mísseis de Israel, outro artefato muito mais prosaico acabaria por atravessar o seu caminho. Seria um livro. Um livro, apenas. Mas jogaria por terra todas as suas pretensões.

Tanto as nucleares quanto as presidenciais.

A volta da revista *O Cruzeiro*

Se não bastasse estar escrevendo o livro *Yellow Cake*, ainda havia mais uma jogada de Baumgarten imersa em aspectos duvidosos, e que em nada se assemelhava a uma empreitada jornalística usual. Tratava-se da revitalização da revista *O Cruzeiro*. A estratégia para tanto é que não poderia mesmo ser considerada muito comum, pois baseava-se em uma estranha parceria com o SNI, que ficaria encarregado de obter anunciantes para a revista em troca da linha editorial da ressuscitada publicação ser favorável ao governo.

Assim, a iniciativa de Baumgarten nada tinha de nobre no sentido editorial ou jornalístico. O jornalista não buscava reviver os dias gloriosos da revista que remontavam à década de 1950. Não era nada disso, como o próprio Baumgarten explicava em declaração do início da década de 1980:

Fui então solicitado pelo general Newton Cruz a editar a revista para tentar formar uma corrente de opinião pública favorável à

Revolução de 1964 e ao governo federal, já que ambos estavam muito desgastados junto ao povo. Para isso me foram prometidos recursos, em anúncios ou em espécie, da ordem de 110 milhões de cruzeiros, com os quais deveria manter a revista por um ano e publicar todas as matérias que me fossem solicitadas pelo SNI.[14]

Naquele momento, surgia o que se convencionou chamar de Operação "O Cruzeiro", algo que nada tinha a ver com uma publicação jornalística séria e independente. Muito pelo contrário. Em realidade, tratava-se "da tentativa de criar um empreendimento comercial tomando dinheiro do governo".[15]

Sem dúvida, um negócio escuso.

Assim, a revista voltou a circular em setembro de 1979 com periodicidade quinzenal e operação desde o início deficitária. Era um negócio fadado ao fracasso, salvo se houvesse uma interferência externa capaz de suprir o déficit comercial, como Baumgarten imaginava que aconteceria. No entanto, o negócio não se desenvolveu de acordo com as otimistas previsões do jornalista e logo tudo desandaria de forma definitiva.

Em poucos meses do curso da publicação, todos os públicos de interesse da revista — leitores e anunciantes — já tinham percebido seu dirigismo oficial, o que a estigmatizou em uma época na qual o governo "surfava" em uma gigantesca onda de impopularidade. Em um contexto tão adverso, as receitas da revista (seja da venda de exemplares por meio de assinaturas ou em bancas de jornal) somadas a toda a publicidade eram insuficientes para cobrir as despesas, e o prejuízo acumulado crescia progressivamente.

No rastro do retumbante fracasso, acumularam-se os desentendimentos com o "patrocinador" da revista, o SNI. Chamado recorrentemente a cobrir o déficit, o serviço de informações percebeu o desacerto da empreitada e rapidamente tentou se desvencilhar da "armadilha" na qual voluntariamente caíra.

Assim, não havia nenhuma maneira de salvar a revista — pelo menos em termos de racionalidade financeira —, embora Baumgarten

DOSSIÊ BAUMGARTEN

permanecesse firme no propósito de não desistir. Chegou a envolver até o ministro Golbery em uma iniciativa que resultaria em uma operação de empréstimo por parte da Caixa Econômica Federal. Não deu certo. Golbery, velha raposa política que farejava a quilômetros de distância o cheiro de confusão desse incauto empreendimento, logo tratou de se afastar da confusa empreitada com uma lacônica declaração: "Não entraria nesse barco."[16]

A Operação "O Cruzeiro" terminou para Baumgarten em fevereiro de 1981, quando a revista, afundada em dívidas, foi repassada a novos donos. Naquele momento, até um dos sócios do controverso jornalista já havia hipotecado a própria casa a fim de saldar duplicatas emitidas que não tinham sido pagas pela publicação. Foi um verdadeiro desastre. Uma operação complexa envolvendo dinheiro público com a participação secreta do SNI em algo completamente alheio às atribuições usuais de um serviço de informações, em qualquer tempo e em qualquer país, tinha tudo para dar errado.

E deu. Envolvido em uma trama que continha vários ingredientes que mais lembravam o submundo da máfia, parecia que nada de pior poderia estar contido no dossiê do jornalista.

Só parecia. Revelações ainda mais bombásticas em seus manuscritos transformariam os obscuros detalhes da tentativa de revitalização da revista em algo menor.

Yellow Cake

O jornalista Alexandre Von Baumgarten também estava envolvido em outras iniciativas bem mais perigosas do que a tentativa de revitalizar *O Cruzeiro*: dedicava-se a escrever um confuso livro intitulado *Yellow Cake*, cujo conteúdo era altamente explosivo.

Não seria um livro comum. O título em língua inglesa significava o nome da pasta de urânio que ao passar pelo processo próprio de enriquecimento torna-se a matéria-prima para a fabricação de bombas atômicas. Entre outros temas, a futura publicação iria tratar do acordo de cooperação nuclear celebrado entre o Brasil e o Iraque no início da década de 1980. Revelaria detalhes do programa nuclear iraquiano e da falácia sobre seus declarados fins pacifistas em uma trama que também envolvia o serviço secreto israelense e altas autoridades do governo brasileiro.[17] Também descreveria com minúcias o envolvimento das autoridades brasileiras nessa dinâmica e sua proximidade com o regime de Saddam Hussein e com Israel, em uma trama que mais se assemelhava a uma ficção de espionagem.

Se o conteúdo do livro era explosivo, o certo é que a sua narrativa por vezes soava um tanto quanto fantasiosa. Em contrapartida, tinha a virtude de ser coerente com a proximidade que realmente havia nas relações entre Bagdá e Brasília naquela época.

Um de seus ex-sócios na revista *O Cruzeiro* confirmava a histriônica personalidade de Baumgarten: "Ele constrói fantasias e invencionices [...] Chegou a dizer que um grupo de banqueiros do jogo do bicho estava interessado na revista. Maluquice. Pura maluquice."[18]

Nessa intrincada dinâmica se inseria a inverossímil narrativa de Baumgarten. O autor afirmava que uma ultrassecreta operação de venda de pasta de urânio enriquecida pelo Brasil ao Iraque no âmbito do programa de cooperação nuclear teria sido uma grande trama que se destinava na realidade a fornecer um pretexto para o bombardeio realizado por Israel ao reator do Iraque.[19]

A parte da venda da pasta de urânio, a tal *Yellow Cake* do título de seu livro, era verdadeira.[20] A parte que enveredava para um suposto complô entre Brasil e Israel para fornecer um motivo para o bombardeio do reator iraquiano já era mais difícil de ser comprovada. Era esse o tipo de ilação presente no livro que Baumgarten estava escrevendo.

É certo que sua narrativa continha uma trama imprecisa que até os mais crédulos teriam alguma dificuldade para acreditar. Mesmo não conseguindo estabelecer uma conexão lógica entre os personagens e os fatos que abordava, e com alguma dificuldade para entrelaçar as ideias, seu livro partia de premissas reais que no desenrolar da sua narrativa poderiam soar fantasiosas, principalmente devido aos prováveis arroubos imaginativos do autor na construção da história.

DOSSIÊ BAUMGARTEN

Todavia, poderiam servir como um ótimo ponto de partida para investigações mais consistentes sobre os fatos narrados. Baumgarten não partia de lugar nenhum. Pelo contrário. As premissas nas quais se baseava eram reais. No entanto, o desenrolar da narrativa é que enveredava para afirmações difíceis de acreditar e quase impossíveis de se comprovar.

Embora confuso, o conjunto da obra não era de todo ruim, nem podia ser totalmente descartado. O Ministério Público que investigava parte das acusações contidas no livro de Baumgarten chegou a afirmar de que se tratava de uma "novela-verdade".[21]

Seja como for, resta claro de que para aqueles que tinham algo a temer em relação às revelações de Baumgarten, a informação de que o jornalista pretendia publicar um livro era no mínimo um sinal de alerta. Mas poderia despertar também um fundado receio na conclusão e divulgação futura da obra, soando como uma ameaça em potencial.

Provavelmente, o livro teve maior influência no trágico destino de Baumgarten do que a deficitária e malsucedida operação da revista *O Cruzeiro*.

A batalha das Caravelas

Baumgarten se tornara vítima do próprio enredo sinistro que criara. Enunciando denúncias a esmo e prometendo revelá-las em um livro que muitos sabiam que estava escrevendo e que o próprio jornalista não fazia questão de ocultar, tornara-se alvo potencial por motivos variados, embora todos associados ao denuncismo que apregoava.

Tudo indicava que algo lhe aconteceria. E aconteceu.

O jornalista saiu de casa na manhã do dia 13 de outubro de 1981 e nunca mais retornou. Planejara para aquele dia uma aparentemente inofensiva pescaria nas ilhas Cagarras, acompanhado apenas pela esposa e por um barqueiro. Seu corpo reapareceria doze dias depois, boiando na praia da Macumba. Sua mulher, Jeanette Hansen, e o barqueiro, Manoel Augusto, que o acompanhavam, jamais tiveram seus corpos encontrados.

ME ESQUEÇAM – FIGUEIREDO

O desaparecimento do jornalista estava cercado por mistérios que aparentavam ser o trágico desfecho do atribulado e perigoso meandro em que se transformaram os últimos anos de sua vida. Tudo o que cercava o caso estava imerso em uma aura de mistério.

Em 2014, em depoimento à Comissão Estadual da Verdade do Rio de Janeiro (CEV-Rio),[22] o coronel Paulo Malhães denominou o episódio "combate das caravelas", afirmando que um barco partiu atrás da traineira e atirou em seus tripulantes. Tal ação teria sido planejada por um oficial do Exército. Ainda segundo a versão apresentada nesse depoimento, houve a tentativa de dissimular os assassinatos atirando os corpos ao mar para que desaparecessem.

Essa narrativa coincide com a versão de outro oficial, cujo nome foi preservado pelo jornalista Elio Gaspari, ao descrever o crime em seu livro *A ditadura encurralada*: "A lancha em que ia com a mulher e um barqueiro se encontrou com outra, na qual Baumgarten reconheceu alguns amigos. Recebeu-os a bordo e foi metralhado."[23]

Durante os doze dias em que o corpo do jornalista ficou desaparecido, as teorias da conspiração proliferaram. A mulher do barqueiro e até um dos sócios de Baumgarten acreditavam que tudo não passava de uma armação do próprio jornalista, que supostamente estaria se fingindo de morto com o intuito de se manter no anonimato no exterior.

Após o aparecimento do corpo, foi divulgado que a causa da morte teria sido afogamento. Não era verdade. A causa de seu óbito era outra: três perfurações por projéteis disparados por arma de fogo. No entanto, foi enterrado como se tivesse sido vítima de afogamento, e dessa maneira o óbito foi inicialmente divulgado pelos jornais. À medida que os detalhes iam sendo revelados, toda a trama ia ficando mais sinistra e com ares de conspiração.

Algum tempo depois, o jornalista Xico Vargas receberia na própria delegacia responsável pela apuração da morte de Baumgarten a prova cabal de que não houvera afogamento: ao solicitar a documentação disponível sobre o caso, Vargas recebeu um recipiente contendo os dispositivos que vitimaram Baumgarten.[24]

Era o fim da farsa.

DOSSIÊ BAUMGARTEN

Entre o retorno da revista *O Cruzeiro* e a elaboração de *Yellow Cake*, parece mais provável que o livro tenha motivado o assassinato. Ainda que no campo das conjecturas, a análise de Elio Gaspari é elucidativa nesse sentido:

> Não foi a *Operação O Cruzeiro* que provocou a morte de Baumgarten. A Operação seguiu seu curso inexorável e o negócio faliu em 1981, um ano antes do assassinato do jornalista. Ele continuou trabalhando no texto de *Yellow Cake*. Mais tarde, quando apareceu uma cópia, tinha 87 páginas. Baumgarten sabia muito, falava demais e estava escrevendo o livro.[25]

Diferentemente do caso Riocentro, a morte de Baumgarten não poderia ser atribuída aos comunistas nem a quaisquer outras organizações radicais de esquerda. Dessa vez, o próprio morto havia acusado o serviço de informações de planejar o seu assassinato e não houve como o SNI se desvencilhar da péssima fama que o episódio lhe rendeu.

Se o ministro chefe do SNI acalentava alguma aspiração presidencial, ela se esvaiu com a divulgação do dossiê Baumgarten e de toda a repercussão negativa que envolveu o assassinato do jornalista. A partir dessa crise, o general Otávio Medeiros deixava definitivamente de ser uma opção viável à sucessão do presidente Figueiredo.

Já o general Newton Cruz foi acusado pelo MPERJ pela morte do jornalista Alexandre von Baumgarten. Em julho de 1992, Cruz foi julgado pelo tribunal do júri e, em sessão que durou mais de trinta horas, foi absolvido por unanimidade.

O ex-presidente compareceu à sessão e acabou inclusive por ser citado nas argumentações do promotor de Justiça. Ao final do julgamento, Figueiredo deu um emocionado abraço em Newton Cruz, seu antigo auxiliar dos tempos de Presidência.

Nunca se descobriu quem foram os reais assassinos do jornalista, tampouco foram achados os corpos das pessoas que o acompanhavam na fatídica pescaria em outubro de 1981. Mesmo após os novos depoimentos colhidos pela Comissão da Verdade, o caso continua inconcluso.

Capítulo 11

O autoritarismo agonizante

Vou chamar o Pires

Uma das famosas frases do presidente Figueiredo era a singela "Vou chamar o Pires". Poucas palavras, é verdade. Mas, naquela época, significavam muita coisa. Mais que isso, davam margens a interpretações ao gosto de quem ouvia. E não foram poucas.

Em realidade, em algumas oportunidades Figueiredo ameaçava deixar subitamente o governo e, diante dessa hipótese, Walter Pires, o ministro do Exército, supostamente seria chamado pelo próprio presidente para assumir em seu lugar. Era uma ameaça implícita. Relacionava de forma bastante perspicaz duas questões bastante sensíveis durante o regime militar.

A primeira delas era a exagerada importância atribuída à figura de ministro do Exército, pois durante o regime de exceção o cargo ganhou extrema relevância, sendo apontado na prática como o segundo posto mais poderoso da República, imediatamente após o cargo de presidente.

O AUTORITARISMO AGONIZANTE

A experiência confirmava tal afirmação. Ocupar o cargo de ministro do Exército durante o regime, além de sinal de liderança entre os militares, gerava ao ocupante a condição implícita de postulante natural à Presidência da República. Assim, exercer a função durante o regime militar era ocupar, ao mesmo tempo, um cargo temido e cobiçado, capaz de "emparedar presidentes" (Humberto Castelo Branco e Artur da Costa e Silva na sucessão presidencial de 1967) e deflagrar crises militares em nível institucional (Ernesto Geisel e Sylvio Frota na crise de outubro de 1977).

A segunda questão sensível contida na frase remetia à quebra da legalidade vigente. Se realmente Figueiredo largasse tudo e "chamasse o Pires" para governar, a ordem constitucional estabelecida seria imediatamente rompida, pois quem deveria assumir, obviamente, não era o ministro do Exército, mas sim o vice-presidente Aureliano Chaves.

Assim, chamar o Pires naquele momento podia parecer bravata ou mera piada de gosto duvidoso utilizada para aliviar momentos de maior tensão, mas podia significar muita coisa também.

No contexto em que Figueiredo a utilizava, sem dúvida soava como uma ameaça. Pelo menos assim parecia. Diante de uma crise em seu governo, o presidente por vezes se valia da alusão intimidante, dando a entender que "o ministro do Exército, com a sua tropa, daria a última palavra".[1]

A sempre bem informada Coluna do Castello chegou a dar uma variação da famosa frase que deixava ainda mais claro o seu sentido: "Deixar tudo isso e chamar o Pires para governar."[2] Parece óbvio que estava implícita na expressão, além de uma possível quebra da legalidade vigente, certo menosprezo pela figura do vice-presidente (substituto natural do presidente da República por expressa dicção constitucional).

Ao ser indagado em sua última entrevista como presidente o que exatamente a frase "vou chamar o Pires" queria dizer, Figueiredo explicou que em uma reunião com seus ministros mais próximos, em que temas abordados já lhe traziam certo desgosto havia algum tempo, ameaçou os presentes de forma irônica dizendo que iria "largar tudo e chamar o Pires".[3] Em suas memórias, o presidente se recordava de que a "bravata" foi seguida por uma grande gargalhada, e esclareceu que se tivesse realmente que "largar tudo" passaria o poder para Aureliano Chaves, seu vice, não para o ministro Walter Pires.

Melhor assim.

Contudo, independentemente das explicações de Figueiredo, a frase passou para a história como sinônimo de ameaça velada e alusão ao poderio implícito do ministro do Exército, que poderia ser chamado para resolver eventuais litígios baseando-se no uso da força, não nas competências próprias que o cargo lhe atribuía (até porque a solução de eventuais impasses governamentais não era inerente às atribuições do cargo).

Implicitamente, por mais que essa não tenha sido a real intenção de Figueiredo, a frase também remetia ao ano de 1969. Naquela oportunidade, em virtude do impedimento do presidente Costa e Silva, uma Junta Militar se autoinstituiu no poder, impedindo que o vice-presidente Pedro Aleixo (substituto legal do presidente impedido) assumisse a Presidência da República.

A frase "vou chamar o Pires" acabou entrando para o rol de frases famosas do ex-presidente Figueiredo como um símbolo da tradição autoritária do regime militar, mesmo em tempos de abertura política.

Entretanto, o Brasil havia mudado. Aquela primeira metade da década de 1980 em nada se assemelhava ao longínquo ano de 1969. As ameaças à legalidade ficaram mesmo nas palavras dúbias e nas frases mal explicadas. Nem o general Walter Pires acreditava nas bravatas de João Figueiredo, chegando a achar graça quando comentavam a descabida hipótese na sua frente.

Eram outros tempos e a abertura política se impunha como vontade soberana do povo brasileiro. Mas ainda havia autoritarismo.

E muito.

Demolição na praia do Flamengo

A UNE foi um dos grandes símbolos de resistência ao regime instaurado em 1964, povoando o imaginário dos comandantes militares pelo seu poder de mobilização popular. Em muitas ocasiões, esse suposto poder foi superestimado pelos militares, que tinham calafrios com supostas agitações estudantis influenciadas por agentes a mando do "onipresente" comunismo internacional, que, à época, em realidade, se tratava de uma ameaça um tanto quanto falaciosa.

Apesar de tais crenças continuarem a existir em desfavor da entidade, a verdade é que os tempos já eram outros. No início do governo Figueiredo já haviam transcorrido quase quinze anos da invasão e do incêndio à sede da UNE, logo após a instauração do regime militar. Nos novos ares da abertura política, os estudantes queriam voltar para o imóvel que consideravam sua "casa", simbolizado pela antiga sede na praia do Flamengo, àquela altura um prédio abandonado após ter sido ocupado por um centro de artes ligado à Universidade Federal do Estado do Rio de Janeiro (Unirio).

Em março de 1980, a diretoria da UNE afirmou que realizaria uma ocupação simbólica em sua antiga sede. Havia até data marcada: início de abril daquele mesmo ano. Talvez esse tenha sido o grande erro dos estudantes que acreditaram em demasia na condescendência do governo, provavelmente se fiando que entrariam de carona no processo de abertura, fortemente impulsionado pela anistia concedida por Figueiredo no ano anterior. Ingenuamente, avisaram com antecedência sobre a ocupação quando a melhor opção seria valer-se do fator surpresa.

Se faltou malícia por parte dos estudantes, sobrou maquiavelismo por parte do governo. O aviso prévio sobre a ocupação foi a senha para que o governo encurtasse as rédeas da abertura em relação aos estudantes e deixasse a postura tolerante em relação ao congresso estudantil realizado no ano anterior para trás.

A postura do governo Figueiredo dessa vez foi cirúrgica e tentou inviabilizar o movimento, antecipando-se à ação de ocupação. Valia-se de uma premissa lógica: os estudantes só poderiam promover uma ocupação caso houvesse um imóvel no local; se tal imóvel fosse demolido antes de abril, não haveria a propalada ocupação.

Assim, em vez de deflagrar alguma ação violenta, coibindo a entrada no prédio ou reprimindo uma eventual manifestação, o governo simplesmente resolveu demolir de forma extremamente rápida a antiga sede da UNE.

Era uma ação que de certo modo evitava uma eventual desocupação baseada na força, mas, ao mesmo tempo, era carregada de autoritarismo e desconsiderava o valor histórico: demolir o prédio que por anos abrigou a sede da UNE, pelo simbolismo que representava, significava colocar abaixo um ícone da mobilização popular e da luta cívica no Brasil. Tal ação poderia ser realmente menos violenta em comparação com outras ações arbitrárias e truculentas ocorridas durante o regime militar, mas não era menos impactante.

A iniciativa da demolição partiu formalmente do governo federal, que entendia que o prédio era de propriedade da União e fora utilizado por tantos anos pela UNE sem autorização do governo.[4] A "coincidência" soava quase anedótica e não escapou de uma coluna bem-humorada no jornal *Folha de S.Paulo,* que, com senso de oportunidade, propalava:

> É o caso da demolição da antiga sede da União Nacional dos Estudantes (UNE), promovida pela Superintendência da Polícia Federal, Demolições Incorporated, uma nova empresa que foi constituída no Rio de Janeiro. [...] É realmente emocionante o zelo com que subitamente se imbuíram o Serviço de Patrimônio da União e a Polícia Federal pela segurança da população: o prédio ofereceria riscos aos transeuntes e para quem porventura estivesse em seu interior. Curiosa coincidência que um sólido prédio, que aguentou incólume a esses últimos dezesseis anos, mesmo depois do criminoso incêndio ateado em 1964, se torne um grave risco no mesmo momento em que a União Nacional dos Estudantes voltou — aliás com

a tolerância do atual governo — a se reconstituir. E antes que os estudantes mostrassem veleidades a reocupar a sua antiga sede, picaretas ao ar e abaixo o diabólico prédio.[5]

Assim, surgiu a justificativa oficial para que, em face das péssimas condições estruturais do edifício (que fontes oficiais afirmavam ter sido constatadas em laudos técnicos), o prédio fosse demolido. De forma atípica e irregular, a demolição ocorreu em arrepio às normas municipais, sem tapumes nem placas indicando o responsável técnico.[6] Apesar dessas irregularidades, os trabalhos foram iniciados e transcorreram em ritmo acelerado.

No entanto, o processo de demolição foi interrompido em virtude de uma medida liminar concedida pela 3ª Vara Federal do Rio de Janeiro, que ordenava a interrupção dos trabalhos ao mesmo tempo que proibia o ingresso de terceiros no prédio, pois a medida judicial também pretendia evitar uma invasão e posterior ocupação do imóvel pelos estudantes.

O cumprimento dessa liminar sempre foi repleto de dificuldades e marcado por sucessivos atrasos, o que favorecia a demolição e tirava o efeito concreto da medida judicial, tendo em vista a irreversibilidade fática de um processo de demolição. Na prática, as decisões judiciais no sentido de interromper imediatamente os trabalhos, mesmo com a presença de oficiais de Justiça exigindo o cumprimento imediato da ordem, não eram acatadas rapidamente e os trabalhos demoravam bastante para ser paralisados.

Todavia, não se tratava de falta de entendimento sobre a decisão judicial ou de possível dúvida sobre a validade da decisão. Era autoritarismo explícito mesmo, subvertendo a ordem e a lei. Alguns parlamentares acompanhados por estudantes se dirigiram ao quartel-general da Polícia Militar do Rio de Janeiro para tentar sustar a demolição com base na decisão judicial. Lá receberam a comunicação que refletia com precisão a desordem daquele tempo: "A PM não acata a decisão judicial."[7] Esse era um exemplo do pouco apego à lei justamente daqueles que deveriam resguardá-la.

Tempos bicudos.

Após a bizarra comunicação, restou aos estudantes buscar pessoalmente o juiz responsável por conceder as liminares, o dr. Carlos Aarão Reis. Primeiro telefonaram para sua casa e foram informados de que ele acordava tarde. Irresignados, se dirigiram pessoalmente ao local. Lá, uma empregada doméstica alegou ter ordens expressas de não incomodar o juiz até as 14h.[8]

Se acordava tarde, o certo é que desperto o juiz Aarão Reis não titubeava em fazer prevalecer a sua autoridade. Em uma de suas liminares cujo cumprimento tornara-se objeto de enormes dificuldades, protagonizou uma cena que entrou para a história: cansado de ver descumpridas as ordens judiciais, ele se dirigiu pessoalmente à praia do Flamengo acompanhado por um oficial de Justiça. De revólver em punho, exigiu que os operários paralisassem imediatamente os trabalhos, chegando inclusive a apontar a arma para um agente da Polícia Federal.

Aarão Reis deixou a sede da UNE em cerca de vinte minutos levando os operários e o encarregado pela obra à Justiça Federal para prestar depoimento. Pretendia, por meio dessas oitivas, saber quem era o responsável pelo crime de desobediência, já que tanto a Polícia Militar do Rio de Janeiro quanto a Polícia Federal cercavam o prédio durante os trabalhos de demolição.

Ao sair do local, foi bastante aplaudido pelos estudantes que, em coro bradavam: "A UNE somos nós, a nossa força, a nossa voz."[9] Antes de entrar em seu Opala preto para ir embora, o juiz deu apenas uma breve declaração: "A ordem judicial foi cumprida, sendo sustada a demolição. Não há operários presos. Estão apenas prestando declarações com a finalidade de estabelecer quais são os responsáveis pela desobediência."[10]

A imagem de um juiz tendo de se armar para fazer valer a autoridade da sua decisão ante forças de segurança oficiais marcou o período final do regime militar, em que o arbítrio e o retorno pleno ao Estado de direito travavam verdadeiros embates. Naquele momento, de revólver em punho diante de policiais militares e federais, "ele era a Lei e a polícia a desordem".[11]

Aquele juiz magro, de semblante jovial e cabelo cheio (como era moda à época), personificou a falta de submissão do governo ao império da lei. A anarquia militar entranhada na estrutura dos órgãos de repressão e combate à subversão se espalhou pela estrutura dos órgãos de segurança. Era impossível saber naquele momento quem dera a ordem de demolição, tampouco se sabia de onde partira a ordem de não interromper os trabalhos, a despeito da liminar concedida pela Justiça.

Como era de supor, essa ação do magistrado repercutiu enormemente na opinião pública e nas entidades de classe. Além da forte repercussão na mídia, a OAB se posicionou publicamente, considerando o episódio um "descalabro",[12] com um juiz tendo que executar a sua própria decisão, já que a ordem judicial não estava sendo cumprida de maneira espontânea, em arrepio ao que se entende por um Estado de direito com separação de poderes.

Já o governo escalou o ministro da Comunicação, Said Farhat, para dar explicações. Diante da repercussão da cena protagonizada por Aarão Reis, o ministro se limitou a dizer que a decisão fora cumprida e que o caso ainda seria analisado pelo TFR.

A Polícia Militar se antecipou e afirmou que estava presente ao local apenas para preservar a integridade de transeuntes que eventualmente pudessem caminhar perto de um prédio em demolição, afirmando que a responsabilidade pela obra em si era da Polícia Federal, tendo em vista que o imóvel objeto da liminar era de propriedade da União.[13]

Já a Polícia Federal preferiu não se manifestar. E as coisas ainda piorariam. No dia seguinte à ação do juiz, houve um protesto de estudantes apoiados por deputados estaduais que acabou em grande confusão e com alguns feridos. Cerca de trinta pessoas foram presas, em sua maioria estudantes, em uma ação da tropa de choque considerada bastante truculenta pela imprensa.[14]

Contudo, não houve jeito. Apesar das liminares, da bravura e do voluntarismo do juiz Aarão Reis, e das manifestações estudantis e de entidade de classes, o prédio da UNE foi realmente demolido em

1980, após o TFR cassar todas as liminares que impediam a continuidade da execução da obra.

O juiz Aarão Reis continuou a manter as suas atividades como magistrado, Porém, dois anos depois, acabou colocado em disponibilidade com vencimentos proporcionais, não vindo a atuar mais como juiz federal, após cerca de oito anos de atuação efetiva na magistratura.

Essa demolição, em meio ao processo de abertura, foi uma das marcas daquele início de governo Figueiredo, no qual a abertura sofria o dualismo de posturas tolerantes e autoritárias ao mesmo tempo.

Dificilmente uma decisão desse tipo, com essa carga de simbolismo e de enorme repercussão na imprensa, deixaria de contar com o conhecimento prévio e a própria anuência do presidente da República. Era a abertura lenta, gradual e segura planejada por Geisel e Golbery sendo consolidada por Figueiredo, ainda sujeita a constantes avanços e recuos.

No caso da demolição da sede da UNE, exposta também em todas as suas contradições.

"Sequestro" do DC-10

O voo número 861 da Viação Aérea Rio-Grandense (Varig) partiria de Nova York para o Rio de Janeiro em uma terça-feira aparentemente comum do mês de outubro de 1980. Não havia indicação de quaisquer dificuldades meteorológicas na rota traçada para aquele voo, programado para pousar no Rio de Janeiro no início da manhã de quarta-feira. Também não havia escalas planejadas e, salvo algum imprevisto técnico que forçasse um pouso inesperado, os passageiros esperavam realizar um tranquilo voo noturno e acordar no início do dia seguinte no aeroporto de destino.

Mas não seria bem assim.

Entre os cerca de 170 passageiros que embarcaram naquela noite em Nova York, algumas pessoas eram conhecidas, como o ministro

O AUTORITARISMO AGONIZANTE

da Fazenda Ernane Galvêas e o renomado cirurgião plástico Ivo Pitanguy. Em que pese a notoriedade de alguns de seus passageiros, aquele voo era composto majoritariamente de cidadãos anônimos, provavelmente ávidos por voltar para casa após uma cansativa viagem de cerca de dez horas.

No entanto, nada saiu como o planejado para a maior parte das pessoas a bordo do avião da Varig naquela noite. Logo que o DC-10 decolou do aeroporto John F. Kennedy, nos Estados Unidos, todos os passageiros (ou a maioria deles) foram surpreendidos por um comunicado um tanto quanto incomum e bastante desagradável: junto aos avisos de praxe sobre condições da rota e altitude a ser atingida pelo avião, o comandante também informou pelos alto-falantes da aeronave que haveria uma escala imprevista em Brasília.

O episódio, que a revista *Veja* chamou de "o sequestro informal de um DC-10",[15] gerou muita polêmica e enorme insatisfação entre os passageiros. A começar pelo cirurgião Ivo Pitanguy, que não se furtou a afirmar à imprensa que, em seu ponto de vista, o correto seria a companhia aérea ter avisado aos passageiros sobre a mudança antes da decolagem. Segundo o cirurgião, a Varig deveria ter dado aos passageiros a alternativa de pegar outro voo, se assim preferissem, agindo de maneira a "não causar transtornos a centenas de pessoas".[16]

Não foi o que aconteceu.

A própria companhia aérea também teve prejuízo com a mudança de rota. Pelos dados publicados pela imprensa à época, a imprevista escala onerou a Varig em cerca de 12 toneladas adicionais de combustível em relação à previsão inicial de consumo de querosene de aviação, caso a rota original do voo não fosse alterada.

Instada a se manifestar em meio à enorme polêmica criada, a Varig se pronunciou formalmente sobre o assunto por meio de uma nota oficial na qual alegava "razões de Estado" para justificar a polêmica decisão:

> A Varig comunica que, levando em consideração as razões de Estado relativas à necessidade de embarque do minis-

tro Ernane Galvêas no voo presidencial para Santiago do Chile, como membro oficial da delegação do presidente da República, achou plenamente justificado solicitar permissão ao Departamento de Aviação Civil —DAC — para um pouso extra em Brasília no voo RG 861 Nova-York-Rio no dia 7 corrente. Os passageiros foram comunicados a bordo sobre um pouso extra após recebimento, pela tripulação, da autorização da empresa para a escala em Brasília.[17]

Após a nota oficial da companhia aérea, a polêmica se instalou de vez. A Aeronáutica se manifestou, afirmando que a solicitação de pouso havia partido do próprio gabinete do ministro Délio Jardim de Matos e que se justificaria "para atender um motivo relevante de governo".[18]

Definitivamente, as autoridades e a Varig não se entendiam sobre o que de fato havia ocorrido, o que aumentava ainda mais a repercussão do episódio.

Em meio a versões conflitantes, o comandante da aeronave se manifestou de forma confusa e pouco assertiva, acentuando a falta de entendimento sobre o caso. O piloto afirmou à imprensa que o correto seria avisar aos passageiros ainda no aeroporto sobre a alteração da rota. No entanto, nada podia fazer diante da pouco usual solicitação recebida, tendo em vista que seria "pago pela companhia para pousar onde mandarem".[19]

Questionado pela imprensa, o ministro Galvêas não via nada de anormal naquela situação, como afirmou ao *Jornal do Brasil*: "Minha viagem terminou só na terça-feira porque eu tinha contato com os banqueiros de Nova York. Não vi nada de especial, apenas aceitei a possibilidade que a Varig me ofereceu."[20]

Se ao ministro foi ofertada a incomum "gentileza" de uma escala não prevista, aos demais passageiros foi negado o direito de manifestar formalmente a sua insatisfação. A eles não restou sequer o direito de protestar após o desembarque no Rio de Janeiro: o livro de reclamações que servia a tal propósito subitamente desapareceu do salão do aeroporto, o que impediu que os passageiros que se sentiram lesados pudessem registrar sua contrariedade.

O AUTORITARISMO AGONIZANTE

A polêmica foi realmente significativa, a ponto de o *Jornal do Brasil* publicar um editorial exclusivo sobre o assunto, que em termos bastante contundentes criticava o ministro da Fazenda, condenando o episódio de maneira incisiva. O editorial, denominado simplesmente de "O sequestro", não poupava críticas à postura de Galvêas:

> Que nome deve ser dado a este ato? Foi um sequestro. O sequestrador não usava arma de fogo nem arma branca. Nem granada nem coquetel *Molotov*. Usava arma pior, que no Brasil tem produzido em muitos domínios — principalmente no domínio privado — o efeito das bombas. Era a arma grotesca do prestígio autoproclamado, do "sabe com quem está falando", dito pelo próprio ou por alguém que acompanha o homem VIP para essas coisas. O sequestrador era o ministro da Fazenda. [...] O sequestrador VIP desceu sem sinal de constrangimento e resolveu o seu problema, que era alcançar o avião no qual viajaria para o Chile a comitiva presidencial.[21]

A polêmica resistiu ao tempo, e quase quarenta anos depois continuava a repercutir na imprensa. Em junho de 2019, a coluna do jornalista Ascânio Seleme, publicada pelo jornal *O Globo*, relembrou o caso por meio de uma nota intitulada "Esqueci Galvêas", na qual a situação foi relatada da seguinte forma:

> Trata-se de Ernane Galvêas, presidente do Banco Central e ministro da Fazenda do governo do presidente João Figueiredo. O seu feito histórico foi mandar um avião de carreira fazer uma escala não prevista em Brasília. O ministro vinha de Nova York para o Rio num voo da Varig. Na época, não havia sequer alfândega no aeroporto de Brasília.[22]

A nota continua a narrativa descrevendo que Galvêas supostamente teria se dirigido diretamente ao piloto quando a aeronave sobrevoava Brasília. O comandante do voo ainda teria inutilmente tentado argumentar com o ministro. Essas duas últimas observações contradizem as matérias publicadas pela imprensa na época e as próprias declarações do piloto da aeronave. Conforme amplamente divulgado então, os passageiros foram avisados sobre a escala em Brasília logo após a decolagem pelo próprio comandante, que, de acordo com a sua narrativa, não se contrapôs à ordem recebida.

Já o ex-ministro Galvêas, rememorando os fatos, recordou-se de que recebera uma chamada telefônica urgente do ministro Venturini, em meio a uma reunião em Nova York, na qual se discutia a renegociação da dívida externa brasileira. Ausentando-se para atender à ligação, Galvêas recebeu um recado do próprio presidente transmitido pelo general Venturini: deveria estar em Brasília no dia seguinte para embarcar para o Chile, país onde Figueiredo faria uma visita em caráter oficial.

Por esse relato, a solicitação para que participasse da delegação brasileira havia partido das próprias autoridades chilenas, tendo o ministro da Fazenda daquele país protestado ao saber da ausência de seu colega brasileiro na comitiva que visitaria o Chile. Para evitar algum mal-estar diplomático, pessoas que acompanhavam o ministro Galvêas se propuseram a conversar com a Varig para verificar a possibilidade de o voo que levaria o ministro de volta ao Brasil realizar uma rápida escala em Brasília antes de pousar no Rio de Janeiro.

Ainda segundo a memória de Galvêas, a Varig foi receptiva à proposta, pois isso já havia acontecido anteriormente em situações similares. Pelo seu relato, o que causou a grande confusão foi a explicação à imprensa dada pelo Ministério da Aeronáutica, que afirmava que a ordem para que o avião fizesse a polêmica escala em Brasília havia partido do próprio ministério, em função de um suposto problema técnico da aeronave.

Ainda segundo o ex-ministro da Fazenda, essa explicação da Aeronáutica teria sido a causa raiz de toda a polêmica: "Mentiram para a imprensa. A imprensa logicamente ficou indignada pois imaginou que estavam todos mentindo. Eu que não estava mentindo entrei para a lista dos mentirosos."[23]

Com várias versões conflitantes, a inesperada escala em Brasília jamais foi esclarecida por completo. Seja como for, o fato é que passou

O AUTORITARISMO AGONIZANTE

para a história como mais um episódio de autoritarismo em meio à abertura política capitaneada pelo governo Figueiredo.

Como escravos de Debret

Corria o ano de 1982. A economia ia mal. Mas a abertura política ia bem, apesar da falta de esclarecimentos sobre o caso Riocentro por parte da investigação oficial. O país se preparava para a maior eleição livre em mais de quinze anos, a ser realizada em novembro. Os ares de autoritarismo pareciam estar indo embora.

Só pareciam.

Naquele início da década de 1980, o arbítrio convivia em relação conflitante com a abertura que se impunha, entre avanços e retrocessos. Volta e meia algum resquício de autoritarismo retrógrado incendiava o noticiário. Muitas vezes, em imagens inusitadas e chocantes.

Esse foi o caso da capa do *Jornal do Brasil* de 30 de setembro de 1982, que estampava uma foto de oito homens, todos negros, amarrados pelo pescoço por uma tosca corda durante uma incursão policial em duas[24] das inúmeras favelas cariocas. A imagem, por demais chocante, era acompanhada de uma legenda singela: "Todos negros, em fila, corda no pescoço, os detidos caminham para a caçapa. Como escravos."[25] A reportagem ainda pontuava: "só faltavam os grilhões no pé."[26]

Era exatamente isso. Tosca mesmo foi a desculpa de um dos tenentes da Polícia Militar responsáveis pela operação: "Não temos algemas para todos. Por isso, tivemos que coagi-los psicologicamente."[27]

Coincidentemente ou não, todos os presos da "peneira" eram homens negros. A imagem gerou horror nas pessoas que a presenciaram, pois intuitivamente remetia à escravidão. A foto causou indignação e comoção na opinião pública, sendo difícil saber quais desses dois sentimentos prevalecia. Era evidente o caráter racista da operação, embora essa questão não tenha sido explorada com profundidade pela mídia da época.

Remanescia, porém, a questão dos direitos humanos. Enquanto os oito homens eram levados amarrados pelo pescoço, muitas mulheres e outros parentes protestavam sob o grito de "covardes". Os policiais, armados de metralhadoras e cassetetes, os ameaçavam de prisão e ordenavam de forma hostil para que se afastassem imediatamente.

O fundamento da prisão era capaz de piorar aquilo que já era muito ruim: as pessoas seriam conduzidas à delegacia para a verificação de "antecedentes". Caso não houvesse nenhum fato desabonador em seu desfavor, seriam liberadas. A presunção era de culpa, mesmo sem provas ou quaisquer indícios em sentido contrário.

Duros tempos.

Ao serem indagados sobre a que exatamente se referiam quando afirmaram que todos seriam levados à delegacia para a verificação de antecedentes, os policiais não responderam diretamente, esquivando-se da insistência dos jornalistas. No entanto, a pergunta provocou neles "risos de forma descontraída".[28] Naquele momento, embora formalmente representassem a lei vigente e a ordem instituída, aqueles policiais eram a imagem da desordem e do abuso de autoridade.

E ainda faziam troça.

Sem dúvida, tal atitude era fruto direto da anarquia militar que se instalara nos quartéis e se expandia para outras instituições também de caráter militar, a exemplo das polícias militares de âmbito estadual, que em muitos casos eram comandadas por oficiais do Exército.

Igualmente chocante era o fato de os policiais ainda se deixarem fotografar ao lado de seres humanos amarrados pelo pescoço, como se fossem capatazes do período colonial. O aparente tom de normalidade da foto, como se fosse algo corriqueiro, aumentou ainda mais a indignação geral. Mais que bom senso, faltava respeito à lei. Para aqueles policiais, parecia não haver quaisquer limites durante uma batida, a não ser os delimitados por eles mesmos. Era a síndrome do poder mínimo que comprometia a hierarquia naqueles tempos bicudos.

Ao final da operação, não houve mesmo jeito — apesar dos apelos daqueles que assistiam à grotesca cena, todos os "suspeitos" foram conduzidos à delegacia e tiveram de descer o morro naquela humilhante situação. Literalmente, com a corda no pescoço.

O AUTORITARISMO AGONIZANTE

Ultrajante.

Uma das vítimas dessa ação estapafúrdia da Polícia Militar dava o tom brutal do que ocorrera: "A gente queria tirar o nó, mas eles [policiais militares] mandavam tirar a mão do pescoço."[29] Devido à reação da opinião pública, o comando da PM agiu rapidamente e afastou o comandante do batalhão responsável pela área e prendeu administrativamente o tenente encarregado da operação. Mas o estrago já estava feito.

A indignação naquele momento era geral. A Academia Brasileira de Letras (ABL) se antecipou e foi a primeira entidade a enviar um telegrama ao governo do estado do Rio de Janeiro condenando a ação. Outras entidades de classe, como a Associação Brasileira de Imprensa (ABI), a OAB e até a pouco conhecida Associação Brasileira de Educação (ABE), também emitiram notas oficiais rechaçando a ação policial.

O editorial do *Jornal do Brasil*, sob o título "À margem da lei", dava o tom exato da anarquia instalada nas instituições militares nos estertores da ditadura:

> A Operação Peneira precisa ser levada às últimas consequências na apuração de responsabilidade pelo que aconteceu na batida de 4ª feira. É uma satisfação devida à cidadania, ofendida no comportamento truculento e racista. Quando os atrabiliários se deixaram fotografar sem qualquer pudor, é porque já perderam a noção da diferença entre a lei e o arbítrio. Posaram como se estivessem ao lado da lei e não do marginalismo. [...]
> Insuficiência de algemas não autoriza uma operação de força que resulta em praticamente nada capaz de justificar ao menos a intenção. Entre o que precisa acabar de uma vez por todas — para que os brasileiros possam dizer, sem estar mentindo, que este país é uma democracia —, figura como prioridade o espírito arbitrário que se encarnou na Polícia Militar e se exibe sem o menor senso de pudor.[30]

ME ESQUEÇAM – FIGUEIREDO

Não havia nenhuma relação direta entre a Polícia Militar do Rio de Janeiro e o governo Figueiredo. Mas, na vida, "até para chupar picolé tem que ter sorte", como dizia Nelson Rodrigues. Involuntariamente, aquela foto virou um dos muitos símbolos do arbítrio dos agentes públicos no trato com a população durante o regime militar. Mais dor de cabeça para o governo, já acossado por inúmeros e complexos problemas na economia naquele setembro de 1982.

Assim, mais uma vez, sobrou para o ministro da Justiça, Ibrahim Abi-Ackel (que estava se habituando a descascar os abacaxis do governo perante a imprensa), se pronunciar formalmente sobre o assunto em nome do governo Figueiredo: "A fotografia estampada na primeira página do *Jornal do Brasil* demonstra uma crueldade, uma desumanidade que não pode ser tolerada, e não é assim que se trata seres humanos, quanto mais brasileiros."[31]

Aproveitando-se da repercussão nacional do tema, o líder operário Luiz Inácio Lula da Silva, àquela altura candidato a governador do estado de São Paulo, esteve no Rio de Janeiro no dia seguinte ao episódio e se apressou em comentar o caso: "Os marginais e os bandidos não são esses da fotografia, mas os que estão governando o país. O trabalhador mora em favela porque não ganha dinheiro para morar na cidade e é explorado pelos ladrões vestidos de ministro ou de governador."[32]

A alusão à escravidão fazia sentido diante daquela imagem. A foto chegou a ser comparada a um quadro de Jean-Baptiste Debret. Era muito forte a impressão que remetia a uma gravura colonial. Tanto que em 1988 a foto participou de uma exposição pelos cem anos da assinatura da Lei Áurea.[33]

Com justiça, ganharia o Prêmio Esso de Fotografia em 1983.

O discurso do cacique

O deputado Mário Juruna era um ex-cacique nascido em uma aldeia indígena xavante denominada de Namakura, próxima a Barra do

O AUTORITARISMO AGONIZANTE

Garças, no estado de Mato Grosso. Na qualidade de líder indígena, o cacique Juruna (como ficou nacionalmente conhecido) se notabilizou na luta pela demarcação das reservas indígenas no Brasil.

Um fato um tanto quanto inusitado chamava atenção em sua atuação: Juruna estava sempre portando um gravador a tiracolo em sua peregrinação pelos gabinetes da Fundação Nacional do Índio (Funai), ainda nos anos 1970. Era uma forma de se precaver ante as falsas promessas que recebia. A necessidade do gravador tinha uma motivação simples, na lógica sempre sincera de Juruna: "registrar tudo o que o homem branco diz".

Nacionalmente conhecido pelo gravador, o cacique Juruna conseguiu se eleger deputado federal nas eleições de 1982 pelo PDT do Rio de Janeiro. Tinha aprendido a ler apenas aos 17 anos. Antes disso vivera dentro dos limites de sua aldeia, sem contato com a civilização. Mesmo eleito deputado federal, Juruna não tinha requerido a sua emancipação junto à Funai, de modo que, aos olhos da lei, sua imputabilidade equivalia à dos menores de idade.

A eleição do cacique Juruna despertou grande curiosidade, inclusive internacionalmente. Era um dos novos expoentes da legislatura que assumiria em 1983, e um dos símbolos da renovação política nacional durante a flexibilização do regime militar. Sua atuação legislativa faria jus à curiosidade inicial que despertara.

Em setembro de 1983, o cacique subiu à tribuna da Câmara para um discurso no qual mostrou efetivamente a que veio. Não contemporizou. Fora contundente em suas críticas e acusações ao governo. Acusara pessoalmente o presidente Figueiredo de "estar roubando", e de chefiar uma equipe na qual "todo ministro é ladrão".

Em termos precisos, estes foram os principais trechos do discurso de Juruna:

> Não tem ministro nenhum que presta. Para mim todo ministro é corrupto, todo ministro é ladrão, todo ministro é sem-vergonha, todo ministro é mau-caráter"
> [...]

Todos nós estamos chamando o ministro Delfim Netto de ladrão, o pior que existe no Brasil. Não é só Delfim que é ladrão, não é só Delfim que está roubando a terra do Brasil. Se tivesse só o ministro Delfim Netto roubando o dinheiro da nação, ele já tinha sido demitido há muito tempo. E como o presidente da República, como outros ministros também estão roubando. É o mesmo problema. É difícil. O ministro não vai sair.[34]

O presidente Figueiredo soube do conteúdo do discurso ao ler o *Correio Braziliense*. Não gostou e fez questão de demonstrar publicamente. Durante cerimônia de acreditação de embaixadores estrangeiros, deixou por duas vezes o lugar reservado a si no cerimonial para mostrar a alguns de seus ministros um recorte de jornal no qual havia a transcrição da fala de Mário Juruna.

Um dia depois do polêmico discurso, todos os 22 ministros de Figueiredo haviam oficiado ao presidente da Câmara pedindo a punição exemplar do cacique.[35] Naquele caso, a punição sugerida era a cassação do mandato. Havia até a notícia de que os três ministros militares estariam inflexíveis diante da questão,[36] pois haviam se sentido (assim como os demais ministros) pessoalmente atingidos pelo discurso.

Valendo-se da enérgica reação de seus ministros, Figueiredo (que na verdade a estimulara) se aproveitou do ambiente favorável para aumentar ainda mais o tom das críticas ao cacique. Expressando-se de forma contundente por meio de seu porta-voz, o presidente deu o seu recado de forma direta e sem direito a meias palavras: "O governo quer a cassação do mandato do deputado Mário Juruna, por atentado à honra do presidente da República, e não aceita negociar."[37]

Diante de uma reação tão incisiva do governo, Juruna não teve alternativa a não ser recuar. Colocou a culpa nas diferenças semânticas entre o xavante e a língua portuguesa, afirmando que ladrão não significa exatamente a mesma coisa nos dois idiomas.

Embora proferido em linguagem simples e em desacordo com a norma culta, o discurso era plenamente compreensível. O cacique

Juruna não tivera nenhuma dificuldade para se expressar em nenhuma ocasião anterior, e o seu discurso foi perfeitamente compreendido por todos, tanto que recebeu cartas e telegramas em solidariedade pelo que dissera. Realmente a palavra "ladrão" tinha significado sensivelmente diferente nos dois idiomas,[38] mas o contundente discurso tinha outras palavras igualmente agressivas, como "corrupto", "sem-vergonha" e "mau-caráter".

A situação chegou a ficar tensa, sendo cogitada até uma ruptura nos moldes daquela que ocorrera em 1968, na qual um discurso hostil aos militares proferido pelo deputado Moreira Alves e a recusa por parte da Câmara em conceder licença para um processo contra ele levaram ao recesso do Congresso e à edição do AI-5.

Embora aventada a possibilidade, não houve ruptura entre Executivo e Legislativo. Os tempos eram outros. A abertura se impunha e aquele início de outubro de 1983 em nada lembrava o tenebroso dezembro de 1968. Não haveria outra sexta-feira 13 igual àquela de 13 de dezembro de 1968 na qual o AI-5 havia sido editado.

Ao final, governo e Legislativo fumaram o "cachimbo da paz". Após muitas articulações, Juruna apresentou uma carta de retratação e recebeu como forma de punição uma advertência da mesa da Câmara. A cassação não seria a solução adotada.

Em outros tempos, quando ainda existia o tacape do AI-5, o caminho teria sido outro, muito provavelmente a cassação do deputado pelo próprio presidente, de forma unilateral. Sem direito a choro nem vela. Por muito menos, o ex-presidente Geisel havia cassado mandatos parlamentares. No entanto, naquele momento as coisas eram diferentes. Figueiredo não tinha o AI-5 e precisava do apoio do Congresso para adotar uma medida extrema.

Não teve o que queria.

Assim, o presidente Figueiredo absorveu (ou teve que absorver, já que só lhe restava se conformar) o golpe, mas permaneceu contrariado.

Já o cacique Juruna, por sua vez, não se emendava mesmo. Na tarde em que recebeu a advertência, declarou à imprensa: "O povo sabe que tem ministro ladrão."[39] A postura do deputado que, mesmo após as inúmeras ameaças de cassação do seu mandato insistiu em dar a última palavra no episódio, revelava que o autoritarismo militar não apenas agonizava àquela altura. Era mesmo um estágio terminal, e seus dias estavam contados.

Só faltava o sepultamento. E ele veio em um episódio caricato e um tanto quanto ridículo.

Bastonadas no asfalto

Uma semana antes da votação da proposta de Emenda Constitucional Dante de Oliveira, que visava restituir ao povo brasileiro o direito de eleger o presidente da República, o presidente Figueiredo resolveu decretar estado de emergência no Distrito Federal, em Goiânia e em mais nove municípios do entorno da capital do país. A medida excepcional tinha como principal objetivo dificultar o acesso a Brasília, tentando evitar assim a forte adesão popular ao movimento pró-diretas.

A justificativa oficial do governo era impedir que a ocupação de Brasília por grupos de manifestantes favoráveis à aprovação da emenda Dante de Oliveira se transformasse em uma forma de intimidar o Congresso Nacional, limitando o livre exercício do mandato parlamentar. Balela. Em realidade, àquela altura era o governo que pressionava os próprios parlamentares de sua base a rechaçarem a emenda.

Outras liberdades públicas também foram temporariamente suspensas, como o direito de reunião, proibindo-se assim a concentração de populares que pretendiam acompanhar a votação em lugares públicos. Além disso, foi estabelecida a censura aos meios de comunicação em Brasília, bem como montados diversos pontos de bloqueio terrestre à capital.

Na prática, tal censura tinha a sua razão de ser. O real objetivo do governo com essa medida era dificultar o acesso da população à

O AUTORITARISMO AGONIZANTE

informação sobre os votos dados pelos deputados e senadores durante a votação, bem como evitar que houvesse transmissão ao vivo (televisiva ou por radiodifusão) da sessão do Congresso Nacional na qual a votação seria realizada.

Já os bloqueios terrestres montados pelos militares mostravam a face mais obscura do regime militar, que teimava em aparecer mesmo em um período em que a abertura política já estava em estágio bastante avançado. Aquele que estivesse em um ônibus interestadual destinado a Brasília ou a cidades goianas também colocadas sob estado de emergência era revistado e, caso houvesse suspeitas de que se tratava de um manifestante pró-Diretas Já, era retirado do veículo e impedido de seguir viagem.

Mesmo com a distensão quase que completa, ainda eram tempos duros.

O comandante militar do Planalto, general Newton Cruz, foi designado mais uma vez para comandar a execução das medidas de emergência, tal qual ocorrera em relação à votação do decreto que regulava a questão dos reajustes salariais cerca de seis meses antes.

Reconhecido publicamente pelo temperamento autoritário (o general já havia até chegado a torcer o braço de um jornalista e o obrigado a pedir desculpas diante das câmeras, após uma pergunta que o desagradara) e tendo o seu nome envolvido pouco tempo antes no caso Baumgarten, Newton Cruz involuntariamente atraía ainda mais a atenção da opinião pública e da imprensa para aquela esdrúxula situação criada pelo estado de emergência.

Naqueles dias que antecederam a votação, o general agia como se quaisquer manifestações pró-diretas fossem uma afronta a sua própria autoridade. Passara, assim, a coibir toda e qualquer manifestação de forma truculenta e, por vezes, fazendo uso desproporcional da força.

Uma das primeiras medidas a ganhar notoriedade foi o cerco à Universidade de Brasília (UnB), a fim de evitar eventuais manifestações estudantis. Não satisfeito, nesse mesmo dia conduziu pessoalmente a repressão a alunos da Escola Dom Bosco de Educação Física, vociferando ameaças enquanto a sua tropa lançava bombas de gás lacrimogênio sobre os estudantes.[40]

Contudo, a despeito de todos os incidentes protagonizados pelo general durante a vigência do estado de emergência, o pior ainda estava por vir. Ao ouvir um buzinaço promovido por simpatizantes da emenda Dante de Oliveira na Esplanada dos Ministérios, o general tomou a manifestação como uma afronta a si próprio e, em um movimento impulsivo, saiu de seu gabinete de trabalho e foi mais uma vez pessoalmente reprimir uma manifestação.

Àquela altura, o general Newton Cruz nem sequer tentava esconder que tornava a questão pessoal, confundindo a função de interventor que temporariamente exercia com a sua obsessão pela preservação de sua autoridade: "Eles não vão desmoralizar-me na frente do meu quartel. Vai levar muito tempo para alguém conseguir fazer isso."[41] Montado em um cavalo branco e sobraçando um pinguelim (espécie de bastão de comando), o general se imiscuiu em meio ao tráfego de veículos desferindo golpes nos carros que buzinavam e vociferando em altos brados: "Buzina agora que eu quero ver."[42]

Talvez esse caricato episódio tenha sido o último grande suspiro de autoritarismo ocorrido durante o regime militar. Pela falta de senso do ridículo aliado ao inusitado da situação, esse episódio acabou entrando para a história mais como uma atuação folclórica do general Newton Cruz do que propriamente como algo violento.

Embora em sua essência tenha sido mais um episódio autoritário envolvendo o regime, os registros fotográficos amplamente divulgados pela imprensa soavam tão despropositados que acabaram por dar uma conotação mais leve ao episódio.

Ainda que em seus estertores, o autoritarismo proporcionava ao regime os seus constrangimentos finais, como bem evidenciava editorial de primeira página de *O Globo,* publicado no dia seguinte à rejeição da emenda pela Câmara dos Deputados:

> Em contraste com o comportamento impecável das multidões, o país assistiu estarrecido aos desmandos de autoritarismo, vizinhos da histeria, que constrangeram e humilharam a população de Brasília e arredores a partir de um precipita-

O AUTORITARISMO AGONIZANTE

do e descabido uso de medidas de emergência. Grotescos e humilhantes interrogatórios nos pontos de chegada à Capital, brasileiros tratados em sua terra como se fossem estrangeiros, invasões, prisões arbitrárias, demonstrações de vã arrogância — ao ponto de controlar-se o trânsito com fuzis para silenciar buzinas —, excessos na censura à Televisão e ao Rádio com o radicalismo primário que denuncia o deplorável despreparo dos executores da exceção.[43]

Com a derrota da emenda Dante de Oliveira, a sucessão do presidente Figueiredo iria mesmo ocorrer pela via indireta, como previsto inicialmente.

Já o general Newton Cruz chegou ao fim daquela jornada com a consciência de que tinha cumprido o seu dever e, assim, se permitiu até realizar uma pequena comemoração. Na madrugada após a votação, reuniu os cerca de 250 soldados sob o seu comando e, após um breve discurso de agradecimento, comandou uma série de seis *hip-hurras*, ao que foi prontamente seguido pela tropa.

Segundo a revista *Veja*, essa provavelmente foi a "única manifestação pró-indiretas, registrada desde janeiro, em todo o território nacional".[44]

Lamentável.

PARTE IV:
A ECONOMIA

Capítulo 12

A imprevisibilidade de uma crise anunciada

Milagre econômico e dívida externa

A crise da dívida externa brasileira da primeira metade da década de 1980 teve, em grande parte, sua origem na década anterior. Desde meados da década de 1970 que o acelerado ritmo de crescimento e o gradativo endividamento externo (geralmente contraído sob taxas de juros flutuantes) representaram os alicerces sobre os quais a economia brasileira estava assentada.

A dívida externa brasileira quase quadriplicou no período de 1967-1973, passando de US$ 3,3 bilhões para US$ 12,6 bilhões. No entanto, nesse período, a balança de pagamentos externos não apresentava déficit significativo, chegando até a ser superavitária em alguns momentos.[1] Apesar do aumento do débito, essa primeira fase de endividamento durante o regime militar não representou propriamente um desequilíbrio, mas sim um processo de absorção de poupança externa dentro de um contexto extremamente favorável.

A IMPREVISIBILIDADE DE UMA CRISE ANUNCIADA

Para contextualizar a questão, é fundamental retornar a 1973, um ano antes de Ernesto Geisel assumir a Presidência da República. Naquele momento, o Brasil começava a experimentar pressões inflacionárias associadas à crescente dívida externa. Para manter o ritmo de crescimento do intitulado "milagre econômico", expressão consagrada durante o governo Médici, seria necessário se endividar cada vez mais. Nuvens negras, ainda que timidamente, começavam a se desenhar no horizonte da economia brasileira.

No ano seguinte, surgiu de maneira inesperada outro fator que teria enorme influência nessa dinâmica: o Primeiro Choque do petróleo. O preço do barril disparou e os países importadores de petróleo, àquela altura possuidores de uma dívida externa ascendente, experimentaram repentinamente um expressivo aumento no déficit das suas balanças comerciais.

Antes do Primeiro Choque do petróleo, a maioria dos países devedores já importava mais bens e serviços em comparação àqueles que exportavam, o que agravava o problema de suas balanças comerciais e consequentemente colocava em risco a capacidade de pagamento de suas dívidas. Após a súbita alta do preço do barril, tal situação em muito se deteriorou, já que a maioria dos países devedores não era autossuficiente em petróleo, necessitando, assim, importar grandes volumes dessa matéria-prima.

Nesse difícil contexto, surgiu mais um fator complicador que uma década mais tarde seria o detonador da bomba que explodiria sobre a economia dos países devedores: a oferta contínua de empréstimos não foi interrompida e permaneceu intacta, apesar do enorme impacto negativo do Primeiro Choque do petróleo na economia dos países devedores.

Era como se nada estivesse acontecendo em um contexto global que rapidamente se alterava. Tudo continuava como antes, apesar do alerta do Primeiro Choque do petróleo. Principalmente em relação à abundante e convidativa oferta de crédito aos países do então denominado "terceiro mundo".

Para se ter uma noção exata da dimensão da dificuldade econômica enfrentada por Figueiredo, basta comparar a penosa situação enfrentada no início da década de 1980 com a confortável situação da década anterior:

> Na gestão do presidente Figueiredo, os 800 mil barris de petróleo importados que, no fim do mandato do presidente Médici custavam 600 milhões de dólares passaram a custar 11 bilhões de dólares, porque o barril de petróleo no fim de 1979 passara para até 40 dólares. [...] No governo Médici, com 1/3 da exportação de café era possível pagar os 800 mil barris que agora correspondiam à soma da exportação do café, açúcar, soja, minério de ferro, sem chegar aos 11 bilhões necessários de dólares.[2]

Embora seja forçoso reconhecer que fatores externos conspiraram contra, agravando uma situação já bastante complicada, não se pode atribuir a crise da economia brasileira na primeira metade da década de 1980 exclusivamente à conjuntura internacional adversa, como se o país fosse vítima inocente das circunstâncias. Aos primeiros sinais de que algo não ia bem (ainda na década de 1970), as causas remotas do problema não foram debeladas como era de esperar, mas, ao contrário, passaram a ser utilizadas em uma escala ainda maior. De forma um tanto quanto irresponsável, a resposta ao choque do petróleo e às novas pressões inflacionárias foi mais crescimento baseado em novos empréstimos.

Era um ciclo que permanentemente se retroalimentava, e os responsáveis por sua condução pareciam acreditar que essa espiral não teria fim. O economista Carlos Langoni, em breves palavras, define esse movimento atípico que desafiava a lógica própria da ciência econômica: "Os bancos internacionais estavam fascinados por finalmente terem encontrado a pedra filosofal. Esses novos clientes — países recém-industrializados — aparentemente conciliavam o inconciliável: alta rentabilidade e pequeno risco."[3]

A IMPREVISIBILIDADE DE UMA CRISE ANUNCIADA

O futuro iria demonstrar que não seria bem assim.

Em suas memórias, o ex-presidente Geisel confirma que durante o seu governo, assim como no período Médici, não havia espaço para políticas de austeridade que resultassem em recessão. Pelo contrário. A receita era continuar crescendo: "No governo Médici se usou bastante o crédito do exterior. No nosso tempo esse crédito se tornou ainda mais fácil, porque os bancos passaram a dispor de muito dinheiro. Os árabes, que se encheram de dinheiro à custa do Primeiro Choque do petróleo, colocaram os petrodólares nos bancos, e os bancos não tinham outra coisa a fazer senão emprestar. Os juros eram realmente baixos."[4]

A manutenção das fartura de disponibilidade de crédito se explica em função de as divisas transferidas aos países produtores de petróleo (devido à alta do preço do barril) continuarem a ser depositadas nos bancos europeus e norte-americanos que financiavam a dívida dos países em desenvolvimento.

Assim, mesmo com a dívida externa desses países crescendo de forma descontrolada e suas economias começando a experimentar pressões inflacionárias mais altas em comparação às médias históricas, ainda havia crédito de sobra na praça e disponibilizado pela banca internacional a taxas de juros atraentes, fenômeno que se convencionou chamar de "reciclagem de petrodólares".[5]

Diante desse contexto, os países devedores adotaram a solução mais fácil e que melhor lhes convinha ante aquelas circunstâncias pouco usuais: alimentaram o desenvolvimento com novas dívidas, mantendo a espiral de crescimento umbilicalmente ligada ao endividamento externo.

O Brasil foi, ao mesmo tempo, o maior e o melhor exemplo dessa dinâmica. O presidente Geisel manteve a política de desenvolvimento do seu antecessor, agravando o problema da dívida externa a níveis que quebrariam o Brasil na década seguinte.

Após o Primeiro Choque do petróleo, o Brasil não adotou quaisquer políticas de austeridade. Nada disso. A decisão foi diametralmente oposta, no sentido de manter o crescimento de forma acelerada, no ritmo do "milagre econômico" brasileiro. Parecia que se acreditava que o fluxo de crédito internacional seria infinito.

Era uma miragem, e em pouco tempo a fatura seria cobrada.

No governo do presidente Geisel, adotara-se qualitativamente a mesma solução do governo que o antecedera, aumentando quantitativamente a sua dose. Nesse ritmo, o Brasil chegaria à década de 1980 como o maior devedor do mundo em desenvolvimento.

Olhando pelo retrovisor, o milagre econômico da década de 1970 era um castelo de areia pronto para sucumbir ao primeiro sopro de vento um pouco mais forte. E esse sopro veio em forma de furacão. A conjuntura internacional iria mudar radicalmente na década seguinte, pois o crédito externo secaria e as taxas de juros dos Estados Unidos subiriam, fatores que afetariam diretamente a combalida economia brasileira.

Não sobraria um grão de areia para contar história.

Dois personagens de uma só crise

Algumas surpresas reservadas para 1979 afetariam toda a economia mundial. Enquanto candidato, o general Figueiredo ainda não sabia, mas seu futuro governo estaria diretamente entrelaçado aos imprevistos eventos trazidos pelo último ano da década de 1970.

Dois personagens totalmente distintos entre si tornariam a tarefa de Figueiredo de governar o Brasil extremamente difícil do ponto de vista econômico: o líder da revolução iraniana, Ruhollah Khomeini, mais conhecido como aiatolá[6] Khomeini, e Paul Volcker, presidente do Banco Central norte-americano durante os governos Jimmy Carter e Ronald Reagan. Cada qual a sua maneira e com suas próprias crenças e convicções. Caminhos involuntariamente intercalados que acabaram por impactar toda a economia mundial e trariam sérias consequências para o início da década de 1980.

Para o Brasil, a atuação de cada um desses personagens, em seu contexto específico, acabou por criar uma combinação altamente

A IMPREVISIBILIDADE DE UMA CRISE ANUNCIADA

explosiva para a economia. Em parte, culpa do acaso de circunstâncias imprevisíveis e cujas consequências eram incalculáveis. Em parte, também culpa da política econômica desenvolvimentista adotada nos últimos dois governos militares, sobretudo no governo Geisel. Como visto, a política econômica brasileira daquele período fomentava altas taxas de crescimento com base no endividamento externo, aproveitando-se da conjuntura favorável e da fartura de crédito disponível no exterior.

Evoluindo no tempo, um novo choque do petróleo foi o primeiro fator de desestabilização da economia brasileira logo no início do governo Figueiredo. O denominado Segundo Choque do petróleo, ocorrido no início de 1979, foi fruto de uma crise interna no Irã e teve como personagem central o aiatolá Khomeini, líder espiritual da comunidade xiita iraniana que por muitos anos viveu exilado em função de divergências com o governo de seu país.

O Irã, naquele final de década de 1970, era o retrato típico de um país afetado pela "maldição do petróleo". Embora a economia estivesse inundada de petrodólares, a situação não andava bem no país. Havia um surto inflacionário e especulativo aliado a um intenso êxodo rural. Apesar da abundante riqueza natural, a maioria da população iraniana vivia em grandes aglomerados urbanos, enfrentava o alto custo dos alimentos e convivia com constantes blecautes.

Em 1º de fevereiro de 1979, o aiatolá Khomeini retornaria ao Irã em um jato 747 da Air France. Ao voltar do exílio depois de quinze anos, passou a liderar um heterogêneo movimento revolucionário, apoiado por grupos um tanto quanto diferentes entre si: religiosos, liberais, comunistas e o próprio Exército. Soube captar com perfeição a insatisfação popular em relação ao regime do xá Reza Pahlavi, que comandava uma monarquia autocrática pró-Ocidente cuja duração alcançava décadas.

Ao adotar um discurso religioso fundamentalista e uma retórica notadamente antiocidental, Khomeini mostrou definitivamente a que veio. A onda de greves que antecedeu a sua chegada ao poder paralisou as refinarias e dificultou a logística de escoamento da produção. Após a tomada do poder, os contratos de fornecimento que abasteciam parte significativa do mercado internacional passaram a não ser cumpridos em razão da própria instabilidade na qual o país vivia e que afetava diretamente as unidades de produção.

Do caos econômico rapidamente se passou ao caos social. Os estudantes estavam nas ruas, e manifestações cada vez mais violentas deixaram de ser reprimidas. Em meio à crise, a administração Carter titubeava e não ajudava (ou não sabia como ajudar) o seu velho aliado, o xá Reza Pahlavi. Nas palavras do embaixador norte-americano em Teerã Bruce Laingen, "Os Estados Unidos enfrentavam a situação no Irã sem qualquer plano estratégico".[7]

Vendo a população fora de controle e com o apoio dos Estados Unidos restrito ao discurso (que, de prático, pouco significava naquele momento), só restou a um enfraquecido xá deixar o seu país rumo ao exílio. A Revolução Islâmica de Khomeini triunfara. Poucos sabiam naquele momento o que tudo aquilo significava.

Em breve, o mundo todo saberia.

O impacto para a economia mundial foi gigantesco, pois o Irã era o segundo maior produtor de petróleo do mundo, atrás apenas da Arábia Saudita. A desorganização social trazida pela revolução teve efeitos diretos na indústria do petróleo, principal atividade econômica do país. Refinarias parcialmente paralisadas, baixa produtividade — ainda reflexo das sistemáticas greves que ajudaram a desestabilizar o regime anterior —, entre outras causas menores geraram uma combinação de fatores que desestruturaram por completo a produção iraniana.

O pânico logo se instalou no setor petrolífero. Parecia que todo o mercado mundial de petróleo estava fora de controle. Para piorar, começaram a surgir dúvidas e boatos sobre a capacidade de expansão da Revolução Islâmica para outros países produtores. Nesse contexto confuso e cujas informações desencontradas estimulavam a boataria, a especulação se propagou em uma espiral desenfreada.

O resultado disso tudo era óbvio e esperado: o preço do barril de petróleo quase triplicou no mercado internacional. Trivial conse-

A IMPREVISIBILIDADE DE UMA CRISE ANUNCIADA

quência da bem conhecida lei da oferta e da procura. Redução da oferta aliada à manutenção da demanda levam a um resultado natural: aumento exponencial dos preços. Simples assim.

Para o Brasil, significou uma verdadeira tragédia. O país era o terceiro maior importador de petróleo de todo o mundo àquela altura. O impacto do Segundo Choque do petróleo para a economia brasileira, cuja balança de pagamentos já estava substancialmente comprometida com o serviço da dívida, não poderia ser pior, sobretudo se fossem analisados os panoramas a médio e longo prazos.

Por mais incrível que possa parecer, ainda havia algo de pior — ou, em uma visão um pouco mais otimista, ao menos tão ruim quanto — no horizonte da economia brasileira: a recessão nos países ricos, fruto da crise mundial que se alastrara pelo mundo tido como desenvolvido (à época então chamado de "primeiro mundo"), e que levou ao declínio da atividade econômica e a um ambiente inflacionário nestes países.

Surgia, assim, outro personagem que, também agindo com base em suas convicções pessoais, colocou a economia brasileira em uma situação ainda mais difícil: Paul Volcker, secretário de Tesouro norte-americano, cujas crenças pregavam que o receituário amargo era o mais adequado para enfrentar ambientes inflacionários. Assim, sua receita era simples e, ao contrário de Khomeini, nada tinha de revolucionária: ele simplesmente preconizava a alta das taxas de juros para conter a inflação.

Para o espanto de muitos que ainda naquela época comungavam de crenças opostas, embora realmente amargo, o remédio funcionava bem. Ao assumir a poderosa "chave" do Tesouro norte-americano, Volcker não titubeou e logo que lhe foi possível subiu a taxa de juros praticada pelos Estados Unidos, optando por utilizar a restrição monetária como instrumento de combate à inflação. Por óbvio, essa ação teve reflexos imediatos sobre toda a economia mundial.

O ministro da Fazenda Karlos Rischbieter, durante reunião do FMI realizada em Belgrado, capital da antiga Iugoslávia, explicou que tal medida seria capaz de "quebrar" o Brasil. Volcker não se mostrou nem um pouco sensível em relação à angústia do seu colega brasileiro e respondeu simplesmente "que a sua preocupação era com o seu país e não com os outros".[8] Em uma conversa informal teria sido ainda mais contundente ao relatar a sua ação naquele período: "Esse era o meu serviço".[9]

Há uma versão narrada nas memórias de Karlos Rischbieter que afirma que, ao relembrar os fatos alguns anos depois, Volcker acabaria por reconhecer que poderia ter adotado uma política menos nociva à economia dos países em desenvolvimento. Contudo, o suposto arrependimento — se realmente ocorreu — veio muito tarde.[10]

Já o ministro do Planejamento Delfim Netto acreditava, à época, que o aumento de juros na economia norte-americana, que em tese objetivava frear a inflação verificada naquele país por meio da redução da demanda, teria como objetivo implícito debilitar as economias dos países socialistas.[11] Para quem se interessa por teorias da conspiração, sem dúvida uma ótima fonte de discussão. Todavia, o problema prático consistia em que os estilhaços dessa verdadeira "granada econômica", em um contexto de endurecimento do discurso da Guerra Fria no início do primeiro mandato do presidente Reagan, produziriam efeitos que mutilariam a economia mundial inteira, não se limitando apenas às economias do bloco de países alinhados à antiga URSS.

Pouco importa a causa real que levou o Banco Central norte-americano a adotar a elevação da taxa básica de juros. Independentemente dos contornos ideológicos implicitamente contidos nessa medida, o fato é que essa ação representou o tiro de misericórdia na economia brasileira.

Em grande parte, culpa do próprio Brasil e das políticas econômicas adotadas pelos governos anteriores ao de Figueiredo. Desde o Primeiro Choque do petróleo que o Brasil não adotava um receituário econômico minimamente adequado para combater as adversidades da conjuntura externa desfavorável. Pelo contrário. A ordem era continuar gastando o que se tinha e o que não se tinha. Austeridade era palavra proibida, e soava até antipatriótico defender quaisquer ideias nesse sentido.

A IMPREVISIBILIDADE DE UMA CRISE ANUNCIADA

Pobre Brasil. Nessa espiral de ilusões, a postura do governo Geisel foi a de adiar o ajuste tanto quanto possível e continuar crescendo por meio de um endividamento externo desenfreado. Como bem observava o economista Carlos Langoni, após o Primeiro Choque todos os países importadores de petróleo tiveram que fazer a sua escolha com base na nova realidade que se desenhava:

> Praticamente todos os países importadores de petróleo — desenvolvidos e em desenvolvimento — tiveram que decidir como enfrentar os graves desequilíbrios nas contas externas decorrentes do choque do petróleo. Houve, nesse caso, interessante dicotomia: os países desenvolvidos optaram por realizar de imediato o ajustamento e trataram de reduzir rapidamente os seus déficits em conta corrente, mesma à custa de rápida desaceleração do crescimento. Por sua vez, a maioria dos países em desenvolvimento preferiu financiar o desequilíbrio, utilizando intensamente os novos canais de ligação com o mercado financeiro internacional.[12]

Apesar do crescimento experimentado pela economia brasileira no período de 1974 a 1979, o panorama ao final do governo Geisel não poderia ser mais desolador: inflação com tendência ascendente (sem a mínima perspectiva de reversão do quadro) associado ao desequilíbrio nas contas externas, resultado direto da simplista concepção de "crescimento com endividamento".

Assim, o Brasil era um país endividado. Muito. O maior devedor do mundo em desenvolvimento naquele momento. Não havia nada mais impactante que a alta de juros sobre a já expressiva dívida brasileira. O serviço da dívida iria se tornar cada vez mais difícil de ser pago com pontualidade. Em realidade, a sobreposição do choque financeiro associado ao Segundo Choque do petróleo representou o fim inexorável de uma era: não seria mais possível manter a estratégia de crescimento amparada no endividamento externo.

Esse era o contexto do início do mandato presidencial de Figueiredo. É até um equívoco histórico culpá-lo exclusivamente por todas as mazelas da economia brasileira no grave período recessivo que assolou o seu governo. Quando seu mandato foi iniciado, a situação já era bastante desfavorável, o que se intensificou durante seu governo por causas completamente alheias à sua vontade.

Há relatos de que quando o presidente Figueiredo tomou ciência da grave crise na qual a economia brasileira estava imersa, bem ao seu estilo, esbravejou da seguinte forma: "PQP. E aquele filho da p... do Geisel me botou aqui por seis anos."[13]

Embora tenha tido uma reação furiosa ao ser informado sobre os detalhes da situação econômica brasileira, o certo é que o presidente já tinha uma perfeita noção daquele sombrio panorama antes mesmo de assumir o cargo. Antes de tomar posse, Figueiredo se reuniu em separado com cada um dos ministros de seu antecessor. Mário Henrique Simonsen, então ministro da Fazenda de Geisel, lhe apresentou uma minuciosa exposição acerca da situação da economia brasileira e, ao final do encontro, entregou ao futuro presidente um documento sugestivamente intitulado "Reflexões azedas sobre a política econômica".[14] Não podia haver denominação melhor.

O ministro pretendia, assim, preparar Figueiredo para um porvir nada animador. No ponto mais tenso e importante da conversa, Simonsen advertiu que o país talvez precisasse de uma recessão para "tomar juízo", ao que o presidente pareceu concordar, respondendo que poderia ser necessário "sofrer um pouco".[15]

Desavisado, Figueiredo definitivamente não estava.

O desequilíbrio na balança comercial era nítido até para os observadores menos atentos. Já havia algum tempo que o governo tomava empréstimos cujo objetivo não era financiar novos projetos de investimentos, mas, antes, serviam tão somente para refinanciar a dívida, o que na prática equivalia a uma mera rolagem, trocando dívida velha por dívida nova. Esse quadro associado ao Segundo Choque do petróleo trazia um panorama verdadeiramente assustador.

Na síntese de Elio Gaspari, a situação brasileira era realmente muito complicada: "A economia nacional estava presa num alicate. De um lado, a conta petróleo arruinava a balança de pagamentos. De

A IMPREVISIBILIDADE DE UMA CRISE ANUNCIADA

outro, a taxa de juros obrigava o país a gastar mais serviço da dívida para comprar coisa nenhuma."[16]

Era uma situação realmente desesperadora.

A única saída seria adotar o receituário amargo e realizar logo no início do governo o ajuste de que a economia brasileira tanto necessitava, tal qual o governo Castelo Branco implementou de forma muito bem-sucedida na fase inicial do regime militar.

Infelizmente, não foi a opção do governo.

A derrocada de Simonsen

Ao ser convidado para permanecer no governo de Figueiredo, Mário Henrique Simonsen fez exigências que talvez ele próprio considerasse despropositadas: queria migrar do Ministério da Fazenda para o do Planejamento e ter amplos poderes, como uma espécie de "superministro" da Economia, capaz de ditar as principais diretrizes da política econômica do país. Conseguiu. Também queria que o poderoso Conselho Monetário Nacional (CMN), sob a jurisdição do Ministério da Fazenda desde 1941, migrasse para a nova pasta do Planejamento. Novamente conseguiu.

O começo não poderia parecer mais animador.

As condições impostas pelo novo ministro não eram extravagâncias de alguém que ansiava por mais poder. Pelo contrário. Simonsen não era bobo. Nem inexperiente. Estava no governo havia cerca de cinco anos e conhecia os meandros dos bastidores do poder em Brasília. Também sabia muito sobre os efeitos nocivos da conjuntura internacional que perigosamente se aproximavam da economia brasileira. Visualizava perfeitamente o céu se enchendo de nuvens carregadas e não queria ficar sem guarda-chuva sob a tempestade.

Era isso ou voltaria para casa.

De maneira um tanto quanto surpreendente, suas condições foram aceitas por Figueiredo. Mais que isso, o futuro presidente fez saber ao novo ministro, por meio de Francisco Dornelles (que assumiria a secretaria da Receita Federal no novo governo, e vinha a ser sobrinho de Tancredo Neves), que teria carta branca para desenvolver seu trabalho,[17] inclusive para adotar as medidas rígidas de ajuste que julgava fundamentais para a correção de rumos da economia brasileira. A princípio, a promessa presidencial era de que não haveria restrições ou embaraços à atuação de Simonsen e à agenda econômica que o futuro ministro buscava empreender no país.

Como era previsível, o ministro topou a empreitada após as suas condições terem sido aceitas. Àquela altura, Simonsen aparentava piamente acreditar que seriam cumpridas conforme combinado. A direção da política econômica do governo era essencial para o ajuste que buscava empreender. Não seria fácil, mas julgava ser o único remédio possível, por mais amargo que fosse.

Nessa linha, Simonsen buscou elaborar o III Plano Nacional de Desenvolvimento (PND), calcado em um forte ajuste fiscal. Não haveria jeito e o crescimento precisaria necessariamente ser desacelerado. As verbas para projetos de investimento seriam contingenciadas e se limitariam ao mínimo, sendo mantidas apenas em relação àqueles projetos já em execução ou considerados imprescindíveis ou inadiáveis.

Passaria a tesoura sem dó nem piedade.

Eram ideias de contenção e, principalmente, austeridade. Não estavam muito em voga na época, nem eram populares em um país como o Brasil. Pelo contrário. Por aqui ainda prevalecia entre a classe dirigente — tanto política como empresarial — a ideia de crescimento econômico a todo e qualquer custo.

Assim, nos idos de 1979, qualquer ideia ou proposta que minimamente sugerisse a desaceleração da economia e consequentemente fosse contra o dogma da política desenvolvimentista era censurada e interpretada como prejudicial aos interesses nacionais.

Em um contexto francamente hostil às suas concepções econômicas, Simonsen se encontrava diante da seguinte situação: apresentava como solução elevar a taxa de juros, instrumento hábil para conter a alta inflacionária, mas cujos efeitos reflexos eram a recessão e a

A IMPREVISIBILIDADE DE UMA CRISE ANUNCIADA

consequente queda do crescimento econômico. Assim, virava alvo fácil para os inúmeros detratores que rapidamente se avolumavam em torno da figura do ministro e de suas concepções econômicas impopulares.

Apesar das promessas iniciais, o novo ministro do Planejamento em pouco tempo pôde perceber que na prática tudo seria bem diferente daquilo que havia sido inicialmente combinado com Figueiredo. O panorama no primeiro escalão do governo era de guerra fria que em pouco tempo se transformaria em guerra declarada. Os ministros queriam gastar, Simonsen tentava impedir. Logo, criou-se um acirramento de ânimos, fruto de uma inconciliável forma de interpretar a economia brasileira daquele período. Eram os ministros "gastadores" unidos contra a praticamente solitária voz do ministro "poupador".

Para piorar a situação, começava a circular na grande imprensa notícias de que o ministério de Figueiredo estava completamente dividido. Embora o Planalto tentasse deslegitimar tais reportagens, a verdade é que as notícias retratavam o que de fato acontecia no primeiro escalão do governo. A revista *IstoÉ* foi um dos primeiros veículos de comunicação a detalhar aquela incômoda situação: "O novo ministério está rachado em dois blocos: de um lado, os desenvolvimentistas, contrários a políticas recessivas, e, de outro, os monetaristas, favoráveis ao tratamento de choque e à recessão."[18]

Em meio a esse quadro complexo, havia mais uma circunstância a agravar a já delicada situação do titular do Planejamento. Simonsen ainda era constantemente o portador de más notícias junto ao presidente Figueiredo. Como responsável pela área econômica do governo, não tinha outro jeito. Ante a conhecida ira do presidente, não era uma tarefa considerada fácil.

Para agravar ainda mais a já caótica e complexa situação, para Simonsen ser bem-sucedido nessa luta inglória, necessitaria contar com o apoio de Figueiredo, sobretudo para controlar seus colegas de ministério. O presidente titubeava e, apesar de aparentar compreender a situação dramática da economia brasileira, não o apoiava. Pelo menos não da forma incisiva como seu ministro do Planejamento tanto necessitava.

Não houve jeito mesmo. Diante de um quadro tão desfavorável, os ideais de Simonsen duraram breves cinco meses e sucumbiram ante a chiadeira geral, de ministros até empresários, passando por boa parte da imprensa.

Considerado o maior expoente da economia brasileira naquele início de governo Figueiredo devido aos poderes que concentrava, Simonsen era, àquela altura, um professor universitário de meia--idade que aparentava ter envelhecido dez anos nos cinco meses em que esteve à frente da pasta do Planejamento. Sobre seus pretensos superpoderes na área econômica, na prática tinham se tornado inócuos ante as poderosas forças que se aglomeraram para combatê-lo. A sua sincera declaração, pouco depois de deixar o ministério, deixa claro: "Não adianta planejar se os outros não executam."[19]

Simonsen perdera a batalha. Na verdade, havia se tornado um grande bode expiatório, como a capa da revista *Veja* corretamente retratava na semana do seu pedido de demissão.[20] Havia se tornado também o alvo preferencial das queixas durante as reuniões interministeriais e objeto da maledicência da maioria dos ministros próximos a Figueiredo (com exceção de Golbery do Couto e Silva). Acabou apelidado nos bastidores do primeiro escalão governamental de "Dr. Strangelove" (personagem do filme *Dr. Fantástico,* de Stanley Kubrick), o que dá a exata dimensão do tipo de maledicência (em nível pessoal) da qual era vítima.

O ministro Golbery fora seu grande fiador e tentara convencê-lo a permanecer no ministério até o último minuto. Contudo, por maior que fosse o poder de persuasão de Golbery, não havia saída. Vítima da ambiguidade do ministério de Figueiredo, e, principalmente, do abismo fático entre o que desejavam os ministros e o que a realidade econômica exigia, acabou sendo execrado como grande responsável pela crise econômica que o país começava a atravessar — e da qual não apresentava o menor indício de que seria capaz de sair.

As últimas semanas revelaram um Simonsen amargurado, cuja ironia tornara-se, por força das circunstâncias, um tanto quanto agressiva, algo que já deixava transparecer que o seu tempo à frente do Ministério do Planejamento estava acabando. Ao se acostumar a ter de constantemente negar verbas ao voraz ministro Andreazza, Simonsen não se conteve e declarou à imprensa que iria "[...] criar um novo padrão monetário, o Andreazza. Cada Andreazza vale 1 trilhão de cruzeiros".[21]

Nos bastidores do primeiro escalão, comentava-se que Simonsen tinha sido vítima da intitulada "Turma de Médici", grupo formado por ex-integrantes do governo Médici (Delfim Netto, Mário Andreazza e Eliseu Resende), e que retornaram ao governo com o presidente Figueiredo.

Muitos anos depois, em entrevista a Ronaldo Costa Couto, o ex-ministro Simonsen, ao relembrar aquela época turbulenta, confirmou que a solução mais simples e conciliatória acabou sendo mesmo a sua saída: "O Figueiredo não tinha outra alternativa. Ou ficava comigo, ou tinha que mudar todo o ministério."[22]

Todavia, não eram apenas os ministros que estavam insatisfeitos e clamavam pela saída de Simonsen. A pressionar o presidente existia também uma frente parlamentar que não suportava mais a manutenção do ministro do Planejamento no cargo e fazia chegar apelos por sua destituição diretamente aos ouvidos de Figueiredo.

Denominado bloco "antissimonista", suas constantes reclamações junto ao presidente levaram Figueiredo a perder a paciência com o grupo de deputados e tecer uma declaração enfática sobre o assunto: "É muito fácil fazer críticas, mas eu gostaria de ver soluções para os problemas. O senhor [deputado Theodorico Ferraço] está autorizado a dizer aos deputados da Arena, como meu porta-voz, que, se me trouxerem um nome capaz de resolver o problema econômico, eu exonero Simonsen e nomeio a pessoa indicada."[23]

Declaração um tanto quanto ambígua. Poderia demonstrar apoio ao ministro. Poderia expressar também o descontentamento do presidente em relação ao seu trabalho. Em uma interpretação mais literal, poderia expressar que Figueiredo desejava demitir Simonsen, só não havia ainda conseguido encontrar um substituto. Como em tantos outros momentos de seu governo, era impossível saber o que realmente se passava pela cabeça do presidente.

Independentemente dos limites e das possibilidades interpretativas que sempre ladearam as declarações de Figueiredo, o certo é que para Simonsen foi a gota d'água. Embora a possibilidade de demissão houvesse sido veemente negada pelo porta-voz de Figueiredo,[24] Simonsen já estava decidido a deixar o governo e esperava apenas o presidente retornar de viagem para comunicar-lhe pessoalmente a decisão.

Dito e feito. Após avisar a Figueiredo, Simonsen deixou o ministério juntando alguns poucos pertences. Foi embora de Brasília e chegou ao Rio de Janeiro com um enigmático sorriso no rosto. Provavelmente de alívio.

Em sua última reunião com Figueiredo, o presidente lhe fez uma pergunta bem ao seu estilo destemperado e direto, que certamente surpreendeu seu ex-colaborador: "Mário, você acha que o meu governo está uma m..., não?". Simonsen, desconcertado pela inusitada pergunta, respondeu de forma breve: "Presidente, eu estou indo embora."[25]

O ministro, também fiel ao seu estilo, foi elegante e não aproveitou a oportunidade — já que estava de saída — para cometer uma derradeira descortesia.

Não disse, mas provavelmente devia achar exatamente aquilo.

Assumira o posto, em caráter provisório, o ministro Golbery do Couto e Silva. Em pouco tempo, a disputa pelo cargo de ministro do Planejamento estava entre Delfim Netto (à época na pasta da Agricultura) e o embaixador do Brasil em Paris, Roberto Campos.

Acabou prevalecendo o primeiro.

Retornava à economia o outrora superpoderoso ministro da Fazenda do governo Médici. Ninguém naquele momento poderia representar melhor o contraste em relação à filosofia do ministro anterior.

A divergência fundamental orbitava sobre dois aspectos básicos: a manutenção do crescimento da economia brasileira (à época acreditava-se que Delfim pretendia manter o crescimento no ritmo do "milagre econômico") e a utilização da taxa de juros (na verdade, a elevação da taxa de juros) como instrumento para combater a alta inflacionária que assolava o país.

A IMPREVISIBILIDADE DE UMA CRISE ANUNCIADA

Não há dúvida de que Delfim retornava à economia em um momento completamente diferente de quando a deixara ao fim do governo Médici, como bem refletiam as suas próprias reminiscências: "Quando comecei no Ministério da Fazenda, comprava-se petróleo por um dólar. Era mais barato que uma Perrier."[26]

Definitivamente, o mundo e o Brasil agora eram outros.

As primeiras medidas do "novo velho" ministro mostraram realmente a que veio. Não era bravata a troca do discurso de austeridade pelo desenvolvimentismo. Era pura verdade, embora naquele momento, olhando pelo retrovisor para os dois governos anteriores, soava como mais do mesmo.

E assim foi.

Ao assumir, Delfim reduziu os juros e aprovou a semestralidade dos aumentos salariais, com aumentos diferenciados e três faixas de remuneração distintas.[27] Foi ainda mais arrojado, aumentando a oferta de crédito, desvalorizando o cruzeiro frente ao dólar (o que na época foi denominado maxidesvalorização cambial) e prefixou a correção monetária. Com essas medidas, o país até experimentou a manutenção do crescimento econômico em 1979 (6,8%) e 1980 (9,2%).[28] Porém, o preço a pagar por isso no futuro seria caro demais.

Em 1980, o altíssimo crescimento da economia brasileira contrastava com o crescimento zero de quase todo o mundo desenvolvido, incluindo os Estados Unidos, a Europa Ocidental e o Japão. Para um analista com o mínimo de senso crítico, esse era um sinal claro de que as coisas não andavam bem.

As medidas iniciais adotadas por Delfim futuramente se revelariam um verdadeiro fiasco, sobretudo pelo descompasso entre desejo e realidade. A conjuntura internacional agora era completamente diferente daquela que vigorou na maior parte da década de 1970.

Após o ostracismo no governo Geisel, Delfim estava de volta ao centro do poder decisório na economia brasileira. Mas ainda havia um último obstáculo em seu caminho para que consolidasse definitivamente o seu poder.

Por pouco tempo. Em breve, nada nem ninguém mais se oporia ao seu caminho.

Pobre Brasil.

Na caçamba do Delfim

O último obstáculo no caminho do reinado absoluto de Delfim Netto na economia brasileira tinha nome e sobrenome: Karlos Rischbieter, ministro da Fazenda e aliado de Simonsen, ex-ministro do Planejamento. Em realidade, seu pensamento e suas crenças econômicas é que eram muito alinhados com as ideias do antecessor de Delfim, e desse fato advinha a grande afinidade entre os dois no início do governo Figueiredo.

O novo ministro do Planejamento sabia disso e, por ocasião da sua nomeação ao cargo, soltou uma frase que em muito predisse o futuro: "Ou ele [Rischbieter] vem na minha caçamba, ou eu passo por cima dele."[29]

Se era uma ameaça, soou como uma promessa. Não deu outra. Em pouco tempo, o futuro confirmaria o acerto daquela sinistra previsão. Em realidade, desde que chegou ao Ministério do Planejamento, Delfim começou "disfarçadamente"[30] um movimento para substituir o ministro da Fazenda pelo economista Ernane Galvêas, à época trabalhando em um projeto na iniciativa privada.

Já Rischbieter não alterou sua conduta após a saída de Simonsen, atuando à frente do ministério como se nada tivesse acontecido. Por certo, não levou em consideração as declarações de Delfim de que para continuar no cargo em que estava deveria rezar a sua cartilha. Em pouco menos de seis meses, seria revelada toda a ingenuidade daquele comportamento.

Em setembro de 1979, Rischbieter enviaria a primeira de suas cartas a Figueiredo. Denominada "Abertura Política e Crise Econômica: Notas do Ministro da Fazenda ao Senhor Presidente da República", além do título grande e pomposo, tal iniciativa não era nada modesta em seus objetivos. Propugnava "simplesmente" a partir da abertura política um novo "contrato social", passando por temas caros ao governo naquele momento, como a redução da inflação e a manutenção de patamares mínimos de crescimento e desenvolvimento.[31]

Na teoria, o documento apresentado por Rischbieter era muito bom, e foi até elogiado pela imprensa. O jornal *O Estado de S. Paulo*, por exemplo, abordaria o assunto de maneira simples e precisa: "Temos o diagnóstico, falta a receita."[32] A dificuldade, como o jornal bem pontuava, seria passar da retórica à prática. A divulgação dessa carta à imprensa (por iniciativa do próprio Rischbieter, após o vazamento de alguns trechos) marcaria simbolicamente o início das dificuldades do ministro da Fazenda dentro do governo.

Embora excelente técnico, Rischbieter não era hábil nos meandros da política. Em um encontro com o ditador Saddam Hussein junto com representantes de outros países em Bagdá, o ditador iraquiano teve um acesso de fúria após Rischbieter tentar fazer um pequeno discurso em sua homenagem.[33] Em outra trapalhada, dessa vez em entrevista à imprensa, ao ser questionado sobre a eventual dependência do Brasil em relação ao álcool, respondeu ao jornalista o seguinte: "Você está pensando que nós somos a Escócia."[34]

Pequenos deslizes como esses, somados à má vontade de Delfim, foram gradativamente desgastando-o no governo. Em janeiro de 1980, o conflito surdo armado entre a Fazenda e o Planejamento desde a saída de Simonsen ganharia seus episódios decisivos e, como sempre, a corda arrebentaria para o lado mais fraco.

Pior para Rischbieter.

O clima começou a azedar com a previsão do déficit comercial para 1980. Pelas contas da equipe da Fazenda, tal déficit era estimado em US$ 5 bilhões para aquele ano, previsão confirmada na imprensa pelo próprio ministro. Ao saber dos números, Delfim não perdoou e afirmou a repórteres que tais previsões tinham sido feitas com base em dados ultrapassados e que eram "idiotices".[35]

Não parou por aí. Em desastrado cálculo político, Rischbieter resolveu aumentar a aposta e cometeu um erro decisivo: numa guerra fria, optou por um ataque frontal.

Seria o início do fim.

Assim, mais uma vez, enviou um documento diretamente ao presidente Figueiredo, no qual fazia previsões soturnas para a economia brasileira e propunha medidas corretivas, sobretudo em relação ao déficit experimentado pela balança comercial do país.

Não deu certo.

Embora não se tratasse de futurologia barata ou alarmismo desnecessário (pelo contrário, era um documento técnico baseado em fatos e dados extraídos de indicadores da economia brasileira), não era necessário muito esforço para saber que o aviso seria inútil — o presidente Figueiredo não quis lhe dar ouvidos e preferiu confiar em Delfim.

Para não pairar dúvidas, o relatório foi devolvido pelo presidente ao ministro Golbery, incumbido de transmitir ao seu autor as impressões presidenciais: o documento era "impertinente e inoportuno".[36]

Simples, direto e inapelável. Figueiredo havia feito a sua escolha.

A síntese do historiador Hélio Silva reflete com precisão aquele momento: "Rischbieter levou ao governo o mais amplo projeto de mudanças já registrado nos últimos quinze anos. Mas não levou a eficiência política necessária para sobreviver na briga de foice do Planalto Central."[37]

Era uma luta desigual. A assimetria de forças era muito grande. O que Rischbieter tinha de respaldo e correção técnicos lhe faltava em sensibilidade política.

Já Delfim, contando com o inequívoco apoio presidencial, foi lacônico em almoço com jornalistas ao comentar o trabalho do ministro da Fazenda enviado ao presidente: "Papel aceita qualquer coisa e as propostas são contrárias à política definida pelo presidente."[38]

Ponto final.

Ao ministro da Fazenda não cabia alternativa que não seu pedido de demissão, até mesmo para evitar o vexame de uma eventual e não muito remota possibilidade de exoneração. Figueiredo até nutria alguma simpatia pessoal por Rischbieter, mas, assim como no caso de Simonsen, não titubeou ao ter de fazer sua escolha. As circunstâncias de certa forma se impuseram, e o presidente, por sua vez, se deixou levar.

Apesar da estima pessoal de Figueiredo, Rischbieter havia sido atropelado pelo "rolo compressor da máquina delfiniana".[39] Como não topou a carona na "caçamba do Delfim", acabou atropelado por ele, como o próprio ministro do Planejamento tinha dito, de maneira um tanto premonitória, ao assumir o ministério no lugar de Simonsen.

Assim, Rischbieter acabou substituído por Ernane Galvêas, homem da estrita confiança de Delfim. No dia da transmissão do cargo, estava sereno, adotando uma postura sóbria, e sem demonstrar nenhum abatimento visível, o que levou Delfim a comentar: "Ninguém foi tão britânico desde o tempo da rainha Vitória."[40]

Realmente esse fato era algo incontestável. Durante os momentos que antecederam a transmissão do cargo, Rischbieter não demonstrou nenhum resquício mínimo de abatimento e chegou a presidir uma última reunião do CMN. Impávido, o já quase ex-ministro permaneceu por todo tempo senhor de si, em uma postura que exalava um misto de altivez e resignação.

Na verdade, o tempo é que seria o senhor da razão.

Em sua última conversa com Golbery, deixou um derradeiro alerta: "Disse a ele [Golbery] que não deveria repetir o erro na montagem do ministério: o de tentar conciliar o inconciliável."[41] Por fim, acabou se permitindo uma última ironia, que destoava do estilo "lorde inglês" que havia adotado até então. Ao se despedir de Delfim, fugindo ao seu estilo, foi sarcástico: "Agora, você se f... com os preços e a balança de pagamentos."[42]

Se os preços e a balança de pagamentos iriam realmente ferrar a vida de Delfim, só o futuro poderia dizer. No entanto, naquele janeiro de 1980, Delfim consolidava uma ascensão meteórica. O ministro do Planejamento saíra extremamente fortalecido desse episódio e, após os últimos acontecimentos, acabara por ficar sem opositores dentro do governo. Voltava a ser novamente o superministro que ilustrava uma espirituosa capa da revista *Veja*, na qual a manchete "Tudo ou nada contra a inflação" era acompanhada de uma bem-humorada ilustração de uma reunião entre o presidente Figueiredo e vários "Delfins", representados por pouco graciosas caricaturas.

Era isso mesmo. A metáfora espelhava com precisão a vida real. Naquele momento, Delfim era onipresente. Completando a chamada de capa, o editorial da revista dava a dimensão da imprescindibilidade que o ministro havia adquirido dentro do governo:

> Raramente se terá visto exemplo semelhante de vigor político e de velocidade numa subida em direção ao poder. Um ano atrás Delfim Netto não tinha cargo algum. A partir daí, sucessivamente, conquistou o Ministério da Agricultura, depois capturou o Planejamento e, enfim, agregou a Fazenda, eliminando, neste percurso, com uma determinação e competência espetaculares, todos os obstáculos que lhe pretendiam barrar a ação.[43]

Essa era a real dimensão do novo protagonista da economia brasileira. Empoderado a quem de direito, Delfim desdenhava de adversários e não dava ouvidos àqueles que pregavam soluções austeras diante da realidade que o novo superministro insistia em ignorar. Sua postura, apesar das circunstâncias adversas, aparentava continuar muito assemelhada àquela adotada por ele mesmo na década anterior: crescimento econômico a todo custo.

Para Delfim, parecia fazer sentido insistir naquela direção, e pobre daquele que ousasse dizer o contrário. Afinal, como afirmado pelo próprio ministro na ocasião da saída de Rischbieter, o "papel aceita qualquer coisa".

Com os acontecimentos evoluindo dessa maneira, o horizonte que se avizinhava era desolador. Simonsen estava no conforto de seu apartamento no Rio de Janeiro e não precisava mais de guarda--chuvas. Rischbieter havia retornado ao Paraná para levar uma vida pacata como engenheiro. Tampouco parecia que a tormenta iria atingir Curitiba. As nuvens negras se aproximavam assustadoramente, prenunciando intensa tormenta em Brasília. Delfim é quem teria de

A IMPREVISIBILIDADE DE UMA CRISE ANUNCIADA

enfrentá-las nos próximos longos e difíceis anos. O ajuste econômico e a necessária contração das despesas públicas não foram realizados e, mais grave ainda, medidas em sentidos oposto haviam sido adotadas.

O porvir não era nada animador.

No final de 1980, o panorama econômico era realmente assustador, apesar do expressivo crescimento econômico registrado naquele ano. O quadro era de total deterioração da balança de pagamentos em um contexto extremamente recessivo e com expectativa de alta inflacionária, como bem descrevia o economista Carlos Langoni:

> [...] até 1981, não há qualquer sinal mais claro de uma estratégia voluntária de ajustamento. As políticas fiscal e salarial são francamente expansionistas, ficando quase que exclusivamente com a área monetária qualquer esforço de caráter restritivo. Conseguiu-se, desta forma, a sustentação do crescimento econômico — que atingiu 7,2% em 1980 — ao mesmo tempo que a inflação alcançava novo patamar, já agora na faixa dos três dígitos.[44]

Em 1981, as coisas ficariam ainda piores.

O triste fim do milagre brasileiro

O ajuste não foi feito e o biênio 1979-80 remontava à década anterior, sobretudo em relação à alta taxa de crescimento da economia. Mas o mundo havia mudado e parecia que só o Brasil não havia percebido.

Em análise posterior dos fatos, o ex-ministro da Fazenda Marcílio Marques Moreira detalhava com grande poder de síntese a complexa situação do Brasil em 1980, ano que pode ser considerado um divisor de águas para a economia brasileira:

> [...] em 1980, depois de sete anos de milagre e mais cinco anos de pontos financiados externamente, ele [Delfim Netto] põe

de novo o pé no acelerador, expande brutalmente a massa monetária do Brasil, faz uma desvalorização sim, mas ao mesmo tempo introduz limitações, com uma taxa de câmbio prefixada, uma taxa de juros prefixada, um teto para a correção monetária, tudo isso num momento em que as taxas de juros externas chegavam a 21%, 21,5%... A inflação pulou para 100% e a dívida, que era de 40 bilhões de dólares em 1979, passou para 80 bilhões em 1981, sem nenhum investimento, apenas para pagar juros e comprar petróleo, foi realmente um equívoco.[45]

Ao longo de 1980, Marcílio Marques Moreira, vice-presidente do banco Itaú, divergia publicamente da equipe econômica por meio da imprensa. Para ele, o Brasil já deveria pedir a ajuda do FMI desde aquele ano[46] e, mais importante, a elevada taxa de crescimento era a principal responsável pela inflação crescente que o país experimentava.[47]

Assim como acontecera a Simonsen, ninguém lhe deu ouvidos.

É certo que a crise foi gerada pela combinação de fatores externos associada à escolha inadequada da linha mestra da política econômica brasileira, predominantemente baseada no endividamento a juros flutuantes. O início do ajuste fiscal, a contenção do endividamento externo e a redução das despesas públicas (em especial os gastos com projetos de investimentos) vinham sendo adiados desde o governo Geisel, e semelhante postura foi mantida nos dois primeiros anos do governo Figueiredo.

Porém, em 1981 não haveria mais como adiar o inadiável. A conta tardara um pouco, mas finalmente havia chegado.

Não há dúvidas de que a imprevisibilidade dos fatores externos foi determinante para a crise econômica brasileira. É certo também que, diante do quadro internacional desfavorável, nada fez o governo para debelar a drástica situação que se avizinhava. Preferiu se omitir. Ignorou solenemente a real necessidade de um "freio de arrumação" no início do governo.

A IMPREVISIBILIDADE DE UMA CRISE ANUNCIADA

Mais tarde, pagaria caro por isso, como bem salientava editorial do jornal *Folha de S.Paulo* em 1983, um dos piores anos da crise: "[...] apesar das reiteradas advertências de setores organizados da sociedade civil sobre a necessidade de renegociar a dívida externa na época em que as condições ainda não eram tão dramáticas, o governo federal persistiu na rota anteriormente traçada."[48]

O editorial do jornal paulista tinha razão. Embora gerada por fatores conjunturais que ninguém poderia antever, o certo mesmo é que a "imprevisível crise" era na verdade uma crise anunciada — pelo menos desde 1979, coincidentemente primeiro ano do mandato de Figueiredo. Seus sinais eram perceptíveis e foram avisados em alto e bom som por Simonsen.

Palavras ao vento.

O governo que não ouvia também fingia que não via. Assim, o país caminhava a passos largos rumo ao precipício. Figueiredo teve dois longos anos de mandato para corrigir a rota traçada.

Não o fez porque não quis.

Já o poderoso Paul Volcker tinha pleno conhecimento de que a sua política à frente do Banco Central norte-americano — aumentando a taxa de juros para conter a alta inflacionária e o déficit orçamentário federal nos Estados Unidos — teria efeitos catastróficos sobre as economias latino-americanas naquele sombrio ano de 1981. Simplesmente fazia o seu trabalho e não aparentava se importar muito com os impactos decorrentes da nova política econômica dos Estados Unidos para a América Latina.

Pior para os países endividados que passariam a sofrer diretamente os efeitos dessa decisão, de maneira proporcional ao tamanho das suas dívidas. Assim, quanto mais alta fosse a dívida, maior seria o impacto do incremento da taxa de juros sobre ela e, consequentemente, mais difícil (para não dizer impossível) seria honrar o respectivo pagamento com pontualidade.

Essa realidade seria ainda mais catastrófica para o Brasil. Maior devedor do mundo em desenvolvimento, a crise externa gerada pela elevação da taxa de juros norte-americana explodiu como uma bomba sobre a economia brasileira, pois a dívida nacional era em sua maior parte contratada sob taxa de juros flutuante.

Não houve jeito. A dívida explodiu.

Ainda nesse mesmo ano, as importações de petróleo representaram para o Brasil mais da metade do total de todas as importações do país.[49] Em condições normais, já seria algo muito danoso para um país cuja dívida externa estava saindo do controle e a balança de pagamentos apresentava um preocupante déficit comercial. Aliado aos efeitos do Segundo Choque do petróleo, era uma verdadeira tragédia para a balança comercial brasileira. Assim, em 1981, as medidas corretivas tiveram de ser adotadas sob enorme pressão, quase como uma reação instintiva aos fatores externos que eram implacáveis com a nossa economia.

Acuado e sem alternativas viáveis, o governo teria que forçosamente realizar o ajuste econômico de forma traumática e um tanto quanto atabalhoada. Acossado pelas circunstâncias, a primeira alternativa, de índole notadamente simplista (mas que naquele momento era uma das únicas ações que produziriam efeitos concretos a curto prazo), foi estimular as empresas estatais a contrair empréstimos no exterior, com o objetivo de pagar o serviço da dívida.

Não era mais o caso de trocar dívida velha por dívida nova. Agora a realidade era usar o braço produtivo do governo, que ainda gozava de algum crédito no exterior, para pagar juros da dívida que a banca internacional não aceitava mais rolar diretamente para o governo brasileiro.

Por tudo isso, 1981 foi desastroso. Ao mesmo tempo significou o marco formal de que as coisas não podiam continuar do jeito que tinham sido até então. Fora dado (novamente) o sinal de alerta. Não havia mais a mínima possibilidade de adiamento do indispensável ajuste econômico.

Assim, aquele caótico ano terminou com a inflação recorde de 95,2% e a retração do PIB em 4,3%.[50] Para se ter uma ideia de como esse número era ruim dado o histórico brasileiro, no biênio 1980-81 a

A IMPREVISIBILIDADE DE UMA CRISE ANUNCIADA

inflação ficou na casa dos 90%, mais que o dobro que a taxa anual dos dois anos precedentes.[51] A dívida externa estava na casa de US$ 61,4 bilhões, outro recorde bastante assustador. Eram os piores números da economia brasileira desde o início do ciclo militar.

O milagre econômico foi reduzido a pó.

Surgia assim o famigerado conceito de "estagflação", uma combinação de inflação alta e estagnação econômica. Recessão associada à inflação era o que de pior poderia acontecer em qualquer economia. O Brasil experimentaria essa situação pelos anos seguintes, durante quase todo o mandato de Figueiredo.

Por incrível que pareça, 1982 conseguiria ser ainda pior.

Capítulo 13

A mãe de todas as crises

Moratória mexicana e crise na América Latina

O início da década de 1980 ficaria marcado pela incapacidade de os países em desenvolvimento de saldarem seus compromissos externos. O que se convencionou chamar de "crise da dívida externa" ou "crise do terceiro mundo" na verdade se tratava de uma crise cuja responsabilidade pertencia aos dois lados (tanto dos credores, que concederam empréstimos de forma um tanto quanto irresponsável e bastante arriscada, dadas as condições dos tomadores, como dos devedores, que contraíram dívidas de forma igualmente reprovável).

A análise de Elio Gaspari dá o tom da hipocrisia vigente à época: "Vinte e seis anos depois, quando os bancos e cidadãos norte-americanos que tomaram empréstimos irresponsáveis provocaram a maior crise financeira ocorrida desde 1929, ninguém a atribuiu exclusivamente aos devedores."[1] Melhor analogia, impossível.

O ex-ministro da Fazenda Marcílio Marques Moreira, ao comentar a crise na época, chegou a se referir à "corresponsabilidade"[2]

A MÃE DE TODAS AS CRISES

para denotar que as duas pontas eram igualmente culpadas pelo desfavorável quadro existente.

Não há dúvida de que a banca internacional cometeu notórios exageros na concessão dos empréstimos, avaliando de forma muito benevolente o risco associado àquelas operações. Não se tratava de um erro de percepção. Em verdade, a compreensão dos fatos à época é que se dissociava da realidade. A síntese do economista Carlos Langoni é elucidativa nesse sentido:

> A expressão "risco soberano", utilizada para denominar empréstimos a países, era suficientemente elegante para justificar a rápida expansão dos créditos privados. Os bancos começaram a organizar-se para lidar com países e não mais apenas com empresas. Departamentos especializados foram criados e os economistas começaram a preparar os seus estudos prospectivos da evolução da economia desses países. O processo era tão dinâmico e a competição tão intensa que muitas vezes ocorria uma inversão de papéis: os estudos econômicos eram utilizados para justificar o que já havia sido feito em matéria de empréstimos. As operações internacionais passaram a se constituir na principal fonte de geração de lucro destes bancos.[3]

Independentemente dos culpados pela crise, o certo é que a conjunção de fatores adversos associada ao grande endividamento fez com que esses países tivessem como única saída recorrer ao famigerado "socorro" do FMI, pedido que normalmente era formalizado quando a economia do país "socorrido" já se encontrava à beira do colapso.

Ao mesmo tempo temidas e necessárias, as negociações com o FMI seriam delicadas não apenas para o Brasil, mas para todos os países em desenvolvimento cujas robustas dívidas foram impactadas pela política norte-americana de elevação da taxa de juros e pelo Segundo Choque do Petróleo.

A banca internacional pretendia transformar o FMI em biombo de seus interesses, encobrindo seus desígnios por trás de medidas restritivas impostas pelo Fundo Monetário Internacional aos países

devedores que necessitavam urgentemente de empréstimos. Tratava-
-se de uma estratégia confortável, pois deixava o Fundo com o ônus
das pesadas restrições impostas às economias dos devedores, cujos
reflexos eram sentidos diretamente pela população a partir do aumento perceptível do nível de empobrecimento causado pela recessão.

Em setembro de 1982 seria realizada em Toronto, no Canadá, a
reunião anual dos países devedores com o FMI. A aproximação da
reunião gerava grandes apreensões ao redor de todo o mundo, tanto
por parte dos devedores como também por parte dos credores.

A expectativa é que fosse uma das mais dramáticas e difíceis
reuniões anuais já realizadas pelo FMI desde a sua criação. Para o
Brasil, o horizonte não era nada animador às vésperas do encontro: o
país era considerado pelos credores internacionais "a bola da vez",[4] ou
seja, o Brasil liderava o ranking informal de apostas como o próximo
país a declarar moratória.

Por mais que houvesse um pessimismo generalizado em relação
ao Brasil, era incontroverso que o México se encontrava em pior situação naquele exato momento. O país estava tecnicamente quebrado
e havia declarado moratória em meados de 1982, o que fez com que
a banca internacional passasse a desconfiar da capacidade de pagamento de todos os países da região. Temia-se naquele momento um
efeito dominó que derrubaria todas as economias latino-americanas,
uma após a outra.

Não se tratava de uma desconfiança despropositada. Fazia todo
sentido que os credores internacionais, ao analisar aquela conjuntura,
desconfiassem bastante. Havia motivos de sobra para tanto. É importante lembrar que naquele momento a recessão era mundial e que a
crise também tinha se instalado nos próprios países desenvolvidos,
cujas economias não apresentavam nenhum sinal de reação. A forte
retração da demanda nos mercados tradicionalmente compradores
dos produtos dos países em desenvolvimento seria um dos traços
principais daquele difícil ano de 1982, agravando ainda mais o déficit
de suas balanças comerciais.

A MÃE DE TODAS AS CRISES

Esse panorama recessivo nas maiores economias do mundo, principalmente nos Estados Unidos, tornava o ambiente ainda mais complicado para os países endividados, pois restringia fortemente o único meio que detinham para obter as divisas necessárias para o pagamento e amortização de suas respectivas dívidas: as exportações.

Era uma combinação explosiva de fatores: perspectivas de exportações prejudicadas pela recessão no mundo desenvolvido, baixo valor das commodities que tradicionalmente exportavam (geralmente produtos oriundos do setor primário da economia, com baixo valor agregado) e ainda gravemente afetados pela alta dos juros (que aumentavam de forma substancial as suas dívidas) e pelo Segundo Choque do petróleo (cujo aumento súbito do preço do barril impactava diretamente as suas balanças comerciais, desequilibrando-as). Dessa forma ficava difícil (para não dizer impossível) que os países devedores conseguissem honrar o próprio serviço de suas respectivas dívidas.

Em meio ao caos, o Brasil blefava. Na iminência da referida reunião do FMI em 1982, Delfim transmitia (ou tentava transmitir) uma postura de confiança ao mercado, afirmando de maneira quase causal, como quem pergunta as horas: "O nosso negócio é pagar."[5] Pura bravata. Como será visto adiante, o "nosso negócio" era submeter a economia ao calendário político, esperando as eleições de 1982 passarem, para depois discutir com o FMI a indispensável rolagem da terrível dívida externa brasileira.

A despeito das declarações oficiais, a reunião em Toronto foi um fiasco para o Brasil, frustrando as expectativas das autoridades monetárias brasileiras. O país esperava que um dos resultados da reunião fosse a criação de um fundo estimado em US$ 25 bilhões para socorrer os países devedores. Nada feito. Naquele momento, o governo percebeu que o Brasil tinha chances reais de ser o próximo país a quebrar.

A torneira estava definitivamente fechada.

Em que pesem as circunstâncias desfavoráveis, tudo parecia completamente diferente da sombria realidade, pelo menos sob a ótica do ministro do Planejamento Delfim Netto. Em suas seguras e contundentes declarações durante o encontro do FMI no Canadá, a situação da economia brasileira era confortável e não aparentava nem um pouco ser tão calamitosa quanto de fato era, a ponto de o governo se tornar avalista inclusive de dívidas privadas contraídas por empresas brasileiras no exterior. Tudo para manter a confiança da banca internacional. Nas palavras de Delfim: "Temos que conservar a credibilidade para continuar a rolar a nossa dívida [...] O importante é não deixar ninguém com papagaio na mão. Se o setor privado deve e não pode pagar, o governo paga. Depois nós acertamos a conta dentro de casa."[6]

Jogo de cena.

Setembro negro

Naqueles dias, a ordem do governo ao Banco Central era clara: não demonstrar nenhum tipo de fragilidade.

Contudo, a firmeza da retórica oficial infelizmente não era capaz de alterar a realidade. Assim, em setembro de 1982, a situação econômica, que já apresentava contornos dramáticos, passou a uma fase terminal. Aquele mês terrível ficaria conhecido como "setembro negro". Naquela época, estimava-se que o Brasil necessitaria de US$ 330 milhões por semana para saldar seus compromissos internacionais.

A frase dita ao presidente Figueiredo pelo economista Carlos Eduardo de Freitas, responsável pelas contas externas do Banco Central, era sintomática e retratava perfeitamente a situação na qual a economia do país se encontrava: "Presidente, desta semana a gente não passa."[7]

Se o Brasil fosse uma empresa, haveria decretado falência. O país de fato quebrou.

Os bancos brasileiros que tinham agências no exterior passaram a ser parceiros do governo na delicada empreitada de rolar a dívida externa nacional.[8] Não era tarefa simples. Em 1981, as reservas em

A MÃE DE TODAS AS CRISES

moeda estrangeira simplesmente acabaram. Logo, em 1982, não houve outro jeito: as agências brasileiras no exterior — notadamente o Banco do Brasil e Banco do Estado de São Paulo (Banespa) — captavam no mercado em um prazo curto, geralmente 180 dias, e emprestavam ao governo brasileiro a um prazo muito mais dilatado, em média de oito anos.[9]

Dura realidade.

Ainda no tenebroso setembro daquele ano, após a moratória mexicana, Paul Volcker recebeu uma ligação de Carlos Langoni, então presidente do Banco Central do Brasil, para tranquilizá-lo sobre a situação brasileira. Com grande intimidade pela intensa comunicação que tiveram naquele período, ambos se permitiam chamar pelo primeiro nome e dispensavam formalidades no tratamento.

Essa relação em nível pessoal acabou ajudando a amenizar um pouco a situação. Nos dias mais tensos daquele fatídico mês de setembro, no qual o próprio Volcker comandou pessoalmente uma operação junto aos bancos privados norte-americanos para que socorressem o Brasil, conseguiu-se, a duras penas, evitar que o país entrasse em *default* — o que significava não ter recursos para satisfazer ao vencimento de suas dívidas. Assim, graças à intervenção providencial de Volcker, o sistema bancário norte-americano não suspendeu totalmente a linha de crédito ao governo brasileiro.

Foi por um triz.

Rememorando os fatos trinta anos depois, Volcker confessou que não se sentiu tão tranquilo assim ao receber a ligação do colega brasileiro: "Langoni me disse que o Brasil estava acanhado após o calote do México e que eu não deveria me preocupar, porque a situação era diferente. Mas eu estava preocupado e estava certo."[10]

A princípio, o presidente do Banco Central brasileiro aparentava acreditar no que dizia. Em suas declarações, o Brasil iria atravessar essa tempestade com "relativa facilidade".[11] Já o ministro Delfim Netto corroborava com o que as demais autoridades monetárias do governo vinham dizendo, chegando a afirmar que era preciso que a imprensa parasse de especular sobre as dificuldades externas brasileiras. Em inflamados discursos aos jornalistas, insistia em dizer que a economia não apresentava as supostas dificuldades veiculadas pelos órgãos de comunicação, e aqueles que diziam o contrário estavam mesmo era especulando contra os interesses nacionais.[12]

Fora do universo paralelo em que viviam as autoridades monetárias do Brasil, os funcionários do Banco Central carregavam o fardo de viver a vida real. Uma de suas principais tarefas era viajar pelo mundo para descontar créditos pequenos e medianos para saldar a dívida brasileira, às vezes até mesmo para fechar as contas ao final de cada dia. Vivia-se um dia de cada vez, e a cada dia, a sua agonia. Assim, todo dia era uma agonia.

E não era somente isso. A situação era tão ruim que os brasileiros foram praticamente proibidos de viajar ao exterior. Para evitar a fuga de dólares, foram adotadas medidas grotescas, como a obrigatoriedade de remeter moeda estrangeira para a cidade que se pretendia visitar e só ao chegar ao destino da viagem é que seria possível sacar o dinheiro em uma agência bancária local. Assim, só seria possível sair do Brasil com míseros cem dólares e o turista somente teria certeza de que os dólares remetidos chegaram corretamente ao local de destino quando fosse pessoalmente à agência no exterior sacar o dinheiro em espécie.

Mas não parava por aí. Também foi adotado o intervalo mínimo de 180 dias entre as compras de moeda estrangeira e criada a bizarra figura do "dólar-adolescente",[13] limitando a quantia que os menores de dezoito anos poderiam levar ao exterior em viagens de férias.

Por fim, foi criado um imposto sobre operações financeiras de 25% sobre a compra de dólares no câmbio oficial. Assim, fechava-se o arcabouço de medidas que praticamente impossibilitava os turistas brasileiros de viajar ao exterior. Pobre dos brasileiros que tiveram limitada a sua capacidade de escolha. Pior para as agências de viagens, que tiveram de viver quase que exclusivamente de pacotes turísticos domésticos. Muitas quebraram.

A adoção dessas medidas dá o tom da economia brasileira em 1982. As autoridades econômicas nacionais continuavam a trabalhar arduamente para convencer os credores internacionais de que o

A MÃE DE TODAS AS CRISES

Brasil não era como o México e tampouco poderia ter a sua situação comparada à da Argentina, que então acabara de entrar em *default*.

Não era tarefa fácil. A desconfiança se avolumava em torno do Brasil, e os credores internacionais passavam a ter sérias dúvidas se o país não seria o próximo da fila a ingressar no "cemitério financeiro", no qual àquela altura jaziam México, Argentina e Polônia.

A melhor síntese da caótica situação pode ser extraída de valiosa matéria sobre o assunto publicada pelo jornal *Valor Econômico* em 2012, trinta anos após a crise estourar: "Vivia-se aos solavancos. O mercado financeiro internacional se retraiu, secando os créditos para o Brasil. No Banco Central, pedalava-se uma bicicleta todos os dias e o dia todo. Se a Petrobras tinha uma linha de crédito externo, o Banco Central pegava emprestado. Se havia moeda estrangeira no Banco do Brasil ou na Eurobras (sic) era lá que se passava o chapéu."[14]

Soa um tanto quanto anedótico, mas era exatamente isso o que acontecia. Mais inusitada ainda era a situação da Petrobras nessa dinâmica. Por ser uma empresa cujo objeto social é exploração e produção de petróleo e seus derivados, a sua utilização como instrumento financeiro, sobretudo na captação de recursos externos, beirou as raias do inacreditável.

As ações nesse sentido eram as mais criativas possíveis, como a conversão em dólares das linhas de crédito da estatal no exterior, que a princípio deveriam ser utilizadas na aquisição de petróleo para consumo no mercado interno brasileiro. Essa inusitada operação se materializava a partir da compra de petróleo pela petrolífera diretamente do Oriente Médio e a subsequente venda no mercado livre de Roterdã, Holanda, transformando a matéria-prima de que o país necessitava em dólares para o governo pagar os seus compromissos.

Além disso, a Petrobras ainda era obrigada a contrair empréstimos não para investir em suas atividades típicas de exploração ou refino de petróleo, mas, sim, para reforçar o combalido caixa do governo. Ainda por cima tinha de arcar com os custos dos respectivos encargos financeiros, o que gerava impactos diretos e desfavoráveis sobre os seus balanços.

Na inusitada manchete "Ueki troca produtos por óleo com Irã, México e Polônia",[15] o *Jornal do Brasil* noticiava que a Petrobras (responsável por cerca de 40% de todo o comércio exterior brasileiro naquele momento) estaria engajada em apoiar a política do governo federal no fomento às exportações para sanear a balança de pagamentos externos do Brasil. Shigeaki Ueki, presidente da estatal, deu o tom de aparente naturalidade com a qual a empresa era utilizada em meio à crise econômica brasileira: "Num momento de crise como a que hoje existe no mercado financeiro internacional, isso é natural."[16]

Natural era a última coisa que se podia dizer a respeito desse tipo de operação. Uma empresa de petróleo que passou a se prestar ao papel de comprar petróleo no mercado internacional, desde que o país vendedor se comprometesse em troca a comprar itens como farelo de soja e vegetais do Brasil,[17] estava cada vez mais dissociada da atividade econômica estabelecida pelo seu objeto social.

Adotando um tom mais realista e sobretudo mais sincero, um diretor da Petrobras (falando de maneira reservada à revista *Veja*) confessava que a estatal passou a ser sistematicamente utilizada para satisfazer às necessidades de caixa do governo em detrimento do seu objeto social: "Os cheques da Petrobras se encontravam nas mãos do Banco Central, assinados com valor em branco."[18]

Surreal. Dá-lhe criatividade associada a um significativo e mal disfarçado desvio de finalidade da principal empresa brasileira. Naquele momento, a petrolífera havia se transformado em um "braço bancário" do governo brasileiro.

Ainda em setembro de 1982 (quase no final daquele fatídico mês), o presidente Figueiredo, ao realizar o discurso de abertura da assembleia da ONU daquele ano, declarou que era necessário surgir um "mundo novo" e, em uma fala de cunho reformista, bem ao gosto dos países devedores, disse que o grande desafio na seara econômica mundial seria definir "como os países se ajustariam à nova realidade dos anos 1980".[19]

Na verdade, essa retórica combativa que pregava a necessidade de reformulação do sistema econômico internacional visava tirar o foco

A MÃE DE TODAS AS CRISES

do verdadeiro problema da dívida externa brasileira, já que naquele mesmo mês começaram a ser delineados contatos ultrassecretos entre autoridades brasileiras e o FMI.

Se foi esse mesmo o intento, Figueiredo foi bem-sucedido. O discurso teve grande repercussão midiática e o tema da dívida externa brasileira passou quase despercebido naquele encontro.

E assim acabou aquele "setembro negro": com o presidente Figueiredo pregando reformas na assembleia da ONU e as autoridades monetárias brasileiras buscando encontros às escondidas com o FMI para começar a negociar um socorro ante a delicadíssima situação econômica do país.

Os quatro cavaleiros do Apocalipse

Ao ser informado de que a situação econômica brasileira estava à beira de um colapso, após os seus tradicionais arroubos verbais, o presidente Figueiredo não teve escolha, a não ser autorizar que o Brasil buscasse uma negociação junto ao FMI. Naquele momento, um socorro econômico ao Brasil, além de urgente também era fundamental para evitar que a economia brasileira entrasse em colapso. Não havia nenhuma alternativa.

Mas ainda estávamos em meados de 1982, e em novembro haveria eleições cruciais para os interesses do governo e para o próprio futuro do país. Convinha cautela, sobretudo pelo efeito desastroso que a divulgação de um pedido de ajuda ao FMI fatalmente teria em ano eleitoral. Abrir negociações com o FMI soava à opinião pública como uma espécie de afronta à soberania nacional. Para um governo com pouca legitimidade dentro de um regime que se autointitulava nacionalista, seria um completo desastre. Pior ainda: poderia arrastar o governo de uma crise econômica a uma humilhante e irreversível derrota eleitoral.

Assim, as negociações deveriam ser mantidas em sigilo até o pleito eleitoral a ser realizado em 1982. Na reunião em que foi informado sobre a gravidade da crise, Figueiredo, exasperado, exclamou: "Largaram os quatro cavaleiros do Apocalipse em cima do meu governo. Em não mereço isso! Só falta agora uma praga de gafanhotos."[20]

E a praga veio. Naquele mesmo ano, nuvens de gafanhotos vindas da Bolívia invadiram o estado do Mato Grosso.

As coisas não estavam mesmo nada fáceis. Desde a primeira metade da década de 1930, quando no rastro da depressão econômica que assolou o mundo a obsoleta economia brasileira enfrentou uma série de problemas concomitantes, o país não atravessava uma crise tão severa.

A melhor síntese daquele tenebroso período foi feita pelo ministro Ernane Galvêas em depoimento alguns anos após ter deixado o governo. Com apurada precisão, o economista define o assombro econômico que se abateu sobre o governo Figueiredo:

> Com a taxa de juros a 20% não há taxa de retorno de investimento que pague o empréstimo. E entramos num processo de não poder pagar os juros. Começamos a acumular juros em cima de dívida a partir de 1979. É aí que começam os piores problemas. De 1979 a 1983 ocorrem três coisas terríveis: o petróleo que triplica, os juros que se multiplicam por três ou por quatro e os bancos fecham as portas para os países do terceiro mundo. [...] Tudo na administração Figueiredo. É o período mais difícil da história econômica do Brasil.[21]

Diante do caos, não demorou muito para que se começasse a apontar culpados. Como aconteceu com Mário Henrique Simonsen alguns anos antes, agora era a vez de Delfim Netto ser alvo da maledicência dos descontentes (quase todos) com os resultados da economia brasileira. Passada a euforia inicial com a posse de Delfim como ministro do Planejamento, a grande expectativa gerada em torno de sua capacidade de reverter o quadro econômico adverso não se confirmara. Pelo contrário. A economia andava mal e a sua popularidade estava em franca decadência.

A MÃE DE TODAS AS CRISES

O presidente Figueiredo tinha pavio curto, mas gozava de boa memória. Em rápidas declarações à imprensa durante viagem ao exterior, relembrou a situação do predecessor de Delfim ao analisar a situação de seu atual ministro: "Quando o Mário Henrique Simonsen era ministro do Planejamento, alguns pediam a cabeça dele e a vinda do Delfim Netto. Todos os outros que vierem vão fazer a mesma coisa, pois só há uma teoria."[22]

O ministro Delfim, por sua vez, engrossava o coro de Figueiredo e não se mostrava nem um pouco disposto a deixar o governo: "Não há pacote econômico e não há a minha demissão. Vão ter que suar muito antes que eu peça para sair."[23]

Embora aparentasse em público confiança de que permaneceria no cargo, em uma conversa com o presidente Delfim indagou diretamente se permaneceria no ministério. A resposta teria sido positiva e incisiva: "Claro que vai."[24]

Apesar de prestigiado pelo presidente, a popularidade de Delfim andava em baixa. A voz das ruas era implacável em culpar o ministro pela delicada situação em que o país se encontrava. Em realidade, Delfim andava mesmo era na boca do povo. Em pesquisa realizada pelo instituto Galupp em dezembro de 1981, a população foi questionada sobre os problemas que afligiam o Brasil em meio à crise econômica. A inflação despontava como inimigo principal, seguida de outras mazelas nacionais como o desemprego. Contudo, um dos problemas recorrentemente mencionados na pesquisa era simplesmente "Delfim", o que causou perplexidade geral, tendo em vista que o próprio instituto declarou ser "raríssima a presença de antropônimos em pesquisas do gênero".[25]

Realmente foi uma proeza e tanto. Nem o presidente Figueiredo conseguira ser lembrado pelo nome no âmbito da referida pesquisa. Proeza maior, no entanto, era fazer com que o Brasil conseguisse satisfazer seus compromissos em dia. Passou-se a viver do varejo das miudezas do (pouquíssimo) crédito que ainda havia disponível no exterior para o Brasil e suas estatais.

Migalhas, de fato.

ME ESQUEÇAM – FIGUEIREDO

Às autoridades econômicas brasileiras só restava uma saída: rezar para que as eleições de novembro chegassem o mais rápido possível e, sem ter nenhuma alternativa, travar a inglória luta do pagamento "pingado" das dívidas que venciam no exterior.

Rememorando os fatos exatos trinta anos depois, Carlos Langoni, então presidente do Banco Central, confirmou que "houve a decisão de segurar o acordo com o FMI que era inevitável".[26] O governo Figueiredo decidiu deliberadamente submeter a economia ao calendário político, por óbvio temendo o fracasso nas eleições de 1982.

Essa decisão causou grande insatisfação entre os credores internacionais que julgavam que naquele período a única solução seria requerer o imediato e urgente socorro do FMI. Em uma publicação editada pelo próprio Fundo e que detalha esse período, ficou registrado para a posteridade esse momento da mais pura agonia para as autoridades monetárias brasileiras: "Por três meses após a deflagração da crise, a política no Brasil ficou congelada pela proximidade das primeiras eleições gerais parlamentares em âmbito nacional desde que os militares assumiram, em 1964. Os bancos credores, contudo, não tinham paciência para esse calendário político."[27]

No entanto, o governo acabou por ser derrotado no pleito, perdendo o controle das principais capitais brasileiras para a oposição, e então não houve jeito. O Brasil enfim recorreria ao FMI. Após vários desmentidos, ao final de novembro de 1982 o governo finalmente reconhecera que a única saída possível era buscar o socorro do Fundo.

O adiamento da adoção das medidas de combate ao panorama adverso, diferentemente do que se possa imaginar, não foi o maior responsável pela existência da crise nefasta que assolou o Brasil durante o governo Figueiredo. A crise era inevitável e foi gerada por uma combinação de fatores externos que se mostrou ruinosa à economia dos países endividados, em especial à economia brasileira. Entretanto, em economia, ao se perder tempo para debelar uma situação adversa, o resultado provável é agravar ainda mais a situação desfavorável.

Foi exatamente isso o que aconteceu.

A MÃE DE TODAS AS CRISES

Dois aspectos foram cruciais nessa dinâmica: primeiramente, ignorar a conjuntura internacional no biênio 1979-80, e, em segundo lugar, insistir na equivocada política de crescimento baseada em endividamento externo. Àquela altura, a manutenção da política econômica "desenvolvimentista" significava um verdadeiro suicídio em termos econômicos. A acrítica insistência nos preceitos macroeconômicos que levaram ao "milagre brasileiro" da década de 1970 fizeram com que o Brasil caminhasse a passos largos rumo ao colapso.

Aliado a essa equivocada conduta, quando a crise já havia se agravado e atingido um patamar insustentável, não havia como negar que o governo sabia que medidas amargas inevitavelmente precisariam ser adotadas com a máxima urgência. Porém, a decisão de submeter a economia ao timing político foi mantida, o que se revelou outro equívoco completo.

A eleição a ser realizada no fim do ano fez com que o segundo semestre de 1982 se tornasse um verdadeiro suplício para as autoridades econômicas. A decisão do governo de postergar o pedido de ajuda ao FMI e o início formal das negociações fez com que os últimos seis meses daquele ano agravassem ainda mais a situação extremamente desfavorável enfrentada pelo Brasil.

Piorou-se o que já era ruim.

Foram meses de uma longa e inquietante agonia. Vivia-se no mundo do faz de conta, no qual as autoridades insistentemente negavam o óbvio. Enquanto a economia agonizava silenciosamente, o governo mantinha a postura pública de desmentidos à imprensa, em um momento no qual os principais veículos de comunicação do país já noticiavam que uma negociação com o FMI era iminente.

Em sessão intitulada "Carta ao Leitor", a revista *Veja* enunciava com perfeição a real dimensão que a questão adquiriu naquele final de ano: "[...] o público foi persistentemente desinformado ao longo das últimas semanas e meses por uma massiva sucessão de desmentidos, por parte das autoridades da área econômica, sobre a ida do Brasil ao FMI. [...] O Brasil recorrerá mesmo ao FMI e o governo, que fez tanta questão de sustentar o contrário, fica na posição de quem iludiu a opinião pública."[28]

Em dezembro, o governo finalmente anunciou ao grande público que o Brasil iniciaria tratativas com o FMI. Prenúncio de um difícil 1983, no qual medidas de austeridades necessariamente teriam de ser adotadas pelo país em troca da tão almejada ajuda do Fundo.

Antes tarde do que nunca.

Capítulo 14

A economia enterrou o regime

As negociações com o FMI

Diante de todas as circunstâncias adversas concentradas naquele período, setembro representou o estopim da crise e foi o pior mês daquele fatídico ano de 1982 para a economia brasileira. Foram dias realmente dramáticos.

Ainda que menos dramática em comparação a setembro, a situação da economia brasileira continuaria bastante delicada nos últimos meses daquele ano. Ao final de 1982, coincidindo com o início formal das negociações brasileiras com o FMI, foi marcada uma visita do presidente norte-americano Ronald Reagan à América do Sul que incluiria o Brasil.

Reagan chegou ao Brasil adotando uma postura amistosa, muito em razão da abertura política que ocorria no país. Era a volta à democracia, caminho que os Estados Unidos vislumbravam não apenas para o Brasil, mas para toda a América do Sul. No caso específico brasileiro, a realização bem-sucedida das eleições de 1982 representou um vistoso passo nesse sentido, fato que era reconhecido pelo governo norte-americano.

As especulações em torno da visita de Reagan eram as mais variadas. Um dos boatos mais comentados nos dias que antecederam a viagem dava conta de que o presidente norte-americano poderia aproveitar a oportunidade da visita ao Brasil para anunciar uma espécie de Plano Marshall[1] para os países da América do Sul.[2]

Pura especulação. E não passou mesmo disso. Em recessão econômica e com taxas recordes de desemprego, os Estados Unidos atravessavam tempos igualmente difíceis (guardadas as devidas proporções) e se deparavam com uma nova realidade de cortes de gastos sociais internos. Assim, não fazia o menor sentido e tampouco seria possível explicar à opinião pública norte-americana um plano de ajuda externa quando o contexto doméstico dos Estados Unidos era de ajuste, contenção dos gastos públicos e escalada do desemprego.

Já em terras brasileiras, em que pesem as reiteradas manifestações elogiosas do presidente norte-americano ao panorama político, a visita teve caráter essencialmente econômico. Uma das primeiras medidas divulgadas foi a concessão de um empréstimo ao Brasil, já antecipando parcelas do futuro acordo brasileiro com o FMI.

No entanto, o surpreendente naquela declaração é que em realidade se havia anunciado um empréstimo que já fora tomado anteriormente, tendo o Brasil resgatado a última parcela dos cerca de US$ 1,2 bilhão poucos dias antes de a visita oficial começar.[3]

Apesar de o empréstimo ter sido concedido poucos meses antes, apenas naquele momento a imprensa e o público em geral foram informados a respeito. Tal empréstimo já havia sido negociado diretamente pelo presidente Figueiredo em um encontro com o secretário de Estado norte-americano, George Shultz, cerca de dois meses antes, nos Estados Unidos, após o discurso de Figueiredo na Assembleia Geral da Organização das Nações Unidas (AGNU).[4]

Seria o primeiro de muitos. Embora não pudesse conceder diretamente os empréstimos que retirassem definitivamente a economia brasileira da difícil enrascada em que se encontrava, a situação do

A ECONOMIA ENTERROU O REGIME

Brasil era tão calamitosa que o governo americano acabou mesmo tendo que ajudar. Assim, o país sobreviveria dos denominados "empréstimos-ponte"[5] concedidos pelos Estados Unidos até que o acordo com o FMI viesse a ser fechado em setembro de 1983.

Não seria uma época fácil. Eram dias em que as contas tinham de ser fechadas quase que diariamente, raspando as poucas reservas existentes, incluindo nessa equação as estatais e quem mais ligado ao governo brasileiro tivesse uma linha de crédito no exterior, por menor que fosse. Essa agonia perdurou de meados de 1982 até o Brasil finalmente conseguir fechar o acordo com o FMI, já no segundo semestre do ano seguinte.

Embora escamoteado pelas fontes oficiais, o presidente do Banco Central brasileiro sabia a realidade dramática em que o país se encontrava. No segundo semestre de 1982, mais precisamente nos cem dias compreendidos entre o final de agosto e início de dezembro, Langoni passou nada menos que 38 dias fora do Brasil, percorrendo 6 países, 35 instituições financeiras e gabinetes de 52 banqueiros distintos.[6] Uma verdadeira maratona. Tal peregrinação tinha apenas um objetivo: renegociar dívidas e convencer a banca internacional a não cortar as (poucas) linhas de crédito ainda disponíveis ao Brasil.

Nessa agonia, uma situação um tanto quanto constrangedora e pouco comum em se tratando de chefes de Estado foi descrita pela revista *Veja* em uma nota na "Coluna Radar", curiosamente intitulada "(061) 272-0535 chama (202) 456-1414",[7] em que havia o relato de que o presidente Figueiredo, valendo-se de um intérprete, pegou o telefone na Granja do Torto e ligou diretamente para a Casa Branca. O presidente brasileiro pediu a Ronald Reagan cerca de US$ 400 milhões para o Brasil fechar as suas contas em Nova York. A pouco usual situação não afetou o bom humor de Reagan. A cena do telefonema (que foi acompanhada pessoalmente pelos ministros Delfim Netto e Ernane Galvêas) acabou com graça: o presidente norte-americano, em tom jocoso, advertiu Figueiredo sobre as consequências daquele ato que acabara de patrocinar: "Cuidado que você me derruba."[8]

ME ESQUEÇAM – FIGUEIREDO

Sobre a postura de Figueiredo em relação ao socorro de Reagan, algumas fontes relatam que após um de seus enfartes, o presidente brasileiro recebeu um amistoso telefonema por parte do presidente norte-americano, manifestando preocupação com a sua saúde e desejando sua pronta recuperação.

No entanto, Figueiredo teria interpretado esse gesto de gentileza e estima pessoal como um pretenso sinal de que Reagan "assumiria o compromisso de resolver os problemas do Brasil, especialmente o da dívida externa".[9]

Não era exatamente isso, até mesmo pelos problemas econômicos que os Estados Unidos também atravessavam naquele período. Todavia, após receber a ligação de Figueiredo, Reagan se mostrou sensível ao pedido e o empréstimo foi concedido a tempo de sanear as combalidas contas brasileiras no exterior. Mas não deixou de ser um sufoco. A situação do Brasil era tal que a mais alta autoridade do país passava o pires sem a menor cerimônia.

A tarde de 20 de dezembro de 1982 marcou formalmente o início da renegociação da dívida externa brasileira. Em um encontro no hotel Plaza, em Nova York, estavam autoridades monetárias brasileiras, representantes do FMI e pelo menos uma centena de aflitos banqueiros que se acomodavam irrequietos nas confortáveis poltronas do auditório do hotel. Àquela altura, a Banca Internacional considerava que um acordo com o Fundo era uma precondição para a renegociação da dívida brasileira que estava nas mãos dos grandes bancos norte-americanos e europeus.[10]

Inicialmente, as conversas com o FMI transcorreram em um clima ameno, sobretudo se levarmos em consideração as circunstâncias extremamente desfavoráveis em que o Brasil sentava-se para negociar. O país buscava a concessão de um crédito tipo *"stand-by"*, o que significava um socorro que pudesse ser sacado de forma diferida no tempo de acordo com o vencimento gradual das dívidas brasileiras e as dificuldades específicas do país em saldá-las.

Era uma espécie de "empréstimo-garantia", que seria utilizado pontualmente de acordo com as circunstâncias, evitando que o Brasil declarasse moratória ou entrasse forçosamente em *default*.

342

O crédito a ser obtido junto ao FMI, embora importante (naquela situação qualquer crédito a ser recebido, por menor que fosse, teria importância), era muito menos significativo do que as linhas de crédito de que o Brasil tentava voltar a dispor[11] junto ao sistema financeiro internacional.

Contudo, mais importante que o crédito proveniente do FMI era o efeito simbólico que sua concessão geraria ao Brasil. A negociação bem-sucedida com o Fundo seria uma demonstração de confiança no país, principalmente em relação à capacidade de o Brasil honrar seus compromissos. Assim, o importante era a mensagem de resgate da credibilidade que o êxito da negociação com o FMI propiciaria ao país.

Dessa forma, o governo brasileiro esperava que um acordo bem-sucedido com o Fundo tivesse como efeito reflexo e imediato a reabertura do sistema financeiro internacional ao país. Assim, o Brasil voltaria a ser considerado digno de confiança e as linhas internacionais de créditos seriam reabertas, sobretudo em relação aos grandes bancos internacionais que, bastante desconfiados sobre a capacidade de pagamento do governo brasileiro, tinham praticamente limitado a zero a concessão de empréstimos ao país.

É importante lembrar que naquele momento o Brasil não gozava da simpatia da banca internacional. Ainda estava viva na memória dos credores a submissão da economia brasileira à política, o consequente adiamento das medidas de ajuste necessárias à correção dos rumos da economia e a demora no pedido de ajuda ao FMI.

Esse episódio, chamado de "desastroso atraso" nos anais do FMI,[12] deixou o conjunto de credores internacionais cético em relação à real disposição do governo brasileiro em levar adiante um programa de ajuste econômico sério e efetivo.[13]

Em economia, credibilidade é um ativo de grande importância, sobretudo em negociações complexas nas quais valores como confiança têm grande efeito psicológico que por vezes podem ser decisivos para o êxito de uma negociação. Nesse aspecto, a seriedade do governo brasileiro estava bastante comprometida pela recente preterição da economia em função do calendário político.

Nesse contexto de desconfiança associado a uma economia extremamente fragilizada, as medidas que o Brasil deveria adotar não seriam fáceis, tampouco populares. A austeridade chegaria forçosamente e de forma implacável.

As circunstâncias não permitiam outra solução. Tampouco o FMI permitiria algo distinto.

Assim, o tradicional receituário do Fundo foi imposto ao país, que, "passando o chapéu" e fragilizado pelas circunstâncias econômicas amplamente desfavoráveis, pouco pôde fazer.

Uma das primeiras medidas impostas pelo FMI ao governo brasileiro era a adoção de uma política fiscal restritiva, com a consequente redução dos gastos públicos e o contingenciamento dos projetos de investimentos. Na prática, isso significava a contenção dos "ministros-gastadores", como Mário Henrique Simonsen, ex-ministro do Planejamento de Figueiredo, já alertara desde o início de 1979, quando o mandato do presidente ainda estava no início.

Quem avisa amigo é.

Além dessa medida, deveria ser adotada uma política monetária igualmente restritiva, o que significava na prática a restrição do acesso ao crédito e o aumento da taxa de juros interna, em um binômio que visava ao mesmo tempo conter o consumo e restringir a demanda.

No bolso dos trabalhadores também doeria. A política adotada pelo governo para satisfazer às exigências do FMI consistia na redução real do salário. Baseando-se em uma política de subindexação, os salários eram permanentemente reajustados através de índices inferiores à inflação, o que significava a perda do poder de compra por parte da população e a diminuição do salário real.

Além de altamente impopulares, essas eram também medidas recessivas e que tinham como consequência direta o aumento do desemprego.

Doença ruim, remédio amargo.

Por outro lado, tais medidas continham o consumo de produtos importados, reduzindo a capacidade de absorção interna da economia brasileira, o que favorecia o tão almejado superávit primário, capaz de reequilibrar novamente a balança de pagamentos externos do Brasil.

A ECONOMIA ENTERROU O REGIME

Ao lado de outras medidas, como a permanente desvalorização do cruzeiro (para facilitar ainda mais a exportação e paralelamente dificultar as importações) e o aumento dos impostos sobre os derivados do petróleo (para desestimular o consumo e diminuir ao máximo as importações dessa matéria-prima, sobretudo em função dos efeitos do Segundo Choque do petróleo), o governo conseguiu atingir o superávit primário a partir de 1983.

Em realidade, tais medidas conseguiram atingir seu objetivo, eliminando o desequilíbrio congênito da balança comercial brasileira. Por mais paradoxal que possa parecer, até a grave recessão que atingiu o país ajudou a conseguir o superávit, pois levou a uma queda brusca do consumo, sobretudo em relação aos extremamente caros (principalmente naquele momento) produtos importados.

Uma visão precisa do período resume de forma concisa e didática as medidas adotadas na negociação do governo brasileiro com o FMI e os seus reais impactos na economia brasileira:

> [...] No Brasil, esse processo de ajustamento externo, em busca de superávits, iniciou-se, como vimos, em 1980, de forma voluntária, e aprofundou-se a partir de fins de 1982, sob tutela do FMI [...]. A política adotada baseava-se: a) na contenção da demanda agregada, por meio de: (i) redução nos gastos públicos [...]. (ii) aumento da taxa de juros interna [...]. (iii) redução do salário real [...]. O resultado da política de ajustamento foi uma profunda recessão em 1981 e 1983, e baixo crescimento em 1982, com grande queda da renda *per capita* no período. [...] A política foi bem-sucedida no tocante ao comércio exterior, observando-se profunda reversão no saldo da balança comercial, passando de déficit em 1980 para superávits da ordem de US$ 6,5 bilhões em 1983 e um recorde de US$ 13 bilhões em 1984.[14]

Apesar da aparente boa-fé do governo e das medidas altamente impopulares adotadas, o fato é que na prática o Brasil não conseguia cumprir todos os pontos dos sistemáticos acordos costurados junto ao FMI.

345

ME ESQUEÇAM – FIGUEIREDO

Na teoria, o governo sabia exatamente quais eram as medidas conceituais previstas no receituário do Fundo. Todavia, uma coisa era a discussão teórica baseada em metas e fórmulas abstratas, outra completamente diferente era a implementação real das medidas impostas pelo FMI.

Assim, o grande problema do governo passou a ser conseguir cumprir as metas reais acordadas com o Fundo durante as negociações e as constantes trocas de cartas de intenção que não conseguiam ser implementadas pelas autoridades brasileiras tal qual acertadas com os representantes do FMI.

A negociação brasileira junto ao FMI, iniciada em um clima tranquilo (sobretudo se levarmos em consideração as condições adversas daquele momento), ingressou em uma fase delicada de discussão prática sobre o atingimento efetivo das metas acordadas pelas partes.

Foram sete as cartas de intenção enviadas pelo governo brasileiro ao FMI,[15] sem que seus termos fossem realmente cumpridos de fato.

Seria o início de um longo e tormentoso ciclo.

A maxidesvalorização do cruzeiro

Durante as negociações com o FMI, o governo resolveu adotar um instrumento econômico ousado: em fevereiro de 1983, adotou mais uma desvalorização de 30% do cruzeiro em relação ao dólar, em operação que se convencionou chamar de "maxidesvalorização" ou, simplesmente, "maxi".

A medida, geralmente adotada em situações drásticas em termos econômicos, tinha como objetivo principal aumentar as exportações e, ao mesmo tempo, conter as importações, além de restringir o consumo interno.

Remédio simples, de eficácia duvidosa.

As dúvidas sobre o êxito da medida decorriam principalmente do fato de já ter sido tentada experiência semelhante, também sob a batuta de Delfim Netto, no início do próprio governo Figueiredo (em

A ECONOMIA ENTERROU O REGIME

1979, houve a primeira maxidesvalorização do cruzeiro exatamente no mesmo percentual de 30% adotado em 1983).

A primeira experiência não deixou boas lembranças. Embora o ministro do Planejamento tenha declarado que a primeira maxidesvalorização "encerraria um ciclo de correções econômicas e iniciaria uma nova fase de prosperidade",[16] não foi o que de fato ocorreu. Embora o país tenha crescido a uma taxa de 9,2% em 1980, a "maxi" também acabou sendo uma das grandes vilãs da economia brasileira daquele ano, principalmente em relação à grande inflação registrada no Brasil no período.

Assim, a primeira maxidesvalorização de dezembro de 1979 acabaria conhecida posteriormente como "maxiequívoco".[17] Como não foi combinada com outras medidas econômicas e fiscais corretivas, a primeira maxidesvalorização teve como uma de suas principais consequências o surto inflacionário experimentado pelo Brasil em 1980.

Por todos esses motivos, havia muito ceticismo e uma série de dúvidas acerca da segunda maxidesvalorização, unindo economistas das mais variadas tendências contra a adoção da medida. O receio e o pessimismo eram generalizados em relação à sua eficácia e, sobretudo, havia muitas objeções à medida em virtude dos efeitos colaterais potencialmente prejudiciais à economia do país que a "maxi" poderia ensejar.

A desproporção entre o dólar e o cruzeiro, logo após a adoção da medida, dava a dimensão de como a moeda brasileira havia sido depreciada ao longo dos últimos dez anos. Em 31 de dezembro de 1973, um dólar valia exatamente 6,22 cruzeiros. A moeda brasileira foi perdendo gradativamente valor em relação ao dólar e, em 21 de fevereiro de 1983, logo após a maxidesvalorização, um dólar valia impressionantes 379,54 cruzeiros.

Para se ter uma correta dimensão da magnitude dessa maxidesvalorização da moeda nacional, em 31 de dezembro de 1982 (com o país já em crise) um dólar valia 224,87 cruzeiros. Em meros 52 dias do ano de 1983, a moeda se depreciaria robustos 155 cruzeiros, quase o valor de toda a depreciação ocorrida durante o biênio de 1981-82.

Era uma modificação nos próprios rumos da política econômica brasileira, que desde 1968 optava por utilizar constantes minidesvalorizações cambiais de maneira pontual, tendo como ponto fora da curva justamente a primeira maxidesvalorização de 1979.

Naquele momento, a opção foi mesmo uma medida de cunho radical. Em nota explicativa sobre a medida, o Ministério da Fazenda anunciava que "a maxidesvalorização elimina o inconveniente dos reajustes cambiais acima da inflação e corrige as distorções hoje existentes tanto no mercado financeiro como cambial".[18]

Paralelamente, os salários perderam ainda mais o seu valor real, e os brasileiros consequentemente perderam o seu poder de compra. Resultados: mais bens e matérias-primas disponíveis para a exportação, ajudando a equilibrar a balança de pagamentos externos do Brasil.

Com a inflação alta e a crise assolando de maneira impiedosa o país, a equipe econômica valia-se do que estivesse ao seu alcance para debelar a situação adversa. No tocante às importações, o governo adotou até a tática de reter os pedidos para evitar que preciosas divisas saíssem do país, mesmo que pelos canais legítimos do comércio internacional.

Era quase uma economia de guerra.

O anúncio da maxidesvalorização pelo Banco Central era uma ótima notícia aos exportadores de serviço e produtos. Já para aqueles que tinham dívidas em dólares era um verdadeiro suplício. Também era muito danoso para a classe média, que consumia produtos que continham componentes importados (principalmente videocassetes e televisores); para os turistas brasileiros que pretendiam viajar ao exterior (que além das inúmeras medidas restritivas já citadas ainda viam a moeda brasileira perder expressivo valor em relação ao dólar); e também para os donos de veículos (o Brasil tinha uma frota estimada em 10 milhões de automóveis), que, com o dólar caro, pagariam mais pela gasolina devido à necessidade de o Brasil importar grande parte do petróleo consumido no país.

A ECONOMIA ENTERROU O REGIME

Mais o maior temor não eram os efeitos da "maxi" em relação a perdas pontuais experimentadas por setores da economia. O temor real era que a maxidesvalorização tivesse como um de seus efeitos correlatos o aumento proporcional da inflação que, em última análise, também poderia aumentar os custos dos produtos brasileiros e até mesmo anular o incentivo que a medida visava gerar para as exportações do país.

E não era um temor infundado. Muito pelo contrário. Na primeira maxidesvalorização do cruzeiro, em 1979, a inflação anual saltou de 60% para 100%. A apreensão natural do mercado e a expectativa da maioria dos analistas era que ocorresse algo semelhante em relação à segunda maxidesvalorização, ainda que em proporção levemente menor.

E, realmente, deu tudo errado. Com o fim das minidesvalorizações e o congelamento do instrumento que reajustava os contratos e ativos financeiros, as empresas passaram a investir em estoques, em fenômeno semelhante àquele ocorrido durante a primeira maxidesvalorização, em 1979. Assim, poupar deixou de ser um bom negócio e a ordem no empresariado passou a ser inversa: consumir e fazer estoques, em situação posteriormente intitulada como "O pecado que Delfim Netto nunca conseguirá expiar".[19]

Muitos anos depois, o próprio Delfim, ao explicar os efeitos pretendidos a partir da adoção da maxidesvalorização, reconheceu que a medida também era capaz de pressionar a inflação: "A maxi aumenta o preço relativo dos produtos exportados e comprime as importações, fazendo com que apareça um superávit na balança comercial. Mas, ao mesmo tempo, ela cria tensões inflacionárias importantes."[20]

Resultado prático: a inflação corroeu a maxidesvalorização, anulando os potenciais efeitos benéficos que a adoção da medida pretendia gerar para a economia brasileira.

Mais uma para a conta do Delfim.

A lenta agonia das promessas não cumpridas

Em meio a feitiçarias econômicas, a agonia das negociações com o FMI continuava. Os anos de 1983-84 representaram um período de intensas negociações entre o governo brasileiro e o fundo monetário. Na verdade, as negociações representavam mesmo verdadeiras renegociações do que já havia sido acordado, pois o Brasil sistematicamente revia as metas combinadas com o FMI.

Era um verdadeiro suplício, como bem demonstra o correto trabalho sobre a dívida pública federal publicado no site do Tesouro Nacional: "Iniciou-se uma fase que durou vários meses, compreendendo processos de negociações e diversas cartas de intenção com o FMI, as quais contemplavam metas para a economia doméstica. Nos dois anos que se iniciaram em 6 de janeiro de 1983 (data da primeira carta), foram enviadas ao FMI sete cartas de intenção, todas descumpridas."[21]

Em janeiro de 1983, o Brasil enviou a primeira carta de intenções ao FMI. Em seu preâmbulo, esse documento apontava a situação internacional como a grande causadora das dificuldades conjunturais do Brasil em honrar seus compromissos externos, sobretudo devido à elevação da taxa de juros combinada com o enfraquecimento da demanda externa em relação aos produtos brasileiros (em geral matérias-primas que, além de sofrerem com a baixa demanda, ainda perderiam boa parte do seu valor de mercado naquele momento).

O governo prometia como solução a adoção de severas medidas de austeridade em relação aos gastos públicos, comprometendo-se a não iniciar novos projetos de investimento e executar de forma mais lenta aqueles que já estavam em andamento.[22] Prometia, também, manter de forma permanente a desvalorização da moeda nacional para assegurar a competitividade das exportações brasileiras.[23]

Dessa forma, o governo acreditava combater o problema do esgotamento das suas reservas cambiais, pois ao facilitar as exportações alcançaria o superávit primário e atingiria a tão almejada melhora na balança de pagamentos.

A ECONOMIA ENTERROU O REGIME

Eram promessas que em sua estrutura conceitual iam muito bem. A dificuldade prática residia em atingir as metas concretas delineadas com base nesse conceito. O governo prometia muito mais do que efetivamente conseguia cumprir.

Como era de esperar, o FMI tinha como principal temor na negociação a falta de empenho das autoridades em cumprir as metas previamente acordadas. Não há dúvidas de que o ceticismo do FMI em relação às autoridades brasileiras em muito se devia à demora em formalizar o pedido de ajuda. Definitivamente, não foi um bom negócio para a credibilidade do governo submeter a economia à política, mas àquela altura já era muito tarde para se lamentar. Mas não era apenas isso. Em sua primeira resposta ao Brasil, o FMI citou como grande problema nacional a persistente inflação com tendência de alta em um contexto de produção estagnada em função da desaceleração da demanda externa por produtos brasileiros. Associado a esse problema, estavam incluídas outras preocupações, como a situação crítica da escassez de divisas (embora o FMI reconhecesse a evolução positiva na balança comercial externa brasileira).

Em função do esgotamento das reservas cambiais do país, paralelamente às permanentes renegociações de metas com o FMI, o governo brasileiro tinha que reescalonar suas dívidas de médio e longo prazos, atuando de maneira simultânea em duas frentes delicadíssimas. Eram os denominados empréstimos-ponte, geralmente contraídos com prazo inferior a um ano e cujo objetivo era evitar que o país acabasse incapacitado de saldar seus compromissos dentro do prazo de vencimento.

Assim, durante aquele período, foram realizadas seguidas operações de reestruturação da dívida, ação constantemente reiterada e que se transformara na verdadeira tônica da segunda metade do mandato do presidente Figueiredo.

Na prática, o governo brasileiro negociava o socorro do FMI e, ao mesmo tempo, ia permanentemente rolando a sua dívida a partir do seu reescalonamento, tendo como última salvaguarda os empréstimos-ponte tomados muitas vezes diretamente dos Estados

Unidos. Uma opção era a ajuda emergencial de um "pool" de bancos privados instados a auxiliar sob a liderança e orientação do governo norte-americano, e cuja função primordial era evitar que dívidas vencessem e não fossem pagas, gerando um alívio pontual e temporário para o Brasil quando a situação se tornava muito crítica.

Enganam-se, porém, aqueles que imaginam que os bancos credores tomavam parte nessas operações por benevolência ou altruísmo. Nada disso. Tratava-se na realidade da velha concepção do FMI e dos próprios credores de que o Brasil era "muito grande para quebrar",[24] cuja crença generalizada estabelecera que um eventual *default* do Brasil muito provavelmente repercutiria de forma sistêmica sobre as demais economias dos países devedores que se encontravam em situação bem semelhante.

Por sua vez, o governo norte-americano tinha a exata noção da real possibilidade da ocorrência do denominado "efeito dominó" a partir de um eventual calote por parte do Brasil. Por isso, liderava as forças-tarefa que em alguns momentos foram fundamentais para evitar que o Brasil entrasse em um estado de moratória forçada.

Definitivamente, os Estados Unidos não estavam dispostos a pagar para ver.

Na esteira da sistemática rolagem da dívida brasileira a partir dos empréstimos-ponte, estava a negociação com o FMI. A real dificuldade era a "insinceridade" de ambas as partes. O Fundo estipulava para a economia brasileira metas verdadeiramente inatingíveis, e o governo brasileiro se comprometia a alcançá-las.

Foi uma época de muitas promessas e pouco avanço. Assim, as lentas negociações entre as partes resultavam numa enfadonha troca de cartas de intenções cujo lastro prático deixava muito a desejar.

Puro teatro.

A inflação talvez seja o exemplo mais emblemático do descompasso estabelecido entre a mesa de negociação e a realidade. O Fundo queria a redução da inflação para um percentual de 70% ao final de 1983 e 40% ao final de 1984.[25] Em ambos os casos, Delfim se comprometeu com a meta, mas a inflação real acabou em 211% em 1983 e 224% em 1984.[26]

Por outro lado, o Brasil também não conseguia sacar integralmente os valores combinados com o Fundo. O não atingimento das metas era um empecilho para o FMI cumprir a sua parte, na melhor acepção da teoria do contrato não cumprido, quando uma parte se recusa a satisfazer a sua prestação no acordo alegando para tanto o descumprimento anterior da prestação que cabia à outra parte.

Esse fato pode ser comprovado pelos números: em 1983, depois de uma maxidesvalorização de 30% do cruzeiro e duas cartas de intenções, o Fundo concordou em liberar US$ 5,7 bilhões para o Brasil, mas o país só conseguiu sacar um total de US$ 3,7 bilhões.[27]

E assim, continuou. Em 1984, da mesma forma como ocorrera no ano anterior, chegou-se a um acordo de US$ 5,5 bilhões.[28] Doce ilusão. Apenas metade desse valor foi desembolsado pelo Fundo em socorro ao Brasil.

A sinceridade de Delfim Netto rememorando os fatos quase vinte anos após aqueles acontecimentos contrasta com a insinceridade do governo à época, mas tem a virtude de fornecer a medida exata daquelas intrincadas e obtusas negociações com o FMI: "Você pode achar que não cumpri a primeira porque fiz uma avaliação equivocada, não cumpri a segunda porque sou teimoso. Não cumpri a terceira porque sou mentiroso, mas, a partir daí, não é o caso de achar que era tudo encenação?"[29]

Positivo.

Delfim ganhou mais uma

Se ao final de 1981 a insatisfação popular em relação à figura do ministro do Planejamento já era significativa, no início de 1983 havia atingido patamares assustadoramente altos. Segundo a imprensa, o ministro havia se tornado "a figura pública mais impopular desde Arthur Bernardes".[30]

Contudo, Delfim não era dado a deixar-se intimidar. Muito pelo contrário, parecia habituado à pressão que já o acompanhava havia longos meses. Com o seu nome permanentemente sob os holofotes e as críticas se avolumando diante de sua atuação à frente da economia, o ministro acabou na boca do povo em um pouco amistoso refrão: "o povo tá a fim da cabeça do Delfim." Surgido espontaneamente em uma passeata de funcionários de empresas estatais em junho de 1983 no Rio de Janeiro, o refrão logo caiu no gosto popular e passou a ser entoado entusiasticamente em manifestações por todo o Brasil.

Perante a opinião pública, Delfim havia se tornado a face visível da crise.

De fato, o ministro do Planejamento era apontado como o culpado por todas as mazelas econômicas que atormentavam a vida cotidiana da população. Da frequente alta dos preços nos supermercados aos constantes reajustes da gasolina, passando pelo sistemático arrocho salarial e a consequente perda do poder de compra da população, tudo era atribuído às suas escolhas à frente da economia brasileira.

O editorial da revista *Veja*, publicado em agosto de 1983, refletia bem essa realidade:

> [...] Formou-se no país, por meio de um desses grandes consensos populares que adquirem vida própria e a força de uma bola de neve, a ideia de que Delfim é o culpado por quase todos os problemas econômicos que infernizam o cotidiano dos cidadãos: das feiras livres, onde é denunciado pela alta de tudo o que está à venda, até os conselhos de administração das empresas, onde se lamentam os seus pacotes, pouca coisa de ruim, no Brasil de hoje, deixa de ser atribuída ao ministro.[31]

Se o sentimento generalizado era de que o Brasil queria a cabeça de Delfim, o certo é que o ministro não pretendia entregá-la facilmente. Muito pelo contrário. Delfim resistia à pressão com firmeza diante do público e, ao mesmo tempo, jogava bruto nos bastidores contra eventuais adversários ou simplesmente contra quem ousasse dele discordar.

Ante ao clamor popular por sua cabeça, era o ministro que demonstrava a própria força dentro do governo, exibindo a cabeça de suas vítimas. Já haviam deixado os seus cargos duas figuras bastante expressivas do primeiro escalão do governo que haviam se chocado com Delfim: Simonsen e Rischbieter, respectivamente ministros do Planejamento e da Fazenda.

Definitivamente, colidir com Delfim durante o governo Figueiredo não era bom negócio para o oponente. A revista *Veja* dava o tom exato da força do ministro nos bastidores do governo, qualificando-o como "um político que, ao ser atacado, atira e exibe com eloquência a própria força".[32] Era exatamente isso.

O desafiante da vez seria Carlos Langoni, presidente do Banco Central e considerado o "menino prodígio" do governo. De fato, a carreira do economista Carlos Geraldo Langoni era fortemente marcada pela precocidade. Formado em economia aos 22 anos de idade, foi escolhido para cursar o doutorado na prestigiosa Universidade de Chicago. Esse seria só o começo de uma ascensão meteórica: aos 34 anos se tornaria o mais jovem presidente do Banco Central do Brasil.

No entanto, toda a prodigalidade do jovem presidente do Banco Central não foi suficiente para mantê-lo no cargo quando surgiram as primeiras divergências com Delfim Netto no âmbito das negociações com o FMI. Após o fracasso da primeira carta de intenções, surgiu a derradeira cisão na equipe econômica que negociava o acordo: enquanto Delfim queria manter a negociação nas bases propostas pelo Fundo, Langoni pretendia endurecer as negociações, apostando que a pressão dos bancos credores sobre o FMI poderia criar um ambiente propício para suavizar as rígidas condições que o Fundo pretendia impor à economia brasileira.

O presidente do Banco Central apostava na outra ponta que gerou a crise, de certo raciocinando que a crise havia sido criada tanto por devedores (que se endividaram irresponsavelmente) quanto por credores (que emprestaram recursos de maneira igualmente irresponsável).

Assim, os credores teriam de se portar como parte da solução, e não apenas como parte do problema. A tática de constranger os bancos detentores de títulos da dívida brasileira a pressionar o FMI por uma agenda menos rígida em relação à economia do país poderia ser uma estratégia inteligente, embora um tanto quanto arriscada.

O raciocínio subjacente à estratégia de Langoni era perspicaz e pragmático, como o próprio presidente do Banco Central se apressou a divulgar à imprensa de maneira simples e direta:

> Na maioria dos países credores, os bancos não podem ficar com empréstimos brasileiros vencidos por mais de noventa dias, sob pena de terem de contabilizar as operações na coluna dos empréstimos de difícil cobrança, o que é lançado no final do ano na coluna dos prejuízos. [...] Nós devíamos nos valer desse dado para pressionar os bancos, para que eles, por sua vez, pressionassem o FMI, obtendo condições mais suaves da instituição.[33]

Parecia uma estratégia eficiente, sobretudo diante das circunstâncias. Acabou por jamais ser tentada.

Langoni tinha na cabeça que o fracasso da primeira carta de intenções havia criado o ambiente ideal para a adoção de uma posição mais dura por parte do Brasil nas negociações com o Fundo, até porque o diretor-geral da instituição, o economista Jacques de Larosière, estava momentaneamente fragilizado devido ao fracasso inicial do acordo.

O diretor-geral do FMI queria fazer do caso brasileiro um modelo para o restante dos países devedores. Fracassou por completo. A primeira carta de intenções havia sido descumprida e as partes haviam forçosamente voltado à mesa de negociação muito mais desconfiadas e aparentemente menos dispostas a ceder.

Rememorando os fatos em 2018, o próprio Langoni esclarece a gênese de suas discordâncias com Delfim que lhe fizeram deixar o governo: "Eu era um cara puro, acadêmico, com 37 anos de idade e preocupado com a minha biografia pós-Banco Central. Eu não aceitava assumir o compromisso em nome de um país, sabendo que aquilo que havia sido assinado não seria cumprido."[34]

A ECONOMIA ENTERROU O REGIME

As divergências entre Delfim e Langoni vinham se arrastando desde maio de 1983, quando o Fundo se recusou a realizar um desembolso ao país em virtude do descumprimento da primeira carta de intenções. O que era uma divergência técnica evoluiu para um confronto de posições cada vez mais acirradas. Delfim não concordava com a posição de Langoni, que, por sua vez, se recusava a assinar a segunda carta de intenções que seria enviada ao FMI.[35]

O impasse estava criado. Um dos dois teria que sair. Não era difícil perceber quem era a parte mais fraca nessa contenda. Era igualmente fácil imaginar como se daria o desenlace desse processo.

Alvo da maledicência do próprio De Larosière, que havia se queixado a Delfim sobre a suposta intransigência do presidente do Banco Central brasileiro, àquela altura Langoni só se salvaria se contasse com o apoio do presidente Figueiredo, em uma pouco provável intervenção presidencial em um problema interno da equipe econômica.

Tecnocrata e sem ter nenhuma relação pessoal com o presidente, a improvável ajuda de Figueiredo realmente não veio, apesar de ter circulado em Brasília o rumor de que o próprio presidente havia feito um apelo a Langoni para que ficasse no governo. Alarme falso. Se esperava que o presidente fizesse tal apelo, Langoni deve ter logo perdido as esperanças. Nos bastidores, comentava-se que, bem seu estilo militar de obediência estrita à hierarquia, Figueiredo considerava o presidente do Banco Central "o coronel da economia brasileira", o que significava que embora ostentasse uma patente importante, o seu futuro seria definido pelos "generais" da economia.

Nessa seara, haviam dois "generais" na área econômica: Ernane Galvêas, ministro da Fazenda, e Delfim Netto, ministro do Planejamento. Não havia dúvidas de que Delfim era o "general" mais graduado da área econômica.

Após uma série de mal-entendidos e desmentidos, a demissão de Langoni se consumou no início de setembro de 1983. Mais uma vez, Delfim exibia a sua força e até o jato privativo do presidente do Banco Central acabou por ser cortado de Langoni na sua derradeira ida a Brasília para se despedir da equipe do Banco Central. Delfim recorria ao varejo das miudezas para tripudiar de seus adversários. Bem ao estilo verborrágico, não dava trégua ao antigo aliado: "Não tem nada que usar o jatinho. Ele está demitido e não pode mais usar as coisas do Banco Central."[36]

Não havia trégua mesmo. Enquanto Langoni falava em "divergência" à imprensa para justificar a sua saída, Delfim mantinha a postura beligerante e afirmava em um tom de quem não buscava nenhuma composição: "Divergência coisa nenhuma. Ele estava virtualmente demitido, e sabia disso. Fugiu, isso sim."[37]

Naquele momento, Langoni havia se incorporado à "fileira de vítimas"[38] do ministro Delfim Netto. Como Simonsen fizera alguns anos antes, voltaria ao Rio de Janeiro para levar uma vida pacata como professor da Fundação Getulio Vargas.

Em seu lugar assumiria o economista Celso Pastore, que segundo a imprensa era "um bom discípulo de Delfim desde a faculdade".[39] A nomeação do novo presidente do Banco Central evidenciava a força do ministro do Planejamento dentro do governo, apesar de toda a crise e a permanente pressão pela sua saída.

Delfim, mais uma vez, havia ganho a parada.

As greves de 1983

Se nos bastidores do governo Delfim havia ganho todas as batalhas que havia disputado, na frente externa a situação era completamente distinta. Com a abertura em marcha avançada, o governo não contava mais com a docilidade do Congresso e dos sindicatos, como ocorrera outrora.

Prenúncio de grandes dificuldades para Delfim e sua fiel equipe econômica.

No auge das discussões sobre a questão da reposição salarial associada ao crescente surto inflacionário, o Brasil atravessou uma nova onda de greves. Só que o contexto agora era outro, muito diferente daquele no qual as greves ressurgiram, em meados de 1978.

A ECONOMIA ENTERROU O REGIME

Naquele ano de 1983, a economia estava em frangalhos e o país se encontrava em dos piores momentos da forte recessão ocorrida durante o governo Figueiredo. O pleno emprego de outrora esfacelara--se e a classe trabalhadora havia muito sentia os efeitos da retração econômica no seu padrão de vida. À época de bonança fora embora, deixando um rastro de desemprego e estagnação econômica.

Em um momento cuja prioridade era manter o emprego, as novas greves ressurgiram com uma bandeira de luta adicional. Ao lado da velha questão do reajuste salarial, surgia um novo traço que as distinguia das greves anteriores: a conotação política.

Percebendo a voz que vinha da rua e tentando tornar-se novamente o seu porta-voz, os sindicatos adicionaram ao rol de reivindicações novas aspirações que nada tinham a ver com o pragmatismo do final da década anterior. Agora a luta não se resumia mais à ampliação de direitos ou ao reajuste salarial acima da inflação (pedidos que dificilmente seriam aceitos dado o momento econômico), mas também haviam sido incorporados à pauta sindical temas estranhos aos interesses mais imediatos dos trabalhadores, como o rompimento com o FMI e a decretação unilateral da moratória da dívida externa por parte do governo brasileiro.

Como um camaleão o movimento sindical se reinventava, tentando tomar para si o monopólio da percepção crítica sobre os rumos da economia brasileira. Jogando para a plateia, pretendia transformar a greve em um instrumento de pressão sobre o governo, que pouco ou nada podia ceder naquele momento, sobretudo diante da delicada situação econômica do país.

Desenhava-se um impasse.

As novas greves começaram com os petroleiros de Paulínia, cidade paulista onde havia a maior refinaria do Brasil à época. Havia sido motivada por um decreto do governo que modificava os salários dos trabalhadores de empresas estatais. Em seguida, os trabalhadores de outra refinaria na Bahia aderiram à greve, aumentando a dor de cabeça para o governo. Em sua ambição, o movimento pretendia paralisar as onze refinarias da Petrobras então existentes, em uma ação que se fosse bem-sucedida, poderia até interromper em pouco tempo o fornecimento de combustível para todo o país.

Em apoio ao movimento dos petroleiros, o Sindicato dos Metalúrgicos de São Bernardo do Campo também iniciou uma greve. Denominada de "greve da solidariedade" abarcou também a cidade de Diadema. Novamente, o ABCD paulista iria sacudir o país com o seu movimento reivindicatório.

Já experiente na questão do trato com movimentos grevistas, o governo percebeu que dessa vez tinha diante de si um fenômeno diferente, como bem enunciava o general Ludwig, chefe do Gabinete Militar de Figueiredo: "Essa greve é política e os próprios trabalhadores reconhecem isso."[40]

Reconheciam mesmo, e por escrito. Um dos pontos do telegrama enviado pelo presidente do sindicato dos petroleiros para avisar à direção da Petrobras sobre a greve revelava que, além dos pedidos relativos aos interesses imediatos da categoria, também haviam outras reivindicações que nada tinham a ver com o setor do petróleo e os anseios de seus trabalhadores, como, por exemplo, o rompimento com o FMI.[41]

Tudo muito diferente das greves de 1979 e 1980. O mundo e o Brasil haviam mudado. Completamente.

Ao se deparar com uma greve sem o pragmatismo de outrora e despido de qualquer poder de barganha na negociação da questão salarial, o governo optou novamente pela alternativa que melhor lhe convinha: a utilização da força.

E assim foi feito.

A primeira resposta foi pragmática e envolveu a direção da Petrobras. Instada a agir com prontidão pelo governo, os dirigentes da petroleira não titubearam em demitir sumariamente os grevistas e substituir os empregados paralisados nas refinarias por outros funcionários que não aderiram à greve. O presidente da estatal foi direto, demonstrando que a empresa rezava fielmente a cartilha do governo: "Aqueles que não comparecerem ao trabalho serão dispensados."[42]

A greve em Paulínia chegou até a conseguir afetar a produção de combustível do país, mas como à época o parque de refino brasileiro funcionava com uma capacidade ociosa de cerca de trinta por cento, a direção da empresa remanejou a produção, sendo capaz de rapidamente solucionar em grande parte o problema.

Com a realocação de trabalhadores nas unidades produtivas afetadas e com o remanejamento da própria produção para outras unidades com capacidade ociosa, a Petrobras contornava o problema e enfraquecia de vez a greve no setor petrolífero, sem que a produção no país fosse comprometida ou sequer percebida pelo consumidor final, que não chegou a enfrentar transtornos por conta da situação.

Em um momento difícil da economia, os petroleiros recuaram. O sindicato dos petroleiros do Rio de Janeiro convocou a sua base territorial (com cerca de 4.500 associados) a comparecer a uma assembleia para definir os rumos da situação. Em tempos de recessão econômica e desemprego, poucos petroleiros pareciam dispostos a colocar em risco o seu emprego na estatal e apenas dezessete pessoas compareceram à reunião.[43]

Liquidada a greve no setor de petróleo, o governo ainda tinha o problema dos metalúrgicos para resolver. O movimento grevista mostrou grande densidade em São Paulo e, apesar das greves terem surgido inicialmente em unidades produtivas da Petrobras, foi em relação aos metalúrgicos que o governo adotou as ações mais incisivas para debelar o movimento grevista.

Em São Paulo, o movimento grevista conseguiu mobilizar de forma consistente os trabalhadores, mesmo em meio à forte crise econômica que o país atravessava. O dia 21 de julho de 1983, convocado como o dia de protesto geral, conseguiu transformar um dia útil em quase feriado na cidade de São Paulo, tal o nível de adesão ao protesto.

No Rio de Janeiro, embora a adesão dos trabalhadores fosse consideravelmente menor, uma passeata reuniu cerca de 50 mil pessoas na Cinelândia, no maior movimento de rua visto pela cidade do Rio de Janeiro desde a emblemática "passeata dos cem mil", em 1968.[44]

O governo percebeu que São Paulo era de fato o epicentro do movimento grevista. A derrocada do movimento naquele estado teria repercussão direta e imediata em todo o país. Assim, as mais duras ações para repelir e enfraquecer a greve se concentraram em São Paulo, mais precisamente no ABCD paulista, que voltaria a viver os dias de tensão e embate entre forças policiais e operários que remontavam ao final da década de 1970.

Os mecanismos eram muito parecidos com aqueles utilizados três anos antes. Houve intervenção nos sindicatos grevistas e novamente os seus principais dirigentes foram afastados dos cargos sindicais para os quais haviam sido legitimamente eleitos. Também foram realizadas cerca de oitocentas prisões, em ações que ficaram marcadas pela forte violência por parte da polícia.[45]

Os tempos realmente eram outros e a situação econômica debilitava muito a greve. Dessa vez, não houve solidariedade da sociedade civil ou da classe política aos sindicatos, como ocorrera em 1980. Pelo contrário, várias lideranças políticas se apressaram em expressar a sua desaprovação, começando pelos governadores do Rio de Janeiro e São Paulo, Leonel Brizola e Franco Montoro, respectivamente.[46]

A pecha política que os próprios grevistas deram ao movimento acabou por enfraquecê-lo. A adesão, já bastante difícil em tempos de recessão, foi muito afetada pela estratégia de luta política em sentido amplo, capaz de afetar a vida dos trabalhadores de forma indireta e quase nada prática. Em tempos de desemprego, poucos queriam arriscar o seu posto de trabalho por algo tão intangível. A resposta firme e, por vezes, truculenta por parte do governo se encarregou do resto e, em pouco tempo, a situação estava controlada.

O governo tinha guardada uma última carta na manga, de cunho ainda mais radical em relação às ações que já haviam sido adotadas. Era a decretação do estado de emergência, medida que ainda não havia sido adotada durante o governo Figueiredo. Com previsão constitucional, a medida restringiria liberdades públicas em determinadas regiões demográficas que estivessem atravessando alguma situação calamitosa que justificasse tal medida e tinham sido instituídas no

A ECONOMIA ENTERROU O REGIME

final do governo Geisel, como uma espécie de salvaguarda ao governo militar em função da revogação do AI-5.

No entanto, a evolução dos fatos desaconselhou tal ação, e o decreto acabou para sempre engavetado em um dos armários do ministro Leitão de Abreu, responsável por redigi-lo e eventualmente levá-lo à apreciação de Figueiredo caso as circunstâncias assim o indicassem.

Debeladas as greves, a questão do reajuste salarial ainda carecia de solução; afinal, o Brasil vivia uma época de hiperinflação. Contudo, a discussão agora ocorreria em um outro front: o Congresso Nacional.

A expectativa do governo caminhava no sentido de que na seara política tudo se resolveria de forma muito mais fácil e de maneira favorável às suas aspirações. Pelo histórico de docilidade do Congresso durante a ditadura militar (muito em função da força coativa do AI-5), o governo não esperava uma batalha muito dura, mesmo que já não contasse com a ameaça dos instrumentos de caráter excepcional, como os atos institucionais.

O segundo semestre de 1983 revelaria o completo desengano dessa previsão.

Reajustes salariais em épocas de hiperinflação

Quando surgiu a primeira lei sobre reajuste automático dos salários,[47] a situação da economia brasileira ainda não era tão calamitosa. Naquele momento, ainda era possível conceder reajustes acima da inflação, como ocorreu em relação à menor faixa de renda contemplada pela referida lei no já distante início da década de 1980.

Entretanto, essa situação iria mudar drasticamente com o passar dos anos devido à progressiva deterioração da economia brasileira e o governo teria que rever a sua política salarial que ainda permitia reajustes acima da inflação. Não era propriamente uma escolha, mas, antes, uma necessidade. A partir de 1982 o país havia "quebrado" e tinha extrema dificuldade para pagar o serviço da dívida externa. Em situação extremamente desfavorável para o Brasil, foi iniciada

ME ESQUEÇAM – FIGUEIREDO

uma longa e penosa negociação com o FMI na qual se tentava costurar um acordo capaz de gerar um socorro imediato à cambaleante economia brasileira.

Datam dessa época os dias mais tensos em relação à questão salarial. A partir do início de 1983, o governo modificou substancialmente a política salarial que vigia sem grandes alterações desde 1979. Acossado pelas exigências do Fundo e pelas arrojadas metas de inflação que lhe eram impostas, o governo tinha pouca margem para reajustar os salários. Assim, o arrocho salarial era inevitável e junto com a recessão econômica foram as duas maiores mazelas que evidenciavam o notório fracasso econômico do governo Figueiredo.

Somava-se a esse ambiente sombrio um fato capaz de agravar ainda mais a já delicada situação: o governo não contava mais com a submissão do Congresso Nacional, como ocorrera nos governos anteriores. A realidade agora era outra, completamente diferente. Revitalizado pelas eleições de 1982 e sem o tacape do AI-5 ameaçando-o de recesso, o Congresso reaveria o seu protagonismo nas discussões sobre a edição de leis que disciplinariam a mecânica dos reajustes salariais.

Prenúncio de novas e grandes dores de cabeça para Figueiredo.

Acostumado com o histórico de cumplicidade servil do Congresso em relação à aprovação de atos do Executivo, o governo se assustou ao perceber que naquele momento a negociação política se impunha. A arte de "fazer política" havia repentinamente se transformado em gênero de primeira necessidade. Para falta de sorte de Figueiredo, naquele momento o seu governo já não contava com os seus mais hábeis articuladores, os ex-ministros Golbery e Petrônio Portella.

Fragilizado pela impopularidade advinda da permanente crise econômica e sem a articulação necessária junto aos parlamentares, o governo viu os seus principais decretos sobre reajuste salarial simplesmente serem rejeitados pelo Congresso Nacional.

Sem dó nem piedade.

Não era pouca coisa. Tampouco era algo comum naquele tempo. Mas foi feito. Naquele segundo semestre de 1983, superando até os prognósticos mais pessimistas por parte do governo, o Congresso

A ECONOMIA ENTERROU O REGIME

Nacional teve a coragem de rejeitar — pela primeira vez em dezoito anos — um decreto do Executivo.

E o fez com altivez e autoridade, em rara combinação naqueles tempos. Tratava-se do Decreto-Lei nº 2.024 que alterava o sistema de cálculo da correção semestral dos salários. O governo Figueiredo apostava todas as suas fichas na aprovação do decreto pelo decurso do prazo, hipótese na qual qualquer decreto-lei editado pelo Executivo seria automaticamente aprovado caso não fosse analisado pelo Congresso em sessenta dias.

Se enganaria redondamente.

Dessa vez, tudo seria diferente. Ciente da estratégia do governo e também do peso da renovação do Congresso Nacional (naquele momento o governo não dispunha mais do quórum mínimo para evitar a votação, como ocorria anteriormente), os congressistas conseguiram superar a frágil articulação do governo e, contando com dissidências do próprio PDS, foi possível colocar o governo na lona, vencendo-o na votação em plenário.

O governo Figueiredo acreditava que a única forma de conter a espiral inflacionária era impedir que os salários acompanhassem a corrida dos preços. Era o que se chamava de arrocho salarial e causava grande insatisfação popular. O decreto-lei obviamente não era o culpado por todas as mazelas que o Brasil enfrentava, mas naquele momento acabou por se tornar um símbolo da política recessiva do governo, fruto do opressivo receituário econômico imposto pelo FMI ao país.

Pagando pela má fama, o decreto-lei acabou rejeitado pelo Congresso Nacional. A sua rejeição se tornaria involuntariamente o símbolo do retorno a um dos pilares das democracias modernas: a independência entre os poderes. A emblemática foto de capa da revista *Veja*, na qual uma imagem do deputado Ulysses Guimarães festejando a vitória de braços erguidos ao lado de parlamentares, seguida da curta legenda "Lei salarial: O Congresso diz não ao Planalto",[48] deu o tom exato àquele momento.

O Congresso Nacional definitivamente renascia. A abertura política dava mais um decisivo passo adiante.

Em uma noite que pode ser considerada histórica e com a galeria do Congresso lotada por populares a vibrar com a derrota imposta ao governo, os parlamentares cantaram o hino nacional à capela. Muito emocionado, o deputado Ulysses Guimarães repercutia a importância histórica daquele momento: "Depois do que aconteceu aqui nesta noite, nada será como antes no Congresso Nacional. Os senadores e deputados descobriram que podem legislar, sem sofrer represálias. Chegou ao fim a época das decisões imperiais."[49]

Enganou-se aquele que imaginou que o governo se daria por vencido. Tal projeção não corresponderia à verdade. A rejeição do Decreto-Lei nº 2.024 significava uma sofrida derrota, mas ainda haveria um segundo *round*. Só que dessa vez o governo jogaria com mais violência ainda.

A nova alternativa significaria mais do mesmo, pelo menos em sua forma: a edição de um novo ato normativo apto a disciplinar a questão salarial. Era o Decreto-Lei nº 2.045, que continha muitas das vicissitudes do primeiro decreto rejeitado pelo Congresso. Aprová-lo, diante daquelas adversas circunstâncias, não seria tarefa fácil. Mesmo assim, o governo seguiu em frente.

Pelo menos uma lição ficou da amarga derrota. Após a derrota na votação anterior, o governo procurou se cercar de todas as cautelas possíveis para não sofrer novo revés. No Congresso, à base de muita negociação, chegou a ser costurada uma alternativa para beneficiar as faixas de remuneração mais baixas, mas o acordo construído pelas lideranças governistas não conseguiu ir adiante.

Em que pese todo o esforço de negociação, o governo não tinha mais capital político para impor a sua vontade ao Congresso e teria de ceder em pontos do decreto que eram considerados essenciais pela equipe econômica. No campo da articulação política, não havia mais espaço para manobras. Restava ao governo o uso da força, o que arranharia de vez a sua já desgastada imagem.

A ECONOMIA ENTERROU O REGIME

Se ainda restava algum resquício de popularidade ao presidente, este decorria diretamente de Figueiredo ser visto pela opinião pública como o fiador do processo de abertura política. Utilizar-se da força para aprovar uma política de reajuste salarial altamente impopular provavelmente afetaria o que ainda restava de positivo da imagem do presidente.

Mesmo assim, tal tentativa foi levada adiante.

Assim, o governo lançou mão da Emenda Constitucional nº 11 e suspendeu parcialmente as liberdades públicas e as garantias individuais previstas na Constituição, algo que não ocorria desde o fim do AI-5. Eram as tais "salvaguardas" incluídas pelo presidente Geisel na Constituição em troca da revogação do próprio AI-5, pela primeira vez utilizadas por Figueiredo. Já que não havia mais o instrumento de exceção, restava ao governo que se autointitulava liberalizante utilizar o remédio do qual dispunha, na melhor acepção do ditado popular de que "quem não tem cão, caça com gato".

A pressão popular pela rejeição do Decreto-Lei nº 2.045 se mantinha firme, sem perspectivas de alteração desse quadro. Para aumentar a imprecisão de um quadro já enganoso, acabou por ser formado o consenso na cúpula do governo de que a pressão exercida sobre os parlamentares pelas galerias lotadas durante a última votação havia sido decisiva para a rejeição do decreto anterior.

Nada mais equivocado. O brio do Congresso Nacional é que havia mudado, mas o governo e seus analistas não se deram conta disso.

Acuado e vislumbrando nova derrota no Congresso, o governo tentou essa última e atrapalhada cartada, imaginando erroneamente que caso conseguisse arrefecer a pressão popular sobre os congressistas, o resultado da votação poderia lhe ser favorável.

O autoritarismo que agonizava durante a abertura política mostrava novamente as suas garras. Sob a alegação de que havia "forte clima emocional e de mobilização de agitadores capazes de pôr em risco a ordem pública, a paz social e o livre funcionamento dos poderes",[50] Figueiredo assinou o decreto que colocava o Distrito Federal e áreas próximas em estado de emergência.

ME ESQUEÇAM – FIGUEIREDO

A repercussão negativa na imprensa foi imediata. Em letras maiúsculas, a manchete de capa do *Jornal do Brasil* anunciava a medida excepcional, ampliando o desgaste do governo: "Brasília está sob emergência."[51] Também, pudera. Todas as unidades das três armas nas imediações da capital foram colocadas em estado de prontidão, em situação que não era vista em Brasília desde os lances finais da queda do ministro Sylvio Frota, em outubro de 1977.

A primeira medida de cunho concreto foi colocar Brasília em estado de emergência. O comandante militar do Planalto, general Newton Cruz, foi designado como o responsável por aplicar as medidas coercitivas. O decreto de Figueiredo concedia ao general basicamente o direito de dispersar reuniões e manifestações públicas e promover busca e apreensões sem a necessidade de prévia autorização judicial.

As primeiras ações práticas foram adotadas para dificultar o acesso à capital federal, como o bloqueio de vias terrestres e a retenção de mais de trinta ônibus de manifestantes que foram impedidos de seguir viagem até Brasília. As comitivas que se dirigiam à cidade para acompanhar a votação no Congresso Nacional foram interceptadas no meio do caminho, diminuindo bastante o número de populares presentes à votação bem como reduzindo a formação de aglomerações em torno do Congresso Nacional naqueles dias.

Ainda foram adotadas outras medidas restritivas à liberdade, como a necessidade de identificação no desembarque no aeroporto de Brasília e a proibição de reuniões mesmo que realizadas em recintos fechados, longe de locais públicos. Até uma invasão à sede da OAB no Distrito Federal chegou a acontecer.[52]

Ciente do ridículo da situação, sobretudo porque a promessa com a qual Figueiredo acenava desde o primeiro dia de seu mandato era a flexibilização do regime, o governo recuou e não adotou medidas mais incisivas que a Constituição lhe permitia, como censurar a correspondência da imprensa, manter pessoas domiciliadas em locais determinados e até "prender" pessoas em prédios públicos que não possuíam a finalidade de receber presos.[53] Para o bem da abertura, nada disso foi decretado.

368

A ECONOMIA ENTERROU O REGIME

Com tantas restrições para se chegar a Brasília, não houve tumultos nem concentrações diante do Congresso Nacional no dia da votação. As poucas manifestações que conseguiram ser levadas a cabo não tiveram maior relevância. Um jegue, cujo dono havia ficado famoso ao tentar presentear o papa João Paulo II dois anos antes, apareceu em frente ao Congresso com uma placa contra o decreto amarrada no pescoço. Fez a alegria dos fotógrafos, carentes de uma imagem mais impactante. Houve ainda um protesto de donas de casa batendo panelas vazias nos corredores do Congresso.

E parou por aí.

Já a análise da articulação política do governo revelou-se um equívoco completo. A ausência de pressão sobre os congressistas não seria suficiente para influenciar o resultado da votação. De nada adiantara sitiar Brasília. As medidas de emergência não tinham razão de existir e serviram apenas para fragilizar ainda mais a imagem de um governo já bastante desgastado. Nas palavras de Tancredo Neves: "Foi um tiro de canhão para matar rato."[54]

Sem força no Congresso, restou ao governo assistir de camarote à rejeição do Decreto-Lei nº 2.045. Com a frustração do acordo que se desenhava e o resultado inócuo das medidas de emergência adotadas, o decreto acabou não sendo sequer levado à votação em plenário, sendo rejeitado pelo simbólico voto das lideranças dos partidos de oposição. O partido do governo, percebendo outra derrota inevitável, simplesmente bateu em retirada, abandonando o plenário do Congresso onde a votação estava sendo realizada.

Para o governo, nova derrota. Já para o Congresso Nacional, mais uma noite de gala, apesar de nesta segunda votação as galerias estarem menos agitadas em comparação à votação do decreto salarial anterior. Novamente o hino nacional foi cantado em altos brados tanto pelas galerias quanto pelos parlamentares que formaram um bonito coro uníssono. Ato contínuo, foram entoadas palavras de ordem contra o FMI e, ao final, sobrou até para o ministro Delfim Netto, lembrado no tradicional coro "o povo está a fim da cabeça do Delfim",[55] em refrão bastante entoado à época em manifestações populares.

Por fim, seria aprovado o Decreto-Lei nº 2.065, muito mais brando em relação aos trabalhadores e que não se submetia por completo aos anseios do governo. Delfim que se virasse em suas negociações junto ao FMI, pois o Congresso não chancelaria a política de arrocho do governo.

Não mais.

Independentemente da discussão salarial, a ganho real foi a abertura política que em muito se fortaleceu com as vitórias do Congresso sobre o governo, como bem observa Ronaldo Costa Couto, em precisa análise sobre o período: "É sobretudo o funcionamento menos subserviente do Congresso que confirma a vitalidade da abertura política nessa época."[56] Era um sinal claro da inevitabilidade da flexibilização do regime e, principalmente, de que o processo de abertura àquela altura seguiria seu rumo inexorável até o final.

A Coluna do Castello no *Jornal do Brasil* reverberava a revolução silenciosa que o país atravessava e que naquele momento atingira o seu clímax: "O plenário da Câmara, emocionado, reagia a qualquer concessão. Há um certo sentimento de autossuficiência, depois de duas décadas de humildade e reverência, da maioria dos Deputados que acreditavam em sua nova postura, de independência, poderá liquidar os resíduos do regime autoritário."[57]

O país realmente havia mudado e o regime militar demonstrava estar definitivamente em seus estertores. Já o Congresso Nacional reafirmava a sua autonomia, em mais um embate no qual saiu vitorioso diante do governo. Se levarmos em consideração que durante a ditadura militar por duas vezes o Congresso foi posto em recesso, tratava-se de uma vitória bastante significativa.

Afinal, só quem sempre viveu à sombra é capaz de dar valor à luz.

A insatisfação popular ganha a rua

A insatisfação popular tinha várias razões. Advinha de uma economia fragilizada, se ampliava com a repercussão negativa das negociações com o FMI e o eco que ressoava do receituário recessivo imposto ao país e, por fim, se materializava na alta do custo de vida aliada ao arrocho salarial. Era uma conjunção de fatores que resultava numa asserção simples: comparada à década anterior, a classe média empobrecera e a classe mais baixa tinha dificuldade para chegar ao final do mês sem passar fome.

A situação não apresentava sinais de melhora e as notícias da área econômica davam conta de que tudo pioraria. Naquele contexto, uma fagulha era capaz de deflagrar um grande incêndio.

Quando a onda de saques começou, o regime militar reagiu da forma com a qual já estava habituado: afirmava (e parecia piamente acreditar nisso) que havia manipulação por trás da balbúrdia.

Dessa vez, no entanto, essa postura não seria exclusividade sua. Os governadores oposicionistas recém-eleitos no Rio de Janeiro e São Paulo também acreditavam que havia "dirigismo"[58] por trás do movimento. Uniam-se, assim, situação e oposição no falacioso estratagema de que forças ocultas manipulavam uma população alienada.

Tratar o problema assim era miopia. Agir dessa forma equivalia a enfrentar aquela complexa situação de maneira simplista, para não dizer simplória. Embora sempre existam agitadores propensos a incentivar distúrbios, há determinadas épocas em que o conjunto de alguns fatores combinados (geralmente ligados ao desempenho econômico) fazem com que parte da população também opte por conscientemente se engajar nesse tipo de ação.

Aqueles meses, em meados de 1983, refletiam exatamente essa realidade. Talvez o personagem político que melhor tenha compreendido aquele momento tenha sido o então líder operário Luiz Inácio Lula da Silva, que, em meio a declarações que apregoavam a manipulação dos protestos, declarou (com a sua lógica peculiar) que em sua visão o problema não era bem aquele alardeado pelas autoridades: "É uma reação intuitiva. Ao se juntarem dois caras com os mesmos problemas, acabam partindo para a agressão."[59]

A revolta começou a sair do controle no bairro de Santo Amaro. Naquela região da zona sul de São Paulo, o problema do desemprego era extremamente agudo. Com cerca de um milhão de habitantes, tinha 100 mil desempregados e cerca de oitenta mil pessoas vivendo em favelas naquela época.[60] Com a maioria das facilidades urbanas negligenciadas pelo governo e detendo um histórico de piquetes operários e invasões a prédios públicos e privados, Santo Amaro representava o epicentro da tensão social que pairava sobre o Brasil naquele momento difícil.

Em breve, as coisas não tardariam a piorar.

No início de abril de 1983, uma passeata em Santo Amaro acabou em correria e daí para a ocorrência de saques ao comércio não demorou muito. Nem a delegacia escapou, denotando o pouco apreço à autoridade constituída. Em pouco tempo, a cidade estava paralisada, com o comércio totalmente fechado e a população acuada dentro de casa.

Se a insatisfação no bairro de Santo Amaro era grande, no centro da capital paulista a situação não era muito diferente. Pela concentração de pessoas que transitavam por aquela região todos os dias, talvez a situação fosse até pior. Para o coração da cidade de São Paulo ser incendiado por uma onda de saques e agitação popular faltava apenas um pretexto. Diante das circunstâncias econômicas desfavoráveis da época, não demoraria a aparecer um.

Ainda repercutindo distúrbios no transporte público ocorridos em março daquele ano, um difuso movimento que se insurgia contra o desemprego tomou as ruas do centro de São Paulo, quase que seguidamente aos tumultos ocorridos na Zona Sul da cidade.

Dessa vez, a revolta seria desencadeada na praça da Sé, coração pulsante da cidade de São Paulo. Aparentava refletir a insatisfação genuína de uma população empobrecida, cujo cotidiano estava envolto em uma série de problemas conjunturais que o governo não conseguia atenuar.

A marcha que começou na praça da Sé logo chegou ao Palácio Bandeirantes, sede do governo estadual. De fronte ao que os manifestantes imaginavam ser a fonte de todos os problemas que enfrentavam (para aquelas pessoas, o governo era algo indivisível), não houve

A ECONOMIA ENTERROU O REGIME

complacência. Uma multidão estimada em 3 mil pessoas derrubou cerca de 110 metros do gradil que cercava o palácio, em gesto de hostilidade que não se via desde 1924, quando revoltosos depuseram momentaneamente o governo do estado em meio a agitações políticas da República Velha.

Naquele momento, o palácio representava o poder e o povo contra aquele símbolo se insurgiu. De forma um tanto quanto simbólica, demonstrava sobretudo as raízes genuínas daquele movimento e, ao mesmo tempo, sinalizava a falta de apreço por qualquer autoridade constituída, como bem observava o governador mineiro, Tancredo Neves: "Quando o povo perde o respeito pela autoridade, isso é um sinal grave de degeneração social."[61]

Era exatamente isso, pois a autoridade esvaía-se. Em Santo Amaro, uma placa com o nome de uma rua foi retirada e exibida como um troféu pelos manifestantes diante da imprensa. Não seria nada de mais diante dos acontecimentos muito mais graves que ocorriam simultaneamente, porém havia um detalhe que fazia toda a diferença: o nome da rua, cuja placa fora arrancada, era "General Euclides Figueiredo", pai do presidente do Brasil. Nada espelhava melhor a raiz da insatisfação popular que esse gesto simbólico, amplamente divulgado pela imprensa da época.

Coincidentemente, o protesto ocorreu no mesmo dia do primeiro encontro realizado entre os recém-eleitos governadores Franco Montoro, Tancredo Neves e Leonel Brizola. Ainda por cima, tal encontro foi realizado justamente em São Paulo. Reunidos em um estúdio de uma emissora de televisão, os três governadores pretendiam almoçar juntos, após a gravação de um programa matutino. A rápida evolução dos acontecimentos atropelou o planejamento inicial.

Diante do caos instaurado e com diversas ruas no entorno do palácio bloqueadas pelos piquetes, restou aos governadores irem até o local do almoço de helicóptero. O governador de São Paulo se mostrava um tanto quanto surpreendido pela situação e não acreditava apenas que o desemprego fosse o fator capaz de desencadear aquela forte e desproporcional (em sua visão) reação popular: "Seria normal a manifestação contra o desemprego, mas a coisa foi muito além. Parece que existem pessoas preparando, estimulando e incentivando uma agitação que não interessa, certamente, à família trabalhadora de São Paulo."[62]

A primeira tentativa de diálogo foi realizada através do secretário Almir Pazzianoto, responsável pela pasta do Trabalho, que logo percebeu a maior dificuldade prática a ser enfrentada pelas autoridades: não havia líderes com quem fosse possível dialogar e os manifestantes insistiam em um impraticável diálogo coletivo com o governador Montoro, dispensando a presença de quaisquer intermediários.

O governador de São Paulo chegou a descer aos jardins do Palácio e tentou manter uma espécie de diálogo coletivo com uma comissão de manifestantes na porta principal da sede do governo. A tentativa de estabelecer uma conversa com o grupo protestante acabou por se tornar bastante confusa, muito em função das pouco usuais circunstâncias sob as quais a improvisada reunião ocorria. Já as reivindicações tinham em essência a inconformidade com a situação econômica do país e eram em sua maioria relacionadas ao desemprego.

Contudo, haviam algumas reivindicações revestidas de caráter bastante prático, como o aluguel de alguns ônibus para levar a Brasília um comitê que lutava contra o desemprego, para uma conversa direta com o presidente Figueiredo, como explicava um porta-voz informal do movimento escolhido na hora entre os próprios manifestantes: "Queremos ainda que o governador alugue alguns ônibus, pois desejamos ir a Brasília, conversar com o presidente Figueiredo."[63]

O varejo das miudezas no qual as reivindicações estavam inseridas refletia de maneira clara a falta de articulação política do movimento e a inexistência de conexões profundas com organizações de esquerda ou qualquer outro tipo de manipulação.

O diálogo entre manifestantes e o governador durou cerca de vinte minutos, teve momentos ásperos e foi bastante confuso, sobretudo pela ausência de lideranças formais do movimento. Travado na porta do Palácio dos Bandeirantes, Montoro lembrou aos manifestantes

A ECONOMIA ENTERROU O REGIME

que o seu governo havia sido constituído a menos de duas semanas, mas se comprometeu de maneira vaga a "criar milhares de empregos, imediatamente".[64]

Os tais ônibus que levariam os manifestantes a Brasília para conversar com o presidente Figueiredo jamais foram alugados. Já o encontro entre os governadores acabou em uma nota conjunta na qual faziam um apelo à população "para manter a calma, evitando-se manifestações violentas".[65]

De pouco adiantou o tal apelo. A desordem alastrara-se por toda a cidade, em um fenômeno que, apesar de aparentar ser muito bem coordenado, em realidade tinha raízes genuinamente espontâneas. Não havia uma diretriz perceptível nem uma lógica intrínseca aos diversos distúrbios que ocorreram em São Paulo naquele dia de terror; em verdade, "era como se a passeata, vinda não se sabe de onde, estivesse chegando a todos os lugares".[66]

Até poderia existir alguma influência de organizações clandestinas a insuflar os episódios. Mas a essência do movimento não era de pessoas dispostas a sair às ruas para derrubar o regime e implantar o socialismo no Brasil. Longe disso. Os problemas contra os quais aquelas pessoas comuns se insurgiam não estavam ligados a questões ideológicas. A questão era muito mais concreta: desemprego, arrocho salarial e aumento do custo de vida.

O editorial do jornal *Folha de S.Paulo* refletia de forma precisa a relação que existia entre os desgovernados rumos da economia brasileira e os distúrbios que rapidamente se alastravam por São Paulo:

> Tornou-se cada vez mais difícil rolar a dívida até que o desequilíbrio nas contas externas do país, expressão visível de sua enorme dependência em relação ao sistema financeiro internacional, tornou insustentável a forma tradicional de administrá-la. Apesar das reiteradas advertências de setores organizados da sociedade civil sobre a necessidade de renegociar a dívida externa na época em que as condições ainda não eram tão dramáticas, o governo federal persistiu na rota

anteriormente traçada até que, coagido pelo agravamento das circunstâncias, recorreu ao FMI. Obrigou-se então a aprofundar a trajetória recessiva que já vinha implementando anteriormente. Subordinando inteiramente o país ao serviço da dívida externa, o governo — através da sua equipe econômica — acentua as consequências internas da crise internacional, conduzindo a nação na direção do debilitamento do seu parque industrial, do empobrecimento dos assalariados e do desemprego crescente. Enfim, coloca a sociedade brasileira na rota da regressão industrial e do aumento da miséria das massas.[67]

Em uma insatisfação popular cuja gênese era econômica, a suposição de que uma coordenação oculta fosse a responsável por dar aquela dimensão aos atos criava uma narrativa falaciosa. Com um pouco mais de atenção se chegaria a outra conclusão. A rapidez com que os distúrbios se alastraram pouco tinha a ver com a coordenação de organizações de esquerda. Tratava-se, em realidade, de uma combinação da insatisfação popular reinante no Brasil junto à desaprovação geral sobre o modo com o qual a economia era conduzida pelo governo, sobretudo pelo arrocho salarial e pelas medidas recessivas que resultavam das negociações com o FMI.

A revista *Veja* complementava bem a análise anterior ao afirmar que as causas remotas dos distúrbios e da insatisfação popular eram os problemas econômicos que se materializavam nas dificuldades do cotidiano das pessoas comuns:

> O terremoto que varreu as ruas de São Paulo não deixou apenas um rastro de medo e destruição. Trouxe à luz do dia a constatação, que se encontrava anestesiada nos gabinetes oficiais, de que o desemprego no Brasil disparou para fora dos limites do tolerável, como resultado de uma crise econômica que se arrasta há três anos. Pior ainda, o 4 de abril mostrou que a impaciência está crescendo a níveis perigosos — e como

A ECONOMIA ENTERROU O REGIME

as causas dos problemas permanecem intactas, esta semana se inicia com as mesmas condições para que se repitam em São Paulo e em outros lugares, as mesmas explosões da semana passada.[68]

Em uma perspectiva mais prática, os atos de Santo Amaro rapidamente ganharam divulgação por parte da imprensa, as pessoas tomaram conhecimento dos distúrbios pela cobertura dos telejornais e a indústria do boato se encarregou do resto. Em várias regiões de São Paulo começou a correr a falsa informação sobre a chegada "dos homens de Santo Amaro" e assim até bairros distantes do local dos distúrbios, como Lapa, Pinheiros e Itaim viram o seu comércio fechar as portas devido ao receio de saques e vandalismo.

Segundo o porta-voz da Presidência da República, Figueiredo acompanhava aos episódios em São Paulo com "apreensão". Por determinação expressa do presidente, todas as unidades do II Exército sediadas naquele estado foram colocadas em prontidão, aptas a intervir em auxílio às forças estaduais, caso a situação não voltasse à normalidade rapidamente. Para um presidente que tinha o costume de identificar a "infiltração comunista" em todos os lugares, aquele realmente deve ter sido um dia de bastante tensão.

O saldo final daqueles dias em São Paulo pode ser medido na expressividade dos números contabilizados pelos registros oficiais: cerca de duzentos estabelecimentos comerciais saqueados, cinquenta casas invadidas ou pilhadas e mais de cem carros ou ônibus destruídos ou incendiados. Foram realizadas ainda cerca de seiscentas prisões e os hospitais atenderam a mais de 130 feridos. Uma pessoa morreu atingida por um tiro disparado de dentro de um veículo, em Santo Amaro.

Aqueles dias de fúria da população foram os momentos mais turbulentos de todo o governo do presidente Figueiredo. Em termos de revolta popular em face da situação econômica do país, também foi o que de mais grave enfrentou a ditadura militar, pois os protestos das décadas de 1960 e, em menor medida, da década de 1970 contestavam o próprio regime e não se insurgiam especificamente contra a situação da economia brasileira.

Em setembro daquele mesmo ano de 1983, a onda de saques voltou com força, mas dessa vez o epicentro foi o Rio de Janeiro. Não se comparava aos distúrbios de abril ocorridos em São Paulo, mas ainda assim, o motim era digno de preocupação por parte das autoridades.

O governador Leonel Brizola relutou a utilizar a força em um primeiro momento, preferindo se valer de outra forma de persuasão na tentativa de melhorar a situação: a força de sua oratória, através de um pronunciamento televisivo dirigido à população do Rio de Janeiro.

Não daria certo. Naqueles dias tormentosos de setembro de 1983, a imagem símbolo era de seguranças fortemente armados, fotografados nas portas e adjacências dos supermercados protegendo os estabelecimentos da ameaça de saques. Inevitavelmente, as forças de segurança do estado tiveram que ir às ruas para que a conjuntura não se deteriorasse de vez. Era isso ou em pouco tempo as autoridades perderiam completamente o controle da situação.

O governador do Rio de Janeiro chegou a insinuar que os distúrbios poderiam estar sendo motivados pela infiltração da extrema direita entre os populares,[69] em movimento um tanto quanto parecido àquele que as autoridades adotaram em relação aos distúrbios de abril, só que agora com sinal trocado. Nada foi comprovado nesse sentido e tampouco Brizola apresentou quaisquer evidências sobre as suas suposições.

Retornando à tática dos "bodes expiatórios", relegava-se a um segundo plano as causas reais dos distúrbios, cuja origem ainda era a mesma crise econômica de abril, que persistia em não arrefecer. O mês de setembro acabara com um saldo de mais de duzentos saques realizados em todo o país, sendo que 83 deles foram concentrados no Rio de Janeiro.

Em meio às elucubrações oficiais, o ano de 1983 ia embora com um rastro de distúrbios e desordem. Foi a maior onda de insatisfação popular a varrer o país durante o mandato do presidente Figueiredo. Com a melhora da economia a partir de 1984, eventos dessa magni-

A ECONOMIA ENTERROU O REGIME

tude não mais se repetiriam, pelo menos naquela proporção de abril de 1983 em São Paulo e, em menor medida, em setembro do mesmo ano no Rio de Janeiro.

Fim de caso

A debilitada credibilidade do presidente, irremediavelmente comprometida após o Riocentro, não resistiu à derrocada econômica que o seu governo experimentou a partir do segundo semestre de 1982. As desgastantes negociações com o FMI associadas à enorme insatisfação popular e ao fato de que o Congresso se recusou a morrer abraçado junto ao governo comprometeram o pouco que restava de positivo da imagem do presidente.

Após as inúmeras promessas não cumpridas no biênio 1983-84, o presidente Figueiredo chegava ao final do seu mandato no comando de um governo que se encontrava em uma situação de profundo descrédito junto ao FMI, à banca internacional, aos trabalhadores e ao Congresso Nacional.

Na esteira de rolagem das dívidas, discussões permanentes com o Fundo e uma série de metas inatingíveis que acabaram por não ser cumpridas, a economia brasileira foi se arrastando até o final do governo em uma lenta e silenciosa agonia.

Em 1985, Delfim Netto assinaria a sétima carta de intenções brasileira junto ao Fundo. As metas mais uma vez não foram cumpridas e o FMI decidiu suspender definitivamente os desembolsos ao Brasil.

Fim de caso.

Como visto, não era apenas falta de vontade do governo brasileiro em cumprir as metas estabelecidas e acordadas com o FMI. Dada a fragilidade da economia brasileira, havia pouca margem de manobra para as autoridades monetárias nas discussões junto ao Fundo, o que levava a uma situação de muitas promessas e pouca efetividade.

Como o próprio Delfim reconhecera, tratava-se da mais pura encenação.

Assim como em outras áreas do governo, na área econômica o mandato do presidente Figueiredo também acabou de forma melancólica. É certo que Figueiredo entregou um governo cuja economia já se distanciava em muito do "setembro negro" de 1982 e com uma melhora substancial na balança de pagamentos externos. Por outro lado, as negociações com o FMI oscilavam entre ficção e realidade, pendendo muito mais para a primeira.

Aliada ao descrédito brasileiro junto às autoridades monetárias internacionais, juntou-se uma espécie de inação que tomou conta de grande parte do governo ao final do mandato de Figueiredo.[70] Não havia mais o que ser feito naquele contexto, só contar os dias para que o governo acabasse, como o próprio presidente confessou que fazia.

Era realmente um final melancólico. Independentemente dos problemas específicos relativos à negociação da dívida externa, o certo é que Figueiredo terminava o governo com os grandes indicadores econômicos em situação consideravelmente pior em comparação ao momento em que iniciou o seu mandato.

Embora houvesse a atenuante da imprevisível e adversa conjuntura internacional ocorrida durante o seu governo, o certo é que a situação da economia arruinou-lhe o que ainda restava de popularidade ao final do mandato.

Em uma síntese sobre a economia brasileira no período Figueiredo, em reportagem especial pelo fim do mandato do presidente, a revista *Veja* enunciava:

> Terminou na sexta-feira da semana passada a mais ruinosa administração do período republicano. O general João Figueiredo deixou o governo depois de presidir a falência das finanças nacionais, a maior dívida do mundo, o maior índice de inflação da história do país, dois anos de crescimento negativo da economia e o desmoronamento do regime que o gerou. Os brasileiros que estavam diante do Palácio do Planalto no dia 15 de março de 1979 tinham uma renda per capita de 2000 dólares. Em 15 de março de 1985, tinham 320 dólares a menos.[71]

A ECONOMIA ENTERROU O REGIME

Os números ilustram com precisão o legado do governo Figueiredo em matéria de economia e indicadores sociais. A renda *per capita* diminuiu, a dívida externa mais que dobrou e a inflação conheceu os seus mais altos patamares históricos.

O próprio Figueiredo, alguns anos após deixar o poder, reconheceu que o seu governo havia fracassado no campo econômico: "Não consegui fazer tudo o que queria pelo povo brasileiro, principalmente no campo econômico, mas quem veio depois também não fez melhor."[72] Àquela altura (maio de 1991), a comparação se referia ao governo do ex-presidente José Sarney e ao governo do presidente do momento, Fernando Collor.

Se o presidente reconheceu alguns anos depois o fiasco econômico do seu governo, o povo o fez ao final do seu mandato. Não foi à toa que o índice de desaprovação do governo Figueiredo chegou a expressivos 69% em pesquisa realizada em fevereiro de 1985.[73]

Definitivamente, a economia enterrou o regime.

PARTE V:
FIGUEIREDO SENDO FIGUEIREDO

Capítulo 15

A ira

Não chegaria à metade do caminho

Havia sido um dia longo no prédio do Senai, situado na rua Mariz e Barros, no tradicional bairro da Tijuca, Zona Norte do Rio de Janeiro. Figueiredo, então candidato à Presidência, utilizava como base de sua campanha eleitoral na cidade um gabinete naquele edifício. Em uma segunda-feira aparentemente normal, o candidato teve inúmeras audiências com diversos segmentos da sociedade civil, em uma estratégia para torná-lo mais conhecido do grande público.

Ainda se acostumando à rotina de candidato, Figueiredo atendia a todos com atenção e deferência, mas em alguns momentos tornava-se nítida a sua impaciência diante de certos assuntos e, principalmente, o seu incômodo ante perguntas embaraçosas.

Por iniciativa do deputado federal Célio Borja, a última audiência daquele dia seria uma conversa com universitários, na qual os estudantes poderiam interagir diretamente com Figueiredo, questionando-o livremente sobre as suas propostas para o país. Haviam

A IRA

sido selecionados dezoito alunos de diversas instituições cariocas de ensino superior, todos ávidos para sabatinar o futuro presidente sobre temas caros à abertura política que o regime e o próprio candidato então prometiam.

O encontro, que à primeira vista poderia parecer mais um simples compromisso de agenda, em realidade significava muito mais do que isso. Como relatava o *Jornal do Brasil*, seria a primeira vez em dez anos que um candidato à Presidência da República teria contato direto com os estudantes,[1] fato que naquele momento representava uma verdadeira quebra de paradigma.[2]

O evento transcorria de forma tranquila, com os estudantes questionando Figueiredo sobre a evolução da abertura política em curso naquele momento no país. Nesse contexto, foram feitas perguntas diversas, desde temas triviais que fugiam ao espectro político (remuneração de professores) até temas sensíveis para a abertura política em curso (reorganização estudantil por meio de entidade de classe e legalização do Partido Comunista).

A entrevista progredia sem maiores percalços, com o candidato emitindo a sua convicção pessoal acerca dos temas abordados e os estudantes, embora aparentassem não concordar com o teor das respostas do então candidato, mantinham uma postura respeitosa, parecendo compreender que a pluralidade de visões é imperativa para o bom convívio democrático.

Tudo transcorria inesperadamente bem, dada a sensibilidade até então predominante naquele encontro.

No entanto, apesar da normalidade com a qual o encontro se desenvolvia, não demorou a vir uma pergunta bomba. Formulada de maneira aparentemente despretensiosa, o questionamento continha uma inequívoca agressão ao candidato: "[minha pergunta é sobre a] Acusação do Hugo Abreu de que o senhor era apoiado por grupos corruptos. Essa pergunta ficou sem resposta e quem cala consente, general."[3]

Instantaneamente, a tensão tomou conta do encontro. Figueiredo se apressou em responder de forma incisiva, com os brios visivelmente feridos: "Mas eu nunca me calei porque o general Hugo Abreu nunca me fez essa acusação. Ele pode ter feito essa acusação pelos jornais, mas nunca chegou perto de mim para fazer essa acusação. Mesmo porque não chegaria à metade do caminho."[4]

A reação tempestuosa continha uma ameaça implícita ao general Hugo Abreu, dando munição àqueles que defendiam que Figueiredo jamais se adaptaria ao jogo da política, além de não ter tato para lidar com situações embaraçosas. Naquele momento, o *staff* do candidato temia que a imprensa começasse a rotular Figueiredo em função de sua incontinência retórica e que novos incidentes pudessem surgir, prejudicando a candidatura que começava a crescer e tomar forma.[5]

Avaliando a repercussão do encontro no dia seguinte, Figueiredo afirmara que a entrevista com os estudantes lhe deixara má-impressão e garantia que não estava disposto a modificar o seu gênio irascível, sobretudo quando se sentisse pessoalmente atingido: "Fui agredido, mas tenho o direito de ser o que sou, e não levo desaforo para casa."[6]

Já o general Hugo Abreu considerou as declarações de Figueiredo como "altamente chocantes", afirmando à imprensa de que se sentia insultado em função do episódio e que solicitaria formalmente às autoridades militares providências relativas ao caso.[7]

No fim, nada aconteceu e o episódio acabou por ser esquecido, sem maiores consequências para a candidatura de Figueiredo.

Contudo, aquela reunião serviu como uma amostra da irascibilidade do então candidato, sobretudo quando confrontado com algo que não era do seu agrado, além de começar a revelar ao país que o futuro presidente da República realmente tinha pavio curto.

Muito ainda estaria por vir.

Prendo e arrebento

A expressão "prendo e arrebento" acabou por estigmatizar o presidente Figueiredo. Muitas vezes a ela associado, essa frase acabaria tornando-se um símbolo de um dos traços que mais se sobressaíam na personalidade do presidente: a ira.

A IRA

Em realidade, o presidente acabou marcado por sua irascibilidade. Sua ira se manifestava tanto no conteúdo das suas declarações públicas como na própria linguagem corporal de Figueiredo. Para muitos, o general que se tornou presidente era refém do próprio temperamento, incapaz de conter os seus surtos de raiva.

Associada à irascibilidade, também havia a impulsividade que levava o presidente por vezes a ter reações destemperadas e desproporcionais e também a tiradas inconvenientes e de gosto duvidoso ante situações de menor importância.

A polêmica frase "prendo e arrebento" foi dita em sua primeira entrevista como presidente eleito. Não poderia haver melhor prenúncio de como seriam as suas declarações à imprensa pelos próximos seis anos. Para a posteridade, ficou o autoritário "prendo e arrebento", que se referia a possíveis opositores do processo de abertura política.

Em realidade, essa frase foi uma resposta do presidente a uma pergunta sobre os seus reais propósitos em relação à abertura política. A resposta foi direta e um tanto quanto rude: "Você acha que eu estou mentindo quando prometo? Há quatro meses que não faço outra coisa. Na hora que eu sou eleito vocês vêm perguntar se é verdade. Imagina a ideia de que o povo faria de mim se eu dissesse que ia pensar melhor."[8]

Provavelmente percebendo certo tom de irritação na primeira resposta do presidente, o repórter não titubeou e inocentemente indagou algo na linha, "Então é para abrir mesmo?", já esperando que em eventual réplica surgisse uma resposta mais aguda e incisiva por parte do presidente quer acabara de ser eleito.

Não deu outra.

Essa nova pergunta em relação ao tema já questionado anteriormente foi a senha para a primeira declaração polêmica de Figueiredo já na condição de presidente da República. O presidente, pretendendo mostrar autoridade e um tanto quanto incomodado em ter que se posicionar sobre um assunto sobre o qual já havia se manifestado algumas vezes antes, foi duro e incisivo em sua réplica: "É para abrir mesmo. E quem quiser que não abra, eu prendo, arrebento. A minha reação, agora, vai ser contra os que não quiserem a abertura."[9]

A repercussão na época foi grande, tendo o jornal *Folha de S.Paulo* repercutido a declaração em sua principal manchete de capa, no dia seguinte à eleição de Figueiredo. Dizia de forma direta e em caixa alta "Prendo quem for contra a abertura".[10]

Mais que isso, essa declaração passou à história como um símbolo da postura autoritária e truculenta que Figueiredo por vezes adotava. Acabou, assim, como um exemplo de como a ira do presidente aflorava subitamente quando contrariado ou indagado sobre algum assunto que o incomodava.

Pena que esses arroubos de bravura em momentos decisivos do governo ficaram apenas na retórica do presidente. No caso Riocentro, fez muita falta uma postura mais incisiva por parte do principal mandatário da nação.

A fama de destemido

O presidente Figueiredo sempre cultivou a fama de destemido, desde muito antes de ocupar a Presidência da República. Por fazer questão de estimular o mito que se formava ao seu redor, vangloriando-se de não ter medo de nada, Figueiredo narrava situações que iam desde a sua participação em brigas de rua até uma resposta atravessada ao presidente Getúlio Vargas.

Alimentando este tipo de fama, não foi à toa que uma de suas alcunhas mais conhecidas que ficaram para a posteridade tenha sido a singela "João Valentão".[11]

Em verdade, a fama de bravo já o acompanhava desde muito cedo, quando ainda era um jovem estudante e pleiteava uma vaga no Colégio Militar do Rio de Janeiro.

A narrativa de Figueiredo nesse caso é curiosa. Pelo relato do general, ao se dirigir à secretaria do colégio, teria dito o seguinte: "Sou órfão de militar e quero passar gratuito."[12] Ao ser indagado sobre onde estava o atestado de óbito, Figueiredo teria respondido de forma singela: "Vá pedir ao ministro da Guerra."[13]

Outro episódio acerca de sua bravura reside no relato de que o jovem Figueiredo, ao ser condecorado por Getúlio Vargas como o melhor aluno da Escola Militar do Realengo, ouviu o seguinte elogio do então presidente: "Espero que o senhor continue a carreira militar no mesmo passo que a está iniciando, e se torne um oficial tão brilhante quanto o seu pai."[14]

Embora ainda um jovem aspirante e mesmo recebendo um elogio diretamente do então presidente da República, Figueiredo não se intimidou. Seu pai, Euclides Figueiredo, havia sido preso meros doze dias antes da condecoração, após a instauração do Estado Novo. Assim, o jovem militar não titubeou e respondeu de pronto: "Obrigado, presidente. O único perigo é que eu termine preso como o meu pai."[15]

Em outra narrativa para o mesmo episódio, o diálogo é mantido em sua essência, embora com pequenas variações de forma. Ao ser informado que o primeiro colocado era filho do general Euclides, Getúlio teria dito "Seu pai é um homem corajoso, espero que siga o caminho dele"[16] ao que Figueiredo haveria respondido: "Não vai ser fácil, pois esse caminho acaba na cadeia."[17]

Não houve testemunhas desse diálogo.[18]

Outro episódio que Figueiredo contava com riqueza de detalhes era sobre uma briga de bar na Cinelândia, quase quarenta anos antes de assumir a Presidência da República. Os seus relatos dão conta de que algum atrevido fez uma piada em voz alta dirigida à sua irmã Maria Luiza e à dona Dulce (sua noiva à época) quando as duas, acompanhadas por ele, passavam em frente a um bar.

O então tenente Figueiredo, que estava à paisana e também acompanhado por seu pai (à época coronel), não deixou por menos e invadiu o recinto para tomar satisfações com o "engraçadinho", que acabou sendo defendido pelas pessoas que o acompanhavam no bar.

Assim, começou uma enorme confusão na qual mesas e cadeiras voaram em meio a uma pancadaria generalizada que só conseguiu ser interrompida após a intervenção da polícia. Seu pai, à época já reformado, também interveio na confusão para proteger Figueiredo e ambos chegaram às vias de fato com o grupo provocador. No fim, sobrou até para a polícia.[19]

Cultivava a fama de ser bom de briga e, para além das narrativas concretas de brigas e sopapos, se vangloriava também de ter uma "canhota potente" capaz de derrubar uma pessoa com apenas um único golpe.[20] Certa vez, ao descobrir que um ajudante de ordens havia lutado boxe de forma amadora, o desafiou insistentemente para um duelo. Desconsiderando os trinta anos de idade que o separavam de seu ajudante e interpretando a recusa como uma espécie de deboche, insistiu veementemente para que a luta ocorresse, restando vencido pela decidida recusa do jovem, àquela altura aterrorizado com a perspectiva de ter de lutar com o seu chefe, que também era o presidente da República.[21]

Mas não era apenas em relação a sopapos que Figueiredo cultivava a fama de não ter medo de nada. Talvez, mais que na questão física, o general gostava de frisar que sempre falava aquilo que pensava, independentemente da repercussão. Assim era o seu temperamento, gostava de enfatizar sempre que possível.[22]

Outra lenda que corre a seu respeito é que, chamado pelo então presidente João Goulart para uma conversa, Figueiredo afirmou a ele, sem receios e de uma maneira clara e direta, que o seu governo seria derrubado.

Assim como no episódio envolvendo Getúlio Vargas não há testemunhas que atestem a veracidade dessa história — ainda que especificamente nesse episódio estivesse presente um ajudante de ordens de Jango que, no entanto, não ouviu essa observação.[23]

Nas memórias de Maria Thereza Goulart, à época dos fatos primeira-dama do Brasil, há uma história levemente parecida. Pelo relato da ex-primeira-dama, Figueiredo foi sincero ao extremo ao procurar o presidente para informá-lo de que se juntaria aos conspiradores que se aglutinavam para derrubar o seu governo. Por

A IRA

esta versão, Jango teria agradecido ao então coronel Figueiredo a lealdade e correção ao informá-lo sobre a postura que passaria a adotar dali por diante.[24]

Histórias nas quais retrucava superiores também não faltavam a Figueiredo. Outro relato afirma que pouco antes de Médici ser indicado à Presidência da República, o futuro presidente teria reunido os seus principais auxiliares no III Exército, incluindo Figueiredo (que à época já era general), para orientá-los a não realizar nenhuma gestão a seu favor. Figueiredo simplesmente lhe respondeu, diante dos demais oficiais, que "não poderia cumprir aquela ordem".[25]

É preciso destacar também que Figueiredo teve momentos louváveis de coragem durante o seu mandato. Na fase mais delicada do seu governo, quando atentados a bomba mutilavam e por vezes até matavam pessoas que nenhuma relação tinham com a questão da abertura política, não titubeou em exigir que os terroristas "enviassem as bombas diretamente a ele e poupassem os inocentes".[26] Pena que o rigor das palavras faltou às apurações dos diversos atentados ocorridos naquele período.

Outro episódio no qual pôde demonstrar a sua coragem foi no primeiro encontro que teve na Casa Branca, no qual alertou auxiliares diretos do presidente Ronald Reagan sobre o risco de um ataque da Inglaterra ao continente sul-americano no conflito das Ilhas Malvinas. Ameaçou até apoiar militarmente a Argentina em tal hipótese.

Embora gostasse de cultivar a fama de destemido, Figueiredo acabou mesmo foi com a fama de truculento e autoritário. Os momentos nos quais a sua irascibilidade aflorava de maneira incontrolável ajudaram a construir o rico folclore em torno de sua pessoa. Apesar de esporádicos, tais episódios acabaram marcando definitivamente o presidente.

Infelizmente para Figueiredo, no exercício da Presidência tudo acabava tomando uma dimensão maior.

Novembrada

Não há dúvidas de que o episódio que mais marcou Figueiredo em relação aos seus surtos de ira durante o mandato presidencial foi a intitulada "novembrada" ocorrida em 30 de novembro de 1979, em Florianópolis.

A visita de Figueiredo à cidade foi minuciosamente organizada pelo cerimonial da Presidência e contou com o apoio do então governador do estado de Santa Catarina, Jorge Bornhausen. A visita foi organizada de modo que a presença do presidente da República na cidade tivesse um tom ufanista, bem ao gosto do regime militar e da sua máquina de propaganda.

Com esse intuito foram distribuídas bandeiras do Brasil para que alunos de escolas públicas saudassem Figueiredo durante a passagem da comitiva presidencial pelas ruas da cidade e até faixas com um incomum voto de confiança da população ao presidente foram estampadas em vários pontos da cidade, com os insólitos dizeres: "Operários catarinenses confiam no João."[27]

No entanto, nem tudo não saiu como previsto. O Palácio Rosado, local onde Figueiredo teria o seu primeiro compromisso oficial com autoridades catarinenses, ficava a próximos seis metros da praça XV de Novembro, onde uma grande aglomeração de pessoas aguardava o presidente.

A multidão um tanto quanto agitada não parecia compartilhar do tom ufanista que os organizadores pretendiam dar à visita, embora o clima fosse pacífico. Logo tudo sairia do controle em uma inimaginável evolução dos acontecimentos.

Para começar, a semana na qual o presidente visitou Florianópolis havia sido complicada para a economia brasileira. Poucos dias antes da visita presidencial a Santa Catarina, o governo havia autorizado um aumento no preço da gasolina em meio a diversos outros reajustes que elevaram o custo de vida, algo que obviamente desagradara bastante à população.

A IRA

Assim, aproveitando-se da insatisfação momentânea ocasionada por aumentos e reajustes pontuais, alguns estudantes e ativistas, em meio a uma multidão muito maior (nem todos estavam ali para protestar contra Figueiredo), realizaram manifestações contra o governo, entoando refrãos dirigidos diretamente à pessoa do presidente.

Foi a senha para um dia de muita confusão.

Muito provavelmente, Figueiredo não esperava uma contestação popular tão direta e um tanto quanto agressiva ainda no início do seu mandato, quando a economia (apesar dos percalços que já prenunciavam os abalos que futuramente viriam) ainda caminhava relativamente bem.

Naquele dia, o presidente foi surpreendido ao ouvir da sacada do palácio os mais diversos "coros" do público que ali estava postado, como "chega de sofrer, o povo quer comer", "abaixo Figueiredo" e o tradicional "o povo unido jamais será vencido".

Inicialmente aparentando calma, o presidente apenas apontava para os manifestantes que entoavam palavras de ordem e o vaiavam, inclusive aplaudindo-os e sem ainda expressar nenhum desconforto maior diante da manifestação.

O gestual de Figueiredo diante do protesto queria deixar claro de que se tratava de um pequeno grupo[28] de insatisfeitos em meio a uma multidão muito maior de pessoas.[29] De fato, era isso mesmo. Mas, lá embaixo, embora o pequeno grupo fosse o responsável pela hostilidade inicial dirigida ao presidente, as vaias aumentavam após adesões de outras pessoas que se associavam espontaneamente ao protesto.

O presidente Figueiredo aparentava até aquele momento, com o espírito democrático que sempre alardeou possuir, entender o caráter pacífico do protesto dirigido ao seu governo de maneira ordeira e civilizada. Parecia que a transição democrática andava a passos largos e que o principal mandatário da nação compreendia que a população tinha o direito legítimo de se manifestar pacificamente contra o seu governo e, até mesmo, contra a sua pessoa.

No entanto, essa aparente tranquilidade não iria durar muito. Ao ouvir a derivada dos cantos comuns em estádios de futebol —

"um, dois, três, quatro, cinco mil, queremos que Figueiredo vá para a puta que o pariu" —, o presidente não resistiu e se descontrolou. Em depoimentos posteriores, há versões que foi um líder de torcida do Avaí que adaptou o coro, comum nos estádios de Santa Catarina, apenas substituindo "Figueira" (alusão ao Figueirense, tradicional clube de futebol de Florianópolis) por Figueiredo.

Independentemente da fonte do insulto, ao ouvir tal coro o presidente ficou completamente descontrolado e, numa ação impulsiva, tosca e completamente despropositada (sobretudo por se tratar de um chefe de Estado), desceu para tomar satisfações diretamente com o público.

Iniciava-se, nesse momento, a famosa "novembrada".

Muitos foram os que tentaram impedir Figueiredo de tal desatino. Mas não teve jeito. Ao dirigir-se para um incrédulo Jorge Bornhausen, Figueiredo comunicou de forma lacônica, com sua expressão colérica na qual todo absurdo ganhava ares de naturalidade: "Agora, deixo de ser presidente da República para ser um cidadão comum. E o senhor que se responsabilize pelo que acontecer no seu estado."[30]

Ato contínuo, o presidente desceu a rua e suas primeiras vítimas foram os próprios seguranças que se postaram ao seu redor a fim de impedir um mal maior, mas acabaram empurrados por um presidente que vivia o seu "dia de fúria".

Suas declarações naquele momento surpreendiam pela sinceridade e também por expor como o presidente, mandatário maior do país e por esse motivo objeto de vaias e protestos, levava determinadas situações para o lado estritamente pessoal.

Ao ter que se expor, Figueiredo revelava-se um primitivo,[31] capaz de ir pessoalmente à rua bater boca com manifestantes descontentes. Em meio à multidão e na presença de jornalistas, Figueiredo esbravejava diante dos microfones: "Eu gostaria de perguntar por que a minha mãe está em pauta. Eles ofenderam a minha mãe. Por que isso? Por que essa baixeza? Se são esses argumentos que eles têm, podem ir para a Rússia apresentar esses argumentos, aqui no meu país, não!"[32]

Ao identificar um dos estudantes responsáveis pelos insultos anteriores, arguiu de forma extremamente sincera: "Você não tem razão, não conhece a minha mãe."[33] Após a completa falta de decoro em relação ao cargo que ocupava (principalmente por se tratar de um presidente da República a bater boca com populares), Figueiredo permanecia decidido a caminhar em direção à multidão e continuava a empurrar a própria segurança para poder tirar satisfação com os manifestantes. Assim, uma confusão generalizada que os seguranças tanto se esforçaram para evitar estava prestes a acontecer.

Não teve jeito. A pancadaria se deu entre integrantes da comitiva presidencial e estudantes, tendo o ministro César Cals (que anos depois defenderia a prorrogação do mandato de Figueiredo) e Gil Macieira (presidente da Caixa Econômica Federal) trocado murros com os manifestantes.

A duras penas, a segurança presidencial conseguiu tirar Figueiredo da confusão e o colocou em um carro oficial que rapidamente o retirou do local. As emissoras de televisão não noticiaram as cenas de violência nem os palavrões, após gestão do Palácio do Planalto nesse sentido. A iniciativa visava minimizar a inevitável repercussão negativa do episódio, sobretudo se as cenas de violência protagonizadas pela comitiva presidencial e pelo próprio presidente fossem transmitidas para todo o Brasil.

Uma esdrúxula declaração do ministro César Cals, em especial porque se tratava de um detentor de cargo público pertencente ao primeiro escalão do governo federal, deu o tom insólito que marcou aquele dia desastrado: "Apanhar não apanhei, mas bati bastante."[34]

Já a nota oficial do Planalto preferiu encontrar outro culpado pelo episódio, isentando de responsabilidade o presidente e o seu temperamento impulsivo. Em declaração um tanto quanto leviana, a nota da Presidência afirmou que o episódio só ocorreu devido a "ser muito reduzido o esquema de segurança do presidente".[35] Afinal, se houvesse um batalhão de seguranças em volta de Figueiredo, quem sabe ele não teria sido impedido pelo desforço físico dos agentes de descer do palácio e ir tirar satisfação com manifestantes como um "cidadão comum", na expressão que o próprio usou naquele dia.

O saldo final da confusão contabilizou sete pessoas detidas e posteriormente liberadas após averiguações. No entanto, os envolvidos só foram definitivamente inocentados em 1981. Em um julgamento realizado por uma Auditoria Militar de Curitiba, os estudantes acabaram absolvidos por um apertado placar de três votos a favor ante dois votos contrários.[36]

O presidente Figueiredo, que já dava sinais de irritação desde o mencionado aumento da gasolina, vinha dando respostas enviesadas à imprensa quando abordados assuntos que o desagradavam, como o progressivo aumento do custo de vida. Sem embargo do costumeiro mau humor presidencial, a verdade é que ninguém esperava uma reação tão impulsiva do presidente, mesmo diante de ofensas e palavrões dirigidos à sua pessoa.

Refém do próprio temperamento, o episódio marcou bastante o governo Figueiredo, sendo lembrado por muitos anos após o presidente ter deixado o cargo. O próprio presidente depois do incidente não se livrou de ter sua imagem associada à música de Dorival Caymmi, que de forma surpreendentemente analógica ao episódio cantarolava: "João Valentão é brigão, só dá bofetão e não pensa na vida."[37]

A quarta estrela. Durante o regime militar, a sucessão presidencial tinha um requisito implícito: o candidato oficial teria de ser um general de Exército. Faltando um ano para a eleição, Figueiredo ainda não tinha a quarta estrela. Muitos afirmavam que não daria tempo para que o general conseguisse a patente até as eleições. Aposta errada.

Campanha eleitoral. O general candidato, embora com a vitória quase assegurada, cruzou o país durante a campanha presidencial. Dançando com meninas nas ruas de Recife, Figueiredo revelava ao Brasil a faceta mais carinhosa de seu coração. Na eleição indireta, a chapa Figueiredo/Aureliano bateria facilmente a chapa Euler/Brossard.

O grande eleitor. Figueiredo foi uma escolha pessoal de seu antecessor, o general Ernesto Geisel. O presidente Geisel e o ministro Golbery imaginavam que Figueiredo, oriundo do setor de Informações do Exército, exerceria o poder como o oficial disciplinado que sempre fora. Ledo engano. Geisel morreria convencido de que fizera má escolha.

O cheirinho do cavalo. Egresso da cavalaria, Figueiredo era apaixonado por equitação. Antes de iniciar seu dia de trabalho, costumava se exercitar cavalgando. Em controversa declaração quando ainda era candidato à Presidência, confessou que preferia o cheiro dos cavalos ao cheiro do povo.

Órfão de pai vivo. Em junho de 1979, Figueiredo assinou o projeto de Lei da Anistia, encaminhando-o à apreciação do Congresso Nacional. Em seu discurso, relembrou a trajetória de seu pai, general Euclydes Figueiredo, exilado durante o Estado Novo. Pelos caminhos da anistia, o general-presidente se reconciliava com o próprio passado.

A mão esquerda jamais será esquecida. Em uma ensolarada manhã do seco inverno de Brasília, Figueiredo sancionou a Lei da Anistia. Não foi a anistia ampla, geral e irrestrita pela qual o país ansiava, mas aquela que as circunstâncias permitiram. Com a sua mão esquerda, o presidente assinara a maior anistia da história do Brasil, pondo fim a um tormentoso ciclo da vida nacional. Foi o seu melhor momento.

Novembrada. Sentindo-se insultado por um pequeno grupo, em um gesto abrupto e impulsivo, Figueiredo desceu da sacada do Palácio Cruz e Souza, em Florianópolis, para tomar satisfações com populares em plena praça pública. A reação desproporcional deu início a momentos de pancadaria generalizada. Com menos de um ano de mandato, Figueiredo revelava ao país toda a extensão de sua irascibilidade.

Arma em punho. O juiz Carlos Aarão Reis impediu que a demolição da sede da UNE prosseguisse ao arrepio de uma determinação judicial. Mesmo após a comunicação do oficial de Justiça, os trabalhos continuaram, amparados por forças de segurança pública. Segundo a revista *Veja*, de revólver em punho diante de policiais militares e federais, "o juiz representava a Lei, e a polícia, a desordem".

Elogio do cineasta. Durante um encontro em Portugal, Glauber Rocha manifestou apoio ao presidente Figueiredo. O cineasta, que antes havia se referido a Golbery como "gênio da raça", chocara a esquerda ao afirmar que Figueiredo poderia se tornar "o líder do Terceiro Mundo". Não era para tanto.

Como escravos de Debret. Amarrados pelo pescoço, moradores de uma favela carioca foram arbitrariamente conduzidos à delegacia. O fundamento da prisão era estarrecedor: uma mera verificação de antecedentes. Em um registro tão bizarro quanto chocante, policiais militares se deixaram fotografar como se capatazes fossem, em uma imagem que remetia à escravidão. Para o *JB*, nos estertores do regime, as forças de segurança já haviam perdido "a noção da diferença entre a lei e o arbítrio".

Riocentro. Às vésperas do feriado pelo Dia do Trabalho de 1981, um show em comemoração à data ocorreria no Riocentro. No palco, grandes nomes da MPB. No estacionamento, uma bomba dentro de um Puma. O artefato explodiu antes da hora, vitimando fatalmente um militar e ferindo gravemente outro. Acordado em plena madrugada, a primeira impressão do presidente foi equivocada: "Até que enfim os comunistas fizeram uma bobagem." O tempo revelaria todo o seu desengano.

A bomba explodiu dentro do governo. Com direito a honras militares, foi sepultado o sargento Guilherme Pereira do Rosário, morto no estacionamento do Riocentro. A presença de generais no enterro, inclusive carregando o caixão do militar, deixara claro de que lado o Exército estava. O caso permaneceria para sempre inconcluso e mancharia definitivamente a imagem de Figueiredo.

Nos braços do povo. Querendo suavizar a sisuda figura do general, a máquina publicitária do governo tentou transformar Figueiredo no "João", um tipo afável e simpático. Não daria certo. Nos braços de garimpeiros em Serra Pelada, Figueiredo vestiu à feição o personagem que nunca conseguiu moldar na vida real. Pena que durou apenas um dia.

Reconciliação no Céu e na Terra. Figueiredo junto a Alzira Vargas, filha de Getúlio Vargas, durante a campanha eleitoral de 1982. Getúlio havia sido ferrenho adversário de Euclydes Figueiredo, pai do presidente. Aquele encontro sepultava mais de cinquenta anos de inimizade entre as duas famílias. Muitas vezes marcado por declarações grosseiras, naquele momento a sensibilidade deu o tom: "Meu pai e Getúlio devem estar abraçados no céu."

Derrota ou vitória? Em 1982, Figueiredo conduziu as maiores eleições desde a instauração do regime militar. Batido nas principais capitais, o governo teria que passar a conviver com velhos desafetos. A oposição cantou vitória, alardeando que passaria a governar ¾ do PIB nacional. Meia verdade. Conforme a célebre frase do economista Roberto Campos, assim como os biquínis, o que o resultado eleitoral revelara era interessante, mas escondia o essencial: naquela mesma eleição, o governo obtivera maioria no Colégio Eleitoral que escolheria o sucessor de Figueiredo em janeiro de 1985.

Quem te viu, quem te vê. Após a anistia, Brizola era considerado o principal opositor do regime militar ainda vivo. De volta ao Brasil, o agora social-democrata foi eleito governador do Rio de Janeiro em 1982. Pouco depois, em manobra surpreendente, o velho caudilho passou a apoiar a prorrogação do mandato de Figueiredo por mais dois anos. Não colou.

Ovo de avestruz. Após as eleições de 1982, o governo se viu forçado a reconhecer publicamente a necessidade de negociar um socorro do FMI ao país com urgência. Na foto (em sentido anti-horário), os três principais responsáveis pela dificílima missão: Delfim Netto (Planejamento), Ernane Galvêas (Fazenda) e Carlos Langoni (Banco Central). Na lógica peculiar do presidente, "O Brasil era um pinto que colocou um ovo de avestruz". Caberia aos três costurar o bicho.

Me dá um dinheiro aí. Internado em uma clínica em Cleveland, Figueiredo foi fotografado ao receber uma ligação do presidente americano Ronald Reagan. Em 1982, em um dos momentos de maior sufoco da economia brasileira, foi Figueiredo quem telefonou para Reagan. O motivo: um empréstimo emergencial de US$ 400 milhões. Se fosse uma empresa, o Brasil teria quebrado.

Suriname. Com Antony Motley, embaixador dos Estados Unidos no Brasil. Em abril de 1983, em função da presença cubana no Suriname, o diplomata levara a Figueiredo uma beligerante proposta enviada diretamente pelo presidente Reagan: o Brasil invadiria o Suriname com apoio norte-americano. O auxílio econômico dos Estados Unidos parecia começar a cobrar o seu preço.

Missão Venturini. Figueiredo com os ministros Octavio Medeiros, Rubem Ludwig e Danilo Venturini. Nascia a "Missão Venturini", programa brasileiro de ajuda ao Suriname. Figueiredo não embarcou na aventura militar, optando pela diplomacia associada à cooperação técnico-econômica. Deu certo.

Diretas Já. O início da mobilização pelas eleições diretas foi tímido, mas a campanha foi ganhando força até se tornar um dos maiores movimentos de massas da história do Brasil. No entanto, nem tudo sairia como planejado. A suposta infiltração comunista nos comícios quase colocou tudo a perder, ameaçando até mesmo o processo de abertura. Justiça seja feita a Figueiredo: no momento em que lhe foi proposto "melar o jogo", o presidente reagiu afirmando que "virada de mesa só comigo morto ou deposto".

Kissinger. O risco de retrocesso alarmou até os norte-americanos. Antigo aliado, os Estados Unidos enviaram ninguém menos que Henry Kissinger para uma conversa reservada com Figueiredo. Não era preciso. Embora tenha se mostrado ambíguo em determinados momentos, o presidente – sob a influência do fantasma do pai – não admitiria qualquer possibilidade de ruptura institucional.

Vozes D'África. Em Dacar, Figueiredo cumprimenta o presidente do Senegal, Abdou Diouf. Em solo africano, o presidente brasileiro, por duas vezes, teria dado declarações favoráveis à campanha pelas diretas. Pela coincidência, suas falas acabaram intituladas de *Vozes D'África*. Após a primeira delas, Figueiredo acabou estampando a capa da revista *Veja* acompanhado pela inscrição "1985, eu sou pelas Diretas". Faltou combinar com o PDS.

Chora Figueiredo, Figueiredo chora. Liderada por políticos e personalidades, a campanha Diretas Já contagiou o país de norte a sul. Com a rejeição da emenda Dante de Oliveira no Congresso Nacional, Figueiredo não chorou como o refrão popular entoara durante as manifestações, mas a hora dele e do regime militar realmente havia chegado.

Colégio Eleitoral. Derrotada a emenda Dante de Oliveira, o sucessor de Figueiredo seria escolhido pela via indireta, por meio de um Colégio Eleitoral. O deputado federal Paulo Maluf e o ministro do Interior Mário Andreazza se digladiariam pela indicação do PDS. Figueiredo, condutor natural do processo, manteria uma postura ambígua até o final. Tancredo agradecia.

Jogo Bruto. Pressentindo a derrota, um abatido Andreazza enrola a bandeira de sua candidatura, momentos antes da divulgação do resultado da convenção do PDS. Um tanto quanto crédulo, esperara ingenuamente por um apoio de Figueiredo que jamais se concretizou. Deixado só, sucumbiu ao rolo compressor malufista. Protagonista nos grandes feitos do regime, morreria amargurado.

Cristão novo. Sarney com Figueiredo, em encontro do partido do governo, e junto a Ulysses e Tancredo, próceres do PMDB. Presidente do PDS, Sarney se desentendera com Figueiredo em função da polêmica consulta prévia às bases partidárias. Rompido com o presidente, o senador maranhense sairia diretamente das hostes governistas para embarcar na candidatura oposicionista. Por uma improvável trapaça do destino, acabaria presidente da República.

Pacto de Minas. Cansado da permanente indecisão do presidente e sem qualquer disposição para apoiar Maluf, o vice Aureliano Chaves se afastaria do partido do governo e, junto com outros pedessistas, rumaria para a candidatura de Tancredo. Nascia a Frente Liberal, uma dissidência do PDS que garantiria os votos necessários para a futura vitória oposicionista.

Maluf, não. Figueiredo confessava ter horror a Maluf, mas mesmo assim não apoiou nenhum candidato na convenção do PDS, abrindo mão de conduzir o próprio processo sucessório. Maluf bateu Andreazza na convenção partidária, mas, sem o apoio do governo, acabou presa fácil para Tancredo Neves no Colégio Eleitoral.

Tancredo *Never*. Congresso Nacional em êxtase celebra a vitória oposicionista no Colégio Eleitoral. Depois de longos 21 anos, uma junta militar e cinco generais presidentes, o poder finalmente retornaria a um civil. Mas, infelizmente, nada sairia como imaginado. Tancredo *Never*, um dos trocadilhos preferidos de Figueiredo, acabara por se transformar em macabra profecia.

Me esqueçam. Figueiredo acena na porta do avião que o levaria de volta ao Rio de Janeiro, em seu adeus a Brasília. Rompido com Sarney, não lhe transmitiria a faixa presidencial, impedindo aquele que poderia ter sido o seu melhor momento, a transmissão do poder novamente a um civil. Em uma de suas mais desajustadas declarações, bateu a porta pedindo que o esquecessem.

Capítulo 16

As frases

Me envaideço de ser grosso

A experiência de Figueiredo como candidato anunciava como seria a sua postura na Presidência, principalmente no que tange às frases e declarações polêmicas que faziam a alegria dos repórteres e sempre geravam manchetes impactantes nos jornais.

Um de seus ditos que ficaram para a posteridade, proferido durante um discurso em Osório, Rio Grande do Sul, em uma confraternização militar ocorrida ainda no período em que era candidato, foi o aparentemente áspero "me envaideço de ser grosso".

A frase, que entrou para a história um tanto quanto dissociada do seu contexto, foi dita da seguinte forma: "Em nunca esconderei do povo da minha terra o que tenho na cabeça. Se isso é grossura, eu me envaideço de ser grosso."[1]

Dita pelo então candidato à Presidência, não repercutiu tanto no dia seguinte, mas a imprensa a divulgou ainda na semana do discurso.

ME ESQUEÇAM – FIGUEIREDO

Talvez a declaração tenha passado despercebida das manchetes do dia seguinte pelo infortúnio ocorrido naquela data.

Durante as comemorações do Dia da Cavalaria, em Osório, quando Figueiredo proferiu o discurso com a tal frase polêmica, houve uma apresentação de militares na qual um tenente e um soldado despencaram de um cabo de aço de cerca de sessenta metros de altura, resultando na morte imediata de um dos militares.

A tragédia, embora tenha causado um mal-estar generalizado, não interrompeu a solenidade, que acabou protocolarmente ao meio-dia.[2] Já a frase, embora tenha passado quase despercebida naquela data, ingressou no rol de frases de Figueiredo que ficaram para a posteridade.

Prefiro o cheiro dos cavalos ao cheiro do povo

A frase não foi exatamente essa, mas passou à história dessa forma.

Ainda era um Figueiredo candidato a presidente, no início do segundo semestre de 1978. Como estratégia para ficar mais conhecido nacionalmente, o então general candidato começou a dar uma série de entrevistas aos meios de comunicação e, principalmente, passou a ter uma relação mais informal com os repórteres, falando com a imprensa enquanto se locomovia ou na entrada e saída de eventos aos quais comparecia.

Nesse clima informal, as conversas tomavam rumos imprevisíveis e, muitas vezes, frases ou expressões específicas repercutiam enormemente, pois o destaque nos jornais do dia seguinte acabava por se concentrar na declaração em si (dado o seu caráter incomum ou politicamente incorreto) e não a todo o diálogo travado.

Em uma dessas ocasiões, após uma solenidade em Araçatuba, interior de São Paulo, Figueiredo foi indagado por um dos repórteres se "já estava se desacostumando com o quartel", ao que ele respondeu: "Uma coisa não tem nada a ver com a outra." O diálogo, então,

AS FRASES

evoluiu para a famosa frase, pois o repórter perguntou: "E o cheiro do povo, presidente?" Figueiredo replicou: "Para mim era melhor o cheiro do cavalo, o cheirinho do cavalo era melhor."[3]

Logo em seguida, assessores do então candidato afirmaram ao repórter que Figueiredo na realidade estava com vergonha de confessar que tinha gostado desse contato mais próximo com as pessoas que passara a experimentar durante a campanha. Após essas ressalvas, ele mesmo tentou esclarecer o que dissera, a fim de evitar a polêmica que se anunciava: "Não estou dizendo que não gosto [do povo], mas não posso desligar minha vida [de soldado]."[4]

Para mal dos pecados de Figueiredo, a frase que passou à história foi "prefiro o cheiro dos cavalos ao cheiro do povo". Ele se revelou surpreso ao ser informado de que provavelmente os jornais do dia seguinte publicariam suas declarações, embora tenha afirmado que não negaria o que dissera.[5]

Talvez fosse melhor ter reformulado a frase, esclarecendo de forma precisa o que realmente pretendia dizer. Não o fez. Atentando para a gravidade e a potencial repercussão do que tinha sido dito por Figueiredo, seus assessores informalmente insinuaram que o melhor seria que a polêmica fosse minimizada.[6]

Não foi possível. Aquele tipo de declaração, sobretudo dita por um aspirante à Presidência da República, obviamente repercutiria bastante nos principais jornais do dia seguinte. E assim ocorreu, inclusive em nível nacional.[7]

Figueiredo se revelou incomodado com a imprensa e evitou dar entrevistas nos dias que se seguiram ao episódio. Em sua visão, a culpa pelo desgaste político que vinha sofrendo era da própria imprensa e não sua, pois eram os jornalistas que não haviam entendido o que ele quis dizer e por isso distorceram a declaração. Seria a primeira de uma longa série de mal-entendidos que o futuro presidente teria com a imprensa ao longo dos seus seis anos no cargo.

A sua mágoa foi tamanha que só dois meses depois, em uma viagem a Maceió, Alagoas, Figueiredo afirmou ter conseguido superar o episódio. Naquela oportunidade, até satirizou a própria declaração, dizendo que o que realmente não gostava era "do cheiro da mentira, da falsidade, da meia-verdade".[8]

Justiça seja feita. Como é de se supor, não foi uma resposta a um questionamento sobre a gradação de suas predileções. Por outro lado, também não houve distorção em relação ao que o presidente disse, nem é possível afirmar que uma eventual descontextualização tenha retirado da frase seu sentido original.

No entanto, o *entourage* presidencial não pensava dessa forma e resolveu testar os limites semânticos da língua portuguesa.

Coube, assim, ao deputado Alcides Franciscato defender o futuro presidente: "O general João Baptista está triste com vocês por distorcerem um diálogo que manteve com um repórter em Araçatuba. O general quis dizer na oportunidade que se fosse para escolher entre ser presidente da República e continuar convivendo com os cavalos, preferiria o segundo."[9]

Pobre Franciscato. À época se autointitulava "dileto amigo"[10] do então candidato. Embora se considerasse amigo, era melhor não esperar de Figueiredo nenhuma espécie de gratidão. Já na condição de presidente, ele seria impiedoso com o deputado em um dos episódios mais polêmicos ocorridos durante o seu mandato.

Franciscato não perderia por esperar.

Dava um tiro no coco

A ONU escolheu 1979 como Ano Internacional da Criança. Na linha definida no início do mandato presidencial de tentar construir a imagem de um presidente próximo ao povo, foi organizando um encontro entre Figueiredo e algumas crianças de cidades-satélites de Brasília. Nesse evento, havia um ingrediente que a princípio poderia passar despercebido, mas que não poderia ser considerado um mero detalhe: as crianças poderiam fazer perguntas ao presidente.

AS FRASES

Essa pequena minúcia tornava o encontro completamente imprevisível. Tudo poderia ocorrer naquela manhã.

Em realidade, era uma iniciativa despretensiosa e condizente com aquele início de mandato em que se buscava caracterizar Figueiredo simplesmente como "João", um presidente simples, afável e simpático às crianças.

Aparentemente, a ocasião tinha tudo para ser um encontro leve e tranquilo. O presidente deveria interagir com as crianças e responder às eventuais perguntas em um tom lúdico e bem-humorado.

Faltou combinar com as crianças. E também com o presidente.

As crianças fugiam do questionário anteriormente preparado pelos professores e começavam a fazer perguntas que melhor lhes convinham, muitas vezes pautadas pela sua compreensão infantil da vida (a maioria das crianças participantes tinha entre 8 e 12 anos). Assim, o bate-papo ganhou contornos inesperados e as perguntas começaram a ter respostas no mínimo curiosas, sobretudo levando em consideração a pouca idade do público com o qual Figueiredo estava interagindo.

A primeira pergunta que recebeu uma resposta pouco usual para a faixa etária presente ao encontro foi sobre como o presidente poderia baixar o preço dos alimentos. Figueiredo, sem titubear, respondeu de pronto: "Pegar todos os intermediários, pôr na cadeia e vender direto pra vocês. Aí baixa o custo de vida."[11]

A resposta até tinha a sua lógica. O problema era a idade dos interlocutores. Muito provavelmente, a maioria não entendeu ao certo o que Figueiredo quis dizer. Às vezes, a ignorância é uma bênção. Em poucos minutos, o tempo revelaria que seria muito melhor que continuassem sem compreender bem as respostas dadas pelo presidente.

Assim, ainda haveria mais. Ao ser indagado sobre por que existe greve, Figueiredo foi direto: "Ora, porque pagam pouco aos trabalhadores, eles ficam de saco cheio e param de trabalhar."[12] O encontro fluía bem, apesar das respostas um tanto quanto inapropriadas para crianças daquela idade, quando veio a derradeira pergunta.

ME ESQUEÇAM – FIGUEIREDO

Um menino com o rosto coberto de sardas, e aparentando ter no máximo 10 anos, indagou de forma ingênua: "Presidente, como o senhor se sentiria se fosse criança e se o seu pai ganhasse salário mínimo?" A resposta foi direta: "Daria um tiro no coco."[13] O presidente, em ato contínuo, até tentou corrigir, afirmando que "ajudaria o pai", mas já era tarde. A declaração, um tanto quanto agressiva e altamente inapropriada, dado que a pergunta havia sido feita por uma criança, jamais seria esquecida.

O encontro terminou em clima ameno, com as crianças todas juntas posando para uma foto, com o presidente espremido no meio delas, momento no qual todos quase caíram no chão.

O jornal *Folha de S.Paulo* noticiou no dia seguinte: "Crianças apertam Figueiredo."[14] Não fica claro se foi pelo aperto durante a foto ou pelo "aperto" devido à falta de sensibilidade e tato do presidente ao responder a algumas das perguntas formuladas pelas crianças.

Provavelmente pela segunda razão.

Cavalo e mulher a gente só sabe se é bom depois que monta

Uma de suas mais famosas frases, relacionando "cavalos e mulheres" de uma forma politicamente incorreta e nada polida, foi dita em uma rápida entrevista antes de Figueiredo ser recebido na Editora Abril para um almoço reservado junto à diretoria.

A frase que passou à história, "Cavalo e mulher a gente só sabe se é bom depois que monta",[15] tem algumas variações, mas sempre mantendo essa essência.

O presidente fora perguntado sobre de qual dos três cavalos que recebera de presente em uma recente viagem à Argentina havia gostado mais. A resposta foi, mais uma vez, surpreendente e inusitada: "Não sei ainda. Cavalo e mulher, só depois de montar ou casar."[16]

A resposta gerou algum ruído. A coluna "Cotidiano", da *Folha de S.Paulo,* comentou a declaração em termos pouco elogiosos e fez uma comparação com a liberdade de alguns poucos e a falta de liberdade

AS FRASES

de muitos naquele momento no Brasil. Ao final, exortava manifestações da sociedade civil, especulando sobre eventuais protestos de organizações feministas ou de proteção aos animais.[17]

Deu em nada.

Não foi um episódio isolado de forte cunho machista protagonizado por Figueiredo — esse parecia ser o horizonte do presidente, sua forma de olhar e interpretar o mundo em que vivia.

Por exemplo, ao comentar com os repórteres sobre atividades físicas que gostava de praticar, Figueiredo confidenciou que uma delas era nadar na enseada de Botafogo. Contudo, em uma prova de travessia da baía de Guanabara, acabou superado por Maria Lenk, primeira brasileira a estabelecer um recorde mundial na natação. Ele se saiu com a seguinte pérola: "Quando perdi para uma mulher, vi que precisa trocar de esporte."[18]

Em outra ocasião, ao ser fotografado junto a um grupo de mulheres da periferia de São Paulo, alguém disse ao presidente: "Aí, general, o senhor está numa boa, hein?" Ele respondeu: "Não, eu estou com as boas."[19]

Essas e outras tiradas fomentavam sua fama de machista, mas Figueiredo não parecia se incomodar com isso — na verdade, parecia gostar de cultivá-la.

Por outro lado, foi durante o governo Figueiredo que uma mulher veio a ocupar pela primeira vez um ministério na história do Brasil.[20] A professora paulista Ester Figueiredo Ferraz[21] assumiria o Ministério da Educação e Cultura em agosto de 1982, em um acontecimento cujo ineditismo e apelo simbólico marcariam positivamente a passagem de João Figueiredo como principal mandatário do país.

Mais uma dualidade a marcar a biografia do presidente.

Coração novo, mulher nova

A frase foi dita durante a recuperação do presidente na clínica Cleveland, nos Estados Unidos, onde Figueiredo se reabilitava de um enfarte no miocárdio.

Durante a sua estada no exterior para tratamento médico, o presidente soltou algumas de suas frases mais inusitadas, o que demonstrava que, mesmo convalescente, conservava ao menos o bom humor. Ao ser perguntado sobre política, respondeu secamente "não penso em coisas ruins". Já sobre a sua saúde após o enfarte, não titubeou: "Prefiro ter um enfarte por semana em troca das trombadas que tenho levado."[22]

Contudo, a frase mais lembrada dessa temporada nos Estados Unidos foi a dita a um grupo de estudantes do Rio de Janeiro, bolsistas da Cleveland State University, convidados a visitar o presidente durante sua recuperação.

Assim, quando um dos presentes enalteceu a figura da primeira--dama, dona Dulce, Figueiredo não resistiu e soltou: "Pois é, mas agora que estou de coração novo preciso de uma mulher nova."[23]

Convalescente, recuperando-se de um delicado enfarte, mas se mantendo fiel ao seu velho estilo.

Assim era Figueiredo.

O Brasil é um pinto que colocou ovo de avestruz

A origem dessa frase tão inusitada só poderia mesmo ser a delicada situação da economia brasileira durante o governo Figueiredo. Amante da matemática e estudando economia de forma autodidata, não demorou muito tempo para Figueiredo perceber o abismo econômico no qual o Brasil estava encalacrado.

Após sofrer muita pressão, o ministro Mário Henrique Simonsen solicitou em caráter irrevogável sua exoneração do cargo de ministro do Planejamento. Figueiredo, após um breve período de indefinição no qual Golbery do Couto e Silva acumulou os ministérios do Planejamento e do Gabinete Civil, optou por deslocar Delfim Netto da Agricultura para a pasta do Planejamento. Apostava, assim, na receita que dera no governo Médici, durante o famoso "milagre econômico" brasileiro.

AS FRASES

Mas agora os tempos eram outros e as circunstâncias econômicas, completamente diferentes se comparadas à década de 1970. Ciente desse novo quadro que Delfim teria de enfrentar, Figueiredo, ao convidá-lo para o cargo, teria dito: "O Brasil é um pinto que colocou um ovo de avestruz e está todo arrebentado. A sua tarefa é costurar o bicho."[24, 25]

A resposta de Delfim foi singela: "Vou costurar."[26] Embora rude, a frase representava, por meio de uma figura bizarramente concebida, a triste realidade da economia brasileira e ao mesmo tempo deixava claro que o próprio presidente Figueiredo tinha plena consciência da gravidade da situação.

As razões pelas quais Figueiredo não impôs um ajuste na economia naquele momento inicial permanecerão para sempre uma incógnita. Ainda era possível naquele agosto de 1979 adotar medidas de austeridade a fim de atenuar os efeitos da crise que inevitavelmente chegaria, tornando-a mais branda quando atingisse o país. Porém, nada nesse sentido foi feito, e esticou-se "a corda" o máximo possível, até que no último trimestre de 1982 o país estava completamente quebrado.

O "freio de arrumação" não foi realizado quando ainda era possível, e as negociações com o FMI foram iniciadas em um momento em que o país já não tinha nenhuma alternativa, a não ser se submeter às recessivas exigências do Fundo.

Talvez se a fictícia ave a que o presidente Figueiredo aludira em linguagem um tanto quanto vulgar tivesse sido costurada de forma emergencial ainda em 1979, a crise de 1982 pudesse ter sido mais amena para a economia brasileira. Em vez disso, optou-se por insistir naquilo que de antemão se sabia que não daria certo: deixar que o pinto continuasse a colocar outros ovos de avestruz.

O resultado não poderia ser outro. Quando tentaram "costurá-lo", nada mais era possível fazer.

Entretanto, no final das contas, quem pagaria o pato seria o povo brasileiro, que teria que conviver naqueles difíceis anos com recessão, arrocho salarial e desemprego.

Isso até a minha neta faz

Em sua última semana como presidente da República, Figueiredo resolveu comparecer a uma *vernissage* em Brasília. Solto e com o espírito leve, o presidente resolveu falar de tudo um pouco, e de uma maneira bem espontânea.

Prenúncio de que algo de diferente aconteceria.

Naquele dia, Figueiredo estava com a língua afiada. Não poupou críticas a ninguém: empresários, políticos, artistas e até a si próprio.

A quatro dias da transmissão do cargo, ele estava estranhamente bem-humorado e bastante comunicativo no trato com a imprensa. Iniciando o contato com os jornalistas, afirmou que a partir da sexta-feira seguinte (data de transmissão do cargo) só falaria de política com amigos, mas fez uma advertência: "Sou brasileiro e meto o pau. Estou como jogador de polo. Sai da frente que lá vem bola."[27]

Ao ser perguntado sobre suas preferências musicais, Figueiredo afirmou que a música clássica era a sua predileção. Confessou que seus músicos preferidos eram Bach e Debussy. A conversa em tom informal evoluiu e, ao ser indagado especificamente sobre se gostava de música popular brasileira, Figueiredo não perdoou: "Eu gostava muito da primeira fase daquele menino... o Chico [Buarque]. Gostava no tempo da 'Banda'. Mas depois ele passou a ser contestador para ganhar dinheiro, aí..."[28]

Ao saber das declarações do presidente, Chico Buarque não perdeu tempo e optou por responder aos comentários por meio da imprensa com a sua característica ironia fina: "O Figueiredo não gosta de mim, mas os cavalos dele gostam."[29] Era uma alusão a sua música "Jorge Maravilha" assinada sob o pseudônimo "Julinho de Adelaide", em 1974.

O compositor aparentava não ter levado na esportiva os comentários de Figueiredo e, assim, subiu o tom das críticas em sua resposta, mantendo seu conhecido posicionamento contrário ao regime que estava na iminência de terminar: "[...] há vinte anos pago impostos compulsoriamente para um governo que ninguém escolheu e que,

AS FRASES

quando Figueiredo era chefe do SNI, impunha até as suas preferências musicais."[30]

Uma crítica tão contundente ao presidente da República seria inimaginável em outros tempos. Mas naquele mês de março de 1985, a meros quatro dias do início da Nova República, os novos ventos democráticos começavam a dar o ar de sua graça.

Eram realmente novos tempos. Agora, era bater e levar.

Aliás, apenas os cavalos e a matemática foram dignos de elogios. Era com eles que Figueiredo confessava que iria se entreter após deixar a Presidência da República.

Sobre si e o próprio governo, foi lacônico: "Dizem que eu fiz um desgoverno."[31] Dona Dulce engrossava o coro dos descontentes, enfatizando o sacrifício que foi para Figueiredo ocupar a Presidência da República por seis anos: "Meu marido é um militar. O sonho dele era chegar a general de quatro estrelas. E chegou. Enquanto estava no SNI ou na chefia da Casa Militar, fazia parte da carreira dele. Mas a Presidência ele nunca quis. Para nós foi um sacrifício. Não desejo a ninguém o que nós passamos."[32]

Por fim, nem a *vernissage* foi poupada. Ao contemplar um quadro do renomado pintor paulista Martins de Porangaba, não resistiu à mordacidade que a relevância do cargo que exercia sempre amplificou e fez mais um de seus comentários que invariavelmente iam parar nos jornais do dia seguinte: "Isso até minha neta faz."[33]

No final do governo de Figueiredo, sobrava até para a arte abstrata.

Estou convencido de que fui uma besta

Em meados de 1993, o nome do general Figueiredo voltou a ser cogitado como uma das possibilidades para a disputa das eleições presidenciais que ocorreriam no ano seguinte. Seus amigos, embasados em uma recente pesquisa na qual o ex-presidente era lembrado de forma positiva pela população, flertavam com a ideia. Daí para começarem a circular especulações na imprensa foi um passo.

ME ESQUEÇAM – FIGUEIREDO

Naturalmente, quem não gostou nada foi o próprio Figueiredo, que desautorizava quaisquer articulações nesse sentido. A sua contrariedade não se resumia apenas a isso. Pelo contrário. Figueiredo aparentava ficar furioso quando tocavam no assunto — principalmente se fosse algum repórter a abordar a viabilidade de uma eventual candidatura nas próximas eleições. Simplesmente detestava a mais leve menção a essa possibilidade por parte da imprensa.

Foi nesse cenário que o ex-presidente desembarcou em São Paulo, a princípio para uma simples consulta ao dentista. Especulações de todo tipo davam conta do contrário: Figueiredo estaria na cidade porque pretendia dar início pessoalmente às articulações para o seu retorno à Presidência.

Assim, ainda no saguão do aeroporto, foi abordado por alguns jornalistas. Bem ao seu estilo, já disparou suas animosidades: "Se eu for comentar qualquer coisa, vou dar coice."[34] Prenúncio de que a visita de Figueiredo a São Paulo seria agitada e renderia novas manchetes aos jornais.

Mas o melhor (ou o pior) ainda estava por vir.

Parecendo desconhecer a própria personalidade, Figueiredo resolveu dar uma rápida entrevista para *O Globo*, ainda nas dependências do aeroporto. Falaria de improviso e com um pouco de pressa. Assim, cunharia mais uma frase para a sua já extensa galeria de ditos famosos e desajustados.

Ao ser perguntado se não se sentia tentado a voltar à Presidência da República, ele respondeu: "Estou convencido de que fui uma besta, sabe? Tem o Ali Babá e os 40 ladrões, e aqui o Ali Babá e os 140 milhões. Sabe de uma coisa? Tem uma nuvem negra lá em cima me esperando. Aqui embaixo está muito chato."[35]

Poucas vezes o agora ex-presidente conseguiu ser tão hostil de forma tão gratuita. A declaração pouco dizia, apesar dos termos estridentes e espetaculosos. Quem eram os ladrões? Não explicava. Por que a alusão aos 140 milhões? Tampouco esclarecia. Ao final, terminou de forma um tanto quanto mórbida.

Lamentável.

Capítulo 17
Encontros e desencontros

Na Bahia de Todos os Santos

A primeira visita do presidente Figueiredo a Salvador ocorreu no início de seu mandato. Ainda eram tempos da transformação que a máquina publicitária buscava impingir à personalidade de Figueiredo, suavizando a sua sisuda imagem pública. Tornar a pouco simpática figura do general-presidente em algo mais leve e afável ao grande público era a tônica daquele início de mandato.

Assim, a primeira visita oficial do presidente ao estado da Bahia seguiu rigidamente essa estratégia. Para começar, foram espalhados cerca de sessenta outdoors por toda a cidade de Salvador com os dizeres: "João, o presidente que o povo batizou",[1] e ainda foi criada uma espécie de jingle em ritmo de frevo denominado "João, o presidente da gente",[2] que seria insistentemente tocado durante toda a visita.

Tratava-se de um claro desdobramento de uma das principais iniciativas do marketing pessoal do presidente, visando melhorar a sua imagem. Conhecido durante a carreira militar como João Baptista

ME ESQUEÇAM – FIGUEIREDO

Figueiredo, durante os anos em que esteve à frente da Presidência da República (pelo menos em seu período inicial) o presidente deveria ser chamado apenas de João, ou, quando as circunstâncias impusessem maior formalismo, João Figueiredo.

Aqueles outdoors eram apenas o prenúncio do que viria mais adiante durante a visita, realizada no dia de São Cosme e Damião, data religiosa muito comemorada na Bahia. Em realidade, a visita presidencial foi organizada como uma grande festa popular, com direito a trios elétricos, caravanas vindas do interior do estado, quilos de papel picado atirados do alto dos prédios durante o deslocamento do comboio presidencial e até uma comitiva de duzentas baianas devidamente paramentadas para receber o presidente na igreja Nosso Senhor do Bonfim.

Tudo havia sido organizado nos mínimos detalhes para deixar em Figueiredo uma boa impressão da cidade. Até os tradicionais bambuzais situados na saída do aeroporto de Salvador ganharam uma iluminação especial, com holofotes instalados no dia anterior à chegada do presidente. Para completar o ar comemorativo, foi providenciado um imenso "caruru" com mais de 40 mil quiabos, a ser servido à população durante a visita do presidente à favela de Alagados.

A comitiva presidencial, que contava com vários ministros além de outras autoridades civis e militares, tinha uma agenda intensa nas quase dez horas em que o presidente permaneceria na cidade. Pela parte da manhã, Figueiredo participaria da inauguração de um terminal no porto de Aratu e depois compareceria a um almoço no Palácio de Ondina, oferecido pelo governador Antônio Carlos Magalhães. Já na parte da tarde, a agenda era ainda mais intensa, com desfile de tropas em revista, visitas ao comércio local, à igreja do Bonfim e ao hospital de irmã Dulce, e, por fim, ainda haveria uma visita à favela de Alagados, em que se planejava um contato bem próximo do presidente com populares.

Em meio à agenda repleta de compromissos, um dos fatos que mais chamaram a atenção na visita de Figueiredo a Salvador foram

ENCONTROS E DESENCONTROS

os vários encontros com autoridades de distintas religiões, o que evidenciava a diversidade religiosa do Brasil, especialmente acentuada na Bahia.

Durante o almoço no Palácio de Ondina, onde foram servidos pratos típicos da culinária baiana, como frigideira de camarão e vatapá, começou a maratona de encontros com religiosos que Figueiredo teria naquele dia. Naquela oportunidade, o presidente aproveitou para conversar com a famosa Mãe Olga do Alaketu, ialorixá de um dos principais terreiros de Candomblé de Salvador. Não foi um encontro casual, pois o presidente já havia manifestado anteriormente o desejo de encontrá-la brevemente, e o seu pedido acabou atendido pelo governador Antônio Carlos Magalhães, que a conhecia.

À tarde, na igreja do Bonfim, Figueiredo teria mais um encontro de cunho religioso. Recepcionado por uma pequena multidão estimada em 20 mil pessoas, o presidente ouviu um improvisado sermão de dom Avelar Brandão Vilela, arcebispo de Salvador, que o alertara sobre as preocupações da Igreja de cunho social, como a brutal concentração de renda existente no Brasil e a questão do aumento do custo de vida atrelada à perda do poder de compra dos salários, temas que afetavam bastante a classe trabalhadora.

Apesar do sermão ter sido proferido em uma igreja por uma autoridade religiosa, abordava questões essencialmente mundanas e devidamente atualizadas ao momento inicial do mandato de Figueiredo, mostrando que o sacerdote estava bastante antenado ao mundo ao seu redor.

Apesar do discurso sóbrio e respeitoso, dom Avelar não se furtou em advertir diretamente o presidente acerca de sua acentuada responsabilidade como principal mandatário do país. Em certo momento, pediu a Figueiredo que não encarasse a visita ao templo religioso como "apenas o sabor de um programa turístico"[3] e que fizesse "uma opção preferencial pelos pobres".[4]

Recado curto e direto.

Ainda na igreja do Bonfim, Figueiredo se emocionou com a calorosa recepção popular, e pela primeira vez foi às lágrimas naquele dia.

Se em 1979 a proximidade com o povo emocionou o presidente, alguns anos após deixar o governo, a sua recordação sobre aqueles momentos seria bem diferente. Ao relembrar o episódio em um churrasco no interior do Rio de Janeiro, em 1987, o então ex-presidente teceu alguns comentários pejorativos em relação à recepção que teve por parte do povo baiano em sua visita à cidade na qualidade de presidente da República. Referindo-se ao odor das pessoas que o receberam na igreja do Bonfim e utilizando o termo "crioulo", Figueiredo fez observações preconceituosas que não passaram despercebidas pela opinião pública.

Esses comentários repercutiram de forma bastante negativa quando revelados pela imprensa a todo o Brasil, já no ano 2000 (poucos dias após a morte do ex-presidente, uma fita com várias declarações polêmicas foi divulgada pelo programa dominical *Fantástico*, exibido pela Rede Globo).[5]

Outro dos seus encontros naquela tarde foi no hospital de Santo Antônio, obra social de grande relevância para a população mais desassistida da capital baiana. O paupérrimo hospital era mantido e dirigido por irmã Dulce, que após o encontro declarou que o presidente muito havia se interessado por sua obra social: "[Figueiredo] Não prometeu nenhuma ajuda, mas se interessou muito pelo trabalho que desenvolvemos e perguntou sobre as nossas dificuldades. Pediu que fizéssemos um levantamento das dificuldades do hospital, para mandar para ele em Brasília. Acho que isso significa que está disposto a nos ajudar."[6]

Novamente grande aglomeração de populares acompanhou a visita, e o presidente chegou a perder o seu relógio em meio à multidão, que tentava se aproximar dele nos corredores de um superlotado hospital.[7]

Por fim, visitou a favela de Alagados, à época considerada a maior favela do país, cuja população era estimada em cerca de 120 mil pessoas, boa parte delas morando sobre palafitas. Esse compromisso, muito provavelmente pela degradante miséria na qual aquela comunidade vivia, tocou fundo a alma do presidente.

ENCONTROS E DESENCONTROS

Em breve discurso realizado de improviso, Figueiredo, inspirado pela mais profunda emoção, foi às lágrimas ao se referir à existência de pessoas vivendo daquela forma e prometeu que até o final do seu governo aquela triste realidade seria modificada. Já a propaganda oficial do governador Antônio Carlos Magalhães dava o tom populista que marcou aquela visita: "Canal de Alagados, o fim de um passado de lama."[8]

Ainda no local, Figueiredo, em uma pouco inspirada tentativa de elogiar a população da Bahia, louvou "a alegria do povo, mesmo quando está na miséria".[9] Não foi uma frase propriamente bem empregada diante da ocasião, mas acabou por passar despercebida e não entrou para o histórico de gafes cometidas pelo presidente em suas desajustadas declarações públicas.

Aquela visita representou a maior consagração popular recebida pelo governo durante os seis primeiros meses de mandato de Figueiredo. E seria uma das maiores. Naquele momento, o presidente alcançou um dos seus mais altos índices de popularidade, cerca de 57% de aprovação popular.[10]

É certo que ainda se tratava do começo do governo, mas aquele início parecia muito promissor. Não havia dúvida de que realmente era um excelente começo. Pena que se tratou de uma miragem. Os longos cinco anos e meio de mandato que ainda restavam se encarregariam de desconstruir definitivamente a imagem inicialmente positiva.

A sua aprovação popular em abril de 1985 (mês em que deixou o governo) ficara em 25%,[11] despencando a menos da metade em relação à aprovação daquele enganoso mês de setembro de 1979.

Tudo não passou de uma doce ilusão inicial.

A garotinha que "desafiou" o presidente

O presidente Figueiredo teve alguns encontros com crianças durante o seu mandato. Talvez fosse o momento em que a sua imagem de

ME ESQUEÇAM – FIGUEIREDO

"duro" arrefecesse e o seu coração pudesse revelar a sua faceta mais carinhosa.

Um dos encontros envolvendo crianças que obteve maior repercussão durante o governo Figueiredo não teve nenhuma ingerência do cerimonial da Presidência da República, sendo obra do mais puro acaso.

Assim, o inusitado encontro com a menina Rachel Clemens, ao final de uma cerimônia no Palácio da Liberdade em Belo Horizonte, em setembro de 1979, ocorreu de forma totalmente involuntária e despretensiosa.

Dessa vez, a repercussão não ocorreu por conta de nenhuma declaração polêmica de Figueiredo, mas devido a uma foto sua em que estendia a mão para Rachel, que se recusou a fazer o mesmo, deixando-o no vazio, sem cumprimentá-lo. A criança e o presidente acabaram protagonizando uma cena involuntariamente constrangedora e inusitada ao mesmo tempo.

A menina, instigada por vários adultos ao seu redor a dar a mão ao presidente, não o fez. Em entrevista ao *Jornal da Globo*, muitos anos após o episódio, ela revelou que não havia razão política subjacente àquele ato. Sua contrariedade se deveu ao fato de se sentir forçada a cumprimentá-lo pelos insistentes apelos dos adultos que a rodeavam.

Uma mera teimosia de criança acabou por se transformar em um símbolo involuntário da resistência à ditadura. Assim, o registro daquele momento insólito, de autoria do fotógrafo Guinaldo Nicolaevsky, virou um retrato do desgaste do regime militar, já em seu último ciclo presidencial.

Em seu obituário[12] pode ser encontrada a íntegra do rápido diálogo que a então menina de 5 anos travou com o presidente: 'você sabia que vai almoçar com o meu pai hoje?', perguntou ela. 'Ele come muito?', devolveu Figueiredo. Diante da resposta positiva, disse o presidente: 'Então não vai sobrar nada pra mim.' A conversa se encerrou com um 'Não vai mesmo' de Rachel, que virou as costas e foi ao encontro da mãe, que a levaria à escola."[13]

ENCONTROS E DESENCONTROS

Não houve nada de intencional naquele ato, apenas a mera teimosia de uma criança que não gostava de ser instigada a fazer algo que contrariava a sua vontade. Contudo, o simbolismo daquela imagem na qual uma garotinha "desafiava" o general-presidente repercutiu bastante, sobretudo nas agências internacionais, e se tornou uma das cem fotos mais influentes do século XX.[14]

Se a garotinha não tinha noção do que estava acontecendo, o mesmo não se pode dizer do fotógrafo Guinaldo Nicolaevsky, que com muita perspicácia e uma boa dose de coragem registrou aquele momento pouco usual ante a hesitação de outros profissionais de imprensa que também acompanhavam a cena.

Na época, chegou a haver relatos de que a segurança do presidente tentou confiscar sua câmera, mas Guinaldo teria sido mais rápido e conseguido manter o equipamento consigo, preservando para a posteridade a imagem que melhor refletiu o ocaso da ditadura militar.

Para a bióloga Bertha Nicolaevsky, filha do fotógrafo (falecido em 2009 sem realizar o desejo de conhecer a famosa garotinha que protagonizou aquela imagem, pois Rachel falecera em 2005 sem que o almejado encontro pudesse ter sido realizado), a inexistência de um ato político por trás da foto não diminui o simbolismo daquele registro nem a sua importância histórica:

> Incrível como uma foto pode assumir um significado político, muito mais complexo que o contexto que permitiu o registro. Essa foto, de uma atitude inocente de uma criança em negar um cumprimento por "birra", já foi utilizada até na Semana Contra a Anistia aos Torturadores na USP. Essa leitura que ressignifica a história da foto é a consequência do sentimento existente em relação a esse período de censura e extrema violência praticadas pelo Estado durante a ditadura militar.[15]

Muitas vezes, uma imagem vale mais que mil palavras.

A bênção, João de Deus

Em junho de 1980, o papa João Paulo II estava perto de alcançar a marca de dois anos de pontificado. Levando-se em consideração que o papado de seu antecessor havia durado ínfimos 33 dias, àquela altura seu pontificado já parecia uma longa jornada. Tudo por conta da enorme vitalidade de João Paulo II, que se mostrava decidido a aproveitar ao máximo o seu tempo no principal cargo clerical. Em dezenove meses à frente da Igreja católica, o sumo pontífice se empenhava com ardor na reconstrução da fé e das próprias instituições católicas, em um papado que buscava reaproximar os fiéis da Igreja.

Carismático e viajando pelo mundo a envergar a bandeira da liberdade, em pouco tempo de pontificado João Paulo II já havia se tornado o líder mundial mais admirado em todo o mundo. Suas aparições públicas arrastavam verdadeiras multidões de fiéis e o seu discurso social fortemente identificado com a defesa dos direitos humanos despertava grande atenção por parte da mídia.

Foi nesse clima que, em meados de 1980, o papa decidiu viajar ao Brasil, em visita oficial programada para durar doze dias. Seria a primeira visita de um papa ao maior país católico do mundo.

A declaração de Leonel Brizola, que recentemente havia retornado do exílio, refletia com perfeição a grandiosidade daquele momento: "Nunca tivemos em nossa história nada sequer parecido. É um acontecimento transcendental, um gigantesco movimento religioso que não vai na direção do autoritarismo."[16] A revista *Veja* parecia concordar com o velho caudilho ao afirmar que "jamais, em todos os 480 anos de história do Brasil, houve visitante que se possa comparar, perante as massas, a João Paulo II".[17]

Cercado de enorme expectativa, o papa desembarcou em Brasília em uma nublada manhã de terça-feira. Seu primeiro ato foi justamente aquele que mais marcou o início de seu pontificado: ao descer do avião e pisar pela primeira vez no país, João Paulo II se abaixou e beijou o solo brasileiro, seguindo a tradição de suas viagens ante-

ENCONTROS E DESENCONTROS

riores, em imagem que emocionou o público que acompanhava o desembarque pela televisão.

O pontífice foi recebido pelo presidente Figueiredo no próprio aeroporto de Brasília, onde os dois mantiveram um rápido primeiro contato na sala reservada às autoridades. Nessa conversa inicial, Figueiredo relatou brevemente ao religioso os principais pontos da política de abertura do regime capitaneada por seu governo e foi encorajado pelo pontífice a continuar na direção pretendida.

Falando um português perfeito e com quase nenhum sotaque, João Paulo II trazia em sua bagagem uma pauta ambiciosa. Justiça social, liberdade sindical, reforma agrária, direitos humanos e educação sexual eram alguns dos temas que o papa pretendia abordar durante a sua estada no país. O pontífice não se furtaria a enfrentar assuntos considerados polêmicos, sobretudo para aquele início de década de 1980, no qual vários dos temas abordados pelo papa ainda eram considerados tabus por boa parte da sociedade brasileira.

O segundo encontro entre o presidente e o papa ocorreu no Palácio do Planalto. Em clima de forte comoção popular, o parlatório foi utilizado pela primeira vez desde a conquista do tricampeonato mundial de futebol pela seleção brasileira, ainda nos tempos do presidente Emílio Médici. Em um dia marcado pela maior aglomeração de pessoas da história da capital federal, Figueiredo fez uma bonita saudação ao pontífice e foi retribuído com uma saudação ainda mais amistosa por parte de João Paulo II: "Viva ao Brasil. Viva ao senhor presidente do Brasil."[18]

Após as saudações, o papa e o presidente ainda teriam uma audiência privada na qual discutiriam os desafios e dilemas do mundo contemporâneo.

A audiência entre os dois líderes contou com alguns acontecimentos inusitados. A começar pela disputa pela água que havia restado no copo servido ao papa e que foi objeto de cobiça por parte de familiares do presidente e outras pessoas que aguardavam o final do encontro. Com o impasse firmado, coube ao próprio Figueiredo decidir a questão, afirmando que a água deveria ficar com um de seus ajudantes de ordens.

No entanto, o fato mais insólito acabou por ser revelado pelo próprio Figueiredo. Embora fontes ligadas ao governo tenham afirmado à imprensa que o presidente considerara "agradabilíssimo"[19] o encontro com o papa, ao entrar no carro oficial após a audiência Figueiredo aparentava estar contrafeito e narrou com sinceridade o melancólico final de sua conversa com João Paulo II: "Pois é, quarenta minutos de conversa e o papa me diz que pouco entendeu o meu português."[20]

Se pouco entendeu Figueiredo durante a conversa, o fato é que o papa encantou a população brasileira ao longo de sua estada no país. O pontífice visitou cerca de treze cidades em apenas doze dias, em uma verdadeira maratona na qual percorreu cerca de 30 mil quilômetros.

Aquela visita também ficaria marcada pela canção "A bênção, João de Deus", de autoria do maestro Moacyr Maciel e do compositor Péricles Barros, criada especialmente para a primeira visita de João Paulo II ao Brasil. Entoada por multidões, a música conseguiu o raro feito de transcender o âmbito religioso e se tornar até mesmo cântico de torcida de futebol.

A torcida do Fluminense passou a cantar a música nas arquibancadas do Maracanã durante a final do Campeonato Carioca, realizada alguns meses depois da visita do pontífice.[21] O Fluminense, que não era considerado favorito naquela disputa, acabou campeão, e muitos até hoje creditam o improvável título à alusão da torcida tricolor ao carismático papa.

Superstições futebolísticas à parte, João Paulo II acabaria para sempre lembrado no Brasil como "João de Deus". Em 2010, cinco anos após seu falecimento, o Fluminense o homenagearia como um de seus padroeiros.

Já o presidente Figueiredo, que inicialmente havia cogitado participar da despedida do papa, acabou optando por não viajar a Manaus, enviando por seu chanceler Saraiva Guerreiro uma mensagem pessoal de agradecimento ao pontífice, retribuída naquele mesmo dia por

ENCONTROS E DESENCONTROS

meio de radiograma enviado do avião que o transportava de volta ao Vaticano.

Ao final da visita, Figueiredo aparentava estar profundamente tocado com o legado deixado por João Paulo II. Ao justificar a sua ausência na despedida do pontífice, o presidente anunciou que preferira permanecer em Brasília em estado de "meditação profunda"[22] sobre a mensagem deixada pelo papa.

João Paulo II ainda visitaria oficialmente o país em mais duas oportunidades, mas jamais voltaria a se avistar pessoalmente com Figueiredo.

Nos braços do povo

Entre 1980 e 1992, milhares de pessoas em busca de riqueza e prosperidade migraram para o garimpo de Serra Pelada, no estado do Pará. Era a "corrida do ouro", que no início da década de 1980 fez surgir no Brasil o maior garimpo a céu aberto do mundo, e do qual foram extraídas 42 toneladas do precioso metal ao longo de toda a sua exploração.

Em 1980, ainda no início da prospecção aurífera, o presidente fez a sua primeira visita ao garimpo. Um presidente em início de mandato, ainda explorando a faceta do "João", discursou para cerca de 12 mil garimpeiros. Figueiredo estava emotivo naquela ocasião. Falando de improviso, deixou uma bonita mensagem ao afirmar que "de todos os lugares em que tem andado pelo Brasil, aquele foi o que mais lhe tocou o coração".[23]

Naquele exato momento, havia o temor por parte dos garimpeiros de que a exploração manual do garimpo fosse proibida e a área voltasse ao domínio da então Companhia Vale do Rio Doce, que detinha a sua concessão. Por esse motivo, uma das declarações do presidente que mais repercutiram após a visita foi a afirmação de que não estava nos planos do governo proibir a exploração da lavra de forma manual: "Ao invés de proibirmos o garimpo, devemos ordenar o garimpo e dar possibilidade ao trabalhador autônomo de tomar parte. Isso não impede que o governo e as companhias privadas possam continuar."[24]

Se o objetivo foi jogar para a plateia, deu certo. Após essa declaração, Figueiredo foi interrompido por uma sonora salva de palmas. Em seu improvisado discurso, o presidente fez questão de pontuar a organização do garimpo e a disciplina de seus trabalhadores: "Tenho encontrado aqui em Serra Pelada uma disciplina que quisera ter em todos os quartéis em que passei no Exército."[25]

Deixou o garimpo sob intensos e efusivos aplausos. Essa disciplina enaltecida pelo presidente devia-se, em grande parte, a uma figura um tanto quanto obscura. Era o Major Curió, apelido do tenente-coronel do Exército Sebastião Curió Rodrigues Moura, que ficou nacionalmente conhecido por ter comandado a repressão à Guerrilha do Araguaia, na década de 1970.

O Major Curió fora indicado pelo governo federal como interventor na área logo que o fluxo de pessoas rumo à região começou a se intensificar em função da promessa de riqueza instantânea. Passou a ser a maior autoridade do garimpo e, como interventor, tinha como principal atribuição estabelecer uma espécie de "ponte" entre os garimpeiros e o governo.

Empoderado e atuando sem limites previamente fixados ou controle de outras autoridades, a atuação do Major Curió refletia a anarquia que por vezes reinava soberana durante o regime militar. Assim, adotou uma rígida disciplina naquela localidade, incluindo até a proibição da entrada de bebidas alcoólicas e mulheres no garimpo. Consequentemente, ganhou fama de ser autoritário e violento no desempenho de suas funções, sendo atribuída a ele a frase de que, no garimpo, era o seu revólver que "cantava mais alto".[26]

No auge de sua liderança no garimpo, Curió deu ao jornal *O Globo* uma justificativa peculiar sobre a sua grande influência naquela localidade: sua autoridade emanava de um trabalho que "buscava despertar o sentimento pátrio e o respeito ao semelhante".[27]

Independentemente das razões pelas quais a disciplina era mantida, o certo mesmo é que o garimpo foi gradativamente se desenvol-

ENCONTROS E DESENCONTROS

vendo, a produção aurífera tornando-se cada vez maior, e a inevitável fama atingindo os pontos mais longínquos e remotos do Brasil. Em pouco tempo, o garimpo de Serra Pelada estava superpovoado e o fluxo de pessoas que buscavam a região parecia incessante.

Em 1982, Serra Pelada vivia o auge. Aconteceu de tudo um pouco no garimpo naquele ano. Até filme dos Trapalhões,[28] então no ápice de sua popularidade, foi gravado lá. Em realidade, o garimpo congregava uma população estimada em 80 mil garimpeiros àquela altura, e despertava a curiosidade do mundo inteiro, principalmente pelas fotos aéreas do denominado "formigueiro humano", como a área ficou internacionalmente conhecida a partir de fotografias que ganharam grande projeção fora do Brasil.

Com a aproximação das eleições de 1982, o presidente Figueiredo aproveitou uma viagem ao Pará e retornou ao garimpo de Serra Pelada, dessa vez para pedir votos aos candidatos do PDS. Figueiredo apoiava naquele estado a seguinte trinca: Oziel Carneiro (governo do estado), Jarbas Passarinho (Senado) e o Major Curió (Câmara Federal).

Em manifestação sem precedentes em seu governo, a presença de Figueiredo no garimpo teve um tom apoteótico que quase nenhum outro evento durante o seu mandato teria dali em diante. O presidente chegou sob intensa queima de fogos, foi recepcionado por trabalhadores que entoavam seu nome e gritavam slogans enaltecendo o governo. Ele foi às lágrimas ao ser presenteado com uma "bateia" (instrumento para extração de ouro) e prometeu, durante o discurso, ouvido atentamente por cerca de 28 mil garimpeiros, que após deixar a Presidência retornaria ao garimpo para passar uma manhã aprendendo a "bamburrar" (extrair o ouro).

Entretanto, o ponto mais emocionante da visita foi justamente o seu final, quando o presidente foi carregado nos braços pelos garimpeiros ao sair de Serra Pelada. Essa imagem, registrada em fotos, ficou marcada por um simbolismo inesperado e foi amplamente divulgada pelos maiores jornais do país. Figueiredo finalmente foi o "João" que sempre quis ser. A despeito de todos os esforços de sua

ME ESQUEÇAM – FIGUEIREDO

máquina publicitária, ele nunca conseguiu chegar tão próximo ao personagem que pretendia encarnar na vida real como nessa visita à Serra Pelada. Carregado nos braços pelo povo, sua expressão refletia a mais genuína felicidade.

Um turista estrangeiro em visita ao Brasil que lesse os jornais do dia seguinte provavelmente imaginaria que era a consagração de um presidente popular em meio aos seus. Não era. Mas a imagem enganava os desavisados. As roupas claras que Figueiredo vestia, sujas pela lama do garimpo, ajudaram a eternizar aquele momento, dando um apelo simbólico ainda maior à cena.

A imagem de Figueiredo, estampada na capa do *Jornal do Brasil*[29] e pela revista *Veja*,[30] com uma expressão de extrema alegria ao ser carregado, talvez tenha sido o momento de maior satisfação do presidente durante todo o seu mandato. Pelo menos a sua sorridente expressão assim fazia crer.

Apesar de toda a repercussão positiva, a visita havia sido marcada de última hora, pois até três dias antes da viagem ao Pará a ida à Serra Pelada não constava na agenda oficial. Ao que tudo indica, Figueiredo anuiu, no último momento, a um apelo do Major Curió.

Deu certo. Involuntariamente, o presidente saiu daquele encontro com uma imagem melhor do que aquela que usualmente transmitia em suas aparições públicas. Contou com o acaso circunstancial de uma manifestação popular espontânea que eternizou uma cena que continha mais simbolismo do que propriamente veracidade. Desempenhou por um dia o personagem que sempre almejou, sem de fato nunca ser.

Dos três candidatos apoiados por Figueiredo em Serra Pelada, apenas o Major Curió conseguiu se eleger ao cargo de deputado federal. Desgostoso ao final do governo, Figueiredo não cumpriu sua palavra de retornar para bamburrar nos barrancos junto aos garimpeiros.

Já o garimpo de Serra Pelada entrou em franca decadência produtiva ainda no final da década de 1980. Em 1992, o garimpo retornaria à Companhia Vale do Rio Doce, e a extração de ouro manual seria extinta.

O elogio do cineasta

Em fevereiro de 1981, o presidente Figueiredo realizava uma visita oficial à Europa, iniciando o seu giro europeu pela França e terminando em Portugal. Em terras lusitanas, o presidente brasileiro iria se encontrar com várias autoridades portuguesas em Sintra. Enquanto almoçava e ouvia discursos, Figueiredo não podia imaginar o improvável personagem que o aguardava para lhe fazer uma cordial saudação e lhe dar um caloroso abraço.

Tratava-se de ninguém menos que Glauber Rocha, o famoso e aclamado cineasta brasileiro, fã de Leonel Brizola e autor de premiados filmes políticos. Mas, naquele início da década de 1980, o outrora contestador Glauber Rocha já não era mais tão radical assim e, algum tempo antes, havia até mesmo elogiado publicamente o ministro do Gabinete Civil, Golbery do Couto e Silva, a quem surpreendentemente havia intitulado como "gênio da raça".[31]

Glauber sabia que devia uma a Figueiredo. Foi o presidente, à época no SNI, quem intercedeu decisivamente para que o aclamado filme *Deus e o diabo na terra do sol* escapasse das garras da censura. Houve quem até afirmasse que a existência do filme se devia exclusivamente a Figueiredo, como era o caso do produtor cultural Jarbas Barbosa: "Se o filme ainda existe, isso se deve ao então coronel João Figueiredo, que era diretor do SNI."[32]

Já no início do governo do presidente Figueiredo, o cineasta havia proposto uma reunião de intelectuais com o presidente, aproveitando os novos ares que a extinção do AI-5 traria para a cultura do país.[33] A reunião acabou por jamais ocorrer, mas Glauber demonstrara claramente sua confiança nos propósitos de abertura que Figueiredo levava a cabo.

O cineasta, que havia se mudado de Paris para Sintra recentemente, esperou Figueiredo por cerca de trinta minutos do lado de fora do local onde o presidente se encontrava e precisou da ajuda do secretário de imprensa brasileiro, Marco Antônio Kramer, para que o encontro fosse realizado.

ME ESQUEÇAM – FIGUEIREDO

Em um rápido encontro que durou cerca de trinta segundos, Glauber fez questão de ressaltar a coragem de Figueiredo na condução do processo de abertura política: "Presidente, parabéns por esta viagem, o senhor está iniciando uma nova jornada mundial."[34] Em resposta, recebeu um caloroso e afetuoso abraço por parte de Figueiredo, em imagem que acabou imortalizada na capa do jornal *O Globo* no dia seguinte ao encontro,[35] e que gerou inúmeras críticas ao cineasta por parte de setores de esquerda.

Para Glauber, o importante era que naquele momento ninguém duvidasse de seu inequívoco apoio aos militares que conduziam o processo de abertura política.[36] Em entrevista alguns dias depois, Glauber Rocha chegou a dar declarações entusiastas sobre o presidente e sua pretensa expressão em âmbito mundial, afirmando que Figueiredo poderia se tornar "O líder do terceiro mundo" e que a sua visita a Portugal inaugurava uma "nova geopolítica".[37]

Não era para tanto.

O cineasta, muito identificado na seara política com as esquerdas, afirmava ainda que "os dogmas marxistas já saíram da minha feijoada" e que havia aderido ao PDS, partido oficial que sucedera a Arena porque "enfocava os problemas sociais de forma mais objetiva".[38] Aproveitou ainda para esclarecer que tinha desistido de uma eventual candidatura pelo PDS ou de requerer o seu ingresso formal no partido, optando apenas por apoiá-lo no terreno artístico.

Sem dúvida, era um novo Glauber Rocha, e esse episódio foi um dos mais marcantes do final de sua vida — o cineasta morreria poucos meses depois, no Rio de Janeiro, em decorrência de problemas broncopulmonares.

Já Figueiredo, embora não tenha inaugurado uma nova era da geopolítica mundial com a sua visita à Europa, continuou a enfrentar seus velhos problemas brasileiros, mesmo estando em solo europeu: uma bomba destruiu completamente a fachada da agência do Banco do Brasil em Lisboa durante a sua passagem pela capital portuguesa, em episódio que o presidente qualificou como uma "forma de protesto imbecil".[39]

Novos ares, velhos problemas. De novo mesmo só o improvável elogio.

ENCONTROS E DESENCONTROS

Reconciliação no céu e na terra

A eleição realizada em 1982 representou um grande e decisivo passo
para a abertura política. Pode ser considerada também um dos melhores
momentos do governo do presidente Figueiredo, que com "mão firme"
garantiu a lisura daquele pleito. Foram as maiores eleições realizadas
durante o regime militar. Muito se temia pelas vitórias oposicionistas
e por alguma reação militar contestando o resultado das urnas.

Felizmente, nada disso aconteceu.

O grande fiador dessas eleições foi Figueiredo. Além de garantir a
lisura do pleito, o presidente também se lançou em campanha a fim
de tentar viabilizar a candidatura dos pedessistas nos mais diferentes
cargos em disputa. Não era tarefa fácil ante o desgaste do regime e
a crise econômica enfrentada pelo Brasil naquele exato momento.
Ainda por cima, faltava talento, carisma e até mesmo vontade para
Figueiredo desempenhar o papel de cabo eleitoral, pois, como bem
reconhecia, não tinha vocação política e preferia a vida castrense.

Apesar dos frequentes dissabores que afirmava experimentar
ao ter de lidar com o cotidiano da política, houve um momento de
grande satisfação pessoal para Figueiredo durante a campanha. Foi
o seu encontro com Alzira Vargas, filha do ex-presidente Getúlio
Vargas. Alzira, que naquele momento já se chamava Alzira Vargas
do Amaral Peixoto em virtude do seu casamento com Ernani do
Amaral Peixoto, compareceu a um comício em Volta Redonda para
apoiar o seu genro Wellington Moreira Franco, que buscava se eleger
governador do Rio de Janeiro.

O presidente Figueiredo compareceria ao mesmo comício, também em apoio a Moreira Franco, já que era candidato pelo PDS,
partido do governo. Ocorreu, assim, o encontro fortuito entre a filha
de Getúlio Vargas e o filho de Euclides Figueiredo, dois inimigos
históricos desde a década de 1930.

Esse comício realmente teve alguns fatos curiosos, a começar por
sua preparação, que contou com o apoio de pelos menos dois notórios
contraventores do Rio de Janeiro. O bicheiro Aniz Abraão David,

popularmente conhecido como Anísio, mobilizou a bateria da escola de samba Beija-Flor de Nilópolis e cerca de trezentos passistas para recepcionar Figueiredo, com direito a samba-enredo composto em homenagem ao presidente, no qual o principal refrão entoava: "Viva Figueiredo, o rei da democracia."[40] Até o próprio Castor de Andrade, talvez o contraventor mais conhecido do jogo do bicho carioca, esteve no palanque naquela tarde em Volta Redonda.[41]

Independentemente da grandiosidade com que o comício estava sendo organizado e o clima de festividade que cercava o evento, o certo é que a rixa entre Getúlio e Euclides era antiga e deixou marcas profundas, sobretudo na família Figueiredo. Em 1937, o coronel Euclides Figueiredo teve a casa invadida por agentes da polícia política de Vargas, às vésperas da decretação do Estado Novo, e fora preso diante de sua família, a poucos dias da formatura de seu filho João Figueiredo na Escola Militar do Realengo.[42]

Contudo, os tempos haviam mudado e as famílias Vargas e Figueiredo demonstraram saber lidar bem com o penoso passado. Juntos no palanque eleitoral, a primeira a fazer uma declaração foi Alzira Vargas. Suas palavras ficaram marcadas pela voz embargada de emoção: "Nossos pais foram inimigos ferrenhos, brigaram cada um por seu ideal, mas agora aceito a sua mão estendida."[43] Foi nesse momento que, tomada pela emoção, Alzira cumprimentou Figueiredo, e logo passaram ao afetuoso abraço que estampou a capa do jornal *O Globo* do dia seguinte.

Também muito emocionado, Figueiredo afirmou que seu pai e Getúlio Vargas estariam juntos e felizes. Não muito afeito à emotividade, Figueiredo soube dar o tom àquele momento com a delicada declaração. Ainda no calor da emoção e falando de improviso, ele rememorou o doloroso passado que separava as duas famílias:

> Hoje tive a emoção e o prazer de ouvir a voz emocionada da sra. Alzira Vargas do Amaral Peixoto. Emoção grande para mim, porque meu pai combateu Getúlio Vargas, em busca do que julgava certo para a nossa pátria. Sofreu várias prisões,

foi exilado, perdeu a carreira, perdeu bens, perdeu amigos e passou três anos na Casa de Correção. E, Getúlio, pelos seus ideais, foi ao sacrifício com a própria vida.[44]

Em realidade, iam embora 52 anos de animosidade entre as famílias, que ainda remontava à Revolução de 1930 e ao fim da República Velha.

Para o presidente, que buscava a reconciliação nacional, aquele era um gesto simbólico e profundo, que representava também uma reconciliação pessoal. Foi um dos momentos mais bonitos da Presidência de Figueiredo. Assim como na assinatura da Lei da Anistia, o presidente mais uma vez teve a chance de se reconciliar com o seu passado.

Não titubeou.

A reconciliação teve ainda maior simbolismo por ter ocorrido na praça do escritório central da CSN, à época uma empresa estatal e que havia sido criada por Getúlio Vargas. Ainda naquele dia, o presidente Figueiredo inauguraria em Volta Redonda o Centro Esportivo Municipal General Euclides Figueiredo.

O tributo a Euclides Figueiredo não se devia ao fato de o general ser pai do atual presidente do Brasil. Ao contrário, era uma homenagem a um personagem que muito lutou pelos seus ideais democráticos.

O general Euclides Figueiredo teve uma carreira de destaque no Exército, na qual se notabilizou por lutar pela democracia e pelo Estado de Direito. Ingressou no Colégio Militar como aluno-órfão, já que havia perdido o pai aos 6 anos de idade.[45] Durante o levante do Forte de Copacabana, em 1922, esteve à frente do esquadrão de cavalaria que tomou a Escola Militar do Realengo. Preso durante a Revolução de 1930, chegou a solicitar reforma naquele período, todavia a sua pretensão foi negada pelo governo de Getúlio Vargas.

Também foi um dos líderes da Revolução Constitucionalista de 1932, na qual lutou pela normalização da vida política do país. Novamente preso, chegou a cumprir pena de privação de liberdade após ser sentenciado pelo antigo Tribunal de Segurança Nacional. Esteve também exilado em países como Argentina e Portugal, chegando a perder a patente, mas acabou beneficiado por uma anistia e pôde retornar ao país a tempo de acompanhar a formatura do filho João Figueiredo no Colégio Militar.[46]

Às vésperas da deflagração da Segunda Guerra Mundial, mais uma vez pôde demonstrar toda a sua bravura ao se apresentar como soldado voluntário. Porém, mais uma vez, uma solicitação sua foi negada pelas autoridades brasileiras.[47] Morreria em 1963, em Campinas, São Paulo.

Depois de tantos embates, quis o destino que os filhos dos antigos adversários pudessem selar a paz entre as famílias em um local tão emblemático. Na avaliação do próprio Figueiredo, foi "a grande satisfação da minha campanha pela pacificação nacional".[48]

Pelo sorriso genuíno estampado no seu rosto nos jornais do dia seguinte, era a mais pura expressão da verdade. Muitas vezes marcado pelo desajuste das suas declarações à imprensa, dessa vez a sensibilidade deu o tom de sua fala: "Meu pai e Getúlio devem estar abraçados no céu."[49]

Em verdade, era uma reconciliação no céu e na terra.

Jango, Jânio e JK

O presidente Figueiredo parecia ter o destino entrelaçado à reconciliação nacional. Naquele início de década de 1980, era o legítimo representante do movimento vitorioso de 1964, e ostentando essa condição buscava resgatar um passado doloroso para aqueles que foram cassados logo após a quebra da legalidade então vigente, com a instauração do regime militar.

Assim, ainda era necessário sepultar definitivamente o passado, e a reconciliação àquela altura se impunha, até mesmo pelo compromisso assumido de público pelo próprio Figueiredo logo ao assumir a Presidência.

ENCONTROS E DESENCONTROS

O regime militar, que tanto tripudiou dos vencidos, naquele momento estendia a sua mão em busca de conciliação. Caberia a Figueiredo, com a sua mão esquerda, realizar o gesto que, se não fosse capaz de apagar o passado, ao menos serviria como um aceno para o futuro.

Figueiredo recebeu, em audiências distintas, três personagens que melhor simbolizavam o ocaso dos cassados de 1964: o ex-presidente Jânio Quadros, e as ex-primeiras-damas Sarah Kubitschek e Maria Thereza Goulart — representando a memória dos ex-presidentes Juscelino Kubitschek e João Goulart, que não viveram para ver a anistia concedida por Figueiredo.

O primeiro desses encontros começou a ser articulado logo no início do governo, quando o presidente, mediante a solicitação do cantor Sílvio Caldas (amigo pessoal de JK e do próprio Figueiredo), prometeu doar um terreno em Brasília para a construção de um memorial em homenagem ao ex-presidente Juscelino.

Figueiredo não apenas acreditava que era correta a iniciativa de homenagear o fundador de Brasília na própria capital federal como também entendia que a homenagem corrigiria uma injustiça histórica perpetrada pelo regime militar: a cassação do mandato de JK em 1964, quando o ex-presidente exercia um mandato democrático como senador pelo estado de Goiás.[50]

Ainda nessa audiência com Sílvio Caldas, Figueiredo se permitiu dar mais um passo em busca da reconciliação do governo militar com a família Kubitschek: garantira ao cantor que estava disposto a receber a ex-primeira-dama Sarah Kubitschek em audiência para tratar da construção do memorial, em declaração que repercutiu amplamente na imprensa[51] e que demonstrava de maneira inequívoca a receptividade do presidente à iniciativa.

A sua mão estava mesmo estendida, tal qual prometera em seu discurso de posse.

E o comprometimento do presidente não ficou mesmo restrito somente às palavras. As promessas de Figueiredo rapidamente se concretizaram ainda em 1979. O presidente aprovou a doação de um terreno para que o memorial fosse construído (deixando a cargo da família do ex-presidente a escolha do local), orientou o governo a declarar o memorial como utilidade pública (o que o beneficiaria juridicamente) e ainda se permitiu ir além, adotando até mesmo uma iniciativa pessoal para que o projeto pudesse seguir adiante com êxito: doou a quantia de mil cruzeiros para a campanha "Amigos do Memorial JK", dando assim o pontapé inicial na campanha para a arrecadação de recursos.[52]

Com tanta boa vontade, o caminho natural seria a realização de uma audiência entre o presidente e a família do homenageado. E tal encontro não veio a tardar. Assim, em julho de 1979, dezoito anos após pisar pela última vez no Palácio do Planalto durante a cerimônia de posse de Jânio Quadros, a ex-primeira-dama Sarah Kubitschek retornaria acompanhada por suas filhas para se encontrar com o presidente João Figueiredo.

Para a ex-primeira-dama foi um reencontro com o próprio passado. Bastante emocionada, principalmente ao rever os funcionários mais humildes que trabalharam durante a Presidência de JK, Sarah Kubitschek não se preocupou em esconder que aquele momento tocava fundo a sua alma.

Após breves cumprimentos de ambas as partes e um início de conversa no qual as amenidades predominaram, o presidente foi direto ao ponto: com um mapa da capital federal estendido sobre a mesa, Figueiredo mostrou à família de JK seis possibilidades de terreno onde o memorial poderia ser construído e esclareceu que haveria tempo para que escolhessem a melhor opção dentre aquelas apresentadas.

Ao final do encontro, Sarah Kubitschek estava exultante, saltando aos olhos de todos os presentes a sua nítida alegria em função da oferta de Figueiredo. Visivelmente comovida pelo gesto do presidente, a ex-primeira-dama não se furtou a expor à imprensa o que se passava em seu íntimo naquele momento de reconciliação, e também a sua opinião pessoal sobre o próprio Figueiredo:

ENCONTROS E DESENCONTROS

Aliás, na hora que o Sílvio Caldas pediu o terreno ao presidente, ele disse: "Vou doar porque é justo." De sorte que ele fez justiça a um grande homem. [...] O presente está sendo muito bem encaminhado pela atitude generosa e nobre do presidente Figueiredo. Eu disse há pouco que, continuando desta maneira, ele já está entrando para a história, porque o povo brasileiro precisa de paz e para ter paz é preciso abertura. E esta abertura o presidente Figueiredo está fazendo e pretende continuar realizando. Alguém perguntou se este ato era do governo Figueiredo ou do governo da revolução [governo militar]. Nós queremos frisar, a bem da verdade, para fazer justiça ao presidente, que é um ato do presidente Figueiredo. Eu notei na conversa com o presidente a sua admiração pelo meu marido. Se ele não tivesse respeito pela memória de Juscelino, não teria feito essa doação. Os senhores vejam a repercussão deste ato. Tenho recebido do Brasil inteiro telegramas, cartas, telefonemas. E na rua, quando saio, sinto todo mundo satisfeito e aplaudindo esse ato do presidente Figueiredo.[53]

Dois anos após a promessa do presidente, o sonho da família Kubitschek tornava-se realidade. Em 12 de setembro de 1981, finalmente sairia do papel a tão esperada homenagem, projetada por Oscar Niemeyer um mês após a morte do ex-presidente, em 1976. Aquela data seria muito especial para a cidade de Brasília, que veria o seu idealizador imortalizado em um memorial construído na própria cidade.

Naquele momento, o memorial estava pronto exatamente da maneira concebida pela família do ex-presidente, e projetado pelo renomado arquiteto. Construído em um terreno de 29 mil metros quadrados e contando com uma estátua de JK de cerca de 4,5 metros de altura, o memorial seria um marco para a capital federal e uma homenagem à altura da importância histórica de Juscelino Kubitschek.

Envolta em algumas polêmicas, a inauguração quase teve de ser adiada por conta da principal delas: parte da área militar considerou que o pedestal projetado para ficar ao pé da estátua de JK lembrava em alguma medida o símbolo internacional do comunismo — tendo uma forma supostamente assemelhada com uma foice e um martelo.

A comparação levou a um veemente protesto por parte de Oscar Niemeyer, que não admitia ver a sua genialidade artística confundida com suas posições políticas de cunho estritamente pessoal, como seu manifesto publicado na imprensa afirmava de maneira um tanto quanto incisiva:

> Trata-se de uma intimidação política inaceitável que põe em dúvida, inclusive, a minha lisura profissional. E resolvi resistir. Dizer a todos que não aceitaria ameaças, que o Monumento representava apenas uma forma abstrata, escultural, que nada significava, que cada um poderia interpretá-la como preferisse: uma espada, uma foice, um ancinho ou uma chama votiva. E que ao desenhá-lo só levara em conta o espetáculo plástico que me ocorria. Modificá-la como alguns militares parecem exigir seria ofender a liberdade de criação artística, o que sob nenhuma pressão aceitaria. Empobrecido, cheio de problemas, o povo brasileiro assiste perplexo a essa discussão ridícula. Tão gratuita e provinciana que dela se omitem os seus verdadeiros responsáveis. E o pior será a divulgação no exterior, inevitável, desse triste episódio e nós, mais uma vez, diminuídos diante do mundo civilizado.[54]

A situação acabou por ser contornada. Excetuando-se alguma apreensão dos organizadores da inauguração do memorial pela eventual necessidade de um adiamento da data prevista inicialmente para a cerimônia (que coincidia com o aniversário de 79 anos do ex-presidente, caso estivesse vivo), nada de mais grave ocorreu em função da polêmica, e o possível atraso acabou por não se confirmar.

Tratava-se de forma sem conteúdo.

Prova disso foi que os três ministros militares prestigiaram o evento, comparecendo à cerimônia para acompanhar o presidente

ENCONTROS E DESENCONTROS

Figueiredo naquele dia festivo para a cidade de Brasília. Estiveram presentes simplesmente para mostrar que lá estavam. Sua presença simbólica significava um apoio explícito ao projeto de abertura capitaneado pelo presidente. A reconciliação com adversários históricos do regime fazia parte do processo. Mais que isso, era essencial para o êxito da abertura.

Outros embaraços menores também chegaram a acontecer, mas nada que fosse capaz de retirar o brilho da festa. A família do ex-presidente pretendia que o evento fosse apartidário, mas não conseguiu evitar que simpatizantes do PMDB gritassem palavras de ordem e exibissem uma faixa provocativa com os dizeres "O partido do povo homenageia o presidente do povo".[55]

Podia até ser verdade, mas o grande público que compareceu ao evento não estava interessado em discussões sobre aspectos secundários da disputa política que então existia.

Aquela era uma data para relembrar o passado. Significava também reconciliação e um olhar em direção ao futuro. A faixa acabou por ser tomada pelo policiamento sem maiores resistências e as palavras de ordem rapidamente foram substituídas pela cantiga "Peixe vivo", profundamente identificada com todas as campanhas políticas do ex-presidente Juscelino Kubitschek. A canção foi entoada pelo público em um coro uníssono no momento em que a urna funerária contendo seus restos mortais chegou ao memorial, onde passaria a ficar depositada em uma sala mortuária.

Aquele foi um dos momentos mais emocionantes da história da capital federal.

A bonita foto de Sarah Kubitschek abraçada a Figueiredo eternizou aquele momento e foi divulgada pela imprensa nos dias que se sucederam à inauguração do memorial.

Pelo menos para a família do fundador de Brasília, o doloroso passado havia sido resgatado de forma digna. Pelas mãos do presidente Figueiredo.

* * *

ME ESQUEÇAM – FIGUEIREDO

O encontro com Jânio Quadros ocorreu em abril de 1982. Descumprindo a propalada promessa de jamais voltar a colocar os pés em Brasília, Jânio retornava ao Planalto após mais de vinte anos para uma conversa com o presidente.

Figueiredo, que o recebeu pessoalmente na porta de seu gabinete, dispensou o ilustre visitante do tratamento formal. Não logrou êxito. Durante toda a audiência — que durou pouco mais de uma hora —, Jânio fez questão de chamar Figueiredo por "Vossa Excelência". Em suas explicações, lembrara um pouco o personagem que fora à época em que ocupava o Palácio do Planalto: "Faço questão de tratá-lo, assim, senhor presidente, pelo apreço e pelo respeito que tenho para com a sua autoridade."[56]

A conversa versou sobre vários assuntos, sendo que o principal deles residia na legislação eleitoral vigente, o que preocupava bastante Jânio — então com pretensões nada dissimuladas de disputar o governo do estado de São Paulo em novembro daquele mesmo ano.

A interlocutores próximos, Figueiredo afirmou que o ex-presidente deixara uma impressão positiva. Percebera-o com uma visão realista do momento que o Brasil atravessava e o considerara "muito lúcido".[57] Tal comentário pode ser interpretado como um elogio, se for levado em conta que Jânio Quadros sempre foi considerado o presidente mais imprevisível e de comportamento mais instável de toda a história republicana do Brasil.

Após o encontro, Jânio ainda se deteve longo tempo no terceiro andar do Palácio do Planalto, onde conversou reservadamente com os chamados "ministros da casa", cujos gabinetes ficavam no mesmo andar onde o presidente Figueiredo despachava. Jânio parecia sentir um misto de emoção e nostalgia, como chegara a confidenciar em um curioso comentário que teceu ao observar a paisagem do cerrado pelas janelas: "Brasília ficou muito bonita. Está cheia de verde onde só havia terra vermelha."[58]

Memórias de outros tempos.

Saudosismos à parte, Jânio acabou por deixar uma má impressão já no fim de sua visita. No Memorial JK, fez um discurso desconexo

ENCONTROS E DESENCONTROS

que nem sequer chegou ao fim, surpreendendo até os auxiliares que o acompanhavam.[59] Acabou por deixar a capital federal de forma melancólica, fazendo jus à fama que obteve na época em que lá viveu.

* * *

O encontro de maior simbolismo e também o mais difícil deles seria com a ex-primeira-dama Maria Thereza Goulart, viúva de João Goulart. Não que houvesse nenhuma antipatia por parte da ex-primeira-dama em relação a Figueiredo. Pelo contrário. O presidente já havia se encontrado em algumas oportunidades com Jango nos primeiros meses de 1964 e o tom da conversa havia sido amistoso e franco. Maria Thereza não guardava uma má recordação de Figueiredo e até nutria certa simpatia por ele.[60]

No entanto, ainda havia ressentimento por parte da família Goulart em relação ao governo militar. Além de sua deposição, Jango também sofrera forte perseguição quando já se encontrava no exílio. Porém, o que mais doía em seus familiares era que Jango havia sido impedido de retornar ao Brasil, mesmo sem nenhuma condenação pendente — os dez anos de privação de seus direitos políticos impostos pelo regime militar já haviam cessado, mas ainda assim o tinham ameaçado de prisão caso retornasse ao país.

O ex-presidente morrera no exílio sem realizar o seu maior desejo — simplesmente retornar à terra onde havia nascido.

Não sendo possível apagar o passado, o que restava em maio de 1983 era uma espécie de "anistia simbólica"[61] que Figueiredo daria a Jango. Assim, Maria Thereza Goulart retornaria ao Palácio do Planalto, quase vinte anos depois de ter deixado Brasília às pressas para exilar-se no Uruguai, para ter uma breve audiência com o presidente.

Acompanhada pelo filho João Vicente, conversou com Figueiredo por cerca de vinte minutos em um encontro marcado por forte apelo simbólico. Jango retornaria figurativamente ao palácio, representado por seu filho e pela ex-primeira-dama. A conversa que orbitara exclu-

435

sivamente em torno da figura do ex-presidente deposto transcorreu amigavelmente, embora Maria Thereza confessasse posteriormente que "não sentira emoção alguma"[62] naquele reencontro.

O Palácio do Planalto que frequentara, em uma época em que fora considerada uma das primeiras-damas mais elegantes de todo o mundo, naquele momento pouco ou nada significava para ela.

A audiência transcorreu sem maiores percalços e, ao final do encontro, Maria Thereza fez questão de elogiar o presidente ao batalhão de repórteres que ansiosamente aguardavam uma palavra sua. Restringindo-se a declarações protocolares, ela afirmou que Figueiredo era "uma pessoa maravilhosa"[63] e "superagradável".[64]

Em seu íntimo, no entanto, ela ainda se ressentia. Perguntada por um jornalista se guardava mágoas, Maria Thereza desconversou. Segundo seu biógrafo, a ex-primeira-dama escondia o que realmente se passava no recôndito mais profundo de sua consciência, não deixando transparecer o que sentia de verdade.[65]

Já João Vicente, à época deputado estadual pelo PDT do Rio Grande do Sul, se apressou a esclarecer à imprensa que o boato de que o verdadeiro objetivo do encontro seria um pedido da família de Jango para que Figueiredo resgatasse formalmente a imagem pública do ex-presidente não era verdade: "Não pedimos nada porque a imagem do ex-presidente João Goulart não precisa ser restaurada."[66]

Sem dúvida, aquele havia sido o mais penoso dos três encontros realizados entre Figueiredo e aqueles que restaram vencidos em abril de 1964. Sepultado sem honras oficiais, Jango só pôde voltar ao Brasil em um féretro, e seu enterro sofreu com toda a ordem de restrições por parte do governo militar. Era até natural e plenamente compreensível que sua família guardasse ressentimentos em relação aos militares que ainda se mantinham no poder, dando continuidade ao movimento que quase vinte anos antes depusera Jango.

Àquela altura, no entanto, tudo isso era passado. A família Goulart aceitava os cumprimentos de Figueiredo e também estendia a sua mão em conciliação ao presidente responsável pela concessão da anistia.

ENCONTROS E DESENCONTROS

Provavelmente era o que Jango, cujo temperamento cordato primava pela não confrontação, haveria feito caso pudesse ter retornado ao Brasil vivo.

* * *

Após esses três encontros, Figueiredo encerrava de maneira elegante mais uma etapa do processo de abertura política, ao se dispor a fechar algumas feridas abertas em abril de 1964 e que ainda latejavam. Embora sua relevância prática para a abertura fosse secundária, aqueles encontros detinham enorme apelo simbólico. Mais que isso. Em seu conteúdo, havia implicitamente uma mensagem: em abril de 1983, era chegada a hora de superar o passado, por mais amargo que fosse. Impunha-se olhar para o futuro.

Aquele era um recado para vencedores e vencidos.

Os encontros com Reagan

Os presidentes Reagan e Figueiredo tinham em comum a paixão por cavalos. Assim como seu colega brasileiro, o presidente norte--americano havia aprendido a cavalgar ainda jovem e nunca mais havia deixado de praticar a equitação. Reagan apreciava tanto o hábito que constantemente afirmava: "Nada é tão bom para o interior de um homem quanto o exterior de um cavalo."[67]

No entanto, as semelhanças paravam por aí. Reagan era um ex-ator de filmes de Hollywood que também havia sido locutor de rádio e presidente do sindicato dos atores profissionais dos Estados Unidos. De passado democrata, sua trajetória política o levara às hostes republicanas, onde conquistaria o posto mais poderoso do mundo, a presidência dos Estados Unidos.

Fortemente influenciado pela mulher Nancy e sem nunca tomar uma decisão importante antes de consultar a astrologia (dizia-se até que a sua posse como governador da Califórnia ocorreu no incomum horário da meia-noite devido à posição de Júpiter sobre a órbita da Terra),[68] sua única semelhança com Figueiredo era mesmo a afeição por cavalos.

O primeiro encontro entre os dois presidentes ocorreria nos Estados Unidos em maio de 1982. A princípio, os temas mais importantes seriam os aspectos econômicos e a reaproximação entre Brasil e Estados Unidos como parceiros comerciais e militares. A ideia inicial, quando a visita foi agendada pela diplomacia brasileira, era retomar uma relação bilateral mais próxima, pois o relacionamento entre as duas nações estava bastante desgastado desde o governo Geisel e seus desentendimentos com a administração Carter em torno da temática dos direitos humanos.

A doutrina Carter era fundamentalmente baseada na proteção dos direitos humanos e se diferenciava bastante dos governos norte--americanos que o antecederam. Essa nova posição — e de certa forma sua imposição a outros países — irritou bastante o presidente Geisel, como também desagradou influentes setores militares brasileiros, que a interpretavam como uma afronta à soberania nacional, pois consideravam que os Estados Unidos — antigo aliado na guerra contra o comunismo — naquele momento se intrometia em assuntos internos do Brasil.

Os desentendimentos à época chegaram a tal extremo que culminaram com o cancelamento do acordo militar existente entre Brasil e Estados Unidos em 1977.

Mas agora os tempos eram outros. Ao Brasil, cuja economia já dava inequívocos sinais da avassaladora crise que se avizinhava, não convinha uma posição de distanciamento dos Estados Unidos.

Assim, nada melhor para o país que tentar uma aproximação com Ronald Reagan. Os dois lados estavam interessados e essa primeira visita de Figueiredo aos Estados Unidos seria um importante primeiro passo.

No entanto, a precipitação do conflito pelas Ilhas Malvinas modificou a agenda, sobretudo as prioridades que seriam discutidas naquele encontro. A deflagração inesperada da guerra, após a in-

ENCONTROS E DESENCONTROS

vasão argentina às Malvinas, trouxe um componente novo à visita, pegando as duas chancelarias de surpresa "não só pela guerra, mas pela diferença de posições de Brasília e Washington".[69]

O conflito eclodira em abril de 1982 em função da disputa pela soberania das Ilhas Malvinas, situadas próximas à costa argentina. O arquipélago, sob domínio britânico desde 1833 e denominado Ilhas "Falkland" pelos ingleses, sempre foi objeto de ferrenha disputa diplomática entre os dois países, mas, naquele momento, o que antes causava tensão moderada nas relações bilaterais acabou por se precipitar em um conflito bélico.

Das palavras passara-se abruptamente às armas e, assim, de forma até certo ponto surpreendente, acabou por ser iniciada uma guerra no Atlântico Sul entre uma potência europeia e um país da região vizinho ao Brasil.

Nada poderia ser pior para o governo brasileiro naquele momento, sobretudo pelo antagonismo de posições sobre o conflito em relação aos Estados Unidos. Como havia alertado o vice-presidente Aureliano Chaves pouco antes de a visita oficial ser iniciada, o posicionamento norte-americano, que apoiava explicitamente a Inglaterra, não agradava o Brasil.

Em realidade, o Itamaraty, um tanto quanto receoso em relação à opinião pública brasileira, ao confirmar a data de 11 de maio para a visita do presidente Figueiredo a Washington, informou também que a agenda do encontro havia sido modificada, deslocando o eixo central da discussão para o conflito intercontinental que se deflagrava naquele momento.

As notícias durante a semana que antecedeu o embarque de Figueiredo para os Estados Unidos não eram boas, pois a Inglaterra ameaçava um ataque continental à Argentina. Isso deslocaria a guerra para o continente sul-americano, modificando completamente a configuração do conflito que, até aquele momento, estava sendo travado em alto-mar ou nas próprias Malvinas.

Além disso, os Estados Unidos declararam que imporiam sanções econômicas à Argentina em virtude da invasão das Ilhas Malvinas, o

ME ESQUEÇAM – FIGUEIREDO

que causou mais desgaste em torno da visita do presidente brasileiro. Começaram a aparecer na imprensa insinuações a respeito de um suposto "constrangimento" de Figueiredo em realizar o encontro naquele momento, em virtude da posição brasileira de solidariedade à Argentina,[70] diametralmente oposta à posição adotada pelos Estados Unidos.

Seria a primeira visita de um presidente brasileiro aos Estados Unidos desde 1971, quando o ex-presidente Médici visitou Washington e fora recepcionado pelo presidente Richard Nixon no salão oval da Casa Branca. Essa visita marcaria, ainda, a primeira viagem de um líder latino-americano aos Estados Unidos após a deflagração do conflito militar entre Argentina e Inglaterra.

Sem dúvida, uma viagem repleta de simbolismos.

Em função da escalada dos acontecimentos que antecederam o encontro, cogitou-se até adiá-lo para uma data mais oportuna. Contudo, naquele momento tão delicado para a economia brasileira, o que realmente seria inoportuno era o adiamento de uma visita a um parceiro comercial e econômico do porte dos Estados Unidos. Optou-se, assim, por uma estada mais curta, sem tantos compromissos protocolares, mas mantendo boa parte dos compromissos oficiais e, principalmente, priorizando o diálogo direto entre os dois mandatários. Uma agenda minimalista era exatamente o que as circunstâncias aconselhavam.

O presidente Reagan, em entrevista exclusiva à revista *Veja* pouco antes de receber o presidente brasileiro, afirmava que o encontro seria importante para reaproximação, pois em sua visão o relacionamento entre os dois países havia sofrido "algum dano na última década".[71]

Embora o tom da entrevista fosse de reaproximação, Reagan, ao abordar o conflito entre Inglaterra e Argentina, se referiu às Ilhas Malvinas como Ilhas Falkland, o que demonstrava implicitamente a marcante diferença entre as posições brasileira e norte-americana em relação ao conflito.

O primeiro encontro pessoal entre os dois presidentes ocorreria na Casa Branca, apenas na presença de ambos e os seus respectivos intérpretes, mas sem a presença de quaisquer assessores. Era uma estratégia das chancelarias para aproximá-los. Deu certo. Figueiredo e Reagan chegaram a estabelecer uma relação em nível pessoal que futuramente seria muito importante para o Brasil em face dos apuros que a economia brasileira enfrentaria.

Em uma segunda etapa dessa mesma conversa, participaram assessores de alto nível de ambas as partes, como o chanceler brasileiro Saraiva Guerreiro e o poderoso ministro do Planejamento Delfim Netto. Pelo lado norte-americano, estiveram presentes o vice-presidente George Bush e o secretário de Estado Alexander Haig.

Não havia ambiente político para outros assuntos distintos do conflito no Atlântico Sul. O tema inevitavelmente acabou predominando entre os presidentes durante as conversas, sendo que o único ponto de convergência foi a necessidade de uma solução pacífica para o conflito que ocorria naquele momento nas Ilhas Malvinas.

Diante da inesperada inversão de prioridades do encontro, a solução foi adiar conversas mais profundas sobre o fortalecimento das relações bilaterais entre Brasil e Estados Unidos, que teriam que ficar para uma oportunidade mais conveniente.

Muitos anos após aqueles eventos, em reportagem do jornal *O Estado de S. Paulo*, foi revelada a existência de documentos e registros secretos sobre esse encontro. Em relato feito por fontes brasileiras, Alexander Haig, em encontro preparatório para a posterior conversa com o presidente Reagan, foi alertado por Figueiredo sobre sua grande preocupação em relação a um ataque continental britânico durante o conflito militar. Os documentos revelaram palavras duras e diretas do presidente brasileiro. Ao manifestar a posição do Brasil, Figueiredo expressou ao secretário de Estado americano que sua maior preocupação era que "a Inglaterra promova ação no continente, o que teria repercussões desastrosas na América do Sul", destacando também que "essa hipótese deveria ser evitada a todo custo".[72]

Seu grande temor era que, por um lado, uma invasão ou ataque ao território argentino gerasse um forte sentimento popular no Brasil de apoio à nação agredida, e, por outro lado, também gerasse um forte sentimento de repúdio e aversão ao agressor estrangeiro que ameaçava o território do continente sul-americano.

Nas memórias de Ronald Reagan registradas nos diários que manteve durante o período em que ocupou a presidência dos Estados Unidos, ele registrou ter sido informado pelo próprio Figueiredo de que havia a possibilidade de um ataque inglês ao continente durante a Guerra das Malvinas.[73]

No dia seguinte, Reagan telefonaria a Margaret Thatcher para tentar dissuadi-la de quaisquer ações militares.[74] Por sorte, a guerra não evoluiu para o território continental sul-americano, evitando uma dor de cabeça maior ao governo brasileiro, àquela altura já enfrentando inúmeros problemas nas áreas política e econômica.

* * *

O primeiro encontro em solo brasileiro entre os presidentes do Brasil e dos Estados Unidos ocorreria em dezembro de 1982. Era um compromisso cercado de expectativas, dada a situação econômica do Brasil, sobretudo em relação à possibilidade de os Estados Unidos ajudarem o país a superar a crise pela qual atravessava.

Essa viagem foi classificada como uma "visita de trabalho". Por isso, como também já ocorrera na visita anterior, foram dispensadas algumas solenidades e determinados eventos protocolares. Optou-se por priorizar os encontros diretos entre os dois mandatários e seus principais assessores, nos quais a pauta econômica predominou.

Seria a primeira visita de Reagan a um país da América do Sul. Por garantia, ele optou se hospedar no próprio Palácio da Alvorada, e sua presença no Brasil foi marcada por um forte aparato de segurança. A visita revelou toda a sua grandiosidade nos aparatos trazidos pelos norte-americanos. Um Boeing 747 que transportou a comitiva presidencial trazia em torno de 350 pessoas, e, ainda, uma segunda aeronave, apelidada de "Pentágono-Móvel" — pois permitia ao presidente Reagan até mesmo comandar uma guerra nuclear —, também pousou no Brasil, ficando de prontidão em Viracopos, Campinas.

ENCONTROS E DESENCONTROS

Ainda havia mais dois aviões: um para transportar cerca de 250 jornalistas que cobririam a visita, e outro, um cargueiro, que, dentre as 270 toneladas de equipamentos, trouxe até helicópteros e limusines.[75] Eram números superlativos que ajudavam a traduzir a importância da visita e também demonstravam toda a precaução em torno dela.

Essa cautela aparentemente excessiva era mais que justificada: Ronald Reagan sofrera um atentado a tiros pouco menos de um ano e meio antes, em março de 1981.

Naquele momento, todo cuidado era pouco.

As palavras do embaixador norte-americano no Brasil Anthony Motley traduziam a apreensão das autoridades responsáveis por planejar a visita, e justificavam o rigor com a segurança do presidente Reagan após o atentado que quase o vitimou fatalmente: "O presidente Reagan é o primeiro presidente dos EUA que levou um tiro e continuou vivo. E o trabalho da segurança é mantê-lo vivo."[76]

A pauta do encontro continha formalmente três temas principais: a recuperação da economia mundial, o apoio norte-americano às democracias na América Latina e o compromisso dos Estados Unidos com o sistema interamericano.

A questão do compromisso do presidente Reagan com o "sistema interamericano", aliás, ainda era uma ferida aberta por conta do conflito pelas Ilhas Malvinas e o apoio formal dos Estados Unidos à Inglaterra. No entanto, diferentemente do primeiro encontro realizado nos Estados Unidos cerca de oito meses antes, a pauta envolvendo as nações beligerantes não predominou.

Nesse momento, as questões de índole econômica ocupariam o centro das atenções. A maior prova disso era a relevância que o próprio Reagan atribuiu à sua comitiva na visita à América do Sul. Ele trouxe ao Brasil nada menos que seis membros do primeiro escalão do governo, incluindo os secretários de Estado (George Shultz) e do Tesouro (Donald Regan).

A situação da economia brasileira era dramática. Com uma dívida externa na casa dos R$ 80 bilhões, a única saída era recorrer ao FMI para evitar uma moratória. Em contrapartida, não era esperada uma ajuda direta do Tesouro norte-americano ao Brasil, pois os Estados Unidos também viviam uma realidade de recessão, desemprego e cortes em programas sociais. A recessão não era exclusividade do hemisfério sul.

O objetivo real da visita era o que a revista *Veja* denominou "operação-resgate".[77] Em realidade, buscava-se uma reaproximação com os Estados Unidos para que o Brasil não viesse a negociar com o FMI em uma condição extremamente fragilizada. Também serviria para reabrir o crédito dos demais organismos financeiros internacionais ao Brasil, já que naquele momento havia grande desconfiança dos credores na capacidade brasileira de pagamento da dívida externa, o que encarecia bastante ou fazia até mesmo cessar o crédito externo ao país.

Embora a ênfase tenha sido a pauta econômica, também houve tempo para sutilezas e algumas gafes. A maior delas (que acabou por entrar para o anedotário da diplomacia internacional) ocorreu com o presidente Reagan durante o banquete oferecido no Itamaraty. Naquele evento, o presidente norte-americano resolveu fazer um brinde em homenagem aos anfitriões.

Ao falar de improviso, sua intenção parecera ser genuinamente boa, mas os termos em que brindara é que não foram nem um pouco precisos: "Gostaria de compartilhar um sonho de democracia e paz com o presidente Figueiredo e o povo da Bolívia."[78] Ao perceber a gafe, tentou corrigir, afirmando que a Bolívia era o próximo país que iria visitar. Errou de novo. A Colômbia seria o próximo país a ser visitado no continente.

A emenda saíra pior que o soneto.

Na primeira conversa reservada que tiveram no Palácio do Planalto, Reagan chegou a oferecer a Figueiredo a possibilidade de um astronauta brasileiro participar da próxima missão norte-americana ao espaço, no programa de lançamentos do ônibus espacial Columbia.[79] Figueiredo prontamente aceitou a oferta e com bom humor especulou quem escolheria para ser o primeiro astronauta brasileiro, informando jocosamente que provavelmente a sua escolha recairia sobre si próprio.[80]

Reagan também aproveitou a estada no Brasil para fazer uma visita de cortesia à Granja do Torto, residência oficial do presidente Figueiredo, onde ambos fizeram uma cavalgada, para alegria dos fotógrafos, que registraram vários flashes desse momento.

O presidente norte-americano gostou, em especial, de Gymnich, um distinto cavalo da raça hanoveriana que pertencia ao próprio Figueiredo[81] e com o qual cavalgara junto ao presidente brasileiro. Reagan realmente se afeiçoara àquele cavalo, a ponto de elogiá--lo no diário pessoal que mantinha, registrando que o equino era "duas vezes campeão nacional no Brasil",[82] e também o número de voltas (dezoito) que dera na pista de equitação do Torto cavalgando o animal.

O presidente brasileiro, orgulhoso dos elogios dirigidos ao seu cavalo, chegou a oferecer Gymnich como presente.[83] Reagan, a princípio, pretendia aceitar.[84] No entanto, a legislação norte-americana proibia que seus presidentes recebessem presentes em valores superiores a US$ 150.[85]

A solução acabou sendo um inusitado "empréstimo",[86] provavelmente o único comodato de um cavalo ocorrido entre o governo brasileiro e o norte-americano no histórico das relações bilaterais dos dois países.

Todavia, a epopeia para que o animal viajasse aos Estados Unidos não pararia por aí. Seriam necessárias cerca de trinta certificações diferentes para embarcar o cavalo. Depois disso, ainda havia os custos do translado aéreo, com a exagerada necessidade de dois aviões à disposição, além de um veterinário de plantão. Fontes ligadas à embaixada dos Estados Unidos em Brasília informaram que tais custos foram arcados por um abnegado cidadão que preferiu se manter no anonimato.

No fim, Gymnich passou a viver alternadamente no Comando Naval da Virgínia e no Parque Nacional de Washington, onde ficava à disposição de Reagan para as suas cavalgadas.[87]

Não se tem notícias se o cavalo Gymnich chegou a retornar ao Brasil depois do tal "empréstimo". Provavelmente não.

Já os presidentes dos dois países não tiveram mais nenhum outro encontro bilateral após 1982. Figueiredo chegou a estar nos Estados Unidos algumas vezes durante seu mandato para tratar da saúde, mas mesmo assim não se avistaram. Reagan chegara a telefonar para Figueiredo para ter notícias do tratamento, mas não o visitou no hospital em nenhuma de suas duas internações nos EUA.

Talvez as sucessivas quebras de acordos com o FMI tenham minado a relação institucional entre ambos. Naquele final de governo Figueiredo, a única identificação que restou com Ronald Reagan, provavelmente já cansado de tantas promessas de ajustes econômicos que não se confirmavam na prática, foi a afeição por cavalos.

Nada mais.

Os desencontros com Geisel

O relacionamento entre o presidente João Figueiredo e o seu antecessor Ernesto Geisel foi marcado por alguns encontros e muitos desencontros após Figueiredo tornar-se presidente da República.

A relação entre os dois era formal. Não tinham intimidade, mas construíram uma sólida relação profissional baseada na confiança. Desde o início de seu governo, Geisel demonstrava ter certa predileção pelo nome de Figueiredo para a sua sucessão, convicção que se estabeleceu ao longo de seu mandato. Para Geisel, o general Figueiredo seria a pessoa mais capacitada para finalizar o processo de abertura política iniciado ainda durante o seu governo.

Contudo, uma coisa era auxiliar quem está no poder, outra completamente diferente é deter o poder. Esse era o paradoxo que acabou sendo apontado por muitos como a principal causa do fracasso do governo Figueiredo.

Nunca houve uma discordância pública entre os dois, porém, com a saída do ministro Golbery, quebrou-se o último elo genuíno que ainda ligava o governo Figueiredo à era Geisel.

ENCONTROS E DESENCONTROS

Dali por diante, Geisel e Figueiredo ficariam a cada dia mais distantes.

Em seus encontros e desencontros, houve de tudo um pouco: telefonema sem retorno, chefia de missão a funeral de rei saudita, defesa de renúncia após infarto e, sobretudo, alguns encontros onde muito se falava, mas pouco se entendia.

De parte a parte.

O primeiro ponto de discórdia entre os dois foi o caso Riocentro. O ex-presidente Geisel defendia a necessidade de uma apuração rígida sobre o caso e a punição efetiva dos responsáveis, mesmo que o governo tivesse que "cortar na própria carne". Geisel baseava-se na própria experiência, pois já havia enfrentado episódios de indisciplina contrários à abertura e à flexibilização do regime durante o seu governo, e os rechaçara com firmeza.

Já o presidente Figueiredo sempre afirmou que o caso Riocentro tinha que ser analisado pela Justiça e que havia mandado apurar de forma independente, sendo o que lhe cabia fazer na qualidade de presidente da República.

Em 1987, Figueiredo narrou o que supostamente seria um tenso diálogo entre ele e o ex-presidente Geisel envolvendo o episódio:

> Ele [Geisel] sentou ao meu lado e disse:
>
> — Figueiredo, tem que apurar o negócio do Riocentro.
>
> — Não tem não. Primeiro que eu não sou a Justiça. Eu sou Executivo. Quem vai apurar é a Justiça.
>
> — Mas tem que punir.
>
> — Quem vai punir é a Justiça também. Eu não tenho nada a fazer que não seja dar força à Justiça para apurar e punir os responsáveis.
>
> — Mas tem que haver um responsável.
>
> — Mas eu não vou inventar um responsável como o senhor fez com o general D'Ávila Mello![88]

A suposta conversa teria ocorrido durante a missa pelos cinquenta anos do casamento do ex-presidente Médici. Não houve testemunhas.

Geisel sempre teve a convicção de que Figueiredo seria um ótimo presidente para concluir o ciclo militar, dada sobretudo a sua experiência de governo acumulada desde os tempos do presidente Castelo Branco. Dali por diante, excluindo-se o governo de Costa e Silva, Figueiredo havia participado ativamente dos outros dois governos militares. Ganhara intimidade com o poder e conhecimento das questões de governo, atributos que Geisel considerava essenciais para o seu sucessor.

Se era verdade que a sua experiência era um ponto favorável, o ex-presidente também sabia que a saúde do general Figueiredo, um sexagenário cardiopata, era delicada. Agravava o problema o fato de Figueiredo fumar e não manter uma dieta saudável. Geisel tinha conhecimento disso tudo quando tomou a decisão de indicá-lo para a sucessão.

Em setembro de 1981, após o caso Riocentro e o primeiro enfarte de Figueiredo, Geisel passou a defender de maneira discreta e reservada a sua renúncia,[89] usando como argumento a saúde delicada do presidente. Nos bastidores, no entanto, já se falava de uma suposta falta de vontade de Figueiredo em governar o Brasil.

Não se sabe se Figueiredo tinha ideia do que estava acontecendo, mas a relação que já não era das melhores ganhou uma sobrevida quando ele indicou Geisel para chefiar a missão brasileira a Riade, Arábia Saudita, representando o governo brasileiro no funeral do rei Khaled Al Saud.

Ao representar o governo brasileiro em evento oficial, coube a Geisel apresentar as condolências em nome do Brasil ao irmão do falecido monarca, o rei Fahd.[90] Era um sinal de apreço de Figueiredo pelo ex-presidente e mostrava a todos que ele e Geisel não estavam distanciados, como os insistentes rumores à época sugeriam.

Já em 1982, houve um encontro entre os dois na residência oficial da Gávea Pequena (local em que Figueiredo costumava se hospedar no Rio de Janeiro), que parece ter sido bastante cordial.[91] Ainda naquele mês, ambos se encontraram mais uma vez em um almoço em Teresópolis, na casa do ex-ministro da Justiça Armando Falcão.

Em Porto Alegre, estiveram juntos na inauguração do III Polo Petroquímico do Rio Grande do Sul. Figueiredo fez questão de que Geisel descesse a placa de inauguração junto com ele e, quebrando o protocolo durante o almoço, os dois se sentaram em lugares próximos à mesa, a fim de conversar com mais tranquilidade.

Relatos de longas conversas durante essa visita e deslocamento no mesmo carro (o que não era praxe no cerimonial presidencial) levaram assessores de Figueiredo a afirmar que se tratava de "um encontro de velhos amigos".[92]

Pareciam próximos naquele momento. Mas só pareciam.

Anos depois, surgiram na imprensa relatos de que, nesse encontro, enquanto Geisel buscava discutir temas políticos em conversas reservadas com Figueiredo, este tergiversava para amabilidades e temas recreativos, como passeios a cavalo.[93]

Nestes encontros e desencontros, chegou a ser publicada em matéria de capa do *Jornal do Brasil* uma reportagem na qual se afirmava que o presidente teria tido um encontro com Geisel em fevereiro de 1983. Naquela ocasião, Figueiredo teria lhe apresentado uma lista com o nome de cinco potenciais presidenciáveis[94] e ouvido do ex--presidente que a melhor opção era se adiantar no debate sucessório para não ser atropelado por fatos consumados.[95]

No entanto, no dia seguinte à publicação, o porta-voz da Presidência da República contestou a reportagem do *Jornal do Brasil*, alegando que tal conversa não ocorrera. Tratava-se de um desmentido em termos enfáticos, pois afirmava que o presidente Figueiredo havia considerado a notícia "toda fantasiosa"[96] e que a questão presidencial não evoluíra desde dezembro de 1982.

Desde então, Figueiredo e Geisel ficaram quase dois anos sem se ver pessoalmente. O reencontro ocorreu em Brasília, em julho de 1984, a pedido de Figueiredo, em visita costurada meses antes pelo ministro Leitão de Abreu em encontro com Geisel em Teresópolis. Segundo a Coluna do Castello, do *Jornal do Brasil,* tal encontro teve "sabor de reencontro ou de uma reaproximação", dado que "muito embora não houvesse hostilidades ou agravos entre eles, havia um grande distanciamento".[97]

O tema da conversa foi a sucessão presidencial. Com grande destaque na mídia, o encontro foi notícia até mesmo no *Jornal Nacional*, gerando grande expectativa sobre quais poderiam ser os seus resultados e, principalmente, as suas repercussões no tumultuado processo de sucessão presidencial que se desenrolava àquela altura.

Apesar das expectativas, o reencontro foi um fracasso total e nada resultou em termos práticos. Um presidente reticente que não falava diretamente o que pretendia e um ex-presidente desconfiado que ouvia mas não conseguia decifrar o motivo real para o qual fora chamado.

Nada de concreto poderia sair mesmo.

Em relatos da época, a conversa havia sido afetuosa[98] e Figueiredo teria simplesmente comunicado a Geisel que se afastaria da coordenação do seu próprio processo sucessório. Simples assim.

Dado o caráter banal da mensagem, bastava um curto telefonema. Figueiredo, porém, preferira enviar um jatinho da FAB para buscar Geisel no Rio de Janeiro, mantendo um contato de quase um dia inteiro com ele. Na versão oficial, apesar da longa permanência de Geisel em Brasília, os dois só trataram de assuntos corriqueiros.

Contudo, as recordações de Geisel destoavam — em muito — da versão oficial apresentada pelo Planalto para o encontro: "O general Otávio Medeiros, que era chefe do SNI, me telefonou dizendo que o Figueiredo queria conversar comigo e pedia para eu ir a Brasília. Passei quase todo o dia conversando com o Figueiredo no Palácio da Alvorada. [...] Mas o que era aquele encontro? Qual era o fato? Não entendi."[99]

A melhor definição foi mesmo a de Leitão de Abreu, ao qualificar o encontro como "uma troca de ideias sem fim específico".[100] Já Figueiredo, em conversa revelada à imprensa pelo ex-governador da Bahia, Antônio Carlos Magalhães, afirmou ter ficado "muito feliz"[101] com a oportunidade de rever o ex-presidente Geisel.

ENCONTROS E DESENCONTROS

Ainda em seu depoimento ao CPDoc, Geisel chegou a conjecturar que tal encontro poderia ter tido como objetivo sondá-lo sobre uma eventual prorrogação do mandato de Figueiredo, mas que, se esse fora o objetivo verdadeiro, "não tiveram coragem de abordá-lo"[102] diretamente sobre o tema.

A conversa teve momentos delicados e de certa forma até mesmo constrangedores. Geisel insistia na tese de que Figueiredo tinha que utilizar a autoridade do cargo que ocupava para retomar as rédeas do processo sucessório. Tal conduta não seria democrática, retrucou o presidente. Embora conversasse com o atual presidente e respeitasse a sua autoridade, Geisel não se conteve e o questionou de forma incisiva: "Mas vem cá, Figueiredo, desde quando você é democrata?"[103]

Posteriormente, ainda foi divulgado pelo ministro Leitão de Abreu que o encontro, que poderia influir bastante na sucessão presidencial, seria o primeiro de uma série de conversas do presidente com o seu antecessor.

Não foi o que aconteceu. Tais encontros jamais se repetiriam enquanto Figueiredo ocupasse o cargo de presidente do Brasil.

Geisel nunca escondeu que o seu candidato à sucessão era o vice--presidente Aureliano Chaves, rompido com Figueiredo. Talvez por isso não tenham conversado pessoalmente durante o período final do mandato de Figueiredo. Afinal, como dissera o próprio presidente em sua última entrevista no cargo, durante a sucessão era "ele [Geisel] do lado de lá, eu do lado de cá".[104]

Após ambos saírem da cena política, mantiveram uma relação distante, porém cordial. Casualmente se encontravam em ocasiões sociais, geralmente eventos ligados ao Exército, mas não tinham relações mais estreitas, apesar de ambos possuírem casas relativamente próximas na serra fluminense.

Por essas coincidências da vida, estiveram "juntos" em uma última oportunidade, em 1995 — ambos estiveram internados na mesma época na Clínica São Vicente, no Rio de Janeiro.

Durante dois dias, o ex-presidente Figueiredo ocupou o quarto 220 do hospital, tendo como vizinho o ex-presidente Geisel.[105]

Ocuparam leitos hospitalares despidos de regalias, sem contar com nenhum tratamento médico-hospitalar diferenciado. A única nota distintiva foi esta: por conta da presença de dois ex-presidentes da República naquele recinto, ambos contaram com seguranças na porta dos respectivos quartos.

Não há notícias de que se encontraram nessa ocasião. O certo mesmo é que foi a última vez que estiveram tão próximos, embora não necessariamente tenham estado juntos.

Aliás, como ocorrera na maior parte do governo Figueiredo.

Em Beijing com Deng Xiaoping

A visita do presidente Figueiredo a Beijing involuntariamente refletia as contradições do general de cavalaria que se tornou presidente da República. Adepto fervoroso do anticomunismo mais genuíno (crença que propagava de maneira explícita sempre que era possível), Figueiredo visitou o país comunista na dupla condição de chefe de Estado e de governo.

Proselitismos ideológicos à parte, aquele era um país de cultura milenar, responsável por invenções que mudaram o curso da história da humanidade. Convertida ao comunismo no século XX, a civilização chinesa era a mais antiga sobre a face da Terra, datando do século XXI a.C.

É certo que em maio de 1984 o comunismo chinês já não tinha o fervor ideológico de outrora, tendo incorporado traços significativos do sistema capitalista, como a busca e a obtenção do lucro em atividades produtivas. Era uma nova China sob a liderança de Deng Xiaoping, que em menos de duas décadas assombraria o mundo em função de seu expressivo crescimento econômico.

Embora ainda fosse considerado um regime um tanto quanto fechado, a China que Figueiredo visitaria era um novo país, que seletivamente incorporava alguns usos e costumes ocidentais e que de forma lenta e gradual começava a se abrir para o mundo, sobretudo em termos econômicos e tecnológicos.

ENCONTROS E DESENCONTROS

Pela primeira vez um chefe de Estado brasileiro visitaria a China em missão oficial — um marco para a diplomacia brasileira. Com tanta história para conhecer, Figueiredo estenderia sua visita ao país asiático, optando por permanecer na China por cerca de três dias.

Em meio a tropas em revista e salvas de tiros de canhões, o protocolo oficial foi sendo gradativamente substituído pelo caráter geopolítico da visita. Brasil e China defendiam uma ordem econômica mais justa e equitativa, tema que ganhou muito espaço na agenda do encontro em função das dificuldades dos países do Terceiro Mundo em arcar com os pesados juros de suas dívidas externas. China e Brasil também aproveitaram o encontro para criticar a corrida armamentista nuclear que ocorria à época entre as duas superpotências hegemônicas, Estados Unidos e URSS.

A visita foi organizada com toda a pompa. Figueiredo foi recebido com honras militares e teve encontros em separado com as principais autoridades do país. Em meio a uma agenda atribulada, um encontro chamava atenção pelo seu forte conteúdo simbólico: Figueiredo teria uma audiência reservada com Deng Xiaoping, principal liderança da China comunista.

Por mais que as reformas liberalizantes de Xiaoping indicassem o início de uma nova era na China, curiosamente Figueiredo estava se encontrando com um dos principais líderes comunistas do mundo, abaixo em importância apenas a Konstantin Chernenko, secretário-geral do Partido Comunista da União Soviética (PCUS), então cargo de maior relevância de todo o mundo comunista.

A audiência com o líder chinês chegou a quase duas horas, mais de meia hora além do previsto pelo cerimonial. Iniciada em tom informal, Figueiredo destacou o fato de que ambos tinham formação militar e aproveitou para lembrar a Xiaoping que os dois eram egressos da cavalaria. Bem-humorado, o líder chinês ainda brincou com Figueiredo: "Mas o senhor é um general de quatro estrelas e eu sou um soldado."[106]

O encontro foi realizado em duas partes, havendo um breve intervalo para que Figueiredo fosse à praça da Paz Celestial depositar uma coroa de flores no monumento destinado aos heróis do povo, que simbolizava os soldados que deram a vida em guerras pela China. Na parte reservada da audiência, o Itamaraty divulgou que Deng Xiaoping havia manifestado interesse no problema dos países devedores em relação ao pagamento da dívida externa, chegando a declarar que aquela era uma questão capaz até de afetar a paz mundial.[107]

Figueiredo foi fotografado em um banquete no qual o próprio líder chinês lhe servia iguarias típicas da culinária de seu país. Alguns anos mais tarde, o presidente se recordaria de Xiaoping em função de sua pouca estatura: "Fui lá visitar o Deng Xiaoping, um baixinho que mandava lá."[108]

Ainda houve um dia parcialmente livre para que o presidente e a sua comitiva pudessem conhecer os principais pontos turísticos da China, como a Cidade Proibida e a Grande Muralha.

Impressionado com a grandiosidade dos marcos históricos e a beleza do artesanato chinês — Figueiredo havia ficado encantado sobretudo com a perfeição das pinturas dos vasos —, o presidente garantiu: "Voltarei aqui, mesmo como turista."[109]

Parecia que o presidente havia guardado uma imagem positiva da China comunista. Só parecia. Por fim, por mais que aparentasse ter trazido consigo uma boa impressão, não foi exatamente essa a recordação que Figueiredo evocou alguns anos depois da visita, já após ter deixado a Presidência: "Não é tanto o tamanho. A China é daquele tamanho e é uma porcaria."[110]

Sorria, presidente

João Figueiredo nunca teve nenhuma simpatia pela figura de Paulo Maluf. A relação entre os dois sempre foi marcada por uma "cordial hostilidade"[111] por parte do presidente, que nunca fez a menor questão de dissimular sua antipatia pelo deputado federal.

E se a relação entre ambos nunca foi boa, durante a sucessão presidencial se deterioraria ainda mais. Ávido por se sentar na cadeira ocupada por Figueiredo e pouco empenhado em disfarçar suas pretensões presidenciais antes mesmo que o processo sucessório estivesse maduro, Maluf foi capaz de angariar ainda mais a repulsa do presidente. A má vontade de Figueiredo era tão grande que por várias vezes o presidente chegava a comentar abertamente em conversas informais: "Esse turco não se sentará na minha cadeira."[112]

Com tanta adversidade a pairar sobre o seu relacionamento com Figueiredo, Maluf ainda conseguiria piorar uma situação que já lhe era completamente desfavorável.

Em um encontro entre os dois, no início de 1984, Maluf teria dito a um sisudo Figueiredo: "Sorria, presidente. Fique à vontade."[113] A resposta teria sido ríspida e sem direito a meias palavras: "Na minha casa fico como eu quero."[114] Maluf ainda tentara consertar o estrago, mas a emenda sairia pior do que o soneto: "O senhor é muito franco. Neste ponto nós nos identificamos."[115]

O áspero diálogo foi testemunhado por diversos fotógrafos e cinegrafistas que naquele dia registravam o encontro no gabinete presidencial. De forma um tanto quanto esperada, já que a troca de farpas envolvia o presidente da República e um aspirante ao cargo, o incidente acabou por repercutir bastante na imprensa.

Questionado pelos jornalistas, Maluf afirmou ter tratado de assuntos da mais alta relevância e que não se lembrava de todos os trechos do diálogo mantido, até porque haviam conversado por mais de uma hora. Evasivo quando lhe interessava, dessa vez ele se permitiu ir além da contemporização, adotando uma postura um tanto quanto subserviente.

Buscando não causar mais estragos em sua delicada relação com Figueiredo, disse aos repórteres simplesmente que a sua amizade com o presidente era "leal e eterna".[116] Sua mãe, preocupada com a repercussão do assunto, o questionou, provavelmente inspirada por seu instinto maternal: "O presidente não o tratou bem, meu filho?"[117] Maluf garantira que não fora o caso.

Se o tom adotado por Maluf deixava claro que o presidenciável não pretendia alimentar polêmicas com a imprensa naquele início de corrida eleitoral, não era possível afirmar o mesmo sobre Figueiredo. Perto de seu último ano de mandato, ele se mostrava cada dia mais desgastado pelo exercício cotidiano do poder e cada vez menos paciente em relação aos jornalistas.

Ora negando o fato, ora dando uma versão diferente daquela relatada pelas pessoas que presenciaram o diálogo com Maluf, o Planalto se apressava em desmentir o que a imprensa com vigor noticiava. No entanto, parecia que o evento não ia ter maiores consequências, sendo apenas mais um dos desmentidos ocorridos durante o governo do presidente Figueiredo.

Só parecia.

Visivelmente contrariado com as versões que circulavam sobre o encontro, principalmente no que se referia aos seus maus modos ante um afável Maluf, o presidente resolveu tomar uma decisão drástica, que contrariava o seu autoalardeado espírito democrático: proibiu que fotógrafos tivessem acesso ao seu gabinete, limitando o registro fotográfico de suas audiências ao fotógrafo oficial do Planalto.

Foi a senha para que a sua conflituosa relação com a imprensa ganhasse ares de guerra declarada. Em resposta à proibição, que na prática inviabilizava boa parte do trabalho daqueles profissionais que tinham por missão registrar o cotidiano do presidente, os fotógrafos resolveram se manifestar de alguma forma diante daquela postura autoritária.

E assim foi feito. Em uma terça-feira após o expediente, Figueiredo deixaria o Planalto pela rampa principal, como habitualmente fazia. Ante a proibição, aquela se tornara a única ocasião na qual a imprensa poderia realizar registros de Figueiredo nos dias em que não houvessem eventos externos.

Naquele final de tarde, porém, todos os repórteres deixaram suas máquinas sobre o chão enquanto o presidente se deslocava até o carro oficial, tendo sido escolhido pelos próprios manifestantes apenas um profissional que ficaria responsável por registrar aquele inusitado momento.

ENCONTROS E DESENCONTROS

O presidente, que pouca atenção deu ao protesto, acabou tendo a sua imagem fotografada diante de inúmeros profissionais de braços cruzados e com o seu instrumento profissional colocado sobre o chão, em registro emblemático e bastante expressivo.

Em uma de suas últimas entrevistas como presidente, Figueiredo, como já ocorrera outras vezes durante seu mandato, atribuiu a culpa do mal-entendido à imprensa, afirmando que os repórteres o escutaram mal ou deturparam aquilo que ele dissera.

Na sua versão, em resposta ao pedido de Maluf para que sorrisse, ele dissera simplesmente que "eu não posso sorrir pois é essa a cara que eu tenho",[118] complementando que poderia ter ocorrido uma confusão entre as palavras "cara" e "casa", foneticamente parecidas.

Entre fatos e versões tão diversas para o mesmo episódio, restou a inusitada imagem do presidente descendo a rampa do Planalto diante dos cinegrafistas em protesto. Era mais uma cena protagonizada por Figueiredo que revelava de maneira metafórica todo o desgaste do regime militar em seus momentos finais.

Capítulo 18

Casos e acasos

"Primo" Figueiredo

O cartunista Henrique de Souza Filho, o Henfil, além de ser um exímio artista, também fazia humor a partir de textos cuja ironia fina era o traço principal. Uma de suas criações mais emblemáticas foram as famosas *Cartas à mãe*, publicadas durante anos pela revista *IstoÉ*. Em linguagem coloquial, Henfil enviava cartas a sua própria mãe estabelecendo um matreiro diálogo no qual mensagens implícitas tentavam driblar a censura então vigente. Outro de seus artifícios era ilustrar as cartas com retratos de sua mãe, algo que humanizava bastante o seu texto e inibia as "garras" da censura.

Henfil aproveitava para contar um pouco do momento que o país vivia e, volta e meia, inseria recados diretos ao presidente Ernesto Geisel por meio das tais cartas, testando a sinceridade da distensão política prometida pelo ex-presidente. Era uma estratégia ousada e ao mesmo tempo perspicaz, como o próprio humorista explicou ao jornal *O Globo*: "Comecei a escrever as cartas para a minha mãe em

CASOS E ACASOS

1977 para poder falar de política. Ela era a proteção, o escudo que eu usava para não levar pauladas. Mãe é uma das poucas instituições respeitadas na América Latina."[1]

Se esse inusitado artifício foi preponderante para que as "cartas" de Henfil não fossem alvo da ira oficial, nunca irá se saber. O certo mesmo é que o presidente Geisel jamais se queixou publicamente sobre a publicação enquanto esteve à frente da Presidência da República. O texto tampouco foi objeto de censura. Se era realmente um teste sobre a sinceridade das intenções de Geisel em relação à abertura política, o resultado se revelou positivo.

Já no processo sucessório de Geisel, Henfil testaria novamente a franqueza das promessas de abertura realizadas pelo regime militar, só que agora centrando-se na figura do general Figueiredo, então candidato à Presidência da República pelo partido do governo.

A motivação para a nova investida de Henfil ocorreu de forma puramente casual. Durante uma entrevista coletiva, ao responder a um questionamento que fazia referência a uma declaração do cartunista sobre a sucessão presidencial, Figueiredo referiu-se a ele em sua resposta: "O humorista [Henfil] tem o direito de fazer o humorismo que ele quiser. Agora, deve ser interpretado como humorismo. Tão somente."[2]

O general candidato plantou a semente que germinaria em um futuro muito próximo, quando assumisse efetivamente a Presidência. Aquela declaração foi a deixa perfeita para mais uma das criações de Henfil. Pouco antes de o presidente assumir o cargo, surgiriam as "cartas ao primo Figueiredo", criadas a partir de um fictício parentesco entre o general e o humorista.

As cartas de Henfil ao "primo Figueiredo" sempre abordavam de forma bem-humorada os principais temas que envolviam o governo e repercutiam na imprensa. Ao longo de um ano foram publicadas em diversos veículos de comunicação, como *O Pasquim, Jornal de Brasília* e *Jornal da República*. Os bilhetinhos direcionados a Figueiredo abordavam de tudo um pouco e traziam enviesadas denúncias sobre os males que assolavam o governo, como clientelismo político, negociatas diversas, repressão ao movimento sindical, submissão ao FMI, entre outros temas.[3]

Uma das primeiras cartas foi escrita por ocasião do réveillon de 1979. Henfil expressava os seus votos de ano novo ao "primo" que em março daquele ano assumiria a Presidência da República: "Em 1979 te desejo um ano repleto de greves, passeatas estudantis, críticas candentes da imprensa, vetos do Congresso. Te desejo severas comissões parlamentares de inquérito, mil denúncias de abuso de autoridade. Te desejo que o Tribunal de Contas glose as suas contas e que o Supremo Tribunal Federal argua a inconstitucionalidade da sua posse."[4]

Já durante o governo, Henfil explorava muito as contradições do regime militar. Uma de suas tiradas mais inteligentes ocorreu após uma declaração de Walter Pires, ministro do Exército, sobre supostas infiltrações comunistas na imprensa brasileira. Com refinado bom humor, Henfil provocava: "Primo Figueiredo, o ministro do Exército revelou que a imprensa brasileira está infiltrada. Chegou a hora de abrir o jogo. Eu sou uma infiltração na imprensa. Finalmente este bastião sólido a serviço do capital nacional e multinacional foi infiltrado por um agente do povo."[5]

Por vezes, a ironia era fina e subliminar, atacando o âmago do regime. Quando o governo começou a reprimir os piquetes e a prender trabalhadores que protestavam na porta das fábricas, Henfil não perdoou: "Primo Figueiredo, me ocorre um alerta. Piquete é ilegal e várias prisões vêm sendo efetuadas pelo Brasil afora estes dias. [...] Portanto, barbas de molho no 'piquetão' que vocês vêm fazendo em um serviço essencial que é a Presidência da República, impedindo a entrada de civis faz quinze anos."[6]

Ainda sobre o movimento dos trabalhadores, do qual o cartunista era ferrenho defensor, houve mais uma carta digna de nota. Dessa vez, remontava ao discurso de posse proferido por Figueiredo. Henfil, fingidamente ingênuo, fazia uma indagação que se referia a uma das falas de maior repercussão do presidente: "Ô primo, podia pedir para esta sua mão estendida em conciliação o obséquio de soltar os operários presos?"[7]

A figura do presidente Figueiredo, definitivamente, não era poupada pelo humorista.

Henfil explorara a contradição da rígida postura oficial em relação ao novo movimento sindical, em meio à abertura política. Se o governo reprimia de forma dura os trabalhadores, a mesma força coativa não era utilizada contra o empresariado, alvo de constantes críticas por utilizar-se da crise econômica para rebaixar o nível salarial, sobretudo por meio da prática de rotatividade da mão de obra. Muitas fábricas se aproveitavam dos altos índices de desemprego para demitir trabalhadores e contratar outros exercendo exatamente as mesmas funções, só que com salários substancialmente menores. Como o número de desempregados era ascendente e expressivo, tal prática revelou-se bem-sucedida, permitindo em muitos casos que o patronato mantivesse intacta a lucratividade da atividade empresarial, apesar da crise que o país atravessava.

Esse artifício depauperava ainda mais o nível de vida de boa parte da classe trabalhadora, aumentando a insatisfação popular em relação ao governo, que nada fazia para coibi-la, embora os decretos-leis impondo o arrocho salarial fossem uma constante.

O cartunista soube capturar bem aquele sentimento de que apenas um lado arcava com o pesado ônus da crise e, principalmente, o governo tratava trabalhadores e patrões com medidas diferentes:

> Faltou intervenção federal na Fiesp [Federação das Indústrias do Estado de São Paulo], com nomeação de interventor e cassação da diretoria deposta [...] Faltou negar passaporte aos executivos no exterior. Faltou exigir a folha corrida e atestado ideológico dos acionistas da Bolsa [de Valores]. Faltou a apreensão dos artigos de consumo médico que contenham atentados à segurança nacional.[8]

ME ESQUEÇAM – FIGUEIREDO

A reforma política, um dos temas mais polêmicos do início do mandato de Figueiredo, também não passou em branco. Em relação à estratégia do governo em dividir as oposições ao permitir a volta dos exilados, Henfil foi sarcástico ao sugerir ao "primo" outra tática para causar ainda mais divisões no eleitorado brasileiro: "Fantástica a ideia de implodir o MDB usando a volta do [Miguel] Arraes, [Leonel] Brizola e [Luís Carlos] Prestes. [...] Ei, que tal criar outro Flamengo no Rio, outro Atlético em Minas e uns quatro Corinthians em São Paulo? O povo vai ficar tão dividido que a gente fica no poder por mais uns trinta anos."[9]

O presidente Figueiredo optou por seguir o exemplo de seu antecessor e silenciou sobre o assunto. Não se conhecem queixas de sua parte sobre as "cartas" que "recebia" de Henfil.

Em outubro de 1979, o *Jornal de Brasília* deixou de publicar as "cartas". Henfil chegou a desconfiar que houvesse alguma pressão do Palácio do Planalto nesse sentido.[10] Afirmava-se que o poderoso ministro Golbery do Couto e Silva lia atentamente os textos de Henfil.

No entanto, nada ficou comprovado acerca de quaisquer intromissões do governo em desfavor do cartunista junto aos veículos de comunicação em que as "cartas" eram publicadas.

A ausência de uma resposta de Figueiredo às pancadas que recebia de Henfil acabou por fortalecer a figura do presidente, reforçando a imagem de democrata que tentava transmitir no início de seu governo. Ao comentar o tema, Henfil se mostrava pragmático: "Só digo uma coisa: o que lhe escrevi de absurdos e dei de cacetes não está no gibi."[11]

A falta de reação por parte do governo também era importante por aquilo que deixava nas entrelinhas. Ao não exteriorizar nenhuma contrariedade a uma publicação que atingia duramente o presidente, o governo deixava subentendido que não haveria cerceamento à liberdade de imprensa, e também que o abrandamento da censura prévia caminharia a passos rápidos e largos, fortalecendo a abertura política.

Sem o AI-5 e com a imprensa podendo dar "cacetes" na figura do próprio presidente da República, era inequívoco que o Brasil marchava de maneira firme rumo ao retorno da democracia.

CASOS E ACASOS

Contudo, naquele momento, ainda estávamos na fase inicial do governo Figueiredo. Ainda havia muita água para passar debaixo daquela ponte.

O sumiço do Rolex

Em sua visita à Bahia, em setembro de 1979, o presidente Figueiredo teve uma agenda especialmente atribulada, com vários compromissos oficiais durante as breves nove horas em que esteve em Salvador. Foram inaugurações das mais diversas obras, visitas a comunidades menos favorecidas e hospitais, encontros com autoridades religiosas, além de um almoço oficial oferecido pelo governador ao presidente e sua comitiva.

Ao final desse dia estafante, o presidente se deu conta de que havia perdido algo que muito estimava: seu relógio de pulso, um Rolex de prata. Para falta de sorte de Figueiredo, aquele era um relógio com valor afetivo, que estava com ele havia mais de vinte anos, desde 1956.

No entanto, o que mais o incomodava era o fato de aquele ser seu único relógio com o qual podia praticar equitação sem que a pulseira lhe escapasse do pulso.

Não se sabia ao certo em qual compromisso o relógio havia sido extraviado nem precisamente o que tinha de fato acontecido com o objeto. Uma de suas primeiras suspeitas era de que a peça poderia ter sido surrupiada[12] quando a multidão rompeu o cordão de isolamento na igreja do Bonfim, cercando Figueiredo para abraçá-lo.[13]

Contudo, as hipóteses iniciais se revelaram infundadas e logo a verdade foi restabelecida. Na realidade, o relógio havia caído durante uma visita ao hospital de irmã Dulce, e foi fortuitamente encontrado pela jovem Renilda de Oliveira Figueiredo — que, apesar da coincidência de dois sobrenomes (o nome todo do presidente era João Baptista de Oliveira Figueiredo), não tinha nenhum parentesco com ele.

ME ESQUEÇAM – FIGUEIREDO

Renilda era uma jovem de 16 anos, filha de mãe viúva que tivera outros onze filhos. Naquele momento, involuntariamente representava a falta de oportunidades dos jovens carentes brasileiros. Embora ainda estivesse em idade escolar, a jovem não tinha a chance de estudar, tampouco de arrumar um emprego. Sua principal atividade se resumia a cuidar dos sobrinhos para que seus irmãos pudessem trabalhar.

Ao encontrar o relógio, começou a epopeia da jovem para devolvê-lo ao presidente. Primeiro, uma de suas irmãs se dirigiu a uma unidade da Polícia Militar. Lá foi orientada a procurar o Palácio de Ondina, pois o responsável pela organização da visita presidencial era o cerimonial do governo do estado.

No dia seguinte, a própria Renilda foi à sede do governo baiano devolver o relógio. Parecia que esse seria o último ato daquela história improvável. Não seria. Quando o governador Antônio Carlos Magalhães soube da história em detalhes, seu aguçado faro político falou mais alto: ali havia um fato midiático a ser explorado.

E assim ganhou repercussão na grande imprensa a fábula da jovem carente que encontrou o relógio do presidente caído no corredor do hospital de irmã Dulce e buscava uma forma de devolvê-lo ao dono. Aquela bonita iniciativa retratava as contradições de um país como o Brasil e evidenciava o contraste entre a imponente figura presidencial e as modestas condições da jovem, conforme precisa descrição de editorial do jornal *O Estado de S. Paulo*:

> O tino publicitário do governador Antônio Carlos Magalhães facilitou-lhe compor com o ingrediente do Rolex, perdido pelo presidente da República entre as multidões de Salvador, uma variação sobre o tema da Gata Borralheira. [...] Assim, pouco importa que na variante baiana tenha sido o príncipe a perder um Rolex de ouro e não a recolher no fim da festa uma figa de Guiné original ou um balangandã perdido por uma plebeia anônima, que afinal se descobriu chamar-se Renilda de Oliveira Figueiredo (sem parentesco algum). A moça acabou ganhando acesso ao Palácio, chegando a Brasília a bordo de

CASOS E ACASOS

> um jato em viagem que jamais ousaria sonhar [...] Renilda
> foi Cinderela e de relógio na mão pouco teve a dizer sobre
> si ao ilustre interlocutor: não estudava, não tinha emprego,
> não tinha namorado, como moça pobre tocou-lhe na família
> a retaguarda de prestação de serviços domésticos [...] Uma
> Cinderela completa, essa da variante baiana.[14]

Acompanhada pelo governador da Bahia, Renilda foi pessoalmente
a Brasília devolver ao presidente o relógio perdido, sendo recebida
por Figueiredo no gabinete presidencial em audiência acompanhada
com grande interesse pela imprensa.

Um dos primeiros gestos da audiência coube a ACM, que levara
a tiracolo a certidão de nascimento da jovem a fim de provar ao
presidente e à imprensa a coincidência dos sobrenomes. Figueiredo,
cujas raízes familiares remontavam à Bahia, cogitou haver algum
parentesco distante entre as famílias.

Tímida e pouco à vontade em função da presença de vários repórteres, Renilda pouco falou durante todo o encontro. Já Figueiredo
parecia bastante contente em reaver o seu relógio, e também muito
satisfeito com o gesto digno da jovem.

O presidente aproveitou a oportunidade para presenteá-la com
uma foto autografada. Na dedicatória escrita de próprio punho,
Figueiredo foi fiel ao seu estilo direto e pouco afeito a formalidades
típicas do cargo que ocupava: "Pra você não esquecer da minha cara,
queria que você guardasse isso daí."[15]

Mais uma vez, Figueiredo sendo Figueiredo.

A jovem também presenteou o presidente com uma camisa esporte
comprada em uma loja de Salvador. Figueiredo foi gentil ao receber
o presente: "Então você devolve o meu relógio, vem de Salvador até
aqui para me entregar e ainda me traz um presente? Eu vou usar
esta camisa quando for à Bahia te visitar. Tá combinado? Posso te
visitar?"[16]

O presidente também perguntou se a jovem estudava e foi
informado por ACM que o governo do estado da Bahia estava

providenciando uma bolsa de estudos para que Renilda pudesse voltar às salas de aula, pois há alguns anos havia interrompido os estudos para ajudar a família nas tarefas domésticas. O presidente Figueiredo se mostrou interessado e chegou a prometer acompanhar pessoalmente a evolução dos estudos da jovem.

Por fim, a conversa entre Renilda e Figueiredo evoluiu para um tom mais informal, no qual o presidente acabou involuntariamente demonstrando que a fama de machista que sempre carregou não era mesmo à toa. Em dado momento da conversa, Figueiredo quis saber se a jovem sabia "fazer café e bife com ovos", ao que foi respondido com uma breve resposta afirmativa.[17]

Era o fim do conto de fadas da Cinderela baiana que, como último ato em Brasília, ainda pôde acompanhar a saída do presidente pela famosa descida da rampa do Palácio do Planalto.

A extinção da TV Tupi

A TV Tupi foi a primeira emissora de televisão do Brasil. E o seu pioneirismo não parava por aí, pois também fora a primeira emissora de televisão da América Latina. Sem dúvida, uma iniciativa precursora naquele início da década de 1950, que simbolizava a modernização e o progresso que o Brasil tanto ambicionava naquele momento.

Fruto dos ambiciosos sonhos do jornalista Assis Chateaubriand, a Tupi chegou a ser a "joia da coroa" do conglomerado de comunicação montado por ele, que ainda contava com jornais, revistas, emissoras de rádio, fazendas, laboratórios e até mesmo museus. No auge do seu esplendor, o império criado por Chateaubriand havia se transformado em um símbolo de grandiosidade e poder, sendo o seu fundador considerado uma das pessoas mais influentes do Brasil durante décadas.

Todavia, tudo começou a mudar em 1968, ano da morte do jornalista. Em seu testamento, Chateaubriand legou a emissora a um grupo de funcionários de confiança, criando a figura jurídica do "condomínio acionário".

A iniciativa de Chateaubriand de deixar a televisão ao seus ex--colaboradores revelou-se um desacerto, e a situação da empresa, que já não era tão confortável naquele final de década de 1960, continuou a piorar.

O mandato de Figueiredo, iniciado em 1979, já começou coexistindo com a decadência da TV Tupi, que enfrentava sérios problemas estruturais e financeiros. A década de 1970 havia sido muito difícil para a emissora e tudo levava a crer que 1979 representaria o melancólico fim de todo aquele lento processo de deterioração.

Naquele ano, a despeito de toda a respeitabilidade que tivera no passado, a TV Tupi alugava horários em sua programação para quem estivesse disposto a pagar, sem o menor critério. Assim, grupos étnicos, seitas religiosas e empresas passaram a ter acesso a horários na grade da emissora. Loteava-se a programação sem a menor cerimônia, no mais claro sinal da decadência da outrora poderosa rede de televisão.

Mas nem todos esses malabarismos televisivos seriam suficientes para estancar a grave crise financeira pela qual a emissora passava.

No final de 1979, uma nova greve dos funcionários (que já haviam paralisado os trabalhos de forma intermitente durante grande parte da década de 1970) comprometeu de vez o funcionamento da emissora. Sem ter como pagar os salários atrasados, a greve, de maneira legítima e compreensível, se estendeu por muito tempo, comprometendo a programação da Tupi, que chegou a não conseguir exibir nem mesmo seus telejornais naquele crítico período.

Em 1980, os funcionários permaneciam em estado de greve e chegaram a ter os salários pagos com a emissão de cheques sem fundo. Realmente, aquele era o fundo do poço e não se vislumbrava nenhuma solução que pudesse salvar a TV Tupi.

Imersa em expressivas dívidas junto ao governo (principalmente em relação à Previdência Social) e demonstrando não ter a menor capacidade de arcar com a sua folha de pagamentos e muito menos quitar os salários atrasados, o destino inexorável da emissora parecia ser fechar as portas em estado falimentar. Isso acabou por ocorrer pelas mãos do governo. Coube ao presidente Figueiredo assinar o decreto que

ME ESQUEÇAM – FIGUEIREDO

considerava "perempta" a concessão, extinguindo de uma só vez sete das nove emissoras do grupo, incluindo as duas principais, sediadas no Rio de Janeiro e em São Paulo.

Havia outras possibilidades, como decretar a intervenção federal (descartada pelo alto custo) ou repassá-la diretamente a grupos empresariais que comprovassem robustez financeira para conduzir a operação (descartada pela dificuldade em mensurar o passivo da emissora).

Diante desse quadro desolador, o governo acabou optando pela alternativa que, além de ser mais simples, conferia maior segurança jurídica a toda aquela intrincada situação: simplesmente extinguiu a concessão e, ato contínuo, começou a trabalhar em uma licitação para que novas empresas pudessem assumir as antigas concessões. Especulações davam conta de que já havia até mesmo alguns grupos interessados em operar as novas concessões a ser licitadas, como o Grupo Abril, o jornalista Nascimento Brito (dono do *Jornal do Brasil*, em parceria com o ex-diretor da Rede Globo Walter Clark),[18] a Bloch Editores e a Rede Bandeirantes de Televisão.

Os próximos capítulos dessa novela prometiam uma disputa ferrenha pelo espólio da Tupi, cuja parte mais valiosa eram as concessões para a exploração de emissoras de televisão no Rio de Janeiro e em São Paulo.

Enquanto se pensava no formato jurídico das licitações para suceder a TV Tupi, os capítulos finais de sua derrocada foram dramáticos. Os funcionários em greve faziam constantes apelos a Figueiredo. Pediam ao presidente, em tom de súplica, que interviesse na situação a fim de salvar a emissora e também que resolvesse a questão dos salários atrasados.

Nada feito. O decreto foi assinado por Figueiredo e as difusoras teriam seus transmissores lacrados no dia seguinte à sua publicação no *Diário Oficial*. Nos dias que antecederam a derrocada, seus funcionários, reunidos no antigo prédio do Cassino da Urca, colocaram um microfone à disposição daqueles que quisessem protestar ou fazer um desabafo televisionado, ao vivo, sobre a penosa situação em que se

CASOS E ACASOS

encontravam. Do lado de fora do prédio da emissora, algumas faixas contendo uma única inscrição: "Queremos trabalhar."

Era um fim melancólico e que certamente não estava à altura da grandeza da primeira emissora de televisão da América Latina. Curiosamente, naqueles dias finais, a audiência disparou, registrando um raro pico com aquele programa derradeiro. No mais dramático episódio dos quase trinta anos de história da Tupi, provavelmente os telespectadores se deram conta de que estavam testemunhando o fim de um capítulo importante da história da televisão brasileira.

Naquele momento, em completo desespero, os funcionários tentaram uma última cartada para demover Figueiredo: manter a TV Tupi no ar, sob seu próprio comando, até que outro grupo empresarial adquirisse a concessão. Chegou a ser elaborado um abaixo-assinado com mais de quinhentas assinaturas que clamavam ao governo "o direito de continuar trabalhando".[19] Novamente, nada feito.

Após a publicação do decreto, engenheiros do extinto Departamento Nacional de Telecomunicações (Dentel), acompanhados por agentes da Polícia Federal, se dirigiram ao prédio da emissora localizado no bairro do Sumaré, em São Paulo, e comunicaram que estavam ali para cumprir a pouco honrosa missão de lacrar os transmissores da TV Tupi.

As imagens finais simbolizavam o desespero daquele corpo de funcionários, prestes a ver a empresa para a qual tanto contribuíram encerrar abruptamente suas atividades.

Ao chegar ao local, os técnicos foram informados de que estava sendo transmitida a gravação da missa campal celebrada pelo papa João Paulo II, no aterro do Flamengo, e concordaram em esperar até que a transmissão acabasse. O locutor da última transmissão televisiva da TV Tupi clamava ao "outro João" para que olhasse para os funcionários que ficariam desempregados a partir daquele momento.[20]

Finda a transmissão da missa do papa, houve ainda uma última súplica. Em meio a imagens dos funcionários chorando no Cassino da Urca, foi lido um pequeno manifesto dirigido diretamente ao presidente João Figueiredo, que em tom dramático realizava o apelo: "Senhor presidente, nós queremos arcar sozinhos com a responsabilidade desse nosso pedido, ficaremos à frente dos destinos dessa casa e por nossa conta tentaremos gerir a nossa própria vida, só queremos que Vossa Excelência nos deixe trabalhar."[21]

Palavras ao vento. Exatamente às 12h33 foram colocados selos de metal nos transmissores, impedindo assim seu funcionamento. Estavam lacrados os emissores da TV Tupi, cessando os últimos sinais de sua difusão.

Muitos se deram conta de que, naquele triste momento, encerrava-se uma era da televisão brasileira. Após exatos 29 anos e 10 meses, saía do ar a TV Tupi.

Para sempre.

A concessão da Rede Manchete e do SBT

Durante a lenta agonia da TV Tupi em seus dramáticos momentos finais protagonizados por funcionários em prantos temerosos por seus empregos, muito já se especulava sobre o futuro das concessões da emissora. Parecia que se velava precocemente "um doente terminal" e, pior ainda, já se discutia a divisão de seu espólio enquanto o pobre enfermo ainda dava seus suspiros finais.

E era exatamente isso. Havia o sentimento generalizado de que a continuidade da operação da Tupi era completamente inviável, e o futuro de suas valiosas concessões passou a ser alvo de intensa cobiça e muitas especulações. Enquanto isso, funcionários atônitos ainda tentavam manter a emissora de pé.

Dura realidade do sistema capitalista.

Inicialmente, muitos apostavam que o governo poderia nem sequer realizar uma licitação para definir o futuro das concessões que ainda pertenciam à TV Tupi. Poderia haver uma espécie de sucessão de empregadores, adjudicando as concessões a outro grupo empresarial, fazendo valer assim o princípio jurídico da continuidade da empresa. Essa saída era vista com simpatia por alguns membros do governo, pois assim não haveria solução de continuidade em relação aos empregados da TV Tupi, então em intenso lobby pela questão da manutenção de seus empregos.

Especulava-se também que os grupos Abril e JB seriam os escolhidos pelo governo para dar continuidade às operações da Tupi. Contudo, essa proposta acabou não vingando, apesar de supostamente ser apoiada pelo ministro chefe do Gabinete Civil, Golbery do Couto e Silva.[22]

Superada a alternativa de adjudicação direta por algum grupo empresarial, foi adiante a outra proposta que havia sobre a mesa de Figueiredo: realizar uma licitação para repassar o espólio da Tupi a algum interessado. O certame atraiu a atenção de vários grupos empresariais influentes no Brasil. Dos nove pretendentes iniciais, restaram seis finalistas.

Seria uma disputa duríssima, pois estavam no páreo o Grupo Abril, o Grupo Jornal do Brasil, o Grupo Bloch, um grupo ligado ao empresário Silvio Santos e ainda os grupos Capital e Maksoud.

Como se dizia na época, era "briga de cachorro grande". De fato, não era uma disputa entre amadores, e nos bastidores os interessados jogavam pesado para obter a concessão. Assim, os concorrentes se articularam em uma ferrenha e silenciosa disputa junto ao Palácio do Planalto, motivando uma série de reuniões sobre o tema no âmbito da própria Presidência da República.

A licitação foi formulada de modo a refletir não apenas os interesses do governo, mas também os interesses dos trabalhadores da extinta TV Tupi. Desse modo, um dos critérios do edital era o aproveitamento, na maior medida possível, dos antigos funcionários pelos novos concessionários. Já os pesados débitos junto à Previdência Social não seriam arcados pelos vencedores da licitação.

A disputa estreitava-se cada vez mais, e, ao final do processo, sobraram três postulantes às duas concessões. Permaneciam no páreo o Grupo Bloch, o Grupo Capital e o grupo liderado pelo apresentador

Sílvio Santos. O problema àquela altura era que só existiam duas concessões para três grupos cujas propostas agradavam ao governo.

Naquele momento, a acirrada disputa ganhava ares de guerra declarada. O governo apostava em uma solução negociada na qual dois dos grupos deveriam se consorciar para explorar uma das concessões. Articuladores do governo entraram em campo para viabilizar essa alternativa, que, no entanto, esbarrou em uma dificuldade que na prática se revelou intransponível: os três grupos não tinham a menor intenção de se consorciar entre si, de modo que a possibilidade de uma composição se tornara inviável. Desenhava-se, assim, um impasse que chegou até a irritar pessoalmente Figueiredo.

Em função da falta de acordo, o próprio presidente teria que bater o martelo e excluir um dos grupos da concessão. Diante dessa situação, valia tudo para ter acesso a Figueiredo.

O empresário Oscar Bloch chegou a ir até a Colômbia, incentivado pelo general Otávio Medeiros (ministro chefe do SNI e muito próximo ao presidente), e buscou um contato pessoal com Figueiredo, que visitava oficialmente o país. O representante do Grupo Bloch conseguiu conversar pessoalmente com Figueiredo, mas o resultado foi desanimador. Aparentemente, a concessão ficara mais longe após o presidente manifestar enfaticamente a sua opinião sobre a revista *Manchete*: "Oscar, vocês vão botar essas baixarias da revista do Carnaval na televisão. Eu não vou dar a concessão a vocês."[23]

No entanto, após outras tratativas, e até uma garantia de que "não vai haver baixo nível nas transmissões do Carnaval da TV Manchete",[24] o quadro inicialmente desfavorável acabou por ser revertido. Um diálogo entre o embaixador brasileiro Paulo Tarso Flecha de Lima e Oscar Bloch revelava a importância daquele encontro e de suas tratativas posteriores — ao ser indagado pelo embaixador "se teria falado com o homem",[25] a resposta teria sido dada em tom entusiástico: "Falei, e acho que agora está tudo bem."[26]

A perseverança acabou premiada e o Grupo Bloch realmente acabou ficando com uma das concessões, fundando a TV Manchete, sediada no Rio de Janeiro. Ao final do processo, se juntou ao rol dos

CASOS E ACASOS

vencedores o grupo ligado ao empresário Silvio Santos, que fundaria o Sistema Brasileiro de Televisão (SBT), cuja sede ficaria em São Paulo.

Ao anunciar a decisão do governo, o ministro das Comunicações, Euclides Quandt de Oliveira, afirmou que o diferencial das propostas vencedoras era "a experiência que os proponentes ofereciam na exploração do sistema de radiodifusão"[27] e negava qualquer influência política na escolha.

Contudo, nos bastidores do poder em Brasília, a versão extraoficial caminhava no sentido diametralmente oposto. Dizia-se que a decisão do presidente Figueiredo havia se baseado em critérios políticos, acabando por prevalecer a posição mais conservadora sobre o tema, defendida reservadamente pelo ministro Otávio Medeiros.

Na qualidade de chefe do SNI, Medeiros era, por natureza, um sujeito que desconfiava da imprensa. A versão propagada na época dava conta de que partira dele o veto aos grupos Abril e JB, pois, em sua visão (que acabara por prevalecer), havia risco para o governo ao permitir que grupos já estabelecidos no jornalismo assumissem as concessões: "Mesmo com a concessão do governo suscetível a cassação, não deveria ser entregue a grupos interessados em jornalismo informativo e político com a independência permitida por lei (porque, em vista disso, poder-se-iam tomar críticas ao governo)."[28]

Se os derrotados no certame licitatório se sentiram injustiçados, nada disseram. Tampouco se queixaram através da imprensa. O mutismo pode ter diversas interpretações, mas naquele momento parecia que os grupos que perderam a licitação não queriam mesmo era se indispor com o governo.

O Grupo Abril, em nota divulgada à imprensa, lamentou a decisão do governo, mas desejou sucesso aos vencedores da licitação. Já o JB optou por não se manifestar e sequer soltou uma nota oficial externando a sua posição, preferindo silenciar sobre o assunto.

As críticas mais contundentes vieram do sindicato dos radialistas de São Paulo. A categoria fez questão de deixar claro que recebia com "estranheza" a decisão do governo e chegou a colocar uma tarja negra na janela de sua sede para demonstrar repúdio àquela decisão.

Sua preocupação principal àquela altura era com o cumprimento, por parte dos vencedores da licitação, da cláusula do contrato de concessão que estabelecia o aproveitamento dos ex-funcionários da TV Tupi.

Em uma nota escrita em termos enfáticos, o sindicato não poupou críticas ao governo e aos próprios adjudicantes das concessões: "Foram vencedoras as duas piores propostas. [...] Um dos ganhadores, o sr. Adolfo Bloch, já fala numa rede para exibir filmes, enquanto que o outro está preocupado com o seu Baú da Felicidade para a venda de carnês. Lamentamos profundamente a insensibilidade do governo na hora de tomar essa decisão."[29]

Já as demais emissoras também olhavam apreensivas para o resultado da licitação, temerosas de que o ingresso de mais dois concorrentes no mercado não fosse acompanhado do aumento correspondente no volume de propaganda veiculada, o que poderia acarretar um desequilíbrio do próprio mercado, levando alguma das emissoras já constituídas à falência ou inviabilizando a operação das novas emissoras. Havia a crença, generalizada no meio televisivo, de que o governo estava permitindo que novos concorrentes ingressassem naquele mercado para repartir um bolo que não aumentaria de tamanho.

Outras fontes acreditavam que a escolha do governo tinha como objetivo oculto evitar a concentração no mercado televisivo, pois trazia novos concorrentes àquela dinâmica. Esse fato era considerado algo bastante positivo pelo governo — havia críticas de que o mercado televisivo era muito concentrado e amplamente dominado pela Rede Globo.

Nas inconfidências do presidente Figueiredo há um fundo de verdade nessa versão. Em um informal encontro no interior do estado do Rio de Janeiro, o já ex-presidente deu uma sincera declaração sobre aquele episódio: "Não dei nenhuma estação de TV ou de rádio ao doutor Roberto Marinho. Achava que ele já tinha demais! Aí ele brigou comigo."[30]

Nesse mesmo encontro, Figueiredo ainda se permitiu dar uma opinião ainda mais ampla sobre a Rede Globo e seu dono, também tendo como pano de fundo a questão da concessão da Manchete e do SBT:

CASOS E ACASOS

[A Globo] É a melhor rede que existe no Brasil. [Roberto Marinho] é o dono da opinião pública do país. Muda quem ele quiser e, no dia que ele quiser virar contra o governo, o governo cai. Ele brigou comigo porque não dei uma estação de rádio ou de televisão a ele. Resolvi criar três redes. Criei a Rede Manchete, criei o Silvio Santos e criei a Bandeirantes. E aí ele ficou com raiva de mim porque era só ele. Ele queria tudo para ele.[31]

A resposta do jornalista Roberto Marinho foi incisiva e publicada na forma de uma pequena nota explicativa, logo abaixo da declaração de Figueiredo na edição impressa do jornal *O Globo*:

Tendo ouvido a respeito dessas declarações do general Figueiredo, o jornalista Roberto Marinho declarou que nunca pediu canal de televisão ou rádio ao general Figueiredo nem ganhou qualquer canal de rádio ou televisão dos governos militares. E acrescentou que protestou, sim, contra a decisão de Figueiredo de dar redes de televisão como presente de amigo[...][32]

Sobre as concessões, a Rede Manchete, na segunda metade da década de 1990, passou por drama semelhante àquele enfrentado pela TV Tupi, tendo encarado queda brusca no faturamento, salários atrasados e greve por parte de seus funcionários. A emissora fez a sua última transmissão em maio de 1999 e, ironicamente, não conseguiu chegar ao século XXI, que a rede, no momento em que iniciou suas transmissões, em 1983, aludia por meio de um slogan: "Manchete: a televisão do ano 2000."

Já o SBT permanece operando a sua concessão até os dias atuais.[33] O apresentador Silvio Santos, por sua vez, jamais deixou de reconhecer publicamente a sua gratidão ao ex-presidente Figueiredo, chegando a declarar em um dos seus programas: "Sou muito grato a ele [Figueiredo]. Se não fosse ele, eu estava vendendo caneta na praça da Sé."[34]

Já no final de 2018, em seu programa dominical no SBT, o apresentador voltou a abordar o assunto de forma ainda mais inusitada. Em uma atração denominada "Jogo das três pistas", Silvio pediu que duas competidoras identificassem um personagem a partir de três indícios: era um general, também presidente, que "deu a televisão para o Silvio Santos". A resposta certa era "general Figueiredo", o que reforça a tese de que a decisão oficial também poderia ter sido influenciada "pela simpatia que o presidente e sua mulher, Dulce, tinham pelo empresário".[35]

A demissão do porta-voz

O jornalista Alexandre Garcia cobriu a candidatura do general Figueiredo à Presidência da República pelo *Jornal do Brasil*. Com base em suas memórias daquele breve período favorecidas pela grande interação que teve com o próprio Figueiredo durante a campanha presidencial, acabou por escrever um livro intitulado *João Presidente*. Na obra, Garcia narrava situações inusitadas da campanha, além de descrever fatos pouco conhecidos sobre a trajetória do general que havia acabado de se tornar presidente.

Após a cobertura da campanha eleitoral, acabou convidado para assumir a subsecretaria de comunicação da Presidência da República, subordinada indiretamente ao então ministro da Comunicação, Said Farhat.

No Palácio do Planalto, o jornalista passou a ser um dos principais porta-vozes da Presidência, sendo destacado em algumas oportunidades para falar pelo governo sobre assuntos sensíveis, como reforma eleitoral[36] e uma suposta vaia que o presidente Figueiredo levara em um evento público.[37] Gradativamente, Alexandre Garcia tornava-se uma das vozes mais abalizadas do governo, sendo inclusive uma das primeiras autoridades a comentar abertamente com a imprensa que o sucessor do presidente Figueiredo seria um civil.[38]

CASOS E ACASOS

Contudo, em outubro de 1980, sua trajetória no Palácio do Planalto começaria a mudar.

Garcia recebera um convite para dar uma entrevista à revista *Eles e Elas*, publicação voltada para o público masculino, aceito após consulta ao ministro Golbery. A partir daquele momento, a sua sorte mudaria de vez.

Ocupando seis páginas inteiras da publicação, a entrevista contaria ainda com nove fotos coloridas do jornalista em diversos aspectos de sua vida cotidiana, inclusive uma que o retratava deitado em sua cama, coberto por um lençol e com a fronte do peito descoberta,[39] ainda que estivesse vestido (segundo seu relato, estava de bermudas, mas sem camisa).[40]

No entanto, aquele número da revista ficaria publicamente conhecido não apenas por tais fotos, mas pelas declarações um tanto quanto ousadas para a época. Após contar o seu começo como um menino de possibilidades modestas que vendia pastéis em uma cidade do interior gaúcho, a entrevista evoluiu para aspectos particulares da vida do jornalista, que iam desde a sua iniciação sexual[41] até uma inusitada descrição sobre as diferentes "fases" que a sua atribulada vida sexual já tinha atravessado.[42]

A repercussão de suas declarações foi bastante negativa. O jornal *O Globo* se referiu à entrevista como "As inconfidências de um porta-voz".[43] A imprensa em geral relatou que Figueiredo teria ficado irritado com o episódio, principalmente após a repercussão negativa da entrevista na matéria da *Veja*, que preferiu se referir ao episódio como "Vulgaridade palaciana".[44]

Em suas memórias, contudo, o jornalista Alexandre Garcia relata que o presidente, após ler a entrevista, teria levado o episódio com bom humor:

> O Flavinho [editor da revista] me trouxe o primeiro exemplar que entreguei para o Figueiredo ler. O Figueiredo leu a bordo de um Búfalo em uma viagem a Pindamonhangaba [em São Paulo]. Até aconteceu uma coisa engraçada... [...] Estourou

ME ESQUEÇAM – FIGUEIREDO

um cano do sistema hidráulico do avião, sujando as calças do presidente... Quando ele foi trocar as calças olhou para mim e disse: "É perigoso tirar as calças na sua frente!" (Risos) Foi a única observação que ele me fez a respeito da entrevista.[45]

Independentemente da posição de Figueiredo, quem definitivamente não aprovou o episódio foi Said Farhat. Em declarações à imprensa, o ministro afirmara que Alexandre Garcia "abriu a guarda demais".[46] Foi a senha para o fim dos dias do jornalista como subsecretário de comunicação do governo. O ministro deixou claro a Garcia que a entrevista era "completamente incompatível com a função de subsecretário de imprensa, que é um dos porta-vozes da Presidência da República".[47] Farhat, cuja relação com Alexandre Garcia já estava um tanto quanto desgastada naquele momento, respaldava-se no ministro chefe do SNI, Otávio Medeiros, que teria inclusive aprovado a demissão.[48]

Seria o fim de dezenove meses de trabalho do jornalista na equipe de Figueiredo. Parece que o tempo de convivência havia estreitado os laços entre o jornalista e o presidente, ao ponto de, em suas declarações finais, Alexandre Garcia afirmar que o admirava "como [a] um pai"[49] e que "para o presidente Figueiredo eu trabalharia de graça, pois não era um emprego, era uma missão".[50]

Ao final, Garcia atribuiu a sua demissão à repercussão negativa da reportagem na revista *Veja*. Em uma de suas derradeiras declarações, Alexandre acabou optando pelo bom humor: "A *Eles e Elas* me divulgou e a *Veja* me consagrou."[51]

Por falta de espaço na agenda de Farhat, a conversa derradeira que sacramentou a saída de Alexandre Garcia do governo ocorreu dentro de um carro oficial, enquanto o ministro se dirigia ao aeroporto para realizar uma viagem ao Rio de Janeiro.

A demissão ocorreu exatamente no dia em que o jornalista completava 40 anos. Ele não aparentava estar muito preocupado, ainda que houvesse a possibilidade de o episódio atrapalhar suas supostas pretensões em se candidatar à Câmara dos Deputados em 1982.[52]

Além disso, ainda se deixou fotografar em sua festa de aniversário ao lado de várias amigas no famoso quarto onde tinha posado para as fotos da controversa entrevista.

Em um encontro em particular com o presidente para a despedida, ambos foram às lágrimas.[53] A sua última frase antes de se despedir refletia seu estado de espírito naquele momento e, sobretudo, a afeição e estima pessoal que nutria pelo presidente Figueiredo: "Se há um homem sincero, é o seu João."[54]

Disso, realmente não havia dúvida.

O Povo e o Presidente

No início de 1982, uma preocupação rondava o horizonte do diplomata Carlos Átila, porta-voz da Presidência da República: o desgaste do governo nos meios de comunicação, que, em sua visão, era acentuado em relação à Rede Globo, emissora de maior audiência do país.

Preocupado com o tema, sobretudo em função das eleições que seriam realizadas em novembro daquele ano, o porta-voz de Figueiredo levou o seu receio ao ministro Leitão de Abreu, responsável pela articulação do governo com a sociedade civil. Em suas memórias, Carlos Átila recordou a forma direta com a qual abordou o assunto junto ao chefe do Gabinete Civil: "Dr. Leitão, em breve vai começar a campanha eleitoral, não é possível continuar levando paulada da Globo do jeito que está acontecendo, o *Jornal Nacional* só faz esculhambar o governo."[55]

O ministro Leitão compreendeu a relevância do tema. Homem de poucos gestos e nenhuma expressão facial, não se deixava impressionar por nenhum apelo e pouco deixava transparecer aos seus interlocutores o que realmente se passava pela sua cabeça. No entanto, diante do problema relatado, não titubeou sequer um segundo e de pronto tomou providências.

A primeira delas seria também a mais efetiva: agendou uma reunião com o jornalista Roberto Marinho. Recebidos na sede da emissora no Rio de Janeiro, em reunião que contou também com a participação de José Bonifácio de Oliveira Sobrinho, o Boni, à época diretor da emissora, Leitão de Abreu e Carlos Átila foram direto ao ponto: era preciso melhorar a imagem do presidente Figueiredo, aproximá-lo do povo, fazer com que sua mensagem fosse entendida pela população.

Diante do quadro apresentado pela comitiva do governo, o perspicaz diretor da emissora deu uma sugestão que seria a solução para o problema apresentado: um programa no qual o próprio presidente Figueiredo respondesse perguntas de pessoas comuns. E assim foi feito. Com o script previamente alinhado, Roberto Marinho escreveu uma carta ao presidente. No seu conteúdo, tão somente um singelo convite: estabelecer uma conexão direta com o povo brasileiro através de um programa de televisão.[56]

A fórmula era simples: os telespectadores enviariam cartas com as suas perguntas e o presidente as responderia diante das câmeras. O programa, que se chamaria *O Povo e o Presidente,* seria veiculado aos domingos, imediatamente após os gols do *Fantástico,* uma das atrações líderes de audiência da Rede Globo naquele dia da semana.

As cartas enviadas ao programa traziam de tudo um pouco, passando por pedidos de esclarecimentos sobre a situação política do país até questões de cunho estritamente pessoal, como a concessão de aposentadorias. Também eram feitos inúmeros pedidos que começavam por gêneros de primeira necessidade, como emprego e casa própria, e iam até itens menos comuns, como passagens de avião e pneus.

O Departamento de Jornalismo da TV Globo era responsável pela seleção das cartas lidas no programa, estabelecendo como critério a atualidade dos temas abordados e o interesse público subjacente às questões formuladas. As cartas excluídas da seleção recebiam uma resposta individual elaborada pela Secretaria Particular da Presidência, enviada aos destinatários através dos Correios.

A atração tinha um tom informal. O presidente, geralmente trajando paletó esporte, se apresentava de modo descontraído e tentava assim transmitir uma imagem de alguém próximo ao povo. Ainda era um resquício do início do mandato, quando a sua máquina publicitária tentou transformá-lo em um simples "João".

Assim, Figueiredo se permitia fazer pontualmente comentários aleatórios durante o programa, muitas vezes sobre algum aspecto da vida cotidiana do país. Certa vez, o presidente manifestou grande pesar pela desclassificação da seleção brasileira de futebol da Copa do Mundo de 1982, na Espanha, comentário que teve ampla repercussão em virtude da tristeza dos brasileiros devido ao fim do sonho do tetracampeonato.

Nos dois primeiros programas, o próprio Boni esteve em Brasília para supervisionar as gravações. Nas recordações de Carlos Átila, sua presença foi muito importante para orientar o presidente, sobretudo no que tange à espontaneidade de suas respostas. Logo no início das gravações, Boni teria dito a Figueiredo como deveria se portar ao responder as perguntas: "Presidente, o senhor tem que falar com naturalidade, não precisa decorar discurso, o senhor vai conversando com os repórteres e respondendo ao povo de forma natural."[57]

As orientações de fato deram certo. Em sua primeira participação, Figueiredo respondeu com desembaraço a onze perguntas. Naquela oportunidade, destacou que a importância do programa era estabelecer um "canal direto entre o povo e a Presidência da República".[58]

Até aí, tudo transcorria bem, pois criava-se um canal direto entre governantes e governados. Mas havia um problema: aquele era um ano eleitoral, e Figueiredo, em muitas respostas, aproveitava para fazer um breve sumário das realizações do seu governo. Para alguns críticos, tratava-se de propaganda política disfarçada, antecipando-se a campanha eleitoral que ainda não havia sido formalmente iniciada.

Para piorar a situação, haveria mais um complicador, dessa vez fruto da própria legislação eleitoral vigente: a famigerada Lei Falcão, mantida para as eleições de 1982, restringia de forma severa a campanha por rádio e televisão. Assim, enquanto a oposição não tinha um "canal direto" com o eleitorado, Figueiredo respondia perguntas do povo e aproveitava para enaltecer realizações do governo (cujo partido disputaria aquelas eleições) após um dos programas de maior audiência da televisão brasileira na época.[59]

ME ESQUEÇAM – FIGUEIREDO

Uma das perguntas mais polêmicas junto à oposição foi sobre a importância do voto dos nordestinos. Figueiredo respondeu que esperava que os nordestinos fizessem justiça ao seu governo nas eleições de novembro,[60] o que demonstrava que, em resposta a alguns questionamentos apresentados no programa, o presidente se permitia fazer referências explícita às eleições vindouras.

A oposição não gostou dessa exposição ampliada de Figueiredo, que teoricamente poderia favorecer o partido do governo, até porque o presidente passou a se engajar pessoalmente na campanha de candidatos do PDS, participando inclusive de comícios e fazendo discursos em palanques.

O candidato do Partido dos Trabalhadores ao governo de São Paulo, Luiz Inácio Lula da Silva, esbravejava afirmando que o próprio governo estava "passando por cima da Lei Falcão".[61] O PT chegou a impetrar um mandado de segurança junto ao Tribunal Superior Eleitoral (TSE) para proibir a participação de Figueiredo no programa.[62] Irônica mesmo foi a citação no *Jornal do Brasil*: "para casos como 'O povo e o presidente' não há Lei Falcão."[63]

Em meio a críticas, o programa continuou, mas o presidente deixaria de responder perguntas que tivessem caráter eleitoral. Segundo seu porta-voz, o próprio Figueiredo era o maior interessado em cumprir a Lei Falcão, e a partir daquele momento seria adotada uma nova seleção de cartas que excluiriam temas que apresentassem implícita ou explicitamente conotação eleitoral.[64]

No entanto, isso não significava que Figueiredo abandonaria a campanha. O porta-voz ressalvou que o presidente continuaria a pedir votos para os candidatos do PDS quando julgasse oportuno, principalmente nos discursos que fazia em seus diversos compromissos públicos. Assim, caberia às emissoras de rádio e televisão não transmitir trechos pontuais de eventuais discursos que contivessem propaganda eleitoral.

Embora Figueiredo tenha passado a ser mais cauteloso em suas respostas durante o programa, a Justiça Eleitoral lhe impôs algumas barreiras. Alguns tribunais regionais eleitorais, em estados como

Ceará e São Paulo, suspenderam a exibição de *O Povo e o Presidente* às vésperas das eleições de 1982, por considerá-lo em desacordo com a legislação eleitoral vigente.[65]

Ainda assim, apesar de todo o engajamento de Figueiredo, seus esforços não surtiram os resultados esperados. Mesmo com toda a exposição, o governo saiu derrotado nas eleições de 1982, perdendo o comando das principais capitais para a oposição.

Já o programa *O Povo e o Presidente* permaneceu na grade da emissora, com algumas interrupções, até setembro de 1983. Naquele momento, o governo enfrentava o auge do desgaste político e social, sobretudo em virtude da recessão econômica. O Brasil vivia a famigerada "estagflação", e ninguém mais acreditava em promessas e explicações, sempre em meio a controvérsias em relação ao reajuste salarial e enrolado em complexas negociações com o FMI.

No entanto, em meio ao descrédito geral, quando se pensava que realmente nada nem ninguém fosse capaz de ainda confiar no governo Figueiredo, eis que surge uma boa-nova naquele mar de notícias negativas.

Ainda havia uma única pessoa no Brasil que acreditava.

A Velhinha de Taubaté

Em meio à descrença generalizada em relação ao governo e ao próprio regime militar, o escritor Luis Fernando Verissimo soube captar o sentimento de insatisfação generalizada reinante no Brasil ao criar uma anedótica personagem que retratava com perfeição aquele período: a Velhinha de Taubaté.

Eram poucas as informações disponíveis sobre a tal velhinha. Sabia-se apenas que ela morava em Taubaté, passava boa parte do seu tempo em uma cadeira de balanço assistindo ao Brasil pela televisão, e tinha um gato chamado Carlos Átila, o mesmo nome do porta-voz do presidente Figueiredo.

Nada mais se sabia sobre ela.

A caricata Velhinha de Taubaté capturava com humor o misto de sentimentos da população brasileira em relação ao governo. Era uma sátira da vida real. Acabou virando um bem-humorado símbolo do esgotamento do regime militar no Brasil.

Assim, a Velhinha seria "o último bastião da credulidade nacional".[66] Naquele ano de 1983, nada nem ninguém no Brasil ainda acreditava no governo, mas a crédula Velhinha perseverava e mantinha a sua irredutível postura de continuar acreditando.

Nas divertidas — e bastante imaginativas — crônicas de Verissimo, o processo de descrédito do regime foi gradativamente se acentuando. No auge do "milagre econômico", muitos brasileiros acreditavam no governo. Com as sucessivas crises e as explicações que de fato nada explicavam, em 1981 apenas dezessete pessoas ainda acreditavam. Todas velhinhas. Mas, em 1983, com o agravamento da crise e os sucessivos escândalos do governo, só restava a Velhinha de Taubaté.

A última a ainda acreditar.

Com essa inusitada sacada, Verissimo criou a personagem que logo caiu no gosto popular. A Velhinha "passeava" pelos escândalos do governo, sempre a confiar cegamente nas explicações oficiais. O relatório final do caso Riocentro era o maior exemplo da inocência da personagem. Embora o descrédito fosse geral e diversas matérias na imprensa contestassem as apurações oficiais, a velhinha piamente acreditou em tudo o que foi dito. Foi a única pessoa do país a acreditar e "desconfiava-se" que o relatório final tinha sido feito exclusivamente para ela.

No caso Alexandre von Baumgarten, exatamente a mesma coisa. A Velhinha havia sido a única pessoa a acreditar que o jornalista se suicidara com três tiros e depois se jogara ao mar. Convinha não a desapontar apresentando outras versões, por mais críveis que fossem em comparação à versão oficial.

E a sua saga assim continuava na fértil imaginação do escritor. A casa da Velhinha em Taubaté chegou a ser grampeada pela comunidade de informações. À época sem ter nenhum trabalho no

CASOS E ACASOS

combate à subversão, os antigos agentes precisavam de atividades para justificar a existência um tanto quanto extemporânea daquela estrutura que remontava às décadas de 1960-70. Assim, passaram a monitorá-la de perto, uma vez que era fundamental para o país que ela continuasse a acreditar, e as principais autoridades do governo deviam estar permanentemente informadas sobre isso.

Em Taubaté, o sucesso era tanto que havia até uma inusitada tenda vendendo livros com a velhinha na capa. Os espirituosos títulos refletiam o Brasil daquela época: *Por que acredito no Delfim e Coisas para comer enquanto se assiste a "O Povo e o Presidente"*.[67] É que a velhinha reunia as amigas para ver o programa. Era a única pessoa que via o presidente Figueiredo responder as perguntas dos telespectadores e acreditava piamente em tudo o que ele afirmava.

Apesar das diversas passagens inspiradas, não há dúvida de que o melhor momento da velhinha foi ao lado do ministro do Planejamento, Delfim Netto. Convidada a fazer uma viagem sigilosa ao lado do ministro, a Velhinha foi utilizada como argumento de autoridade em uma das mais dramáticas reuniões da equipe econômica brasileira junto à banca internacional. Em meio à crise de credibilidade de Delfim junto aos credores do Brasil e ao FMI, o ministro teve de recorrer à credulidade da Velhinha como última cartada nas negociações:

> Delfim e a velhinha foram a uma reunião no Citi [bank]. Em volta de uma mesa, banqueiros e dirigentes de organismos internacionais, de cara amarrada. [...] Os homens fizeram perguntas à velhinha, que respondeu como pode, através do intérprete que era o próprio Delfim. "Como veem, alguém no Brasil ainda acredita no nosso programa econômico", concluiu Delfim ao fim do interrogatório. A incredibilidade total alegada não existe. Peço que reconsiderem.[68]

A alusão ao sistemático descumprimento das cartas de intenção firmadas junto ao FMI talvez seja o melhor exemplo da falta de credibilidade do governo brasileiro. Ninguém mais acreditava nas promessas das autoridades do país, nem mesmo o Fundo, que passou a fazer exigências que sabia que não seriam cumpridas.

Só a Velhinha ainda acreditava.

Com o início do processo de sucessão de Figueiredo desencadeado ainda em 1983, a Velhinha voltou a ter papel de destaque. Como o presidente não se decidia sobre quem preferia como seu sucessor e mantinha uma postura absolutamente ambígua, restou aos possíveis candidatos buscar o apoio da Velhinha. Nos arroubos criativos de Verissimo, todos haviam ido pessoalmente visitá-la em Taubaté, até mesmo para se certificar de que ela acreditava neles.

Afinal, no dia em que a Velhinha deixasse de acreditar, "haverá o caos e as instituições ruirão".[69]

Desgastado pela situação econômica, e com a saúde debilitada após duas internações nos Estados Unidos para tratamento de problemas cardíacos, o presidente aparentava ter perdido o interesse em governar. Havia relatos de que trabalhava pouco, apenas quatro horas por dia, e gastava a maior parte do tempo em atividades esportivas e outras atividades pessoais das quais gostava.[70]

Interessado em governar o país ou não, o certo mesmo é que na intimidade de seu círculo mais próximo de assessores Figueiredo se mostrava chateado com a personagem criada por Verissimo, principalmente por achar que esse tipo de humor colocava em dúvida a autenticidade do projeto de abertura política com o qual havia se comprometido no início de seu mandato.[71]

O descontentamento, porém, não chegou a romper a barreira do entorno mais próximo do presidente e o escritor Luis Fernando Verissimo jamais chegou a ter conhecimento sobre o descontentamento do presidente.[72]

Ao final do governo, nem o próprio Figueiredo parecia mais acreditar naquilo que dizia. Porém, tinha de se manter firme e convincente em todas as suas declarações e pronunciamentos.

Afinal, a Velhinha de Taubaté ainda acreditava.

CASOS E ACASOS

Vaias na Quinta

Antiga fazenda de Jesuítas, a Quinta da Boa Vista foi doada à família real em 1808, em virtude da transferência da corte portuguesa para o Brasil em meio a uma Europa assolada por invasões da França de Napoleão que ameaçavam o território português. Diante da ameaça iminente, a família real de Portugal decidiu se mudar para o Brasil.

Durante o período colonial, quando o Rio de Janeiro passou a ser a capital do Reino Unido de Portugal, Brasil e Algarves, o palácio foi a residência oficial de d. João VI, experimentando seus dias de maior glória e esplendor. Mesmo após a independência do Brasil, a residência ainda continuou a ser a morada oficial dos imperadores durante o período imperial, mantendo esse status até a proclamação da República, em 1889.

Intimamente ligada à história do Brasil, a Quinta da Boa Vista também tinha lugar cativo na memória afetiva do presidente, já que Figueiredo passara parte de sua infância em São Cristóvão e tinha especial afeição pelo local, o qual remontava as suas recordações mais antigas.

Em realidade, o bairro de São Cristóvão tinha especial importância na história familiar do presidente. Seu pai, órfão de um veterano da Guerra do Paraguai, nascera e se criara em São Cristóvão, onde chegara a trabalhar como carregador de marmitas em função de sua orfandade. Figueiredo também lá havia nascido, tendo sido estudante da escola Nilo Peçanha e frequentado a Quinta da Boa Vista em seus momentos de lazer junto à sua família.

Se as antigas recordações da Quinta eram positivas, logo o presidente teria motivos para não se lembrar com tanto saudosismo do local predileto de sua infância.

Faltavam exatos oito dias para a realização da maior eleição do país durante o regime militar. O presidente Figueiredo, que havia se engajado pessoalmente na campanha dos candidatos do PDS, teria um teste decisivo para a sua popularidade: aceitara participar de um megacomício, intitulado "Festa da Abertura", a ser realizado na Quinta da Boa Vista, que tantas recordações felizes lhe trazia.

O comício era cercado de expectativas. Não apenas pelo encontro, que reuniria grandes nomes da música brasileira, mas principalmente porque a eleição para o governo do estado do Rio de Janeiro estava bastante polarizada entre os apoiadores dos dois principais candidatos — Moreira Franco e Leonel Brizola —, e temia-se que partidários da candidatura oposicionista fossem ao comício para vaiar o presidente Figueiredo, que naquele momento se prestava ao papel explícito de cabo eleitoral do PDS.

Precedentes nesse sentido já existiam. Em comício realizado pouco tempo antes, na cidade de Santa Maria, no Rio Grande do Sul, o presidente fora vaiado em plena campanha eleitoral, no momento em que discursava. Dedo em riste, chegou a exigir silêncio dos espectadores, que não o deixavam prosseguir em sua fala.[73] Já um dos candidatos do PDS à câmara municipal iniciou um pequeno tumulto junto aos manifestantes que vaiavam o presidente,[74] lembrando em menor proporção o incidente de Florianópolis, no segundo semestre de 1979.

O presidente tentava não demonstrar grande descontentamento em relação ao episódio, buscando evitar que a sua contrariedade ampliasse ainda mais a repercussão das vaias e assim amplificasse algo que lhe era negativo. Seguindo essa estratégia de minimizar o ocorrido, Figueiredo buscou demonstrar, com ares de naturalidade, que a manifestação popular fazia parte da democracia: "O preço da democracia, meus caros patrícios, exige que até os mal-educados sejam bem-vindos ao nosso meio."[75]

A aparente normalidade com a qual o incidente foi encarado pelo presidente contrastava com a apreensão de seu entorno de assessores, visivelmente preocupados com a possibilidade de o episódio das vaias se repetir em uma proporção muito maior no Rio de Janeiro, onde a estridente oposição prometia não dar trégua a Figueiredo e aos candidatos do PDS que o acompanhariam no palanque durante o comício.

Se o temor era palpável às vésperas do evento, no domingo o receio tornou-se certeza assim que a comitiva chegou à Quinta da Boa Vista.

CASOS E ACASOS

O grande público que comparecera naquele dia a São Cristóvão em grande parte contava com adeptos da candidatura de Leonel Brizola. Carlos Átila, porta-voz da Presidência, chegou a afirmar que havia uma "torcida organizada"[76] de Brizola a postos para acabar com a festa do PDS.

Estava dada a senha para um domingo que o presidente jamais esqueceria.

Já no início da tarde, o humorista Sérgio Mallandro — que fazia as vezes de animador — tentava puxar um coro de "Moreira", mas o público o ignorava, gritando o nome de Brizola em resposta. Prenúncio de que Figueiredo não teria vida fácil caso tentasse discursar naquela tarde.

A organização do comício até chegou a cogitar a possibilidade de o presidente Figueiredo não discursar, subindo ao palco com Moreira Franco apenas para uma breve saudação ao público. Teria sido uma opção melhor, preservando a figura presidencial da reação adversa de uma plateia que já se sabia de antemão bastante hostil.

No entanto, essa opção não prevaleceu e Figueiredo se dispôs a fazer um breve discurso. Tentativa frustrada. Insistentemente vaiado, o presidente foi diversas vezes interrompido e, por fim, desistiu do intento, indo embora sem concluir a sua breve fala e sem sequer chegar a dizer o nome de Moreira Franco, principal candidato que apoiava naquele comício.

Após o incidente, Figueiredo atribuiu a reação popular adversa à "irreverência carioca",[77] em nova tentativa de não demonstrar incômodo maior ante outro episódio desgastante. No entanto, mais uma vez o presidente não deixaria o personagem que tentava encarnar se sobrepor à pessoa que realmente era e, em discursos ao longo da semana seguinte, em cidades das regiões Sul e Sudeste, demonstrou toda a contrariedade que guardava em seu íntimo: advertiu de maneira enérgica que não aceitaria o cerceamento da liberdade de expressão e que poderia utilizar todos os meios legais contra o que julgava ser ameaças à democracia, sem no entanto explicitar quais medidas poderia vir a adotar contra manifestantes que eventualmente o vaiassem.

As frases que utilizou nos dois discursos revelavam seu verdadeiro estado de espírito e, principalmente, todo o tamanho de seu desapontamento. Em Juiz de Fora, Minas Gerais, Figueiredo utilizou o termo "democracia unilateral", e prometeu ainda que não aceitaria "essa democracia que a oposição pretendia lhe impor" e, em Curitiba, já utilizando o seu estilo direto e sem meias palavras, afirmara que "não é com berros que se mostra ser homem".[78]

Independentemente do ressentimento que carregava, o fato é que nenhuma medida legal chegou a ser adotada pelo governo em relação às vaias que o presidente por vezes recebia ao participar de comícios eleitorais. Apregoando as suas convicções democratas sempre que lhe era possível, Figueiredo se deparou com a realidade concreta dos regimes democráticos ao levar "a maior vaia de sua vida"[79] em um comício realizado em um lugar que paradoxalmente lhe despertava doces recordações do passado.

De volta à Quinta da Boa Vista, o presidente pôde perceber o quanto um regime de liberdades plenas por vezes pode ser implacável e não poupar ninguém do inevitável escrutínio público daqueles que optam por militar na política, sobretudo em épocas de campanhas eleitorais. Como o próprio presidente havia se referido, ao falar de improviso em um evento do PDS, a democracia era um valor inegociável: "[...] mais vale uma democracia em dificuldade do que uma ditadura progressista."[80] Figueiredo começava a sentir na própria pele o que as suas palavras significavam na prática.

A eleição de 1982 acabou por ser um sucesso e a vontade soberana do povo resultante das urnas foi respeitada, tal qual o presidente havia prometido ainda na qualidade de candidato à Presidência da República, no segundo semestre de 1978. A emblemática capa da revista *Veja*, estampando uma foto de Figueiredo com as mãos entrelaçadas ao alto seguida da mensagem "Vitória de Abertura", [81] mostrava que o presidente seguia determinado em seu propósito anteriormente definido, mantendo firme o compromisso de levar o país de volta à democracia.

Mesmo com alguns dissabores, era o caminho a ser trilhado.

CASOS E ACASOS

Copa de 1986 no Brasil

Em meados de 1982, a Colômbia começou a dar os primeiros sinais de que não teria condições de sediar a Copa do Mundo de Futebol em 1986. Escolhida como sede em 1974, a apenas quatro anos da realização do mundial o país não reunia os requisitos mínimos exigidos pela Federação Internacional de Futebol (FIFA) em termos de infraestrutura. Se realmente quisesse permanecer como sede da copa, a Colômbia necessitaria realizar vultosos investimentos em um curto prazo para se adequar às rigorosas exigências da entidade que comanda o futebol mundial.

Naquele momento, parecia ser impossível à Colômbia arcar com tais dispêndios. Oito anos após ser escolhida como sede da Copa do Mundo, a situação de bonança da década de 1970 já havia se esgotado e a Colômbia atravessava dificuldades no campo social, principalmente em termos de saúde e educação. Mas o pior era a crise da dívida externa, que atingiu em cheio os endividados países do denominado "terceiro mundo" em 1982, deteriorando a complicada situação social na qual aquele país se encontrava.

Não eram tempos fáceis para as economias latino-americanas.

Assim, embora a Federação Colombiana de Futebol resistisse em "jogar a toalha", era quase certo que o país não teria como realizar os investimentos necessários a tempo de realizar o mundial.

Nesse contexto de indefinições no qual a maioria dos analistas apontava para a inevitabilidade da desistência da Colômbia, vários países se animaram em realizar o mundial de 1986. O Brasil foi um deles. Giulite Coutinho, presidente da Confederação Brasileira de Futebol (CBF) e grande entusiasta da ideia, chegou a pedir uma audiência com o presidente Figueiredo para tratar do assunto. Animado, chegara a afirmar que a realização da Copa do Mundo traria divisas para o Brasil.

A reunião ocorreu em agosto de 1982. Naquele momento, apesar da crise de dívida externa estar estourando nos países devedores (inclusive no Brasil), o país ainda vivia como se nada de anormal estivesse acontecendo. Ante a crise que se avizinhava e a necessidade de pedir ajuda ao FMI, as autoridades brasileiras preferiam solenemente ignorá-la, esperando as eleições de novembro de 1982. Até lá, a ordem era aparentar a mais absoluta normalidade.

E assim foi feito. Em um contexto de primazia da aparência sobre a realidade foi realizada a primeira reunião sobre o tema entre os presidentes do Brasil e da CBF. E, no mundo do faz de conta que o país vivia em agosto de 1982, Figueiredo refletia bem o espírito da época ao manifestar interesse na realização do torneio no Brasil.[82] Colocava uma única condição: que a Colômbia desistisse formalmente.

O presidente só não explicou com quais recursos pretendia realizar o evento. Provavelmente não sabia. Naquele momento do seu governo, tudo o que não havia eram recursos no orçamento para projetos de investimento. Disso Figueiredo com certeza sabia.

Só não contava ao grande público. Ainda.

A manchete do jornal *O Globo* de 26 de agosto de 1982 involuntariamente expressava a dimensão exata do "universo paralelo" que aquela primeira reunião entre Figueiredo e Giulite representava: "Figueiredo dá pleno apoio à CBF para promover a Copa de 1986."[83]

De fato, apoio era tudo o que o presidente poderia dar naquele momento. Nada mais que isso, já que os escassos recursos do país estavam integralmente comprometidos àquela altura com o pagamento da dívida externa. Provavelmente faltou esclarecer que se tratava meramente de um apoio moral.

O tempo se encarregaria de fazê-lo.

Com a desistência formal da Colômbia em outubro de 1982, surgiram, além do Brasil, outros países interessados em receber o torneio, como o Canadá, os Estados Unidos e o México. Antevendo uma disputa ferrenha, o presidente da CBF começou a "costurar" apoios à candidatura do Brasil e chegou a ser bem-sucedido, alinhavando aliados de países sul-americanos.

Se era efetivo em conquistar apoios de outras confederações, faltava ao presidente da CBF o requisito fundamental para organizar

CASOS E ACASOS

uma Copa do Mundo: dinheiro. Isso ele não tinha, e dependia de Figueiredo. Só que havia mais um problema nessa equação. O presidente do Brasil também não tinha recursos disponíveis.

Assim, após o incentivo inicial de Figueiredo em agosto de 1982, em dezembro daquele mesmo ano a mensagem já era outra, bem diferente daquele enganoso "interesse inicial". Depois de uma nova audiência sobre o tema, dessa vez com o presidente da FIFA, o brasileiro João Havelange, Figueiredo solicitou a ele que aguardasse um pouco mais, pois o Brasil teria de analisar o temido "Caderno de Exigências" da entidade.

Do sinal verde em agosto passava-se ao sinal amarelo em dezembro. Em breve, o sinal estaria vermelho.

Também pudera. Naquele dezembro, a calamitosa situação da economia brasileira já havia se tornado pública. O mundo todo (inclusive os credores internacionais) já sabia que o Brasil apresentava extrema dificuldade em pagar o serviço da dívida. Um socorro ao FMI já começava a ser negociado e o país vivia uma recessão econômica aliada à inflação alta e a altos índices de desemprego.

Em uma perspectiva realista, recursos para a construção de estádios e mobilidade urbana eram a última coisa que havia disponível no caixa do Tesouro Nacional naquele momento. Ultrapassada a euforia inicial, chegava a hora de encarar a dura realidade da economia brasileira.

Da sua privilegiada posição de espectador, João Havelange deixava claro que, apesar dos esforços do presidente da CBF, apenas países poderiam se comprometer com os encargos exigidos pela FIFA. Assim, o maior mandatário do futebol mundial adotava uma postura realista e enviava um recado direto: como torcedor, queria que o evento fosse realizado no Brasil, mas para isso o país teria de se comprometer a investir no mínimo cerca de US$ 300 milhões a fundo perdido.[84] Só para adaptar o sistema brasileiro de televisionamento à sistemática exigida pela entidade (adaptação necessária para que as partidas pudessem ser transmitidas por emissoras de televisão estrangeiras), seriam necessários cerca de US$ 100 milhões.[85]

ME ESQUEÇAM – FIGUEIREDO

Um choque de realidade.

Pelo menos Figueiredo também adotou uma postura realista. Ao saber a ordem de grandeza dos investimentos necessários, apressou--se em declarar que o Brasil "não poderia gastar um só cruzeiro"[86] naquela empreitada futebolística.

Prevaleceu o bom senso.

Aquela declaração refletia o estado de penúria da economia do país. A realização de um investimento dessa magnitude era completamente incompatível com a realidade daquela época. No início de março de 1983, Figueiredo teve que telefonar pessoalmente para o presidente dos Estados Unidos para solicitar um empréstimo capaz de "fechar o caixa" da agência do Banco do Brasil em Nova York (naquele momento quase em estado de insolvência). Essa era a dura realidade da economia brasileira. Qualquer outro gasto adicional, além de inoportuno, era simplesmente inviável.

Esse era o drama de Figueiredo, que naquele momento estava rendido diante do receituário recessivo do FMI. Não havia a menor possibilidade de realizar novos investimentos. A prioridade era cumprir as cartas de intenção assinadas com o FMI, mas o tempo revelaria que nem isso seria possível.

Austeridade, enfim, era a palavra de ordem. Rememorando os fatos muitos anos após esses acontecimentos, o ministro do Planejamento Delfim Netto assim recordou aquele episódio: "O país estava em uma situação fiscal dramática. Copa não produz nada. Aliás, Copa só produz prejuízo."[87]

Diante de circunstâncias tão adversas, coube ao Brasil desistir formalmente da candidatura, o que ocorreu em 11 de março de 1983, por decisão pessoal do presidente. Era o fim de um sonho, mas as razões de Figueiredo eram dotadas de extremo realismo: relacionava itens como a incompatibilidade do preço dos ingressos com a renda da maioria da população (sobretudo devido à crise que o país atravessava), a intenção de não deixar dívidas para o futuro governo (seu mandato terminava em março de 1985 e o mundial só seria realizado

CASOS E ACASOS

em junho de 1986), a incerteza sobre as divisas que entrariam no Brasil devido ao turismo, entre outros motivos de menor expressão.[88]

Ainda no despacho presidencial, uma justificativa inserida em meio a outras saltava aos olhos: era a atual situação econômica do país que recomendava "estrita austeridade nos gastos públicos"[89] Apesar de citada casualmente, não era um pequeno detalhe nem uma justificativa entre tantas outras — era a razão fundamental.

Se a recessão econômica lhe arranhava a popularidade, dessa vez Figueiredo pareceu saber ouvir a voz da rua. A repercussão da decisão presidencial foi positiva, e a maioria da população apoiou o presidente, em que pese o conhecido apreço dos brasileiros pelo futebol.

Em tempos de crise econômica, as prioridades eram outras. Em enquete informal realizada pelo jornal *O Globo*, logo após a divulgação oficial da desistência da candidatura brasileira, a ampla maioria dos entrevistados considerou positiva a decisão do governo.[90]

Uma estudante de Letras entrevistada pelo jornal se encarregaria de sintetizar de forma precisa o sentimento coletivo dos brasileiros em março de 1983: "O presidente fez muito bem em vetar a Copa de 86 no Brasil. Temos muitos problemas econômicos e sociais para resolver. Não estamos numa época de pensar em projetos que não sejam absolutamente prioritários para o povo. Não há nem como explicar gastos que não sejam essenciais para o país."[91]

No final, valeu a espirituosa frase do goleiro Raul, que jogava no Flamengo: "A melhor festa é na casa do vizinho. A gente se diverte, não dá trabalho e é mais barato."[92] Para o Brasil, não havia dúvida de que essa era a melhor opção. Principalmente por ser "mais barato".

O mais paradoxal de todos esses fatos é que em meados de 1982, para justificar uma aparente (e falsa) situação econômica favorável, as autoridades nacionais, com alguma empáfia e uma boa dose de cinismo, se apressaram a passar a mensagem de que a situação brasileira era substancialmente diferente da mexicana.

Contudo, apesar de todas as dificuldades econômicas daquele ano de 1982 (inclusive com a declaração de uma moratória), acabou sendo o México o país a sediar o mundial de 1986.

ME ESQUEÇAM – FIGUEIREDO

Já aqueles que por meses negaram insistentemente a gravidade da crise econômica brasileira tiveram que se render aos fatos. Acabariam por assistir à Copa do Mundo pela televisão.

Diretamente do México.

Espionagem no gabinete

Era para ser apenas uma reforma no gabinete presidencial cuja finalidade era tornar o local de trabalho mais cômodo. Em 1983, Figueiredo já padecia de dores na coluna e fontes afirmavam que o presidente achava o seu gabinete um pouco desconfortável. Assim, sem alterar a fachada do Palácio do Planalto, foi realizada uma obra relativamente grande no terceiro andar do prédio, acrescentando uma suíte para repouso, com cama e quarto de vestir, ao lado da sala de despachos.[93]

A reforma, que a princípio duraria os três primeiros meses de 1983, acabou no centro de uma grande polêmica que movimentou o mundo político: no dia 11 de março daquele ano, um marceneiro que refazia o acabamento da obra encontrou uma estranha caixa de madeira de cerca de 30 centímetros de comprimento escondida em uma das paredes do novo gabinete presidencial.

A princípio se imaginou que poderia ser uma bomba. O local foi prontamente isolado e recebeu a visita de especialistas em explosivos. A estranha caixa foi retirada para análise e, ao ser examinada pelo SNI, constatou-se que não se tratava de um artefato explosivo, pelo menos em sentido literal. Mas era, sim, mais uma "bomba" que surgia no caminho do processo de abertura política: tratava-se de um grampo clandestino. Se não fosse a fortuita descoberta, teria sido instalado sorrateiramente no gabinete do presidente da República.

A descoberta foi feita a poucos dias de a obra estar concluída e Figueiredo poder finalmente voltar a despachar no reformulado gabinete. E, por pouco, a manobra para espionar Figueiredo não deu certo. A caixa acabou sendo encontrada mais por obra do acaso, embora o SNI afirmasse ter sido o responsável pela descoberta do artefato.[94]

CASOS E ACASOS

Na realidade, a descoberta só ocorreu porque o decorador do gabinete implicou com a cor de alguns lambris e mandou que fossem retirados a fim de que a madeira que os ornamentava fosse envelhecida. Desse ato fortuito adveio a presença do singelo marceneiro que encontrou e denunciou o aparato espião. O próprio governo posteriormente atribuiu a afirmação do SNI a um "mal-entendido".[95]

Para os parâmetros da época, tratava-se de um equipamento de espionagem sofisticado, com um potente microfone capaz de enviar os sinais do que se passava no gabinete de Figueiredo a um receptor localizado a algumas centenas de metros de distância, através de uma frequência de rádio. Aquilo não era obra de amadores. Pelo contrário. Era um serviço feito por profissionais.

A descoberta tinha um valor simbólico muito grande, sobretudo pela ameaça potencial que representava. Não era difícil imaginar quem teria interesse em grampear o presidente para algum fim escuso. Certamente não era a imprensa, aos poucos se acostumando com a liberdade adquirida no final do governo Geisel, que vinha sendo mantida pelo atual governo. Tampouco a oposição, a grande vencedora das últimas eleições, teria interesse, naquele momento, em uma atividade demasiadamente arriscada e ilegal, como grampear o presidente da República.

O furo de reportagem foi dado pelo jornal *Correio Braziliense*, primeiro veículo de comunicação a noticiar o episódio. Foi o próprio presidente Figueiredo, informado em São Paulo sobre o incidente, que autorizou que a informação fosse divulgada à imprensa e um de seus assessores mais próximos se encarregou de fazer a notícia chegar ao jornal.

As fundadas suspeitas recaíam de forma inequívoca sobre aqueles que se contrapunham à abertura política. A revista *Veja*, em seu editorial publicado logo após a descoberta do grampo, estabelecia com precisão a real dimensão do episódio e, principalmente, tudo o que havia de subjacente àquele estranho incidente:

> Hoje, Figueiredo não está apenas na encruzilhada por onde passa a linha da estabilidade política e social do país. Está

também no centro da gravidade das liberdades políticas que ampliou e manteve como o principal objetivo do seu governo. E o transmissor colocado no Planalto provavelmente destinava-se a roer o governo no que ele tem de melhor, tirando proveito de uma situação de ambiguidade na qual coexistem uma política de redemocratização e um conjunto de hábitos policiais que, uma vez postos debaixo da luz da abertura, exibem monumental inépcia.[96]

Ainda em tempos de Guerra Fria, especulações das mais diversas naturezas rapidamente se propagavam e havia até boatos sobre a participação de potências estrangeiras na armação do grampo. Fontes do governo logo se apressaram a descartar a participação de serviços secretos de outros países no caso, pois na época já se cogitava até uma suposta participação da CIA ou da KGB. O presidente Figueiredo aparentava tranquilidade e também descartava qualquer influência externa no incidente: "Isto é coisa interna mesmo. Muita gente gostaria de saber o que está se passando pela minha cabeça."[97]

Já o porta-voz da Presidência afirmava categoricamente que a descoberta havia sido "puramente casual".[98] As investigações estavam a cargo do Serviço da Segurança da Presidência e não do SNI, o que transmitia a impressão de que o governo desconfiava de seu próprio serviço de informações (que em tese fora criado para assessorá-lo) e por isso preferia mantê-lo inicialmente afastado das investigações.

O editorial do *Jornal do Brasil* intitulado "Alarme no sistema" dava a extensão da disfuncionalidade que havia deformado o SNI desde a sua criação e o perigoso sentimento de dúvida sobre a sua atuação por importantes segmentos da sociedade brasileira:

> Nas trevas do arbítrio, sob a égide do AI-5, nasceu o *monstro*, a que fez referência certa vez o seu criador, general Golbery do Couto e Silva. De deformação em deformação, apareceu no aparelho estatal brasileiro um órgão incontrolado e incontrolável. Confundiu-se o Serviço Nacional de Informações

CASOS E ACASOS

> com os serviços secretos militares, que se destinam a coletar informação sobre a segurança do Estado.
> [...] A ideia original deu lugar a uma contrafação que passou a atormentar a vida pública brasileira. [...] No clima em que vivemos, onde se distingue mal o legal do ilegal, confirma-se mais uma vez que as atividades que se processam fora do controle acabam por ser extremamente ineficientes.[99]

Apesar do alarmismo inicial com o qual o assunto foi justificadamente tratado pela imprensa (até porque se tratava de espionagem no gabinete do mais alto mandatário do país), passados alguns dias do episódio o próprio governo passou a minimizá-lo. Por meio de uma nota oficial, o Gabinete Militar da Presidência colocou em dúvida a sofisticação que inicialmente fora divulgada em relação ao equipamento encontrado e afirmou também que a "colocação [do grampo] foi feita de maneira primária e seria encontrado facilmente".[100]

O próprio Figueiredo seguiu na mesma linha e afirmou que o incidente era "café-pequeno".[101] O presidente dera o sinal. As investigações tornaram-se sigilosas três dias após o seu início. Ficara nítido que haviam sido esvaziadas e nem sequer um inquérito chegou a ser aberto.[102] Os resultados das investigações — se porventura existiram — jamais foram divulgados, e o autor do grampo também nunca foi identificado.[103]

Assim, a exemplo do Riocentro, o caso do grampo no gabinete presidencial acabou por se tornar mais um dos mistérios que terminaram sem solução no governo Figueiredo.

Suriname sob ameaça

Em uma tarde de domingo aparentemente comum de abril de 1983, o presidente Figueiredo receberia uma distinta comitiva na Granja do Torto. Liderado pelo embaixador dos Estados Unidos no Brasil, Anthony Motley, os norte-americanos haviam solicitado uma audiência fora da agenda oficial do presidente.[104] Prenúncio de que o conteúdo do encontro não seria nada trivial, como aquela tarde de abril a princípio aparentava ser.

Acompanhado por um assessor da Presidência dos Estados Unidos e por um oficial da CIA,[105, 106] Motley trazia no bolso do colete fotos aéreas e informações da inteligência sobre a presença de militares cubanos no Suriname, um pequeno país da América do Sul colonizado por holandeses. A secreta missão foi tratada com sigilo pela alta cúpula dos Estados Unidos e conseguiu até mesmo passar despercebida pela imprensa norte-americana,[107] sempre vigilante e ávida por furos jornalísticos ligados ao governo central de seu país.

As informações dos Estados Unidos não chegaram a surpreender Figueiredo, pois o governo brasileiro já monitorava a situação no Suriname fazia algum tempo. O ministro das Relações Exteriores do Brasil, chanceler Saraiva Guerreiro, inclusive já havia viajado pessoalmente a Paramaribo para ter uma conversa reservada com o seu colega surinamês. Nesse encontro, teve a possibilidade de demonstrar as inquietações em relação à presença de militares cubanos em território sul-americano.[108] Nas entrelinhas, havia deixado transparecer a desaprovação brasileira ante a questão.

Mais que evidências, os representantes norte-americanos traziam um recado direto do presidente Reagan: havia o temor de que a maciça presença militar de Cuba (cerca de quatrocentos militares cubanos estavam no Suriname, cujas forças armadas não passavam de cerca de 1.200 pessoas) pudesse gerar um núcleo multiplicador da revolução socialista no continente sul-americano,[109] e a solução para o suposto problema passaria por uma intervenção militar.

Os norte-americanos estavam dispostos a apoiar o Brasil nessa arriscada empreitada, em proposta semelhante à realizada pelos Estados Unidos à Venezuela. Seria um suporte logístico e operacional, enquanto o Brasil deveria arriscar-se enviando tropas para uma invasão terrestre, submetendo-se não apenas ao repúdio das forças militares e civis daquele país, mas também à oposição da comunidade internacional e da própria opinião pública brasileira, em função da agressão à soberania de um país independente.

Nos diários escritos de próprio punho pelo ex-presidente Reagan ficou para a posteridade o registro histórico daquele momento: "Depois, *briefing* do CSN [Conselho de Segurança Nacional] sobre o Suriname. Temos um plano sólido para apresentar, se a Venezuela e o Brasil fornecerem forças de combate, bastam umas centenas. Nós fornecemos apoio naval e aéreo."[110]

O tal "plano sólido" previa uma arrojada manobra naval no litoral do Suriname além da tomada do aeroporto de Paramaribo,[111] em gesto que significaria uma afronta direta à soberania daquele país, rompendo com a tradicional postura diplomática brasileira de não intervenção em assuntos internos de outros países. O apoio brasileiro na arriscada empreitada consistiria em disponibilizar tropas terrestres aptas a levar a cabo a pretendida invasão.

Como a publicação do livro *Os Diários de Reagan* veio a comprovar anos mais tarde, a intenção dos Estados Unidos realmente passava por uma intervenção militar. A administração Reagan sempre teve uma postura hostil em relação a governos de esquerda na América Latina, o que fazia com que a proposta de cooperação entre Brasil e Estados Unidos para uma invasão ao Suriname estivesse aderente aos desígnios da política externa norte-americana para o continente.

Se Reagan apostava que a grave crise econômica que o Brasil atravessava naquele período fosse facilitar sua vida, enganou-se redondamente. Apesar de o país depender do auxílio norte-americano para saldar seus compromissos junto à Banca Internacional e a ajuda do governo dos Estados Unidos ser essencial nessa dinâmica, nada disso influenciou a decisão de Figueiredo, que não embarcou na aventura militar que lhe fora proposta.

Se as informações trazidas pelo embaixador norte-americano não foram capazes de surpreender o Brasil, por outro lado a ousada proposta de invasão causou perplexidade ao governo brasileiro. Um interlocutor presente à reunião descreveu a reação de Figueiredo como "um choque", pois, por mais que houvesse indícios da presença cubana no Suriname, o Brasil não poderia imaginar os intentos belicosos dos Estados Unidos.

A reunião chegou a ser interrompida para um pequeno intervalo, de modo que as autoridades brasileiras pudessem refletir sobre o pedido, que obviamente os havia surpreendido. Ainda se refazendo da surpresa, sobretudo pela forma direta com a qual a proposta lhe fora levada, Figueiredo foi firme em sua resposta, enumerando as razões pelas quais não seria conveniente ao Brasil tomar parte em uma ação militar. Compreensivelmente espantado pela ousada sugestão, manteve-se firme em sua negativa: "Olha, os senhores têm que entender que a situação do Brasil é difícil, temos uma opinião pública, não podemos sacrificar a imagem do governo, há essa grita toda contra a revolução [regime militar]."[112]

As ponderações do presidente brasileiro foram assertivas no sentido de que o Brasil não aceitaria ingerências de quaisquer das superpotências então existentes na América do Sul,[113] zelando assim pela soberania do continente sul-americano e mantendo uma postura independente e de não alinhamento automático a interesses extra-continentais.

Em contrapartida, não era conveniente ao Brasil que o presidente permanecesse inerte ante a pretensão norte-americana, como revelou, em entrevista sobre o tema, o general Otávio Medeiros, ministro chefe do SNI: "Presidente, não podemos simplesmente dizer não aos Estados Unidos, aliado tradicional, e não estamos em condições de ver as nossas exportações embargadas."[114]

O aspecto econômico também tinha de ser ponderado dentro daquela complexa equação. Algo deveria ser feito, embora não no campo militar. Surgia, assim, a "Missão Venturini", batizada dessa forma em virtude de o general Danilo Venturini — ex-chefe do Gabinete Militar da Presidência e naquela ocasião ministro extraordinário para Assuntos Fundiários — ter sido escolhido para chefiar uma missão ao Suriname na qualidade de representante especial do governo brasileiro.

CASOS E ACASOS

A missão foi definida como uma iniciativa pessoal do presidente, por isso a escolha do ministro Venturini para chefiá-la em vez do chanceler Saraiva Guerreiro, o que a princípio seria mais natural. O chanceler, que nem mesmo participou da reunião com a comitiva dos Estados Unidos, se encontrou posteriormente com o próprio Venturini, ocasião na qual lhe foi explicado o caráter pessoal da missão ao Suriname, considerando as peculiaridades da belicosa abordagem americana.

Ainda nesse encontro, foi-lhe garantido que a decisão coube a Figueiredo, e não deveria ser interpretada como nenhum tipo de menoscabo ou relativização da importância do Itamaraty nas relações bilaterais estabelecidas pelo Brasil.[115] Ato contínuo, foi-lhe solicitado que indicasse diplomatas para participar do grupo que viajaria ao Suriname sob a liderança de Venturini. Os escolhidos foram dois dos "mais promissores diplomatas da época",[116] Luiz Felipe Lampreia e Omar Chohfi.

O objetivo do presidente Figueiredo ao autorizar a missão era claro: oferecer ajuda brasileira àquele pequeno país, de modo que a presença cubana não fosse repelida pela força militar, mas pela conveniência do próprio Suriname, já que o Brasil tinha maiores e melhores condições de cooperar com o desenvolvimento surinamês em comparação à ilha caribenha.

E assim foi feito. Ao desembarcar em Paramaribo, Venturini levava em sua bagagem uma proposta benéfica aos interesses surinameses: além de cooperação militar, o Brasil ajudaria a desenvolver outras áreas estratégicas do Suriname em troca da interrupção imediata de toda e qualquer influência cubana naquele país.

Na lógica do quem dá mais, acabou por prevalecer o maior poder de barganha brasileiro. Muito provavelmente tendo conhecimento das intenções beligerantes dos Estados Unidos, o líder surinamês Desiré Bouterse não titubeou e aceitou a proposta do Brasil. Assim, a iniciativa de Figueiredo se revelou um êxito completo, para contentamento dos Estados Unidos, extremamente satisfeitos com a medida.[117] Em pouco tempo, não havia mais representantes do corpo diplomático cubano no Suriname.

O Brasil passou então a colaborar ativamente com o Suriname, nas mais diversas áreas. Tanques de fabricação brasileira foram cedidos, linhas de crédito foram abertas a juros subsidiados e até o desenvolvimento do sistema telefônico surinamês foi concebido por empresas brasileiras. Para estreitar ainda mais os laços, o SNI montou uma escola de língua portuguesa para oficiais do Exército e membros da administração pública do Suriname.[118]

A operação, apelidada pelos norte-americanos de Gymnich (nome do cavalo que Figueiredo tentara presentear Reagan e que acabara por ser cedido em comodato ao governo dos Estados Unidos), foi realmente um completo sucesso e evitou uma agressão militar ao Suriname.

Ainda nas lembranças de Ronald Reagan, o fato relevante que conseguiu mudar o curso da história foi a decisão de Figueiredo, pois o presidente brasileiro "tinha uma ideia algo diferente da nossa".[119]

Melhor assim.

PARTE VI:

A PARTIDA

Capítulo 19

A ameaça vermelha

A fobia comunista

Apesar de naquele início da década de 1980 a URSS não viver mais o esplendor militar de outrora e de sua economia já apresentar os primeiros e inequívocos sinais de esgotamento, pelo menos para o governo Figueiredo tais fatos pareciam desimportantes. No mínimo eram ignorados. A fobia comunista propalada pelo governo desconhecia conjunturas. Era um sentimento extemporâneo e perene. E o pior de tudo: aparentava ser realmente genuíno.

A aversão ao comunismo parecia ser inesgotável, assim como a crença na infiltração dos seus ideólogos e agentes a disseminar sorrateiramente tal ideologia nos países capitalistas. O governo Figueiredo, iniciado já quase na virada da década de 1970 para a década de 1980, ainda parecia viver o auge da Guerra Fria. Pelo menos era isso que reiteradas declarações de suas principais autoridades (incluindo o próprio presidente) sobre os mais variados aspectos da ameaça vinda do terrível "comunismo internacional" faziam parecer.

A AMEAÇA VERMELHA

Independentemente das concepções conjunturais do governo Figueiredo, o certo mesmo é que a "paranoia comunista" vinha de longe. No Brasil, havia ainda uma espécie de fobia, um tanto quanto clichê, no meio castrense em relação à "ameaça vermelha". Usualmente superdimensionada e também um tanto quanto conveniente às circunstâncias (principalmente quando se necessitava de um inimigo para justificar determinados atos ou ações), a ameaça muitas vezes não era real e se prestava a papéis escusos, como bem observa o general Hugo Abreu em um dos seus livros:

> A violência dos militares comunistas no correr da sublevação [Intentona Comunista] surpreendeu a opinião pública e traumatizou o Exército. Os processos de luta utilizados por eles não estavam de acordo com a tradição brasileira. Foi a partir de então que se criou em nossas forças armadas como que um complexo, uma fobia "anticomunista", que permanece praticamente intocada até hoje. Talvez resida aí a principal explicação para a facilidade com que nossos governantes lancem mão do "fantasma comunista", como meio de justificar os procedimentos antidemocráticos e, mesmo, antiéticos de sua atuação política.[1]

Seguindo essa lógica, durante o regime militar o comunismo se prestou a papéis diversos, sempre se amoldando às circunstâncias concretas dos interesses daqueles que o utilizavam sob o pretexto de resguardar os interesses nacionais.

Exemplos nesse sentido não faltavam.

Em seu longo depoimento à FGV, o ex-presidente Geisel rememorou que ao iniciar o processo de retomada das relações diplomáticas com a China, o que seria muito importante para a economia do Brasil, encontrou grande obstáculo na área militar. Com forte oposição do ministro do Exército e aberto desconforto dos demais ministros militares, a justificativa para essa oposição era simplesmente mais do mesmo: "Porque a China era um país comunista."[2]

507

Alguns episódios pinçados da juventude do estudante de direito e militante político Luís Roberto Barroso (atualmente ministro do STF) ajudam a ilustrar bem como a crença sobre o perigo comunista estava disseminada nos mais variados escalões do governo, bem como nas mais diversas instituições ligadas ao serviço público naquele final de década de 1970.

Em um primeiro episódio colhido das memórias do jovem Barroso, o hoje renomado jurista relata que dois colegas da organização estudantil (que naquela época estavam proscritas) na qual militava foram convocados a depor no Departamento de Polícia Política e Social (DPPS). Inocentemente, ele se dirigiu ao gabinete da direção da Faculdade de Direito da UERJ para pedir ao diretor da instituição, professor Oscar Dias Corrêa, que interviesse em favor dos estudantes depoentes. O objetivo era também zelar pela segurança dos colegas em um tempo em que uma convocação para depor nos órgãos de segurança ainda constituía uma ameaça. A desconcertante resposta refletia bem o espírito da época: "Eu não sou comunista! Eu não gosto de comunista! Vocês precisam assumir o que vocês fazem e eu não vou me meter nesse assunto, e não vou ligar coisa nenhuma!"[3]

Há também outro episódio ilustrativo do perigo comunista nas reminiscências de Barroso. Conta o ministro que certa vez, já no final da década de 1970, foi flagrado com alguns colegas editando clandestinamente um jornal universitário em plena madrugada, nas instalações do jornal *Tribuna da Imprensa*. Levados à Polícia Federal, foram tratados sem truculência ou violência física. Durante o tempo em que lá permaneceram, ouviram uma curiosa explicação acerca da realidade estudantil brasileira daquele momento:

> Vocês são inocentes úteis do comunismo internacional; o que vocês estão fazendo é antipatriótico. [...] Por exemplo, aqui nesse jornal de vocês tem um artigo que diz: "Censura, um tema censurável." Eu queria dizer para vocês que no Brasil não há censura. Eu só fiz isso [os conduzi até aqui] para ter a oportunidade de ter uma conversa franca com vocês e

A AMEAÇA VERMELHA

adverti-los de que vocês estão fazendo o jogo do comunismo internacional, que é contra a família, que é contra a pátria.[4]

Se para os agentes da Polícia Federal o comunismo era o grande culpado pela militância política de jovens estudantes de Direito, nos altos escalões da República crença semelhante também era partilhada. A começar pelo próprio presidente Ernesto Geisel, para quem a militância estudantil no Brasil era manipulada por ideólogos a serviço do movimento comunista internacional: "Os estudantes pensavam que estavam fazendo campanha reivindicatória, mas na verdade estavam sendo explorados."[5]

Seu sucessor na Presidência da República não deixava por menos. Ao ser despertado em plena madrugada para ser informado sobre o atentado no Riocentro, Figueiredo logo intuiu de quem seria a culpa, em passagem que se tornaria célebre pelo desacerto que representava: "Até que enfim os comunistas fizeram uma bobagem."[6]

O tempo se encarregaria de revelar todo o engano dessa previsão.

Na verdade, essa questão sobre a ameaça comunista já vinha desde os tempos em que Figueiredo aspirava à Presidência da República.[7] Quando ainda era um dos candidatos, o general respondeu da seguinte forma a uma pergunta sobre o papel do Estado: "[...] O Estado precisa defender-se sim, contra extremistas que desejam destruí-lo para implantar ideias que o totalitarismo consagra."[8]

Da maneira alarmista com a qual Figueiredo se expressava, fazia crer que havia extremistas em todos os lugares pretendendo acabar com o Estado brasileiro no final da década de 1970. E não parava por aí. Os comunistas eram culpados até pelos insultos à mãe do presidente. Ao descer à praça em Florianópolis disposto a brigar com um grupo de estudantes que entoavam coros ofensivos direcionados a ele (mais precisamente à sua mãe), Figueiredo foi enfático sobre o lugar correto para aqueles que lhe lançavam impropérios: "Eles ofenderam a minha mãe. Por que isso? Por que essa baixeza? Se são esses argumentos que eles têm, podem ir para a Rússia apresentar esses argumentos, aqui no meu país, não!"[9]

ME ESQUEÇAM – FIGUEIREDO

Aparentemente, para Figueiredo, a ameaça comunista tinha o dom da ubiquidade e ainda se aproveitava de toda e qualquer oportunidade para se infiltrar não apenas no Brasil, mas também no Cone Sul. Em reunião na Casa Branca na qual tratava do conflito pelas Ilhas Malvinas travado entre Inglaterra e Argentina, o presidente brasileiro afirmou a interlocutores do presidente norte-americano Ronald Reagan que "quem estava lucrando [com o confronto] era a União Soviética".[10]

Na visão de Figueiredo, havia um risco ainda maior advindo desse confronto militar. Suas preocupações não se resumiam apenas à possibilidade de um ataque inglês ao continente sul-americano, mas também que uma derrota argentina pudesse fazer com que o governo caísse "nas mãos dos peronistas, como aliados dos comunistas, que dele posteriormente tomariam conta".[11]

Nesse caso, todo o continente sul-americano correria sério risco, pois a Argentina poderia se tornar "Uma Cuba muito maior",[12] trazendo a tão perigosa ameaça à fronteira brasileira. Se a improvável conversão da Argentina ao comunismo não ocorreu, ainda haviam outras ameaças "vermelhas" a rondar o Brasil durante o mandato de Figueiredo.

A bem da verdade, durante o processo de abertura política, a ameaça comunista foi dotada de uma plasticidade curiosa, capaz de ser ajustada à conveniência das mais diversas circunstâncias. Consistia, por exemplo, em uma ótima desculpa para justificar crises e fundamentar suspeitas implausíveis, como no caso Riocentro.

Se servia para justificar crises, era melhor ainda para criá-las. A infiltração comunista era onipresente e ao mesmo tempo não estava em lugar algum. Seu uso dependia da casualidade das circunstâncias. Já a sua comprovação efetiva quase nunca acontecia. Na maioria das vezes, a utilização do perigo comunista era forma desprovida de conteúdo, gerando alarde sem nenhum lastro na realidade.

O governo percebia em qualquer movimento da sociedade civil um pretexto para novamente levantar suspeitas sobre a infiltração de esquerda. Em um exame muito superficial sobre o novo movi-

A AMEAÇA VERMELHA

mento sindical, qualificou os líderes desse movimento (incluindo Luiz Inácio Lula da Silva) como "perigosas lideranças de extrema esquerda interessadas em desestabilizar o regime".[13] Ainda demoraria algum tempo para o governo perceber o pragmatismo do chamado novo sindicalismo.

Os temores dos militares não se resumiam apenas ao comunismo, embora o sistema socialista vigente na extinta URSS fosse à época o principal inimigo do governo. Em realidade, o governo Figueiredo parecia ter uma espécie de xenofobia, independentemente da origem.

Na década de 1980, o SNI chegou a monitorar o guru indiano Bhagwan Rajneesh, também conhecido como Osho, que ficara popular no Brasil e nos Estados Unidos por um método de meditação dinâmica, no qual os participantes cantam e dançam enquanto meditam. Documentos datados de 1984 revelam que o regime militar estava preocupado com o movimento, pois identificara que a sua suposta intenção seria "aliciar menores e induzi-los ao uso e tráfico de tóxicos",[14] além de realizar retiros espirituais "em regime de promiscuidade e libertinagem".[15]

Líderes do movimento e comunidades que se formaram sob sua inspiração no Brasil passaram a ser monitorados de perto por agentes do SNI, àquela altura à caça de atividades que pudessem justificar a existência de sua estrutura (idealizada originalmente para combater a luta armada surgida nas décadas de 1960 e 1970).

Embora fosse a principal ameaça a ser combatida, o comunismo não reinava sozinho no rol dos perigosos riscos que pairavam sobre o Brasil, pelo menos de acordo com as convicções do SNI. Tudo e todos estavam na mira, e até a filosofia indiana transcendental voltada para a prática de meditação permanecia no radar, pois qualquer um poderia se tornar um inimigo em potencial.

Exageros à parte, a verdade é que para alguns militares a paranoia comunista aparentava ser uma crença realmente genuína. Parecia ser esse o caso do presidente Figueiredo. Em uma reunião informal, já correndo o ano de 1987, em pleno processo de abertura da União Soviética e sem notícias de organizações militantes de esquerda

ME ESQUEÇAM – FIGUEIREDO

atuando no Brasil desde a década de 1970, o já ex-presidente ainda partilhava uma crença desprovida de qualquer resquício de plausibilidade, sobretudo se levarmos em consideração o contexto geopolítico da segunda metade da década de 1980: "Vamos ter de sofrer muito e vai haver sangue neste país, vai haver luta fratricida, guerra civil. Senão, o comunismo toma conta."[16]

Também em 1987, Figueiredo voltou a se referir à possibilidade de guerra civil no Brasil em um encontro com empresários, no qual relatou os seus temores no sentido de que "extremistas chegassem à cúpula do poder".[17]

Há que se lembrar o contexto no qual Figueiredo fez esses comentários: já eram tempos das políticas reformistas de Mikhail Gorbatchov, as mundialmente conhecidas *perestroika* e *glasnost*, que a pleno vigor se incumbiam de reformar o arcaico regime comunista soviético. Havia também, àquela altura, entendimentos avançados entre as superpotências pela redução do armamento nuclear e encontros bilaterais entre Reagan e Gorbatchov marcados por sorrisos e animados apertos de mão, acompanhados com grande interesse por toda a imprensa mundial.

A previsão de Figueiredo, tal qual ocorrera seis anos antes, quando apontara os comunistas como responsáveis pelo atentado ao Riocentro, revelou-se um completo equívoco. O porvir, em especial o ano de 1989 (com a queda do Muro de Berlim) e posteriormente o ano de 1991 (com a desintegração da União Soviética), se encarregaria de demonstrar todo o desengano de mais uma de suas errôneas previsões.

Independentemente da sinceridade das convicções pessoais de Figueiredo, o certo é que a ameaça comunista foi uma constante durante todo o regime militar, mesmo depois de cessada a contestação armada ao regime e o surto guerrilheiro da primeira metade da década de 1970.

Onipresente pela forma, mesmo que já pouco restasse de seus traços fundamentais, a suposta ameaça de infiltração comunista no Brasil ainda seria bastante difundida ao longo de 1984, embaralhando o já tumultuado processo de sucessão do presidente Figueiredo, apesar do nítido enfraquecimento dos regimes socialistas ao redor do mundo.

A AMEAÇA VERMELHA

A URSS nos tempos de Figueiredo

Quando Figueiredo assumiu o poder no Brasil em 15 de março de 1979, a União das Repúblicas Socialistas Soviéticas (URSS) tinha como mais graduado mandatário Leonid Brejnev, poderoso secretário-geral do Partido Comunista da União Soviética.

O cargo que Brejnev ocupava detinha suma importância na conjuntura mundial do fim da década de 1970, devido, sobretudo, ao poderio militar da URSS (a superpotência que polarizava a geopolítica mundial com os Estados Unidos naquele momento), mas a realidade da vida cotidiana dentro do império soviético era bem diferente daquela que as fontes oficiais faziam (ou tentavam fazer) o mundo ocidental supor.

A economia que Brejnev comandava já começava a dar os primeiros sinais do colapso que em pouco mais de dez anos desmantelaria por completo aquele regime. Não eram tempos fáceis na URSS. A economia começava a enfrentar escassez de produtos (ainda que pontual naquele final de década de 1970) e a produtividade começava a experimentar um acentuado declínio (duas tendências que se agravaram ao longo da década de 1980).

Com a produtividade do trabalho baixa aliada a uma economia fechada e estagnada, o Segundo Choque do petróleo acabou se revelando uma inesperada dádiva para a combalida economia soviética. A alta do preço do barril acabou por ajudar a manter artificialmente um regime falido do ponto de vista econômico.

Em verdade, era um pouco de oxigênio para um irremediável afogado.

Para completar o panorama adverso, as autoridades daquele país resolveram fazer o que de pior poderiam naquele momento: declarar guerra a uma nação estrangeira. Foi uma decisão errada em um momento errado. Preparando-se para realizar os jogos olímpicos em Moscou, a URSS decidiu iniciar uma ocupação em larga escala no Afeganistão, país que havia se notabilizado por repelir invasores estrangeiros desde os remotos tempos de Alexandre Magno.[18]

ME ESQUEÇAM – FIGUEIREDO

Na pouco realista concepção de Brejnev, não haveria motivo para preocupação, e tal decisão militar não teria impacto econômico significativo (à época os esforços estavam concentrados nos investimentos para a realização dos jogos de Moscou), pois tudo seria decidido "em três ou quatro semanas".[19]

A equivocada previsão foi impiedosamente atropelada pelos fatos. Em realidade, a ocupação soviética no Afeganistão foi dispendiosa do ponto de vista de recursos, e extremamente difícil sob os prismas logístico e operacional, acabando por se revelar um completo fracasso político e militar. Mas o pior efeito seria sentido pela economia soviética, simplesmente arruinada por essa desvairada decisão.

Assim, além de gerar o boicote norte-americano aos Jogos Olímpicos de 1980, a invasão ao Afeganistão se revelou catastrófica para uma economia debilitada que, atravessando grandes dificuldades, e naquele momento amparada na volátil oscilação do preço do petróleo, teve de suportar um robusto incremento do orçamento militar em decorrência dos altos custos gerados pela ocupação de um país estrangeiro.

Esse erro estratégico custaria caro aos soviéticos e marcaria o início do fim. Daquele momento em diante, as coisas nunca mais voltariam ao rumo certo. As tais "três ou quatro semanas" de Brejnev durariam de fato dez anos e arruinariam de vez as combalidas finanças da URSS. No final da década de 1980, o Exército Vermelho abandonaria o Afeganistão desmoralizado, prenunciando o colapso daquele imenso império, que ocorreria pouco menos de dois anos depois.

Se a economia caminhava a largos passos para a ruína, a política na URSS era extremamente confusa naqueles primeiros anos da década de 1980. Houve três trocas no comando do Partido Comunista, sempre ascendendo ao poder um membro um tanto quanto idoso para uma função que àquela altura exigia um imenso vigor físico e mental.

A trinca Leonid Brejnev, Yuri Andropov e Konstantin Chernenko (os três mandatários que se sucederam na URSS durante a primeira metade da década de 1980) não aparentava possuir a disposição e a

A AMEAÇA VERMELHA

energia necessárias para comandar um império imenso e debilitado. Oriundos da velha guarda do Politburo,[20] eram percebidos com muita desconfiança pelo Ocidente.

Contudo, o império soviético já não causava grande temor ao mundo ocidental — pelo menos em relação à infiltração comunista e à exportação de sua ideologia. Embora seja possível falar no recrudescimento das relações soviético-americanas no início da década de 1980, o certo mesmo é que àquela altura a Guerra Fria "esfriara" e estava longe do auge das tensões das décadas de 1950 e 1960.[21]

Sem dúvida, a URSS começava a perder a grandeza que outrora ostentara. Combalida economicamente e em meio a uma ocupação militar extremamente malsucedida, os soviéticos ainda viram subir ao poder, em 1981, um novo presidente nos Estados Unidos, o enérgico republicano Ronald Reagan, que substituiria o democrata (e por vezes hesitante) Jimmy Carter.

Seria o que de pior poderia lhes acontecer.

Eloquente, carismático e persuasivo, Reagan assumiu o mandato pretendendo asfixiar o regime soviético na debilidade de sua própria economia. Conseguiu. Ao contrário das autoridades brasileiras, o novo presidente norte-americano percebia com clareza os primeiros sinais de esgotamento do modelo comunista e adotou uma estratégia que continha muita retórica e alguns lances de pura perspicácia. Pressionada pelos Estados Unidos, em pouco tempo a URSS não resistiria a uma intimidação tão eficaz.

Com declarações midiáticas, como aquela que alcunhou a URSS de "Império do Mal", Reagan superestimou o poderio militar norte--americano fazendo os soviéticos acreditarem que os Estados Unidos estavam muito à frente em termos bélicos em relação ao estágio em que realmente se encontravam naquele momento.

Assim, ao lançar o conceito de "Guerra nas Estrelas", com a divulgação de que os Estados Unidos estavam bastante avançados na pesquisa para o desenvolvimento de escudos balísticos antimísseis, o presidente norte-americano pressionava os soviéticos a continuarem a investir altas somas de recursos do seu orçamento em pesquisa militar, fato que àquela altura comprometia em muito a já debilitada economia da URSS.

Era puro blefe. Os Estados Unidos estavam a décadas de alcançar o patamar tecnológico que Reagan alardeava.[22] No entanto, a falaciosa estratégia deu certo. Os dirigentes soviéticos ficaram assustados e começaram a adotar uma postura mais flexível em relação aos norte-americanos, em particular, e ao Ocidente, de uma forma geral.

Para piorar, a política de juros do poderoso Banco Central dos Estados Unidos ajudaria ainda mais a dificultar a situação da economia não apenas da URSS, mas também dos demais países socialistas que compunham o bloco soviético. Delfim Netto, ministro do Planejamento brasileiro, suspeitava que tal política norte-americana, cuja justificativa oficial era a recessão enfrentada pelos Estados Unidos, tinha como objetivo oculto arrasar ainda mais com a economia dos países socialistas.

Seja qual for a real intenção da medida, o fato é que o seu impacto foi enorme na economia dos países socialistas, piorando o que já era muito ruim. Assim como o Brasil, muitos desses países tinham dívidas contratadas a juros flutuantes junto à banca internacional, e tal medida fez com que suas economias entrassem em *default*. A Polônia, por exemplo, foi a primeira economia a "quebrar" ao se constatar que o país não era capaz sequer de pagar os encargos de sua dívida.

Em suas reminiscências, Delfim Netto considerava que a política de juros norte-americana daquela época foi o principal fator de desestabilização do império soviético, pois desestruturou por completo as economias do bloco:

> [...] o fator decisivo veio anos depois. Os Estados Unidos, na tentativa de arrumar a sua economia, fizeram aquele ajuste de 1982, jogando os juros para 19%. Produziram um desequilíbrio geral, que não destruiu só aqui não. Acabou com a União Soviética. O que acabou com ela foi a elevação dos juros. Quebrou a Polônia, quebrou a Hungria, quebrou todo mundo. [23]

A AMEAÇA VERMELHA

Essa era a União Soviética dos tempos de Figueiredo. Um regime que se arrastava política e economicamente falido até o seu inevitável final. Guardadas as devidas proporções, era um pouco o que acontecia com o regime militar no Brasil, que àquela altura também se arrastava arrasado rumo ao seu melancólico fim.

Paradoxalmente, ambos os regimes viveriam uma reviravolta liberalizante em meados da década de 1980. No Brasil, o advento da Nova República, em 15 de março de 1985, fez supor que a posse do presidente eleito Tancredo Neves traria um sopro de esperança para a nação após longos 21 anos de autoritarismo.

Já na URSS, meros quatro dias antes de Figueiredo deixar o governo, assumiria Mikhail Gorbatchov, um "jovem" de 54 anos (principalmente se forem adotadas como paradigma para comparação as idades dos dois últimos secretários-gerais que o antecederam no cargo — Yuri Andropov tinha 68 anos e Konstantin Chernenko, 73 anos, quando assumiram o cargo de maior poder da União Soviética) cujas propostas prometiam flexibilizar o regime soviético.

Os quatro dias em que coexistiram como chefes de Estado e governo não foram suficientes para estabelecer nenhuma relação entre Figueiredo e Gorbatchov. A aversão e o temor que o presidente brasileiro nutria pelo comunismo impossibilitavam qualquer aproximação.

Independentemente do que se passava pela cabeça de Figueiredo e de seus assessores militares acerca da suposta ameaça de infiltração comunista no Brasil, tais crenças não eliminam um fato: A URSS da primeira metade da década de 1980 não era nem a sombra do que já havia sido nas décadas anteriores, e a exportação da ideologia comunista a países da América do Sul se mostrava por demais remota naquele momento.

Embora não existisse de fato, a ameaça comunista continuaria a pairar como uma constante ameaça ao Brasil durante o governo Figueiredo. Talvez tenha sido o último e decisivo entrave à flexibilização do regime militar. Em alguns momentos, assumiria ares caricatos e descontextualizados. Em outros, quase colocou tudo a perder.

ME ESQUEÇAM – FIGUEIREDO

Em realidade, se tratava de uma ameaça um tanto quanto alarmista e extemporânea. No entanto, a verdade é que a ameaça comunista e tudo o que dela poderia advir geravam fundados receios, principalmente quando o comunismo era utilizado como subterfúgio para se cogitar a possibilidade de retrocessos em momentos cruciais do processo de abertura política, nos quais o avanço estava por ser consolidado.

Hoje soa totalmente despropositado, mas naquela época causava um fundado temor. Pior ainda: no processo sucessório de 1984, as falácias comunistas quase se tornaram o pretexto perfeito para justificar um retrocesso institucional, comprometendo o lento processo de abertura política prestes a se consolidar.

Foi por pouco.

Capítulo 20
A sucessão

A sucessão começou órfã

Assim como ocorreu no processo sucessório dos ex-presidentes Médici e Geisel, pelo precedente concebido durante o regime militar, a princípio caberia ao presidente Figueiredo conduzir o processo de sua própria sucessão.

O primeiro passo para tanto foi formal e simbólico: o PDS indicou Figueiredo como coordenador do processo sucessório. Em realidade, o diretório nacional do partido aprovou uma "moção de apoio" ao presidente, hipotecando a ele "irrestrita solidariedade"[1] na condução do processo e delegando poderes para que pudesse "coordenar o processo no momento em que julgasse mais oportuno".[2]

Era o que bastava. A partir daquele momento a bola estava com Figueiredo, e assim caberia exclusivamente a ele ditar o ritmo e o rumo do jogo.

A estratégia do PDS, ao divulgar tal moção de apoio, foi legitimar o presidente como o grande condutor do processo sucessório, visando

519

assim utilizar a autoridade moral que o cargo lhe conferia para garantir mais um mandato ao partido governista. Ao mesmo tempo, evitaria que o processo sucessório se precipitasse, principalmente por meio de ações autônomas e independentes de potenciais presidenciáveis, o que poderia gerar conflitos internos dentro do partido e dificultar bastante uma futura eleição no Colégio Eleitoral.

Contudo, essa delegação não significava que o próximo presidente seria necessariamente um militar. A perspectiva naquele momento era de que um civil sucedesse o presidente Figueiredo. Tal expectativa era compartilhada pela própria área militar. Em realidade, estava claro àquela altura que os militares não desejavam outro general disputando a sucessão presidencial.

Dessa forma, embora não fosse um militar a dar continuidade ao regime, a intenção era que um civil alinhado ao governo e, se possível, pertencente à base situacionista fosse o próximo ocupante da Presidência da República. Esse era o projeto do governo militar desde o início do processo de abertura (ainda nos tempos de Geisel), quando foi atribuída a Golbery do Couto e Silva a expressão "manter o poder até 1991", que significa eleger o sucessor de Figueiredo por um mandato de seis anos, como previa a legislação eleitoral vigente à época.

Esse era o desejo do PDS. Ao delegar a Figueiredo o comando da sua sucessão, o partido não contava com um empecilho que iria retirar seu protagonismo no processo sucessório e, como o tempo depois revelou, seria o responsável também por viabilizar uma candidatura vitoriosa por parte da oposição: o instável temperamento do presidente.

Naquele momento inicial, tudo era possível, e ninguém sabia como de fato pensava Figueiredo. Curiosamente, essa tendência se manteve até o final.

Assim, na primeira grande guinada que o processo sucessório experimentou, o presidente devolveu a coordenação da sucessão ao seu partido, depois de um ano no comando do processo. Embora ungido formalmente pelo PDS como o grande condutor da sucessão presidencial, Figueiredo não quis permanecer à frente da delicada

A SUCESSÃO

tarefa, sobretudo por ter que tratar do varejo das miudezas da política, fato que lhe causava nítido desconforto.

E o fez de maneira surpreendente até mesmo para seus interlocutores mais próximos, incluindo parte dos ministros militares, que só souberam de tal fato junto com todo o país durante o pronunciamento presidencial de final de ano, via rede nacional de televisão e rádio, em dezembro de 1983.

Sob a alegação de que não estava conseguindo unir o partido nem construir o consenso necessário para viabilizar uma candidatura vitoriosa, Figueiredo simplesmente devolveu ao seu partido a coordenação da sucessão.

Direto e sem meias palavras.

A repercussão foi rápida e imediata, principalmente por parte dos potenciais presidenciáveis. Enquanto o vice-presidente Aureliano Chaves preferiu o silêncio, o aspirante ao cargo Paulo Maluf, diretamente de Nova York, qualificou a decisão presidencial como "estupenda". Já Mario Andreazza preferia acreditar que o presidente ainda poderia rever a sua decisão — para ele, apenas a autoridade de Figueiredo conseguiria unir o PDS em torno de um nome.

De fato, para Maluf foi a melhor decisão possível. Era notório que Figueiredo não nutria a menor simpatia por ele. Mais importante ainda: se houvesse um candidato oficial do governo a navegar sob as bênçãos do presidente, certamente não seria o deputado paulista. Não havia dúvida de que para Maluf o melhor era a sucessão ficar órfã.

E ela ficou.

Assim, o caminho para o deputado paulista estava desobstruído e, em sua correta previsão, a partir daquele instante, dependeria apenas das suas próprias forças para ganhar a indicação na convenção do PDS que definiria o candidato do partido à Presidência da República.

Por outro lado, o ministro Mário Andreazza, presidenciável que mais dependia do beneplácito de Figueiredo, sabia que suas chances seriam reduzidas significativamente caso o presidente levasse a cabo a decisão que acabara de anunciar. Por isso mesmo, sua primeira reação foi declarar à imprensa que acreditava que aquela decisão poderia ser futuramente revertida, enfatizando o papel essencial de Figueiredo na sucessão.

A deliberação do presidente foi igualmente ruim para seu vice, Aureliano Chaves, que contava com a simpatia do ex-presidente Geisel e necessitava do apoio presidencial para viabilizar uma candidatura competitiva. Porém, nem a intervenção de Geisel junto a Figueiredo adiantou.

Estava, assim, selada a primeira grande fase da sucessão presidencial, quando Figueiredo anunciou formalmente a sua decisão de restituir ao seu partido a coordenação do processo sucessório.

Em realidade, o presidente jogava "só embaralhando e não dava cartas para ninguém", como dizia à época o governador de Minas Gerais, Tancredo Neves. Só que é impossível jogar cartas assim. Por isso, o processo evoluiu de forma extremamente confusa e ao sabor aleatório dos abruptos acontecimentos.

Uma última declaração de Figueiredo afirmando que respeitaria o resultado da convenção, independentemente de quem saísse vitorioso, serviu ainda mais para animar Maluf e, ao mesmo tempo, desestimular seus principais adversários na convenção do PDS.

O certo mesmo é que naquele exato momento, última semana de 1983, a eleição que definiria o sucessor de Figueiredo ainda estava longe e o jogo se encontrava em aberto.

Àquela altura, era inegável que Maluf largara na frente. O próprio presidenciável não escondia isso em suas declarações, chegando a se vangloriar em programas de televisão sobre a sua suposta astúcia, mesmo sabendo que Figueiredo considerava sua postura um tanto quanto açodada. Nas palavras do próprio Maluf: "Quem chega antes à fonte bebe água limpa."[3]

O certo mesmo é que ainda havia muita água para rolar no rio da sucessão presidencial.

Chora Figueiredo, Figueiredo chora (Diretas Já)

Paralelamente à indecisão de Figueiredo, em janeiro de 1983 foi proposta uma ousada emenda constitucional pelo deputado Dante

A SUCESSÃO

de Oliveira, até então um pouco conhecido deputado federal do Matogrosso do Sul cujo traço mais evidente era a militância em grupos de esquerda durante a fase inicial do regime militar. Caso a emenda de sua autoria fosse aprovada pelo Congresso Nacional, o processo de sucessão presidencial seria drasticamente alterado.

Sintética e direta, tal emenda propunha simplesmente o retorno das eleições diretas para o cargo de presidente da República. Surgia, assim, a emenda Dante de Oliveira, que ficou nacionalmente conhecida pelo nome do seu autor.

Raras proposições legislativas na história brasileira tiveram um senso de oportunidade tão grande. Contou com um pouco de sorte também. Proposta em um ambiente favorável pela conjuntura, dado o nítido esgotamento do regime militar, a confiança na aprovação da emenda começou tímida — tanto no meio político como na população —, mas, em pouco tempo, foi capaz de contagiar as ruas do Brasil e unir toda a oposição e até mesmo parte da base do governo em torno de uma única bandeira.

O ano de 1983 assistiu ao gradativo engajamento popular à campanha que passou a ser conhecida como "Diretas Já". Os comícios que inicialmente não atraíram grandes públicos foram paulatinamente despertando o interesse de uma quantidade maior de pessoas, e já ao final da campanha as manifestações populares foram capazes de arrastar verdadeiras multidões às ruas do Brasil, sobretudo nas grandes capitais.

Justiça seja feita, a despeito da atmosfera favorável, a questão sobre o gradativo aumento do engajamento popular à campanha (primeiro em cidades médias com bons públicos e depois nos grandes centros urbanos com a participação de verdadeiras multidões) se deveu em grande medida à estratégia delineada pelo deputado Ulysses Guimarães. Agindo com cautela, a opção de iniciar a campanha por cidades menores e aos poucos ir ganhando os grandes centros à medida que a adesão popular ia se fortalecendo foi ideia do deputado paulista.

O tempo revelaria o acerto dessa decisão que resultou simplesmente no maior movimento de massas da história do Brasil até aquele momento.

523

ME ESQUEÇAM – FIGUEIREDO

Tudo foi feito de forma pouco planejada e contando com muito improviso e parcos recursos. Inicialmente não havia retaguarda ou nenhum apoio administrativo. Os líderes Ulysses Guimarães e Armindo Doutel de Andrade, que participaram de quase todos os comícios, viajavam sem assessores e marcavam as suas próprias passagens aéreas. Já Luiz Inácio Lula da Silva pernoitava na residência de militantes petistas para evitar custos com diárias de hotel.[4] Mais tarde, o engajamento de alguns governos estaduais, principalmente na organização dos megacomícios nos grandes centros, atenuou um pouco essa situação.

A adesão dos meios de comunicação — em uma época anterior à internet e às redes sociais — revelou-se fundamental para o crescimento do movimento. O jornal *Folha de S.Paulo* foi o primeiro veículo de comunicação a divulgar de maneira entusiasmada a campanha e, pouco tempo depois, passou a "lutar pela ideia",[5] abraçando definitivamente aquela causa.

Em termos televisivos, a primeira transmissão ao vivo e em rede nacional da Diretas Já foi realizada pela Rede Bandeirantes. O Brasil pôde assistir ao final do comício da Sé, em São Paulo. Já a Rede Globo, principal emissora do país, inicialmente deu à campanha uma dimensão menor, que não refletia a realidade. A cobertura dos primeiros comícios começou de maneira muito acanhada, com registros apenas em seus telejornais locais. A emissora não deu a visibilidade esperada às Diretas, nem mesmo no *Jornal Nacional*, noticiário líder de audiência no país.

Já em setembro de 1984, em uma primeira declaração sobre o tema, o jornalista Roberto Marinho ainda abordava o assunto de forma bastante cuidadosa: "achamos que o comício pró-Diretas poderia representar um fator de inquietação nacional, e por isso realizamos num primeiro momento apenas reportagens regionais [...] Mas a paixão popular foi tamanha que resolvemos tratar o assunto em rede nacional."[6]

No entanto, essa cobertura jornalística aquém do que poderia ser teve um motivo fundamental, revelado alguns anos depois por profissionais da própria emissora: a pressão do governo e de interlo-

A SUCESSÃO

cutores da área militar para que a Globo não desse o devido destaque à campanha.

À época, fortes e poderosas pressões eram exercidas diretamente sobre o jornalista Roberto Marinho — desde sobrevoos de helicópteros do Exército de maneira ameaçadora perto da sede da emissora[7] até a ameaça real de revisão da concessão televisiva.[8] Segundo relatos de jornalistas que trabalhavam à época na emissora e vivenciaram os fatos, essa teria sido uma das maiores pressões que Roberto Marinho sofreu em toda a história da Rede Globo.[9]

Todavia, apesar das fortes ameaças que pairavam sobre a emissora, a partir do final de janeiro de 1984, a Globo passou a cobrir a campanha de forma mais ampla, como relembra o jornalista João Roberto Marinho:

> [...] Os primeiros comícios, que aconteceram no início de 1984 — em Olinda (5/1), Curitiba (12/1), Salvador (20/1), Vitória (21/1) e Campinas (21/1) —, foram todos noticiados pela Globo, mas, de fato, apenas nos telejornais locais. A grande audiência da Rede Globo era um problema naquele momento porque sabia-se que, se a emissora fizesse uma cobertura massiva, em rede nacional, o movimento cresceria. E foi o que acabou acontecendo. Com o crescimento da adesão popular, passamos a cobrir no *Jornal Nacional* e em outros programas de rede praticamente todos os comícios e, a partir de então, o movimento ganhou proporções não imaginadas.[10]

O presidente Figueiredo aparentemente não aprovava a campanha pelas diretas, chegando a criticá-la formalmente em seu pronunciamento de final de ano à nação, na última semana de dezembro de 1983. Repetiria a dose em pronunciamento posterior no Clube Naval, não poupando críticas à possibilidade de eleições diretas para eleger o seu sucessor.

Em outro pronunciamento, agora por conta do aniversário de vinte anos da instauração do regime militar, Figueiredo reafirmou que a sua sucessão ainda seria realizada por via indireta, conforme estabelecia a Constituição vigente, mas que no futuro a intenção do governo era restabelecer as eleições diretas em dois turnos.

Nessa oportunidade, o presidente chegou a utilizar palavras duras e incisivas contra a eleição direta, afirmando que "não é hora para que em nome de argumentos ilusórios e oportunistas se venha a impugnar a eleição indireta [...]".[11] Como era de esperar, as contradições que caracterizaram Figueiredo durante todo o processo sucessório também surgiram em relação à proposta por eleições diretas.

Em duas oportunidades a imprensa repercutiu declarações, uma do próprio presidente e outra atribuída a ele por um membro de sua comitiva oficial, sobre a troca de posição de Figueiredo em relação às eleições diretas, contrariando as suas próprias declarações anteriores sobre o tema.

A primeira delas ocorreu em Lagos, Nigéria: "Eu acho muito difícil aquele meu ideal de estabelecer a eleição direta para o meu sucessor. [...] Porque o meu partido não iria se conformar. Eu me conformo, mas o meu partido não iria se conformar."[12] Essa declaração repercutiu enormemente na imprensa brasileira, pois àquela altura a discussão sobre a possibilidade de eleições diretas já havia adquirido grande destaque no noticiário nacional. Para se ter uma ideia da repercussão do tema, o *Jornal Nacional* exibido naquele dia o destacou em sua grade por longos nove minutos.[13]

No meio político, a declaração de Figueiredo gerou aplausos e vaias, por motivos óbvios. A oposição aplaudiu, levando Ulysses Guimarães a tecer um enfático comentário a favor do presidente, o maior elogio do deputado a um chefe de governo desde que ascendeu ao comando do MDB no início dos anos 1970. Prometia até subir a rampa do Planalto para debater a volta das eleições diretas com o presidente da República.[14]

Já os políticos do PDS custaram a acreditar em uma declaração tão incisiva por parte de Figueiredo, que ainda por cima não dava margens a dúvidas ou a nenhum tipo de dupla interpretação.

A SUCESSÃO

De fato, foi uma declaração no mínimo inesperada. A revista *Veja* refletiu toda a perplexidade gerada pela declaração de Figueiredo ao estampar em sua capa uma foto do presidente acompanhada de um círculo verde e amarelo com a inscrição: "1985, eu sou pelas Diretas."[15] Já a manchete dessa mesma capa dava o tom exato daquele momento: "Figueiredo se afasta do PDS."[16] Ficava claro que o presidente era pessoalmente favorável à eleição direta, salvo se viesse a ocorrer um desmentido de sua parte, algo pouco provável diante da clareza de sua declaração.

Surpreendentemente, veio uma retificação.

Após a repercussão, Figueiredo retrocedeu, desafiando a lógica e a própria literalidade da língua portuguesa. Coube ao porta-voz Carlos Átila esclarecer o que realmente o presidente quis dizer. A explicação oficial foi simplista e mais uma vez testou os limites do idioma para tentar retificar uma declaração anterior, dissimulando essa mudança de posição na prosaica desculpa de que, em realidade, eram os interlocutores (todos eles) que não haviam entendido corretamente o que havia sido dito.

A inusitada retificação foi tratada pelo governo como um "simples" esclarecimento sobre a declaração anterior, não como uma retratação, como de fato era: "O presidente quis dizer que a eleição direta nunca passou pela sua cabeça. Pessoalmente é favorável, mas é um homem de partido e, como o partido é contra, acata a vontade partidária."[17]

Explicação difícil de ser entendida no exato sentido pretendido pelo governo. Da sua essência, levando-se em consideração os limites axiológicos da língua portuguesa, só poderia ser extraído um único significado: o presidente era a favor das diretas, mas o seu partido não queria.

O PDS voltava, assim, para a berlinda.

A retratação (ou explicação) final de Figueiredo sobre o tema ocorreu em Argel, capital da Argélia, escala seguinte de sua viagem oficial ao continente africano. Fiel ao seu estilo, não titubeou ao culpar a imprensa pela repercussão das suas declarações: "Pois diga que eles [editores] são uns imbecis. Não entenderam nada ou não compreendem português. Não foi nada daquilo que eles publicaram no Brasil nas manchetes."[18]

Após o surto de ira, o presidente prosseguiu no diálogo. De forma mais elegante e amistosa, explicou como, em sua visão, a imprensa distorcia as suas declarações: "Às vezes, vocês me perguntam qual o candidato que está pintando. Eu digo que não sou pintor e aí vocês respondem: o presidente não gosta de pintura."[19]

Poucos meses depois, durante viagem ao Marrocos, o presidente Figueiredo, já pressionado pela ascensão dos comícios e o forte engajamento popular no movimento Diretas Já, repetiu a dose. Parecia que realmente tinha se tornado favorável à campanha, ou pelo menos não representaria mais um empecilho.

Ao ser indagado sobre o comício a favor das eleições diretas realizado no Rio de Janeiro e o público estimado de 1 milhão de pessoas que lá compareceu, o presidente supostamente teria confidenciado a um deputado de sua confiança que "se estivesse lá, seria o milionésimo primeiro".[20] O mais curioso é que essa suposta segunda declaração favorável às eleições diretas foi dada após o presidente já ter se manifestado de forma incisiva contra a possibilidade da sua sucessão não ocorrer pela via indireta durante o final de 1983 e os primeiros meses de 1984.

Esses dois episódios — que a imprensa intitulou de *Vozes d'África*,[21] por coincidentemente ocorrerem em continente africano — geravam a forte sensação no país de que Figueiredo não se oporia à eleição direta à sua sucessão. Ou pelo menos era isso que os seus "sincericídios" em solo africano davam a entender. Eram as tais *Vozes d'África* trazendo uma franqueza inesperada às declarações do presidente e, consequentemente, fortalecendo ainda mais o movimento pelas eleições diretas, que naquele momento já havia tomado completamente as ruas do Brasil.

A segunda declaração do presidente foi recebida com um misto de espanto e incredulidade por parte daqueles que trabalhavam para viabilizar uma candidatura de consenso dentro do PDS a fim de disputar a eleição indireta que seria realizada através do Colégio Eleitoral.

A SUCESSÃO

Devido à repercussão negativa no seu próprio nicho político, o presidente teve de retroceder, ou melhor, fez com que o deputado Alcides Franciscato, que transmitira suas supostas declarações à imprensa, desmentisse o que dissera. Não se sabe se por descuido ou imprudência, o fato é que Franciscato deu declarações incisivas aos jornalistas relatando que o presidente se sentia indignado com a apropriação pela oposição do movimento pelas diretas, já que tal iniciativa supostamente teria partido do próprio Figueiredo em suas famosas declarações sobre o tema na Nigéria.

Segundo reportagem de capa do jornal *Folha de S.Paulo*, cuja manchete estampava "Eu teria sido a milionésima primeira pessoa no comício", o presidente teria dito a Franciscato o seguinte: "Esta bandeira é minha. É minha e do povo brasileiro. Porque fui eu que levantou na África a bandeira das eleições diretas. Agora a posição está desejando pegar a nossa bandeira."[22]

Em realidade, a inconfidência do deputado Franciscato teve o efeito de uma bomba atirada no centro do PDS, já que naquele momento estava sendo costurada no Congresso Nacional uma proposta alternativa de emenda constitucional que seria proposta pelo próprio Figueiredo.

Na conversa em que interpelou o deputado por suas declarações à imprensa, o presidente foi duro e, sem se incomodar com as demais pessoas que presenciavam a cena, deixou clara sua contrariedade: "De onde é que você tirou isso, rapaz? Que história é essa?"[23] Restou a Franciscato se desdizer publicamente. Era isso ou enfrentar a ira de Figueiredo, inclusive porque já começavam a correr rumores sobre a possibilidade de sua expulsão da comitiva. Humilhação pública.

Em suas inusitadas desculpas, o deputado atribuiu à sua formação profissional a confusão causada por suas declarações ao afirmar que "eu sou engenheiro, não sei me expressar bem",[24] fato que levou a uma reação imediata do presidente do Clube de Engenharia, que classificou a retratação como "repugnante".[25]

Ao fim, após a capitulação do deputado, o presidente declarou em Madri (última escala da viagem presidencial) que Franciscato estava "absolvido" no momento em que o apresentou ao rei da Espanha.[26]

ME ESQUEÇAM – FIGUEIREDO

Se estava absolvido perante o presidente, a sua reputação perante a imprensa e a opinião pública jamais seria a mesma.

Em sua coluna Opinião, a *Folha de S.Paulo* se referiu ao deputado como "O boquirroto" e colocou a questão da seguinte forma: "Encurralado pela ira de Figueiredo, Franciscato viu-se obrigado a desmentir o que dissera ou a enfrentar a sua expulsão da comitiva. [...] Tivesse o presidente exigido que ele se ajoelhasse diante das câmeras para desmentir-se, ele o teria feito sem a menor hesitação. Tudo, menos ser expulso das mordomias de uma viagem presidencial."[27]

Enquanto isso, em solo brasileiro a campanha pelas diretas se dirigia ao final e o seu momento decisivo, a votação da emenda Dante de Oliveira no Congresso Nacional, não tardaria a chegar. Por se tratar de uma emenda constitucional, necessitaria de quórum qualificado de dois terços nas duas casas legislativas para ser aprovada. O primeiro desafio seria na Câmara dos Deputados, onde era necessário que fossem computados 320 votos.

Com multidões jamais vistas agitando o país em gigantescos comícios nas principais capitais, mas também mobilizando públicos significativos em cidades médias, a Diretas Já foi um dos maiores fenômenos de mobilização popular da história do Brasil. Naquele momento, próximo à data da votação da emenda constitucional no Congresso, a força do povo na rua assustava o governo.

Alguns acontecimentos estranhos e ameaças dissimuladas começaram a anteceder os comícios, com o objetivo de desestimular o comparecimento da população. A mais patética dessas empreitadas foi a divulgação de um panfleto apócrifo, identificado apenas por uma pouco convencional associação denominada de "ASTROM — Associação dos Trombadinhas",[28] que ameaçava realizar saques e assaltos durante os comícios.

Àquela altura, nada disso adiantava mais.

A mobilização final contou com megacomícios no Rio de Janeiro e em São Paulo. O povo tomara a rua de assalto e dela não pretendia sair até a data da votação. Surgiu o refrão "Chora Figueiredo/ Figueiredo Chora/ Chora Figueiredo/ Já chegou a tua hora",[29] cantarolado pela

A SUCESSÃO

atriz Christiane Torloni no comício da praça da Sé, em São Paulo, e que logo caiu na boca do povo.[30]

Sem dúvida, esse foi um dos momentos mais marcantes de todos os comícios até então realizados no âmbito da campanha pelas eleições diretas. Torloni entoava o refrão ao mesmo tempo que o povo regia com graciosos movimentos dos braços, o que deu à cena um tocante contorno estético, sobretudo porque a multidão acompanhou a atriz num igualmente emocionante coro.

Já a atriz Fernanda Montenegro, também no comício em São Paulo, em momento de grande emoção que chegou a levá-la às lágrimas, dirigiu-se diretamente a Figueiredo para exigir eleições diretas: "Senhor presidente, exigimos a anistia total para o povo através de eleições diretas."[31]

Também não faltava criatividade ao povo nas manifestações. Ainda no comício de São Paulo, surgiu uma espirituosa faixa que despretensiosamente afirmava "Não rias de mim, Argentina",[32] parodiando a famosa frase da ex-primeira dama argentina Evita Perón, "Não chores por mim, Argentina". Era uma alusão clara ao fato de o processo de redemocratização do país vizinho estar mais avançado em relação ao brasileiro. (A Argentina já havia realizado eleições diretas que resultaram na eleição do presidente civil Raúl Alfonsín, em 1983.)

Por outro lado, em alguns comícios, surgiram bandeiras de partidos comunistas que naquele momento ainda estavam proscritos no Brasil. Em um comício em Belém, além das tradicionais manifestações a favor da legalização do PCdoB e dos demais partidos de ideologia comunista que naquele momento se organizavam clandestinamente, chegou a surgir até uma faixa da pouco conhecida LIT (organização de esquerda denominada Quarta Internacional Trotskista) também a exigir eleições diretas.[33]

O governo não tardou a adotar uma postura reativa com o intuito de frear a ascensão do movimento.

A primeira providência, cerca de uma semana antes da votação, foi a proposta de uma emenda constitucional, a denominada emenda Figueiredo, que restabelecia as eleições diretas somente em 1988, reduzia o mandato presidencial de seis para quatro anos, além de permitir a reeleição sem desincompatibilização do cargo e introduzir a possibilidade de eleição em dois turnos.

Essa proposta foi a forma que o governo encontrou para tentar arrefecer o ânimo da oposição e o entusiasmo popular. O restabelecimento das eleições presidenciais para 1988 não estava nos planos originais do governo, que pretendia inicialmente fazer o seu sucessor e assim manter o poder até 1991.

Entretanto, as circunstâncias em abril de 1984 não permitiam mais essa opção. A emenda foi proposta no mesmo dia de um dos maiores comícios da Diretas Já, que atraiu cerca de 1 milhão de pessoas ao Vale do Anhangabaú, em São Paulo. Figueiredo agora não era mais entusiasta das eleições diretas como suas declarações em solo africano faziam supor; ele exortava um extemporâneo entendimento entre os partidos e criticava modificações precipitadas.

Em cadeia nacional de rádio e televisão, que coincidiu com o horário do fim do comício em São Paulo, o presidente afirmou que era favorável à mudança na Constituição para permitir as eleições diretas, mas não de forma imediata. Aproveitou para afirmar: "Não nos devemos precipitar levados pela emotividade e radicalismos de alguns que querem manipular a vontade do povo para atender objetivos pessoais e imediatistas."[34]

Dado o fôlego da campanha, a ordem agora era impedir a aprovação das eleições diretas a todo custo, pelo menos naquele momento. Em troca, o governo acenava com uma emenda constitucional que viabilizava as eleições diretas em 1988, antes do inicialmente previsto pelo regime militar. Para o governo, tratava-se de dar os anéis para manter os dedos, tônica da emenda Figueiredo, escrita pelo chefe do Gabinete Civil, ministro Leitão de Abreu.

A ofensiva do governo ia dos grandes temas às minúcias da vida cotidiana, o que demonstrava certo desespero diante da rápida e inesperada evolução dos acontecimentos. Até o atacante Renato Portaluppi, campeão mundial pelo Grêmio em 1983, foi avisado de

A SUCESSÃO

que sua presença nos comícios não seria bem-vista pelo governo, principalmente porque desagradaria ao poderoso Leitão de Abreu, torcedor fanático e ex-presidente do clube gaúcho.[35]

Apesar da disposição do governo em negociar uma alternativa, àquela altura a oposição não se mostrava nem um pouco interessada, sobretudo pelo engajamento popular na campanha.

Em realidade, a essência da emenda constitucional proposta pelo governo era manter a sucessão de Figueiredo pela via indireta, por meio do Colégio Eleitoral, que deveria se reunir no final de 1984 ou início de 1985 (naquele momento ainda não havia a definição precisa sobre quando a eleição indireta seria realizada).[36]

No embalo da campanha, a oposição nem ao menos considerou a possibilidade de discutir a tal emenda Figueiredo, que propiciaria eleições diretas dentro de quatro anos. O futuro faria com que se arrependessem amargamente. Poucos anos após o episódio, quando a Constituinte aprovou cinco anos de mandato para o presidente José Sarney, Lula (então deputado constituinte pelo PT) rememoraria o fato com uma pontada de arrependimento: "Nós não sabíamos como 1988 estava tão perto."[37]

Tarde demais para lamentar.

Ainda visando dificultar ao máximo a aprovação da emenda Dante de Oliveira e, para tanto, utilizando como subterfúgio a presença de grupos de manifestantes que supostamente rumariam para Brasília a fim de pressionar violentamente os parlamentares, o presidente Figueiredo assinou um decreto colocando o Distrito Federal e alguns municípios goianos próximos à capital sob o estado de emergência durante a votação.

O objetivo do estado de emergência, segundo a introdução do decreto, era evitar a intimidação e coação de parlamentares pelos supostos grupos radicais de manifestantes que estavam se preparando para acompanhar a votação. Relatórios do SNI apontavam uma ocupação maciça de Brasília por grupos organizados que poderiam até invadir o Congresso Nacional.[38] Sob esse argumento, foram decretadas medidas excepcionais, como o restabelecimento da censura em relação aos meios de comunicação em Brasília e o bloqueio militar aos seus acessos terrestres.

Houve, também, a despropositada necessidade de identificação na chegada ao aeroporto de Brasília, mesmo nos voos domésticos, fato que gerou muito desconforto e constrangimento em face da nova e pouco usual exigência — principalmente na chegada de políticos, pois alguns eram figuras bastante conhecidas no cenário nacional, que mesmo assim tiveram de se identificar caso desejassem desembarcar na capital federal.

A medida do governo, despida de qualquer efeito prático à segurança de Brasília, soava mais como provocação e ajudava a aumentar o descontentamento generalizado em relação à adoção das medidas de emergência.

Estavam proibidas também concentrações de pessoas em locais públicos, e houve até mesmo um cerco militar à UnB para evitar manifestações por parte dos estudantes. No dia anterior à votação, o deputado Ulysses Guimarães foi ovacionado ao discursar na universidade, fato que ajudou a aumentar ainda mais o clima de tensão entre governo e oposição.

Para comandar as ações de caráter excepcional autorizadas durante o estado de emergência, foi designado o comandante militar do Planalto, general Newton Cruz. General de divisão e naquele momento executor plenipotenciário das medidas de emergência, Newton Cruz bradava aos gritos a ordem do dia naquele momento histórico: "Ordem de comando não se discute, cumpre-se."[39]

O general "Nini", como era conhecido, comandou as ações em cima de um cavalo branco — segundo ele, presente do próprio presidente Figueiredo. Passara do "autoritarismo explícito para o autoritarismo ridículo"[40] quando começou a "chicotear"[41] carros que promoviam um buzinaço. Sua atuação foi marcada por fortes e caricatos exageros naquele dia histórico.

O Congresso Nacional, que já estivera cercado por agentes de segurança no dia anterior à votação, amanheceu com estudantes

A SUCESSÃO

secundaristas e universitários de Brasília acampados em suas proximidades. Foi formada a expressão "Diretas Já" nos jardins do Congresso pelos próprios estudantes que se postaram ao chão, diante da tropa, de choque que apenas observou a movimentação sem intervir.

Apesar da tensão reinante, não foram registrados incidentes entre a polícia e os estudantes naquela manhã.

Em meio à forte tensão a que Brasília estava submetida, foi iniciada a votação. Haveria concentrações por todo o país para acompanhá-la a partir dos denominados "Placar das Diretas", que tentavam atualizar as pessoas reunidas em lugares públicos sobre a evolução da votação. Tal esforço se tornou mais uma demonstração cívica do anseio popular pela aprovação da emenda Dante de Oliveira e foi realizado apesar de todas as dificuldades para acompanhar a votação, pois a censura imposta pelo governo no Distrito Federal dificultava muito o fluxo de informações de Brasília para o restante do país.

O resultado era imprevisível, embora prognósticos apontassem para a rejeição da emenda, sobretudo diante da ofensiva do governo perpetrada a partir da semana anterior à votação.

O governo contava com a maioria na Câmara, mas a mobilização popular e os próprios sinais contraditórios emitidos pelo presidente durante a campanha pelas diretas contribuíram para uma dúvida razoável sobre a fidelidade da base governista.

Apesar da dificuldade imposta, sobretudo pelo quórum qualificado necessário para a aprovação de uma emenda constitucional, tudo era possível naquele momento e o governo buscava a todo custo evitar um revés histórico.

Assim, o próprio presidente, geralmente arredio a parlamentares e ao varejo das miudezas da política, teve de se dispor a buscar o contato direto com sua base parlamentar. Conduzindo pessoalmente a articulação final antes da votação, Figueiredo "assumiu o comando da operação política, fazendo o maior número de contatos com parlamentares do PDS da história do seu governo".[42]

Daria certo.

ME ESQUEÇAM – FIGUEIREDO

Nesse momento final, relatos dão conta de que o presidente Figueiredo arregaçou as mangas e foi à luta, em uma verdadeira guerra telefônica por votos contrários à eleição direta. No final de semana que antecedeu a votação, alguns deputados considerados indecisos pelo governo receberam um telefonema diretamente do presidente, que, em viva voz, perguntava: "O que vocês estão querendo, o Brizola? Se tivermos eleições agora, entra o Brizola. É isso que vocês querem?"[43]

Em realidade, a postura de Figueiredo às vésperas da votação da emenda Dante de Oliveira refletia um consenso que aos poucos se formou no governo e, em especial, no meio militar: perder uma eventual eleição direta representaria um julgamento popular não apenas do governo Figueiredo, mas do próprio regime.[44] Assim, o mais conveniente seria que o restabelecimento das eleições diretas viesse a ocorrer após um governo de transição.

A sessão durou longas dezesseis horas e foi marcada por forte tensão dentro do Plenário da Câmara, onde cerca de 1.200 populares assistiam à votação. Do lado de fora do Congresso Nacional, cerca de 7 mil pessoas se concentraram para também acompanhar a votação em uma ansiosa espera pela tão sonhada aprovação da emenda.

No final, uma votação sem incidentes registrou o seguinte placar: 298 votos favoráveis, 65 contrários e 3 abstenções. Foram registradas, ainda, 117 ausências, o que em muito facilitou a não aprovação da emenda. A estratégia do PDS em orientar seus parlamentares a não comparecerem à sessão e a articulação final realizada pelo próprio presidente acabaram por ser efetivas.

A emenda Dante de Oliveira foi rejeitada por apenas 22 votos. Caso passasse na Câmara, ainda teria de ser aprovada em votação no Senado Federal, o que dificilmente aconteceria, dado que lá a base governista (que também era maioria) era menos propensa a abrir dissidências em relação às posições do governo.

Um dos momentos mais surpreendentes foi o voto do deputado federal Sarney Filho. Apesar de pertencer ao PDS e ser filho do presidente do partido, ele foi favorável às diretas. Um tanto quanto

A SUCESSÃO

constrangido pela situação, José Sarney chegou a entregar o cargo. No entanto, dessa vez foi Figueiredo que surpreendeu pela sua reação extremamente compreensiva diante de fato tão peculiar: "Sarney, a juventude é assim mesmo. Ela não pensa mais como nós, ninguém controla os filhos."[45]

A campanha a partir daquele momento perdeu completamente o fôlego, embora ainda houvesse algumas tentativas de não arrefecer a mobilização popular. Apenas um pequeno grupo parlamentar intitulado "Só-Diretas" e composto essencialmente por deputados do PT e do PDT (contando com alguns poucos peemedebistas) optou por prosseguir na luta pelas eleições diretas. Porém, sem a atenção da imprensa e desprovida do apoio das principais lideranças do movimento original, essa iniciativa acabou completamente esvaziada e não obteve nenhum resultado prático.

O PT ainda tentou viabilizar a votação de outra emenda constitucional que tramitava no Congresso Nacional com o mesmo escopo da emenda Dante de Oliveira. Tratava-se da "emenda Teodoro Mendes", que também previa eleições diretas para a eleição presidencial em substituição ao Colégio Eleitoral.

A iniciativa chegou até a ter alguma repercussão, sendo aprovada pela CCJ da Câmara, o que possibilitaria a sua inclusão na pauta de votação do Congresso. No entanto, a forte pressão do governo acabou fazendo o senador Moacyr Dalla, à época presidente do Congresso Nacional, exigir um acordo de lideranças dos partidos para colocar a emenda em votação, o que na prática acabou por inviabilizá-la.[46]

Àquela altura, a eleição indireta era tida como um fato consumado pela classe política, a ponto de o presidenciável Tancredo Neves declarar em novembro de 1984 que "eleição direta agora é golpe".[47]

Já a emenda Figueiredo acabou por jamais ser votada pelo Congresso Nacional. Houve até uma tentativa de colocá-la em votação após a derrota da emenda Dante de Oliveira, mas o governo retirou a proposta poucas horas antes de a sessão ser iniciada.

A derrota da campanha Diretas Já representou o fim do sonho de milhões de brasileiros que foram às ruas para reaver o direito de eleger o presidente da República. Apesar de todo o engajamento popular, a campanha pelas eleições diretas para a sucessão de Figueiredo não teve um final feliz.

No entanto, seu legado — sobretudo pelas impressionantes mobilizações populares em torno de uma campanha para reaver uma prerrogativa cívica usurpada da população — deixou uma marca permanente e profunda na sociedade brasileira.

Ao final, Figueiredo não chorou como o refrão popular alardeava. Mas a voz do povo tinha mesmo razão. A hora dele e do regime militar realmente havia chegado.

Indefinição e três presidenciáveis

A sucessão havia se tornado um problema complexo, sobretudo pela falta de entusiasmo do presidente por qualquer um dos potenciais candidatos à sua sucessão pelo partido do governo.

Vencida a emenda Dante de Oliveira e com o fim do engajamento popular na campanha pelas eleições diretas, as atenções voltavam-se novamente para o jogo político, onde a eleição indireta seria decidida.

A permanente alternância de humor de Figueiredo em relação ao processo sucessório fez com que desde o início não houvesse uma tendência clara sobre como o presidente faria a sucessão evoluir, e os fatos quase sempre se precipitavam.

Essa situação de extrema instabilidade levou a um quadro que possibilitou que fossem cogitadas diversas e surpreendentes candidaturas e instigados os mais diversos ânimos para concorrer ao posto de trabalho mais cobiçado do país. Àquela altura, em face da ambiguidade de Figueiredo, o postulante do partido do governo na eleição presidencial que seria disputada mais à frente era uma completa incógnita.

Como não se sabia ao certo como o presidente pensava e o processo em muito dependia da sua aprovação pessoal, tudo passou a ser

A SUCESSÃO

possível e todos passaram a ter esperanças. Sua ambiguidade extrema serviu como mola propulsora a estimular as mais variadas ambições pessoais. Afinal, o governo tinha maioria no Colégio Eleitoral; ao menos em tese, o candidato a ser escolhido pelo PDS seria favorito na eleição indireta.

Assim, a instabilidade do comportamento presidencial e a impossibilidade de qualquer pessoa (inclusive os mais próximos interlocutores) de saber o que se passava pela sua cabeça proporcionaram o surgimento dos mais variados "candidatos a candidato". Durante todo o processo, acabaram por ser cogitados os mais diversos nomes, como os ministros Jarbas Passarinho, Hélio Beltrão e Leitão de Abreu, o presidente da Itaipu Binacional Costa Cavalcanti, além do senador Marco Maciel.[48]

Contudo, mesmo diante de inúmeras possibilidades ventiladas, de fato eram três os presidenciáveis que realmente estavam no páreo e que assim se mantiveram quase até o final da disputa pela indicação do PDS: o ministro do Interior e coronel da reserva Mário Andreazza, o vice-presidente Aureliano Chaves e o deputado federal Paulo Maluf.[49]

Sem dúvida, dentre os três, o presidenciável mais próximo ao presidente era Andreazza, conhecido por ser um competente gestor e que poderia utilizar a força de seu ministério — detentor de numerosas verbas para obras públicas — para viabilizar a sua candidatura. Todavia, a primeira grande dificuldade de sua candidatura foi a inércia de Figueiredo, pois tal postura favorecia Maluf. Andreazza não podia se declarar publicamente candidato por ser ministro do governo, e precisava da anuência do presidente para seguir adiante.

Na outra ponta, Maluf já atuava explicitamente como candidato ao arrepio de quaisquer orientações do PDS para que não se precipitasse o início da corrida presidencial. Ou seja, o fator tempo jogava contra Andreazza, já que ele não podia queimar a largada, como fizera Maluf. A fraqueza de sua candidatura, àquela altura dos acontecimentos, nitidamente residia na permanente indecisão de Figueiredo.

No entanto, não era apenas o fator tempo que o prejudicava. Também havia rumores de que militares lhe faziam restrição, sobretudo por parte do grupo ligado ao ex-presidente Geisel, cuja desconfiança vinha desde que Andreazza apoiara a candidatura do presidente Artur da Costa e Silva contra a vontade do então presidente Humberto Castelo Branco. Rusgas do passado que ainda repercutiam. Dizia-se até que o então ministro do Exército, general Walter Pires, vetava sua candidatura, e também havia relatos de que o ministro da Aeronáutica, Délio Jardim de Matos, falava abertamente a seus interlocutores sobre tal veto.[50]

Já em relação a Aureliano Chaves, a questão era diferente. Sob uma perspectiva inicial, a candidatura de Aureliano tinha um diferencial, pois contava com a simpatia de parte da área militar, sobretudo do ministro da Aeronáutica, brigadeiro Délio Jardim de Matos, que naquele momento o apoiava. Em expressão consagrada à época, seria o candidato que causaria "menos traumas aos militares".[51]

Todavia, embora houvesse espaço para o debate interno na caserna e a opinião da área militar sempre fosse importante para o balizamento da posição presidencial em relação à sucessão, quem teria a palavra final sobre a questão era o presidente Figueiredo.

A postura do vice-presidente, potencial presidenciável desde o início do processo, sempre foi a de defender uma consulta ampla às bases do partido para a definição do candidato do PDS à sucessão. Também defendeu, em alguns momentos, a adoção de eleição direta. Esses movimentos, contrários às diretrizes partidárias, enfraqueceram a sua candidatura dentro do partido governista.

No entanto, essa postura não alinhada às diretrizes do PDS era o menor dos seus problemas. O que pesou foi a gradativa deterioração da relação de Aureliano em nível pessoal com Figueiredo. O presidente, que no início do governo mantinha uma relação cordial com seu vice, foi paulatinamente se incompatibilizando com ele ao ponto de perto do final do mandato os dois mal se falarem.

O começo do desgaste remontava às internações de Figueiredo em Cleveland, nos Estados Unidos, para tratamento médico.

O vice-presidente imprimia um forte ritmo ao assumir a Presidência durante o afastamento temporário de Figueiredo, cobrando de auxiliares e equipe de governo e demonstrando, dessa forma, que tinha

A SUCESSÃO

plena capacidade de assumir a Presidência da República — fosse naquele momento (caso Figueiredo não se recuperasse ou decidisse renunciar por razões médicas) ou no futuro (caso viesse a ser eleito sucessor de Figueiredo).

Em função de seu desempenho no exercício da Presidência, a sua incipiente campanha decolou e em uma pesquisa junto ao empresariado logo após o retorno do presidente ao cargo Aureliano despontava como favorito à sucessão, tendo o diretor da revista *Exame*, que conduzira a informal enquete, afirmado que o fator preponderante para o sucesso do vice fora seu desempenho como presidente durante a ausência de Figueiredo.[52]

Até a cúpula do edifício do Senado apareceu como uma pichação na qual se lia "Aureliano, o homem-chave para presidente".[53] A sua candidatura ganhara vida própria. Era só o começo.

Posteriormente, houve uma entrevista do ex-ministro Golbery ao *Correio Braziliense* na qual fazia uma análise curiosa da questão: "Que grande paradoxo, este. Quanto mais cresce, mais o Aureliano cava a sua sepultura. [...] Aureliano está ocupando muito espaço mas só será candidato se o Figueiredo quiser e ele não vai querer."[54]

Podia até ser. Mas outras situações também contribuíram para o mal-estar que foi se transformando gradativamente em inimizade, como, por exemplo, a audiência que Aureliano concedeu a empresários paulistas críticos ao governo durante a sua interinidade, e a falta de reação do vice à entrevista concedida pelo ex-ministro Golbery.

À época se chegou a afirmar que havia um verdadeiro "abismo" a separar o presidente do seu vice, dados os inúmeros fatores que fomentavam a tensão entre ambos: "A performance de Aureliano, exaltada nos editoriais dos mais influentes jornais do país, a falta de reação dele à entrevista de Golbery, as intrigas que congestionaram as linhas telefônicas do Brasil para Cleveland, se encarregaram de afastar o presidente do seu vice."[55]

Até o ex-presidente Geisel entrou na luta para salvar a candidatura de Aureliano. O ex-presidente se encontrou com Figueiredo e tentou que ele retomasse a coordenação da sucessão. Talvez tenha sido o

ME ESQUEÇAM – FIGUEIREDO

primeiro passo efetivo para a retomada da viabilidade da candidatura de Aureliano frente à ameaça malufista que rapidamente se consolidava. Mas não houve jeito. Aquele seria mais um encontro entre Geisel e Figueiredo no qual muito se falou, pouco se entendeu e cujo resultado concreto foi nulo. De um interlocutor que acompanhou os bastidores daquela conversa: "Geisel não ficou nada satisfeito com o encontro. Ele quer ação e o Figueiredo não age."[56]

A partir de então Geisel não quis mais interferir no processo sucessório. Provavelmente concluiu que, em função da falta de apoio de Figueiredo, a candidatura de Aureliano restaria inviável. Assim, não quis mais se envolver com o problema, se abstendo de qualquer comentário público em apoio ou reprovação a quaisquer dos candidatos em disputa.

Em realidade, o mal-estar entre Aureliano e Figueiredo havia se transformado em ferrenha inimizade em um pouco disfarçado antagonismo que sepultou quaisquer chances de uma candidatura minimamente viável do vice-presidente.

O próprio Figueiredo, também em depoimento alguns anos depois daqueles acontecimentos, explicou as origens dos desentendimentos:

> Ele [Aureliano] recebeu aqueles empresários, com um documento de críticas ao meu governo, e não teve a elegância de esperar a minha volta. Chamou o Delfim [Netto] e mandou que se explicasse aos empresários. O Golbery disse que eu não tinha disposição para governar e ele nada fez, enquanto eu convalescia. Na volta eu falei duro com ele. Disse tudo o que tinha de dizer.[57]

Já em relação a Paulo Maluf, Figueiredo tinha completo horror. O presidente afirmava constantemente que Maluf jamais se sentaria em sua cadeira e chegava a se referir ao deputado paulista, sem nenhum constrangimento, como "um comprador de consciências".[58]

O principal motivo para tamanha aversão foi confidenciado a Sarney durante uma conversa informal que o presidente teve com

A SUCESSÃO

o senador maranhense: "Eu vou matar o Maluf, meto um punhal na barriga dele, se for necessário. Ele quis me corromper por meio dos meus filhos."[59]

A contenda teria tido início ainda nos tempos do governo Médici, quando Figueiredo era chefe do Gabinete Militar da Presidência da República. Os filhos de Figueiredo tinham a intenção de construir um *drive-in* em São Paulo e buscavam um financiamento público. Ao conversar com Maluf sobre a possibilidade, teriam obtido uma resposta pouco usual: "Isto é porcaria, vocês são filhos do general Figueiredo, vocês têm que pensar em coisas maiores."[60] Ao tomar conhecimento dessa situação, Figueiredo teria tido um acesso de raiva repleto de palavrões, e prometera ir a São Paulo "dar um murro na cara do Maluf".[61]

Era esse o tipo de sentimento que João Figueiredo nutria por Paulo Maluf. Assim, não o apoiaria de jeito algum. O próprio deputado paulista tinha certeza disso, tanto que só percebeu que teria uma candidatura viável e chances reais na convenção do PDS no momento em que Figueiredo retornou o comando da sucessão ao partido.

Parecia antipatia suficiente, mas ainda havia mais. Figueiredo também não perdoava o apoio explícito de seu ex-ministro Golbery e do seu ex-secretário particular Heitor de Aquino à candidatura malufista. Para piorar, o apoio de Golbery era público, entusiástico e irrestrito, como o próprio se apressara em declarar à imprensa: "Passei um cheque em branco."[62]

Tanto Golbery quanto Aquino foram muito próximos a Figueiredo durante o governo do ex-presidente Geisel e também no próprio início de seu mandato. Mas agora aparentavam ser verdadeiros desafetos, sobretudo Golbery, que já o criticara de maneira contundente em entrevista ao *Correio Braziliense*.

Figueiredo, dessa forma, julgava uma traição Maluf ter entre os principais articuladores de sua candidatura dois de seus ex-colaboradores, o que se traduziu em uma aversão ainda maior às pretensões presidenciais do deputado paulista.

Em suma, Figueiredo não impulsionava a candidatura de Andreazza, estava rompido com Aureliano e não admitia a hipótese de Maluf se sentar em sua cadeira. Assim, não havia candidato — ou, se havia, ninguém sabia qual era.

O vice-presidente Aureliano Chaves deu a dimensão do peso da indefinição presidencial em entrevista na qual revelou um importante diálogo que teve com Figueiredo: "Presidente, você diga qual é o seu candidato, que eu fico com o seu candidato. Agora, você tem que comandar esse processo, porque isso é inerente à função de presidente da República."[63]

Aureliano admitia inclusive apoiar Andreazza caso Figueiredo declarasse que as especulações que rondavam o processo sucessório estavam corretas e que de fato o ministro do Interior era o candidato do governo. O vice-presidente fez chegar essa posição a Figueiredo, no intuito de colaborar para que ele tomasse uma posição naquele processo.

Contudo, nada nem ninguém era capaz de arrancar uma decisão do presidente. Irresoluto, ele não se decidia. Nenhum apelo adiantava. A instabilidade do seu humor atingira o ápice, junto às frequentes mudanças bruscas de comportamento.

Figueiredo chegou até mesmo a convocar para uma reunião emergencial os três presidenciáveis, alguns de seus ministros e membros do PDS, como o presidente do partido, José Sarney. A reunião, que causou muita turbulência na imprensa, em realidade nada decidiu, tendo gerado mais expectativa do que resultados práticos.

Aliás, a falta de efetividade daquele encontro só não foi maior por conta da emissão de uma nota (redigida na própria reunião), na qual se que exortava a "coesão do PDS" e se reafirmava a autoridade do presidente para conduzir o processo eleitoral.[64]

Mais do mesmo. O jornal *Folha de S.Paulo*, em editorial, não poderia ter resumido melhor o encontro: "Muito ruído para nada."[65]

Em suas memórias, Maluf recordou que nessa reunião teria sido selado um acordo posteriormente descumprido pelos demais presidenciáveis:

> [...] essa reunião mais ou menos decidiu o seguinte: o governo seria contra a emenda Dante de Oliveira e que, na Convenção

A SUCESSÃO

do PDS, quem perdesse apoiava os outros. Eu segui fielmente. Se eu perdesse, iria apoiar quem ganhou, fosse Andreazza, Marco Maciel ou Aureliano Chaves. Eu ganhei e não tive apoio de nenhum dos outros três. Aquela reunião, que foi de conciliação do partido, promovida pelo presidente da República, foi um ato sem consequência.[66]

Naquele momento, a ambiguidade de Figueiredo era tamanha que começara a repercutir até nas articulações para a definição da candidatura oposicionista do PMDB. Além dos postulantes pedessistas, era natural que a oposição também estivesse ansiosa para saber como o processo seria definido, até porque o PDS ainda tinha maioria no Colégio Eleitoral.

Tancredo Neves, principal nome da oposição nas eleições indiretas, tentava fazer a leitura do xadrez político que tinha diante de si. Porém, ante a permanente hesitação de Figueiredo, não poderia se mover com a segurança que gostaria. O político mineiro farejava a fraqueza de Maluf no Colégio Eleitoral e também conhecia a sua força na convenção do PDS.

Assim, o que o preocupava naquele momento era que a ambivalência de Figueiredo pudesse cessar repentinamente, sobretudo se o presidente percebesse que a sua indecisão, mais do que deixar de impulsionar Andreazza, fortaleceria definitivamente a candidatura de Maluf.

Suspicaz ao extremo, Tancredo possivelmente desconfiava de que Figueiredo pudesse repentinamente romper com a postura de embaralhar o jogo sucessório. Em um raciocínio simples, suspeitava que o presidente em algum momento pudesse se dar conta de que a sua omissão beneficiaria Maluf e, assim, dotado de um senso mínimo de pragmatismo político, passasse a apoiar explicitamente Andreazza, possibilidade que poderia mudar drasticamente o curso dos acontecimentos.

Tancredo se baseava em uma lógica cartesiana amparada em um raciocínio prático e objetivo: temia se desincompatibilizar do cargo de governador de Minas Gerais para uma aventura que um simples estalar de dedos de Figueiredo poderia fadar ao fracasso, bastando que Andreazza, que já contava com o apoio dos governadores do Nordeste, passasse a contar também com o apoio do presidente.

Um encontro na sede da Rede Manchete, cujo anfitrião era o próprio Adolfo Bloch, fundador da emissora, serviu para aproximar Tancredo e Andreazza. Embora estes últimos tivessem uma relação cordial, nunca haviam sido próximos. Na companhia do vice-governador mineiro Hélio Garcia e do influente político baiano Antônio Carlos Magalhães, dali saíram para uma conversa em um apartamento em Ipanema, ocasião na qual Tancredo aproveitaria para falar reservadamente com Andreazza.

O diálogo não contou com testemunhas, mas o seu conteúdo foi revelado por Andreazza a alguns interlocutores, inclusive a seu filho, Mário Gualberto. Necessitando de um emissário de sua mais estrita confiança para levar a mensagem a Figueiredo, Andreazza escolheu o seu próprio filho como portador da informação de que dispunha, até porque sabia que o presidente estimava o jovem e que intuiria que o envio de Mário Gualberto estaria relacionado à urgência do assunto.

Em suas memórias, Gualberto ainda se recorda com precisão das palavras de seu pai ao lhe transmitir o diálogo que estabelecera com Tancredo Neves:

> Andreazza, abre o jogo comigo. Eu preciso saber se você realmente é ou não o candidato do Figueiredo no Colégio Eleitoral. Eu não tenho mais idade para me lançar em uma aventura. [Se você for o candidato do Figueiredo,] Eu não me desincompatibilizo do governo de Minas Gerais. E mais, [se você for o candidato do Figueiredo,] eu te garanto cerca de setenta votos [no futuro Colégio Eleitoral].[67]

Após ouvir o relato pormenorizado diretamente de Mário Gualberto em uma sala na Granja do Torto, Figueiredo não pareceu se impressionar. Não se sensibilizou sequer com a informação de que Tancredo não estaria disposto a ingressar na disputa do Colégio Eleitoral contra um candidato por ele apoiado.

A tênue reação de Figueiredo ao saber da mensagem e o ceticismo de sua resposta a Mário Gualberto demonstraram ao núcleo duro da candidatura de Andreazza que deixar de embaralhar o jogo da sucessão definitivamente não era uma opção para o presidente: "Mas o Andreazza acredita no Tancredo."[68]

Se não acreditava em Tancredo, o certo é que Figueiredo deixara transparecer naqueles dias de indefinição que realmente não acreditava em nada nem em ninguém. A sua permanente oscilação somada ao papel preponderante que o cargo que ocupava desempenhava na sucessão presidencial levaram a um impasse aparentemente insolúvel que aos poucos enfraquecia o partido do governo e o seu futuro candidato (independentemente do nome a ser indicado pelo PDS) no Colégio Eleitoral que elegeria o seu próprio sucessor.

A tragicômica frase do ministro da Aeronáutica, brigadeiro Délio de Matos, que com sensibilidade e humor apelava ao presidente por uma decisão (fosse ela qual fosse), resumia bem aquela caótica situação: "Fala quem é o seu candidato, João. Se for o Grande Otelo, nós te apoiamos."[69]

Aquele processo acabou por revelar ao grande público uma faceta ambígua do presidente Figueiredo que, outrora na qualidade de oficial disciplinado, e, posteriormente, ministro de Estado, quase ninguém de fato conhecia, mas que, no entanto, não conseguiria se manter oculta durante o exercício da Presidência da República: "Como um homem impulsivo e temperamental, [Figueiredo] pode ter-se permitido oscilar conforme os seus humores, indo de um extremo a outro, trilhando, sem se incomodar, o áspero caminho das contradições."[70]

Diante de tamanha oscilação no comportamento presidencial, o segredo que Tancredo tentara arrancar de Andreazza permaneceria um mistério. Ao que tudo indicava, nem o próprio Figueiredo aparentava saber o que de fato queria.

A sucessão tinha se transformado em um problema pretensamente sem solução.

A solução do problema sem solução

Àquela altura, a inconstância do presidente saltava aos olhos e muitos dos partícipes do processo naquele momento passaram a desconfiar de que o objetivo do presidente era aumentar o tamanho do problema. Por esse motivo, não havia razão para que viesse a se esforçar em costurar uma solução. Para muitos, a máxima de "quanto pior melhor" se encaixaria perfeitamente às pretensões presidenciais diante daquelas circunstâncias.

José Sarney parecia se associar àqueles que comungavam da crença de que Figueiredo tinha ambições ocultas diante do quadro sucessório, avaliando que o problema sem solução tinha em verdade uma solução muito fácil de ser visualizada na lógica (ou na falta de lógica) das atitudes e comportamentos do presidente: "Ele [Figueiredo] brigou com o Aureliano, não ajuda o Andreazza, tem horror a Maluf. Sabe que os militares vetam outro general para presidente. Quem sobra? Ele."[71]

Estava dada a solução para o problema aparentemente insolúvel.

Por várias vezes, houve relatos de que Figueiredo admitiria a sua reeleição, apesar dos sinais de desgaste no exercício do cotidiano da Presidência e de, em alguns momentos, chegar até a demonstrar certo desinteresse pelo cargo.[72]

Houve alguns exemplos significativos acerca da falta de interesse de Figueiredo pelo cotidiano do governo. Relatos afirmavam que, em viagem ao Extremo Oriente pelo período de duas semanas em 1984, Figueiredo não ligou sequer uma vez para Brasília, tampouco atendeu a quaisquer ligações do Brasil.[73] Um diplomata que esteve com ele naquele mesmo ano observou que em audiência com o presidente do Peru, Fernando Terry Figueiredo, demonstrara "certo desinteresse".[74] Em nova audiência, poucos meses depois do primeiro encontro, o mesmo diplomata percebeu Figueiredo "ainda mais distraído".[75]

Por mais que demonstrasse certa apatia em relação aos assuntos da Presidência, a dubiedade de Figueiredo durante todo o processo estimulava interpretações sobre o seu suposto interesse em permane-

A SUCESSÃO

cer no cargo. Houve até mesmo relatos de que o presidente confessara a interlocutores, em conversas reservadas, que aceitaria a reeleição, desde que fosse por mais quatro anos e sem a condição de que tivesse que convocar uma Constituinte durante esse período.[76]

Proposta parecida foi levada a cabo pelo ministro de Minas e Energia e coronel da reserva, César Cals, figura política relevante no Ceará, estado que já havia governado. Pela sua proposta, no mínimo inusitada, oferecia-se a escolha do sucessor de Figueiredo pela via direta em troca de prorrogação do mandato do presidente.[77]

Uma barganha política explícita.

Em entrevista sobre o tema, o ministro César Cals afirmara que tratava do assunto pelo menos desde o início de 1983 e que tinha autorização tácita do próprio presidente para articular essa proposta. Afirmava, ainda, que já havia realizado consultas a amplos setores, inclusive aos militares, e que só havia encontrado pequena resistência dentro do próprio PDS.[78]

O chefe do Gabinete Civil, ministro Leitão de Abreu, endossava a tese e viu uma de suas declarações se tornar a manchete principal de capa do *Jornal do Brasil*, ao afirmar que Figueiredo aceitaria a reeleição em caso de "situação extrema", sem precisar especificamente do que se tratava.[79]

A tese da reeleição aos poucos ia se consolidando, ao ponto de o próprio Figueiredo passar a assumi-la abertamente em maio de 1983. A manchete principal do jornal *Folha de S.Paulo* refletia essa nova realidade: "Figueiredo admite reeleição em caso de crise insuperável."[80]

Apoio militar também não faltava. O ministro do Exército, general Walter Pires, em reunião com o presidente e os demais ministros militares, chegou a ser direto e, sem meias palavras, incentivou Figueiredo ao continuísmo, de forma entusiástica: "Se lança, João. Se lança que eu faço uma declaração te apoiando."[81]

O certo é que naquele momento já havia uma proposta de emenda, de autoria do deputado José Camargo, pertencente à base do governo, propondo a possibilidade de reeleição do presidente. Novamente, o ministro César Cals se encarregaria de defender a ideia em público, referindo-se explicitamente à emenda que permitia a reeleição após sair de uma audiência com o próprio Figueiredo: "Acredito que haverá número para a aprovação da emenda, e que o presidente Figueiredo concorda plenamente com ela."[82]

O pensamento do presidente naquele momento expressava toda a sua dubiedade, pela qual ficaria marcado para sempre. Figueiredo chegou a afirmar que "não desejava, não articulava e não aceitava a própria reeleição". No entanto, uma situação "inusitada, catastrófica e totalmente imprevista" que fosse capaz de colocar em risco o processo de abertura política poderia fazer com que reconsiderasse a sua decisão.[83]

No diário pessoal de José Sarney ficou registrada toda a extensão da ambiguidade presidencial e, principalmente, que a permanente hesitação de Figueiredo no processo sucessório indicava a todos ao seu redor que o seu desejo velado poderia ser a própria permanência no cargo: "[Figueiredo] Aceitará o Maluf por gravidade, mas vem tentar uma outra solução que é a do Leitão: prorrogar o mandato por mais dois anos e fazer diretas. Esta é a solução Leitão."[84]

Um dos principais apoios à emenda que possibilitava a reeleição veio de quem menos se esperava: Leonel Brizola, antigo desafeto dos militares, passou a apoiar publicamente essa possibilidade, para espanto de muitos. Mas o tempo passa e as pessoas mudam. Bastante até. Assim, o então social-democrata governador do Rio de Janeiro olhava com simpatia a possibilidade de reeleição do presidente Figueiredo.

Contudo, Brizola impunha algumas condições: a primeira é que fosse uma solução transitória, uma espécie de "mandato-tampão" e, principalmente, que durasse somente até 1986, quando deveriam ocorrer eleições gerais e diretas para o Legislativo e para os cargos de governador e presidente da República.[85] O deputado Bocaiúva Cunha, líder do partido de Brizola na Câmara, endossava a posição do governador do Rio de Janeiro, deixando claro que se tratava de uma simples troca, não de um apoio genuíno: "Se esse é o preço para a eleição direta, estamos dispostos a pagar."[86]

Rememorando os fatos em entrevista muitos anos depois, Paulo Maluf afirmou que realmente essa possibilidade foi discutida: "[...] em um churrasco em Petrópolis, o Brizola propôs a prorrogação a

A SUCESSÃO

Figueiredo, porque aí ele seria candidato nas diretas. Ele terminava o seu mandato e julgava ser presidente da República nas diretas. E encontrou um sócio nessa empreitada, já que ao Figueiredo interessava ficar mais dois anos."[87]

O próprio Figueiredo, em entrevista ao jornal *O Globo*, em 1991, confirmou que Brizola também queria que ele permanecesse no cargo em uma extensão do seu mandato presidencial, pois, em sua visão, "O Brizola também apoiava, porque venceria pela eleição direta. Naquela época, o Brizola ganharia".[88] Realmente foi cogitado que o apoio de Brizola à proposta de reeleição estava relacionado ao seu interesse em concluir o seu mandato como governador do Rio de Janeiro para depois se candidatar à Presidência da República.

De fato, as datas coincidiam.

Nas memórias do porta-voz Carlos Átila, ao relembrar os fatos muitos anos depois, ficou registrada toda a dubiedade de Figueiredo naquele momento:

> Alguns jornalistas, formadores de opinião, teciam especulações que estimulavam dúvidas e incertezas sobre os rumos da sucessão. Mas quem mais fazia isso eram determinados atores na cena política. De um lado e do outro. Por exemplo, o César Cals, que era ministro do governo, falava em prorrogação do mandato. E o Brizola, que era da oposição, defendia a mesma tese. O Figueiredo negava que desejasse isso, mas infelizmente não convencia, pois o Cals era íntimo dele e continuava a falar no assunto. E com o Brizola ele havia, surpreendentemente, estabelecido uma relação muito amistosa. Eu próprio confesso que em certo momento fiquei meio perplexo, porque o Figueiredo, comigo, negava de pés juntos que estivesse incitando o movimento, ou mesmo que aceitaria permanecer à frente do governo após 15 de março de 1985. Mas prestigiava aqueles dois, que alimentavam a ideia da prorrogação do mandato. Isso gerava muita especulação e desconfiança entre setores da imprensa e da oposição.[89]

ME ESQUEÇAM – FIGUEIREDO

Já o ex-presidente Geisel confirmou que, em uma das oportunidades em que esteve com Figueiredo durante o processo sucessório, chegou a desconfiar que a real intenção por trás do convite para o encontro fosse sondá-lo sobre uma eventual extensão do mandado presidencial. Figueiredo voltou a apresentar apenas problemas e impedimentos de toda ordem em relação aos potenciais candidatos, não vislumbrando nenhuma solução. Se de fato era essa a intenção, não tiveram coragem de verbalizá-la diretamente ao ex-presidente.

Todos os indícios apontavam no sentido de que Figueiredo queria ser "a crise e o seu remédio."[90] Não deu. Faltava-lhe sustentação. No entanto, a despeito das informações e da confiabilidade das fontes que davam conta de que Figueiredo estaria propenso a aceitar uma eventual prorrogação do seu mandato, o certo mesmo era que ele "não gostava do exercício diário das tarefas do governo e se aborrecia com o varejo da política", tendo até mesmo afirmado a interlocutores próximos que, se dependesse dele, "iria para casa" ao completar quatro anos de mandato.[91]

Outros relatos davam conta de que o presidente tinha até um arreio pendurado no estábulo da Granja do Torto, onde fazia manualmente uma espécie de contagem regressiva em relação aos dias que faltavam para deixar o cargo de presidente da República.[92]

Em suas memórias, ao relembrar que a possibilidade de sua reeleição havia sido cogitada naquele período, Figueiredo deu uma de suas mais sinceras declarações sobre o assunto, bem ao seu estilo: "Imagina, reeleição para mim. Eu que já não aguentava mais o convívio desgraçado daqueles infames."[93]

A passividade de Figueiredo em vários momentos da sucessão e a sua notória ambiguidade pessoal diante do tema foram bem resumidas pelo jornal *O Globo* em editorial intitulado "O despertar do Presidente": "Desde que Figueiredo decidiu renunciar à coordenação da candidatura presidencial do PDS, as bases partidárias do governo ficaram à mercê de todos os ventos produzidos pela crise sucessória, sem exceção dos radicalizantes. E a própria evolução da abertura passou a conhecer um ciclo de apatia e esterilidade, sem quase nada a oferecer [...]."[94]

A SUCESSÃO

O próprio Figueiredo, ultrapassada aquela fase turbulenta na qual cogitava aceitar a reeleição em caso de crise, passou a declarar que não aceitava prorrogação do seu mandato ou a sua própria reeleição, como bem pontuava o seu porta-voz após uma conversa com ele: "O presidente Figueiredo não quer mandato-tampão ou nenhum tipo de outra prorrogação para ele. É apenas uma ideia que vem sendo aventada no contexto de conversas que o ministro Leitão de Abreu teve com interlocutores da oposição."[95]

A adesão popular ao movimento pelas diretas indicava inequivocamente o esgotamento do regime e desaconselhava assim a prorrogação do mandato de um presidente que surfava na onda da impopularidade trazida pela crise e pela recessão econômica experimentadas pelo Brasil durante aquele período.

Em meados de 1984, Figueiredo não tinha a rua, não tinha a convenção do PDS (controlada por Paulo Maluf) e também não tinha apoio na tropa.[96] Sequer tinha "um pouco de governo" para a máquina funcionar a favor, como diria à época o ministro Delfim Netto.[97]

Além disso, ainda eram contra a reeleição o governador de São Paulo Franco Montoro,[98] o presidenciável Tancredo Neves[99] e o grupo liderado pelo ex-presidente Ernesto Geisel.[100] Afirmava-se até que Geisel estava disposto a fazer um pronunciamento público contra o continuísmo, caso a ideia fosse levada adiante.[101]

Assim, qualquer proposta de prorrogação de seu mandato não tinha mesmo a mínima chance de prosperar. Outra visão também ventilada afirmaria que Figueiredo jamais pretendeu a reeleição e só não apoiou de forma consistente nenhuma candidatura pelo temor de perder novamente para Maluf em uma convenção partidária, como já havia ocorrido na convenção da Arena que indicou o governador de São Paulo no final do mandato de Geisel.

Já Delfim Netto, rememorando os fatos muitos anos depois, afirmou que o verdadeiro candidato de Figueiredo era Tancredo Neves. Em sua visão, o general-presidente queria encerrar o ciclo militar no poder, não desejando mais nenhum envolvimento das Forças

Armadas no processo político. Por esse motivo, não desejava indicar explicitamente o seu sucessor.

Como Figueiredo sabia que Tancredo não enfrentaria Andreazza no Colégio Eleitoral, ele havia propositalmente "esculhambado o jogo",[102] pois sabia igualmente que, embora mais forte na convenção do PDS, Maluf teria poucas chances no Colégio Eleitoral diante de Tancredo. Assim, Figueiredo encerraria definitivamente o ciclo militar. Lance digno de um mestre do jogo de xadrez.

Essa visão coincide com o relato do ex-ministro Said Farhat, a quem Figueiredo confidenciou que "a possibilidade da eleição de Tancredo o deixaria satisfeito, realizado".[103]

Não importam as razões que o fizeram adotar uma conduta sempre dúbia, o certo é que Figueiredo não apoiara decisivamente nenhum dos candidatos e, no final das contas, também não foi candidato à reeleição.

Embaralharia o jogo até o final.

A implosão do PDS

A aversão a Paulo Maluf cultivada por Figueiredo também era notória entre os próceres do partido do governo. Apesar disso, a candidatura malufista, em pleno vapor desde meados de 1983, gradativamente se fortalecia e deixava claro que as aspirações presidenciais não eram apenas um surto de megalomania do deputado paulista. Suas chances se tornavam a cada dia mais reais.

Entretanto, surgiu uma luz no fim do túnel, habilmente costurada pelo presidente do PDS, senador José Sarney. A ideia não trazia em si nenhuma novidade instigante nem era revolucionária em sua essência, mas tinha a virtude de resolver o impasse interno dentro do PDS. Consistia, assim, em realizar uma consulta prévia de forma bastante ampla às bases do partido para definir o indicado à sucessão presidencial.

Aparentemente, poderia soar como uma simples iniciativa para conferir maior legitimidade ao futuro candidato do PDS no Colégio

A SUCESSÃO

Eleitoral, já que por essa proposta a sua escolha seria decidida por um universo mais amplo de eleitores.

No entanto, a iniciativa das prévias significava muito mais do que isso.

O cálculo político era simples: Maluf tinha a maioria da convenção, grupo menor e mais suscetível a sua influência; contudo, não contava com a maioria do partido a seu favor, pois era um grupo maior e mais difuso e, portanto, menos suscetível à abordagem malufista.

A ideia dependia da anuência do presidente para ir adiante. Figueiredo inicialmente topou. Sarney propôs então que as prévias indicassem um candidato e que, após tal chancela, o candidato escolhido comparecesse sozinho à convenção do partido, que simbolicamente aprovaria o seu nome.

Nas reminiscências de Sarney, finalmente estaria sendo levada uma solução a Figueiredo. Em realidade, fora levada ao presidente uma alternativa viável para um problema pretensamente sem solução e que aparentemente o incomodava bastante: "A prévia era o elemento para a escolha de um candidato fora do domínio da convenção, já comprada por Maluf. Eu achava que, com isso, estava dando a Figueiredo a grande oportunidade para implodir Maluf que ele não desejava como sucessor [...]."[104]

De maneira deliberada, sem quaisquer constrangimentos por recuar de algo previamente combinado, Figueiredo voltou a adotar os comportamentos contraditórios que o marcaram durante toda a sucessão. Anunciadas as prévias por Sarney, após o sinal verde do ministro Leitão de Abreu, o presidente mais uma vez mostrou toda a força da instabilidade de seu comportamento e simplesmente voltou atrás.

Por meio de uma carta, Figueiredo informou a Sarney, de maneira singela, como quem comunica algo banal, sua mudança de posicionamento. A partir de então, só haveria prévias caso todos os candidatos que fossem participar da convenção do PDS concordassem com a proposta. Como Maluf jamais concordaria, tendo inclusive se manifestado pública e enfaticamente contra a realização das prévias, na prática a carta de Figueiredo inviabilizava aquela iniciativa.

ME ESQUEÇAM – FIGUEIREDO

Os termos da carta de Figueiredo são esclarecedores sobre a mudança em sua posição:

> [...] concordei com a proposta de realização de uma consulta prévia, entre filiados ao partido, como juízo primeiro sobre os candidatos que se apresentaram à decisão final para sucessão presidencial, iniciativa de Vossa Excelência, por julgar a ideia de cunho democrático e capaz de unir o PDS. [...] É minha convicção, entretanto, que a proposta terá validade se todos os candidatos concordarem com a sua realização e com que seja o nome vencedor levado à convenção como candidato único, concordância que o partido poderá encampar. A não ser com esse procedimento, em termos legais e estatutários, não terá a prévia o poder de revogar uma disputa na convenção partidária e poderá resultar num maior acirramento de posições.[105]

Enganam-se, porém, aqueles que atribuem tal recuo às ostensivas reações de Maluf ou aos interlocutores que o deputado federal mobilizou para tentar dissuadir o presidente da ideia. Em realidade, Figueiredo foi alertado pelo SNI de que as prévias favoreceriam o seu vice, Aureliano Chaves, sobretudo pela amplitude da consulta às bases do partido, recolocando-o novamente no páreo quando aparentemente já havia perdido parte substancial de sua força.

Era exatamente isso. Àquela altura, Aureliano era bem-visto pela opinião pública por ter se posicionado a favor das Diretas Já, tecendo declarações enfáticas a favor do movimento: "Não nos cabe indagar se o povo está preparado para decidir. Cabe, sim, ao povo indagar se estamos preparados para decidir em seu nome."[106]

Ao se posicionar publicamente em um tema tão caro à opinião pública (em franca contraposição aos outros dois presidenciáveis que se manifestavam contra a campanha), Aureliano levaria substancial vantagem em uma prévia mais abrangente, tendo boas possibilidades de vencer Maluf, e brigar de igual para igual com o próprio Andreazza.

Constatado tal fato, Figueiredo retrocedeu sem a menor cerimônia, e deixou o presidente do PDS em uma situação muito delicada.

A SUCESSÃO

Acossado permanentemente pelos partidários de Maluf e desautorizado publicamente pelo presidente da República, só restava a Sarney, naquele momento, uma única saída honrosa: renunciar à presidência do PDS e se juntar à oposição.

Foi exatamente o que ele fez. Em uma tensa reunião na sede do PDS em que chegou a comparecer armado em função da ameaça de um grupo ligado a Maluf de o expulsarem a tapas,[107] Sarney comunicou seu desligamento do partido e rapidamente deixou o local, sem o registro de quaisquer incidentes.

Aquele desenlace significaria o fim de uma longa relação pessoal, iniciada na década de 1950, quando Figueiredo ainda ostentava a patente de tenente-coronel. Apresentados por um primo de Sarney em um fortuito encontro na histórica Cantina Fiorentina, em frente à orla de Copacabana, no Rio de Janeiro, nunca foram amigos pessoais, mas a vida pública em alguns momentos os aproximou bastante.

Sarney fora indicado à presidência da Arena pelo próprio Figueiredo, no início de 1979. A sua simbólica posse como presidente do partido do governo ocorreria em uma pequena cerimônia no gabinete de Figueiredo, no prédio do Banco do Brasil, escritório montado para a transição do governo e local onde o futuro presidente havia despachado nos primeiros meses de 1979.

Em pelos menos três oportunidades, Sarney já havia ameaçado renunciar à presidência do PDS.[108] Se anteriormente havia lhe faltado coragem ou se suas ameaças eram mera retórica, nunca irá se saber. No entanto, dessa vez foi para valer. Se Figueiredo pagou para ver, apostando em uma suposta falta de convicção por parte de Sarney, dessa vez se enganaria. Redondamente.

A princípio, a questão aparentava ter contornos típicos de uma controvérsia partidária, fato comum na dinâmica política. Como Figueiredo gostava de alardear, a sua formação era militar e tinha enorme dificuldade em se acostumar aos meandros da política. Assim, a contenda evoluiu perigosamente para o lado pessoal, marcando para sempre a relação entre ambos.

Em uma dura troca de cartas, Figueiredo teve a iniciativa do primeiro lance e, fiel ao seu estilo, foi incisivo em suas palavras:

Lamento que neste momento de tamanha relevância para a vida do partido, Vossa Excelência, surpreendendo correligionários e amigos, tenha renunciado à presidência do PDS. Lamento, também, que haja tomado decisões sem ouvir-me. Sabe o nobre senador que, em circunstâncias análogas, diverso teria sido o meu procedimento.[109]

Se Figueiredo esperava que no lance final Sarney fosse contemporizar, novamente se enganou. Em palavras contundentes, o agora ex-presidente do partido governista reagiu à altura da carta que havia recebido.

Recebi a sua carta de 13 corrente. Peço-lhe licença para considerá-la injusta. [...] A informação que a Vossa Excelência deram que surpreendi amigos e correligionários não é verdadeira. [...] Surpreso fiquei eu, senhor presidente, ao tomar conhecimento de que o texto da carta, na qual Vossa Excelência discordava da consulta prévia, antes de chegar as minhas mãos, outros dela tinham ciência.[110]

Nada mais havia a fazer. A relação entre Sarney e Figueiredo acabara da pior forma possível. Em verdade, além de nunca chegaram a ser amigos, tampouco se admiravam mutuamente, a ponto de Sarney afirmar em seu diário pessoal que Figueiredo "nunca lhe pareceu um homem capaz".[111]

Contudo, no período em que conviveram como presidente da República e presidente do PDS, estabeleceram uma relação de confiança, ainda que momentânea. Foi uma convivência de altos e baixos, é verdade. O ponto alto ocorreu após um aparte de Sarney, no qual o então líder do governo questionou o senador Tancredo Neves em seu último ato antes de deixar o Senado para se tornar governador de Minas Gerais. Sarney aparteou Tancredo para repreendê-lo por não citar Figueiredo em seu discurso de despedida. Para ele, a omissão era injusta em função da importante contribuição do presidente para

A SUCESSÃO

o processo de abertura política. Poucas vezes Figueiredo teve um defensor disposto a um gesto tão veemente a seu favor no âmbito do Congresso Nacional.

Pelo temperamento do presidente, se sabia que após a renúncia de Sarney à presidência do PDS, a relação entre ambos estaria definitivamente comprometida. Contudo, naquele momento, não era possível ainda conhecer toda a extensão do dano. Em pouco tempo, devido a uma imprevisível trapaça do destino, todos saberiam o quão profundas foram as marcas que esse episódio deixou em Figueiredo.

A renúncia era tudo que os malufistas queriam. Sem o senador em seu caminho, seria muito mais fácil manobrar o partido e a própria convenção partidária que escolheria quem seria o candidato do PDS no Colégio Eleitoral.

O partido implodira naquele momento. Após o recuo de Figueiredo, o PDS tornara-se irremediavelmente dividido. Não havia mais a menor possibilidade de consertos ou arranjos de nenhuma espécie.

Pressentindo que o rolo compressor malufista inevitavelmente se aproveitaria do vácuo de liderança deixado pelo presidente para dominar a convenção partidária, Aureliano Chaves, rompido com Figueiredo de forma definitiva, optou por abandonar a disputa.

Antecipando-se ao provável insucesso de sua candidatura, de nada lhe adiantou o apoio que tivera do ex-presidente Geisel. A consulta prévia às bases partidárias que provavelmente o favoreceriam esbarrou na antipatia de Figueiredo por ele e que, por fim, acabou por inviabilizar suas pretensões presidenciais.

O fim da possibilidade da realização de consultas prévias às bases do PDS, a negativa de Figueiredo em embarcar na proposta de reeleição e com Aureliano fora do páreo, restavam apenas dois candidatos ainda na disputa: Mário Andreazza e Paulo Maluf.

De um lado, lenha na fogueira. Do outro, água na fervura. A partir de então, tudo seria decidido na convenção do PDS, sem direito a quaisquer novas apelações.

Agora, era cada um por si.

Jogo bruto

Para um desavisado em meados de 1983, a convenção do PDS poderia parecer barbada para Mário Andreazza. Pesquisas de opinião realizadas por dois dos maiores jornais do Rio de Janeiro e São Paulo divulgaram que o ministro do Interior era o favorito entre os convencionais.[112] Para um observador um pouco mais atento, já em meados de 1984, Andreazza ainda carregava certo favoritismo, ainda que leve. O apoio do Nordeste e as suas realizações à frente do ministério poderiam levar a essas conclusões.

No entanto, as duas afirmativas se revelariam falsas e os cenários que amparavam o seu suposto favoritismo em breve seriam impiedosamente atropelados pelo jogo bruto da convenção do PDS. A única premissa verdadeira era o fato de que a região Nordeste seria decisiva tanto na convenção do PDS como no Colégio Eleitoral, como o tempo em breve se encarregaria de revelar.

O ministro Mário Andreazza encarnava a imagem de um competente "tocador de obras" em um rótulo que pretendia menosprezá-lo, mas que o próprio encarava como um elogio.[113] Tendo ocupado posições de destaque no primeiro escalão de três governos durante o regime militar e com uma bem-sucedida passagem pela iniciativa privada, sua imagem restara definitivamente associada às grandes obras da época do milagre econômico brasileiro, principalmente a ponte Rio-Niterói e a rodovia Transamazônica.

Afeito ao trabalho, chegara a abandonar temporariamente sua casa para morar na vila de casas pré-moldadas vizinha à obra da monumental ponte que ligaria as duas principais cidades do Rio de Janeiro. Cacifado como um dos presidenciáveis desde o sucesso eleitoral do partido do governo na região Nordeste nas eleições realizadas em 1982, Andreazza contava com o apoio irrestrito da quase totalidade dos governadores daquela região, o que em tese tornava a sua candidatura muito forte no Colégio Eleitoral que escolheria o sucessor de Figueiredo em janeiro de 1985.

Não havia como duvidar da estima pessoal que o presidente nutria por Andreazza. Certa vez, Figueiredo chegou a afirmar que

A SUCESSÃO

Andreazza era um amigo "de cinquenta anos",[114] embora fosse possível afirmar que passaram a ter uma relação mais próxima e contínua a partir do governo Médici, quando foram colegas de ministério.

Em outra oportunidade, ao ouvir um ajudante de ordens colocar em dúvida a honestidade de seu ministro do Interior, Figueiredo havia ficado furioso e após um violento murro na mesa, vociferou de maneira incisiva: "Eu fui do SNI, você acha que se houvesse alguma coisa contra o Andreazza eu o nomearia ministro?"[115]

Rezando a cartilha do candidato oficial como já ocorrera ao próprio Figueiredo durante a sucessão de Geisel, Andreazza inicialmente fora cauteloso em suas declarações e evitou ao máximo precipitar o processo, em postura que aparentemente pouco lhe convinha do ponto de vista pragmático, tendo em vista que a candidatura de Paulo Maluf rapidamente ganhara as ruas.

Largar um pouco atrás era o preço a ser pago para não melindrar o presidente.

Optando por deixar claro à imprensa que Figueiredo era o condutor do processo sucessório e dele deveriam advir todas as diretrizes que orientariam a sucessão, Andreazza repetia a coreografia que dera certo no processo anterior e, ao menos em tese, deveria também ter sucesso na sucessão de Figueiredo.

Reafirmando a autoridade presidencial, Andreazza se consolidava como o candidato do sistema, e mesmo com todo o desgaste do governo junto à opinião pública, ainda alimentava reais aspirações presidenciais, pois a situação detinha a maioria no Colégio Eleitoral que escolheria o sucessor de Figueiredo. O mais difícil para Andreazza seria superar o primeiro desafio que teria pela frente: a convenção partidária. Ultrapassando com êxito essa fase, suas perspectivas de chegar à Presidência da República aumentariam substancialmente.

Assim, além da ameaça malufista, o outro grande obstáculo entre Andreazza e o Palácio do Planalto era a ambiguidade extrema de Figueiredo, cujas oscilantes posturas acabaram por prejudicar bastante o ministro candidato. Embora fosse a possibilidade mais palatável ao presidente, Figueiredo nada fez para alavancar a sua candidatura.

Em um enorme contrassenso político que espelhava com precisão a postura dúbia que manteve durante todo o processo, embora aparentemente preferisse Andreazza, Figueiredo manteve-se inerte e, assim, acabou por liquidar as chances de seu ministro no jogo da sucessão, deixando-o caminhar sozinho pelas tortuosas vias da convenção do PDS, exposto ao jogo bruto do bloco de apoio a Maluf.

Já Maluf era um político de estilo arrojado e jogava com o peso da máquina administrativa que teve ao seu dispor enquanto foi governador de São Paulo. Viajava pelo mundo a bordo de um avião da VASP encontrando chefes de Estado, reinaugurou a ferrovia Campinas—Brasília e chegou até mesmo a criar uma estatal cujo objetivo era a exploração de petróleo, a Paulipetro.[116] Comedimento era a última coisa que deveria se esperar dele. Seu desembaraço como governador da maior economia do país deixava transparecer de forma explícita suas futuras aspirações presidenciais.

Naquele momento, Maluf era um milionário que havia governado o estado que detinha o maior orçamento do país. Adquiriu a fama de ser um administrador dinâmico, e, apesar da derrota do seu candidato na eleição para o governo de São Paulo, em 1982, conquistou uma vaga para deputado federal na mesma eleição, com a votação mais expressiva do país até então.

Em busca de votos, cortejava a todos, de deputados a ex-presidentes. Chegou a visitar os ex-presidentes Geisel e Médici. Em relação a este último, o visitou por cerca de uma hora e meia em seu apartamento em Copacabana. Maluf dizia que tinha saudades de seu governo, e Médici retribui o afago com a pouco assertiva declaração: "[Maluf] será o meu candidato, se eu não encontrar outro melhor."[117]

A manchete do jornal *Folha de S.Paulo* do dia seguinte ao encontro refletia a timidez daquele pretenso apoio: "Médici aprova Maluf se não houver melhores."[118]

Amigo, *pero no mucho.*

Tinha ainda o apoio de Golbery e Heitor Ferreira, outros velhos conhecidos do Palácio do Planalto, que haviam explicitamente

A SUCESSÃO

"malufado", conforme jargão muito utilizado à época para designar os apoiadores da candidatura de Paulo Maluf.

As relações de Maluf e Figueiredo remontavam ao período no qual o presidente ainda era candidato à sucessão de Geisel, e Maluf, por sua vez, era candidato ao governo de São Paulo.

Naquela eleição, Figueiredo apoiara Laudo Natel, ex-governador de São Paulo com quem já trabalhara anteriormente, pois havia sido comandante da Força Pública do estado (que à época correspondia à atual Polícia Militar) durante o mandato de Natel. Não deu certo. Com uma tática agressiva, Maluf vencera o candidato apoiado por Geisel[119] e Figueiredo na convenção da Arena (então partido governista), e assim chegou ao Palácio dos Bandeirantes.

Teriam agora novo encontro, em mais uma convenção partidária. Só que, desta vez, Figueiredo não apoiaria claramente nenhum candidato, como ocorrera anteriormente. Assim, não corria o risco de ser mais uma vez derrotado por Maluf. Ao menos não de maneira tão explícita.

Maluf era ao mesmo tempo agressivo e audaz e esse estilo se refletiu em sua estratégia de atuação na convenção do PDS. Jogava bruto no ato de cooptar os eleitores da convenção ao ponto de o bloco malufista ganhar a alcunha de "rolo compressor", tamanha era a pressão que colocava em cima dos convencionais.

Tal estratégia desagradara ainda mais Figueiredo, que passou a ter verdadeira ojeriza a Maluf. Não gostava da tática agressiva, sobretudo no que tange à abordagem aos delegados da convenção.

Parte dos militares comungava da visão de Figueiredo, sobretudo em função dos métodos de "persuasão política para chegar aos postos de mando"[120] utilizados pelo deputado paulista. De certo modo, ainda era reflexo da ferida aberta pela vitória malufista na eleição ao governo de São Paulo em 1978, à revelia do posicionamento do governo federal e do próprio Figueiredo, embora naquele momento essa afirmativa também já refletisse os expedientes pouco ortodoxos utilizados pelo grupo de Maluf na abordagem aos convencionais.

ME ESQUEÇAM – FIGUEIREDO

Contudo, até nas altas patentes das Três Armas, incluindo alguns ministros da área militar, Maluf conseguiu angariar apoio.

Realmente era muito difícil competir com o deputado paulista, que havia saído atrás do ministro do Interior na busca pelos votos dos convencionais, mas rapidamente se recuperara.[121] De um Andreazza, já pessimista quanto a sua vitória, lamentando a desleal estratégia eleitoral malufista: "Olhe, um parlamentar não precisa procurar o Banespa, o Banespa vai atrás dele. Eu sei disso, um político está em dificuldade e, de repente, aparece um gerente do banco de São Paulo oferecendo dinheiro."[122]

O maior trunfo de Andreazza àquela altura era o apoio dos governadores do PDS. Tinha o apoio de sete deles, o que tornava a sua campanha mais competitiva em uma eventual disputa no Colégio Eleitoral, já que desse grupo de apoiadores, seis[123] haviam declarado que não compactuariam com Maluf nem mesmo em uma futura disputa com o PMDB,[124] na hipótese de Andreazza sair derrotado da convenção.

Mais que uma frente "pró-Andreazza", essa também era uma frente "anti-Maluf",[125] na precisa expressão do jornal *Folha de S.Paulo*, um dia após a reunião dos governadores que reiteraram o seu apoio ao ministro Andreazza. Essa frente "anti-Maluf" poderia (e a história posteriormente confirmou) ser decisiva no Colégio Eleitoral que ocorreria mais adiante, mas não tinha força suficiente para derrotar o deputado paulista na convenção do PDS, cujo universo eleitoral era muito mais restrito.

Por essa razão, as perspectivas para Andreazza realmente não eram boas naquele momento. Vencer o poderio financeiro de Maluf, que se transformara em arma de persuasão na convenção do PDS, não seria nada fácil.

Ainda houve uma última tentativa, capitaneada pelo ministro Leitão de Abreu, de ceifar as chances de Maluf, cuja candidatura àquela altura se mostrava cada vez mais competitiva. A iniciativa consistia na renúncia dos dois candidatos em prol de uma terceira via que fosse capaz de unir o PDS em torno de um nome, formando o tão almejado consenso de que o partido tanto necessitava para não chegar dividido na futura disputa do Colégio Eleitoral.

A SUCESSÃO

No entanto, essa tentativa dentro de um partido rachado ao meio não prosperou. Em realidade, não havia o menor ambiente político dentro do PDS para que tal proposta progredisse, pois seria muito difícil conseguir um nome que pudesse unir correntes tão antagônicas, sobretudo após a renúncia de Sarney à presidência do partido.

O ministro Andreazza, pressentindo a derrota iminente na convenção e disposto a se sacrificar para evitar o mal maior que Maluf naquele momento representava, declarou que aceitava a proposta e se prontificava a retirar a sua candidatura para a formação de um consenso interno dentro do PDS, impondo como única condição que Maluf fizesse o mesmo.[126]

Apesar do aceno de Andreazza, coube a Maluf jogar uma pá de cal nessa iniciativa. Em conversa com o ministro Leitão de Abreu e com o próprio Figueiredo, Maluf disse que não desistiria de disputar a convenção e que tinha amplas condições de vencer mais à frente, caso fosse escolhido candidato do PDS à disputa presidencial. Durante a conversa, chegou até mesmo a explicar detalhadamente ao presidente como chegaria ao dia 15 de janeiro com uma vantagem de 68 votos sobre a candidatura do MDB.[127]

Alertado por Leitão de Abreu sobre a sua impopularidade, Maluf teria sido incisivo em sua resposta, sob o olhar atento de um atônito Figueiredo que assistia à cena impassível: "Mas o senhor sabe por que eu sou impopular, ministro? Porque eu defendo a revolução, defendo homens como o senhor, como o presidente Figueiredo. Eu posso me tornar popular. É só eu descer e dizer aos jornalistas que sou contra o governo, como faz o Aureliano."[128]

Senhor de si e mais otimista do que nunca, o então "candidato a candidato" à Presidência saiu do encontro fazendo o "V" da vitória ao posar para os jornalistas.

Fim da linha para a proposta de construção de uma terceira via apta a formar um consenso partidário. Sinal verde para Maluf seguir adiante com suas aspirações.

Embora momentaneamente derrotado, Leitão de Abreu sabia que Maluf vencera mais um round, mas que não venceria a luta. Percebendo que Maluf estava irredutível quanto à manutenção de sua candidatura, o chefe do Gabinete Civil previa um futuro sombrio para o resoluto deputado paulista. Em pouco tempo, suas palavras soariam proféticas: "Pode ganhar na convenção, mas não ganhará no Colégio Eleitoral."[129]

O presidente Figueiredo ainda tentou uma última cartada que soou mais como jogo de cena para não ser acusado posteriormente de ter ajudado a viabilizar a candidatura malufista, no caso de sua improvável vitória no Colégio Eleitoral. Em reunião com seus ministros, afirmou que, diante de uma vitória iminente de Maluf, o jeito era eleger Andreazza na convenção do PDS.

Ordem extemporânea e que na prática se revelou inócua.

Em conversas reservadas, Figueiredo chegou até mesmo a revelar que havia rezado pela vitória de Andreazza. Sua ajuda ao candidato que acabara derrotado deve ter sido mesmo toda no plano espiritual, pois em relação às questões terrenas o presidente nada fez de concreto para auxiliá-lo.

Até poderia, se quisesse. Não quis.

Uma fonte do primeiro escalão do governo Figueiredo, cujo nome fica preservado, afirmou em depoimento ao autor deste livro que o presidente não queria nenhum dos dois candidatos. Por esse relato, Figueiredo teria chamado reservadamente ao seu gabinete dois de seus ministros e dado orientações expressas a ambos de que não deveriam ter nenhum envolvimento na disputa que escolheria o candidato do PDS ao Colégio Eleitoral. O presidente havia sido firme em suas palavras: "Não devemos apoiar o Andreazza porque é militar, e não devemos apoiar o Maluf porque é ladrão."[130]

As lembranças de Delfim Netto sobre aquele período corroboram em parte com tal afirmativa: "O Andreazza [na qualidade de candidato à Presidência] nunca teve a simpatia do Figueiredo. Simplesmente porque ele era coronel. Estava fora do script. [...] Estava decidido que o Figueiredo seria o último presidente militar."[131]

Seja por essa razão, seja por qualquer outro motivo, o fato é que, embora tivesse uma relação próxima com Andreazza e ele tivesse sido o elo que o levara novamente ao primeiro escalão ministerial

A SUCESSÃO

no início do governo Figueiredo, Delfim não apoiou o ministro do Interior com a gana de que ele necessitava naquele momento decisivo de sua trajetória política, sendo mais um a lhe sonegar apoio no instante em que mais precisara.

A vitória de Maluf sobre Andreazza na convenção foi mais fácil do que o inicialmente previsto, consumada por uma diferença substancial de 143 votos em um pleito que até a véspera se imaginava mais acirrado.

O próprio Andreazza e seu *entourage* aparentavam um genuíno e comedido otimismo na manhã em que a convenção foi iniciada. Definido pelo jornalista Roberto Lopes como um "gigante de inocência",[132] Andreazza não contava com as inúmeras traições que sua candidatura sofrera naquele enviesado processo. Por crédulo, tinha por costume acreditar naquilo que lhe fora prometido e viu suas crenças serem impiedosamente demolidas pelos fatos. O deputado Thales Ramalho, especialista em números eleitorais, revelou com certo espanto o desassombro do resultado final da convenção. De certa forma, os números evidenciavam o jogo bruto a que a disputa acabou submetida: "A vitória [de Maluf] era esperada, mas não por uma diferença tão grande. Maluf derrotou dez governadores, todo o governo e um ministro amigo do presidente."[133]

Placar final: Maluf 493 × 350 Andreazza.

Os apoiadores de Aureliano Chaves, em sua maioria, boicotaram a convenção, esvaziando-a e tornando o resultado favorável a Maluf uma miragem que em pouco tempo revelaria toda a extensão de sua fragilidade.

A vitória de Maluf continha ainda outro ingrediente que serviria para fortalecer a candidatura oposicionista no futuro Colégio Eleitoral: os "andreazzistas", a partir daquele momento, se mostraram propensos a aderir a qualquer alternativa que fosse minimamente viável à sucessão de Figueiredo, minando ainda mais a parca coesão do partido do governo. Maluf, embora do mesmo partido de Andreazza, definitivamente não era uma opção para os entusiastas da campanha do ministro do Interior.

ME ESQUEÇAM – FIGUEIREDO

Em um enorme paradoxo, a vitória malufista na convenção do PDS selaria sua derrota no Colégio Eleitoral que seria realizado mais adiante.

A foto de um cabisbaixo Mário Andreazza enrolando a bandeira que trazia o slogan "Andreazza 85 — presidente pela união" simbolizou o final melancólico de sua trajetória política. Resignado, deixaria definitivamente a vida pública ao final do governo Figueiredo. Decepcionado pelo ardil que se instalou na convenção partidária, certamente experimentara naquele momento a pior experiência de toda a sua carreira como homem público, só comparável aos tensos momentos que vivera durante o impedimento do marechal Costa e Silva e a usurpação do poder por uma junta militar, quando chegou a temer sua prisão. Vivera o esplendor econômico do regime quando fora sinônimo de crescimento e progresso, sendo um dos responsáveis por suas principais realizações no campo da infraestrutura.

No entanto, no lance principal de sua trajetória política, Andreazza tivera a má sorte de cruzar com Paulo Maluf e seu rolo compressor, e acabara atropelado pelo jogo bruto da convenção do PDS.

É certo que naquele momento Maluf vencera uma batalha importante, mas a guerra estava longe de ser ganha. Batido Andreazza, o troco seria dado por Figueiredo no Colégio Eleitoral, como o próprio presidente confidenciara a interlocutores algum tempo antes da convenção partidária: "Se o Paulo Maluf vencer na convenção, porque hoje é o mais capacitado para isso, perderá no Colégio Eleitoral. Vamos batê-lo em janeiro, se ele nos bater em setembro."[134]

Maluf não perderia por esperar.

A saída do almirante

O almirante de esquadra Maximiano da Fonseca era o ministro militar que menos proximidade tinha com o presidente Figueiredo. Não eram íntimos nem haviam trabalhado juntos anteriormente.[135] Nem ao menos se conheciam antes de Maximiano ser convidado para o Ministério da Marinha, e os poucos encontros que haviam tido se re-

A SUCESSÃO

sumiam apenas a solenidades oficiais.[136] Figueiredo o havia escolhido por sua carreira naval, sem maiores razões específicas, além do fato de o futuro ministro estar alinhado ao seu projeto de abertura política.

Especialista em hidrografia, o ministro tinha um perfil notadamente técnico. Acreditava que as Forças Armadas deveriam se dedicar a questões essencialmente de cunho militar e assim se afastar de questões políticas, estranhas à natureza da instituição. Afirmava também que intervenções militares eram "característica comum de países subdesenvolvidos"[137] e representariam uma "involução"[138] na história do Brasil.

Dessa concepção derivava seu ceticismo em relação à utilidade de tais intervenções, que ao seu ver traziam como resultado apenas "desgastes para o prestígio das instituições militares".[139]

Esse era o seu modo de ver o mundo ao seu redor.

Mas nem todos no governo Figueiredo, sobretudo alguns de seus pares do primeiro escalão militar, concordavam com essa visão. Seu pensamento autêntico e sua forma sincera de se comunicar com a imprensa ainda iriam lhe causar muitos problemas dentro do governo.

Havia tempos que o ministro não era benquisto no círculo militar próximo ao presidente. Era considerado impertinente em função de suas sempre sinceras declarações à imprensa. Isso ocorria em função de Maximiano ser um dos primeiros ministros militares a pressentir o inevitável fim de uma era. Mais do que conformado, Maximiano aparentava concordar com isso. Assim, foi o primeiro ministro militar a defender explicitamente o próprio fim do regime em um grande jornal do país.[140]

Sempre que possível, Maximiano deixava claro à cúpula militar e ao próprio presidente a sua forma de interpretar o momento político que o país atravessava. Em uma reunião com Figueiredo e os demais ministros militares antes das eleições de 1982, na qual se debatia a participação presidencial na campanha, disse, sem rodeios, diretamente ao presidente: "O senhor não deveria se desgastar com isso."[141]

Figueiredo não lhe deu ouvidos e optou por se engajar pessoalmente e de modo um tanto quanto enérgico na campanha. Não deu certo. Quando as urnas foram abertas, Figueiredo percebeu que todo o seu esforço havia sido em vão. Após o fracasso eleitoral do PDS naquelas eleições, o presidente se desencantou com a política e se sentiu pessoalmente derrotado.

Talvez tivesse sido melhor ter ouvido o seu ministro da Marinha.

O relacionamento de Maximiano com Figueiredo acabou marcado pela franqueza extrema, independentemente das respostas que o presidente esperasse ouvir ao consultar seus ministros. Ao ser indagado por Figueiredo sobre a conveniência de eleições diretas para a sua sucessão, Maximiano não hesitou em manifestar apoio à iniciativa.[142] Quando informado pelo presidente de que ele havia restituído a condução da sucessão presidencial ao PDS, respondera simplesmente que havia feito a coisa certa.[143]

Sujeito de índole extremamente simples,[144] o ministro tinha a autenticidade como uma de suas marcas principais. Sua sinceridade não tinha limites e em certos momentos o ministro reverberava o mais genuíno sentimento da população dentro do primeiro escalão do governo. Ao saber que as prestações do Banco Nacional de Habitação (BNH) iriam ser reajustadas no expressivo percentual de 180%, Maximiano emendou de pronto: "Se for isto, eu estou roubado."[145] O ministro, assim como milhares de brasileiros, era mutuário do BNH e pagava mensalmente prestações ao banco pela compra do seu apartamento no bairro da Barra da Tijuca, Zona Oeste do Rio de Janeiro.

Em março de 1983, perto da posse dos governadores oposicionistas, se apressou em divulgar à imprensa que os ministros militares não compareceriam à cerimônia de posse de nenhum dos políticos recém--eleitos para que essa postura fosse entendida como neutralidade em relação aos governos que se iniciavam, e também para deixar expressa a premissa de que, dali por diante, os militares gradativamente deixariam de se envolver com questões políticas.

Essa era a tônica do seu pensamento.

Apesar da espontaneidade de sua comunicação com a mídia, não se pode acusar Maximiano de tentar criar polêmicas estéreis visando à autopromoção ou querer tirar proveito da fragilidade do governo, acossado pela crise econômica e extremamente impopular àquela altura. Em 1984, com o regime militar caminhando

A SUCESSÃO

inexoravelmente para o seu final, o ministro havia percebido que o melhor caminho para a tropa era retornar aos quartéis, retirando-se definitivamente da política.

Estava plenamente ajustado ao seu tempo.

O estopim do seu desgaste no governo foi uma entrevista concedida ao *Jornal do Brasil*, em março de 1984. Sem nenhuma declaração que instigasse polêmicas ou prejudicasse os interesses do governo, Maximiano havia apenas se limitado, ao comentar a evolução da campanha pelas eleições diretas, a afirmar que "enquanto não houver baderna ou bagunça está bem que o povo se manifeste".[146]

Até aí, nada de desabonador. Não se pronunciou a favor da campanha nem fez nenhum estímulo a que o público dela participasse. Se fossem levadas em consideração as *Vozes d'África* protagonizadas pelo próprio presidente (tanto antes como depois da entrevista de Maximiano), poderia até se afirmar que o ministro fora conservador em suas declarações.

Também não se tratou de uma entrevista de um militar indisciplinado, tampouco foi contestada a autoridade do presidente da República. Longe disso. Na mesma reportagem, o ministro da Marinha expressou a sua lealdade a Figueiredo ao declarar que "O que o presidente falar é a minha posição. Ele faz o que achar que é certo e nós cumprimos".[147]

Seguindo uma linha de raciocínio coerente, Maximiano ainda ressalvava que os ministros militares não tinham de expressar opinião sob a forma de provimento do cargo de presidente, pois isso apenas "tumultuava o processo".[148]

Contudo, muitas vezes o que acaba por prevalecer são as versões, não os fatos. Ainda havia o boato de que as Forças Armadas não tolerariam a proliferação dos grandes comícios em prol das diretas, embora isso jamais tenha sido verbalizado por nenhum ministro militar.[149]

Seja como for, o certo é que a entrevista de Maximiano desagradou principalmente o ministro do Exército, que havia ficado contrariado com a expressão "militares" utilizada por Maximiano, o que supostamente poderia dar a entender que o ministro da Marinha falava em nome das Forças Armadas. Estava procurando pelo em ovo. Assim,

ME ESQUEÇAM – FIGUEIREDO

qualquer crase, por mais insignificante que fosse, seria capaz de desencadear uma crise.

Foi o que aconteceu.

Envenenado junto ao presidente, a entrevista serviria meramente como pretexto para criar uma crise capaz de derrubar o ministro. A partir daí, foi posto em prática o processo de substituição no primeiro escalão comumente utilizado durante o governo Figueiredo. Maximiano foi localizado em seu sítio às 23h20, em uma noite de sábado. Ao atender o telefone, o ministro Rubem Carlos Ludwig (chefe do Gabinete Militar da Presidência da República) lhe informou que Figueiredo queria que ele confirmasse ou não as suas declarações feitas ao *Jornal do Brasil* daquele dia.

O ministro da Marinha confirmou plenamente tudo o que havia dito, até mesmo porque não dissera nada de anormal. Assim, selava seu destino. Estava plenamente ciente de que quando um superior cobra de um oficial explicações por suas declarações publicadas na imprensa, a punição já está decidida. Portanto, sabia que a partir daquele momento estava fora do governo Figueiredo.

Seria a 42ª substituição no primeiro escalão desde a posse do presidente, em março de 1979.

Como em todas as demais ocasiões de mudanças no primeiro escalão do governo, Figueiredo evitou o constrangimento do encontro pessoal com o ministro que deixava o cargo. Repassava a incumbência um tanto quanto desagradável aos seus colaboradores mais próximos, que se encarregavam também de "transformar" a exoneração em um pedido de demissão, evitando desgaste para o governo.[150]

E assim foi feito. O *entourage* do presidente cuidou da questão, e a opinião pública foi induzida a pensar que o ministro espontaneamente pedira para ir embora, quando na verdade havia sido dispensado.[151] Maximiano só se avistaria pessoalmente com Figueiredo dois dias depois de consumada a demissão, na solenidade de transmissão de cargo ao novo ministro da Marinha, almirante Alfredo Karam.

Ao apresentar a sua carta de demissão, Maximiano alegou "interesses de caráter estritamente pessoal",[152] mas preferiu não entrar em

A SUCESSÃO

detalhes. Conhecido pela maneira informal e despreocupada com as quais conversava com a imprensa, dessa vez foi lacônico ao afirmar que a sua saída era um assunto "muito delicado".[153]

Parecia que a crise pela saída de Maximiano acabaria naquela semana. E assim foi. Parecia também que não haveria mais nenhuma polêmica com o ex-ministro, que rumaria para a pacata vida de oficial da reserva. Engano.

A polêmica, a princípio aparentemente debelada, estava só começando. Não afetaria mais o governo Figueiredo, é verdade. Mas ao falar com os jornalistas em sua despedida, Maximiano deixou claro que ainda havia algo a ser dito: "Pode ser que quando o governo acabar e começar o outro eu faça algum comentário."[154] Em seguida, completou: "Só falo daqui a dois anos."[155]

Dito e feito. Não precisou nem esperar os tais dois anos. Em julho de 1985, veio o primeiro petardo em direção ao processo de sucessão de Figueiredo. Matéria do jornal *O Estado de S. Paulo*, intitulada "Marinha impediu o retrocesso político",[156] afirmava que em conversa informal Maximiano havia revelado que no início de 1984 temia que manobras prorrogacionistas realizadas "à sombra do presidente Figueiredo"[157] viessem a perturbar o processo sucessório, causando até mesmo algum retrocesso ao retorno à normalidade democrática.

Nesse caso, Maximiano já possuía até um plano definido para defenestrar eventuais manobras golpistas. A Marinha bloquearia todos os portos brasileiros e suas tropas ficariam de prontidão no mar. Incapaz de enfrentar as forças terrestres com o efetivo naval, Maximiano pretendia com essa ação despertar a atenção internacional para uma eventual tentativa de golpe ou quebra da legalidade, resistindo enquanto fosse possível.

A reportagem também afirmava que o ministro da Marinha enviara uma carta reservada a Figueiredo, por ocasião de sua demissão, na qual afirmava que "A Marinha não aceitará a quebra dos compromissos democráticos".[158]

Eram revelações fortes. Mas isso era só o começo. Em 1987, a polêmica novamente surgiu após novas declarações do ex-ministro à imprensa. Maximiano acusava o SNI de ter divulgado, cinco dias após a sua exoneração, um informe falso e apócrifo a seu respeito, na tentativa de denegrir sua imagem junto aos militares.

Àquela altura, o ex-ministro da Marinha estava prestes a publicar um livro em que contava os bastidores de sua demissão, inclusive com a transcrição de tal informe.

As acusações contidas no documento do SNI contra Maximiano eram as mais variadas e iam desde conspiração contra o presidente (afirmava-se que tinha comentado com outros ministros: "Vamos dar um chega para lá no João"), passando por um suposto distanciamento entre ele e o ministro do Exército e chegavam até um nível perigosamente pessoal, com relatos sobre a sua participação em eventos comerciais ligados ao seu genro, nos quais comparecia trajando camisetas de empreendimentos imobiliários.[159]

Golpes abaixo da linha da cintura.

Após a publicação do livro, Figueiredo pareceu ter ficado incomodado com a repercussão e também resolveu abordar novamente o assunto por meio da imprensa. Em entrevista ao jornal *Folha de S.Paulo*, relembrou a saída do ministro da Marinha do seu governo de forma um tanto quanto desastrada e a justificou de maneira extremamente imprecisa.

Em suas lembranças, após mais de três anos dos fatos ocorridos, Figueiredo afirmou: "Fui para a televisão fazer um pronunciamento com o conhecimento de todos os ministros, em que eu dizia que falar em Diretas Já a partir daquele momento seria provocação."[160] Supostamente, Maximiano não teria cumprido tal determinação feita pelo presidente em cadeia nacional, concedendo já no dia seguinte uma entrevista a favor da campanha pela eleição direta. Posto nesses termos, parecia uma afronta à autoridade presidencial.

Mas não era nada disso. O ex-ministro negou a versão de Figueiredo[161] e teve a sua tarefa facilitada pela incompatibilidade de datas. Poucos dias depois, o *Jornal do Brasil* esclarecia os fatos, lembrando que a demissão do ministro ocorrera em março de 1984,

A SUCESSÃO

enquanto a rejeição da emenda Dante de Oliveira só teria ocorrido em abril do mesmo ano.[162]

Ponto final na polêmica.

Uma análise retrospectiva sobre a saída de Maximiano do governo deixa claro que a sua oposição a possíveis manobras continuístas foi decisiva no processo de "fritura" que o então ministro sofreu dentro do governo e que culminou com o seu pedido de demissão do Ministério da Marinha.

Em março de 1984, à altura da época de sua demissão, não restavam claros os riscos que faziam o então ministro recear as tais manobras continuístas. Tampouco Maximiano revelou, à época, as suas verdadeiras razões, o que sempre serviu para alimentar boatos e especulações sobre os reais motivos que motivaram a sua saída do governo.

Em breve, as razões ocultas que o fariam revelar, tempos depois, que temia uma quebra da legalidade iriam aparecer de forma clara para todo o Brasil.

Viriam pintadas de vermelho.

"Tancredo *Never*"

Uma das frases prediletas de Figueiredo e que ganhou maior notoriedade durante o seu governo foi a utilizada pelo presidente para se referir — em seu círculo mais íntimo de amigos — à viabilidade da candidatura oposicionista do governador de Minas Gerais Tancredo Neves à sua sucessão: "Tancredo *Never*".

A revista *Veja* definia com precisão o contexto em que o presidente fazia a troça: "[...] gostava de repetir um trocadilho para mostrar sua posição diante da sucessão presidencial. 'Tancredo *Never*.' [Figueiredo] Trocava o Neves do sobrenome do candidato do PMDB pela palavra que, em inglês, significa *nunca* e, com isso, dava a impressão que no comentário estava embutido um veto irremediável ao ex-governador mineiro."[163]

575

Na verdade, era mais uma da série de ambiguidades do presidente que não definia seu apoio a quaisquer candidatos — nem sobre a sua preferência na disputa da convenção do PDS, nem posteriormente em relação à disputa no Colégio Eleitoral, mesmo que nesse segundo caso a eleição já estivesse polarizada entre apenas dois nomes e fosse basicamente uma disputa entre situação (da qual Figueiredo fazia parte) e oposição.

Era realmente difícil saber àquela altura o que se passava pela cabeça do presidente.

Para o então candidato Tancredo, diferentemente do que ocorria com o candidato do PDS, não havia a necessidade da bênção de Figueiredo à sua candidatura. Bastaria, para viabilizá-la, que não houvesse um veto militar ao seu nome.

A candidatura de Tancredo Neves começou a se tornar realmente competitiva após uma reviravolta típica de Figueiredo durante o processo sucessório, no já mencionado episódio da renúncia de José Sarney à presidência do PDS. Surgia, assim, o embrião da Frente Liberal, dissidência do PDS liderada pelo vice-presidente Aureliano Chaves, que traria os votos necessários à futura vitória de Tancredo no Colégio Eleitoral. Não há dúvida de que o surgimento da Frente Liberal foi um divisor de águas naquele processo, e que caso essa dissidência não tivesse existido Tancredo dificilmente conseguiria ter sido eleito.

Em síntese precisa sobre o tema, Ronaldo Costa Couto define a situação do partido do governo após a renúncia de seu presidente:

> A renúncia de Sarney precipita a formação de expressiva dissidência no PDS, que redefine o mapa eleitoral das indiretas para presidente. Aureliano Chaves e Marco Maciel desistem das suas candidaturas e lideram o grupo, ao lado do próprio Sarney, de Jorge Bornhausen e Guilherme Palmeira. A renúncia foi o sinal de partida para que os adeptos das prévias se aglutinassem para, pouco depois, formar a Frente Liberal.[164]

A SUCESSÃO

Essa Tancredo deve a Figueiredo. Ou melhor, às constantes idas e vindas do presidente durante a sucessão. Em realidade, Tancredo foi muito hábil nas tratativas que manteve com o vice-presidente Aureliano Chaves e que acabaram por resultar em seu desembarque do bloco do governo.

Apesar de ambos serem mineiros, nunca haviam sido muito próximos. A conversa não foi tão fácil e Tancredo teve de empregar toda a sua conhecida astúcia para costurar um acordo. Por mais que houvesse uma nítida incompatibilidade entre Aureliano e Figueiredo, não era fácil para o vice-presidente se afastar do partido oficial, tendo em vista que durante todo o regime militar Aureliano havia militado nas hostes governistas.

Tancredo o convenceu.

Firmava-se, assim, o Pacto de Minas. A formalização da chapa se deu por iniciativa do próprio Aureliano, que indicou o ex-pedessista José Sarney como candidato a vice na chapa do PMDB encabeçada por Tancredo Neves. Tancredo havia cogitado alguns nomes para vice-presidente, inclusive o general José Costa Cavalcanti, muito próximo ao presidente Figueiredo e cuja candidatura poderia suavizar as supostas resistências militares ao seu nome.

Contudo, a indicação de Sarney traria os votos decisivos para que a candidatura do PMDB saísse vitoriosa no futuro Colégio Eleitoral. Tancredo, que via como uma das principais virtudes do seu companheiro de chapa o aguçado "senso de proporção",[165] sabia que aquele vice não lhe causaria problemas, além de representar simbolicamente que parte da base governista havia trocado de lado.

Naquele momento, se formava a Aliança Democrática, que concorreria à sucessão de Figueiredo como candidatura oposicionista, embora formada por um político que estivesse junto ao regime militar até o último minuto e fosse apoiada por uma dissidência expressiva que formalmente ainda pertencia ao partido do governo.

Mais do que ideologias, convergiam propósitos comuns pautados por um imenso pragmatismo, sem que, no entanto, houvesse a compatibilidade de questões de maior envergadura política, naquele momento relegadas a um segundo plano em prol do objetivo comum de vencer a eleição no Colégio Eleitoral. Essa assertiva pode ser extraída dos diários do economista Celso Furtado, testemunha ocular da dinâmica daquele período: "A Aliança Democrática era essencialmente tática, sem que houvesse nenhuma convergência nos objetivos estratégicos. Trata-se de improvisar uma ponte para atravessar um pantanal, e só."[166]

Se era desprovida de profundidade programática, por outro lado a Aliança Democrática era fundamental sob a perspectiva prática — sobretudo para a viabilidade eleitoral da candidatura oposicionista.

Assim, a sua formação não era apenas uma questão meramente formal, mas se constituía, na verdade, num requisito fundamental para viabilizar o apoio da dissidência do PDS à candidatura de Tancredo. Alguns outros requisitos condicionavam esse apoio, sendo o primeiro deles o compromisso de a candidatura oposicionista ser apresentada pela denominação Aliança Democrática, não como uma candidatura do PMDB. Somava-se a isso a não admissão de críticas diretas ao regime militar (que os membros da Frente Liberal denominavam de "movimento de março de 1964") durante a campanha, e também que a dissidência do PDS se reservava o direito de não participar de atos públicos em favor da candidatura.[167]

Superada a questão da competitividade da candidatura no Colégio Eleitoral (que após a criação da Frente Liberal tinha se transformado em uma tendência quase irreversível), faltava a Tancredo ajustar a outra ponta solta de sua candidatura: uma eventual resistência militar, supostamente por parte da cúpula das Forças Armadas, ao seu nome.

Havia, naquele momento, duas questões críticas que pairavam sobre a candidatura de Tancredo, tornando-a pouco palatável aos militares: a primeira, de caráter mais geral, tinha relação com o fato de ser de oposição, o que poderia desencadear uma onda de perseguições e revanchismos em relação aos militares que participaram do governo durante o próximo mandato presidencial. A segunda descon-

A SUCESSÃO

fiança castrense provinha do apoio da esquerda, mais precisamente de organizações de ideologia comunista, à candidatura de Tancredo.

Além desses dois fatores, havia a possibilidade de que tais questões fossem utilizadas como pretexto para um eventual veto militar a Tancredo Neves. Havia o temor dos oposicionistas de uma virada de mesa após uma eventual vitória de Tancredo no Colégio Eleitoral.

De fato, apesar da inexistência, naquele momento, de partidos comunistas legalizados no Brasil,[168] havia apoio de comunistas à candidatura de Tancredo, mas isso quase nada significava, salvo o efeito simbólico. Tal simbolismo tinha mais potencial de atrapalhar do que propriamente beneficiar a campanha.

Importante lembrar que embora a União Soviética já apresentasse os primeiros sinais de seu futuro colapso econômico, que logo a acometeria de maneira irremediável, o mundo ainda não tinha visto emergir ao poder o líder Mikhail Gorbatchov e suas reformas liberalizantes que atrairiam a simpatia do Ocidente. Assim, o comunismo ainda era uma ideologia que supostamente assustava (muito mais no campo das ideias do que no campo dos fatos), e que poderia servir de subterfúgio para uma reação militar contra a candidatura de Tancredo em razão da infiltração comunista que pretensamente a contaminava.

Nessa perspectiva, houve a tentativa de fabricar uma crise que pudesse levar a candidatura tancredista a ser vetada pela cúpula militar.

Em pelo menos três episódios, essa tentativa foi levada a cabo e descoberta no momento em que as ações eram realizadas.

Em Brasília, quatro pessoas foram presas por colar cartazes que propagandeavam um suposto apoio do PCB à candidatura de Tancredo Neves. Ao serem detidos pela Polícia Civil, tais indivíduos se identificaram como militares e foram soltos após intervenção de um tenente-coronel, que compareceu à delegacia em plena madrugada para liberá-los e garantir que não houvesse anotações sobre o episódio.[169]

O mais surpreendente eram os dizeres que estampavam os cartazes, um tanto quanto implausíveis para aqueles que conheciam minimamente a ponderação e o comedimento do político mineiro. "PCB — Chegaremos lá."[170] Para completar o quadro pitoresco, nos cartazes havia uma foto de Tancredo, uma foice e um martelo.[171] Houve ainda uma pequena variante, dessa vez não em cartazes, mas em pichações: "Tancredo Já — PCdoB."[172]

Incidentes também se repetiram em um comício em Goiânia. Alguns pichadores presos também se identificaram como militares. Foram igualmente liberados, sem maiores consequências ou averiguações. Nesse comício, que acabou conhecido como "o comício das bandeiras vermelhas", apareceram várias flâmulas de simpatizantes do comunismo em meio ao público que compareceu para apoiar Tancredo.[173] Esse episódio específico ajudou a difundir ainda mais os boatos sobre uma maciça infiltração de organizações clandestinas de espectro comunista na candidatura oposicionista liderada por Tancredo Neves.

Já em comício realizado em Belo Horizonte, apesar da orientação das organizações comunistas para que seus militantes não levassem bandeiras, apareceram duas no meio da multidão. Localizados e identificados seus portadores, descobriu-se que eram agentes da Polícia Federal.[174]

Esses agentes infiltrados — que passaram a ser conhecidos como "bruxos"[175] em função de um ditado espanhol de que Tancredo gostava[176] — pretendiam fabricar uma crise, minando a candidatura oposicionista e estimulando um veto militar de viés ideológico, principalmente sob o pretexto de radicalização da campanha. Assim, os militares estariam agindo para conter a ameaça comunista que supostamente existiria dentro da candidatura de Tancredo Neves.

Era o pretexto de que precisavam.

No episódio de Belo Horizonte, Tancredo fez saber ao governo que teve conhecimento da prisão dos agentes envolvidos na trama. Contudo, não repercutiu o fato, tampouco insistiu na punição dos responsáveis diretos, concordando em liberá-los logo após a detenção. Uma eventual insistência na averiguação aprofundada dos fatos e na eventual apuração de responsabilidades poderia desencadear uma crise junto aos militares, totalmente desaconselhável naquele momento.

Hábil conciliador, Tancredo preferiu agir bem ao seu estilo mineiro. Optou por patrocinar o apaziguamento dos ânimos e evitou bater de frente com a linha dura militar, o que poderia ser entendido como provocação ou tentativa de medir forças em momento tão delicado.

Tudo o que era necessário evitar àquela altura.

Porém, ao mesmo tempo, Tancredo fez saber aos militares de que tinha ciência dos acontecimentos e que, por iniciativa própria, interferiu para liberar os envolvidos. Era um sinal de que, embora não buscasse o confronto, permanecia atento aos fatos.

O ambiente estava mesmo estranho, e qualquer fagulha poderia desencadear uma crise, cujas proporções eram difíceis de prever. Na comemoração do Dia do Soldado, em agosto de 1984, o ministro do Exército, general Walter Pires, terminou o seu discurso com uma frase no mínimo dúbia: "A força estará vigilante e não faltará à nação."[177]

Poderia significar nada ao mesmo tempo que poderia significar tudo. Naquele contexto, soava como uma ameaça.

O segundo semestre de 1984 prometia fortes emoções. Se agosto já fora um mês atribulado, setembro seria ainda mais agitado. Aquele mês começara com temperatura alta em Brasília. Não propriamente pelo tempo, já que a amena primavera brasiliense não era dada a registrar temperaturas elevadas.

O que fervia era o termômetro da política.

Realmente, setembro começara movimentado. O ministro da Aeronáutica, Délio Jardim de Matos, fizera um discurso bombástico na cerimônia de inauguração do novo terminal do aeroporto de Salvador. Ao lado do próprio presidente Figueiredo, Délio não economizou palavras para atingir duramente a candidatura oposicionista:

> Aqui não comparecem a demagogia, o caciquismo, a bravata e o oportunismo. Malgrado os que traíram, e que a seu tempo serão traídos, sempre fomos unidos e nisso reside a causa do histerismo verbal dos truculentos. Podem os falsos cordeiros

balir e as múmias ressuscitar, que não nos afastaremos do caminho do progresso, que não é, como se pretende vender ao povo brasileiro, o caminho dos conchavos com a esquerda incendiária, nem, tampouco, dos conciliábulos dos mercadores de consciência, travestidos de independentes de ocasião.[178]

Com ampla repercussão na imprensa, o discurso foi considerado pela *Veja* "impróprio e nocivos aos interesses nacionais".[179] Entretanto, não seria apenas a revista a se manifestar de maneira crítica ao pronunciamento do ministro. O mundo político e o meio militar tremeriam com a reação de um velho conhecido do regime, àquela altura pulando fora de uma verdadeira canoa furada.

A apenas alguns quilômetros do local onde o ministro da Aeronáutica lera o seu discurso, o ex-governador da Bahia Antônio Carlos Magalhães comemorava mais um ano de vida. Em meio às festividades de seus 57 anos, ACM fora interrompido para que tomasse conhecimento do teor do discurso. Pedindo licença aos convidados, se isolou por cerca de quarenta minutos em seu escritório particular. Quando de lá saiu com a resposta ao discurso datilografada em sua velha máquina de escrever, nada mais seria como antes para o regime militar.

Acostumada à pouca contundência da oposição em suas críticas ao governo, a cúpula militar provavelmente não esperava uma resposta mais incisiva por parte da candidatura oposicionista, naquele momento evitando atritos com o governo. ACM não apenas rompeu essa lógica de parcimônia em relação aos pronunciamentos oficiais de ministros militares, como ainda subiu o tom, em um lance ao mesmo tempo ousado e um tanto quanto imprudente: "Trair a Revolução de 1964 é apoiar Maluf à Presidência. Trair os propósitos de seriedade e dignidade da vida pública é fazer o jogo de um corrupto, e os arquivos dos órgãos militares estão com as provas da corrupção e da improbidade."[180]

Não satisfeito em redigir nota em termos tão incisivos, ainda se permitiu ir além. Durante o *Jornal Nacional*, atração de maior

A SUCESSÃO

audiência da emissora de televisão mais assistida em todo o país, o velho político baiano não se furtou a expor para todo o Brasil o que realmente pensava: "Traidor é ele [Délio], que apoia um corrupto."[181]

Antônio Carlos não poupou palavras para achincalhar o candidato da situação à sucessão presidencial. E a resposta vinha dobrada, desproporcional à própria afronta sofrida pelos partidários da candidatura oposicionista. Além disso, Maluf sequer havia tomado posição na contenda, restrita à fala do ministro da Aeronáutica. Naquele contexto, a incisiva resposta de ACM era uma jogada arriscada com consequências incalculáveis. Tancredo até tentou dissuadi-lo, mas não teve jeito.

Agora, era bater e levar.

Embora muitos oposicionistas temessem pelas possíveis consequências dos gestos, a verdade foi que o político baiano passou incólume pelo embate público com o ministro da Aeronáutica, não recebendo nenhuma reprimenda oficial em função de sua desmedida resposta.

Em outros tempos, um civil que atacasse um ministro militar dessa forma certamente seria detido. No entanto, naquele setembro de 1984, nada aconteceu. Relembrando o episódio, o ex-deputado federal Miro Teixeira fez um diagnóstico preciso: "Naquele momento, a ditadura caiu."[182]

Se à luz do dia não houve reação oficial à altura, no submundo da caserna ainda estava sendo urdida uma ofensiva à candidatura tancredista. Na abrupta escalada dos acontecimentos, um lance mais ousado não tardaria. Em outubro de 1984, com a futura disputa presidencial apontando cada vez mais para uma vitória de Tancredo Neves, alguns militares tentaram uma última ofensiva para desestabilizar a caminhada de Tancredo rumo ao Palácio do Planalto.

A estratégia mais uma vez seria utilizar o "notório" comunismo que supostamente estava entranhado na campanha oposicionista, apontando que Tancredo poderia ser uma espécie de "Cavalo de Troia" sob o jugo do comunismo internacional,[183] o que poderia servir de pretexto para um veto militar à sua candidatura.

ME ESQUEÇAM – FIGUEIREDO

O governo repercutia os fatos de acordo com seus interesses e conveniências. O próprio presidente Figueiredo ecoou o assunto. Em tom bastante incisivo, investiu pesado contra a ameaça comunista, sem citá-la diretamente. Nem precisava. Em pronunciamento em rede nacional, o presidente fez menção expressa à "presença acintosa, nessas reuniões políticas [comícios de Tancredo Neves], de organizações clandestinas, defensoras de ideologias repudiadas pelo nosso sistema legal, [que] constitui infração de ordem constitucional que não podemos admitir".[184] Deixava claro, assim, quais eram suas preocupações naquele momento decisivo para a sucessão presidencial.

O presidente ainda aproveitou o pronunciamento para fazer uma ameaça velada: "[...] recuso-me a assistir impassível à preocupante e recente ameaça de ruptura dessas normas de comportamento político",[185] e se colocava como porta-voz: "Estou certo de que interpreto o sentimento da imensa maioria dos brasileiros."[186]

Não foi pouca coisa. As palavras têm força. Ainda mais ditas por quem foram. O pronunciamento continha termos duros. Proferido pelo presidente da República, soava como um estímulo àqueles que se contrapunham à candidatura de Tancredo em virtude da sua suposta ideologia comunista. Figueiredo ainda disse uma última frase: "Fora da democracia não há salvação."[187]

Na ardilosa evolução desses acontecimentos e provavelmente estimulado pelo pronunciamento presidencial, foi organizado um encontro militar em Brasília cujo objetivo era transmitir "lições de anticomunismo" aos oficiais das mais variadas patentes (de generais próximos ao Planalto até tenentes). Com uma novidade: a aula foi ilustrada por dezenas de fotos, para facilitar a interatividade e a compreensão dos presentes sobre o iminente perigo que supostamente se avizinhava. De maneira pouco habitual, foi transmitida uma estranha mensagem antes de os trabalhos serem iniciados: "Cada um é responsável por aquilo que ouvir."[188]

Na parte expositiva da palestra foi oferecido aos oficiais um panorama atualizado sobre a "infiltração comunista nos diversos setores da

A SUCESSÃO

sociedade brasileira". Já sobre os inimigos havia um pouco de tudo, a começar pelos de sempre: PCB e PCdoB, ambos proscritos na ocasião.

Assim como no caso Riocentro, foi levantada a hipótese de participação da Vanguarda Popular Revolucionária (VPR) — grupo que pregou a luta armada durante as décadas de 1960 e 1970 e do qual não havia mais notícias desde 1973 — em atividades subversivas. Também voltava à cena outro velho grupo radical da fase de contestação armada ao regime, o Movimento Revolucionário Oito de Outubro (MR-8), que supostamente estaria ativo e a disseminar em sua plenitude a ideologia comunista pelo Brasil.

Mas não eram só eles. Em 1984 existiam novas e diversas peças naquele intricado e implausível tabuleiro: havia desde organizações de linha trotskista (Convergência Socialista) até um temido e pouco conhecido Partido Revolucionário Comunista (PRC, do qual nunca mais se ouviu falar).

Havia também um heterogêneo grupo de inimigos em potencial em relação ao qual não se fazia discriminação contra nenhum setor da sociedade, pois todos estariam envolvidos em um grande complô: também compunham a ameaça comunista a imprensa, os sindicatos, a Igreja, grupos cuja participação não seria muito comum nessa dinâmica, como associações de moradores, e até mesmo o próprio movimento feminista — um dos slides apresentados estampava o rosto da atriz Dina Sfat, que era tida pelos militares como uma liderança do movimento e que havia declarado à época que se candidataria a vice-presidente da República pelo PCB.[189]

Ademais, as declarações do general Iris Lustosa, que dirigiu aquele encontro, poderiam aparentemente soar inofensivas, mas em outubro de 1984 (sobretudo com a candidatura oposicionista sendo considerada amplamente favorita à eleição presidencial a ser realizada dentro de menos de três meses) soavam mesmo como uma ameaça: "O país não pode retornar ao caos anterior a 1964."[190]

Uma frase a princípio enigmática, mas cujo pano de fundo remontava à quebra da legalidade. Vinha acompanhada por duas ameaças veladas do mesmo oficial: "No Brasil pode acontecer tudo e até não acontecer nada"[191] e "É preciso estar vigilante que o inimigo está forte".[192]

Corroborando o tom alarmista que marcaria aquele encontro, cujo objetivo era alardear a improvável infiltração comunista no Brasil, foi lida uma nota do ministro do Exército, general Walter Pires, na qual se afirmava que o Brasil se encontrava naquele exato momento "em um estado pré-revolucionário".[193] Como o encontro era exclusivamente sobre o comunismo, é de se supor que a situação "pré-revolucionária" a que a nota se referia só poderia fazer referência aos antecedentes históricos da Rússia antes da Revolução Bolchevique de 1917.

A Rússia pré-revolucionária era um país que havia séculos vivia sob um regime tsarista no qual o controle da propriedade das terras estava nas mãos do clero ortodoxo e da aristocracia. Era também um país agrário e semifeudal no qual a população rural era permanentemente vítima da fome e sofria privações de toda espécie. Experimentava, ainda, naquele momento pré-revolucionário, uma industrialização tardia que gerou acentuado êxodo rural e forte concentração urbana em apenas duas cidades daquele imenso país continental.

Por mais que o governo Figueiredo tenha enfrentado uma das mais graves crises econômicas da história do Brasil e também que as arrastadas negociações com o FMI tenham empurrado o país para o que se convencionou chamar de "estagflação",[194] não havia a menor margem de comparação entre o Brasil da primeira metade da década de 1980 e a Rússia pré-revolucionária. Não era para tanto. Justiça seja feita: nem Figueiredo com todas as suas idiossincrasias merecia tal achincalhe. O país que governava, apesar de seus desacertos, estava em situação consideravelmente melhor.

Em um segundo encontro de militares no qual a ameaça comunista permaneceu tema central, nova onda de alarmismos, com grande similaridade em relação às ideias debatidas no encontro interior, mas com uma diferença substancial: dessa vez se falava no risco de a ideologia estar sendo sorrateiramente propagada dentro do próprio Exército.

A SUCESSÃO

Assim, alertava-se para o risco de o movimento comunista internacional estar sorrateiramente se infiltrando entre os militares brasileiros.[195] Diante de condições tão perigosas, todos os militares deveriam se manter permanentemente em estado de alerta. Segundo a revista *Veja*, àquela altura existia entre alguns militares uma crença bastante duvidosa que, no entanto, refletia com perfeição o espírito daqueles tempos: "É preferível um corrupto [Maluf] a um comunista [Tancredo] na Presidência."[196]

Apenas um dia depois do encontro, o Alto Comando das três Armas que compõe as Forças Armadas realizou reuniões em separado para analisar a situação. Foram duas reuniões de três horas (Exército e Aeronáutica) e uma mais curta, com cerca de uma hora e meia (Marinha). Ao final, foram produzidas notas oficiais com teor parecido, tendo por base a nota emitida pelo Exército.

Embora após esses encontros as mensagens oficiais divulgadas reafirmassem a disposição das Forças Armadas em se manter alijadas de atividades político-partidárias, não havia dúvida de que "a manifestação dos generais e dos brigadeiros faz parte da escalada de intimidação das forças políticas que se aliaram ou tendem a se aliar com a candidatura de Tancredo Neves".[197]

A nota do Exército foi a mais contundente das três mensagens emitidas, citando até supostos "riscos que a radicalização pode representar para a estabilidade do processo sucessório e para o próprio êxito do projeto de abertura política do governo".[198]

Ameaça mais explícita que essa, impossível. Havia risco de uma quebra da ordem constitucional vigente, como já ocorrera em 1964. Pelo menos era isso que as "bravatas" contidas nas notas implicitamente deixavam transparecer.

Um oportunista Maluf, nitidamente aproveitando-se da situação, partia para o ataque e declarava que Tancredo necessitava, diante do contexto daquele momento, "fazer declarações de que é anticomunista" porque, na visão do deputado paulista, Tancredo "estava sob suspeita".[199]

* * *

ME ESQUEÇAM – FIGUEIREDO

Diante da instabilidade do quadro, os Estados Unidos, àquela altura bastante receosos da possibilidade de uma eventual quebra das regras institucionais, e também preocupados em função da escalada de declarações fortes por parte das principais autoridades militares do governo e do próprio presidente, resolveram agir para deixar claro que não continuaria apoiando o regime militar, sobretudo se a intenção fosse se manter no poder por tempo indeterminado.

Assim, durante essa tumultuada e delicada fase do processo sucessório, o presidente Figueiredo recebeu o ex-secretário de Estado norte-americano Henry Kissinger. O encontro, precedido de uma conversa entre Kissinger e Leitão de Abreu um dia antes, foi realizado em uma suíte do hotel Ca'd'Oro, onde Figueiredo estava hospedado em São Paulo.

No dia anterior, ao ser abordado por jornalistas após conversar com o ministro Leitão de Abreu, Kissinger reforçou que não estava em missão oficial nem representava formalmente o governo dos Estados Unidos. Assim, evitaria declarações à imprensa.

Na realidade, ele as faria de modo estritamente evasivo.

O temor norte-americano era que houvesse retrocessos no processo sucessório e, sobretudo, que o regime se alongasse indefinidamente com a imposição de mais um presidente militar pelas Forças Armadas. O temor era mais amplo, pois receava-se que as próprias regras da sucessão indireta poderiam ser quebradas pela força, resultando em uma ruptura institucional.

Foi nesse clima de desconfiança por parte dos norte-americanos que Figueiredo se reuniu com Henry Kissinger. Embora não ocupasse nenhum cargo formal naquele momento no governo dos Estados Unidos, Kissinger ainda era uma figura emblemática e especialmente influente na diplomacia internacional. Apesar de um dia antes da visita Kissinger afirmar que estava ali "como cidadão",[200] não restava dúvidas de que era um interlocutor empoderado tacitamente pelo governo norte-americano.

Se assim não fosse, não estaria ali.

A SUCESSÃO

O recado de Kissinger foi claro: após as amenidades iniciais, afirmou de forma categórica e direta que não havia mais ambiente para apoio dos Estados Unidos ao regime militar e que o ciclo, à época havia mais de vinte anos no poder, não poderia ser postergado.

Pelo menos não com o apoio dos Estados Unidos.

O presidente Figueiredo, que desde o início do seu mandato já estava imbuído em restabelecer a democracia no Brasil, deixou claro que esse também era o seu desejo mais genuíno. Contudo, ressalvou a hipótese de encontrar um "obstáculo intransponível pelo caminho",[201] único fato capaz de desviá-lo do retorno à normalidade democrática.

A conversa evoluiu para o seu ponto crucial. Um hábil Kissinger fez com que Figueiredo desse "o caminho das pedras" para que fosse removido o tal obstáculo intransponível: para Figueiredo, as bandeiras vermelhas tinham que sumir dos comícios de Tancredo. Também haveria espaço para um encontro entre o presidenciável e o ministro do Exército, Walter Pires.[202]

Astuto e experiente nesse tipo de conversa, após transmitir o seu recado da forma mais objetiva possível e receber a resposta de que precisava, Kissinger fez afagos a Figueiredo, principalmente em razão de seu esforço pessoal em realizar a difícil transição rumo à democracia. Os Estados Unidos não ignoravam as dificuldades que o seu governo havia enfrentado, e de certo modo ainda enfrentava, ante a ala militar contrária à abertura.

A "ponte" estava criada. Missão cumprida.

Perto do fim do encontro, houve um momento no qual a emoção falou mais alto, algo pouco característico do presidente brasileiro, que sempre cultivou fama de duro e nada afeito a sentimentalidades: Figueiredo relembrou o pai, ao se referir às dificuldades que atravessava para fazer do Brasil novamente uma democracia plena: "Não admito, nem admitirei, que alguém venha destruir o meu trabalho de redemocratização do país, pela qual meu pai, general Euclides Figueiredo, foi até preso por defender."[203]

Ato contínuo, Figueiredo levantou-se e olhou ao vazio pela janela do hotel. Relatos dão conta de que algumas lágrimas rolaram do seu rosto naquele instante. Certo mesmo é que um "longo" silêncio de alguns poucos minutos se seguiu àquele momento.

O interlocutor norte-americano saiu do encontro de quase uma hora e meia fazendo um balanço positivo. Mais importante ainda, garantira que Figueiredo levaria de novo o Brasil à democracia. Era o que bastava. Mais um passo importante, principalmente pelo forte conteúdo simbólico, havia sido dado no processo de abertura política.

De resto, Kissinger propositalmente se limitou às tradicionais evasivas de quem já estava habituado a lidar com a repercussão daquele tipo de encontro e a enfrentar repórteres ávidos por um furo jornalístico ou por uma declaração bombástica. Ao ser perguntado em quem votaria se fosse eleitor do Colégio Eleitoral, já que tinha avistado rapidamente Maluf e Tancredo, respondeu de forma bem--humorada: "Ronald Reagan."[204]

Sobre o encontro com Figueiredo, com exceção da curta e objetiva mensagem sobre o retorno à democracia, afirmou apenas que "era um encontro de velhos amigos que fizeram fofocas",[205] em alusão ao fato de aquela ter sido a terceira vez que se encontravam pessoalmente.

* * *

Não se sabe exatamente como Tancredo Neves teve acesso ao conteúdo da conversa. Contudo, o certo é que os dois principais pontos colocados por Figueiredo como fundamentais para se evitar o veto militar à candidatura oposicionista foram prontamente atendidos.

Primeiro, o próprio Tancredo passou a empreender um esforço para que as famigeradas bandeiras vermelhas não fossem levadas aos comícios. Assim, tais insígnias deveriam ser evitadas, pois inequivocamente representavam "provocações desnecessárias em momento que se estava ganhando o jogo".[206]

Nesse esforço para se evitar qualquer ato que pudesse soar como provocação, o próprio deputado Roberto Freire (uma das principais lideranças comunistas no Brasil, embora estivesse formalmente ligado ao PMDB) considerava que a exposição de bandeiras vermelhas poderia constituir um risco desnecessário à campanha oposicionista, associando-se assim ao apelo do candidato Tancredo Neves para que cessasse imediatamente aquele tipo de manifestações. As bandeiras vermelhas realmente sumiram dos comícios.

Metade do caminho foi percorrida. Faltava, talvez, a parte mais difícil: a conversa com o general Walter Pires.

Tancredo e Pires já haviam se encontrado em ocasiões sociais, sendo o trato pessoal marcado pela cordialidade e educação recíprocas. No entanto, ainda se fazia necessária uma conversa reservada entre os dois.

E aconteceu. Em uma série de encontros hábil e cuidadosamente articulados por interlocutores próximos aos dois lados, Tancredo garantiu ao ministro do Exército que, caso fosse eleito, não haveria revanchismos ou perseguições aos militares, sendo o objetivo primordial do futuro governo o apaziguamento da situação política do país, criando todas as condições para a plena reconciliação nacional.

Com o talento nato para desarmar espíritos, Tancredo insinuou a hipótese de Pires permanecer como ministro do Exército em seu futuro governo ou, caso realmente fosse o seu desejo, assumir a embaixada brasileira em Lisboa, como Figueiredo havia lhe prometido.[207] Nesse caso, o ministro teria participação na escolha do seu sucessor.[208]

O ministro Pires de forma polida rechaçou a oferta, afirmando que qualquer um dos generais do Alto Comando teria total condições de assumir o cargo em um futuro governo, além de garantir que todos esses oficiais estariam plenamente comprometidos com a restauração democrática. Em tom jocoso, fez apenas uma advertência bem-humorada a Tancredo: "O senhor só não deve colocar um militar que queira o seu lugar."[209]

Embora Tancredo tivesse negado que o encontro ocorrera, o jornal *Folha de S.Paulo* estampou como sua principal manchete "Tancredo e Pires selam pacto militar"[210] no domingo subsequente ao encontro. Articuladores próximos ao candidato do PMDB também vazaram à imprensa, de maneira reservada, a existência das tratativas.

Em termos concretos, a promessa tancredista de não revanchismo foi seguida por alguns sinais do ministro Walter Pires de que não haveria retrocesso institucional. Pires tornaria público tal intento, sobretudo para conter eventuais "bolsões radicais" dentro do Exército que porventura ainda se contrapusessem à abertura.

O primeiro passo foi uma nota oficial com expressões que não deixavam margem a dúvidas sobre a inconveniência de quaisquer tipos de retrocesso. A nota se referia à "firme disposição do Exército em apoiar o projeto de abertura" e em "preservação das instituições democráticas".[211] Mas não apenas de retórica vivia o general Pires. Naquele momento era preciso ir um pouco além, dar uma demonstração inequívoca de que a nota era para valer e não mera formalidade, para que não fosse interpretada como forma desprovida de conteúdo.

E o ministro do Exército deu esse passo.

Coincidentemente, junto à nota saiu a divulgação dos atos de remanejamento dos generais do Exército. O temido general Newton Cruz, um dos oficiais cuja imagem era mais associada à linha dura, foi remanejado do Comando Militar do Planalto para a vice-chefia de pessoal. Assim, perdera numa só tacada dois trunfos importantes: não teria mais comando de tropa nem participaria mais das reuniões do Alto Comando do Exército.

Passaria a comandar uma mesa de trabalho.

Além disso, a saída do general Newton Cruz do Comando Militar do Planalto no final de 1984 também era estratégica. Caso fosse decretado estado de emergência em Brasília durante a eleição no Colégio Eleitoral (como ocorrera durante a votação da emenda Dante de Oliveira), não seria mais o general o responsável por executar as famigeradas medidas de exceção, como havia ocorrido anteriormente.

As notícias repercutiram juntas na imprensa. Agora não restava mais dúvida de que não haveria retrocessos. As frases ditas semanas antes pelo ministro do Exército, "É claro que quem ganhar leva", e

A SUCESSÃO

pelo ministro da Marinha, Alfredo Karam, "Não haverá golpe", eram mesmo para ser levadas a sério.[212]

Após esses dois passos do ministro do Exército, a temperatura caiu e a tensão aparentemente se dissipou no processo sucessório. Supostamente foram resolvidos os entraves militares à candidatura de Tancredo à Presidência, restando ao candidato naquele momento concentrar todo o seu esforço na votação que seria realizada no Colégio Eleitoral no início de 1985.

Cercando-se de todas as cautelas, Tancredo também buscou um encontro com o ex-presidente Geisel. Dele recebeu um aviso (não havia clima para aventuras golpistas) e um conselho (deveria se manter distante dos quartéis).[213] Na saída do encontro, Geisel acompanhou Tancredo até a portaria do edifício onde morava no Rio de Janeiro, deixando-se fotografar na calçada ao lado do candidato do MDB, em imagem simbólica que valia mais do que qualquer declaração formal acerca do encontro. Como bem observava a revista *Veja*, o ex-presidente "não dá abraços por descuido, muito menos por mera formalidade".[214]

Vindo do ex-presidente, cujo prestígio no Exército ainda era muito significativo, aquele abraço podia ser interpretado como um claro sinal de que as Forças Armadas não embarcariam em nenhuma aventura fora da ordem constitucional.

Precavido como sempre, Tancredo aceitou o conselho de Geisel, mas mesmo assim fez uma declaração à imprensa a fim de expor suas concepções ideológicas: "Eu sou anticomunista porque o comunismo é anticristão, antidemocrático, antinacional, e sou um homem profundamente cristão, democrático e nacionalista."[215] Eram declarações contundentes, que deixavam claro que para Tancredo Neves o anticomunismo era uma profissão de fé. Americanófilo e democrata por convicção,[216] Tancredo Neves não tinha nenhuma inclinação comunista, por mais ínfima que fosse.

Como a crise forjada tinha muito mais fumaça do que fogo, sua estratégia deu certo e esse último obstáculo à sua campanha acabou por ser removido com sucesso. Para estabilizar por completo a situação, ele ainda deu uma última declaração à imprensa para pôr fim a quaisquer dúvidas sobre o seu futuro governo. Para deixar claro que não haveria revanchismos, ao se apresentar em uma entrevista ao jornal *O Globo*, afirmou "não ser antirrevolução, mas sim pós--revolução".[217]

Em relação ao suposto veto militar, as arestas pareciam definitivamente aparadas. Mas a história posteriormente revelou que não era bem assim.

O dia "D"

Em revelações inéditas publicadas cerca de vinte anos depois daqueles meses críticos para o processo sucessório do presidente Figueiredo, a revista *Veja* trouxe relatos de uma reunião ocorrida entre a cúpula militar e o próprio presidente na qual a quebra da legalidade vigente foi colocada à mesa como uma possibilidade real a ser implementada naquele momento.

Cogitara-se reviver acriticamente março de 1964 em setembro de 1984.

Valendo-se de documentos secretos cuja fonte seriam militares ligados à candidatura oposicionista,[218] *Veja* revelou os bastidores dessa reunião, provavelmente a mais importante ocorrida em todo o governo do presidente Figueiredo. Por essa versão, se em público as declarações de Walter Pires podiam dar margens a interpretações diversas,[219] em uma reunião emergencial, ocorrida em 19 de setembro de 1984, o ministro do Exército supostamente havia deixado clara a sua opinião sobre o que deveria ser feito naquele momento tão delicado: "Não podemos permitir nem aturar coisa semelhante. Se preciso, teremos de 'virar a mesa' para garantir a ordem e a disciplina no Brasil."[220]

O ex-ministro da Marinha Alfredo Karam, único presente à reunião ainda vivo quando da elaboração deste livro, apresentou em julho de 2019 uma versão semelhante àquela relatada pela revista em abril de 2005. Contudo, seu relato trouxe uma diferença

A SUCESSÃO

essencial: embora tenha confirmado que realmente foi cogitada a hipótese de uma virada de mesa, Karam negou veementemente que essa possibilidade tenha sido aventada pelo ministro do Exército, general Walter Pires.

Na lembrança de Karam, participaram daquela reunião as seguintes pessoas: os ministros Otávio Medeiros (SNI), Walter Pires (Exército), Délio Jardim de Matos (Aeronáutica), Rubem Ludwig (chefe da Casa Militar), Waldir de Vasconcelos (Estado-Maior das Forças Armadas — EMFA), além dele próprio e do presidente Figueiredo. No total, sete pessoas estiveram presentes naquele encontro reservado.

Pelo relato do ex-ministro, a frase sobre a virada de mesa foi de fato dita naquela ocasião, mas Karam afirmou categoricamente que não foi dita por ele, tampouco foi falada pelo ministro Walter Pires ou pelo presidente Figueiredo. A frase exata teria sido esta: "Qualquer coisa nós viramos a mesa."[221]

Alfredo Karam se reservou o direito de não revelar o nome de quem teria cogitado essa possibilidade. Além disso, ainda segundo Karam, Figueiredo não titubeara sequer um segundo em sua incisiva resposta à tenebrosa consideração: "Virar a mesa, só comigo deposto ou morto."[222]

A partir desse momento o relato da *Veja* e do ex-ministro Karam passam a coincidir, com ligeiras diferenças de forma. Pela reportagem, na referida reunião com a cúpula militar, Figueiredo teria reafirmado enfaticamente seu compromisso com a manutenção da legalidade vigente, sendo acompanhado pelos ministros da Marinha e da Aeronáutica.[223, 224]

Ainda nos termos da publicação, em despacho posterior com o próprio Karam, o presidente teria sido ainda mais enfático, chegando a dar um murro na mesa em sinal de irritação, ao reafirmar a sua posição, dividida em três vertentes: "não aceitará golpe em hipótese alguma; quem ganhar o Colégio Eleitoral tomará posse; o golpe só se fará com [sobre] o seu cadáver."[225]

Em relação à incisiva resposta de Figueiredo e aos murros na mesa em sinal de contrariedade à proposta apresentada, o relato da *Veja* e a entrevista do ex-ministro para este livro são praticamente idênticas quanto ao conteúdo.

O ex-ministro da Marinha ainda afirmou que aquele foi o momento-chave para que a democracia fosse restabelecida no Brasil: "Considero esse um momento histórico, o dia D da democracia, pois Figueiredo deixou bem claro para a cúpula militar que o seu compromisso era com a legalidade."[226]

Embora tenha repercutido a ameaça comunista em seu pronunciamento em rede nacional (camuflada nos termos "organizações clandestinas" e "infração à ordem constitucional") e de em alguns momentos durante o processo sucessório ter se mantido um tanto quanto dúbio em relação à manutenção da normalidade democrática,[227] é justo registrar que naquele momento crucial o presidente Figueiredo teve um papel decisivo para que a legalidade constitucional fosse preservada.

A própria reportagem da revista *Veja* considerou que Figueiredo saiu "engrandecido"[228] após aquelas revelações serem levadas ao conhecimento do grande público, cerca de cinco anos depois de sua morte. Segundo a revista, Figueiredo "não teve um segundo de hesitação em manter o curso do processo democrático"[229] ante a ilegalidade que lhe fora proposta.

A bem da verdade, há de se reconhecer que Figueiredo e Tancredo, cada qual a sua maneira, contribuíram decisivamente para que o desenlace daquele processo ocorresse dentro do que estabelecia a Constituição.

Superadas todas as ameaças e ultrapassada a fase mais crítica de todo aquele encadeamento de fatos, o futuro do Brasil seria decidido por um grupo de poucas centenas de brasileiros eleitos em 1982 para decidir em nome dos quase 60 milhões de eleitores aptos a votar em 1985.

A última e decisiva etapa daquele tumultuado processo ocorreria no Colégio Eleitoral.

A SUCESSÃO

Colégio Eleitoral (Xô urucubaca)

O Colégio Eleitoral, a ser realizado em janeiro de 1985, seria a batalha derradeira pela sucessão de Figueiredo.

Os candidatos Paulo Maluf e Tancredo Neves depositavam todas as fichas no pleito indireto que alçaria um deles ao cargo de presidente do Brasil. Assim, a expectativa era grande por parte de ambas as candidaturas, que procuravam manter o otimismo a partir de declarações à imprensa. Contudo, era inegável que, consolidadas as chapas e definidos os candidatos, Tancredo tornara-se favoritíssimo, enquanto Maluf havia se transformado em um grande azarão àquela altura dos acontecimentos.

Isso ocorria, principalmente, porque a situação estava irreparavelmente dividida, enquanto a oposição marchava unida e coesa. Mas havia também outros fatores que favoreceram decisivamente a candidatura oposicionista.

Para Tancredo, naquele momento, tudo conspirava a favor e ele "jogava parado", como bem descreve o jornalista Elio Gaspari: "Como o grande meia 'Didi', Tancredo jogou parado: 'Quem tem que correr é a bola.' Para que a sua candidatura ficasse de pé, precisava que a mobilização histórica da emenda Dante de Oliveira morresse na praia. Conseguiu. Também seria necessário que Figueiredo continuasse embaralhando. Conseguiu. Maluf precisava continuar imbatível na convenção. Conseguiu."[230]

A alguns interlocutores, Tancredo chegou a declarar que considerava "lírica" a campanha pelas diretas.[231] De fato, sempre houve versões que questionavam o engajamento do governador mineiro na campanha. Luiz Inácio Lula da Silva, então presidente do PT, chegou a afirmar na época que "Tancredo trabalhou o tempo todo contra elas [as diretas]".[232]

Polêmicas à parte, o fato é que Tancredo patrocinou de maneira firme e decidida o comício pelas diretas em Belo Horizonte, capital do estado onde era governador, e também participou de diversos outros comícios ao longo da campanha. A única possibilidade que colocaria a sua eleição em risco naquela reta final seria Maluf abdicar de sua candidatura, o que poderia embaralhar novamente todo o processo sucessório, viabilizando um extemporâneo candidato de consenso que uniria o PDS, ou até mesmo fazendo ressurgir a ideia da prorrogação do mandato de Figueiredo.

A pressão pela renúncia de Maluf se intensificou, abrindo brecha para aqueles que defendiam a permanência de Figueiredo por mais dois anos e, após o fim do seu mandato alongado, haveria eleições diretas.

Atento a isso, Tancredo, hábil e sutilmente, enviava sinais trocados ao candidato paulista, com declarações à imprensa que davam conta de que Maluf poderia desistir da candidatura. Esse tipo de declaração reforçava ainda mais a obstinação do candidato paulista, que respondia, com os brios evidentemente feridos: "Paulo Maluf não é homem de renunciar a nada."[233]

O deputado Nelson Marchezan afirmou que a teimosia do candidato do partido do governo em disputar o Colégio Eleitoral a qualquer custo, quando a sua candidatura já apresentava inequívocos sinais de esvaziamento, acabaria por cobrar um alto preço ao próprio PDS: "Maluf reduzirá o PDS ao tamanho do candidato."[234]

Poucos meses depois, o tempo revelaria o acerto dessa previsão.

Maluf, rememorando os fatos trinta anos depois, deu uma declaração curiosa sobre o episódio que, em sua visão, acabou por ser decisivo para a vitória de Tancredo no Colégio Eleitoral: "Vou te dar uma revelação bombástica. Tancredo não teve 480 votos. Teve um só. O meu. Porque, se eu tivesse claudicado, se tivesse conspirado, se tivesse aceitado conselhos de políticos matreiros para melar aquele Colégio Eleitoral, não teria havido nem Colégio Eleitoral nem eleição."[235]

Como visto, renúncia não era uma palavra que cabia no vocabulário malufista.

O candidato do PDS acreditava ainda que o instituto da fidelidade partidária poderia lhe dar a vitória de mão beijada. O cálculo político era simples: como o partido do governo tinha maioria no Colégio

A SUCESSÃO

Eleitoral que definiria o sucessor do presidente Figueiredo, bastava que o PDS fechasse posição em torno da sua candidatura como a posição oficial do partido para que a sua eleição fosse assegurada.

O próprio governo se apressou em desqualificar essa proposta. Leitão de Abreu, valendo-se da sua ascendência moral como ministro e jurista, foi a primeira autoridade a declarar que o instituto da fidelidade partidária não poderia ser aplicado à votação para eleger o futuro presidente do Brasil: "A fidelidade partidária nunca foi aplicada em eleições presidenciais e, se fosse, resultaria ineficaz. O voto do dissidente, de qualquer forma, conta. Entre as sanções previstas não está a anulação do seu voto."[236]

No auge da discussão sobre a validade da fidelidade partidária, o presidente Figueiredo fez um importante pronunciamento público que remetia à questão:

> Assim como assegurei a posse dos eleitos em 1982, garantirei o direito de voto no Colégio Eleitoral, livre de pressões e constrangimentos ilegais. Estou certo de que os membros do Colégio Eleitoral decidirão com base nas ideias, nas metas, nas plataformas e nos programas defendidos pelos candidatos. [...]
> Os membros do Colégio Eleitoral decidirão, repito, com base nas ideias e nas plataformas do candidato.[237]

Embora a menção fosse indireta, ao referir-se expressamente à decisão dos eleitores do Colégio Eleitoral com base em ideias e programas de governo, Figueiredo enviava uma mensagem clara àqueles que conspiravam a favor da candidatura de Maluf com base na tese de nulidade do voto em desacordo com a posição oficial do partido, a partir de uma visão simplista do instituto da fidelidade partidária.

A questão em torno desse tema até conseguiu causar certo frisson, trazendo ainda mais instabilidade ao já conturbado processo sucessório de Figueiredo. O procurador-geral da República chegou a dar um parecer favorável à tese de que o voto infiel seria anulado,[238] e o bloco malufista, animado com essa perspectiva, chegou a propor a edição de um famigerado ato institucional para disciplinar a questão.[239]

Entretanto, a edição de um ato institucional com conteúdo tão despropositado era inviável naquele momento, devendo ser considerado mais como uma "maluquice"[240] do bloco malufista, já em completo desespero.

Ao fim, o bom senso prevaleceu sobre as filigranas jurídicas. O Tribunal Superior Eleitoral, em uma longa sessão que se estendeu até o avançado da noite, decidiu por unanimidade que o voto infiel era válido. Invocando a Constituição, a decisão do TSE não deixava margens para dúvidas: "Não existe norma constitucional ou legal que restrinja o livre exercício do sufrágio dos membros do Congresso Nacional e dos delegados das assembleias legislativas."[241]

Acabara por prevalecer a posição defendida por Leitão de Abreu, cuja atuação foi decisiva para aquele desfecho. Desde o surgimento da discussão sobre a fidelidade partidária, o ministro chefe do Gabinete Civil se apressou em se posicionar ostensivamente acerca do total descabimento de sua aplicação em relação à eleição presidencial. A sua tese, defendida na imprensa quase um ano antes da decisão do TSE, sagrou-se vencedora, apesar da forte pressão dos correligionários de Maluf em sentido contrário.

Ponto final na pretensão malufista.

Outra tentativa desesperada partira do próprio Maluf, que, por meio de intermediários, chegara a pedir a Figueiredo a demissão do influente ministro chefe do Gabinete Civil. Assessores do candidato do PDS acusavam Leitão de Abreu de estar por trás dos boatos que insinuavam que Maluf poderia renunciar à candidatura a qualquer momento, de modo a minar seus esforços para provar aos eleitores do Colégio Eleitoral que se mantinha no páreo com uma candidatura minimamente competitiva.

Nada feito. Figueiredo se apressou em cortar qualquer esperança nesse sentido de forma um tanto quanto ríspida: "O Leitão eu não tiro."[242] Até aquela altura dos acontecimentos, tudo o que poderia

A SUCESSÃO

dar errado para Maluf, errado deu. No entanto, se para o partido do governo o processo andava de mal a pior, por outro lado as coisas ficariam ainda melhores para a candidatura oposicionista.

Tancredo recebeu o apoio da maioria dos governadores. Não era apenas um mero apoio formal ou simbólico. Muito pelo contrário. Era um apoio decisivo e que se traduzia em valiosos votos na eleição indireta, por conta de sua forte influência sobre os delegados das suas respectivas bases estaduais que detinham o direito a voto no Colégio Eleitoral.

Havia também o surgimento da Frente Liberal, a dissidência do PDS que votaria em Tancredo. Essa divisão no partido governista já representava a expressiva marca de cerca de 80 votos[243] a 85 votos[244] àquela altura. Era muito mais do que o necessário para a sua eleição, pois a diferença era de 36 votos entre PDS e PMDB no Colégio Eleitoral.

A perspectiva de uma vitória avassaladora tornava-se cada vez mais real. Aquele de fato era um Colégio Eleitoral pouco convencional, como bem descreveu o jornalista Ricardo Kotscho, ao repercutir a fala do deputado federal Epitácio Cafeteira acerca do pleito indireto:

> Você sabia que dos 34 delegados do PDS na convenção que vai escolher o presidente só oito disputaram eleições na vida? Os outros 26 nunca foram candidatos a nada. São parentes, amigos, empregados de caciques do PDS. Tem um até, o Rochinha [Luís Rocha Filho, filho do governador do Maranhão] que nunca votou na vida. Fez 18 anos depois das eleições de 1982. E agora vai votar para presidente. Pode uma coisa dessas?[245]

Entre todas as circunstâncias favoráveis, a mais significativa acabou por ser o apoio do vice-presidente Aureliano Chaves à chapa oposicionista. Ao perceber que não contaria com o apoio do presidente Figueiredo e não haveria eleições diretas, Aureliano selou com Tancredo o denominado "Acordo de Minas" e indicou o candidato a vice na sua chapa, José Sarnev.

601

ME ESQUEÇAM – FIGUEIREDO

Como dito, o surgimento da Frente Liberal sob liderança de Aureliano e a posterior formação da Aliança Democrática foram os dois fatores decisivos para a eleição de Tancredo, devido à capacidade de arregimentação de votos na base governista.

Naquele momento, Tancredo havia se tornado imbatível. O destino conspirara a seu favor. Assim, a perspectiva era de que conseguiria uma vantagem expressiva na votação do Colégio Eleitoral.

Não deu outra.

O dia da votação amanheceu nublado em Brasília. Tancredo foi despertado ao som de uma charanga vinda diretamente da cidade de Caetés que entoava cânticos a seu favor junto à torcida do Atlético Mineiro. Um pedaço de Minas Gerais invadira a Superquadra Sul 206, onde o candidato passou a última noite antes do pleito.

Festa antecipada. Prenúncio de uma vitória que em poucas horas seria confirmada. Simpático, Tancredo apareceu na varanda do edifício onde morava em Brasília ao lado de dona Risoleta Neves para saudar seus apoiadores.

Ao se dirigir ao Congresso Nacional para acompanhar a votação, foi ovacionado. Teve dificuldade para, dentro do Congresso Nacional, chegar ao local de onde acompanharia a votação junto a familiares e correligionários, tamanho era o número de pessoas que queriam se aproximar dele.

Aberta a sessão, Ulysses Guimarães discursou em nome de Tancredo, enquanto o deputado Paulo Maluf, membro do Colégio Eleitoral, discursou em nome próprio. Mera formalidade, pois naquela hora derradeira nenhum discurso poderia modificar a situação favorável a Tancredo.

A vitória tornara-se irreversível.

A única nota dissonante naquele dia foi a posição do PT, que pregou o boicote ao Colégio Eleitoral. O partido fechou posição em torno do não comparecimento à votação e exigiu que sua bancada de oito deputados federais acatasse a posição do partido. No entanto, três deles (Airton Soares, Bete Mendes e José Eudes) fizeram questão de

602

A SUCESSÃO

comparecer à votação para registrar seus votos em favor de Tancredo Neves. Acabaram expulsos do PT.

O líder do PT, Luiz Inácio Lula da Silva, em depoimento posterior àquele evento, assim resumiu a posição de seu partido: "Nunca suportei a ideia de que era melhor pingar do que secar. Que conformismo absurdo você aceitar: 'se não tem dez, contente-se com um'. Se eu mereço cinco, então quero cinco. Não havia sentido em compactuar com aquele acordo das elites brasileiras, que colocou Maluf como cobaia no Colégio Eleitoral — onde o dinheiro correu solto —, para inviabilizar as eleições diretas."[246]

De volta ao Colégio Eleitoral, o universo de eleitores era bastante reduzido: eram apenas 686 votantes que representariam cerca de 60 milhões de eleitores regularmente habilitados a votar naquela terça-feira, 15 de janeiro de 1985.

A votação transcorreu tranquilamente, sem maiores sobressaltos. Tancredo permaneceu quase todo o tempo à frente de Maluf, em permanente vantagem que paulatinamente ia aumentando e consolidando a vitória. O otimismo estava no ar. A cada voto para Tancredo, a vitória se aproximava.

Na chamada dos representantes de São Paulo no Colégio Eleitoral, foi obtido o simbólico voto de número 344 (metade mais um do Colégio Eleitoral, composto por 686 membros) que elegeu Tancredo Neves presidente do Brasil. Quis a história que o deputado paulista João Cunha, duas vezes processado pela Lei de Segurança Nacional, desse o voto consagrador, que para ele significou, além do maior marco de sua carreira política, "um presente de Deus".[247] No dia seguinte, fora à igreja agradecer a dádiva.

Após o voto, explosão de alegria nas galerias e no plenário da Câmara. Momento de emoção profunda para Tancredo Neves. Estava eleito presidente do Brasil.

Era o fim do regime militar, após longos 21 anos. Em dois meses, seria instaurada a Nova República e o Brasil iniciaria uma nova página da sua história.

Em frente ao Congresso Nacional, cerca de 2 mil pessoas comemoraram intensamente, apesar das fortes chuvas. Muitas delas encontraram refúgio sob uma enorme bandeira do Brasil de 250 metros quadrados, e chegaram a invadir a rampa do Congresso debaixo da bandeira, em bonita imagem cívica transmitida pela televisão que emocionou todo o Brasil naquele dia.

Àquela altura, a contagem era desimportante. Contudo, o placar final registrou a vitória consagradora da candidatura oposicionista: Tancredo 480 × 180 Maluf.

Esse placar representava a volta de um civil à Presidência da República, após cinco generais presidente e uma junta militar.

Para Tancredo, um resultado esperado. Para Maluf, também.

O deputado paulista atribuiu a sua derrota em grande parte à falta de apoio interno que teve dentro do seu próprio partido, o PDS. De fato, como o partido estava rachado, Maluf não contou com apoios que poderiam ser decisivos para ao menos tornar a sua candidatura mais competitiva no Colégio Eleitoral e evitar uma derrota por placar tão dilatado, como acabou acontecendo.

A rejeição a Maluf era mesmo forte. Os governadores do PDS que tinham apoiado Mário Andreazza, com exceção de Wilson Braga, da Paraíba, migraram todos para a campanha de Tancredo, mesmo se tratando de uma candidatura de oposição. A tal frente "anti-Maluf" não respeitava sequer a ordem partidária.

Aversão total a Maluf.

Além disso, o deputado paulista afirmou, em entrevistas posteriores, que após uma reunião convocada pelo presidente Figueiredo, com todos os presidenciáveis, em fevereiro de 1984, havia sido combinado que quem vencesse a convenção do PDS teria o apoio dos candidatos derrotados.

Contudo, isso não ocorreu. Maluf não contou com o apoio de Aureliano Chaves (que nem mesmo disputou a convenção e apoiou explicitamente Tancredo), de Mário Andreazza (derrotado por ele na convenção) e muito menos do presidente João Figueiredo.

Foi deixado a pé.

A SUCESSÃO

A falta de apoio por parte do ministro Andreazza foi outro importante fator a desestabilizar a candidatura de Maluf. Sua permanência no poderoso ministério do Interior, mesmo após a derrota para Maluf na convenção, fez com que os governadores do PDS que não pretendiam se engajar na candidatura do partido não temessem nenhuma retaliação oficial por parte do governo (como a retenção de verbas federais) diante dessa postura.

Em sua última entrevista como presidente, Figueiredo até afirmou que havia se importado com a derrota de Maluf, pois eram do mesmo partido.[248] E só. Pareceu muito mais retórica diante da derrota do PDS e das críticas de que não teria se incomodado com a derrota de Maluf do que um sentimento sincero.

E, de sincero, pouco esse sentimento realmente tinha.

Após deixar a Presidência, Figueiredo deu algumas declarações que demonstravam o quanto realmente havia se importado com a derrota de Maluf e quais eram os reais sentimentos que nutria pelo deputado paulista. Em uma dessas declarações, Figueiredo chegou a afirmar que houve, por parte de Maluf, "uma pressão para dar dinheiro para a campanha, não dei nada e botei ele para fora da minha casa".[249] Em outro relato, afirmou que após Maluf se oferecer para cavalgar com ele, proibiu que seus cavalos utilizassem as baias da Granja do Torto, onde residia enquanto esteve na Presidência.[250]

Ao saber do resultado final, o presidente Figueiredo telefonou a Tancredo para felicitá-lo pela vitória. Falaram amabilidades por cerca de um minuto, sob forte algazarra no Congresso Nacional, que quase impediu que Tancredo conseguisse escutar a mensagem transmitida.

Essa cena foi exibida ao vivo pelas emissoras de televisão com a tela dividida em dois quadros (Figueiredo ao telefone no Rio de Janeiro e Tancredo diretamente do Congresso Nacional atendendo a sua chamada). As imagens da época, sobretudo em função da forte confusão instalada no Congresso Nacional após a vitória tancredista, acabaram por tornar parte do áudio da conversa inaudível. No entanto, ainda é possível extrair alguns trechos daquele importante momento histórico:

ME ESQUEÇAM – FIGUEIREDO

Figueiredo: Eu quero aproveitar a oportunidade para apresentar ao senhor os meus cumprimentos pela sua eleição à Presidência da República. Espero que o senhor consiga dar ao povo tudo aquilo que deseja e merece.

Tancredo: Quero aproveitar para felicitá-lo pelo dia de hoje [Figueiredo completava 67 anos naquele dia]. Que Deus nos dê força para que possamos realizar para o povo brasileiro uma grande obra de administração.

Figueiredo: Estaremos todos torcendo pela sua gestão, pela felicidade da sua gestão.[251]

O candidato vitorioso, em seu discurso após a divulgação do resultado que lhe favorecia, habilmente incluiu o presidente Figueiredo e as Forças Armadas entre os autores da conciliação nacional,[252] que naquele momento chegava ao seu clímax. Já Figueiredo foi breve ao falar à imprensa, mostrando-se satisfeito com aquele desfecho: "Estou feliz. Cumpri o que prometi."[253]

O próprio Maluf teve uma atitude digna. Ao ver confirmado o resultado da sua derrota, se dirigiu ao auditório em que Tancredo acompanhava a votação a fim de congratulá-lo pela vitória e desejar-lhe um bom governo. Esse foi outro bonito momento que marcou aquela eleição. Pontualmente às 12h30, em meio ao forte tumulto que rondava o candidato vencedor, Maluf conseguiu romper o cerco da multidão em torno do presidente recém-eleito e lhe deu um forte e demorado abraço, sob os gritos de "viva" dos correligionários de ambos os candidatos que presenciaram a cena.

Perdeu com elegância.

No entanto, o que a princípio parecia ser um gesto espontâneo do deputado paulista, na verdade havia sido friamente calculado em seu comitê eleitoral, como o primeiro ato para reconstruir a imagem pública de Maluf após o grande desgaste sofrido durante a campanha. Documentos do *briefing* de sua assessoria, revelados após o pleito indireto, revelaram que aquele abraço tinha como finalidade reverter a má impressão que pairava de forma quase

A SUCESSÃO

que generalizada sobre a imagem do candidato derrotado: "Nossa análise é que, a partir de uma postura democrática e humilde, que inclua os cumprimentos ao vencedor, a exemplo do que acontece nos Estados Unidos, o candidato iniciará um processo de reversão de sua imagem pública, importante para o futuro e para a aglutinação do PDS em torno de si."[254]

Independentemente da espontaneidade do gesto de Maluf, a derrota do partido do governo, mesmo com a maioria formal que o PDS tinha no Colégio Eleitoral, não foi uma surpresa para ninguém. Anos após deixar a Presidência, Figueiredo descreveu com imenso poder de síntese todo o processo que acabou por viabilizar a vitória oposicionista naquela eleição:

> Houve a convenção do PDS. O doutor Andreazza perdeu, o doutor Maluf ganhou. Foi para a eleição no Colégio Eleitoral e a chapa Tancredo-Sarney nos triturou com votos de traidores do nosso time. Acredito que aquele impasse, a indecisão e a incapacidade de resolvermos quem deveria ser o candidato do PDS a minha sucessão, contribuiu bastante para a nossa derrota. Nesse vácuo, a candidatura Tancredo nasceu, tomou corpo, se criou e venceu. [...] O certo é que aconteceu conosco o que nos parecia improvável: perder.[255]

Na semana seguinte à eleição, o presidente João Figueiredo receberia o futuro presidente Tancredo Neves em audiência em que reinou um clima de cordialidade no Palácio do Planalto, em visita que durou vinte minutos a mais do que o inicialmente previsto. Assim como o telefonema logo após a vitória, o encontro foi marcado por uma conversa amistosa e sem nenhum tipo de tensão ou desconforto por parte de ambos.

A posse de Tancredo ocorreria dali a dois meses, em 15 de março de 1985. Nesse meio-tempo, o político mineiro montaria sua equipe ministerial, coordenaria a transição a partir de um escritório montado na Fundação Getulio Vargas e realizaria uma viagem ao exterior já

607

na condição de presidente eleito, oportunidade em que aproveitaria para preparar o terreno para um futuro governo e também para tratar de algumas questões delicadas com chefes de Estado, como o crônico problema da dívida externa brasileira.

No entanto, nada sairia como previsto. Às vésperas da posse, os baianos do Afoxé Filhos de Gandhy, acampados em Brasília à espera da cerimônia, haviam trazido uma faixa com dizeres provocativos que remetiam ao famoso trocadilho de Figueiredo: "Urucubaca *Never*".[256] Pareciam querer dizer "xô urucubaca", trazendo da Bahia bons fluidos a espantar o mau agouro.

Nada feito. Se era alguma espécie de mandinga, não surtiu efeito. Por mais lúgubre que possa parecer, o aparentemente inofensivo trocadilho de Figueiredo, "Tancredo *Never*", acabou se transformando em macabra profecia.

Embora eleito, Tancredo Neves jamais tomaria posse como presidente do Brasil.

Capítulo 21

A despedida

Me esqueçam

Após a eleição de Tancredo Neves, o governo entrou em um estado de apatia no qual o presidente literalmente contava os dias para o governo acabar, conforme o próprio João Figueiredo havia afirmado a alguns interlocutores mais próximos.

No início de 1985, Figueiredo tinha passado por uma cirurgia na coluna, após ser internado por sentir dores de maneira crônica. A internação, a princípio, não previa a operação, mas o presidente confessava não suportar mais aquela incômoda situação: "Eu não aguento mais. Não dormi nem um minuto. Se quiserem me operar, que me operem."[1]

A cirurgia foi bem-sucedida e não houve a necessidade de uma internação mais prolongada nem da busca por assistência médica fora do Brasil, como ocorrera em situações anteriores. Mesmo com o êxito da cirurgia e da recuperação relativamente rápida de Figueiredo, os meses finais de seu mandato já se iniciavam com a saúde do presidente mais uma vez em estado de atenção.

ME ESQUEÇAM – FIGUEIREDO

Nesse período de transição, no qual já se relatava que o presidente não estava mais com muito ânimo de comandar o dia a dia do Planalto e que de fato "quem estava tocando o governo era o Leitão de Abreu",[2] um impaciente Figueiredo acabou por ceder ao apelo do jornalista Alexandre Garcia para uma última entrevista.

Em realidade, Garcia (que obteve a entrevista de forma exclusiva para a TV Manchete) já vinha buscando essa conversa havia quase um ano, tendo conseguido duas promessas do presidente em realizá--la no início de 1985.

A ideia era fazer um balanço final do governo de uma maneira descontraída (na medida do possível, em se tratando de Figueiredo) e em clima informal. O objetivo era fazer com que o presidente ainda em exercício, mas já nos estertores do seu mandato, se dirigisse diretamente ao povo brasileiro para falar tudo aquilo que se passava em seu coração.

No entanto, nada ocorreria como o previsto. Ainda faltava quase um mês e meio para o fim do governo, mas aquela entrevista marcaria o seu final simbólico, tamanho o desacerto de uma das declarações dadas pelo presidente.

A entrevista, realizada em um clima bastante amistoso, e com o presidente trajando roupas de ginástica após uma sessão de fisioterapia, foi gravada na Granja do Torto. Vários assuntos foram abordados, dos mais prosaicos aos mais polêmicos. Nitidamente sem paciência (para entrevistas e para presidir o Brasil), Figueiredo mostrou-se magoado e muito cansado ao fim do seu mandato.

O jornalista adotou uma postura respeitosa diante do presidente, pois conhecia bem seu temperamento, e mediu bem as palavras, tentando não provocá-lo nem aprofundar os assuntos em relação aos quais Figueiredo se mostrara reativo em uma primeira abordagem.

Em nenhum momento a entrevista evoluiu de forma apelativa, nem Alexandre Garcia insistiu em questões polêmicas para arrancar uma declaração bombástica do presidente.

Muito pelo contrário.

A DESPEDIDA

Naquele dia, 22 de janeiro de 1985, Figueiredo era um presidente extenuado, que claramente não aguentava mais o exercício cotidiano do poder (que para ele tornara-se um sacrifício). O presidente realmente confirmara que contava os dias no estábulo da Granja do Torto para o final do mandato.[3] No dia da entrevista ainda lhe faltavam 51.

Por mais que alguns assuntos delicados tenham sido abordados, como o caso da bomba no Riocentro e as constantes reviravoltas da sucessão presidencial, o que mais chamou atenção e ficou marcado na história foi a parte final da entrevista.

Ao se dirigir ao povo brasileiro para enviar uma mensagem final, Figueiredo disse exatamente o seguinte: "Bom, o povo que poderá me escutar será talvez os 70% dos brasileiros que estão apoiando o Tancredo. Então, desejar que eles tenham razão, que o dr. Tancredo consiga um governo bom para eles. E que tenham consigo... o dr. Tancredo e que ele dê a eles o que eu não consegui. E desejar felicidades a eles. E que me esqueçam. Aliás, eu pedi isso desde o início, se lembra?"[4]

Curiosamente, essa não havia sido a primeira vez que o presidente utilizara a frase pela qual ficaria marcado pelo resto da vida. Em 1977, na condição de possível candidato à Presidência da República, Figueiredo já dissera algo semelhante aos jornalistas: "Vocês querem me fazer um favor? Me esqueçam!"[5] Contudo, naquela ocasião, o tom empregado havia sido mais amistoso e nada amargurado, com a declaração sendo seguida de um largo sorriso e eivada de bom humor.

Completamente diferente da declaração de 1985.

Naquele momento, o estado de letargia do final do governo Figueiredo contrastava com a enorme euforia em relação à eleição de Tancredo Neves, ficando o período de transição entre os governos fortemente marcado pela grande expectativa da população brasileira em relação ao futuro presidente. Naquele momento, Tancredo representava a esperança de todo o Brasil, enquanto Figueiredo simbolizava um regime falido do ponto de vista moral e econômico.

Símbolo involuntário do ocaso da ditadura militar, Figueiredo se sentia extremamente injustiçado ao final de seu governo, e isso ajuda

ME ESQUEÇAM – FIGUEIREDO

a explicar em parte a sua resposta um tanto quanto amarga ao se dirigir ao povo brasileiro para uma última e derradeira mensagem.

O repórter Alexandre Garcia ainda tentou suavizar. Tinha sido assessor de imprensa do presidente por um período e, embora não fossem próximos, havia certa afinidade entre ambos. Dessa forma, o jornalista não pretendia contribuir para arranhar a imagem pública de Figueiredo, sobretudo estimulando uma declaração mal calculada como aquela, bem no final de seu mandato, e que obviamente repercutiria de forma muito negativa na imprensa como também na opinião pública.

Mas não houve jeito. Mesmo com o jornalista insistindo que o povo não o esqueceria, principalmente pelo legado positivo que o presidente deixava, como a anistia e a volta à democracia, Figueiredo, depois de pensar alguns instantes e desviar o olhar para o vazio, em sinal de reflexão, insistiu: "Pode ser que não esqueçam. Mas eu preferia que esquecessem."[6]

Figueiredo, posteriormente, ganhou mais um apelido, já que alguns jornalistas passaram a tratá-lo como o "inesquecível".[7]

Anos após a realização da entrevista, Alexandre Garcia revelou com mais detalhes o contexto específico da desajustada declaração:

> Eu ouvi aquilo — bom, Carlos Átila, o porta-voz, estava lá e não pediu que fizesse nada com a declaração. O presidente é maior de idade, ele que assuma o que disse — pensei. Ele quer dizer isso, pronto, não compete a mim... As pessoas que estavam me acompanhando disseram: "O negócio está pesado..." Eu: "Está pesado? Não foi o presidente que disse? Ele sabia que estava sendo gravado, é maior de idade." E pusemos no ar. Foi grande a repercussão da entrevista. A frase entrou para a história.[8]

O encontro terminou de forma melancólica. Não poderia ser de outra maneira. Já com a entrevista finalizada, foram feitas algumas imagens adicionais do presidente para a edição da matéria televisiva, com o

A DESPEDIDA

jornalista pedindo que ele sorrisse. Figueiredo rebateu, pedindo um motivo para sorrir.

O diálogo terminou com uma pitoresca "banana" do presidente (já fora do ar),[9] após Garcia sugerir que um motivo para sorrir talvez fosse sua expressão na descida da rampa do Palácio do Planalto ao transmitir o cargo ao seu sucessor, dentro de menos de dois meses.[10]

Já em seu último dia como presidente, ao refletir melhor sobre a famigerada frase, Figueiredo afirmou que "cometeu uma injustiça, atribuindo-a ao defeito de às vezes generalizar as opiniões".[11] Alguns anos depois, em nova declaração sobre o tema, o já ex-presidente afirmou à jornalista Maria Gabriela que não dissera a famosa frase "Me esqueçam", e que a entrevista havia sido deturpada.[12]

Para mal dos pecados do ex-presidente, Alexandre Garcia não era Alcides Franciscato e não haveria desmentido público. Porém, desafortunadamente, dessa vez tudo estava gravado.

Em 1991, em uma polêmica "entrevista"[13] ao jornal *O Globo* às vésperas do aniversário de dez anos do atentado no Riocentro, ao ser questionado sobre a possibilidade de uma entrevista formal, Figueiredo respondeu com uma referência explícita à mais famosa de suas frases, sem que houvesse nenhuma alusão do jornalista nesse sentido: "Eu não pedi para ser esquecido? Vocês não bateram nesta tecla diversas vezes? Eu já falei muito e ninguém quis me ouvir."[14] Mais de seis anos depois da polêmica declaração, nem o próprio ex-presidente conseguia olvidar o pedido que fizera para que o esquecessem.

Assim, rememorando espontaneamente a frase que definitivamente o marcou, Figueiredo realmente fazia jus ao apelido "inesquecível".[15]

A fome dos povos

Após a eleição de Tancredo Neves em 15 de janeiro de 1985, a transição duraria exatos dois meses, com a posse do presidente marcada para meados de março. Tancredo passou parte desse período fora do

Brasil, pois, já na condição de presidente eleito, optara por fazer uma longa viagem à Europa, à América do Sul e à América do Norte.

Nessa viagem, Tancredo se encontrou com diversos líderes mundiais, como o presidente norte-americano Ronald Reagan, o presidente da França François Mitterrand, o primeiro-ministro de Portugal Mário Soares, o presidente da Argentina Raúl Alfonsín e o papa João Paulo II, entre outras autoridades e chefes de Estado.

O presidente eleito evitou alimentar polêmicas durante esse período, tampouco teve muitas oportunidades para estar pessoalmente com o presidente em exercício. Parecia que Tancredo, conhecedor do temperamento de Figueiredo, não queria dar o mínimo motivo para uma confusão naquele momento.

Fiel ao seu estilo, faria uma transição de governo suave.

Assim, não ocorreram muitos encontros entre os dois. Estiveram juntos, é verdade. Mas tais ocasiões resumiram-se a uma troca de amabilidades e os temas cruciais tratados de forma superficial.

A bem da verdade, Figueiredo revelara-se prestativo e disposto a cooperar com o seu futuro sucessor. O presidente foi muito solícito em relação a Tancredo Neves e a todo o processo de transição de governo, como o próprio esclarecia em janeiro de 1985: "Eu disse [a Tancredo] que ele tinha todos os órgãos de governo à disposição. E eu mesmo estarei à disposição para qualquer coisa."[16]

Naquele período de transição, muito em função da melhora na situação internacional devido aos sinais de recuperação emitidos pela economia norte-americana, surgia um novo conceito na discussão sobre a crise da dívida externa dos países em desenvolvimento, conhecido como "capacidade de pagamento". Tal conceito, *grosso modo*, ensaiava limitar as imposições um tanto quanto inflexíveis do FMI aos países devedores, já que era consenso que esse receituário extremamente recessivo imposto pelo Fundo estava agravando a miséria nos países devedores.

Tancredo aproveitou a viagem que faria ao exterior para abordar — de forma extraoficial, tendo em vista que ainda não era presidente do

A DESPEDIDA

Brasil — a questão da dívida externa de países em desenvolvimento, principal problema a ser enfrentado no início de seu mandato.

Aproveitando-se da concepção vigente de que muito do que o FMI impunha aos países devedores era inatingível, e valendo-se de sua notória perspicácia, durante a viagem (acompanhada com grande curiosidade pela imprensa internacional), Tancredo cunhou a famosa expressão "não se paga a dívida externa com a fome dos povos".[17]

Tal declaração, que acabou se notabilizando por buscar um novo patamar de entendimentos em relação às dívidas externas dos países do Terceiro Mundo, foi dita por Tancredo em uma audiência com o papa, no Vaticano. Não poderia ter sido utilizada em melhor ocasião, pelo simbolismo daquele encontro entre um político que representava o retorno do Brasil à democracia e um papa que envergava a bandeira da liberdade por todo o mundo. João Paulo II gostou tanto da frase que a repetiu pouco depois, em uma visita a Quito, no Equador.

Essa foi a nota que deu o tom às importantes conversas que Tancredo teria nos Estados Unidos, logo após terminar o seu giro pela Europa. Em um encontro reservado com o secretário de Estado norte-americano, George Shultz, o presidente eleito abordou especificamente o profundo abismo que havia entre as metas estabelecidas pelo governo brasileiro em suas negociações com o FMI e a realidade da economia nacional.

Embora deva ser considerado natural que nesse tipo de discussão exista um distanciamento entre o que pretende o FMI para liberar os empréstimos e o que os governos podem efetivamente realizar para concretizar as metas preestabelecidas, poucas vezes houve um hiato tão grande entre as duas partes, como no caso das negociações brasileiras junto ao FMI durante o governo Figueiredo.

Tancredo sabia disso e não queria repetir a traumática experiência durante o seu mandato. Dessa forma, aproveitou o contexto da época e foi a reboque. Em sua conversa com o secretário de Estado, Tancredo se referiu expressamente às "insinceridades" não apenas do lado brasileiro ao não cumprir as metas acordadas, como também pelo lado do FMI, ao exigir metas extremamente rigorosas, sabidamente difíceis de ser cumpridas pelo Brasil. Deixava claro, assim, que a crise pertencia a ambos (devedores e credores), não apenas aos primeiros, como a expressão "crise da dívida externa" falsamente dava a entender.

Ainda se valendo da repercussão positiva de sua declaração sobre "a fome dos povos" na Europa, Tancredo aproveitou a oportunidade em solo norte-americano para mandar um recado claro às autoridades daquele país, já com vistas à postura que seria adotada pelo Brasil em seu futuro governo: "Nossa preocupação não é com o ponto de vista do FMI ou dos Estados Unidos, mas pela nossa sobrevivência."[18]

O recado era claro. Significava também uma tentativa de inaugurar uma nova fase nas negociações internacionais dos países devedores com os organismos internacionais de crédito. Não deixava de expressar a faceta mais estrategista e ao mesmo tempo mais pragmática de Tancredo, que não desejava que o seu futuro governo já começasse encurralado pela hipocrisia e desconfiança recíproca existentes nas negociações entre o Brasil e o FMI.

Pessoalmente, Figueiredo não acreditava muito nessa nova ordem que Tancredo pretendia instaurar nas negociações econômicas em nível internacional. O próprio Figueiredo já havia tentado propor algo parecido em seu discurso na Assembleia Geral da ONU em 1982, sem o menor sucesso do ponto de vista prático.

O presidente Figueiredo chegou a tratar de forma breve a questão da dívida externa com o já eleito presidente Tancredo Neves, oportunidade na qual afirmou que as dificuldades seriam muito mais em função da postura inflexível do sistema financeiro internacional, já que em sua opinião a administração Reagan estava disposta a ajudar: "Apenas disse a ele [Tancredo] que ia ser difícil, pois se dependesse do governo americano, muito bem. Mas não depende do governo americano, depende dos banqueiros americanos."[19]

Embora prevalecesse o clima de cordialidade, Figueiredo parecia não ter engolido a declaração de Tancredo no sentido de que não pagaria a dívida externa com "a fome dos povos".

A DESPEDIDA

Na mesma entrevista em que deu a famosa declaração pedindo ao povo para que o esquecesse, Figueiredo também aparentava estar ressentido com o presidente eleito e optou por responder de forma frontal às recentes declarações de Tancredo sobre o problema da dívida externa: " [...] Nesse ponto [a questão da dívida externa] o dr. Tancredo Neves tem razão. Dinheiro se paga é com dinheiro. Então ele tem que arranjar dinheiro para pagar. [...] Eu sempre paguei com dinheiro, nunca paguei com a miséria do povo não."[20]

Não há dúvida de que se tratava de uma resposta às declarações de Tancredo, que, por sua vez, preferiu não alimentar polêmicas estéreis e não se manifestou.

Além de discordar da retórica de Tancredo em suas declarações no exterior, nessa mesma entrevista Figueiredo se mostrava bastante cético sobre a possibilidade de êxito na renegociação da dívida brasileira, ao ponto de dar uma declaração extremamente pessimista em relação ao tema, e também bastante desfavorável ao Brasil, sobretudo se levarmos em consideração que no momento da entrevista Figueiredo ainda era o presidente da República: "Eu acho que não vai dar certo [a renegociação da dívida externa pelo novo governo], porque ninguém vai confiar num país como o Brasil."[21]

A frase acabou excluída da entrevista pelo próprio Alexandre Garcia, que entendia que a declaração poderia prejudicar o país, e suprimiu a declaração por sua própria conta.[22]

A ausência de resposta de Tancredo às declarações de Figueiredo e o desânimo do próprio presidente, que aparentava não ter mais interesse em conceder nenhuma entrevista até o final de seu governo, faziam parecer que aqueles dois meses transcorreriam sem maiores imbróglios.

Só parecia. Ainda haveria uma última crise militar antes de o governo retornar às mãos dos civis. A ira de Figueiredo seria despertada em toda a sua plenitude, apesar dos indícios iniciais de que a transição seria tranquila.

Dessa vez, nem Tancredo com toda a sua mineirice conseguiria ficar de fora da confusão.

Vá buscar o seu ministro na cadeia

A composição do futuro ministério de Tancredo Neves foi repleta de percalços. Resultado de intensas articulações para se chegar ao consenso em relação aos nomes que iriam compor o primeiro escalão do novo governo, houve de tudo um pouco: gente que foi convidada e pouco depois desconvidada; gente que não foi convidada, desmentindo o próprio presidente eleito através de nota; e até uma posse que por pouco não teve que ocorrer na cadeia.

A dificuldade da composição do novo ministério foi gerada em grande parte pelos múltiplos e variados apoios que Tancredo obteve em sua candidatura. Fruto da polarização em relação à candidatura de Paulo Maluf, Tancredo foi apoiado naquela eleição por correntes políticas extremamente distintas entre si. A única coisa a unir seus apoiadores era o repúdio à candidatura malufista e o anseio pelo fim da ditadura militar.

No momento da formação do ministério, a fatura estava sendo devidamente cobrada. Eram inúmeros pleitos, mas também havia poucas cadeiras para tanta gente que pretendia se sentar. A miscelânea era tanta que Figueiredo chegou a batizar a nova equipe de governo como "ministério-mingau",[23] em função da necessidade de acomodação de pretendentes cujas convicções políticas eram diametralmente opostas.

A velha astúcia política de Tancredo teve de entrar em cena para acomodar tantos aliados sem ferir a suscetibilidade dos preteridos.

A questão mais sensível sem dúvida ficou por conta da escolha dos futuros ministros militares. E a "bomba" acabou explodindo na indicação do brigadeiro Rui Moreira Lima para o Ministério da Aeronáutica.

Ao tomar conhecimento da possibilidade da indicação, o ainda titular do ministério, brigadeiro Délio Jardim de Matos, enviou um recado direto a Tancredo Neves: "É crise certa."[24]

Lima e Matos eram amigos desde a época da República do Galeão, quando ambos conspiraram para retirar Getúlio Vargas do Palácio do Catete.[25] Mas os tempos agora eram outros. Os ventos que os uniram

A DESPEDIDA

mais de trinta anos antes, na redemocratização sopravam de outra forma. Tornaram-se inimigos.[26]

Se o relato de inimizade já era motivo suficiente para uma crise, ainda havia mais uma razão a desagradar Figueiredo e a cúpula militar de seu governo em relação à indicação do brigadeiro Moreira Lima. Essa era mais singela e consistia na suposta promessa de Tancredo de que o futuro ministro da Aeronáutica seria indicado a partir de uma lista tríplice a ser elaborada pelo próprio ministro Délio Jardim de Matos.[27]

Se a promessa realmente havia sido feita, o fato é que acabou por ser quebrada. Some-se a isso a inimizade entre o futuro ministro e o atual titular da pasta e se teria um quadro muito desfavorável em relação à sucessão no Ministério da Aeronáutica.

O brigadeiro Moreira Lima era um "nome-problema",[28] e a sua falta de tato ainda não tinha sido totalmente revelada ao público. Contudo, não demoraria muito para o futuro ministro revelar quem realmente era a partir de uma trapalhada. Em pouco tempo, se encarregaria pessoalmente de piorar aquilo que já estava muito ruim.

Assim, o caldo entornou de vez quando Moreira Lima se deixou fotografar retirando os retratos do presidente Figueiredo e do ministro do Exército Walter Pires da parede, substituindo-os pelas fotos de Santos Dumont e Salgado Filho (primeiro ministro da Aeronáutica da história do Brasil). A troca foi feita no próprio gabinete do brigadeiro no Rio de Janeiro, antes de ele posar para um registro fotográfico para a revista *Veja* com as novas fotos ao fundo, em vez das oficiais.

A divulgação da sequência de fotos irritou bastante o presidente Figueiredo, a ponto de o ministro Délio Jardim de Matos ter ido pessoalmente a Minas Gerais se queixar com Tancredo.[29] Estavam dadas todas as condições para uma nova crise militar.

Com a iminência da crise, o brigadeiro Moreira Lima escreveu uma carta a Figueiredo na qual repudiava o texto publicado e desculpava-se pela tal cena em que se deixou fotografar.[30] Entretanto, o temperamento de Figueiredo não lhe permitia deixar passar algo como aquilo, desrespeitoso com a figura do presidente da República.

619

Assim, não aceitou as desculpas do brigadeiro e o Palácio do Planalto emitiu uma nota oficial que ostensivamente revelava a extensão de seu desagrado: "Ato [a substituição dos retratos oficiais] quando menos censurável, suscetível de punição que somente não se efetua diante de solicitação expressa do presidente eleito Tancredo Neves."[31]

A contundente nota, redigida em termos tão incisivos, não poderia ser ignorada. Pelo contrário. Era a primeira vez em mais de quinze anos que um presidente da República censurava publicamente um oficial general da ativa. Além disso, ameaçava-se organizar um manifesto de oficiais da Força Aérea contra a indicação de Moreira Lima.[32]

Diante desse quadro, foi por pouco que o brigadeiro Moreira Lima não deixou de ser ministro. E deve a sua nomeação, em grande parte, ao esforço e à perspicácia do ministro Leitão de Abreu. O chefe do Gabinete Civil, antevendo a crise, convocou um interlocutor de confiança de Tancredo ao seu gabinete. Na audiência, foi direto, e avisou que, se Tancredo não divulgasse rapidamente o nome de Moreira Lima como titular da Aeronáutica em seu governo, o futuro ministro corria o risco de ser preso e Tancredo teria de escolher um substituto para o cargo em meio a uma grave crise na Aeronáutica.

Ao receber o recado, Tancredo, com seu aguçado faro político, percebeu que tinha de agir com rapidez para não ser atropelado pelos fatos. Assim, não titubeou e prontamente ligou para o ainda vice-presidente Aureliano Chaves, a quem cabia a indicação.

Nesse telefonema, o presidente eleito foi mais objetivo do que o habitual — deixando os cumprimentos e as amabilidades de lado, foi direto ao ponto: "Você tem cinco minutos para me ligar com o nome do ministro da Aeronáutica."[33]

Dito e feito. Aureliano cumpriu o "prazo" dado por Tancredo e o presidente eleito logo se apressou em divulgar sua escolha à imprensa. A nomeação de Moreira Lima estava salva. Ao justificar a pressa, Tancredo deu mais um exemplo da sua conhecida astúcia política: "Quem estava contra, não está mais. E quem ia ficar, desistiu."[34]

A DESPEDIDA

Todavia, ainda existia o ressentimento do presidente. Bravata ou não, Figueiredo foi duro em conversa com Francisco Dornelles, sobrinho de Tancredo e interlocutor designado pelo presidente eleito para tratar do delicado imbróglio: "[...] esse assunto já está resolvido. Eu mandei o Délio prender esse energúmeno. Só pedi para me avisarem porque eu vou lá quebrar a cara dele! Vou quebrar a cara daquele canalha!"[35]

O interlocutor de Tancredo ainda saiu com outro sinistro aviso daquele encontro, que deveria ser transmitido diretamente a Tancredo Neves: "Vá buscar o seu ministro na cadeia."[36] Acabou sendo mais uma das bravatas de Figueiredo em outro episódio no qual o presidente demonstrava que não tinha o menor controle sobre a sua irascibilidade.

Porém, poucos minutos depois, aparentemente mais calmo, mandou chamar Dornelles de volta e retificou a sua decisão tomada momentos antes: "Em consideração ao senhor que é meu secretário da Receita há seis anos e nunca me trouxe um problema não vou mais prender o energúmeno. Só quebrar a cara dele."[37]

Ao ouvir o relato de Dornelles sobre o encontro com Figueiredo, Tancredo foi um tanto quanto sarcástico e comentou com o seu típico bom humor: "Que boa notícia a da sova. Esse brigadeiro bem que merece."[38]

Estava sepultada o que parecia ser a última crise da sucessão. Ledo engano. O destino ainda reservava uma grande trapaça àquele que habilmente costurou um final suave para o regime militar.

Surpreendentemente, dessa vez o temperamento de Figueiredo nada teria a ver com isso.

Trapaça do destino

A madrugada de 15 de março de 1985 guardava uma grande e desagradável surpresa ao Brasil. A notícia da súbita internação de Tancredo

ME ESQUEÇAM -- FIGUEIREDO

Neves abalou toda a nação de, que, atônita, aguardava o desfecho diante daquele evento trágico e inesperado.

A situação naqueles angustiantes momentos era incerta e ninguém poderia afirmar com segurança qual seria a solução a ser adotada no dia seguinte, caso fossem confirmados os boatos sobre a gravidade da doença do presidente eleito, que davam conta de que Tancredo não conseguiria comparecer à própria posse em virtude do mal que subitamente o acometera.

Imediatamente após a notícia da internação ter se espalhado, tudo parecia caminhar no sentido de que a posse deveria ser dada a Ulysses Guimarães, conforme anunciava o plantão do jornalismo da Globo (à época denominado plantão do *Jornal Nacional*) em sua primeira chamada sobre o tema:

> O presidente eleito Tancredo Neves está sendo operado agora de apendicite aguda no Hospital de Base de Brasília. [...] A grande pergunta que se faz neste momento é a seguinte: quem assume a Presidência da República? Como o vice-presidente José Sarney ainda não foi empossado, a Presidência será ocupada por Ulysses Guimarães, presidente da Câmara.[39]

No entanto, pouco depois, o jurista Afonso Arinos entrou ao vivo no mesmo plantão e defendeu tese diversa: "[...] o vice-presidente da República não é vice-presidente do presidente. Ele é vice-presidente da República [...] e toma posse não como presidente, mas como vice-presidente em substituição ao presidente."[40]

Em seguida, o jurista Miguel Reale defendeu exatamente a mesma posição, fato que contribuiu para a consolidação do entendimento jurídico sobre a controvérsia e abriu caminho para que a posse de Sarney fosse viabilizada.

Enquanto os principais juristas do Brasil davam entrevistas à televisão, a mais alta corte do país se reunia discretamente no silêncio da noite de Brasília, longe dos holofotes e igualmente distante do plenário do Supremo Tribunal Federal.

A DESPEDIDA

Naquele início de madrugada de 15 de março de 1985, o ministro Moreira Alves (então presidente do STF) convocou uma reunião de emergência, realizada em seu próprio apartamento funcional localizado no Plano Piloto, mais precisamente em um edifício situado no bloco B da SQS 313 (naquela época os ministros ocupavam apartamentos funcionais em um mesmo edifício).[41]

Facilitada pela proximidade e vizinhança que unia seus participantes, a inesperada reunião domiciliar tinha por objetivo analisar a delicada situação na qual a renascente democracia brasileira se encontrava naqueles instantes cruciais para o destino da nação.[42, 43] Desse episódio, restaram as lembranças do ministro Sydney Sanches, um dos participantes daquela reunião, muitos anos após aqueles tormentosos eventos:

> A certa hora da noite, estava eu já deitado para dormir, quando o ministro Moreira Alves me perguntou ao telefone: "Sydney, você não vem aqui?" Disse-lhe que não tinha sido avisado da reunião e perguntei do que se iria tratar. Foi, então, que me respondeu: "O Tancredo não vai tomar posse amanhã. Ele está sendo operado agora. E nós precisamos discutir sobre quem tomará posse." Na ocasião, os ministros moravam todos no mesmo prédio, em apartamentos funcionais. Subi para o apartamento dele e lá já se encontravam os demais [ministros] anteriormente avisados. A discussão foi sobre se empossado seria o vice-Presidente Sarney ou o presidente da Câmara dos Deputados, Ulysses Guimarães. A maioria concluiu que Sarney deveria tomar posse como presidente. De início, eu e o ministro [Luiz] Octavio Gallotti entendíamos que o vice-Presidente não poderia tomar posse antes do presidente. Nesse caso, Ulysses Guimarães é que deveria assumir. Mas não chegamos a definir posição a respeito. E a decisão da maioria foi sábia, jurídica e politicamente.[44]

Até hoje não se sabe se a existência ou as conclusões dessa reunião chegaram ao conhecimento dos políticos que discutiam os rumos do país naquele momento.

ME ESQUEÇAM – FIGUEIREDO

Enquanto os juristas debatiam as teses possíveis, Figueiredo era informado do infortúnio que se abatera sobre o seu sucessor e, em pouco tempo, formaria a sua convicção pessoal sobre o tema: em sua opinião, quem deveria assumir diante de eventual impedimento de Tancredo Neves na manhã de 15 de março de 1985 seria o presidente da Câmara dos Deputados, Ulysses Guimarães, não o vice-presidente eleito, José Sarney.

Para se entender corretamente o embasamento da posição defendida por Figueiredo, é necessário recorrer ao seu longo depoimento, já na condição de ex-presidente, para um livro sobre a memória do regime militar. Para uma narrativa fiel aos fatos, reproduzindo com exatidão o relato do ex-presidente Figueiredo, segue a sua interpretação sobre os momentos finais de seu mandato, em duas respostas extremamente esclarecedoras em entrevista a Ronaldo Costa Couto:

> **Por que o senhor se recusou a transmitir o cargo a Sarney, quando do impedimento do Tancredo por doença?**
>
> [...] É que os generais vinham me propor, no caso da impossibilidade, passar o governo ao dr. Sarney. Eu digo: "Não o dr. Sarney não pode." "Mas por quê?" Eu disse: "Mas dr. Leitão, o senhor é um jurista, eu não sou. Mas infelizmente eu sei ler português. E estou com a Constituição aqui em frente. E ela diz que, no caso de impedimento do presidente eleito, tomará posse o presidente da Câmara. Durante trinta dias! Se, passados dez dias depois da posse dele, o presidente eleito não tiver condições, trinta dias após a saída dele haverá uma eleição. E nessa eleição, ele é inelegível." [...] Para mim quem deveria assumir era o Ulysses.
>
> **O problema era só a transmissão do cargo?**
>
> Para quem passar o cargo![45]

Tendo por base a linha argumentativa defendida por Figueiredo, Sarney seria considerado vice-presidente eleito de um presidente impedido (mesmo que momentaneamente) de tomar posse no cargo. Assim, se em dez dias Tancredo não viesse a tomar posse, o cargo

A DESPEDIDA

deveria ser considerado vago. Para registro histórico, Figueiredo nessa entrevista fazia menção aos seguintes artigos da Constituição vigente à época:

Art. 76 § único. Se, decorridos dez dias da data fixada para a posse, o presidente ou o vice-presidente, salvo motivo de força maior, não tiver assumido o cargo, este será declarado vago pelo Congresso Nacional;

> Art. 77. Substituirá o Presidente, no caso de impedimento, e suceder-lhe-á, no de vaga, o Vice-Presidente.

> Art. 78. Em caso de impedimento do presidente e do vice--presidente ou vacância dos respectivos cargos, serão sucessivamente chamados ao exercício da Presidência o presidente da Câmara dos Deputados, o do Senado Federal e o do Supremo Tribunal Federal;

> Art. 79. Vagando os cargos de presidente e vice-presidente, far-se-á eleição trinta dias depois de aberta a última vaga, e os eleitos completarão os períodos de seus antecessores.[46]

O ex-presidente Figueiredo também se insurgia ante a interpretação de que o art. 77 da Constituição autorizaria a posse de Sarney no lugar de Tancredo na hipótese de impedimento,[47] por considerar que esse preceito constitucional só valeria para a hipótese de presidente e vice-presidente já empossados, e não se aplicaria àquele caso concreto.

O raciocínio faz algum sentido formal, expressado de maneira concisa pelo ex-presidente da seguinte forma: "[...] Ele é vice-presidente eleito, mas não empossado. Então não pode substituir alguém que não foi empossado também. Agora, se o doutor Tancredo tivesse ficado doente cinco minutos depois de dado o termo de posse, aí eles poderiam."[48]

Em suma, nessa visão, um vice-presidente eleito jamais poderia tomar posse como presidente (ou no lugar do presidente), pois não havia sido eleito para o cargo que assumiria. Na impossibilidade de o presidente eleito tomar posse no cargo, ocorreria a vacância, e quem assumiria seria o presidente da Câmara. Ainda nessa linha argumentativa, o art. 77 da emenda constitucional de 1969 autorizaria a substituição do presidente pelo vice no caso de impedimento durante o mandato (obviamente com ambos já empossados), mas não autorizaria o vice a tomar posse no lugar do presidente no caso de o impedimento ocorrer antes da posse de ambos.

O raciocínio de Figueiredo se sustentava na premissa de que antes da posse Tancredo e Sarney ainda não podiam ser considerados presidente e vice-presidente do Brasil (embora já eleitos), gozando apenas de uma expectativa que não modificaria as respectivas situações jurídicas de ambos no momento "pré-posse".

Na biografia de Ulysses Guimarães, há passagem que ilustra com perfeição o entendimento do presidente Figueiredo sobre a questão:

> Era verdade que Figueiredo, mais irritado do que nunca, considerava um golpe a posse de Sarney. O argumento, de que partilhava seu chefe da Casa Militar, general Rubem Ludwig, era o de que, não tendo sido empossado o presidente titular, seu vice não poderia substituí-lo. Se não havia presidente, não haveria vice, já que o segundo é consequência inevitável do primeiro. A existência do vice era procedente da posse do presidente titular, jamais antecedente. Assim eles entendiam o art. 77 [da Constituição].
>
> Por esse raciocínio, como no dia 15 de março, automaticamente dava-se a vacância da Presidência da República, por conclusão dos mandatos do presidente Figueiredo e seu vice, Aureliano Chaves, sem que os novos eleitos (Tancredo e Sarney) tivessem tomado posse, aplicava-se o art. 78, no lugar do 77, e o empossado seria o presidente da Câmara dos Deputados. Ou seja, Ulysses Guimarães.[49]

Ainda nas memórias de Figueiredo, havia sido cogitada como alternativa uma posse simbólica de Tancredo no hospital, hipótese também rechaçada pelo próprio, pois a Constituição obrigava que a

A DESPEDIDA

posse presidencial ocorresse formalmente em uma sessão conjunta do Congresso Nacional, o que não poderia ocorrer em um leito hospitalar.[50]

Por fim, Figueiredo afirmou que, embora não concordasse com a solução adotada, a ela se rendeu em função da opinião de renomados juristas sobre o assunto, e não tentou impedir a posse de Sarney nem tinha a intenção de permanecer no poder em função da delicada e pouco usual situação que o Brasil vivia à época.

Há ainda a versão de que a ausência da transmissão do cargo em ato solene foi uma exigência de Figueiredo não em função de desavenças e ressentimentos com Sarney, mas por receio de que, se a legalidade da posse fosse contestada em momento posterior, tal situação poderia criar um constrangimento para Figueiredo, que sabidamente defendia posição oposta àquela que acabou por prevalecer.[51]

Apesar de ter ficado praticamente isolado na defesa de tal tese, é preciso que se faça justiça ao ex-presidente Figueiredo. Não era ele o único a pensar desse modo. A tese aparentemente unânime pela posse de Sarney não foi consenso desde o início, existindo versões de que alguns deputados inicialmente insistiram na posse de Ulysses,[52] tanto do lado do PDS como do lado do PMDB. Líderes do Congresso, como o deputado Freitas Nobre, chegaram a declarar à televisão que as lideranças políticas haviam decidido dar posse a Ulysses.[53]

Embora haja relatos de que o professor Leitão de Abreu foi fundamental para a posse de Sarney, há pelo menos um registro de que o ministro vislumbrava inicialmente a posse de Ulysses Guimarães como a solução constitucional mais correta, presente nas memórias de Fernando Henrique Cardoso, que esteve com Leitão no início da madrugada de 15 de março de 1985 para debater a solução a ser adotada no dia seguinte.[54] Assim, na visão inicial do ministro do Gabinete Civil, não seria possível "um presidente na expectativa de direito de posse fosse substituído por um vice na mesma situação".[55]

Por outro lado, também é digna de nota a coragem com que o ministro Leitão de Abreu se portou diante de uma última e inesperada ameaça surgida naqueles momentos derradeiros, conforme relato de José Sarney:

> Disse-me o ministro Leitão de Abreu que foi procurado pelo ministro do Exército, Walter Pires, perguntando o que tinham resolvido. Leitão afirmou que já estava acertado que eu assumiria no dia seguinte. Pires retrucou que iria para o quartel-general porque não concordava com a solução. O chefe da Casa Civil (sic) advertiu-o que, por um erro burocrático, os decretos de exoneração já estavam assinados, e assim Pires não era mais ministro.
>
> — Estamos perdidos!, exclamou o general.[56]

Ao final de toda a controvérsia jurídica, prevaleceu a tese de que Sarney era vice-presidente da República e assim podia tomar posse na qualidade de vice-presidente, conforme preconizava o art. 76, § único.

Assim, a expressão prevista no art. 76 ("o presidente **ou** vice--presidente"), transmitiria a ideia de que qualquer um deles poderia assumir o cargo de presidente ("um ou outro") e, portanto, a Presidência da República só poderia ser declarada vaga na hipótese de ambos se encontrarem impedidos de tomar posse.

Ultrapassadas as questões de cunho jurídico, a posse de Sarney também envolvia inúmeras articulações e alguns cálculos políticos. Embora o próprio Sarney inicialmente não quisesse assumir, a opção por Ulysses Guimarães poderia causar problemas em relação à área militar por atritos ocorridos ainda no governo Geisel, quando o então deputado federal e presidente do MDB comparou, através de uma nota oficial do partido, o presidente Ernesto Geisel ao ditador de Uganda Idi Amin Dada: "Havia certo receio de Ulysses assumir, por causa dos militares. Ulysses tinha uma briga mais dura com os militares, com o Geisel, por causa do negócio do Idi Amin."[57]

Também é importante registrar que o deputado Ulysses Guimarães, ao articular a posse de Sarney, tinha pleno conhecimento de sua possível inexigibilidade futura caso viesse a assumir o poder,[58] o que possivelmente poderia ter influenciado a sua postura naquela fatídica noite.

Naquele momento derradeiro, Ulysses chegou a afirmar a Sarney que não se tratava apenas de um problema constitucional, mas que

A DESPEDIDA

aquela também era uma questão política,[59] deixando claro que, embora não tenha sido decisivo, o cálculo político também influenciou na solução da questão. Ainda nesse tenso diálogo, Sarney cogitava que a posse deveria ser dada ao presidente do STF. Para parte dos analistas, foi uma controvérsia "mais política que jurídica",[60] para utilizar a expressão concebida pelo ex-deputado Paulo Affonso.

Há, ainda, relatos de que a controvérsia sobre a posse foi iniciada na antessala do leito hospitalar onde Tancredo se encontrava acamado.[61] Antes de se espalhar por Brasília e pouco depois por todo o Brasil, a discussão foi examinada pelo maior interessado em sua solução: o próprio Tancredo Neves.

Embora hospitalizado, o presidente eleito defendia que fosse dada posse a Sarney, pois temia que a eventual posse de Ulysses Guimarães pudesse criar empecilhos para a sua investidura mais adiante, em caso de uma recuperação mais longa, além de tornar o próprio Ulysses inelegível em uma futura eleição na hipótese de seu impedimento definitivo.[62]

Para solucionar a angústia do presidente eleito, Francisco Dornelles (instantes antes de a cirurgia de Tancredo ser iniciada) assegurou ao tio que havia conversado pessoalmente com Figueiredo e Leitão de Abreu, e que ambos lhe garantiram que dariam posse normalmente a Sarney, não havendo motivos para preocupações nesse sentido.[63]

Somada à promessa dos médicos de que em 24 horas poderia assumir a Presidência,[64] Tancredo concordou em se submeter à fatídica cirurgia que iniciaria todo o seu calvário. Diante das insólitas circunstâncias, naquele momento ninguém poderia prever qual seria o comportamento de Figueiredo na manhã de 15 de março de 1985.

A sorte estava lançada.

A saída é pela lateral

No dia 15 de março de 1985, o presidente Figueiredo se dirigiu ao Palácio do Planalto para o seu último dia de mandato. Informado

ME ESQUEÇAM – FIGUEIREDO

da viabilidade jurídica da posse de Sarney em face do impedimento (que naquele momento imaginava-se transitório) de Tancredo Neves, o presidente foi ao Palácio do Planalto mesmo sabendo que a única atividade daquele dia seria a cerimônia de posse de Sarney.

Ainda na madrugada anterior, Figueiredo supostamente teria tomado uma decisão que marcaria para sempre a sua biografia. O jornal *Folha de S.Paulo* relatou uma conversa telefônica do presidente com o ministro Leitão de Abreu, supostamente realizada na madrugada do dia 15 de março de 1985, na qual Figueiredo teria sido enfático acerca de sua contrariedade sobre a possibilidade de transmissão de cargo que deveria ocorrer no dia seguinte: "Não passo a faixa nem recebo o Sarney em Palácio, essa hipótese está totalmente descartada."[65]

Possivelmente com base nessa ligação que recebera de Figueiredo, ao se reunir com membros do PMDB no início da madrugada do dia 15 de março (entre eles Ulysses Guimarães e Fernando Henrique Cardoso), o ministro Leitão teria afirmado de maneira bastante incisiva à comitiva que recebera em sua casa para tratar do delicado tema: "A faixa não se passa! Só de presidente para presidente."[66]

Aparentando já ter tomado, em seu íntimo, a decisão de não comparecer à posse de Sarney, ao chegar ao Palácio do Planalto para o seu último dia como presidente da República, Figueiredo teria dito ao chefe do cerimonial, Synesio Goes: "Olha, o que eu acho que tenho que fazer é o seguinte: visitar o doutor Tancredo no hospital, voltar para cá, esperar a posse no Congresso, ir para casa e de lá para o aeroporto."[67]

E assim foi feito. Após visitar Tancredo, o ainda presidente retornou ao Palácio do Planalto. Em seus momentos finais na Presidência, Figueiredo realizou a última reunião com os "ministros da casa" (tradição que vinha desde o governo Geisel e que naquele momento se encerrava) e assistiu pela televisão ao novo presidente prestar compromisso em sessão conjunta no Congresso Nacional.

Pontualmente às 10h20 da manhã de 15 de março de 1985, após Sarney realizar o juramento constitucional, Figueiredo deixava de ser o presidente do Brasil. Não tendo a intenção de avistar-se com o

A DESPEDIDA

seu sucessor, imediatamente levantou-se de sua cadeira e, já como ex-presidente do Brasil, despediu-se dos auxiliares que o acompanhavam em seu gabinete e tomou o elevador privativo, deixando o Palácio do Planalto por uma saída alternativa[68] e não pela rampa do Palácio do Planalto, como era esperado naquele momento de despedida. [69]

Não houve registro fotográfico desse momento.

Acompanhado por familiares e alguns de seus ministros até a Base Aérea de Brasília, Figueiredo se despediu com uma frase singela: "Estou feliz, muito feliz mesmo."[70] Algumas pessoas mais próximas choraram na despedida, já na iminência do embarque para o Rio de Janeiro. Um dos mais emocionados era o seu motorista particular, Vicente Pedrosa Neto, que o acompanhava desde a sua chegada ao Distrito Federal, cerca de dezessete anos antes. Esse foi um dos poucos momentos no qual o já ex-presidente Figueiredo também se emocionou.

Ao chegar ao Rio de Janeiro, onde passaria a residir, Figueiredo foi recepcionado na Base Aérea do Galeão pelo governador Leonel Brizola, solenemente acompanhado por quase todo o secretariado. Aquela ainda era uma típica deferência a chefes de Estado, embora Figueiredo já fosse ex-presidente. Vindo do principal adversário político ainda vivo do regime que acabava de terminar, essa demonstração de apreço e consideração era despida de qualquer relevância prática, mas valia muito pelo seu efeito simbólico: demonstrava que o processo de abertura política consolidado por Figueiredo obtivera pleno êxito.

A tão almejada busca da pacificação nacional, sua principal promessa de posse em 1979, havia sido alcançada. Em termos políticos, não há dúvidas de que Figueiredo entregava um país diferente daquele que encontrou.

Contudo, nada será capaz de apagar o fato de que Figueiredo deixou a Presidência da República sem passar a faixa presidencial a Sarney, não comparecendo à cena final de seu governo.

A tradição da transmissão da faixa remontava à posse de Prudente de Moraes, que, detestado por Floriano Peixoto (seu antecessor), não o encontrou no palácio presidencial para transmitir-lhe o cargo. Por essa razão, teve de receber o cargo de um funcionário subalterno e assim resolveu criar a solenidade de transmissão da faixa, para que o novo presidente necessariamente se encontrasse com o antecessor no momento da posse.[71]

Ao deixar a Presidência, em 1898, Prudente de Moraes transmitiu pela primeira vez a faixa presidencial ao seu sucessor, Campos Sales. Com a recusa em passar a faixa a Sarney, Figueiredo quebrava uma tradição quase secular da República brasileira.

Independentemente de suas razões, o certo mesmo é que Figueiredo deixou de protagonizar uma cena histórica, que simbolicamente representaria a volta do Brasil à democracia e a subordinação militar ao poder civil. Talvez o próprio Figueiredo não tenha atentado para a dimensão que a sua ausência causaria àquele momento e, em um impulso típico de seu temperamento, tenha optado por não comparecer apenas para evitar o constrangimento de encontrar alguns de seus desafetos pessoais.

Em depoimento a este livro, o ex-presidente José Sarney assim resumiu a sua visão sobre aquela situação um tanto quanto incômoda: "Foi um gesto passional de Figueiredo, próprio de sua personalidade, e que não ficou bem para a sua imagem. Quem assumia não era José Sarney, mas o vice-presidente da República. A passagem da faixa é um gesto impessoal, não uma troca de guarda."[72]

A narrativa do jornalista Plínio Fraga (que, ao entrevistar o ex-presidente Sarney, também abordou especificamente aquele momento) é elucidativa nesse sentido: "Do episódio, ficou o momento que, além da perda de Tancredo, mais entristeceu Sarney. Figueiredo recusou-se a transmitir-lhe o cargo, saindo do Palácio do Planalto pela porta dos fundos na hora em que ele entrava como presidente. 'Uma imagem triste', resumiu Sarney. 'Ele [Figueiredo] defendia que Ulysses Guimarães deveria assumir.'"[73]

De fato, Figueiredo havia transformado uma questão de Estado em algo estritamente pessoal, a ponto de ter declarado que "para Ulysses eu passo a faixa sem nenhum problema."[74] Por sua vez, Ulysses Guimarães não aceitou essa solução, por considerá-la inconstitucional:

A DESPEDIDA

"É verdade que não aceitei o poder que Figueiredo me oferecia em uma bandeja. [...] Não fui porque não podia, não era constitucional."[75]

E assim começou um novo período da história republicana do Brasil, batizado pela imprensa de "Nova República". O ciclo dos generais-presidentes foi encerrado de forma melancólica, com o último dos seus representantes deixando o Palácio pela porta lateral e o poder civil reencontrando-o completamente vazio, como se recorda o ex-senador Pedro Simon: "O que ninguém poderia imaginar é que nós chegaríamos ao Palácio do Planalto — depois de lutar a vida inteira pelo restabelecimento da democracia — e que o encontraríamos totalmente vazio, aberto, sem um oficial de gabinete, um guarda, absolutamente ninguém. Depois de tanta luta, a gente podia pensar um milhão de coisas. Menos que o Palácio estaria vazio e que o ex-presidente sairia pelos fundos."[76]

Um palácio abandonado e uma saída pela lateral, sem registros e despida do simbolismo que aquele momento requeria. O governo que restabeleceu a democracia e implementou com sucesso a maior anistia da história do Brasil certamente merecia um desfecho melhor.

Capítulo 22

Day After

Ainda a polêmica da faixa

Em sua última entrevista como presidente, já nos instantes finais do seu mandato, Figueiredo afirmou à Rádio Gaúcha que não teria problemas de passar a faixa presidencial a Sarney ou a nenhuma outra pessoa que tomasse posse como o novo presidente, mas que a decisão de não haver a passagem de faixa fora tomada pelos líderes do Congresso.[1] Ainda nessa mesma declaração, também afirmou que pessoalmente lamentava tal decisão.

Em realidade, todos sabiam que Figueiredo detestava José Sarney desde o episódio da renúncia ao cargo de presidente do PDS. Entretanto, os reais motivos que o levaram a não transmitir pessoalmente o cargo — e, sobretudo, por que Figueiredo se dirigiu ao Palácio se não pretendia participar da cerimônia — permanecerão para sempre um mistério, apesar de suas declarações (divergentes e nada esclarecedoras) posteriores sobre o tema.

A primeira conjectura atribui a ausência de Figueiredo à solenidade de transmissão de cargo à impulsividade típica de seu temperamento. O ex-ministro Ernane Galvêas, que participou do reduzido círculo de amigos do ex-presidente até pouco antes de seu falecimento, corrobora esta tese: "O presidente João Figueiredo recusou-se a passar a faixa presidencial a José Sarney em um gesto político muito de acordo com o seu temperamento de 'oficial de Cavalaria'."[2]

No entanto, a hipótese mais plausível é que pessoas próximas a Figueiredo, temendo uma reação intempestiva e explosiva ante seu desafeto durante a posse, tenham habilmente articulado que a transmissão da faixa presidencial naquele momento seria desnecessária, sobretudo ante a situação pouco usual que o Brasil enfrentava à época em função do súbito impedimento de Tancredo Neves.

Essa possibilidade é ainda mais crível diante dos fatos e conversações que fizeram parte da articulação política que levou Sarney a assumir a Presidência do Brasil. O grupo que costurava a solução constitucional, liderado por Ulysses Guimarães, procurou o ministro Leitão de Abreu para falar sobre a interpretação da Constituição que permitiria a posse de Sarney, e o encontrou com boa vontade. Assim, nele tiveram um aliado à tese jurídica esposada — Leitão também "deu a entender que era necessária uma fórmula que evitasse constrangimentos a Figueiredo".[3]

Para o ministro Leitão de Abreu, a grande liderança do governo que ia embora, a visita de Figueiredo a Tancredo Neves no hospital deveria ser interpretada já como uma espécie de transmissão extraoficial do cargo. Ainda visando preservar Figueiredo do dissabor de ter de passar a faixa presidencial a Sarney, Leitão teria reafirmado a líderes do PMDB: "A faixa é uma insígnia do presidente. E como tal, tem de ser transmitida a outro presidente, não ao vice."[4]

Nessa perspectiva, chegou-se até mesmo a ser aventada a possibilidade de cancelamento de toda a programação da posse do novo presidente, incluindo a recepção no Itamaraty. Contudo, os demais ritos foram mantidos, salvo a cerimônia de transmissão de cargo com a passagem da faixa.

ME ESQUEÇAM – FIGUEIREDO

Acabaram por prevalecer os argumentos do ministro Leitão de Abreu, na linha do que já dissera no início da madrugada em reunião com membros do PMDB: "[...] com o impedimento de Tancredo Neves, tornava-se dispensável a solenidade de transmissão do cargo, cujo cancelamento não se caracterizaria por uma quebra de preceitos constitucionais, mas apenas da tradição republicana, sem nenhuma repercussão política ou jurídica."[5]

Em sua primeira entrevista após deixar a Presidência, no apartamento de seu amigo Georges Gazalle, no final da tarde do dia 15 de março de 1985, um descontraído Figueiredo (sentado no chão da sala e cercado por crianças e amigos) reafirmou à repórter Leila Cordeiro que não passou a faixa porque o Congresso não deixou.

Ao falar à jornalista sobre a emoção daquele dia, ficou a pretensa frustração por sua ausência na cena final: "[...] Só fiquei meio frustrado porque não me deixaram passar a faixa para o meu sucessor."[6] A repórter então lhe perguntou quem não deixou, e o ex-presidente seguiu na mesma linha: "O Congresso decidiu que não haveria passagem de faixa. Eu queria passar. Quando eu soube que o novo presidente fez o juramento, ele já estava empossado, eu saí e fui-me embora."[7]

Em sentido completamente diferente da entrevista de 1985, dois anos depois Figueiredo abordou o tema com riqueza de detalhes e deu à questão contornos mais amplos: "A Constituição era muito clara quanto a quem deveria tomar posse: Ulysses deveria assumir e, se o impedimento do presidente eleito se prolongasse, convocar novas eleições para dali a trinta dias. [...] Só não gritei porque iriam me acusar de querer continuar no cargo."[8]

De fato, durante o final de seu governo, houve alguns relatos de que Figueiredo pretendia permanecer mais tempo no cargo, ou que pelo menos autorizava interlocutores a tentar viabilizar as famigeradas "manobras prorrogacionistas". Realmente, diante da forte instabilidade gerada após a internação de Tancredo, se Figueiredo houvesse insistido na tese de que Sarney não deveria ser empossado, muito provavelmente seria acusado de tumultuar a sucessão para tentar permanecer no cargo.

DAY AFTER

Para o ex-presidente Ernesto Geisel, ainda que quisesse, Figueiredo não teria condições de se manter no cargo, mesmo em face dos tumultuados eventos da madrugada de 15 de março de 1985: "É, o governo ele tinha que passar. Ele não tinha força para se opor."[9] Isso mostra que a tese do suposto desejo de continuidade de Figueiredo persistiu até os momentos finais de seu mandato.

Ainda em 1987 também houve especulações no sentido de que Figueiredo não quis descer a rampa do Palácio do Planalto por receio de ser vaiado por populares presentes à cerimônia de posse do novo presidente, e por isso optou por uma saída alternativa. "Ele [Figueiredo] explicou ainda por que deixou o Palácio do Planalto pela porta dos fundos no dia da posse de Sarney: reconheceu que seria vaiado se saísse pela porta da frente."[10]

Já em um encontro social ocorrido em março de 1990, o ex-ministro Leitão de Abreu revelou a Sarney o motivo da ausência de Figueiredo à cerimônia de posse[11] e, de certa forma, esclareceu os reais desígnios que motivaram as suas ações no início da madrugada de 15 de março de 1985: "Eu sabia que o texto constitucional era claro. Mas o presidente Figueiredo em nenhuma hipótese queria passar o governo a você [Sarney], pelos motivos que você conhece: ressentimentos por sua saída do PDS."[12]

Em 1991, Figueiredo reafirmou em entrevista que, em sua interpretação, Ulysses Guimarães é quem deveria ter assumido: "Eu jurei uma Constituição que dizia que quem deveria assumir era o presidente da Câmara. E milico, quando faz um juramento, é para valer."[13] Nessa mesma entrevista, o ex-presidente também afirmou que discordava dos pareceres jurídicos sobre o assunto, que, em sua visão, eram "todos feitos de encomenda para Sarney assumir",[14] e que caso transmitisse a faixa estaria participando de um processo para ele ilegal, e por isso não o fez.

Já em julho de 1992, em uma tumultuada entrevista coletiva após o julgamento do general Newton Cruz no caso Baumgarten (no qual Figueiredo comparecera em solidariedade ao ex-auxiliar), o ex-presidente mudou mais uma vez a sua versão da história. Nessa oportunidade, afirmou que havia resistência de alguns ministros do seu governo à passagem da faixa presidencial a Sarney. Quais seriam os tais ministros que se insurgiram contra a passagem da faixa? Não esclareceu.

Quando indagado se esses ministros queriam que ele passasse a faixa para outro militar, Figueiredo respondeu laconicamente que "não queriam que eu passasse a faixa"[15] em uma possível alusão à possibilidade de continuidade do seu mandato.

Na mesma entrevista, Figueiredo também deixou implícito que não aceitaria essa alternativa, pois não havia amparo constitucional a essa solução. O curioso e inédito em todas essas declarações dadas em 1992, assim como a menção à suposta resistência de seus ministros, foi a solução cogitada por Figueiredo, nunca antes revelada: "Eu queria entregar o governo ao presidente do STF, caso não chegassem a uma conclusão sobre a quem devia passar. Eu disse: 'Vou entregar ao presidente do STF. Caso impeçam, vocês façam o que quiserem.'"[16]

Outra hipótese aventada é que o presidente ou alguém ligado a ele pretendia evitar um eventual constrangimento com o vice-presidente Aureliano Chaves, que necessariamente estaria presente à cerimônia (Aureliano seria ministro de Minas e Energia no governo de Tancredo Neves e tomaria posse no novo cargo na mesma cerimônia presidencial).

Esse "eventual constrangimento" poderia acarretar até mesmo o absurdo de as duas principais autoridades da República chegarem às vias de fato no ato final do governo que se encerrava. Figueiredo já havia ameaçado até "agredir o seu vice"[17] naquele final de governo, e Aureliano, cuja personalidade igualmente explosiva não indicava que viesse a sofrer nenhuma provocação sem reagir de maneira enérgica, afirmara a interlocutores próximos de ambos que "se Figueiredo lhe fizesse qualquer desconsideração, ia meter-lhe a mão na cara".[18] Um embate físico entre o presidente e o seu vice na cena final do governo era tudo que a já desgastada imagem do presidente Figueiredo não necessitava àquela altura. Melhor não arriscar.

Por fim, especulou-se também que Figueiredo fez questão de ir ao Palácio do Planalto no dia da cerimônia de posse, ainda que dela não tenha participado, para demonstrar cabalmente a sua discordância em relação à solução adotada.

É difícil entender a plausibilidade dessa justificativa. Figueiredo já sabia da solução adotada desde a noite anterior, quando fora informado que Tancredo Neves passara mal e estava impossibilitado de tomar posse no dia seguinte. Não fazia muito sentido ele se dirigir ao Palácio do Planalto apenas para demonstrar contrariedade. Faria mais sentido ele ir direto da Granja do Torto para a Base Aérea de Brasília, de onde voaria para o Rio de Janeiro.

De uma maneira geral, as declarações de Figueiredo sobre o episódio foram contraditórias entre si e em relação aos fatos, de forma que nunca saberemos ao certo os reais motivos que levaram o presidente a cometer o desatino de se ausentar da cerimônia que marcaria o fim do regime militar e o retorno do poder a um civil, no que provavelmente teria sido um de seus melhores momentos à frente da Presidência da República, ao lado da promulgação da anistia.

Insultos no adeus a Médici

O general Emílio Médici faleceu em outubro de 1985. Desde agosto de 1984, o ex-presidente sofria as consequências de um grave acidente vascular cerebral e o seu quadro clínico se agravava paulatinamente, em um tormentoso quadro de debilidade física que progressivamente o acometeu. Inconsciente em seus últimos meses de vida, não viu o fim do regime militar, a derrocada de Paulo Maluf no Colégio Eleitoral e a ascensão de Sarney ao poder após o calvário de Tancredo.

Em 9 de outubro de 1985, seu martírio finalmente chegou ao fim.

Figueiredo fora muito próximo ao ex-presidente e tinha grande afinidade pessoal com ele. Durante o governo Médici construíram uma relação de amizade genuína, como bem observa um interlocutor próximo a ambos durante aquele período: "Figueiredo tinha

ME ESQUEÇAM – FIGUEIREDO

pouco tempo de contato com Médici, mas o presidente gostava muito dele, até pelo seu jeitão. Juntos em todas as viagens, sempre tinham momentos de bom humor, contavam as últimas piadas, falavam de futebol, divertiam-se."[19]

Contudo, a relação ficou abalada pelo suposto episódio do afastamento entre Geisel e Golbery do Couto e Silva, durante a sucessão de Médici.[20] Ao que parece, o ex-presidente Médici jamais conseguiu superar a mágoa em função do episódio. Aparentemente, transmitira esse ressentimento aos seus filhos e netos.

A família do ex-presidente não perdoava Figueiredo pela "traição". E logo iria à forra.

Assim, quando Figueiredo entrou no salão reservado onde o corpo do ex-presidente Médici estava sendo velado, foi chamado duas vezes de canalha em voz alta por um dos netos do ex-presidente,[21] que precisou ser contido pelo general João Bressane, relações públicas do Clube Militar.[22]

Como estava em meio a outras pessoas, provavelmente Figueiredo não entendeu (ou não quis entender) que as ofensas eram dirigidas à sua pessoa e continuou o seu percurso para apresentar suas condolências à viúva. Figueiredo até chegou a cumprimentá-la, mas Roberto Médici, filho do ex-presidente falecido, a retirou de forma ostensiva de perto dele sem sequer cumprimentá-lo.

Nesse momento, Figueiredo não teve como deixar de perceber a animosidade e teria comentado com um amigo: "Ele [Roberto Médici] está fazendo uma desfeita para mim."[23] Após o incidente, Figueiredo se retirou discretamente do velório aproveitando que naquele momento o caixão estava sendo levado pelos cadetes do Exército para o início do cortejo fúnebre. Ele não compareceu ao enterro.

As ofensas a Figueiredo repercutiram bastante na imprensa nos dias subsequentes, o que levou o ex-presidente a emitir uma nota de próprio punho com os seguintes dizeres:

> A imprensa publica versões variadas a respeito de um possível constrangimento que eu teria passado durante o velório do presidente Médici. Dúvidas não fiquem que eu não identifi-

quei os possíveis agravos contra mim dirigidos. Se isso tivesse acontecido, não teria, mesmo naquelas circunstâncias, condições de dominar a reação imediata que a minha dignidade e o meu temperamento exigem para revidar a injúria.[24]

A nota mostrou que Figueiredo ainda era exatamente a mesma pessoa dos tempos em que ocupava a Presidência, quando o seu gênio irascível e a sua personalidade impulsiva tornaram-se conhecidos em todo o país. Não levava desaforo para casa e fazia questão de registrar isso.

Contudo, se tivesse raciocinado com um pouco mais de calma, o ex-presidente provavelmente teria percebido que seria preferível continuar se fazendo de desentendido. A família Médici reagiria à nota e alimentaria a polêmica por meio da imprensa.

O tiro de Figueiredo saíra pela culatra.

Após ter ciência dos termos da nota, Roberto Médici fez questão de dar declarações desmentindo a versão de Figueiredo. Assim, afirmou categoricamente que Figueiredo não só tinha ouvido os insultos como também declarou que ele próprio chamara Figueiredo de canalha, no momento em que o ex-presidente apresentava suas condolências à viúva: "Eu disse à mamãe que não era hora de apertar as mãos de um canalha [...] Portanto, ele não pode desmentir coisa alguma. Foi chamado de canalha por meu filho e por mim. E ouviu."[25]

Além da questão sucessória, o ex-presidente Médici guardava uma mágoa muito grande sobre a forma como era lembrado após o fim do regime militar. Na sua visão, Geisel teria ficado marcado pelo processo de abertura, Figueiredo, pela anistia, e a ele sobraria o papel de vilão.[26] Inclusive seria esse o principal motivo para suas raras declarações públicas.

Mágoas à parte, o certo é que os incidentes durante o velório acabaram servindo para reacender amarguras que ainda permaneciam vivas, mesmo após o fim do regime militar. Foi um período sombrio da vida política brasileira que pouco antes havia partido. Mas o acerto de contas entre seus principais personagens ainda estava vivo, mesmo quando um deles já estava morto.

Declarações pós-governo

Alguns enigmas do governo Figueiredo foram esclarecidos pelo próprio ex-presidente, após o fim do seu mandato. O principal deles era quem seria, de fato, o seu candidato no processo de sucessão presidencial, ou seja, quem o presidente Figueiredo queria que fosse candidato a seu sucessor pelo PDS.

Durante o processo sucessório, ninguém sabia realmente. Uns diziam que nem ele sabia. Outros afirmavam que o candidato do presidente era ele próprio. Figueiredo dizia um pouco de tudo. Na maioria das vezes, contudo, afirmava não ter candidato.

Uma curiosa declaração sua em 1984 ajuda a dar a dimensão de como o tema ficou confuso durante a sucessão presidencial. Assim, ao responder sobre a sua suposta amizade com o ministro Mário Andreazza, afirmou que se tivesse que indicar alguém para ser presidente seria o amigo José Costa Cavalcanti.[27]

À época essa declaração foi interpretada mais como um sinal de que as coisas não andavam bem para Andreazza do que propriamente um apoio de Figueiredo a uma eventual candidatura de Costa Cavalcanti à Presidência da República.

Em abril de 1991, Figueiredo em entrevista ao jornal *O Globo* afirmou que, caso fosse indicar alguém, indicaria Costa Cavalcanti.[28] Entretanto, não admitiu explicitamente que seria seu candidato, insistindo na batida tese de que "o meu candidato era o que ganhasse a convenção do partido".[29]

Já em outubro daquele mesmo ano, Figueiredo de certa forma sanou parcialmente a dúvida ao explicar ao mesmo veículo de comunicação que "O meu candidato ideal era o Costa Cavalcanti, um homem muito inteligente. Mas o problema é que quem escolhia era o PDS".[30]

A dúvida ainda perdurou até março de 1997, quando Figueiredo, em entrevista sobre a memória do regime militar, afirmou categoricamente que seu candidato era Costa Cavalcanti. A declaração do então ex-presidente foi direta e assertiva: "Todo mundo pensava que o

DAY AFTER

meu candidato era o Andreazza. Não era. Nunca falei do Andreazza. E nunca falei com ninguém sobre isso. Hoje eu posso dizer que o meu candidato era o Costa Cavalcanti. Sempre foi. Sempre foi o meu candidato."[31] Sem rodeios, tergiversações ou meias palavras. Até que enfim.

Em outra declaração polêmica já na condição de ex-presidente, ao opinar sobre a transição política que o país havia atravessado, Figueiredo resolveu incrementar sua resposta e evoluir para uma suposta deterioração do "nível" do Congresso após o fim do regime militar. Para justificar a sua posição, resolveu atacar o voto dos analfabetos: "Estamos na mesma situação de 1963. Os escândalos estão aí, piores ainda. O nível do Congresso caiu. O voto dos analfabetos foi um descalabro, porque a gente vê na Câmara quem não podia estar nem como chefe de uma quitanda."[32]

Pode-se acusar Figueiredo de tudo, menos da falta de autenticidade. Na condição de ex-presidente, mantinha uma posição sobre a questão do voto bastante assemelhada àquela da época de candidato à Presidência. Em abril de 1978, o candidato Figueiredo afirmou ao jornal *Folha de S.Paulo*:

> Vejam se em muitos lugares do Nordeste o brasileiro pode votar bem, se ele não conhece noções de higiene. Aqui mesmo em Brasília eu encontrei outro dia, num quartel, um soldado de Goiás, que nunca escovara os dentes e outro que nunca havia usado um banheiro. E por aí vocês me digam se o povo já está preparado para eleger o presidente da República.[33]

O tempo passa e certas coisas não mudam.

Sobre seus arrependimentos, nada ligado ao caso Riocentro, por mais que o assunto insistisse em não lhe dar sossego. Figueiredo lamentava apenas "não ter feito uma devassa no Judiciário" durante seu governo. A desculpa para tanto em muito se assemelhava à motivação com a qual justificou a ausência na cerimônia de posse de Sarney: "Não me deixaram."[34]

ME ESQUEÇAM – FIGUEIREDO

Novamente, não explicou quem supostamente o havia impedido. Outra de suas declarações inusitadas após deixar a Presidência foi aquela em que disse, em uma conversa "informal"[35] com o jornal *O Globo*, que seus arquivos tinham muito a revelar, mas que não os revelaria porque não queria "a desgraça do meu país".[36]

Informado pelo jornalista que no caso de mudar de ideia o jornal estaria à disposição para uma entrevista, saiu-se com a seguinte "pérola" (que nada deixava a dever às "melhores" declarações impulsivas do seu tempo na Presidência): "Eu já disse que não dou entrevista. Estou só conversando com você porque você ligou para mim. Nem se o meu pai fosse jornalista eu daria entrevista. E, se você publicar como entrevista, eu digo que não é verdade."[37]

A entrevista evoluiu assim para um inusitado diálogo, no qual o jornalista indagou "Mas o senhor não acabou de dizer que não mente?" (em alusão a uma resposta anterior), e recebeu a seguinte tréplica de Figueiredo: "Eu não vou mentir. Vou dizer apenas que não dei entrevista a ninguém."[38]

Mesmo fora da Presidência, mantinha o estilo beligerante em relação à imprensa. Era o velho Figueiredo sendo o Figueiredo de sempre.

Com o passar dos anos, as coisas só piorariam.

O roto e o esfarrapado

Em 1987, o presidente Sarney vivia o auge de sua impopularidade. Após o estrondoso fracasso do Plano Cruzado, o governo se encontrava desgastado pela elaboração de planos econômicos ruinosos que levaram ao caos a economia. O presidente Sarney involuntariamente havia se tornado o símbolo daquele momento difícil e passou a ser o alvo preferencial das críticas no Brasil.

Era a face pela qual o povo identificava a recessão.

Em meio a uma crise permanente, Sarney se tornou o símbolo da fragilidade da renascida democracia brasileira. Acossado por todos os

DAY AFTER

lados, aquele era o pior momento possível para um acerto de contas com o passado. Faltou combinar com Figueiredo.

Em realidade, o ex-presidente Figueiredo era uma pessoa dada a guardar rancores e cultivar mágoas. Apesar de ter chorado ao receber a notícia sobre a morte de Golbery, não compareceu ao seu enterro, preferindo permanecer em visita ao estado do Rio Grande do Sul.[39]

Passados mais de dez anos do fim do governo, ao responder a uma pergunta sobre Golbery ser "castellista", afirmou em tom nitidamente pejorativo que o antigo colaborador era na verdade "malufista".[40] Esse era Figueiredo. Alguém dado a ressentimentos que não se esvaíam com o passar do tempo. Se esse era o tipo de sentimento que nutria por Golbery, imagine-se em relação a Sarney, de quem era notório desafeto.

Para tornar tudo ainda mais complicado naquele período, o ex--presidente Figueiredo resolveu retornar à cena pública com declarações contundentes e polêmicas. A primeira delas ocorreu em setembro de 1987, durante uma visita do ex-presidente a Porto Alegre. Em meio às discussões da Constituinte sobre o papel das Forças Armadas a ser definido pelo novo texto constitucional, Figueiredo declarou que a possibilidade de o novo marco legal proibir expressamente a intervenção militar na política de nada adiantaria. Em sua visão, se as Forças Armadas entendessem que o momento necessitava de uma intervenção, isso seria feito independentemente de qualquer previsão constitucional em sentido oposto.

Em palavras incisivas, o ex-presidente não deixou dúvida sobre o teor da mensagem que pretendia transmitir ao país via imprensa: "[As Forças Armadas] agirão independente[mente] do que vier a ser estabelecido na nova Carta [...] elas o farão mesmo que a futura Constituição impeça isso."[41]

A declaração soou um tanto quanto anacrônica naquele setembro de 1987, com o país respirando plenamente os novos ares democráticos, e ensejou uma manchete em termos estridentes no *Correio Braziliense*: "Figueiredo: Carta não impede golpe."[42]

645

ME ESQUEÇAM – FIGUEIREDO

O jornal repercutia as declarações do ex-presidente, enfatizando que na visão de Figueiredo o risco de intervenção militar não dependeria do que estivesse escrito na nova Constituição, mas, sim, "no que estiver escrito no coração de cada brasileiro",[43] deixando claro que para ele as Forças Armadas sempre poderiam intervir no processo institucional do país, bastando para tanto uma simples mudança no texto constitucional a ser feita após a aludida quebra da legalidade.

Novamente envolto em polêmicas, e em meio às enormes dificuldades que Sarney atravessava no governo, Figueiredo aproveitou aquele momento turbulento e, pouco menos de um mês após suas declarações sobre a possibilidade de uma futura intervenção militar a despeito do novo texto constitucional, voltou aos meios de comunicação de maneira controversa ao divulgar à imprensa um estranho "manifesto pela democracia".

Se o objetivo era atacar Sarney, não podia ter escolhido momento melhor.

O conteúdo do tal manifesto era duro e quase nada propositivo. Utilizava termos ininteligíveis, como "eatsuj acicógamed aciróterria",[44] e palavras distantes do linguajar do cidadão comum, como "insofismável", "espúrios" e "díspares". Na parte compreensível do manifesto, Figueiredo atirava nos pontos fracos do governo Sarney, a começar pela coleção de fracassos na economia: "[...] um governo que recomeça a cada três meses e já tem sete planos administrativos e econômicos não merece mais o crédito que pleiteia."[45]

Após as considerações econômicas que atingiam o governo em seu ponto fraco, Figueiredo passou para o ataque pessoal, demonstrando que em realidade o que pretendia de fato era um acerto de contas extemporâneo com o passado: "A resposta do responsável principal e primeiro pela situação de quase desespero em que chegamos não aponta um caminho, uma diretriz, um objetivo que leve o povo a porto seguro."[46] E ainda arrematava de forma cruel: "[...] o alvo é tão somente o poder pelo poder, custe o que custar."[47]

Eram termos beligerantes direcionados à figura do presidente da República. Sarney acusou o golpe e denunciou à imprensa a tentativa de "desestabilização"[48] de que o seu governo era vítima, deixando no ar que havia algo por trás do manifesto de Figueiredo.

E havia mesmo. Na época foi divulgado que realmente existia um movimento subjacente à iniciativa de Figueiredo. Em realidade, tratava-se de uma tentativa de viabilizar a candidatura de um político de centro nas próximas eleições presidenciais (que àquela altura ainda não se sabia quando iam ocorrer) e conter os avanços da esquerda, que supostamente se fortalecia em virtude da crise econômica que o país atravessava.[49]

O ex-presidente, também supostamente, seria o principal articulador de tal movimento que se iniciaria a partir da divulgação do manifesto e projetava uma série de encontros em todo o Brasil contando com a participação de Figueiredo como figura central.

O manifesto causou grande alvoroço no meio político. Antônio Carlos Magalhães foi o primeiro político a repercutir o fato, não poupando Figueiredo. Ao jornal *O Globo*, ACM afirmou que o ex-presidente era "um caso clínico".[50] Já à revista *Veja*, o político baiano foi ainda mais rude e criticou Figueiredo de maneira impiedosa: "demente."[51]

As críticas ao manifesto de Figueiredo vieram de todos os lados, e não pouparam o oportunismo na divulgação do texto em um momento tão complicado para o atual governo. Geisel, ciente da força da repercussão de declarações vindas de ex-presidentes, foi lacônico e preferiu poupar seu sucessor — ao menos de críticas diretas: "Prefiro continuar calado."[52] Para aqueles que o conheciam, aquela era a sua forma de expressar desaprovação.

Sem dúvida, o que mais chamou atenção no manifesto de Figueiredo foram as críticas diretas à economia e a referência explícita à dívida externa. Parecia que o ex-presidente havia se esquecido dos apuros pelos quais passara poucos anos antes e que de certa maneira tinha também a sua (grande) parcela de responsabilidade pelas dificuldades que o Brasil atravessava no campo econômico. Pedro Simon, então governador do Rio Grande do Sul, foi sarcástico ao comentar tal contradição: "Parece que ele acabou de descer da

ME ESQUEÇAM – FIGUEIREDO

Lua e não tem nada a ver com o que está acontecendo aqui."[53] Isso era verdade. Ao criticar a economia e falar em "pororoca social",[54] João Figueiredo omitia o caos econômico do seu governo, marcado por inflação, desemprego e intrincadas negociações com o FMI. Esquecia-se também que deixou o país pior do que quando assumiu, pelo menos em termos econômicos.[55] E, mais grave que a desfaçatez do ex-presidente, era a solução que propunha para a superação de todos os problemas apontados em seu manifesto, a nada propositiva e um tanto quanto abstrata convocação: "União pela Democracia."

Forma sem conteúdo.

As críticas ao manifesto vieram mesmo de todos os lados. Até o jovem deputado federal Aécio Neves, à época tentando se firmar como herdeiro político de Tancredo Neves, deu uma declaração enfática em nome da família do ex-presidente falecido: "O povo já o esqueceu, como pediu. Mas não a ponto de ignorar a herança caótica que deixou para a Nova República. Ele não tem autoridade para criticar o resultado do que fez no governo. Por que não consertou antes?"[56]

Talvez a melhor declaração sobre o episódio tenha sido dada pelo ministro da Aeronáutica de Sarney, brigadeiro Octávio Moreira Lima, que de forma perspicaz afirmou: "Se este documento tivesse saído quatro anos atrás, seria uma autocrítica perfeita."[57]

Para quem poucos anos antes batia continência para João Figueiredo, era uma declaração forte. Pelo seu simbolismo, revelava de forma implícita o desacerto da manifestação do ex-presidente, capaz de deixar seus ex-subordinados confortáveis para contra-atacar por meio da imprensa. O espirituoso comentário traduzia com perfeição o que aquele manifesto de fato representava: "o roto falando do esfarrapado".[58]

Pobre Brasil.

Alguns de seus ex-ministros, como Walter Pires e Délio Jardim de Matos, que ainda aconselhavam o ex-presidente, foram contrários à divulgação do manifesto.[59] Teria sido melhor que Figueiredo tivesse ouvido seus conselheiros. Em meio a inúmeras críticas que recebera após a divulgação do manifesto, o ex-presidente acabou tendo que novamente ir a público por meio de nota para negar que tivesse pretensões políticas — e, principalmente, para negar que seu objetivo com a divulgação do documento fosse desestabilizar o governo Sarney.[60]

Sem dúvida, o tiro saíra pela culatra.

Curiosamente, quatro anos após a divulgação desse manifesto, Figueiredo subitamente pareceu voltar à realidade e fez uma autocrítica mais coerente com o desempenho de seu governo em termos econômicos, em perspectiva comparada aos governos que o sucederam: "Não consegui fazer tudo o que queria pelo povo brasileiro, principalmente no campo econômico, mas quem veio depois também não fez melhor."[61]

Realmente era "o roto falando do esfarrapado". Implicitamente até Figueiredo reconhecia isso, apesar dos quatro anos de atraso. Pelo menos a declaração de 1991 tinha a virtude de demonstrar que o ex-presidente já voltara à realidade.

Inconfidências em Paraíba do Sul

Em setembro de 1987, o presidente Figueiredo foi convidado para um churrasco na pacata cidade de Paraíba do Sul, estado do Rio de Janeiro. Nesse encontro, o ex-presidente resolveu abrir o coração e, por cerca de quatro horas, avaliou os principais episódios e personagens do seu governo.

Não poupou ninguém.

A sua fala, a exemplo de uma metralhadora giratória, atirou para todos os lados indistintamente. Parecia que era o velho general de cavalaria, por fortuito do destino alçado à Presidência da República, quem finalmente abria o seu coração.

Assim, em uma tarde extremamente sincera, Figueiredo disse tudo o que lhe passava pela cabeça. Em clima informal e descontraído, falou de tudo um pouco: Riocentro, caso Baumgarten, concessão de emissoras de televisão, viagens ao exterior e, principalmente, a sua opinião sobre políticos, militares, afetos e desafetos.

ME ESQUEÇAM – FIGUEIREDO

A divulgação do material contendo as declarações de Figueiredo só ocorreu após sua a morte, no final de 1999. O programa dominical *Fantástico*, em janeiro de 2000, exibiu o vídeo do churrasco no qual Figueiredo desferia ofensas e críticas contra tudo e todos. Poucas foram as suas declarações elogiosas naquela oportunidade.

Como não poderia deixar de ser, tais declarações exacerbadas e raivosas repercutiram bastante tanto no meio político como também na imprensa nos dias posteriores à reportagem, tendo sido matéria de capa do *Jornal do Brasil* com a seguinte manchete: "Figueiredo: O diabo seria um bom candidato à Presidência."[62] Um prenúncio das declarações bombásticas que seriam reveladas pela reportagem.

Algumas passagens ficaram marcadas. Principalmente aquelas politicamente incorretas e flagrantemente preconceituosas. A principal dessas declarações, causadora de grande polêmica após a sua divulgação, foi o relato de uma visita à Bahia durante o seu governo. Figueiredo narrou a impressão que teve após um encontro na Igreja do Bonfim com um grupo que ele denominou a "ala das baianas", depois de ser abraçado por algumas delas: "[...] eu fui para o hotel suado. Tirei toda aquela roupa, tomei uns dez banhos, esfregava sabão, esfregava, fazia assim, e ainda tinha cheirinho de crioulo."[63]

Outra declaração polêmica versou sobre o verdadeiro caráter socialista de Leonel Brizola, a quem Figueiredo ironizava afirmando que instituíra o "socialismo moreno". Para justificar essa afirmação, o ex-presidente narrou uma conversa que teve com o ex-governador do Rio de Janeiro, na qual o indagou sobre a hipocrisia de seu posicionamento favorável a uma ampla reforma agrária no Brasil, enquanto em realidade Brizola vendera sua propriedade em São Borja e adquirira outra no Uruguai.

Figueiredo relatou ter travado o seguinte diálogo com Brizola, quando este esteve em visita à sua casa: "[...] acaba de confessar que vendeu a sua estância lá em São Borja e comprou uma no Uruguai. Então, o senhor não pode ser socialista no Uruguai. Tem de ser no Brasil. Por isso é que o senhor vendeu a sua estância no Brasil, para poder fazer a bandeira da reforma agrária... Então, o senhor é demagogo."[64]

DAY AFTER

Após a divulgação das declarações de Figueiredo, Brizola afirmou que jamais estabelecera esse diálogo com o ex-presidente e atribuiu tais declarações a "umas cervejinhas" que Figueiredo eventualmente tivesse consumido durante o churrasco.

Justiça seja feita, embora tenha sofrido críticas contundentes por parte do ex-presidente, o ex-governador adotou uma postura elegante e deu uma declaração à imprensa minimizando o episódio: "Não muda o meu julgamento sobre ele. Acho que ele está sofrendo uma injustiça, porque foi firme na questão da abertura. O projeto de anistia que prevaleceu foi o dele."[65]

Brizola foi um dos poucos criticados a adotar uma postura serena diante da enxurrada de considerações depreciativas de Figueiredo.

Outro político que recebeu uma declaração nada elogiosa e um tanto inusitada foi o ex-governador da Bahia, Antônio Carlos Magalhães. Ao responder o que achava sobre ACM, Figueiredo demonstrara que a sua criatividade para a maledicência não tinha limites: "Se houvesse um sistema mundial para medir o mau caráter, ele seria a unidade do sistema."[66]

Diferentemente de Brizola, ACM preferiu não atribuir as declarações de Figueiredo ao eventual consumo de bebida alcoólica. Mesmo com o ex-presidente já falecido, não perdoou e atribuiu as declarações a uma suposta esclerose múltipla[67] que supostamente o afetaria em 1987 (época em que o vídeo foi gravado).

Foram dezenas de opiniões, em sua maioria desferindo críticas a políticos das mais variadas ideologias e partidos políticos. Não se pode afirmar que Figueiredo foi seletivo, pois ninguém havia sido poupado. O churrasco acabou em clima de confraternização, com o ex-presidente se juntando ao coro que cantou, entre outras músicas, "Amélia", de Mário Lago, e "Leva meu samba", de Ataulfo Alves.

Quem não gostou nada da divulgação das gravações foi a família de João Figueiredo, que alegou ser clandestina a gravação e que o ex-presidente jamais diria aquilo se soubesse que tudo estava sendo registrado. Coube à então viúva, Dulce Figueiredo, tentar defender a memória de seu marido: "Ele não diria aquilo numa entrevista.

Quem é que não diz bobagens numa reunião de amigos? Quem não fala 'crioulo' [expressão usada por ele]? Um grande amigo era seu motorista Neto, negro."[68]

Para Rogério Onofre, anfitrião naquela noite, Figueiredo sabia que estava sendo gravado.[69] Restará para sempre a controvérsia, que de relevante nada tem. Ciente ou não de que estava sendo gravado, nada apagará as declarações do ex-presidente.

Código ETAM

Quando o regime militar foi instaurado, após a quebra da legalidade em 1964, uma de suas vertentes foi a bandeira do moralismo que se contrapunha à suposta degeneração dos costumes, simbolizada pela marcha em São Paulo, que reuniu milhares de manifestantes em defesa dos valores "Tradição, Família e Propriedade".

Ao final daquele período, o presidente Figueiredo era o mandatário máximo de um regime desgastado em todos os aspectos, inclusive o moral, que pretensamente o legitimara em seu início.

As palavras de Elio Gaspari sintetizavam o paradoxo vivido pelo regime e por seu maior representante naquele momento final: "Atrás do hierarca de um regime moralista havia um ancião promíscuo que seduzira uma jovem de 16 anos frequentadora das pistas de montaria da Granja do Torto."[70]

O caso aludido tratava da suposta amante do presidente, a cearense Edine Souza Correia, que conhecera Figueiredo aos 14 anos de idade na Granja do Torto e que alegava ter sido seduzida quando ainda era menor de idade, aos 16. Edine trabalhou em vários órgãos federais e chegou a morar em um apartamento funcional do SNI, órgão chefiado por Figueiredo antes de sua eleição à Presidência da República.

O caso se manteve desconhecido do grande público durante o governo, mas explodiu e teve ampla repercussão na imprensa em meados de 1988, quando Edine (já maior de idade) ingressou na Justiça

DAY AFTER

contra Figueiredo em um processo de investigação de paternidade do seu filho David, então com 6 anos.

As provas apresentadas na vara de família eram fartas: bilhetes trocados entre os supostos amantes, testemunhas, comprovantes de depósitos bancários e até mesmo a gravação de dois telefonemas entre ambos, cuja transcrição foi parar nas páginas da revista *Veja*.

Esses telefonemas demonstram que realmente havia uma relação de intimidade entre ambos, que provavelmente teria transcorrido (ao menos em parte) durante o mandato presidencial de Figueiredo.

A conversa teve momentos anedóticos e um tanto quanto grotescos. A suposta amante chegou a perguntar a Figueiredo se o general não poderia ajudar "um pouquinho" porque ela já havia emitido alguns cheques sem fundo em função de uma promessa de dinheiro por parte dele. Como resposta, recebeu algo que provavelmente não esperava: "só se eu vender o relógio."[71] Mesmo diante de resposta tão inusitada, Edine não se fez de rogada e respondeu de maneira extremamente natural: "Então vende e manda para mim. São 23.500 cruzados."[72]

Em outros momentos, o ex-presidente mentia com descaramento, provavelmente por não ter a intenção de enviar mais dinheiro a Edine, chegando a afirmar que "[...] eu recebo 250 mil cruzeiros por mês e você me tira 50".[73] Não era verdade. Na própria edição da revista essa informação é rechaçada. Na realidade, Figueiredo recebia quase 800 mil cruzados por mês, metade como general reformado e a outra metade como ex-presidente da República.

Em sua defesa, Figueiredo, na mesma reportagem da *Veja*, alegou que nunca a havia tocado, afirmando que Edine era "doida", "paranoica" e "picareta". Embora achasse tudo isso dela, Figueiredo curiosamente confirmava ter feito depósitos em seu favor, os quais qualificava como "ajudas desinteressadas a uma conhecida em dificuldade".[74] Ainda em 1988, Figueiredo chegou a mover ação por calúnia e difamação contra Edine, que acabou absolvida algum tempo depois.[75]

Em 1990, Edine deu à imprensa novas declarações nada elogiosas sobre o ex-presidente, com quem obviamente já não mantinha nenhum tipo de relação: "Não adiante ele negar porque a justiça será feita. Tenho certeza absoluta de que será reconhecida a paternidade. O filho é dele. Será que por ter sido presidente da República ele pensa que vai se livrar da pensão?"[76]

O processo acabou repercutindo amplamente na mídia, sempre com sobressaltos e fatos no mínimo estranhos, como o relato de uma invasão ao apartamento de Edine, em Brasília, de onde supostamente havia sumido uma série de provas que seriam utilizadas no processo, inclusive uma das gravações de suas conversas com o ex-presidente.[77]

Figueiredo chegou a ser ouvido no processo de investigação de paternidade por uma juíza de direito em seu sítio em Nogueira. Ele confirmou que a jovem chegou a ser transportada em carros oficiais, mas negou qualquer envolvimento amoroso ou que tivesse autorizado a sua locomoção em carros à disposição do serviço público.

A suposta amante não se conformava com as negativas do ex-presidente em realizar o exame que poderia confirmar ou não a paternidade. Trabalhando como vendedora de jornais em uma banca improvisada no centro de Brasília, afirmava estar em dificuldades financeiras e lamentava a situação na qual o processo se encontrava: "Ele se nega a fazer o exame de sangue que prova a paternidade."[78]

A sentença do processo de paternidade foi desfavorável a Edine, pois a Justiça não reconheceu Figueiredo como o pai de seu filho como ela alegava.[79] Vencida no processo judicial, a suposta amante do ex-presidente jamais se conformou com o resultado declarado pela Justiça, o qual sempre atribuiu à recusa de Figueiredo em se submeter a exames que poderiam comprovar a pretensa paternidade: "Na Justiça, quando entrei com o processo, o velho [Figueiredo] conseguiu uma brecha legal e não aceitou fazer um exame de DNA. Alegou que não podia ser obrigado a fazer e não fez. Ficou tudo por isso mesmo."[80]

Edine chegou a ser candidata a deputada distrital mas não conseguiu se eleger,[81] e uma década mais tarde ingressou com um processo de anistia em virtude de suposta perseguição que sofrera durante o governo Sarney, quando foi demitida do serviço público sem justa causa aparente, segundo alegava, por ter sido amante do ex-presidente Figueiredo.[82] Teve o seu pleito negado pela 1ª Câmara da Comissão de Anistia.[83]

Ainda passando dificuldades, Edine chegou a cogitar a possibilidade de publicar um livro, que iria chamar de *Relatório ETAM*. Segundo ela, o acrônimo significaria "eu te amo muito", uma mensagem cifrada utilizada por Figueiredo na correspondência entre ambos.[84] No livro, Edine contaria detalhes sobre o seu suposto relacionamento amoroso com o ex-presidente, que teria durado dezoito anos.[85]

Contudo, não teve coragem de relatar a intimidade de sua convivência com Figueiredo, e tempos depois chegou a destruir seus rascunhos.[86] A obra jamais foi publicada. Figueiredo não deu novas declarações sobre o processo, nem teve nenhum contato com seu alegado filho, salvo um encontro quando David ainda era um bebê, segundo afirmações da mãe.[87] As suas "ajudas desinteressadas" a Edine se limitaram àquelas que serviram mais tarde como prova para instruir o processo judicial. Nada mais.

Embora à época do processo as declarações de Edine sobre Figueiredo refletissem a natural mágoa que move as partes litigantes em um processo de investigação de paternidade na vara de família, transcorridos mais de trinta anos dos fatos, sua opinião sobre o ex-presidente mudou bastante.

Entrevistada para este livro, Edine falou dos bons momentos que viveu ao lado de Figueiredo, relembrando a época em que montava os cavalos do general, e até o fato de ele a ter presenteado com perfume francês, cujo frasco até hoje ela guarda como recordação. Demonstrando ter se reconciliado com o passado, Edine relembrou com muito carinho da pessoa de Figueiredo, confessando sentir sua falta e ter sofrido bastante com sua morte em 1999:

> Quando ele morreu, eu chorei muito. Nunca me esqueci dele. Mesmo morto, estou sempre a me lembrar dos bons momentos que vivemos. [...] Eu amei muito o Figueiredo, ele também me amou. É isso que importa. Tenho saudade dele.

> Muita mesmo. [...] As coisas fugiram do nosso controle. Uma
> das melhores coisas que aconteceram na minha vida. Não
> podemos controlar os acontecimentos.[88]

No entanto, o suposto relacionamento com Edine não foi o único relato de aventuras extraconjugais que cercam a biografia do ex--presidente João Figueiredo.

Em 2012, foi revelado pelo jornal *O Globo* outro caso extraconjugal de Figueiredo, também ocorrido durante o seu governo. Em matéria intitulada "A namorada do presidente", a empresária Myrian Abicair revelou ao repórter Jorge Bastos Moreno o caso que viveu com o ex--presidente durante três anos e meio.

O romance, nascido em um encontro à beira da piscina de um hotel em São Luís, no Maranhão, mexeu tanto com o coração da empresária que Myrian chegou a abandonar o próprio casamento e a vida de mulher milionária para viver um tórrido romance ao lado do presidente Figueiredo.[89] Em seu relato sobre aqueles dias de paixão, a empresária contou que viveu o seu relacionamento com o presidente em três cidades distintas: São Paulo, Brasília e Rio de Janeiro. Afirmava também que, à época, o presidente reconhecia que o seu casamento era mera "fachada", e que ficava muito incomodado com as "notinhas maldosas" que eventualmente saíam nas colunas sociais.

No entanto, em sua versão dos fatos, Figueiredo insistia em manter as aparências, pois afirmava que a população brasileira, por ser muito conservadora, não aceitaria um presidente adúltero.[90]

O romance acabou como começou, de maneira súbita e repentina. Um dia, sem nenhum sinal anterior que denotasse o desgaste da relação, Figueiredo a procurou e, utilizando como justificativa até mesmo "o seu paizinho que estava lá no céu", disse que não poderia se casar com ela, conforme prometido.[91] Poderiam permanecer namorados, jamais marido e mulher. Foi a senha para o término de um romance camuflado no mais alto escalão da República. Os "namorados" nunca mais se viram, nem mesmo após Figueiredo ter deixado o governo.

DAY AFTER

Houve um pouco de tudo no "campo amoroso" do presidente durante os anos em que ocupou o cargo. Após o fim do seu governo, começaram a circular histórias na imprensa a respeito de seus supostos casos extraconjugais.

Uma das notícias mais inacreditáveis foi publicada pelo *Jornal do Brasil*, que afirmava que o empresário Georges Gazalle, amigo pessoal de Figueiredo, chegou a tentar intermediar um encontro do então presidente com a apresentadora Xuxa Meneghel, o que teria irritado profundamente seu namorado à época — ninguém menos do que o ex-jogador de futebol Pelé. Por esse motivo, completamente estranho à política, Pelé teria dado uma declaração favorável à campanha "Diretas Já".[92]

Com tantas histórias de relacionamentos extraconjugais, sempre circulou a versão de que o casamento de Figueiredo não passava de mera formalidade. Em reportagem do *Jornal do Brasil* acerca das declarações de Figueiredo no polêmico churrasco em Paraíba do Sul, há menção de que o ex-presidente considerava essas versões um verdadeiro "achincalhe", e alguns dos presentes à confraternização chegaram a afirmar que o ex-presidente teria dito, um tanto quanto aborrecido, que o que mais o incomodava eram os boatos de que sua mulher recebia uma espécie de "compensação" para acompanhá-lo: "Essa história de cachê para me acompanhar em público é um desvario completo."[93]

Essa era uma faceta de um presidente conservador, dentro de um regime moralista, mas que em sua essência não condizia com aquilo que preconizava.

Figueiredo 94

João Figueiredo deixou a Presidência pedindo que o esquecessem. Em sua primeira entrevista já como ex-presidente, ao responder à repórter Leila Cordeiro sobre a possibilidade de algum dia se candidatar a governador do Rio, sua resposta dava mostras de que a política não mais lhe interessava: "E eu sou maluco? Eu tenho juízo."[94]

Apesar das demonstrações explícitas de que não pretendia retornar à política, uma pesquisa realizada no segundo semestre de 1991 dava conta que 43,9% dos cariocas acreditavam que Figueiredo havia sido o melhor dos três últimos presidentes,[95] o que fez com que o ex-presidente exibisse com orgulho um recorte da notícia aos meios de comunicação.[96]

Com o ibope em alta, pelo menos no Rio de Janeiro, algumas tentativas articuladas por pessoas próximas a Figueiredo chegaram a ser realizadas para que ele retornasse à política, sem, no entanto, nenhum êxito.

A primeira delas foi em 1992, quando seu nome foi cogitado para a prefeitura de Petrópolis, muito em função de o ex-presidente ter um sítio em Nogueira (distrito de Petrópolis à época) e passar boa parte do seu tempo na região.

Assim, surgiu o slogan "Nos tempos do João, o Brasil era melhor", que à revelia de Figueiredo poderia ser visto em alguns veículos na cidade no primeiro semestre de 1992. Assediado por políticos e lideranças locais, a campanha tinha até um mote aludindo à famosa frase do ex-presidente: "Figueiredo, o povo de Petrópolis não te esqueceu."[97]

Em que pese a criatividade dos marqueteiros da campanha, a iniciativa não foi adiante.

Já em abril de 1993 surgiu um movimento maior e mais articulado entre seus amigos para tentar convencê-lo a disputar novamente a Presidência da República nas eleições que ocorreriam em 1994.

A ideia surgiu depois da divulgação do resultado de uma pesquisa realizada pelo instituto Vox Populi em âmbito nacional, que revelava que Figueiredo era o quarto presidente mais lembrado pela população em uma pesquisa que indagava quem era "o melhor presidente que o país já teve", com 11% dos entrevistados citando o seu nome (atrás apenas de Getúlio Vargas, José Sarney e Juscelino Kubitschek, nessa ordem).[98]

DAY AFTER

Era um resultado que em si mesmo pouco dizia. Mas foi o suficiente para alvoroçar os velhos amigos do general, ávidos por levá-lo de volta à Presidência da República.

Algumas notícias após a divulgação do resultado dessa pesquisa relatavam que durante os dez dias que passaria em São Paulo, em abril de 1993, Figueiredo faria uma série de contatos já visando às articulações para a sua campanha presidencial em 1994.[99] Os rumores eram de que o movimento inaugural seria um jantar em sua homenagem na casa de Georges Gazalle, seu velho amigo dos tempos de governo, e que até uma agência de publicidade já estaria a cargo do marketing da futura candidatura.[100]

Diante dos boatos, amigos do ex-presidente se apressaram em divulgar à imprensa que Figueiredo iria a São Paulo apenas para uma consulta ao dentista. Nenhuma conotação política em relação à viagem, afirmava a Coluna do Castello no *Jornal do Brasil*,[101] cuja fonte eram os tais "amigos do ex-presidente". Talvez fosse uma tentativa de arrefecer a contrariedade de Figueiredo, amenizando seu futuro mau humor diante das inevitáveis perguntas sobre o tema que os jornalistas muito provavelmente fariam na primeira oportunidade em que estivessem na presença do ex-presidente.

Entretanto, não houve jeito. Apesar dos desmentidos, ao desembarcar em São Paulo, o ex-presidente já mostrava os dentes — não para o dentista, mas para os inúmeros repórteres que cobriam com interesse seu desembarque, muito em função da possível candidatura no ano seguinte.

Com a língua mais afiada do que nunca e a impaciência de sempre, Figueiredo já recepcionou a imprensa com uma declaração bastante agressiva: "Se eu for comentar qualquer coisa, vou dar coice."[102]

Ao jornal *O Globo*, que obteve uma rápida entrevista no próprio saguão do aeroporto, Figueiredo continuou a apontar a sua metralhadora giratória verbal, com frases bem ao seu estilo, como "Estou convencido de que fui uma besta"[103] e que a sua suposta candidatura era "conversa de jornal" e "um absurdo".[104]

659

Nada de novo. Era a já conhecida impaciência do general, agora um tanto quanto agravada pelos quase dez anos em que havia deixado o poder. De novo mesmo só a incorporação de um novo acessório ao seu visual: Figueiredo então usava uma pequena bolsa de couro cruzada sobre o peito na qual guardava seus pertences, no estilo capanga.[105]

De resto, era o velho Figueiredo de sempre.

A *Folha de S.Paulo* ainda noticiava que várias pessoas que o reconheceram no aeroporto pediram a sua volta à Presidência.[106] Luiz Inácio Lula da Silva chegou a declarar que Figueiredo poderia ser um azarão na eleição do ano seguinte, uma suposta "12ª via",[107] tendo em vista as várias alternativas cogitadas na época.

Assim, os rumores de que seria candidato ganhavam gradativamente força, inclusive com a divulgação na imprensa de possíveis plataformas eleitorais do futuro candidato, que incluiriam a inflação de um dígito no final de seu governo, a concessão da anistia e até a biografia do seu pai.[108]

Nenhum dos boatos se confirmou. Ante a falta de tato e a irritação diante da imprensa, até seus amigos devem ter percebido que não havia a menor condição de o general enfrentar uma candidatura em plena vigência do regime democrático, na qual a relação com a imprensa no decorrer de uma campanha eleitoral seria intensa e inevitável. Haveria necessariamente perguntas que muitas vezes incomodariam Figueiredo ou, no mínimo, o deixariam diante de uma situação desconfortável. Seria impossível evitar essa situação.

A única coisa previsível era que, diante desse quadro, suas reações seriam completamente imprevisíveis.

Melhor não arriscar.

Toda a especulação em torno da suposta candidatura deu em nada. Figueiredo negou veementemente a possibilidade de se candidatar, e o tal jantar em sua homenagem acabou cancelado. O saldo da viagem foram cinco dentes extraídos em sua visita ao dentista.

Por ironia do destino, Figueiredo acabaria participando das eleições em 1994, mas não como candidato à Presidência.

Seria um improvável e rabugento cabo eleitoral.

DAY AFTER

Um cabo eleitoral mal-humorado

Em 1994, o ex-presidente Figueiredo arriscou-se em uma área em que não tinha a menor aptidão pessoal: atuar como cabo eleitoral na campanha de Newton Cruz a governador do estado do Rio de Janeiro.

Não seria uma tarefa fácil, dada a sua personalidade. Trata-se de uma função de empatia e muito tato. Além disso, é imprescindível ter contato direto com variados públicos de interesse. Especificamente em relação a Figueiredo, como se tratava de um ex-presidente, tal função (mesmo que desempenhada informalmente) despertaria o óbvio interesse da imprensa.

Definitivamente, ele não tinha esse perfil.

Mesmo assim, Figueiredo ocasionalmente se prestou a esse papel. O tempo revelaria que não seria uma boa ideia.

Como o próprio Figueiredo já havia registrado nas eleições de 1978, ele não se acostumava com facilidade à política, preferindo a carreira militar. Embora tenha participado de boa parte dos governos militares, a verdade é que muitas vezes esteve blindado da imprensa, tanto pela censura imposta pelo regime como pela própria natureza dos cargos que ocupara.

Inicialmente, parecia que não haveria grandes transtornos com a participação de Figueiredo na campanha de Newton Cruz. No evento de lançamento da candidatura, o ex-presidente compareceu e, além de suas costumeiras críticas (majoritariamente direcionadas ao Plano Real, que estava sendo implantado naquele momento), sua participação foi discreta, e assim não houve transtornos dignos de nota.

Mas a aparente tranquilidade duraria pouco tempo.

Embora negasse ser "cabo eleitoral" de Newton Cruz (o próprio candidato afirmava que o apoio do ex-presidente era em caráter pessoal),[109] Figueiredo resolveu se aventurar — em plena vigência do regime democrático — em um ato público da campanha de seu ex--comandado, aceitando o convite para um encontro com taxistas que seria realizado no aeroporto internacional do Galeão (hoje chamado aeroporto Tom Jobim).

Deu tudo errado.

Lembrando dos tempos obscuros da ditadura militar, Figueiredo só aceitou participar com a inusitada condição de que "jornalistas não estivessem presentes". Esse foi o arranjo previamente acertado com Newton Cruz.

Só faltou combinar com a imprensa.

Ao chegar ao encontro e dar de cara com vários repórteres, Figueiredo resolveu logo mostrar a sua faceta mais genuína por meio de um recado curto e direto à primeira jornalista que dele se aproximou: "A senhora é muito bonita. Pode nos acompanhar, mas sem perguntar, sem escrever e sem ouvir nada."[110]

Isso seria apenas o início. Pouco depois, em um de seus típicos surtos de raiva, voltou a mostrar a sua face mais obscura e autoritária, empurrando a câmera contra o rosto de uma fotógrafa e tentando tomar o bloco de anotações de um jornalista de *O Globo*.[111] Ainda avisou que chamaria de mentiroso o jornalista que publicasse o que ele dizia, ao perceber que alguns faziam anotações enquanto o ex-presidente conversava com alguns taxistas.[112]

O encontro ficou tenso e, apesar das cenas de beligerância que remontavam a outros tempos,[113] um dos taxistas mais destemidos perguntou ao general Newton Cruz sobre supostas agressões a pessoas em manifestações pelas eleições diretas em 1984. Recebeu como resposta a protocolar "Estava cumprindo o meu dever".[114]

Apesar de todo o constrangimento e da péssima repercussão na imprensa, Newton Cruz qualificou o encontro como "maravilhoso" e afirmou que Figueiredo continuaria a participar da sua campanha, mas da próxima vez iria se assegurar de "que as exigências dele fossem cumpridas".[115]

O candidato do PSD ao governo do Rio de Janeiro só se esqueceu de que o Brasil não vivia mais na escuridão de um regime de exceção. Em tempos democráticos, a imprensa livre era elemento indispensável à própria democracia. Não havia o que combinar. Assim, também não havia como assegurar a Figueiredo o cumprimento de suas von-

DAY AFTER

tades um tanto quanto extravagantes, como exigir que a imprensa não cobrisse uma campanha eleitoral, apenas para satisfazer a um desejo pessoal dele.

Figueiredo ainda discursaria em apoio à candidatura em um almoço de adesões à campanha, no qual falou por cerca de uma hora (fato raro após o general ter deixado a Presidência) e manifestou, por onze vezes, seu voto em Newton Cruz.[116]

Muito em função da repercussão negativa do episódio no aeroporto, Figueiredo pouco participou do desenrolar daquela campanha eleitoral. Suas declarações de caráter político se limitaram às críticas ao candidato Fernando Henrique Cardoso pela criação da URV (Unidade Real de Valor). Figueiredo achava que "ninguém entendia o que era [a URV] pois nem as pessoas que a criaram sabiam o que ela era de fato".[117]

Ao votar nas eleições de 3 de outubro de 1994, um mal-humorado Figueiredo criticou o Plano Real, afirmou que o Brasil "tinha preços dos Estados Unidos e salários de Gana" e declarou ainda que "esta não é a democracia que eu sonhei, mas uma grande sujeira".[118]

Como era de esperar, declarou publicamente o voto em Newton Cruz para governador do Rio de Janeiro e em seu irmão Euclides Figueiredo para deputado federal. Ainda se reservou o direito de não revelar em quem havia votado para presidente da República.

Nas eleições para governador do Rio de Janeiro, o candidato do PSD acabaria em terceiro lugar, com cerca de 1,2 milhão de votos,[119] e cerca de 15% do total do eleitorado do primeiro turno.

Se contasse com um cabo eleitoral mais afável e menos briguento, talvez tivesse conseguido disputar o segundo turno.

Solidão com vista para o mar

Os últimos anos de vida do ex-presidente João Figueiredo foram de isolamento em um apartamento de frente para a orla da praia de São Conrado, no Rio de Janeiro. Àquela altura, Figueiredo padecia de inúmeros problemas de saúde. Em 1995, chegou a ficar em coma por seis dias após uma intervenção cirúrgica em função de um aneurisma abdominal.

Durante o coma, ainda sofreu ressecamento e ulceração das córneas, fato que comprometeu gravemente sua visão. Ainda sofria de dores crônicas na coluna. Em função da longa internação e do excesso de antibióticos, começou a experimentar falhas ocasionais de memória devido à falta de oxigenação do cérebro.[120]

A tudo isso se somava o aperto financeiro que o ex-presidente começou a experimentar na década de 1990. Após um encontro casual com o jornalista Orlando Brito na orla da praia de São Conrado, Figueiredo convidou-o a subir ao seu apartamento. Na porta da residência, Dona Dulce se assustou quando viu a visita e a princípio não queria recebê-lo, em função da condição sofrível de alguns dos móveis do apartamento — o sofá da sala chegava a estar rasgado.[121] O ex-presidente confessou ao mesmo jornalista que sentia saudades da Granja do Torto.[122]

Assim, Figueiredo vivia amargurado e com convívio restrito a familiares no apartamento 802 de um dos mais elegantes edifícios da orla de São Conrado. Pouco saía de casa e não tinha mais apetite para o convívio social.

Em 1996, talvez tenha praticado seu último ato político ao participar de uma assembleia no clube militar que se insurgia contra a decisão do governo FHC em conceder pensão às famílias dos ex--guerrilheiros Carlos Lamarca e Carlos Marighella. A assembleia aprovou apelar diretamente ao Ministério da Justiça para que o benefício fosse revisto e, em caso de insucesso, prometia ir até o STF contra a medida.[123]

Após insistentes pedidos do jornal *O Globo* para que desse uma entrevista exclusiva em 1997, Figueiredo respondeu com um bilhete que demonstrava bem o seu estado de espírito nos anos finais de sua vida: "Só falo quando quero. Não vou servir de instrumento para as inverdades que leio."[124]

DAY AFTER

Naquele mesmo ano, as dores na coluna se tornaram insuportáveis e Figueiredo resolveu se submeter a uma cirurgia espiritual realizada pelo engenheiro eletrônico Rubens Faria, que afirmava incorporar o médico alemão Adolph Frederick Yeperssoven, popularmente conhecido como dr. Fritz, e que havia morrido muitos anos antes, durante a Segunda Guerra Mundial.

Logo após o procedimento, o ex-presidente saiu andando do galpão onde a intervenção fora realizada, sendo aplaudido pelos presentes. Quem não gostou nada da iniciativa e da notoriedade da cirurgia espiritual foi o médico Mauro Brandão, presidente do Conselho Regional de Medicina (Cremerj). Brandão criticou a decisão do ex-presidente e alertou para os riscos da realização de uma cirurgia fora do ambiente hospitalar e realizada por profissional não habilitado.

Nem assim Figueiredo escapava das polêmicas.

Mesmo após a cirurgia, seguiu recluso e continuou pouco propenso à vida social. Uma de suas últimas aparições públicas foi em novembro de 1997. O ex-presidente compareceu a um encontro na Associação Brasileira de Imprensa (ABI) a fim de apoiar a candidatura de Newton Cruz à Câmara dos Deputados no ano seguinte.[125] Mais uma vez o apoio eleitoral de Figueiredo restou inócuo e o velho aliado não conseguiu se eleger deputado federal no pleito de 1998.

João Baptista Figueiredo morreu em casa, aos 81 anos, em dezembro de 1999, na véspera do Natal. O velório foi realizado em seu próprio apartamento, restrito à família e a um círculo íntimo de amigos. O Fluminense, time pelo qual o ex-presidente torcia, enviou uma bandeira do clube para que fosse posta sobre o seu caixão. Telegramas de condolências se avolumaram na portaria do edifício. O enterro ocorreu no dia seguinte, no cemitério do Caju.

Recluso e amargurado, teve um final de vida triste e solitário:

> Como qualquer João do povo Figueiredo vestiu o pijama e, junto, o desgosto pela vida. Seus últimos anos não foram fáceis. Dois anos após deixar a Presidência, o coração e a coluna

o obrigaram a abdicar de uma das suas maiores paixões: a montaria. Aos problemas de saúde, somaram-se dificuldades financeiras, a ponto de, em 1993, ter precisado se desfazer de cada um dos seus cavalos. Já não tinha como mantê-los. "Foi um tiro no coração", comentou um amigo na época. O constrangimento seguinte foi dispensar os caseiros que cuidavam do sítio em Nogueira, seu paraíso particular.[126]

O presidente Fernando Henrique Cardoso não compareceu ao enterro, sendo representado pelo general Gleuber Vieira, comandante do Exército. Em nota aos jornalistas, o presidente enfatizou a importância histórica do mandato de Figueiredo: "No seu governo com a aprovação do Projeto da Anistia, foi possível a volta dos exilados brasileiros. Houve reconciliação e espaço para que a sociedade iniciasse a reconstrução democrática."[127]

Mais do que os protocolares três dias de luto oficial decretados por FHC, sua mensagem final relembrou o melhor momento de Figueiredo como presidente do Brasil.

Com a sua morte, falecia o último general-presidente que governara o Brasil durante o regime militar. Independentemente do juízo que se faça de sua pessoa, o certo é que coube a Figueiredo conduzir o país de volta à democracia e assinar a maior anistia da história do Brasil.

José Sarney, ao expor as contradições do personagem e os conflitos que vivera durante o seu governo, talvez tenha elaborado a síntese que melhor faça justiça ao ex-presidente Figueiredo: "Puxado, ao mesmo tempo, por diferentes impulsos — o compromisso de abertura, a resistência dos enclaves militares, a inaptidão política para o cargo, as intolerâncias pessoais, o fantasma do pai, o desejo de tudo abandonar e o desejo de continuar —, o presidente Figueiredo realizou um governo difícil, mas, de uma maneira ou de outra, entregou o poder aos civis."[128]

DAY AFTER

Polêmicas até depois da morte

Se a morte trouxe a Figueiredo a paz que não teve em muitos momentos da sua vida, nunca vai se saber. Mas as polêmicas que sempre o acompanharam enquanto vivo não lhe deram trégua nem depois de morto. Um exemplo disso foi a fita gravada no churrasco ocorrido em Paraíba do Sul, em 1987, veiculada em janeiro de 2000 no programa *Fantástico*. Pelo conteúdo politicamente incorreto de suas declarações e pelas fortes acusações que Figueiredo fazia a determinadas pessoas na ocasião, a reportagem gerou distintas reações, que foram da indiferença à indignação.

No entanto, a maior polêmica após a morte do general foi causada por sua própria família, que resolveu leiloar, em 2001, os objetos pertencentes ao seu espólio, alguns recebidos durante o seu mandato como presidente da República. Eram peças de valor inestimável e que de certa forma guardavam em si um pouco da história daquele período.

Um exemplo foi a estatueta de bronze de um caubói montado em um cavalo, presente enviado pelo ex-presidente Ronald Reagan a Figueiredo após uma visita ao Brasil na qual os dois cavalgaram juntos. Entre os objetos que seriam leiloados, muitos foram presenteados por chefes de Estado, como o rei Juan Carlos da Espanha, o ex-presidente do Chile Augusto Pinochet e o ex-presidente da França Valery Giscard.

Havia, ainda, obras de arte de indiscutível valor artístico e histórico, como a tela "Amigas", de Di Cavalcanti, que participou da mostra retrospectiva sobre a obra do artista brasileiro no Museu de Arte Moderna de São Paulo (MAM) em 1971.[129]

Para tornar a situação ainda mais tragicômica, apesar do relevante valor histórico, o acervo estava ofertado a preço de liquidação, conforme garantia o leiloeiro Roberto Haddad:

> Trata-se de um acervo muito importante porque há peças de valor histórico que foram presenteadas ao ex-presidente durante os anos que esteve no Planalto. E o mais interessante

ME ESQUEÇAM – FIGUEIREDO

é que os compradores vão se surpreender com os valores das obras. Há peças com preços muito em conta. A estatueta do cavalo, por exemplo, é assinada por um artista chamado Harry Jackson, tem o seu preço fixado em apenas R$ 1 mil.[130]

A família do ex-presidente tentava justificar a decisão de promover o leilão em função da delicada situação financeira em que a ex--primeira-dama Dulce Figueiredo se encontrava após a morte do marido. A situação naquele momento definitivamente não era boa para ela. Recentemente, todas as ex-primeiras-damas haviam perdido os benefícios a que os falecidos maridos faziam jus enquanto vivos, como veículo oficial, motorista e segurança.

Contando apenas com a pensão deixada por Figueiredo, as despesas com o apartamento no luxuoso condomínio Praia Guinle, de frente para o mar de São Conrado, ficaram demasiadamente altas para a sua renda. Nas palavras do filho Johnny, tudo poderia estar à venda, caso aparecesse uma boa oferta: "Vamos vender também o apartamento de São Conrado e o Sítio do Dragão [em Petrópolis]. Só não vamos vender os filhos."[131]

Quem não achou muita graça na venda de todo o acervo que pertencia ao ex-presidente foi o Instituto do Patrimônio Histórico e Artístico Nacional (Iphan). Após tomar conhecimento do leilão, o Iphan ingressou na Justiça com uma ação para ter o direito a adquirir 31 peças pelo valor mínimo estabelecido no leilão.

Inicialmente, o Iphan conseguiu impedir a realização do leilão até que a controvérsia sobre o seu direito de preferência fosse decidida pela Justiça. Contudo, a família do ex-presidente obteve uma liminar na Justiça Federal que possibilitou o prosseguimento.

O leilão ocorreu em clima de grande insegurança jurídica, inclusive com a presença da diretora do Iphan em alguma das sessões (como eram muitos objetos, foram realizados sucessivos leilões semanais) a advertir os presentes de que o leilão estava ocorrendo amparado em uma liminar e que tal decisão estava sendo contestada judicialmente pelo instituto.

DAY AFTER

Controvérsias jurídicas à parte, o leilão acabou sendo realizado e arrecadou algo em torno de R$ 1 milhão, conforme relatado pela imprensa à época. A grande sensação acabou sendo a tal estatueta presenteada por Ronald Reagan. Apesar do preço ínfimo estipulado para o lance inicial (mil reais), a estatueta era objeto de cobiça de vários colecionadores e acabou arrematada pelo próprio governo dos Estados Unidos, que percebeu o valor histórico da peça e a adquiriu por trezentas vezes mais do que o valor inicialmente estipulado.[132]

Em virtude da falta de legislação sobre o tema e muito em função da notoriedade da disputa jurídica travada em torno do leilão do acervo do ex-presidente Figueiredo, o presidente FHC editou, em agosto de 2002, um decreto que fixava regras sobre a destinação dos acervos presidenciais. Foram então estabelecidos critérios para diferenciar o acervo da Presidência da República do acervo pessoal do presidente (em relação aos objetos que são presenteados durante o exercício do mandato) bem como regulamentado o direito de preferência da União na hipótese de um ex-presidente pretender se desfazer dos objetos do acervo considerado particular que possam ter interesse histórico.

As polêmicas realmente não queriam deixar João Figueiredo descansar em paz. Em 2007, a imprensa noticiou que a Justiça italiana havia denunciado o ex-presidente e mais doze brasileiros por participação no assassinato de dois cidadãos ítalo-argentinos em 1980,[133] na famigerada Operação Condor. Euclides Figueiredo, também denunciado e ainda vivo durante o episódio, negou com veemência as acusações tanto em relação a si próprio como em relação ao falecido irmão, afirmando que ambos desconheciam a operação.[134]

À época afirmou também que buscaria na Justiça reparação por ter o seu nome envolvido em tal acusação, a seu ver completamente infundada. Como o ex-presidente Figueiredo já estava morto havia mais de oito anos, só restou mesmo mais uma polêmica a rondar a sua memória.

A revelação da CIA

Embora tenham presidido o Brasil durante a ditadura militar, a imagem dos ex-presidentes Ernesto Geisel e João Figueiredo, os dois últimos generais que presidiram o país, sempre ficou mais associada à abertura política do que propriamente à repressão. A flexibilização do regime, iniciada por Geisel e concluída por Figueiredo, contribuiu bastante para que a imagem dos dois passasse para a história como presidentes "brandos", mesmo presidindo o país naquele período nebuloso.

Essa visão dos fatos chegou a ser tão propalada que, antes de morrer, o ex-presidente Médici revelou sentir-se amargurado diante dessa versão, ao ponto de não querer dar entrevistas. E a impressão do ex-presidente coincidia com o entendimento, senão dominante, pelo menos majoritário sobre aquele período, pois as imagens dos ex-presidentes Ernesto Geisel e João Figueiredo sempre foram associadas por boa parte da mídia e da opinião pública à flexibilização do regime, o que intuitivamente transmitia a ideia de que ambos foram mais brandos na repressão aos opositores da ditadura militar, em comparação aos generais que os antecederam no cargo.

Essa visão da história começou a ruir em maio de 2018, quando uma revelação bombástica, trazida à tona pelo pesquisador Matias Spektor, abalou definitivamente a imagem dos dois ex-presidentes.

Em suas pesquisas sobre o tema, Spektor descobriu um memorando secreto da Agência Central de Inteligência (CIA),[135] tornado público recentemente pelo governo norte-americano,[136] cujos termos envolviam diretamente o presidente Geisel e o então chefe do SNI, general Figueiredo, nas execuções a opositores do regime militar. Não se tratava de um documento qualquer. O memorando foi escrito em abril de 1974 por William Colby, então diretor da CIA, e seu destinatário era o influente secretário de Estado norte-americano, Henry Kissinger.

O assunto do memorando da CIA já sinalizava o potencial explosivo do seu conteúdo: "Decisão do presidente brasileiro Ernesto

DAY AFTER

Geisel de continuar a execução sumária de perigosos subversivos sob certas condições."[137]

Em relação ao ex-presidente Geisel, a informação não pode ser considerada propriamente uma novidade, pois o livro *A ditadura derrotada* já havia revelado que o general-presidente tinha conhecimento e aquiescera com a política de execuções imposta aos opositores do regime pelo governo militar.[138]

Parte-se, então, para um relato no qual Geisel, durante uma reunião, foi indagado por outros membros da cúpula militar se a política de execuções deveria ou não continuar. Ainda iniciando seu mandato, o presidente solicitou um tempo para pensar. E, após o final de semana, chegou à conclusão de que "a política deveria continuar, mas apenas subversivos perigosos deveriam ser executados."[139]

De acordo com o informe, para instrumentalizar essa nefasta política, Geisel, com a aquiescência de Figueiredo, teria definido que todas as execuções deveriam ser chanceladas pelo então chefe do SNI:

> Quando o [Centro de Inteligência do Exército] CIE prender uma pessoa que possa ser enquadrada nessa categoria, o chefe do CIE consultará o general Figueiredo, cuja aprovação deve ser dada antes de a pessoa ser executada. O presidente e o general Figueiredo também concordaram que o CIE deve dedicar quase todo o seu esforço à subversão interna, e que o esforço geral do CIE será coordenado pelo general Figueiredo.[140]

O documento fez cair por terra o mito de que houve generais-presidentes mais brandos durante a ditadura militar e, de forma inédita, envolveu diretamente o ex-presidente Figueiredo, mesmo que ainda na qualidade de ministro chefe do SNI, à política de execuções empreendida pela repressão.

Em nota oficial, o Exército brasileiro afirmou não ser possível atestar, ou não, a veracidade dos fatos em virtude de os documentos sigilosos relativos àquele período terem sido todos destruídos, em conformidade com as normas existentes à época, nas quais prevalecia o então denominado Regulamento da Salvaguarda de Assuntos Sigilosos (RSAS).

Após essa tenebrosa revelação ser divulgada, resta uma certeza: Médici tinha razão em se sentir injustiçado com o papel que a história lhe relegou naquele contexto. Já para os historiadores e estudiosos do período, restou outra certeza: não houve presidente "brando" durante o regime militar.[141]

Epílogo
O final que não houve e o governo que não foi

Era 12 de março de 1985, uma terça-feira. Em menos de três dias se encerraria o ciclo dos generais-presidentes e o poder simbólico da Presidência da República retornaria a um civil. Brasília andava em compasso de espera, e o marasmo do governo que ia embora associado à extrema euforia pelo novo ciclo que muito em breve seria iniciado impedia qualquer decisão naquele momento, por menor que fosse.

Até atos de mero expediente estavam sendo postergados, em uma apática cadência que mais se assemelhava a uma contagem regressiva, que por razões distintas unia os dois principais protagonistas daquela cena final.

O presidente eleito Tancredo Neves dissimulava em público a dor física que sentia pelo menos desde junho de 1984.[1] Havia passado mal no réveillon de 1985[2] e, às vésperas de sua eleição, em meados de janeiro, voltara a se sentir mal, em um roteiro que demonstrava que as coisas não andavam bem. Para quem o viu curvado em sua última aparição pública um dia antes da posse poderia parecer um simples mau jeito, resultado de uma noite dormida em posição inadequada.

ME ESQUEÇAM – FIGUEIREDO

Não era isso, e quem o conhecia com um mínimo de intimidade bem sabia disso.

Tancredo carregava consigo a sensação de que Figueiredo não daria posse a mais ninguém, a não ser a ele. Essa desconfiança, que acabou por se tornar certeza em seu íntimo, provavelmente teve a sua gênese em um diálogo que estabeleceu com o ministro Walter Pires durante as tratativas que ambos secretamente mantiveram durante o segundo semestre de 1984:[3]

Walter Pires: Dr. Tancredo, como vai a sua saúde?

Tancredo Neves: Por que o senhor está me perguntando isso, ministro?

Walter Pires: Porque o Figueiredo tem uma preocupação muito grande que o senhor esteja em condições de tomar posse e eu também, para poder garantir a sua posse. O Figueiredo não passa a faixa para mais ninguém.

Provavelmente o temor que trazia consigo fez com que Tancredo adiasse o necessário cuidado com a própria saúde. A frase dita poucas horas antes da posse a um médico que fora visitá-lo na granja do Riacho Fundo revelava toda a agonia que se passava em seu íntimo, traduzida numa aflitiva e dolorosa contagem regressiva para que a manhã de 15 de março de 1985 chegasse o quanto antes: "Amanhã eu tomo posse nem que seja de maca. Depois, vocês façam de mim o que quiserem."[4]

Por outras razões, Figueiredo também contava os minutos para que a mesma manhã logo chegasse. Nitidamente magoado pela onda de euforia que contagiava o país após a vitória oposicionista, o presidente se sentia injustiçado. Somado ao desgaste natural após seis anos de governo, parecia que aqueles momentos finais haviam se tornado um fardo cada vez mais difícil de carregar.

Indiferentes a essa conjuntura, as leis físicas que regem o passar do tempo permaneciam inflexíveis, completamente alheias à máxima

O FINAL QUE NÃO HOUVE E O GOVERNO QUE NÃO FOI

de que o tempo passa mais devagar quando se pretende o oposto, em uma sensação psicológica que nada tem de científica.

Era nesse estado de espírito que se encontravam os dois protagonistas da cena derradeira que colocaria um ponto final ao regime militar. Foi nesse contexto que, em 12 de março de 1985, o presidente Figueiredo chamou o diplomata Synesio Sampaio, chefe do cerimonial de seu governo, e a quem acabara por se afeiçoar, confiando-lhe uma última e importante tarefa, provavelmente a mais relevante daquela melancólica semana final.

Figueiredo aparentemente não estava satisfeito com uma proposição de discurso que recebera do Gabinete Civil e pediu a Synesio que a avaliasse, devendo retornar-lhe o assunto no dia seguinte, antevéspera da posse do novo presidente. Não se tratava de um discurso qualquer. Eram as breves palavras que seriam ditas por Figueiredo na posse presidencial a ser realizada dali a três dias.

Ao se deparar com os termos frios do discurso sugerido e valendo-se da empatia que Figueiredo dispensava a poucos auxiliares, Synesio resolveu ser franco e disse ao presidente que o seu governo merecia um final melhor. Não que reprovasse a saudação um tanto quanto formal que o discurso original sugeria — em realidade, um agradecimento do presidente a sua própria equipe de colaboradores —, mas o aconselhou a modificar o eixo de sua fala, deslocando a centralidade do discurso para uma saudação ao povo brasileiro, além de um lamento por não ter feito mais por aqueles que mais necessitavam. O novo discurso ainda condensava as principais conquistas do governo Figueiredo, com natural ênfase na restauração democrática e, por fim, fazia uma bonita saudação ao novo presidente, que naquele momento deveria tomar posse.

Figueiredo aquiesceu e reescreveu o seu discurso à luz das ponderações recebidas, no que seria um último ato digno do que foi o seu governo. Terminaria o seu mandato com palavras precisas e altivas, e, ato contínuo, passaria a faixa presidencial a um civil, encerrando assim o consulado militar.

675

Ao lado da promulgação da anistia, teria sido o seu melhor momento.

A casualidade de circunstâncias tão adversas selou o destino dos dois principais atores da posse presidencial. Por motivos diversos, ambos estiveram ausentes em um espetáculo cívico que acabou marcado pela ausência de seus dois principais protagonistas. Para cada um deles, tal ausência resultou em consequências que moldaram a imagem pública que restou definitivamente associada aos personagens e aos seus respectivos legados.

O infortúnio de Tancredo acabou marcado como uma das maiores tragédias políticas da história do Brasil. Cercado de enormes expectativas e simbolizando a esperança em um novo país que surgiria a partir do advento da Nova República, restou o sentimento generalizado de um governo que poderia ter sido brilhante, mas que infelizmente — por uma improvável trapaça do destino — acabou por não acontecer.

Da mesma forma, Figueiredo jamais conseguiu se livrar da fama de que deixou o Palácio pela porta dos fundos. Embora tenha saído por uma porta lateral, esse fato pouco acrescentou à memória coletiva associada à sua imagem, permanecendo para sempre o vazio de sua ausência na cena final de seu governo.

Figueiredo e Tancredo, cada qual a sua maneira, selaram seus destinos naqueles primeiros meses de 1985. Tancredo dissimulava as dores que sentia e a sua obstinação em resistir a uma internação para tratamento adequado (desconfiado ao extremo, receava que a debilidade de sua saúde servisse de pretexto para um retrocesso institucional) o colocou diante de uma trama médica,[5] poucas horas antes da posse, iniciando um verdadeiro calvário que começou com uma desnecessária e inoportuna cirurgia de emergência,[6] e só se encerrou na dolorosa subida da rampa do Planalto dentro do féretro que o levou para a sua derradeira despedida.

Parte de sua família acredita que, caso tivesse concordado em se internar três dias antes da posse,[7] o desfecho teria sido diferente.

O FINAL QUE NÃO HOUVE E O GOVERNO QUE NÃO FOI

Nunca se irá saber. Tendo sido "o agente ativo da procrastinação que agravou o seu estado",[8] permitiu que sua personalidade suspicaz o guiasse ao desfecho que tanto tentou evitar.

Ao seu modo, Figueiredo também adotou e deixou de adotar ações que o marcaram definitivamente naquele início de 1985. Sem ânimo para dar entrevistas, acabou por ceder ao apelo de um jornalista amigo e terminou por conceber uma de suas mais infelizes declarações, quando ao fim do mandato deixou como recado final ao povo brasileiro o pedido para que o esquecessem.

Tendo a chance de se redimir na cerimônia de posse do novo presidente, diante de circunstâncias que surpreenderam não apenas a si, mas a todo o país, Figueiredo deixou que a sua inimizade com José Sarney falasse mais alto, comprometendo a imagem do homem público e a biografia do presidente.

O discurso que Figueiredo pretendia fazer deixaria o registro histórico do que verdadeiramente se passava no íntimo do presidente a poucos dias da troca de comando. A bonita saudação ao povo brasileiro seria capaz de amenizar, ao menos em parte, o desajuste do pedido para que o olvidassem. No entanto, a precipitada decisão de não comparecer à solenidade de transmissão do cargo, mais que macular a própria imagem, impediu que o Brasil conhecesse os seus reais sentimentos ao final de seu governo.

De todos esses fatores resultou a entrada do vice-presidente José Sarney no Palácio do Planalto na manhã de 15 de março de 1985, uma cena vazia e triste, infelizmente marcada pela ausência dos dois protagonistas que a partir de suas próprias escolhas contribuíram para o infortúnio daquele desfecho.

O discurso que Figueiredo faria naquela fatídica manhã foi casualmente encontrado por um de seus netos em uma caixa que continha pertences do general, achada em seu sítio em Petrópolis. Em breves 476 palavras,[9] Figueiredo diria muito, naquilo que poderia ter sido o acertado início de um novo ciclo da vida política brasileira.

A tardia descoberta ajudou a revelar um pouco melhor a essência de um presidente que, permitindo-se levar pelo sabor de emoções

ME ESQUEÇAM – FIGUEIREDO

momentâneas, deixou escapar a oportunidade de marcar de forma elegante simultaneamente o fim de um importante ciclo da vida política nacional e o último capítulo de sua trajetória como homem público.

Poucas vezes na história de um governante uma ausência teve um significado tão profundo. Figueiredo terminou o governo entregando o poder à oposição, mas sabotou-se ao privar o país da cena de um general entregando a faixa a um civil e, principalmente, saudando de maneira explícita o retorno à democracia. Seria o indiscutível coroamento do processo de abertura política, levado a cabo com grande empenho e esforço pessoal pelo próprio Figueiredo.

Por mais que pudesse existir uma orientação do Gabinete Civil sobre não haver necessidade de passar a faixa ou do comparecimento do presidente a nenhuma solenidade de transmissão do cargo, o certo é que se tratava de uma decisão que cabia exclusivamente a Figueiredo. Não o fez e não há como culpar nada ou ninguém por isso, a não ser a si próprio.

No entanto, se a descoberta dos termos em que pretendia se dirigir ao povo brasileiro não ameniza a ausência, ao menos tem a virtude de revelar ao país o registro exato do que seria dito quando o quinto general-presidente encerrasse formalmente o consulado militar, terminando o que em 1964 se imaginava ser um período breve, mas que acabou por durar longos 21 anos.

Infelizmente, as palavras que muito poderiam ter significado acabaram por se tornar letra morta em uma esquecida folha de papel, transformando-as em um discurso que jamais foi feito, na transição para um governo que nunca chegou a existir. Contudo, o fato de hoje se saber que tudo poderia ter sido muito diferente revela que o presidente sentia que ainda havia algo a ser dito ao povo brasileiro em sua despedida. Em seu íntimo, Figueiredo pretendia — para si e para o seu governo — um final melhor.

Restou algo por dizer no que poderia ter sido outro final, muito mais condizente com o governo que restabeleceu a democracia no Brasil.

Discurso de Figueiredo, 15 de março de 1985

"Trago a consciência tranquila e o ânimo sereno de quem sabe que cumpriu o seu dever e saldou os compromissos assumidos consigo mesmo e com a nação. Empenhei todas as energias, físicas e intelectuais, no desempenho das obrigações do cargo que ocupei. Somente me deixei guiar, em todas as circunstâncias, pelo interesse público.

"Não dei ouvidos à voz dos que me apontavam caminhos incompatíveis com as imposições do bem coletivo.

"Não me seduziu a demagogia dos que procuram o favor da opinião pública à custa daquilo que, na intimidade do meu ser, considerava somente o interesse nacional.

"O meu primeiro pensamento, neste instante histórico, se dirige ao povo brasileiro, bom e generoso. Sou-lhe reconhecido pelas demonstrações de simpatia e afeto que sempre me testemunhou. Fico triste de não ter podido fazer o que desejava pelos que mais necessitavam.

"Agradeço a todos aqueles que diretamente me auxiliaram, com lealdade, abnegação, discernimento, espírito público e patriotismo, a desempenhar o duro, complexo e penoso encargo, que recaiu sobre a administração que hoje termina o seu mandato.

"Vivemos período de transição, rápida e perturbadora. Transição que não é somente nossa. Transição que é mundial. O mundo vive, pela primeira vez, a mesma história. Uma história perigosa, onde a sobrevivência corre riscos novos, resultantes de bombas outrora desconhecidas, como a bomba demográfica e a bomba nuclear.

"Restaurar, na sua plenitude, a democracia, era o primeiro dever, o ponto fundamental do meu programa.

"A democracia é suscetível de aperfeiçoamento. Os frutos que aí estão, produzidos pelo exercício das prerrogativas democráticas, falam por si mesmos.

"A democracia que se implantou constitui processo para solução pacífica, dentro do diálogo e do entendimento, de todas as grandes questões, que se propõem no quadro político. É democracia que promove a concórdia, respeita as opiniões e repele o fanatismo.

"Essa democracia, contrariamente ao que sustentam os seus críticos, é governável, plenamente governável. A prova está na sua prática efetiva e fecunda nos países mais prósperos do planeta.

"Apesar dos obstáculos, que reduziram a amplitude do que se pretendia realizar, o Brasil é hoje um País saudável, próspero, sólido, cujos recursos e cuja infraestrutura asseguram a seu povo futuro promissor.

"Governantes e governados respondemos pelo destino do País.

"Como Presidente da República, enfrentei toda a sorte de dificuldades na ordem econômica, na ordem social e na ordem política. Mantive, porém, intransigentemente, os rumos que me tracei. Cumpri, assim, em período complexo e difícil, a palavra empenhada.

"Senhor Tancredo Neves,

"É com satisfação que passo às suas mãos a Presidência da República. Está Vossa Excelência altamente credenciado para o cargo, por suas qualidades intelectuais e morais, seu equilíbrio, seu espírito público. Conta Vossa excelência com beneplácito popular. A minha simpatia o acompanha, com os votos do maior êxito na missão que o Brasil lhe confiou.

"Presidente Tancredo Neves,
Confio em sua vontade de servir. Que Deus o ajude."

Agradecimentos

A possibilidade de agradecer na vida é sempre uma ação que possui duas virtudes intrinsecamente relacionadas: reconhece a ajuda dos outros, e assim prova que sozinhos nada somos, e, ao mesmo tempo, sinaliza nossa gratidão, simbolizando que algo conquistamos e por isso somos gratos. Desse modo, começo agradecendo à vida o fato de poder agradecer, o que por si só já é uma dádiva a ser comemorada.

Primeiramente, gostaria de iniciar registrando o meu agradecimento à editora Record e a Sônia Jardim pela confiança depositada — sem dúvida uma das maiores que já recebi. Ao editor Carlos Andreazza agradeço por, desde o início, ter acreditado no projeto e pelas contribuições decisivas à elaboração da obra, além de ter me mostrado o melhor caminho a seguir diante das encruzilhadas com as quais me deparei no decorrer do trabalho. Além de todo o respaldo, também devo a Andreazza a originalidade do título desta obra, mais uma de suas sugestões certeiras.

À equipe liderada pela editora Duda Costa devo os meus mais sinceros agradecimentos pelo trabalho detalhista que fez com que este livro chegasse às mãos dos leitores sendo exatamente o que é. Devo a Duda, ainda, o empenho em produzir esta obra em meio a inúmeras dificuldades geradas pela pandemia de Covid-19, o que tornou o trabalho ainda mais desafiador. Também agradeço ao designer Leonardo Iaccarino pela originalidade da capa, que encantou a todos durante o processo de elaboração do livro. Não posso deixar de registrar a apurada revisão realizada por Luciana Aché, Thaís Lima, Marlon Magno e Caíque Gomes, que com raro senso crítico contribuíram com sugestões de melhoria fundamentais à elaboração da obra. Registro, ainda, o trabalho do gerente de imprensa Rafael Sento Sé, que se empenhou ao máximo em divulgar essa obra aos quatro cantos do país.

Esse ponto me parece relevante, de modo que me permito duas palavras mais. À equipe editorial, que muitas vezes acaba relegada à formalidade dos créditos escondidos na contracapa, devo também o meu reconhecimento, que vai um pouco além do mero gesto de agradecer. Revisores são profissionais que, por dever de ofício, tornam o trabalho dos outros melhor, muitas vezes contribuindo significativamente na elaboração de um livro, sem, no entanto, obter o reconhecimento devido (e, em alguns casos, levando má fama simplesmente por fazerem o seu trabalho de forma acurada). Não gostaria que esse fosse o caso aqui. Desse modo, registro o empenho incessante da equipe editorial em aprimorar o texto final deste trabalho. Virtuosos simplesmente por prezar a virtude, graças aos seus esforços silenciosos, desta obra foram expurgados os inevitáveis erros de ortografia e as imprecisões históricas das cerca de 1.600 notas.

Assim, fica o registro que satisfaz o imperativo da justiça e me deixa quite com a minha consciência: este livro se tornou melhor após a revisão. Muito. Como não poderia deixar de também registrar, todos os eventuais equívocos que restaram devem ser atribuídos exclusivamente a mim.

Em uma pesquisa de quase cinco anos é natural que muitas pessoas tenham colaborado, cada uma a seu modo, para a realização do trabalho, sendo impossível citar nominalmente todos aqueles que contribuíram direta ou indiretamente com a elaboração desta obra

AGRADECIMENTOS

No entanto, e já adiantando que me permitirei correr o risco de cometer injustiças pontuais, devo mencionar algumas pessoas que foram fundamentais para o desenvolvimento deste livro, sobretudo pelo dispêndio de tempo e energia que dedicaram ao autor e à sua pesquisa.

O jornalista Elio Gaspari foi decisivo na elaboração deste trabalho. Além de ser uma permanente inspiração, Gaspari me recebeu em São Paulo em três oportunidades. Na primeira delas, deu um longo depoimento para o livro, esclarecendo (muitas) dúvidas e fornecendo uma visão "viva" da história. Já estava bastante agradecido quando o jornalista ainda se disponibilizou a ler toda a obra, fornecendo sugestões que foram desde estilo até imprecisões históricas, passando por suas sempre perspicazes observações. Em mais dois encontros revisamos o trabalho juntos, em jornadas que mesclaram lições do mais puro jornalismo com a lucidez ímpar de seu raciocínio.

Sem dúvida, essas jornadas foram um privilégio tanto do ponto de vista pessoal como intelectual. Além disso, contar com o incentivo de alguém que sempre foi minha principal referência no meio jornalístico e no campo literário tornou a elaboração desta obra muito mais prazerosa e instigante. A rapidez de seu pensamento faz jus à frase atribuída ao jornalista: "Eu não sei, eu me lembro." Se é verdade que escreve mais rápido do que pensa, confesso que por vezes é difícil acompanhar o brilhantismo de seu raciocínio.

Mais do que os nossos encontros e as inúmeras perguntas respondidas, ficará a lembrança de uma jornada inspiradora que vou guardar para o resto da vida. Jamais terei palavras para expressar toda a minha gratidão.

Devo ao jornalista Paschoal Filho um agradecimento pelo incentivo inicial a este trabalho, quando ainda finalizava o meu livro anterior. Paschoalzinho foi determinante em minha decisão de escrever uma obra sobre o governo do presidente Figueiredo em vez de um livro mais curto, que enfocaria basicamente o quadro sucessório de 1984-85. Também foi fundamental na elaboração da Parte V deste trabalho, sempre com o intuito de privilegiar o leitor. Infelizmente, Paschoal nos deixou muito precocemente, mas a sua lembrança permanecerá para sempre viva na memória daqueles que tiveram a oportunidade de com ele conviver.

Ao escritor Luiz Puntel devo o fato de ter conhecido a narrativa do exílio aos meus 14 anos, quando li seu livro *Meninos sem pátria*. Puntel sempre foi o meu escritor preferido da Série Vaga-Lume, coleção de livros infantojuvenis que fez muito sucesso nas décadas de 1980 e 1990. Jamais me esqueci da citação ao presidente Figueiredo em seu livro, e confesso que, passados tantos anos do longínquo ano de 1997, a trama de *Meninos sem pátria* segue viva dentro de mim, e certamente foi a fonte de inspiração mais genuína que tive para elaborar este livro.

Domingos Meirelles, ex-presidente da Associação Brasileira de Imprensa (ABI) e um dos jornalistas mais experientes do Brasil, me recebeu em duas oportunidades na sede da ABI. Nesses encontros, pude me servir de sua grande experiência jornalística, além de contar com a sua memória sobre o caso Riocentro, fundamental para que eu pudesse compreender em plenitude um dos mais controversos episódios ocorridos durante o governo Figueiredo.

O jornalista José Casado, com seu senso investigativo e seu enorme faro jornalístico, me auxiliou a entender os meandros do funcionamento da linha dura que se contrapunha à abertura política, contemplando os detalhes de sua desmoralização no estacionamento do Riocentro após o desastrado atentado revelar ao Brasil toda a extensão da anarquia instalada no interior do regime.

Ainda sobre o caso Riocentro, devo expressar minha gratidão ao procurador da República Antônio Cabral. Tendo sido meu professor na Faculdade de Direito da Universidade Estadual do Rio de Janeiro (UERJ), guardava uma excelente recordação de suas lições de direito processual. Em nosso reencontro em campo distinto daquele que outrora nos uniu, sua colaboração foi de extrema importância para a reconstituição do episódio, tanto em relação à reconstrução dos fatos como na indicação de fontes e bibliografia sobre o assunto.

Em duas tardes na sede da Procuradoria da República do Rio de Janeiro (PR/RJ), pude me servir do seu amplo conhecimento sobre o

AGRADECIMENTOS

caso. Salta aos olhos a vivacidade com a qual o procurador narra o complexo esforço investigativo que levou à reabertura do caso Riocentro em 2014, principalmente se considerarmos que mais de trinta anos haviam transcorrido desde o episódio. Devo registrar, também, o meu agradecimento por ter me franqueado acesso à denúncia e aos depoimentos que fizeram parte dessa nova investigação, fundamentais para uma correta e atualizada compreensão dos fatos.

O diplomata Carlos Átila, porta-voz de Figueiredo, reconstituiu com enorme precisão os cinco anos em que atuou ao lado do presidente. Exímio contador de causos, Átila foi dos grandes temas ao varejo das miudezas com a seriedade de quem compartilha comigo a principal preocupação deste livro: ser justo com o personagem retratado.

Devo o meu reconhecimento também ao jornalista Beto Lopes, entusiasta desta obra desde o primeiro minuto em que dela soube. Profundo conhecedor das relações brasileiras com o Oriente Médio, em especial com o Iraque, Beto é daqueles jornalistas que dominam completamente um assunto, esgotando-o.

Sua preciosa ajuda foi muito além das minhas dúvidas pontuais sobre a conexão Bagdá–Brasília, auxiliando-me também no processo sucessório e contando causos interessantes sobre o ministro Mário Andreazza, de quem acabou por se tornar amigo. Além de toda a sua colaboração direta no conteúdo deste trabalho, Beto ainda me forneceu preciosos contatos, ampliando a base de entrevistados deste livro.

Ainda na parte internacional, devo o meu agradecimento a alguns diplomatas que muito me ajudaram a entender as nuances da política externa do governo Figueiredo. O diplomata Eduardo Lessa, mesmo na longínqua Tanzânia, arrumou uma brecha no fuso horário para suprir minhas dúvidas sobre a missão brasileira no Suriname, além de ter me disponibilizado a sua dissertação de mestrado sobre o tema. Agradeço, ainda, aos diplomatas Omar Chohfi e Rubens Ricupero por terem complementado a minha visão sobre a presença brasileira no Suriname e pela indicação de bibliografia específica sobre o assunto.

Na parte econômica, devo agradecer primeiramente ao economista Delfim Netto, que com paciência me recebeu para uma conversa em

ME ESQUEÇAM – FIGUEIREDO

São Paulo. Rememorando fatos ocorridos há mais de trinta anos, Delfim demonstrou ter uma memória prodigiosa e recordou todo o período em que esteve no governo Figueiredo com riqueza de detalhes. Também pude me servir de seu conhecimento enciclopédico para destrinchar complexos conceitos macroeconômicos que a sua narrativa é capaz de desvendar com clareza, como se estivesse abordando a mais simples das trivialidades.

Devo igualmente o meu agradecimento ao economista Ernane Galvêas, por ter me recebido em duas oportunidades na Confederação Nacional do Comércio (CNC). Aos 96 anos, o ex-ministro apresenta espantoso vigor físico e mental, além de bom humor ímpar e grande vontade de preservar a memória do Brasil a partir de suas lembranças sobre os bastidores do governo Figueiredo.

De fato, suas recordações sobre o período em que esteve à frente do Ministério da Fazenda foram fundamentais para que eu pudesse compreender com clareza não apenas a dinâmica da maior crise que a economia brasileira já atravessou, mas também foram úteis à minha compreensão sobre a composição e o funcionamento do ministério formado no último governo militar.

Já o ex-presidente do Banco Central, o economista Carlos Langoni, me recebeu em duas oportunidades em seu escritório na praia de Botafogo. Com retórica simples, o "menino prodígio" do governo Figueiredo me franqueou acesso ao seu acervo bibliográfico pessoal, o que me permitiu estender minha pesquisa sobre o período. Nesses dois encontros, Langoni apresentou os complexos problemas da economia brasileira de forma simples, fornecendo uma visão precisa daquele período crítico, sobretudo em relação ao início das negociações brasileiras junto ao Fundo Monetário Internacional (FMI).

Amigo pessoal de Paul Volcker, ex-presidente do Federal Reserve, Langoni ainda conseguiu me fornecer uma boa noção do que se passava pela cabeça da principal autoridade monetária norte-americana durante uma das mais graves crises que se abateram sobre a economia brasileira e cuja solução em muito dependia da boa vontade dos bancos e do governo dos Estados Unidos.

AGRADECIMENTOS

O jornalista João Roberto Marinho me ajudou a destrinchar aspectos importantes da campanha Diretas Já, sendo fundamental para relatar toda a pressão que a Rede Globo e, principalmente, o jornalista Roberto Marinho sofreram para não divulgar com destaque o importante movimento cívico que tentava reaver ao povo brasileiro o direito de eleger diretamente o presidente da República.

Já o engenheiro Mário Gualberto, filho do ex-ministro Mário Andreazza, foi peça fundamental para que eu pudesse conhecer aspectos relevantes da sucessão presidencial de 1984-85. Testemunha do jogo bruto que se abateu sobre a convenção do Partido Democrático Social (PDS), Mário relatou com riqueza de detalhes os caminhos que levaram à derrocada de seu pai na convenção partidária, além de fornecer um relato isento dos momentos cruciais da escolha do candidato do governo à sucessão de Figueiredo.

Devo agradecer-lhe, ainda, a gentileza de me fornecer a biografia de Mário Andreazza, obra que compila didática e cronologicamente os principais registros jornalísticos da sucessão de Figueiredo e, principalmente, por confiar no meu trabalho e relatar algumas histórias ainda inéditas que tive o privilégio de poder publicar em primeira mão neste livro.

Já o ex-ministro da Marinha do governo Figueiredo, almirante Alfredo Karam, também contribuiu decisivamente para a reconstituição dos fatos ocorridos há mais de trinta anos, sobretudo nos momentos mais tensos do processo de sucessão presidencial.

Dono de uma memória prodigiosa, Karam relatou com impressionante riqueza de detalhes a mais tensa reunião ocorrida durante o governo Figueiredo, na qual foi levada ao presidente a sugestão de uma "virada de mesa" em caso de vitória da oposição. Testemunha viva da história, Karam relembrou a pronta e incisiva recusa por parte de Figueiredo à obscura proposta, além de reparar uma injustiça histórica em relação ao general Walter Pires, a quem por mais de quinze anos se atribuiu erroneamente a famigerada sugestão.

Fernando Henrique Cardoso também foi extremamente solícito, fornecendo a sua visão dos fatos de maneira entusiástica e acurada.

ME ESQUEÇAM – FIGUEIREDO

Testemunha viva dos momentos de agonia na sucessão presidencial, descreveu em detalhes a longa noite de 14 de março de 1985, narrando com serenidade os tensos momentos que se iniciaram após a notícia do impedimento de Tancredo Neves até a engenhosa costura política que resultou no consenso pela posse de José Sarney.

Devo igualmente o meu agradecimento ao ex-presidente José Sarney, que além dos detalhes da sucessão ainda me ajudou a entender melhor o perfil psicológico do ex-presidente Figueiredo e forneceu a este trabalho uma visão abrangente sobre o processo de abertura política no Brasil.

Ainda sobre a agonia dos momentos finais da sucessão, o ex-ministro do Supremo Tribunal Federal, dr. Sydney Sanches, foi importantíssimo ao relatar algo que passou despercebido por boa parte da imprensa da época: uma discreta reunião realizada pelos ministros do STF para analisar a viabilidade jurídica da posse de Sarney. Esquecido pelo tempo, esse evento é importante para que se possa compreender corretamente a decisão adotada naquele instante e as condicionantes que dela fizeram parte.

O também ex-ministro do STF, dr. Francisco Rezek, me ajudou a compor o perfil do professor Leitão de Abreu, peça fundamental para o governo Figueiredo e para a própria abertura política a partir de 1981. Homem de poucos gestos e avesso a exibicionismos, Leitão de Abreu foi um dos mais sóbrios e discretos hierarcas do regime militar, levando para o túmulo suas reminiscências sobre o governo Figueiredo e a eleição de Tancredo Neves. Como assessor direto do "condestável" chefe do Gabinete Civil, Rezek me forneceu uma visão importante e detalhada, já que o próprio ministro não deixou suas memórias registradas.

O jornalista Plínio Fraga, biógrafo do presidente eleito Tancredo Neves, foi especialmente atencioso em relação a esta obra. Em uma agradável tarde na redação do Infoglobo, deu conselhos valiosos que foram desde técnicas de pesquisa jornalística até detalhes sobre o final do governo Figueiredo, com destaque para a ascensão de Tancredo Neves no segundo semestre de 1984 até ser eleito presidente em janeiro de 1985.

AGRADECIMENTOS

Além de sua generosa contribuição, embasada na sólida pesquisa que desenvolveu para escrever o seu excelente livro sobre a trajetória de Tancredo, Plínio me repassou contatos que se revelaram essenciais para o desenvolvimento da pesquisa.

O diplomata Synesio Sampaio, chefe do cerimonial de Figueiredo e a quem o ex-presidente acabou por se afeiçoar, foi outra pessoa fundamental para esta obra. Em sua entrevista em São Paulo, durante a qual, em alguns momentos, foi tocado pela mais genuína emoção, Synesio me forneceu uma visão sensível do período, dando uma dimensão humana ao personagem que busco retratar.

Confiando em meu trabalho e querendo reconstituir os fatos exatamente como ocorreram, Synesio ainda me forneceu na íntegra o discurso final que Figueiredo pretendia fazer no dia da posse de Tancredo Neves e que acabou por jamais ocorrer. A partir do seu testemunho, pude saber o que de fato ocorreu na manhã de 15 de março de 1985, quando Figueiredo faltou à cena final de seu governo. Mais que isso, por meio do precioso discurso que me foi cedido, pude ter uma noção de quais sentimentos Figueiredo guardava em seu íntimo no momento em que se despedia da nação.

Sou grato também e Carlos Alberto Pires, primo do ex-ministro do Exército Walter Pires, que, além de ter concedido uma entrevista esclarecedora sobre o período e, em especial, sobre as tratativas Pires-Tancredo no segundo semestre de 1984, fez a gentileza de me fornecer o contato de outros entrevistados que foram muito úteis à elaboração deste trabalho.

Aos jornalistas Roberto Sander e Cristina Serra devo agradecer a gentileza de terem se prontificado a ler a introdução deste livro, fornecendo sugestões extremamente úteis a todo o desenrolar da obra.

Ao diplomata Pablo Cardoso agradeço o incentivo na pesquisa, além da indicação de valiosas referências históricas na área de política externa e de bibliografia especializada no tema.

À equipe de periódicos da Biblioteca Nacional liderada pela bibliotecária Carolina de Paula devo agradecer o empenho, constante boa vontade e imensa paciência com os meus inúmeros pedidos de consulta sempre realizados de forma apressada na hora do almoço. Ao CPDoc JB e a Eliane Lóss também agradeço a enorme paciência em relação às pesquisas sucessivamente solicitadas (mesmo sabendo que pediria centenas de fotos para depois escolher menos de uma dezena) e, principalmente, por não deixar se perder um dos mais importantes acervos sobre o cotidiano da vida brasileira do século XX.

Como dever de ofício do pesquisador, na sequência são listadas todas as referências, assim como as pessoas que gentilmente deram um depoimento ao livro. A todas elas, o meu reconhecimento seguido de meu mais profundo agradecimento.

À minha namorada, minha família e aos meus amigos agradeço por serem o suporte da minha jornada e compreenderem as minhas ausências, especialmente durante a elaboração deste trabalho.

NOTAS

EXPLICAÇÃO: Ditadura ou democracia?

1. *Jornal do Brasil*, Capa, p. 1, 31 dez. 1978.
2. *Idem*.
3. MARCELO, Carlos. *Renato Russo, o filho da revolução*. 2. ed. São Paulo: Planeta, 2018. p. 136.
4. *O Globo*, O País, p. 10, 8 ago. 1999
5. O professor era Luís Roberto Barroso, que alguns anos depois tornou-se ministro do Supremo Tribunal Federal (STF).
6. GASPARI, Elio. *A ditadura envergonhada*. 2. ed. Rio de Janeiro: Intrínseca, 2014. p. 16-17.

INTRODUÇÃO: A mão esquerda jamais será esquecida

1. *O Globo*, O País, p. 3, 29 jun. 1979.
2. O último preso político brasileiro foi libertado em outubro de 1980.

ME ESQUEÇAM – FIGUEIREDO

3. GASPARI, Elio. *A ditadura acabada*. Rio de Janeiro: Intrínseca, 2016. p. 74.

4. *PRESIDENTES do Brasil:* de Deodoro a FHC. São Paulo; Rio de Janeiro: Cultura: Editora Rio, 2002. p. 735.

5. *Jornal do Brasil*, 1º Caderno, p. 8, 5 jan. 1978.

6. GOMES, João Carlos. *Glauber Rocha, esse vulcão*. Rio de Janeiro: Nova Fronteira, 1997. p. 195.

7. O presidente Figueiredo estava em Volta Redonda para apoiar Moreira Franco, candidato do Partido Democrático Social (PDS) ao governo do estado do Rio de Janeiro na eleição de 1982. Alzira Vargas era sogra de Moreira (casado com a sua filha Celina Vargas), e compareceu ao mesmo evento para apoiar o genro.

8. *O Globo*, O País, p. 6, 21 out. 1982.

9. DIMENSTEIN, Gilberto et al. *O complô que elegeu Tancredo*. Rio de Janeiro: JB, 1985. p. 31.

10. *Folha de S.Paulo*, Política, p. 12, 16 mar. 1985.

11. GASPARI, Elio. *A ditadura acabada*. Rio de Janeiro: Intrínseca, 2016. p. 17.

12. *Jornal do Brasil*, Caderno B, p. 1, 13 mar. 1985.

13. *Veja*, n. 863, p. 52, 20 mar. 1985.

14. *Idem*, p. 55.

15. *O Globo*, Opinião, p. 7, 30 dez. 1999.

16. Casa de hóspedes do presidente norte-americano. A propriedade foi adquirida pelo governo dos Estados Unidos para que os hóspedes do presidente não tenham que dormir em hotéis durante visitas oficiais. O local também é utilizado para pernoite do futuro presidente norte-americano na véspera da posse presidencial, pois nesse dia a Casa Branca ainda é utilizada pelo presidente que está deixando o cargo.

17. *O Estado de S. Paulo*, Internacional, "Figueiredo ameaçou apoiar Argentina militarmente se britânicos a invadissem", 2 abr. 2012.

18. REAGAN, Ronald (Editado por Douglas Brinkley). *Os diários de Reagan*. Tradução de Gonçalo Praça. Alfragide, Portugal: Casa das Letras, 2009. p. 164.

NOTAS

19. *O Globo*, Esportes, p. 19, 24 dez. 1982.
20. *O Globo*, Cultura, p. 28, 11 mar. 1983.

CAPÍTULO 1: Eleição de um só eleitor

1. *Veja*, n. 487, p. 20, 4 abr. 1978.
2. FARHAT, Said. *Tempo de gangorra*. São Paulo: Tag e Line, 2012.
3. COUTO, Ronaldo. *História indiscreta da ditadura e da abertura*. 5. ed. Rio de Janeiro: Record, 2010. p. 212.
4. *Idem*, p. 227.
5. FGV, CPDoc, pesquisa por "Sylvio Frota" em 12 de março de 2018.
6. *Jornal da República*, Editorial, p. 4, 6. set. 1979.
7. D'ARAUJO, Maria Celina; CASTRO, Celso (orgs.). *Ernesto Geisel*. Rio de Janeiro: FGV, 1997. p. 407.
8. FARHAT, Said. *Tempo de gangorra*. São Paulo: Ed. Tag e Line, 2012. p. 268.
9. COUTO, Ronaldo. *História indiscreta da ditadura e da abertura*. 5. ed. Rio de Janeiro: Record, 2010. p. 233.
10. *Veja*, n. 487, p. 20, 4 jan. 1978.
11. *Idem*.
12. *Veja*, n. 463, p. 18, 20 jul. 1977.
13. PEREIRA, Merval; STUMPF, André. *A segunda guerra*: sucessão de Geisel. São Paulo: Brasiliense, 1979. p. 19.
14. A eleição para a Presidência da República ocorreria em 15 de janeiro de 1974.
15. MÉDICI, Roberto. *Médici, o depoimento de Roberto Nogueira Médici*. Rio de Janeiro: Mauad X, 2012. p. 30-31.
16. *Veja*, n. 893, p. 39, 16 out. 1985.
17. *Idem*.
18. PEREIRA, Merval; STUMPF, André. *A segunda guerra*: sucessão de Geisel. São Paulo: Brasiliense, 1979. p. 21.

693

ME ESQUEÇAM – FIGUEIREDO

19. Geisel acabou aceitando um pedido do presidente Médici para que o general Adalberto Pereira Santos fosse o candidato a vice--presidente em sua chapa.

20. D'ARAUJO, Maria Celina; CASTRO, Celso; SOARES, Gláucio (orgs.). *A volta aos quartéis*. Rio de Janeiro: Relume Dumará, 1995. p. 113.

21. *Idem.*

22. FARHAT, Said. *Tempo de gangorra*. São Paulo: Tag e Line, 2012. p. 252.

23. *Idem.*

24. PEREIRA, Merval; STUMPF, André. *A segunda guerra:* sucessão de Geisel. São Paulo: Brasiliense, 1979. p. 23.

25. COUTO, Ronaldo. *Memória viva do regime militar:* 1964-1985. Rio de Janeiro: Record, 1999. p. 212.

26. GASPARI, Elio. *A ditadura encurralada*. Rio de Janeiro: Intrínseca, 2014. p. 438.

27. *Idem.*

28. *Veja*, n. 488, p. 21, 11 jan. 1978.

29. D'ARAUJO, Maria Celina; CASTRO, Celso (orgs.). *Ernesto Geisel*. 4. ed. Rio de Janeiro: FGV, 1997. p. 410-411.

30. *Veja*, n. 488, p. 21, 11 jan. 78.

31. *Idem.*

32. FROTA, Sylvio. *Ideais traídos*. Rio de Janeiro: Jorge Zahar, 2006. p. 604.

33. *Veja*, n. 488, p. 22, 11 jan. 78.

34. D'ARAUJO, Maria Celina; CASTRO, Celso (orgs.). *Ernesto Geisel*. 4. ed. Rio de Janeiro: FGV, 1997. p. 413-414.

35. D'ARAUJO, Maria Celina; CASTRO, Celso (orgs.). *Ernesto Geisel*. 4. ed. Rio de Janeiro: FGV, 1997. p. 414; e FARHAT, Said. *Tempo de gangorra*. São Paulo: Tag e Line, 2012. p. 232.

36. *Folha de S.Paulo*, Nacional, p. 7, 10 jan. 1978.

37. Antônio Carlos de Andrada Serpa era chamado de "Serpa Louro" para se distinguir do irmão, José Maria de Andrada Serpa, conhecido como "Serpa Preto".

NOTAS

38. *Idem.*

39. LOPES, Roberto. *Rede de intrigas.* Rio de Janeiro: Record, 1994. p. 185.

40. A lista elaborada pelo Alto Comando e submetida pelo ministro do Exército ao presidente da República foi a seguinte: 1 — João Baptista de Oliveira Figueiredo; 2 — Antônio Carlos de Andrada Serpa; 3 — Hugo de Andrade Abreu; 4 — Walter Pires de Carvalho e Albuquerque; 5 — Ernani Ayrosa da Silva; 6 — José Ferraz da Rocha.

41. *Veja*, n. 500, p. 23, 5 abr. 78.

42. D'ARAUJO, Maria Celina; CASTRO, Celso (orgs.). *Ernesto Geisel.* 4. ed. Rio de Janeiro: FGV, 1997. p. 414.

43. *Veja*, n. 500, p. 23, 5 abr. 1978.

44. GASPARI, Elio. *A ditadura derrotada.* São Paulo: Companhia das Letras, 2003. p. 101.

45. *Folha de S.Paulo*, Nacional, p. 4, 1º abr. 1978.

46. Notibras, em matéria intitulada de "Costura de Geisel para fazer de Figueiredo sucessor saiu sem muito choro ou velas", por José Escarlate. Disponível em: <https://www.notibras.com/site/costuras-de-geisel-para-fazer-de-figueiredo-presidente-sairam--sem-choro-nem-vela/>. Acesso em: 2 jan. 2018.

47. *Veja*, n. 822, p. 22, 6 jun. 1984

48. *O Globo*, Rio, p. 18, 29 dez. 1999.

49. GASPARI, Elio. *A ditadura acabada.* Rio de Janeiro: Intrínseca, 2016. p. 98.

50. Ilustrativamente, o jornal *O Globo* noticiava em meados de 1978 que Magalhães Pinto viajaria naquele dia para Sergipe onde receberia o título de cidadão honorário de Aracaju. Depois permaneceria por dois dias em Brasília para uma série de reuniões. Por fim iria a Belo Horizonte ser paraninfo da turma de Ciências Econômicas da Pontifícia Universidade Católica (PUC) de Minas Gerais. Verdadeira rotina de candidato, e assim continuou naqueles meses de 1978, até desistir da candidatura. *O Globo*, O País, p. 6, 12 jun. 1978.

ME ESQUEÇAM – FIGUEIREDO

51. COUTO, Ronaldo. *História indiscreta da ditadura e da abertura.* 5. ed. Rio de Janeiro: Record, 2010. p. 246.

52. GASPARI, Elio. *A ditadura acabada.* Rio de Janeiro: Intrínseca, 2016. p. 99.

53. ABREU, Hugo. *Tempo de crise.* Rio de Janeiro: Nova Fronteira, 1980. p. 119.

54. Depoimento do jornalista Elio Gaspari para este livro em 25 de maio de 2018.

55. *Folha de S.Paulo*, Nacional, p. 6, 15 set. 1978.

56. Cerca de 500 mil eleitores naquele momento. *Folha de S.Paulo*, Nacional, p. 6, 15 set. 1978.

57. *Jornal do Brasil*, Política e Governo, p. 2, 15 set. 1978.

58. *O Globo*, O País, p. 8, 5 jan. 1978.

59. *Veja*, n. 463, p. 20, 20 jul. 1977.

60. FARHAT, Said. *Tempo de gangorra.* São Paulo: Tag e Line, 2012. p. 240.

61. *Veja*, n. 488, p. 21, 11 jan. 1978.

62. FARHAT, Said. *Tempo de gangorra.* São Paulo: Tag e Line, 2012. p. 273, 275.

63. *Idem*, p. 258.

64. GARCIA, Alexandre. *João presidente.* Rio de Janeiro: Artenova,1978. p. 82.

65. FARHAT, Said. *Tempo de gangorra.* São Paulo: Tag e Line, 2012. p. 263.

66. *Idem*, p. 306.

67. *Folha de S.Paulo*, Brasil, p. 9, 25 dez. 1999.

68. *Folha de S.Paulo*, Nacional, p. 4, 5 abr. 1978.

69. *Idem.*

70. *Folha de S.Paulo*, Brasil, p. 9, 25 dez. 1999.

71. SINGER, André e outros, "No Planalto, com a Imprensa — Entrevistas de Secretários de Imprensa e Porta-vozes: de JK a Lula", entrevista de Carlos Átila, Ed. Massangana, p. 343, Brasília, 2010.

NOTAS

72. GARCIA, Alexandre. *João presidente*. Rio de Janeiro: Artenova, 1978. p. 84.

73. GASPARI, Elio. *A ditadura encurralada*. Rio de Janeiro: Intrínseca, 2014. p. 250.

74. *O Globo*, O País, p. 3, 9 abr. 1978.

75. *Folha de S.Paulo*, Nacional, p. 5, 10 abr. 1978.

76. *Idem*, p. 363.

77. FROTA, Sylvio. *Ideais traídos*. Rio de Janeiro: Jorge Zahar, 2006. p. 594.

78. CHIRIO, Maud. *A política nos quartéis:* revoltas e protestos de oficiais na ditadura militar brasileira. Tradução André Telles. Rio de Janeiro: Jorge Zahar, 2012. p. 219.

79. *Idem*.

80. *Jornal do Brasil*, Política e Governo, p. 4, 27 jan. 1978.

81. *Idem*, Capa, p. 1, 27 jan. 1978.

82. CHIRIO, Maud. *A política nos quartéis:* revoltas e protestos de oficiais na ditadura militar brasileira. Tradução André Telles. Rio de Janeiro: Jorge Zahar, 2012. p. 219, 221.

83. *Jornal do Brasil*, Política e Governo, Coluna do Castelo, p. 2, 28 jan. 1978.

84. *Idem*, Caderno Especial, p. 1, 3 jul. 1977.

85. *Idem*, Capa, p. 2, 27 jan. 1978.

86. *Idem*, Política e Governo, p. 4, 27 jan. 1978.

87. COUTO, Ronaldo. *História indiscreta da ditadura e da abertura*. 5. ed. Rio de Janeiro: Record, 2010. p. 246.

88. CHIRIO, Maud. *A política nos quartéis:* revoltas e protestos de oficiais na ditadura militar brasileira. Tradução André Telles. Rio de Janeiro: Jorge Zahar, 2012. p. 223.

89. *Jornal do Brasil*, Política e Governo, p. 2, 30 maio 1978.

90. *Idem*.

91. ABREU, Hugo. *Tempo de crise*. Rio de Janeiro: Nova Fronteira 1980. p. 129.

ME ESQUEÇAM – FIGUEIREDO

92. CHIRIO, Maud. *A política nos quartéis:* revoltas e protestos de oficiais na ditadura militar brasileira. Tradução André Telles. Rio de Janeiro: Jorge Zahar, 2012. p. 220.

93. *Folha de S.Paulo*, Capa, p. 1, 20 set. 1978.

94. ABREU, Hugo. *Tempo de crise.* Rio de Janeiro: Nova Fronteira, 1980. p. 138.

95. GASPARI, Elio. *A ditadura acabada.* Rio de Janeiro: Intrínseca, 2016. p. 104.

96. *Jornal do Brasil*, Capa, p. 1, 25 set. 1978.

97. *Jornal do Brasil*, 1º Caderno, p. 3, 25 set. 1978.

98. CHIRIO, Maud. *A política nos quartéis:* revoltas e protestos de oficiais na ditadura militar brasileira. Tradução André Telles. Rio de Janeiro: Jorge Zahar, 2012. p. 224.

99. *Veja*, n. 528, p. 22, 18 out. 1978.

100. *Folha de S.Paulo*, Capa, p. 1, 15 out. 1978.

101. SINGER, André et al. *No Planalto, com a imprensa:* entrevistas de secretários de imprensa e porta-vozes: de JK a Lula. Brasília: Massangana, 2010. p. 299.

CAPÍTULO 2: Movimentos iniciais

1. *Jornal do Brasil*, Capa, p. 1, 31 dez. 1978.

2. *Veja*, n. 540, p. 20, 10 jan. 1979.

3. *Idem*, p. 23.

4. *Veja*, n. 540, p. 25, 10 jan. 1979.

5. GASPARI, Elio. *A ditadura acabada.* Rio de Janeiro: Intrínseca, 2016. p. 140.

6. GASPARI, Elio. A *ditadura encurralada.* Rio de Janeiro: Intrínseca, 2014. p. 250.

7. Depoimento do ex-ministro Delfim Netto ao autor deste livro em 22 de outubro de 2018.

8. Instituto Brasileiro do Café (IBC) e Instituto do Açúcar e do Álcool (IAA).

NOTAS

9. Participavam dessa reunião os ministros do Gabinete Civil, do SNI, da Casa Militar e do Planejamento.

10. FONSECA, Maximiano. *O que segura este país*. Rio de Janeiro: Civilização Brasileira, 1987. p. 118-119.

11. *O Globo*, Opinião, p. 7, 30 dez. 1999.

12. *Veja*, n. 541, p. 24, 17 jan. 1979.

13. *O Globo*, Opinião, p. 7, 30 dez. 1999.

14. Os três cargos eram: ministro do Exército (Walter Pires), ministro chefe do SNI (Otávio Medeiros) e ministro chefe do Gabinete Militar (Danilo Venturini).

15. GASPARI, Elio. *A ditadura acabada*. Rio de Janeiro: Intrínseca, 2016. p. 151.

16. *Veja*, n. 523, p. 22, 13 set. 1978.

17. FGV, CPDoc, pesquisa por "Délio Jardim de Matos" em 16 de março de 2017.

18. *Veja*, n. 523, p. 22, 13 set. 1978.

19. Ver Cap. 20, "A saída do almirante".

20. FARHAT, Said. *Tempo de gangorra*. São Paulo: Tag e Line, 2012. p. 301.

21. *O Globo*, Opinião, p. 7, 30 dez. 1999.

22. O general Dale Coutinho, ministro do Exército escolhido por Geisel, faleceu quatro meses depois de assumir o cargo, em virtude de uma parada cardíaca.

23. *O Globo*, Opinião, p. 7, 30 dez. 1999.

24. PAIM, Gilberto (org.). *João Figueiredo:* missão cumprida. Rio de Janeiro: Ed. Escrita, 2005. p. 24.

25. Flamengo e Corinthians jogaram um amistoso no estádio Serejão, em Taguatinga, no dia seguinte à posse de Figueiredo. O Flamengo venceu a partida por 2 a 0, gols de Cláudio Adão e Tita. O próprio presidente esteve no estádio para acompanhar a partida e, ao receber os cumprimentos de Zico ao final do jogo, fez um pedido inusitado: pediu ao craque rubro-negro que não fizesse gols no Botafogo na próxima partida do Campeonato

Carioca, para que o Fluminense (time pelo qual torcia) pudesse se sagrar campeão da Taça Guanabara (primeiro turno do Campeonato Carioca).

26. *Veja*, n. 550, p. 20, 21 mar. 1979.

27. *Jornal do Brasil*, Política e Governo, p. 4, 16 mar. 1979.

28. *Idem*.

29. FARHAT, Said. *Tempo de gangorra*. São Paulo: Tag e Line, 2012. p. 373.

30. *Jornal do Brasil*, Caderno B, p. 1, 13 mar. 1985.

31. *Jornal do Brasil*, 1º Caderno, p. 8, 5 jan. 1978.

32. GARCIA, Alexandre. *João presidente*. Rio de Janeiro: Artenova, 1978. p. 42.

33. *Idem*, em introdução intitulada "Ecce Hommo".

34. *O Globo*, O País, p. 8, 5 jan. 1978.

35. REAGAN, Ronald. *Os diários de Reagan*. Tradução de Gonçalo Praça. Alfragide: Casa das Letras, 2009. p. 135.

36. D'ARAUJO, Maria Celina; CASTRO, Celso; SOARES, Gláucio (orgs.). *A volta aos quartéis*. Rio de Janeiro: Relume Dumará, 1995. p. 109.

37. Depoimento do ex-ministro Delfim Netto ao autor deste livro em 22 de outubro de 2018.

38. *Jornal do Brasil*, 1º Caderno, p. 8, 5 jan. 1978

39. GARCIA, Alexandre. *João presidente*. Rio de Janeiro: Artenova, 1978. p. 101.

40. *O Globo*, O País, p. 5, 20 jun. 1979.

41. Depoimento do capitão de mar e guerra Pedro Getúlio ao autor deste livro em 15 de março de 2019.

42. GARCIA, Alexandre. *João presidente*. Rio de Janeiro: Artenova, 1978. p. 107-108.

43. FARHAT, Said. *Tempo de gangorra*. São Paulo: Tag e Line, 2012. p. 399.

44. D'ARAUJO, Maria Celina; CASTRO, Celso; SOARES, Gláucio (orgs.). *A volta aos quartéis*. Rio de Janeiro: Relume Dumará, 1995. p. 83.

NOTAS

45. COUTO, Ronaldo. *Memória viva do regime militar.* Rio de Janeiro: Record, 1999. p. 343.
46. *O Globo,* O País, p. 8, 3 jun. 2016.
47. *Veja,* n. 587, p. 23, 05 dez. 1979.
48. MEMÓRIA GLOBO. *Jornal Nacional:* a notícia faz história. Rio de Janeiro: Jorge Zahar. 2004. p. 155.
49. D'ARAUJO, Maria Celina; CASTRO, Celso; SOARES, Gláucio (orgs.). *A volta aos quartéis.* Rio de Janeiro: Relume Dumará, 1995. p. 116.
50. SINGER, André et al. *No Planalto, com a imprensa:* entrevistas de secretários de imprensa e porta-vozes: de JK a Lula. Brasília: Massangana, 2010. p. 296-297.
51. *Idem,* p. 303.
52. GASPARI, Elio. *A ditadura encurralada.* Rio de Janeiro: Intrínseca, 2014. p. 440.

CAPÍTULO 3: A anistia

1. Até aquele momento, o Brasil estava na 47ª anistia da sua história. A Lei da Anistia, promulgada em 1979, seria a 48ª anistia política concedida no Brasil.
2. LEITE, Paulo. *A mulher que era o general da casa.* Porto Alegre: Arquipélago Editorial, 2012. p. 39.
3. A denominada Operação Bandeirantes foi uma estrutura investigativa, criada pelo Exército brasileiro no final da década de 1960, destinada a combater organizações que se insurgiam contra a ditadura militar. Composta por militares das três armas e por policiais das forças de segurança federal e estadual, a operação não contava com dotação orçamentária própria, tendo sido mantida por meio de doações de empresas nacionais e estrangeiras alinhadas ao regime militar. A Operação Bandeirantes acabou marcada como uma das estruturas responsáveis por ações de cunho extremamente violento executadas durante a ditadura contra os opositores do regime.

ME ESQUEÇAM – FIGUEIREDO

4. SILVA, Tamy. Therezinha Godoy Zerbini e Carmen Lara de Castro: as "burguesas" que foram à luta. *In:* SEMINÁRIO INTERNACIONAL FAZENDO GÊNERO 10. Florianópolis, 2013. *Anais [...].* Florianópolis: UFSC, 2013. Disponível em: <http://bit.do/fi4sk>. Acesso em: 28 nov. 2019.

5. LEITE, Paulo. *A mulher que era o general da casa.* Porto Alegre: Arquipélago Editorial, 2012. p. 58.

6. GASPARI, Elio. *A ditadura acabada.* Rio de Janeiro: Intrínseca, 2016. p. 91. Citando como fonte a "Apreciação sumária nº 29 do SNI", marcado como secreto, de 2 de agosto de 1976 (CPDoc/ FGV).

7. *Jornal do Brasil,* 1º Caderno, p. 16, 8 dez. 1976.

8. GASPARI, Elio *A ditadura encurralada.* Rio de Janeiro: Intrínseca, 2014. p. 304.

9. GOULART, João Vicente. *Jango e eu:* memórias de um exílio sem volta. Rio de Janeiro: Civilização Brasileira, 2016. p. 285-286.

10. *Idem,* p. 261.

11. *Idem,* p. 312-313.

12. *Folha de S.Paulo,* Brasil, p. A-16, 21 maio 2000.

13. *Jornal do Brasil,* 1º Caderno, p. 16, 8 dez. 1976.

14. *Folha de S.Paulo,* Brasil, p. A-16, 21 maio 2000.

15. FROTA, Sylvio. *Ideais traídos.* Rio de Janeiro: Jorge Zahar, 2006. p. 312.

16. *Folha de S.Paulo,* Brasil, p. A-16, 21 maio 2000.

17. D'ARAUJO, Maria Celina; CASTRO, Celso (orgs.). *Ernesto Geisel.* 4. ed. Rio de Janeiro: FGV, 1997. p. 409.

18. *O Estado de S. Paulo,* Política, "Joao Goulart é enterrado com honras de chefe de Estado", 6 dez. 2013.

19. *Jornal do Brasil,* 1º Caderno, p. 16, 8 dez. 1976.

20. GASPARI, Elio. A *ditadura encurralada.* Rio de Janeiro: Intrínseca, 2014. p. 305.

21. FROTA, Sylvio. *Ideais traídos.* Rio de Janeiro: Jorge Zahar, 2006. p. 311.

22. GASPARI, Elio. A *ditadura acabada.* Rio de Janeiro: Intrínseca, 2014. p. 85.

NOTAS

23. *O Globo*, O País, p. 8, 8 dez. 1976.

24. *Idem.*

25. GASPARI, Elio. A *ditadura encurralada*. Rio de Janeiro: Intrínseca, 2014. p. 314.

26. *Jornal do Brasil*, Capa, p. 1, 08 dez. 76.

27. GOULART, João Vicente. *Jango e eu:* memórias de um exílio sem volta. Rio de Janeiro: Civilização Brasileira, 2016. p. 264.

28. *O Globo*, O País, p. 5, 18 mar. 1978.

29. *Idem.*

30. LEITE, Paulo. *A mulher que era o general da casa*. Porto Alegre: Arquipélago Editorial, 2012. p. 61.

31. Objeção de consciência é o direito de qualquer pessoa a não praticar ato contrário às suas convicções de ordem ética, moral ou religiosa. Para a maioria dos juristas, trata-se de um direito natural que emana da própria essência da condição humana. A Constituição brasileira garante expressamente o direito de qualquer pessoa a agir conforme os ditames de sua consciência ao estabelecer, em seu art. 5º, inciso VI, ser "inviolável a liberdade de consciência e de crença".

32. GREEN, James. *Apesar de vocês:* oposição à ditadura brasileira nos Estados Unidos 1964-1985. Tradução S. Duarte. São Paulo: Companhia das Letras, 2009. p. 451.

33. LEITE, Paulo. *A mulher que era o general da casa*. Porto Alegre: Arquipélago Editorial, 2012. p. 63.

34. *O Globo*, Cultura, Coluna do Ibrahim Sued, p. 32, 13 jun. 1977.

35. Organização clandestina de inspiração trotskista.

36. GREEN, James. *Apesar de vocês:* oposição à ditadura brasileira nos Estados Unidos 1964-1985. Tradução S. Duarte. São Paulo: Companhia das Letras, 2009. p. 449-450.

37. GASPARI, Elio. A *ditadura acabada*. Rio de Janeiro: Intrínseca, 2014. p. 86.

38. LEITE, Paulo. *A mulher que era o general da casa*. Porto Alegre: Arquipélago Editorial, 2012. p. 60.

39. FGV, CPDoc, pesquisa por "Peri Bevilacqua" em 28 de outubro de 2018.

40. LEMOS, Renato. *Justiça fardada*: o General Peri Bevilaqua no Superior Tribunal Militar (1965-1969). Rio de Janeiro: Bom Texto, 2004. p.17.

41. Idem, p. 86.

42. MARCHI, Carlos. *Senhor República*. Rio de Janeiro: Record, 2017. p. 265.

43. *Folha de S.Paulo*, Ilustríssima, em "Legalista, General Pery Bevilaqua dá, em 1976, sua visão do golpe", em 21 dez. 2014 (Folha Digital).

44. FGV, CPDoc, pesquisa por "Peri Bevilacqua" em 28 out. 2018.

45. GREEN, James. *Apesar de vocês:* oposição à ditadura brasileira nos Estados Unidos 1964-1985. Tradução S. Duarte. São Paulo: Companhia das Letras, 2009. p. 459.

46. *Jornal do Brasil*, Política e Governo, p. 3, 28 jan. 1979.

47. *Idem.*

48. A iniciativa privativa, também conhecida como iniciativa reservada ou exclusiva, é a prerrogativa estabelecida pela Constituição de que somente determinada pessoa ou órgão pode deflagrar o processo legislativo, sob pena de vício de inconstitucionalidade formal. Esse tipo de iniciativa também é indelegável.

49. *O Globo*, O País, p. 10, 28 jan. 1979.

50. *Idem.*

51. *Idem*, p. 4, 29 jan. 1979.

52. *Jornal do Brasil*, 1º Caderno, p. 6, 8 fev. 1979.

53. *O Globo*, O País, p. 3, 18 fev. 1979.

54. Movimento deflagrado após a renúncia de Jânio Quadros à Presidência da República, em 1961. Leonel Brizola liderou esse movimento cívico a favor da manutenção da legalidade, defendendo a posse do vice-presidente João Goulart, conforme determinava a Constituição vigente.

55. *Época*, "Primavera de uma Lei", 14 set. 2010.

56. GREEN, James. *Apesar de vocês:* oposição à ditadura brasileira nos Estados Unidos 1964-1985. Tradução S. Duarte. São Paulo: Companhia das Letras, 2009. p. 459.

57. *Idem*, p. 460.

NOTAS

58. GASPARI, Elio. *A ditadura acabada*. Rio de Janeiro: Intrínseca, 2016. p. 90.

59. *Idem*.

60. Depoimento do jornalista Elio Gaspari ao autor deste livro em 25 de maio de 2018.

61. *O Globo*, O País, p. 10, 8 ago. 1999.

62. Depoimento do jornalista Elio Gaspari ao autor deste livro em 25 de maio de 2018.

63. GASPARI, Elio. A *ditadura acabada*. Rio de Janeiro: Intrínseca, 2014. p. 87.

64. *Folha de S.Paulo*, "Planos de Brizola ameaçaram a anistia", em 23 ago. 1999.

65. *Idem*.

66. *Época*, "Primavera de uma Lei", 14 set. 2010.

67. LEITE FILHO, F. C. *El Caudillo:* Leonel Brizola, um perfil biográfico. São Paulo: Ed. A, 2008. p. 358-361.

68. *Veja*, n. 543, p. 14, 31 jan. 1979.

69. *Idem*.

70. *Idem*, n. 488, p. 29, 11 jan. 1978.

71. *Jornal do Brasil*, 1º Caderno, p. 3, 11 fev. 1979.

72. MARCHI, Carlos. *Senhor República*. Rio de Janeiro: Record, 2017. p. 263.

73. *O Globo*, O País, p. 9, 13 jun. 1979.

74. *O Globo*, Capa, p. 1, 21 jun. 1979.

75. *O Globo*, O País, p. 6, 21 jun. 1979.

76. *Idem*.

77. Eram 22 senadores "biônicos".

78. *O Globo*, O País, p. 3, 29 jun. 1979.

79. *Idem*.

80. MARCHI, Carlos. *Senhor República*. Rio de Janeiro: Record, 2017. p. 272-273.

81. VIANA, Gilney; CIPRIANO, Perly. *Fome de liberdade*. 2. ed. São Paulo: Fundação Perseu Abramo, 2009. p. 70.

82. *Idem*, p. 164-166; e MARCHI, Carlos. *Senhor República*. Rio de Janeiro: Record, 2017. p. 282.

ME ESQUEÇAM – FIGUEIREDO

83. *Folha de S.Paulo*, Esportes, p. 1, 12 fev. 1979.

84. *O Globo*, Esportes, p. 20, 12 fev. 1979.

85. VIANA, Gilney; CIPRîANO, Perly. *Fome de liberdade*. 2. ed. São Paulo: Fundação Perseu Abramo, 2009. p. 266.

86. MARCHI, Carlos. *Senhor República*. Rio de Janeiro: Record, 2017. p. 277.

87. MEZAROBBA, Glenda. *Um acerto de contas com o futuro:* a anistia e suas consequências. São Paulo: Humanitas; Fapesp, 2006. p. 50.

88. Durou 8h40min.

89. FICO, Carlos. *A negociação parlamentar da anistia em 1979 e o chamado "perdão aos torturadores".* San José, Costa Rica: Corte Interamericana de Derechos Humanos, [2010?]. p. 11. Disponível em: <http://www.corteidh.or.cr/tablas/r30005.pdf>. Acesso em: 14 ago. 2018.

90. *O Globo*, O País, p. 11, 23 ago. 1979.

91. VIANA, Gilney; CIPRIANO, Perly. *Fome de liberdade*. 2. ed. São Paulo: Fundação Perseu Abramo, 2009. p. 277.

92. FICO, Carlos. *A negociação parlamentar da anistia em 1979 e o chamado "perdão aos torturadores".* San José, Costa Rica: Corte Interamericana de Derechos Humanos, [2010?]. p. 14. Disponível em: <http://www.corteidh.or.cr/tablas/r30005.pdf>. Acesso em: 14 ago. 2018.

93. *Época*, "Primavera de uma lei", 14. set. 2010.

94. GASPARI, Elio. *A ditadura acabada*. Rio de Janeiro: Intrínseca, 2016. p. 162.

95. *O Globo*, Capa, p. 1, 29 ago. 1979.

96. *Folha de S.Paulo*, Capa, p. 1, 29 ago. 1979.

97. *O Globo*, O País, p. 6, 29 ago. 1979.

98. MEZAROBBA, Glenda. *Um acerto de contas com o futuro:* a anistia e suas consequências. São Paulo: Humanitas; Fapesp, 2006. p. 52.

99. Tratava-se de José Sales de Oliveira, preso no quartel do corpo de bombeiros de Fortaleza.

100. *Veja*, n. 598, p. 14, 20 fev. 1980.

NOTAS

101. MARCHI, Carlos. *Senhor República*. Rio de Janeiro: Record, 2017. p. 288-289.

102. *O Globo*, O País, p. 4, 9 out. 1980.

103. *Idem.*

104. PAIM, Gilberto (org.). *João Figueiredo:* missão cumprida. Rio de Janeiro: Ed. Escrita, 2005. p. 58.

105. *Jornal do Brasil*, 1º Caderno, p. 14, 2 set. 1979.

106. *Veja*, n. 1375, p. 75, 17 jan. 1995. A revista *Veja* noticiava ainda que, pelo seu valor histórico, a tanga de crochê roxa seria peça de destaque na exposição "O Museu vai à praia", exibida no Centro Cultural Banco do Brasil (CCBB) durante o verão de 1995.

107. *Veja*, n. 575, p. 20, 17 set. 1979.

108. *Idem.*

109. Memória Globo, "Anistia e a volta dos exilados". Disponível em <https://memoriaglobo.globo.com/jornalismo/coberturas/anistia-e-volta-dos-exilados/>. Acesso em 11 jun. 2020.

110. *Jornal do Brasil*, 1º Caderno, p. 3, 21 out. 1979.

111. Entre os "velhos" comunistas que recepcionaram Prestes estavam Oscar Niemeyer, Gregório Bezerra, Giocondo Dias, Lindolfo Silva, Hércules Correia, José Sales e Luiz Tenório de Lima.

112. Memória Globo, "Anistia e a volta dos exilados". Disponível em: <https://memoriaglobo.globo.com/jornalismo/coberturas/anistia-e-volta-dos-exilados/>. Acesso em 11 jun. 2020.

113. Manifestação promovida pelo movimento estudantil em junho de 1968 que uniu diversos segmentos da sociedade em protesto contra o regime militar. Realizada no centro do Rio de Janeiro, a passeata acabou conhecida pelo número estimado de manifestantes que saíram as ruas naquela data para protestar contra a ditadura instaurada no Brasil. Foi um dos mais emblemáticos movimentos de contestação popular ao regime instaurada em abril de 1964.

114. *Idem.*

115. ECHEVERRIA, Regina. *Sarney:* a biografia. São Paulo: Leya, 2011. p. 249.

ME ESQUEÇAM – FIGUEIREDO

CAPÍTULO 4: Liberdade vigiada: a reorganização sindical

1. ALVES, Maria Helena. *Estado e oposição no Brasil (1964-1984)*. Petrópolis: Vozes, 1984. p. 246.
2. GASPARI, Elio. *A ditadura acabada*. Rio de Janeiro: Intrínseca, 2016. p. 42.
3. GASPARI, Elio; HOLLANDA, Heloisa; VENTURA, Zuenir. *70/80:* cultura em trânsito. Ed. Aeroplano. Rio de Janeiro. 2000. p. 23.
4. MORAES, Denis. *O rebelde do traço*. Rio de Janeiro: José Olympio, 2016. p. 255.
5. *Veja*, n. 605, p. 22, 9 abr. 1980.
6. COUTO, Ronaldo. *História indiscreta da ditadura e da abertura*. 5. ed. Rio de Janeiro: Record, 2010. p. 268.
7. ALVES, Maria Helena. *Estado e oposição no Brasil (1964-1984)*. Petrópolis: Vozes, 1984. p. 255.
8. *Idem*, p. 263.
9. *Idem*, p. 261.
10. *Veja*, n. 607, p. 22, 23 abr. 1980.
11. COUTO, Ronaldo. *História indiscreta da ditadura e da abertura*. 5. ed. Rio de Janeiro: Record, 2010. p. 271.

CAPÍTULO 5: Liberdade cerceada: a reorganização estudantil

1. *Folha de S.Paulo*, Educação, p. 14, 30 mai. 1979.
2. *Idem*, p. 16, 1º jun. 1979.
3. PORENER, Artur. *O poder jovem:* história da participação política dos estudantes brasileiros. 2. ed. Rio de Janeiro: Civilização Brasileira, 1979. p. 310.
4. *O Globo*, O País, p. 6, 2 out. 1980.
5. *Folha de S.Paulo*, Educação, p. 35, 7 out. 1979.
6. *Veja*, n. 615, p. 25, 18 jun. 1980.
7. FARHAT, Said. *Tempo de gangorra*. São Paulo: Tag e Line, 2012. p. 328.

NOTAS

8. *Veja*, n. 633, p. 21, 22 out. 1980.
9. *Idem.*
10. *Idem.*
11. *Idem.*
12. *Jornal do Brasil*, Nacional, p. 17, 19 nov. 1981.
13. MOREIRA, Marcílio Marques. *Diplomacia, política e finanças.* Rio de Janeiro: Objetiva, 2001. p. 133.
14. *Jornal do Brasil*, Nacional, p. 17, 19 nov. 1981.
15. *Veja*, n. 690, p. 20, 25 nov. 1981.
16. *Idem.*
17. *Jornal do Brasil*, 1º Caderno, p. 6, 16 nov. 1981.
18. *Jornal do Brasil*, p. 8, 8 dez. 1981.
19. O estatuto do estrangeiro prescrevia em seu art. 107 que o estrangeiro admitido no Brasil não poderia exercer atividade de natureza política.
20. *Jornal do Brasil*, Política/Nacional, p. 2, 14 mai. 1982.
21. UNE, "Javier Alfaya". Disponível em: <https://www.une.org.br/presidentes/javier-alfaya>. Acesso em: 13 abr. 2018.
22. *Jornal do Brasil*, Cidade/Nacional, p. 9, 5 out. 1982.
23. *Jornal do Brasil*, Política, p. 4, 13 abr. 1983.
24. *Idem.*
25. *Folha de S.Paulo*, Educação, p. 23, 27 out. 1984.
26. *Jornal do Brasil*, Cidade/Nacional, p. 7, 29 out. 1984.
27. *O Globo*, Rio, p. 8, 29 out. 1984.
28. Estudante de Geologia e irmão do político alagoano Renan Calheiros.
29. *Folha de S.Paulo*, Educação, p. 25, 31 out. 1984.
30. *O Globo*, O País, p. 5, 1º nov. 1985.
31. *Idem.*

CAPÍTULO 6: Liberdade consentida: a reorganização partidária

1. O Ato Institucional nº 2 (AI-2) extinguiu os partidos políticos existentes até 1965. No mesmo ano, foi editado pelo governo

ME ESQUEÇAM – FIGUEIREDO

o AI-4 criando uma exigência robusta para a constituição de partidos políticos (mínimo de 120 deputados e 20 senadores), o que na prática instituiu o bipartidarismo no Brasil.

2. Fenômeno semelhante acontecia nas eleições legislativas para senador e deputado federal.

3. ECHEVERRIA, Regina. *Sarney:* a biografia. São Paulo: Leya, 2011. p. 252.

4. PAIM, Gilberto (org.). *João Figueiredo:* missão cumprida. Rio de Janeiro: Ed. Escrita, 2005. p. 37.

5. Em 1980 estava prevista a realização de eleições para prefeito e vereadores na maioria das cidades do país.

6. COUTO, Ronaldo. *História indiscreta da ditadura e da abertura.* 5. ed. Rio de Janeiro: Record, 2010. p. 280.

7. *O Globo*, O País, p. 13, 2 dez. 1979.

8. NEGREIROS, José et al. *O complô que elegeu Tancredo.* Rio de Janeiro: Ed. JB, 1985. p. 93.

9. *Idem.*

10. *O Globo*, O País, p. 13, 2 dez. 1979.

11. *Jornal do Brasil*, 1º Caderno, Coluna do Castello, p. 2, 16 jul. 1981.

12. *Idem.*

13. ALVES, Maria Helena. *Estado e oposição no Brasil (1964-1984).* Petrópolis: Vozes, 1984. p. 270.

14. *O Globo*, O País, p. 12, 2 dez. 1979.

15. ALVES, Maria Helena. *Estado e oposição no Brasil (1964-1984).* Petrópolis: Vozes, 1984. p. 275.

16. COUTO, Ronaldo. *História indiscreta da ditadura e da abertura.* 5. ed. Rio de Janeiro: Record, 2010. p. 280.

17. *Folha de S.Paulo*, Nacional, p. 4, 14 fev. 1982.

18. FGV, CPDoc, pesquisa por "Partido Popular" em 4 de janeiro de 2017.

19. *O Globo*, O País, p. 12, 2 dez. 1979.

20. *Idem.*

21. *O Globo*, O País, p. 13, 2 dez. 1979.

22. *Veja*, n. 613, p. 20, 4 jun. 1980.

23. *Veja*, n. 610, p. 23, 14 mai. 1980.

NOTAS

24. *Veja*, n. 612, p. 25, 28 mai. 1980.
25. *Idem.*
26. *O Estado de S. Paulo*, Geral, p. 5, 27 mai. 1980.
27. Lei nº 6.683/79, art. 5º, Item III, parágrafo 3º.
28. ALVES, Maria Helena. *Estado e oposição no Brasil (1964-1984)*. Petrópolis: Vozes, 1984. p. 270.
29. *O Globo*, O País, p. 4, 22 jul. 2018.
30. PAIM, Gilberto (org.). *João Figueiredo:* missão cumprida. Rio de Janeiro: Ed. Escrita, 2005. p. 256.
31. ALVES, Maria Helena. *Estado e oposição no Brasil (1964-1984)*. Petrópolis: Vozes, 1984. p. 272.
32. A composição do Senado Federal em março de 1980 era a seguinte: PDS — 36 senadores; PMDB —20 senadores; PP — 10 senadores. Havia ainda um único senador indeciso.
33. A composição da Câmara Federal em março de 1980 era a seguinte: PDS — 212 deputados; PMDB — 113 deputados; PP — 66 deputados; PDT — 10 deputados; PT — 6 deputados; PTB — 5 deputados. Oito deputados estavam indecisos.
34. Emenda Constitucional nº 14, de 1980. Disponível em: <https://www2.camara.leg.br/legin/fed/emecon/1980-1987/emendaconstitucional-14-9-setembro-1980-373576-publicacaooriginal-1-pl.html>. Acesso em 7 mai. 2020.
35. *Veja*, n. 668, p. 21-22, 24 jun. 1981.
36. A eleição para prefeito não atingiu a totalidade dos municípios, pois nas capitais dos estados, áreas de segurança nacional, instâncias hidrominerais e municípios de territórios o titular do Poder Executivo ainda foi escolhido de forma indireta. Nesses casos, em âmbito municipal, houve eleição direta apenas para o cargo de vereador.
37. *Folha de S.Paulo*, Nacional, p. 4, 26 jun. 1981.
38. *Idem.*
39. *Veja*, n. 668, p. 23, 24 jun. 1981.
40. *Folha de S.Paulo*, Nacional, p. 4, 25 jun. 1981.
41. *Idem.*
42. *Idem.*

ME ESQUEÇAM – FIGUEIREDO

43. Nessa eleição também seriam disputadas as 686 vagas para o Colégio Eleitoral que elegeria o novo presidente da República em janeiro de 1985. Como naquele momento o mandato presidencial ainda tinha duração de seis anos, é correto afirmar que aquela eleição tinha o potencial de definir os rumos da nação até 1991, data em que seria concluído o mandato do presidente eleito em 1985, caso as regras eleitorais então vigentes não fossem modificadas posteriormente.

44. COUTO, Ronaldo. *História indiscreta da ditadura e da abertura.* 5. ed. Rio de Janeiro: Record, 2010. p. 283.

45. A Lei Falcão (Lei 6.339/76) recebeu esse nome em função de seu conteúdo ter sido concebido pelo ministro Armando Falcão, responsável pela pasta da Justiça durante o governo Geisel. Editada em julho de 1976 para impedir críticas ao governo durante a campanha eleitoral por meio de veículos de comunicação de massa, a lei restringia fortemente a propaganda eleitoral, proibindo a realização de debates e limitando a presença dos candidatos na televisão apenas à exibição de foto e breve currículo, o que excluía a apresentação de sua plataforma e propostas eleitorais.

46. ALVES, Maria Helena. *Estado e oposição no Brasil (1964-1984).* Petrópolis: Vozes, 1984. p. 285.

47. *Idem*, p. 283.

48. *Idem*, p. 278.

49. "Pacote de Abril" foi a denominação dada pela imprensa ao conjunto de medidas adotadas pelo governo do presidente Ernesto Geisel em abril de 1977. Amparado pelo AI-5, o governo impôs ao país medidas de cunho nitidamente autoritário que importaram, dentre outras coisas, no fechamento do Congresso Nacional, na ampliação do mandato presidencial seguinte, na eleição indireta de parte do Senado Federal e na flexibilização do quórum para aprovação de emendas constitucionais.

50. *Veja*, n. 812, p. 22, 28 mar. 1984.

51. KOTSCHO, Ricardo. *Explode um novo Brasil:* diário da campanha das diretas. São Paulo: Brasiliense, 1984. p. 87.

52. *Veja*, n. 743, p. 41, 1º dez. 1982.

NOTAS

53. GASPARI, Elio. *A ditadura acabada*. Rio de Janeiro: Intrínseca, 2016. p. 229.

54. *Veja*, n. 743, p. 28, 1º dez. 1982.

55. *Folha de S.Paulo*, Capa, p. 1, 13 mar. 1983.

56. *Folha de S.Paulo*, Nacional, p. 6, 13 mar. 1983.

57. GASPARI, Elio. *A ditadura acabada*. Rio de Janeiro: Intrínseca, 2016. p. 238.

58. *Veja*, n. 758, p. 25, 16 mar. 1983.

59. 395 KOTSCHO, Ricardo. *Explode um novo Brasil:* diário da campanha das diretas. São Paulo: Brasiliense, 1984. p. 11.

60. O caso Proconsult consistia em uma fraude perpetrada pela empresa contratada pelo TRE para realizar o processamento dos votos daquelas eleições. A fraude foi descoberta após denúncias na imprensa, principalmente por parte do *Jornal do Brasil*.

61. *Veja*, n. 743, p. 32-33, 1º dez. 1982.

62. *Idem*, p. 32.

63. ALVES, Maria Helena. *Estado e oposição no Brasil (1964-1984)*. Petrópolis: Vozes, 1984. p. 288.

64. *Veja*, n. 743, p. 27, 1º dez. 1982.

CAPÍTULO 7: A abertura ameaçada

1. GASPARI, Elio. *A ditadura acabada*. Rio de Janeiro: Intrínseca, 2016. p. 188.

2. D'ARAUJO, Maria Celina; CASTRO, Celso; SOARES, Gláucio (orgs.). *A volta aos quartéis*. Rio de Janeiro: Relume Dumará, 1995. p. 120.

3. GASPARI, Elio. *A ditadura acabada*. Rio de Janeiro: Intrínseca, 2016. p. 187.

4. *Jornal do Brasil*, Atentados, p. 20, 28 ago. 1980.

5. *Veja*, n. 626, p. 16, 3 set. 1980.

6. SINGER, André et al. *No Planalto, com a imprensa:* entrevistas de secretários de imprensa e porta-vozes: de JK a Lula. Brasília: Massangana, 2010. p. 320.

ME ESQUEÇAM – FIGUEIREDO

7. *Jornal do Brasil*, Política e Governo, p. 4, 30 ago. 1980.

8. *Jornal do Brasil*, Capa, p. 1, 29 ago. 1980.

9. *Jornal do Brasil*, Cidade, p. 5, 8 jan. 1981.

10. *Jornal do Brasil*, Política e Governo, Coluna do Castello, p. 2, 10 mai. 1981.

11. *Jornal do Brasil*, Capa, p. 1, 29 ago. 1980.

12. *Jornal do Brasil*, Cidade, p. 16, 27 mar. 1981.

13. *Folha de S.Paulo*, Nacional, p. 4, 3 jul. 1980.

14. *Jornal do Brasil*, Cidade, p. 16, 27 mar. 1981.

15. Denúncia oferecida pelo Ministério Público Federal, p. 42 (PIC nº 1.30.001.006990/2012-37), cujas fontes são os inquéritos realizados em 1981 e 1999.

16. Idem, p. 35.

17. *Jornal do Brasil*, 1º Caderno, p. 4, 1º mai. 1981.

18. *Veja*, n. 661, p. 24, 6 mai. 1981.

19. *Folha de S.Paulo*, Brasil, p. 2, 3 abr. 1981.

20. *Idem*.

21. SILVA, Hélio. *Os presidentes:* João Figueiredo (1979-1982). São Paulo: Ed. Três, 1983. p. 86.

22. GASPARI, Elio. *A ditadura acabada*. Rio de Janeiro: Intrínseca, 2016. p. 198.

23. *Folha de S.Paulo*, Nacional, p. 5, 2 mai. 1981.

24. *Jornal do Brasil*, Capa, p. 1, 2 mai. 1981.

25. *Jornal do Brasil*, 5 mai. 1981.

26. *Folha de S.Paulo*, Nacional, p. 5, 2 mai. 1981.

27. FGV, CPDoc, pesquisa por "Riocentro" em 15 de janeiro de 2017.

28. *Veja*, n. 661, p. 24, 6 mai. 1981.

29. *Jornal do Brasil*, Política, p. 4, 3 jan. 2000.

30. *Folha de S.Paulo*, Brasil, p. 10, 25 dez. 1999.

31. *Jornal do Brasil*, Capa, p. 1, 2 mai. 1981.

32. *Jornal do Brasil*, Política e Governo, Coluna do Castello, p. 2, 8 mai. 1981.

33. SILVA, Hélio. *Os presidentes:* João Figueiredo (1979-1982). São Paulo: Ed. Três, 1983. p. 90.

NOTAS

34. *Idem.*
35. FGV, CPDoc, pesquisa por "Riocentro", em 15 de janeiro de 2018.
36. *IstoÉ*, "A escolha de Figueiredo", 21 abr. 1999. Disponível em: <https://istoe.com.br/30271_A+ESCOLHA+DE+FIGUEIREDO> Acesso em: 16 jan. 2018.
37. SILVA, Hélio. *Os presidentes:* João Figueiredo (1979-1982). São Paulo: Ed. Três, 1983. p. 96.
38. *Veja*, n. 670, p. 52, 8 jul. 1981.
39. FGV, CPDoc, pesquisa por "Riocentro", em 15 de janeiro de 2017.
40. *O Globo*, O País, p. 8, 30 abr. 1999.
41. COUTO, Ronaldo *História indiscreta da ditadura e da abertura.* 5. ed. Rio de Janeiro: Record, 2010. p. 257.
42. *Jornal do Brasil*, capa, p. 1, 5 mai. 1981.
43. SILVA, Hélio. *Os presidentes:* João Figueiredo (1979-1982). São Paulo: Ed. Três, 1983. p. 86.
44. *Veja*, n. 994, p. 21, 23 set. 1987.
45. *Idem.*
46. SINGER, André et al. *No Planalto, com a imprensa:* entrevistas de secretários de imprensa e porta-vozes: de JK a Lula. Brasília: Massangana, 2010. p. 322.
47. D'ARAUJO, Maria Celina; CASTRO, Celso (orgs.). *Ernesto Geisel.* 4. ed. Rio de Janeiro: FGV, 1997. p. 436.
48. FGV, CPDoc, pesquisa por "João Baptista Figueiredo" em 4 de janeiro de 2017. Disponível em <http://www.fgv.br/cpdoc/acervo/dicionarios/verbete-biografico/joao-batista-de-oliveira--figueiredo>. Acesso em 14 jun. 2020
49. PAIM, Gilberto (org.). *João Figueiredo:* missão cumprida. Rio de Janeiro. Ed. Escrita, 2005. p. 19.
50. SILVA, Hélio. *Os presidentes:* João Figueiredo. São Paulo: Ed. Três, 1983. p. 100.
51. D'ARAUJO, Maria Celina; CASTRO, Celso (orgs.). *Ernesto Geisel.* 4. ed. Rio de Janeiro: FGV, 1997. p. 432.

ME ESQUEÇAM – FIGUEIREDO

52. GASPARI, Elio. *A ditadura acabada*. Rio de Janeiro: Intrínseca, 2016. p. 211.

53. *Jornal do Brasil*, Política e Governo, Coluna do Castello, p. 2, 15 nov. 1992.

54. Depoimento do jornalista Francisco Rezek ao autor deste livro em 4 de fevereiro de 2019.

55. SINGER, André et al. *No Planalto, com a imprensa:* entrevistas de secretários de imprensa e porta-vozes: de JK a Lula. Brasília: Massangana, 2010. p. 325-326.

56. NEGREIROS, José et al. *O complô que elegeu Tancredo*. Rio de Janeiro: Ed. JB, 1985. p. 183.

57. *Jornal do Brasil*, Política e governo, p. 4, 14 nov. 1992.

58. *Veja*, n. 863, p. 54, 20 mar. 1985.

59. *O Globo*, O País, p. 3, 29 abr. 1991.

60. *O Globo*, O País, p. 10, 28 abr. 1991.

61. *Idem*.

62. *O Globo*, Capa, p. 1, 29 abr. 1991.

63. *O Globo*, O País, p. 3, 29 abr. 1991.

64. *Idem*.

65. *Veja*, n. 1180, p. 68, 1º mai. 1991.

66. *O Globo*, O País, p. 3, 9 mai. 1991.

67. *Idem*.

68. *O Globo*, O País, p. 11, 28 abr. 1991.

69. *Veja*, n. 1180, p. 61, 1º mai. 1991.

70. *Idem*.

71. *O Globo*, O País, p. 11, 28 abr. 1991.

72. *O Globo*, p. 3, 3 mai. 1991.

73. *IstoÉ*, "A escolha de Figueiredo", 21 abr. 1999. Disponível em: <https://istoe.com.br/30271_A+ESCOLHA+DE+FIGUEIREDO>. Acesso em: 16 jan. 2018.

74. *Idem*.

75. ECHEVERRIA, Regina. *Sarney:* a biografia. São Paulo: Leya, 2011. p. 260.

76. *O Globo*, O País, p. 3, 9 mai. 1991.

NOTAS

77. COUTO, Ronaldo. *História indiscreta da ditadura e da abertura.* 5. ed. Rio de Janeiro: Record, 2010. p. 302.

78. SILVA, Hélio. *Os presidentes:* João Figueiredo. São Paulo: Ed. Três, 1983. p. 97.

79. Denúncia oferecida pelo Ministério Público Federal, p. 51, 53 e 55, (PIC nº 1.30.001.006990/2012-37).

80. O general se recusou a fornecer os nomes de seus interlocutores às autoridades que investigavam o caso, afirmando apenas suas respectivas patentes e corporações: um sargento do Exército e um tenente da Polícia Militar do Estado do Rio de Janeiro (PMERJ). Denúncia oferecida pelo Ministério Público Federal, p. 55, (PIC nº 1.30.001.006990/2012-37).

81. *O Globo*, Opinião, p. 7, 30 dez. 1999.

82. PAIM, Gilberto (org.). *João Figueiredo:* missão cumprida. Rio de Janeiro: Ed. Escrita, 2005. p. 35.

83. *Idem*, p. 34.

84. *O Globo*, O País, p. 3, 11 jun. 1999.

85. D'ARAUJO, Maria Celina; CASTRO, Celso (orgs.). *Ernesto Geisel.* 4. ed. Rio de Janeiro: FGV, 1997. p. 437.

86. *O Globo*, O País, p. 9, 25 jul. 1999.

87. RIBEIRO, Belisa. *Jornal do Brasil:* história e memória. 2. ed. Rio de Janeiro: Record, 2016. p. 329.

88. *O Globo*, Especial, p. 2, 30 mar. 2014.

89. *O Estado de S. Paulo*, Política, 31 mar. 2014. Disponível em: <http://politica.estadao.com.br/noticias/eleicoes,figueiredo--sabia-de-riocentro-mostra-inquerito-imp-,1147231>. Acesso em: 22 nov. 2019.

90. *O Globo*, Especial, p. 2, 30 mar. 2014.

91. Declaração publicada pelo jornal *O Globo*, reproduzindo entrevista do ex-presidente Figueiredo ao *Jornal do Congresso. O Globo*, O País, p. 5, 21 set. 1987.

92. *Jornal do Brasil*, 1º Caderno, p. 11, 5 mai. 1991.

93. RIBEIRO, Belisa. *Jornal do Brasil:* história e memória. 2. ed. Rio de Janeiro: Record, 2016. p. 290.

ME ESQUEÇAM – FIGUEIREDO

94. Denúncia oferecida pelo Ministério Público Federal, p. 19-20, (PIC n° 1.30.001.006990/2012-37).
95. *Idem*, p. 27.
96. *Idem*, p. 329.

CAPÍTULO 8: Saúde e impedimento

1. *Veja*, n. 681, p. 21, 23 set. 1981.
2. *Idem*, p. 20.
3. Depoimento do jornalista Domingos Meirelles ao autor deste livro em 17 de mai. de 2018.
4. *Jornal do Brasil*, 1° Caderno, p. 3, 19 set. 1981.
5. *Idem*.
6. *Idem*.
7. Em agosto de 1969, o presidente Costa e Silva sofreu uma trombose cerebral, o que o deixou impedido de continuar a exercer a chefia do Poder Executivo. De acordo com os termos constitucionais então vigentes, o vice-presidente Pedro Aleixo deveria assumir o cargo em substituição ao titular. Nada feito. Uma junta militar se assenhorou da situação autoproclamando-se no exercício da Presidência da República e impediu que o vice-presidente assumisse a posição constitucional que lhe cabia. A junta militar governou o país pelo período de dois meses, passando o poder para o presidente Emílio Médici. O marechal Costa e Silva faleceu em dezembro de 1969.
8. *Veja*, n. 681, p. 19, 23 set. 1981.
9. SILVA, Hélio. *Os presidentes*: João Figueiredo. São Paulo: Ed. Três, 1983. p. 108.
10. *Veja*, n. 681, p. 24, 23 set. 1981.
11. *Jornal do Brasil*, capa, p. 1, 19 set. 1981.
12. *Veja*, n. 682, p. 26, 23 set. 1981.
13. *O Globo*, O País, p. 3, 20 set. 1981.
14. FONSECA, Maximiano. *O que segura este país*. Rio de Janeiro: Civilização Brasileira, 1987. p. 120.

NOTAS

15. SILVA, Hélio. *Os presidentes*: João Figueiredo. São Paulo: Ed. Três, 1983. p. 108.

16. *Jornal do Brasil*, capa, p. 1, 20 set. 1981.

17. Para o desengano da declaração do ministro Walter Pires, ver GASPARI, Elio. *A ditadura acabada*. Rio de Janeiro: Intrínseca, 2016. p. 255; e SILVA, Hélio. *Os presidentes:* João Figueiredo. São Paulo: Ed. Três, 1983, p. 110-111.

18. *Jornal do Brasil*, capa, p. 1, 20 set. 1981

19. *O Globo*, O País, p. 3, 20 set. 1981.

20. *Veja*, n. 682, p. 28, 30 set. 1981.

21. *Idem*, p. 25.

22. SILVA, Hélio. *Os presidentes:* João Figueiredo. São Paulo: Ed. Três, 1983, p. 107.

23. COUTO, Ronaldo. *Memória viva do regime militar:* 1964-1985. Rio de Janeiro: Record, 1999. p. 188.

24. GASPARI, Elio. *A ditadura acabada*. Rio de Janeiro: Intrínseca, 2016. p. 278.

25. COUTO, Ronaldo. *Memória viva do regime militar:* 1964-1985. Rio de Janeiro: Record, 1999.

26. *Época*, "Habilidade para costurar 'Acordo de Minas' foi decisiva para Tancredo Neves. Disponível em: <https://epoca.globo.com/ideias/noticia/2015/03/bhabilidade-para-costurarb-acordo--de-minas-foi-decisiva-para-tancredo-neves.html>. Acesso em: 10 mai. 2018.

27. D'ARAUJO, Maria Celina; CASTRO, Celso (orgs.). *Ernesto Geisel*. 4. ed. Rio de Janeiro: FGV, 1997. p. 441.

28. *Época*, "Habilidade para costurar 'Acordo de Minas' foi decisiva para Tancredo Neves. Disponível em: <https://epoca.globo.com/ideias/noticia/2015/03/bhabilidade-para-costurarb-acordo--de-minas-foi-decisiva-para-tancredo-neves.html>. Acesso em: 10 mai. 2018.

29. RIBEIRO, Belisa. *Jornal do Brasil:* história e memória. 2. ed. Rio de Janeiro: Record, 2016. p. 255.

ME ESQUEÇAM – FIGUEIREDO

30. SINGER, André et al. *No Planalto, com a imprensa:* entrevistas de secretários de imprensa e porta-vozes: de JK a Lula. Brasília: Massangana, 2010. p. 229.
31. GASPARI, Elio. *A ditadura acabada.* Rio de Janeiro: Intrínseca, 2016. p. 257.
32. D'ARAUJO, Maria Celina; CASTRO, Celso (orgs.). *Ernesto Geisel.* 4. ed. Rio de Janeiro: FGV, 1997. p. 434.
33. *Idem*, p. 441.
34. *Veja*, n. 682, p. 1, 30 set. 1981.
35. Depoimento do ex-ministro Delfim Netto ao autor deste livro em 22 de outubro de 2018.
36. *Jornal do Brasil*, 1º Caderno, Coluna do Castello, p. 2, 25 jun. 1983.
37. GASPARI, Elio. *A ditadura acabada.* Rio de Janeiro: Intrínseca, 2016. p. 257.
38. *Correio Braziliense*, Política, p. 8, 07 ago. 1983.
39. COUTO, Ronaldo. *Memória viva do regime militar:* 1964-1985. Rio de Janeiro: Record, 1999. p. 187.
40. GASPARI, Elio. *A ditadura acabada.* Rio de Janeiro: Intrínseca, 2016. p. 308.

CAPÍTULO 9: A bomba atômica brasileira

1. *Jornal do Brasil*, Internacional, p. 30, 12 ago. 1990.
2. D'ARAUJO, Maria Celina; CASTRO, Celso (orgs.). *Ernesto Geisel.* 4. ed. Rio de Janeiro: FGV, 1997. p. 338.
3. LOPES, Roberto. *Rede de intrigas.* Rio de Janeiro: Record, 1994. p. 120.
4. Depoimento do jornalista Roberto Lopes ao autor deste livro em 4 de junho de 2019.
5. LOPES, Roberto. *Rede de intrigas.* Rio de Janeiro: Record, 1994. p. 124.
6. *Idem.*
7. *Veja*, n. 873, p. 29, 29 mai. 85.

NOTAS

8. *Jornal do Brasil*, Internacional, p. 30, 12 ago. 1990.
9. LOPES, Roberto. *Rede de intrigas.* Rio de Janeiro: Record, 1994. p. 127.
10. *Jornal do Brasil*, Internacional, p. 34, 2 set. 1990.
11. *Jornal do Brasil*, Internacional, p. 30, 12 ago. 1990.
12. *Idem.*
13. *Idem*, p. 34, 02 set. 1990.
14. Depoimento do jornalista Roberto Godoy ao autor deste livro em 17 de junho de 2019.
15. As primeiras denúncias foram feitas pelo jornal britânico *The Guardian* em junho de 1981. No entanto, se referiam apenas à venda de urânio, e não mencionavam a venda da *pasta* de urânio enriquecido que anos depois viria a ser divulgada.
16. *O Globo*, O País, p. 3, 23 mar. 2014.
17. *Jornal do Brasil*, Internacional, p. 30, 12 ago. 1990.
18. *Folha de S.Paulo*, Política, p. 6, 8 ago. 1986.
19. *O Globo*, O Mundo, p. 20, 19 set. 1990.
20. *Idem.*
21. Conclusões do relatório da CPMI que investigou o "Programa Paralelo" de energia nuclear brasileiro, p. 107, Brasília, 6 dez. 1990.
22. *Idem.*

CAPÍTULO 10: Dossiê Baumgarten

1. SINGER, André et al. *No Planalto, com a imprensa:* entrevistas de secretários de imprensa e porta-vozes: de JK a Lula. Brasília: Massangana, 2010. p. 265.
2. *Veja*, n. 752, p. 21, 2 fev. 1983.
3. *Idem*, p. 27.
4. *Idem*, p. 21.
5. GASPARI, Elio. *A ditadura acabada.* Rio de Janeiro: Intrínseca, 2016. p. 78.
6. *O Globo*, Segundo Caderno, p. 3, 23 mai. 2001.

7. *Jornal do Brasil*, 1º Caderno, p. 10, 16 mar. 1983.

8. *Veja*, n. 1503, p. 58, 9 jul. 1997.

9. Depoimento do jornalista Roberto Lopes ao autor deste livro em 4 jun. 2019.

10. LOPES, Roberto. *Rede de intrigas*. Rio de Janeiro: Record, 1994. p. 118.

11. *Jornal do Brasil*, Internacional, p. 30, 12 ago. 1990.

12. FGV, CPDoc, pesquisa por "Otávio Medeiros" em 15 jan. 2017.

13. *Jornal do Brasil*, Internacional, p. 30, 12 ago. 1990.

14. *Veja*, n. 752, p. 22, 2 fev. 1983.

15. *Idem*, p. 25.

16. *Idem*, p. 24.

17. *Veja*, n. 873, p. 29, 29 mai. 1985.

18. *Veja*, n. 752, p. 27, 2 fev. 1983.

19. *Veja*, n. 873, p. 28-29, 29 mai. 1985.

20. *Jornal do Brasil*, Internacional, p. 30, 12 ago. 1990.

21. *Veja*, n. 873, p. 29, 29 mai. 1985.

22. Comissão Estadual da Verdade do Rio de Janeiro. "A memória do terror". Disponível em: <https://www.documentosrevelados.com.br/wp-content/uploads/2018/02/anexo-28-cev-rj-malhaes--divulgacao-publica-29-05-14.pdf>. Acesso em: 20 ago. 2018.

23. GASPARI, Elio. *A ditadura encurralada*. Rio de Janeiro: Intrínseca, 2014. p. 115.

24. *Idem*, p. 219.

25. *Idem*.

CAPÍTULO 11: O autoritarismo agonizante

1. GASPARI, Elio. *A ditadura acabada*. Rio de Janeiro: Intrínseca, 2016. p. 302.

2. *Jornal do Brasil*, p. 2, Coluna do Castello, 28 mai. 1981.

3. *Folha de S.Paulo*, Política, p. 4, 25 jan. 1985.

4. *O Globo*, Grande Rio, p. 14, 10 jun. 1980.

NOTAS

5. *Folha de S.Paulo*, Opinião, "Fantasmas Estudantis", p. 3, 17 jun. 1980.
6. *Idem.*
7. *Jornal do Brasil*, Capa, p. 1, 6 jun. 1980.
8. *Jornal do Brasil*, Cidade, p. 5, 6 jun. 1980.
9. *Idem*, p. 7, 10 jun. 1980.
10. *O Globo*, Grande Rio, p. 14, 10 jun. 1980.
11. *Veja*, n. 615, p. 24, 18 jun. 1980.
12. *O Globo*, Grande Rio, p. 14, 10 jun. 1980.
13. *Idem.*
14. *O Globo*, p. 8, 11 jun. 1980.
15. *Veja*, n. 632, p. 22, 15 out. 1980.
16. *Jornal do Brasil*, Política e Governo, p. 5, 10 out. 1980.
17. *Idem.*
18. *Idem.*
19. *Idem.*
20. *Idem.*
21. *Jornal do Brasil*, Política e governo, p. 10.
22. *O Globo*, O País, p. 11, 16 jun. 2019.
23. Depoimento do ex-ministro Ernane Galvêas ao autor deste livro em 10 de julho de 2019.
24. Morro da Coroa e morro da Cachoeira Grande.
25. *Jornal do Brasil*, Capa, p. 1, 30 set. 1982.
26. *Idem.*
27. *Idem.*
28. *Idem*, 1º Caderno, p. 8.
29. *Jornal do Brasil*, 1º Caderno, p. 14, 1º out. 1982.
30. *Idem*, p. 10.
31. *Jornal do Brasil*, 1º Caderno, p. 15, 2 out. 1982.
32. *Jornal do Brasil*, 1º Caderno, p. 4, 1º out. 1982.
33. RIBEIRO, Belisa. *Jornal do Brasil*: história e memória. 2. ed. Rio de Janeiro: Record, 2016. p. 226.
34. *Veja*, n. 787, p. 39, 5 out. 1983.
35. *Idem.*
36. *Folha de S.Paulo*, Política, p. 6, 30 set. 1983.

ME ESQUEÇAM – FIGUEIREDO

37. *Idem.*
38. *Veja*, n. 787, p. 38-39, 05 out. 1983.
39. *Veja*, n. 788, p. 39, 12 out. 1983.
40. *Veja*, n. 817, p. 32, 2 mai. 1984.
41. *Idem.*
42. *Veja*, n. 817, p. 33, 2 mai. 1984.
43. *O Globo*, Capa, p. 1, 27 abr. 1984.
44. *Veja*, n. 817, p. 32, 2 mai. 1984.

CAPÍTULO 12: A imprevisibilidade de uma crise anunciada

1. LANGONI, Carlos. *A crise do desenvolvimento:* uma estratégia para o futuro. Rio de Janeiro: José Olympio, 1985. p. 8.
2. PAIM, Gilberto (org.). *João Figueiredo:* missão cumprida. Rio de Janeiro: Ed. Escrita, 2005. p. 262.
3. LANGONI, Carlos. *A crise do desenvolvimento:* uma estratégia para o futuro. Rio de Janeiro: José Olympio, 1985. p. 10.
4. D'ARAUJO, Maria Celina; CASTRO, Celso (orgs.). *Ernesto Geisel.* 4. ed. Rio de Janeiro: FGV, 1997. p. 293.
5. SILVA, Anderson Caputo; CARVALHO, Lena Oliveira; MEDEIROS, Otavio Ladeira (orgs.). *Dívida Pública:* a experiência brasileira. Brasília: Secretaria do Tesouro Nacional, 2009. p. 71. Disponível em: <https://www.tesouro.fazenda.gov.br/pt/-/livro-divida-publica-a-experiencia-brasileira>. Acesso em: 30 set. 2018.
6. Alguém que detém o título de especialista em direito e religião.
7. YERGIN, Daniel. *O petróleo.* São Paulo: Paz e Terra, 2012. p. 770.
8. RISCHBIETER, Francisco. *Fragmentos de memória.* Curitiba: Travessa dos Editores, 2007. p. 203.
9. *O Globo*, Opinião, p. 3, 10 dez. 2019.
10. RISCHBIETER, Francisco. *Fragmentos de memória.* Curitiba: Travessa dos Editores, 2007. p. 203.
11. *Veja*, n. 731, p. 124-125, 8 set. 1982.

NOTAS

12. LANGONI, Carlos. *A crise do desenvolvimento:* uma estratégia para o futuro. Rio de Janeiro: José Olympio, 1985. p. 12.

13. *Valor Econômico.* "A mãe de todas as crises no Brasil", 10 ago. 2012.

14. *O Globo,* O País, p. 10, 28 abr. 2002.

15. *Idem.*

16. GASPARI, Elio. *A ditadura acabada.* Rio de Janeiro: Intrínseca, 2016. p. 158.

17. RISCHBIETER, Francisco. *Fragmentos de memória.* Curitiba: Travessa dos Editores, 2007. p. 186.

18. *Idem,* p. 190.

19. *Veja,* n. 571, p. 21, 15 ago. 1979.

20. *Idem.*

21. *Veja,* n. 571, p. 23, 15 ago. 1979.

22. COUTO, Ronaldo. *História indiscreta da ditadura e da abertura.* 5. ed. Rio de Janeiro: Record, 2010. p. 264.

23. *Veja,* n. 571, p. 25, 15 ago. 1979.

24. SINGER, André et al. *No Planalto, com a imprensa:* entrevistas de secretários de imprensa e porta-vozes: de JK a Lula. Brasília: Massangana, 2010. p. 254-255.

25. *Veja,* n. 863, p. 53, 20 mar. 85.

26. Depoimento do ex-ministro Delfim Netto ao autor deste livro em 22 de outubro de 2018.

27. COUTO, Ronaldo. *História indiscreta da ditadura e da abertura.* 5. ed. Rio de Janeiro: Record, 2010. p. 266.

28. Séries históricas do PIB publicadas pelo IBGE.

29. *Veja,* n. 594, p. 20, 23 jan. 1980.

30. Depoimento do ex-ministro Ernane Galvêas ao autor deste livro em 22 ago. 2018.

31. RISCHBIETER, Francisco. *Fragmentos de memória.* Curitiba: Travessa dos Editores, 2007. p. 190-194.

32. *Idem,* p. 195.

33. *Idem,* p. 201.

34. *Idem,* p. 203.

35. *Veja,* n. 594, p. 21, 23 jan. 1980.

ME ESQUEÇAM – FIGUEIREDO

36. *Idem.*

37. SILVA, Hélio. *Os presidentes:* João Figueiredo (1979-1982). São Paulo: Ed. Três, 1983. p. 69.

38. *Idem*, p. 71.

39. *Idem*, p. 69.

40. *Idem*, p. 68.

41. RISCHBIETER, Francisco. *Fragmentos de memória.* Curitiba: Travessa dos Editores, 2007. p. 190-185.

42. *Veja*, n. 594, p. 23, 23 jan. 1980.

43. *Idem*, p. 19.

44. LANGONI, Carlos. *A crise do desenvolvimento:* uma estratégia para o futuro. Rio de Janeiro: José Olympio, 1985. p. 19.

45. MOREIRA, Marcílio Marques. *Diplomacia, política e finanças.* Rio de Janeiro: Objetiva, 2001. p. 132.

46. *Jornal do Brasil*, Economia, p. 33, 18 mai. 1980.

47. *O Globo*, Economia, p. 34, 25 mai. 1980.

48. *Folha de S.Paulo*, Opinião, p. 2, 6 abr. 1983.

49. BOUGHTON, James. *FMI, Silent Revolution:* the International Monetary Fund 1979-1989. Washington: FMI, 2001. p. 336.

50. COUTO, Ronaldo. *História indiscreta da ditadura e da abertura.* 5. ed. Rio de Janeiro: Record, 2010. p. 267. No mesmo sentido, séries históricas do PIB publicadas pelo IBGE.

51. BOUGHTON, James. *FMI, Silent Revolution:* the International Monetary Fund 1979-1989. Washington: FMI, 2001. p. 336.

CAPÍTULO 13: A mãe de todas as crises

1. GASPARI, Elio. *A ditadura acabada.* Rio de Janeiro: Intrínseca, 2016. p. 178.

2. MOREIRA, Marcílio Marques. *Diplomacia, política e finanças.* Rio de Janeiro: Objetiva, 2001. p. 135.

3. LANGONI, Carlos. *A crise do desenvolvimento:* uma estratégia para o futuro. Rio de Janeiro: José Olympio, 1985. p. 10.

NOTAS

4. PAIM, Gilberto (org.). *João Figueiredo:* missão cumprida. Rio de Janeiro: Ed. Escrita, 2005. p. 47.
5. *Veja*, n. 731, p. 122, 8 set. 1982.
6. *Idem.*
7. *O Globo*, "BC: desta semana a gente não passa", 1º set. 2012.
8. Em economia, a expressão "rolar a dívida" significa adiar o seu efetivo pagamento, normalmente substituindo uma dívida antiga prestes a vencer por uma nova, cujo vencimento possui prazo mais longo em relação à original.
9. *Valor Econômico*, "A mãe de todas as crises no Brasil", 10 ago. 2012.
10. *O Globo*, "Eleição de 1982 levou governo militar brasileiro a adiar a ida ao FMI", 1º set. 2012.
11. *Veja*, n. 745, p. 143, 15 dez. 1982.
12. *Idem.*
13. *Idem*, n. 733, p. 126, 22 set. 1982.
14. *Valor Econômico*, "A mãe de todas as crises no Brasil", 10 ago. 2012.
15. *Jornal do Brasil*, 1º Caderno, p. 20, 30 set. 1982.
16. *Idem.*
17. *Idem.*
18. *Veja*, n. 745, p. 145, 15 dez. 1982.
19. *O Estado de S. Paulo*, Capa, P. 1, 28 set. 1982.
20. *Valor Econômico*, "A mãe de todas as crises no Brasil", 10 ago. 2012.
21. Entrevista de Ernane Galvêas ao CPDoc FGV.
22. *Veja*, n. 725, p. 20, 28 jul. 1982.
23. *Idem*, p. 21.
24. Depoimento do capitão de mar e guerra Pedro Getúlio ao autor deste livro em 15 de março de 2019.
25. *Idem*, p. 22.
26. *O Globo*, "Eleição de 1982 levou governo militar brasileiro a adiar a ida ao FMI", 1º set. 2012.

ME ESQUEÇAM – FIGUEIREDO

27. BOUGHTON, James. *FMI, Silent Revolution:* the International Monetary Fund 1979-1989. Washington: FMI, 2001. p. 337.
28. *Veja*, n. 743, p. 27, 1º dez. 1982.

CAPÍTULO 14: A economia enterrou o regime

1. O Plano Marshall, denominado dessa forma em homenagem ao seu idealizador — o general norte-americano George Marshall —, foi um programa de ajuda econômica elaborado pelos Estados Unidos para auxiliar na reconstrução econômica da Europa ocidental após a Segunda Guerra Mundial. Na época da visita do presidente Reagan ao Brasil, especulava-se que algo parecido poderia ser feito naquele momento para ajudar os países latino-americanos.
2. *Veja*, n. 743, p. 129, 1º dez. 1982.
3. *Veja*, n. 744, p. 32-33, 8 dez. 1982.
4. *Veja*, n. 745, p. 146, 15 dez. 1982.
5. Na seara econômica, o termo "empréstimo-ponte" é utilizado para designar um financiamento de curto prazo, que se destina a financiar determinada operação apenas durante o tempo necessário para que venha a ser estruturado outro financiamento de prazo mais longo. Trata-se, em geral, de operações de caráter temporário cujo objetivo é viabilizar uma operação futura ainda em negociação.
6. *Veja*, n. 745, p. 147, 15 dez. 1982.
7. *Veja*, n. 757, p. 31, 9 mar. 1983.
8. Depoimento do ex-ministro Delfim Netto ao autor deste livro em 22 out. 2018.
9. RIBEIRO, Belisa. *Jornal do Brasil:* história e memória. 2. ed. Rio de Janeiro: Record, 2016. p. 641.
10. LANGONI, Carlos. *A crise do desenvolvimento:* uma estratégia para o futuro. Rio de Janeiro: José Olympio, 1985. p. 43.
11. BOUGHTON, James. *FMI, Silent Revolution:* the International Monetary Fund 1979-1989. Washington: FMI, 2001. p. 340.

NOTAS

12. *Idem*, p. 344.

13. *Idem*, p. 340.

14. GREMAUD, Amaury; VASCONCELLOS, Marco Antônio; TONETO JUNIOR, Rudinei. *Economia brasileira contemporânea*. 7. ed. São Paulo: Atlas, 2008. p. 410.

15. SILVA, Anderson Caputo; CARVALHO, Lena Oliveira; MEDEIROS, Otavio Ladeira (orgs.). *Dívida Pública*: a experiência brasileira, p. 72. Brasília: Secretaria do Tesouro Nacional, 2009. p. 72. Disponível em: <https://www.tesouro.fazenda.gov.br/pt/-/livro-divida-publica-a-experiencia-brasileira>. Acesso em: 24 ago. 2018.

16. *Veja*, n. 755, p. 89, 23 fev. 1983.

17. *Idem*, p. 85.

18. *Idem*.

19. NASSIF, Luis. "O pecado que Delfim Netto nunca conseguirá expiar". Jornal *GGN*. Disponível em: <https://jornalggn.com.br/noticia/o-pecado-que-delfim-netto-nunca-conseguira-expiar>. Acesso em: 26 jun. 2018.

20. PAIM, Gilberto (org.). *João Figueiredo:* missão cumprida. Rio de Janeiro: Ed. Escrita, 2005. p. 215.

21. SILVA, Anderson Caputo; CARVALHO, Lena Oliveira; MEDEIROS, Otavio Ladeira (orgs.). *Dívida Pública*: a experiência brasileira. Brasília: Secretaria do Tesouro Nacional, 2009. p. 72. Disponível em: <https://www.tesouro.fazenda.gov.br/pt/-/livro-divida-publica-a-experiencia-brasileira>. Acesso em: 29 out. 2018.

22. *Idem*.

23. *Idem*.

24. BOUGHTON, James. *FMI, Silent Revolution:* the International Monetary Fund 1979-1989. Washington: FMI, 2001. p. 340.

25. *Idem*, p. 341.

26. GASPARI, Elio. *A ditadura acabada*. Rio de Janeiro: Intrínseca, 2016. p. 179.

27. *Época*, Cronologia dos acordos do Brasil com o FMI. Disponível em: <http://revistaepoca.globo.com/Revista/Epoca/0,,EDR50290-5856,00.html>. Acesso em: 14 dez. 2017.

28. *Idem*.

29. GASPARI, Elio. *A ditadura acabada*. Rio de Janeiro: Intrínseca, 2016. p. 180.

30. *Veja*, n. 782, p. 36, 31 ago. 1983.

31. *Idem*, p. 35.

32. *Idem*, n. 783, p. 102, 7 set. 1983.

33. *Idem*, p. 98.

34. Depoimento do economista Carlos Langoni ao autor deste livro em 3 de setembro de 2018.

35. *Veja*, n. 783, p. 98, 7 set. 1983.

36. *Idem*, p. 97.

37. *Idem*.

38. *Idem*, p. 102.

39. *Idem*, p. 98.

40. *Veja*, n. 786, p. 21, 13 jul. 1983.

41. *Idem*, p. 22.

42. *Idem*, p. 24.

43. *Idem*.

44. ALVES, Maria Helena. *Estado e oposição no Brasil (1964-1984)*. Petrópolis: Vozes, 1984. p. 246.

45. COUTO, Ronaldo. *História indiscreta da ditadura e da abertura*. 5. ed. Rio de Janeiro: Record, 2010. p. 304.

46. *Veja*, n. 786, p. 24, 13 jul. 1983.

47. Lei nº 6.078/79.

48. *Veja*, n. 786, capa, 28 set. 1983.

49. *Idem*, p. 20.

50. *Jornal do Brasil*, capa, p. 1, 20 out. 1983.

51. *Idem*.

52. COUTO, Ronaldo. *História indiscreta da ditadura e da abertura*. 5. ed. Rio de Janeiro: Record, 2010. p. 272.

53. *Veja*, n. 790, p. 44-45, 26 out. 1983.

54. *Idem*, p. 46.

NOTAS

55. *O Globo*, O País, p. 7, 20 out. 1983.
56. COUTO, Ronaldo. *História indiscreta da ditadura e da abertura*. 5. ed. Rio de Janeiro: Record, 2010. p. 272.
57. *Jornal do Brasil*, 1º Caderno, Coluna do Castello, p. 2, 21 out. 1983.
58. *Jornal do Brasil*, 1º Caderno, p. 14, 6 abr. 1983.
59. *Folha de S.Paulo*, Opinião, p. 2, 6 abr. 1983.
60. *Veja*, n. 762, p. 30, 13 abr. 1983.
61. *Idem*, p. 24.
62. *Jornal do Brasil*, 1º Caderno, p. 14, 6 abr. 1983.
63. *Folha de S.Paulo*, Local, p. 10, 6 abr. 1983.
64. *Idem*.
65. *Folha de S.Paulo*, Local, p. 9, 6 abr. 1983.
66. GASPARI, Elio. *A ditadura acabada*. Rio de Janeiro: Intrínseca, 2016. p. 250.
67. *Folha de S.Paulo*, Opinião, p. 2, 6 abr. 1983.
68. *Veja*, n. 762, p. 35, 13 abr. 1983.
69. *Veja*, n. 784, p. 41, 14 set. 1983.
70. *Folha de S.Paulo*, Política, p. 11, 27 jan. 1985.
71. *Veja*, n. 863, p. 52, 20 mar. 1985.
72. *O Globo*, O País, p. 3, 9 out. 1991.
73. *Veja*, n. 863, p. 53, 20 mar. 1985.

CAPÍTULO 15: A ira

1. *Jornal do Brasil*, capa, p. 1, 27 jun. 1978.
2. *Jornal do Brasil*, Política e Governo, p. 6, 27 jun. 1978.
3. *Idem*, p. 8.
4. *Idem*.
5. FARHAT, Said. *Tempo de gangorra*. São Paulo: Tag e Line, 2012. p. 331.
6. *Jornal do Brasil*, capa, p. 1, 28 jun. 1978.
7. *Idem*, p. 6.
8. *Folha de S.Paulo*, Nacional, p. 5, 16 out. 1978.

ME ESQUEÇAM – FIGUEIREDO

9. *Jornal do Brasil*, 1º Caderno, p. 3, 16 out. 1978.

10. *Folha de S.Paulo*, capa, p. 1, 16 out. 1978.

11. UNIVERSIDADE ESTÁCIO DE SÁ. *Presidentes do Brasil:* de Deodoro a FHC. Ed. Rio. Rio de Janeiro: Ed. Rio, 2002. p. 733.

12. *Jornal do Brasil*, Política e Governo, p. 8, 27 jun. 1978.

13. *Idem.*

14. *Veja*, n. 463, p. 23, 20 jul. 1977.

15. *Idem.*

16. *Jornal do Brasil*, 1º Caderno, p. 8, 5 jan. 1978.

17. *Idem.*

18. GASPARI, Elio. *A ditadura acabada*. Rio de Janeiro: Intrínseca, 2016. p. 203.

19. GARCIA, Alexandre. *João presidente*. Rio de Janeiro: Artenova, 1978. p. 45.

20. *Idem*, p. 50.

21. Depoimento do capitão de mar e guerra Pedro Getúlio ao autor deste livro em 15 mar. 2019.

22. UNIVERSIDADE ESTÁCIO DE SÁ. *Presidentes do Brasil:* de Deodoro a FHC. Ed. Rio. Rio de Janeiro: Ed. Rio, 2002. p. 734.

23. GASPARI, Elio. *A ditadura acabada*. Rio de Janeiro: Intrínseca, 2016. p. 203.

24. WILLIAM, Wagner. *Uma mulher vestida de silêncio:* a biografia de maria Thereza Goulart. Rio de Janeiro: Record, 2019. p. 202.

25. *O Globo*, O País, p. 8, 5 jan. 1978.

26. *Jornal do Brasil*, Política e Governo, p. 4, 30 ago. 1980.

27. *O Estado de S. Paulo*, Geral, p. 4, 1º out. 1979.

28. O público presente foi estimado entre 4 e 5 mil pessoas. Estimativas sobre o número de pessoas que vaiavam o presidente oscilavam entre cinquenta manifestantes (no mínimo) e duzentos (no máximo). O próprio presidente Figueiredo estimara o grupo em cem pessoas.

29. *O Estado de S. Paulo*, Geral, p. 4, 1º out. 1979.

30. *Veja*, n. 587, p. 21, 5 dez. 1979.

31. GASPARI, Elio. *A ditadura encurralada*. Rio de Janeiro: Intrínseca, 2014. p. 440.

NOTAS

32. Disponível em: https://www.youtube.com/watch?v=C8IOoK3BB58. Acesso em: 14 jun. 2020.
33. *Veja*, n. 587, p. 21, 5 dez. 1979.
34. *Idem.*
35. *O Estado de S. Paulo*, capa, p. 1, 1º out. 1979.
36. NOVEMBRADA Catarinense. Disponível em: <https://dotti. adv.br/novembrada-catarinense>. Acesso em: 29 abr. 2019.
37. UNIVERSIDADE ESTÁCIO DE SÁ. *Presidentes do Brasil:* de Deodoro a FHC. Ed. Rio. Rio de Janeiro: Ed. Rio, 2002. p. 734.

CAPÍTULO 16: As frases

1. *Folha de S.Paulo*, Opinião, p. 2, 17 mai. 1978.
2. *Folha de S.Paulo*, Nacional, p. 8, 14 mai. 1978.
3. *O Estado de S. Paulo*, Geral, P. 5, 22 jun. 1978.
4. *Jornal do Brasil*, Política e Governo, p. 4, 23 ago. 1978.
5. *Idem.*
6. *Folha de S.Paulo*, Nacional, p. 4, 22 ago. 1978.
7. O assunto repercutiu nos principais veículos de comunicação do país, chegando inclusive a ser capa da *Folha*.
8. GARCIA, Alexandre. *João presidente.* Rio de Janeiro: Artenova, 1978.
9. *Jornal do Brasil*, Política e Governo, p. 4, 23 ago. 1978.
10. *Idem.*
11. *O Globo*, O País, p. 8, 10 out. 1979.
12. *Idem.*
13. *Folha de S.Paulo*, Nacional, p. 6, 10 out. 1979.
14. *Idem.*
15. COUTO, Ronaldo. *História indiscreta da ditadura e da abertura.* 5. ed. Rio de Janeiro: Record, 2010. p. 256.
16. *Folha de S.Paulo*, Nacional, p. 5, 24 mai. 1980.
17. *Folha de S.Paulo*, Opinião, p. 2, 27 mai. 1980.
18. GARCIA, Alexandre. *João presidente.* Rio de Janeiro: Artenova, 1978. p. 101.

19. *Idem*, p. 103.

20. FGV, CPDoc, pesquisa por "João Baptista Figueiredo" em 4 de janeiro de 2017. Disponível em: <http://www.fgv.br/cpdoc/acervo/dicionarios/verbete-biografico/joao-batista-de-oliveira--figueiredo>. Acesso em 14 jun. 2020.

21. Professora e advogada militante, a jurista Ester Figueiredo Ferraz foi pioneira nos momentos cruciais de sua trajetória profissional. Além de se tornar a primeira mulher a ocupar um cargo no primeiro escalão governamental no Brasil, foi também a primeira mulher a lecionar na Faculdade de Direito da Universidade de São Paulo e a primeira mulher a ser reitora de uma universidade na América Latina, a Mackenzie-SP.

22. *Veja*, n. 686, p. 22, 28 out. 1981.

23. *Veja*, n. 686, p. 23, 28 out. 1981.

24. COUTO, Ronaldo. *Memória viva do regime militar:* 1964-1985. Rio de Janeiro: Record, 1999. p. 138.

25. Há outras menções a essa mesma frase um pouco destoantes quanto à forma, mas preservando a mesma essência: "Delfim, o Brasil é um pinto que botou um ovo de avestruz e nós estamos aqui para costurar o cu do pinto" (Paulo Henrique Amorim, 2015, p. 223) e também "O Geisel fez o pinto botar ovo de avestruz. Agora vai lá e costura" (Plínio Fraga, 2017, p. 408.)

26. Depoimento do ex-ministro Delfim Netto ao autor deste livro em 22 out. 2018.

27. *Jornal do Brasil*, capa, p. 1, 13 mar. 1985.

28. *Jornal do Brasil*, Caderno B, p. 1, 13 mar. 1985.

29. *Idem*.

30. *Idem*.

31. *Idem*.

32. *Idem*.

33. *Idem*.

34. *Jornal do Brasil*, Política e Governo, p. 5, 13 abr. 1993.

35. *O Globo*, O País, p. 3, 13 abr. 1993.

NOTAS

CAPÍTULO 17: Encontros e desencontros

1. *Jornal do Brasil*, Política e Governo, p. 2, 27 set. 1979.
2. *Idem.*
3. *Jornal do Brasil*, 1º Caderno, p. 6, 28 set. 1979.
4. *Idem.*
5. Ver Cap. 21.
6. *O Estado de S. Paulo,* Geral, p. 16, 28 set. 1979.
7. Ver Cap. 18, "Casos e acasos".
8. *Jornal da Bahia*, 1º Caderno, p. 14, 27 set. 1979.
9. *Jornal do Brasil*, 1º Caderno, p. 6, 28 set. 1979.
10. *Veja*, n. 578, p. 21, 3 out. 1979.
11. *Veja*, n. 863, p. 53, 20 mar. 1985.
12. Rachel Clemens morreu aos 40 anos, em abril de 2015.
13. *O Globo*, Rio, Obituário, p. 12, 14 abr. 2015.
14. FREITAS, Raquel. "Mulher que, quando criança, negou-se a dar mão a Figueiredo morre em BH". G1. Disponível em: <http://g1.globo.com/minas-gerais/noticia/2015/04/mulher--que-quando-crianca-negou-se-dar-mao-figueiredo-morre-em--bh.html>. Acesso em 13 mar. 2020.
15. Depoimento da bióloga Bertha Nicolaevsky ao autor deste livro em 18 de fevereiro de 2019.
16. *Veja*, n. 617, p. 32, 2 jul. 1980.
17. *Idem.*
18. *Jornal do Brasil*, 1º Caderno, p. 22, 1º jul. 1980.
19. *Veja*, n. 618, p. 21, 9 jul. 1980.
20. Depoimento do capitão de mar e guerra Pedro Getúlio ao autor deste livro em 15 de março de 2019.
21. ASSAF, Roberto; MARTINS, Clóvis. *História dos campeonatos cariocas de futebol (1906-2010)*. Rio de Janeiro: Maquinária, 2010. p. 472.
22. *Veja*, n. 619, p. 21, 16 jul. 1980.
23. *Folha de S.Paulo*, capa, p. 1, 13 nov. 1980.

ME ESQUEÇAM – FIGUEIREDO

24. Memória Globo, Corrida do Ouro em Serra pelada (visita do presidente). Disponível em: <https://memoriaglobo.globo.com/jornalismo/coberturas/corrida-do-ouro-em-serra-pelada/estatizacao-do-ouro/> Acesso em 26 mai. 2020.

25. *Folha de S.Paulo*, Nacional, p. 4, 13 nov. 1980.

26. Memória Globo, Corrida do Ouro em Serra pelada (visita do presidente). Disponível em: <https://memoriaglobo.globo.com/jornalismo/coberturas/corrida-do-ouro-em-serra-pelada/o--major-curio/>. Acesso em 26 mai. 2020.

27. *O Globo*, O País, p. 4, 27 out. 1982.

28. *Os Trapalhões na Serra Pelada* (1982).

29. *Jornal do Brasil*, capa, p. 1, 27 out. 1982.

30. *Veja*, n. 739, p. 20, 3 nov. 1982.

31. PAIM, Gilberto (org.). *João Figueiredo:* missão cumprida. Rio de Janeiro: Ed. Escrita, 2005. p. 235.

32. GOMES, João Carlos. *Glauber Rocha, esse vulcão.* Rio de Janeiro: Nova Fronteira, 1997. p. 195.

33. MARCELO, Carlos. *Renato Russo, o filho da revolução.* 2. ed. São Paulo: Planeta, 2018. p. 136.

34. *O Globo*, O País, p. 9, 8 fev. 1981.

35. *Idem*, Capa, p. 1, 4 fev. 1981.

36. GOMES, João Carlos. *Glauber Rocha, esse vulcão.* Rio de Janeiro: Nova Fronteira, 1997. p. 348.

37. *O Globo*, O País, p. 9, 8 fev. 1981.

38. *Idem.*

39. *O Globo*, O País, p. 4, 4 fev. 1981.

40. JUPIARA, Eloy; OTAVIO, Chico. *Os porões da contravenção.* 2. ed. Rio de Janeiro: Record, 2015. p. 199.

41. *Idem*, p. 198.

42. GARCIA, Alexandre. *João presidente.* Rio de Janeiro: Artenova, 1978. p. 95.

43. *O Globo*, O País, p. 7, 27 jan. 1992.

44. *O Globo*, O País, p. 6, 21 out. 1982.

45. *Idem*, p. 8, 5 jan. 1978.

NOTAS

46. PAIM, Gilberto (org.). *João Figueiredo:* missão cumprida. Rio de Janeiro: Ed. Escrita, 2005. p. 18.
47. *O Globo*, O País, p. 8, 5 jan. 1978.
48. *O Globo*, p. 6, 21 out. 1982.
49. *Idem*.
50. *O Globo*, O País, p. 3, 12 set. 1981.
51. *O Globo*, O País, p. 5, 20 jun. 1979.
52. *O Globo*, O País, p. 3, 12 set. 1981.
53. *O Globo*, O País, p. 6, 20 jul.1979.
54. *Jornal do Brasil*, Nacional, p. 10, 25 ago. 1981.
55. *Jornal do Brasil*, Política e Governo, p. 7, 13 set. 1981.
56. *O Globo*, O País, p. 4, 2 abr. 1982.
57. *Veja*, n. 709, p. 20, 7 abr. 1982.
58. *O Globo*, O País, p. 4, 2 abr. 1982.
59. *Veja*, n. 709, p. 20, 7 abr. 1982.
60. WILLIAM, Wagner. *Uma mulher vestida de silêncio:* a biografia de Maria Thereza Goulart. Rio de Janeiro: 2019. p. 527.
61. *Idem*.
62. *Idem*.
63. *O Globo*, O País, p. 2, 25 mai. 1983.
64. *Veja*, n. 769, p. 43, 1º jun. 1983.
65. WILLIAM, Wagner. *Uma mulher vestida de silêncio:* a biografia de Maria Thereza Goulart. Rio de Janeiro: 2019. p. 527.
66. *Veja*, n. 769, p. 43, 01 jun. 1983.
67. O'REILLY, Bill; DUGARD, Martin. *Ronald Reagan*. Tradução Lucas Jim. Rio de Janeiro: Record, 2016. p. 41.
68. Reagan sempre negou tal versão, atribuindo o fato a compromissos imprevistos do então governador Pat Brown.
69. *Veja*, n. 714, p. 20, 12 mai. 1982.
70. Durante o conflito, o Brasil foi formalmente indicado pela Argentina como o representante de seus interesses em Londres.
71. *Veja*, n. 714, p. 22-23, 12 mai. 1982.
72. *O Estado de S. Paulo*, Internacional, abr. 2012.
73. REAGAN, Ronald. *Os diários de Reagan*. Tradução Gonçalo Praça. Alfragide: Casa das Letras, 2009. p. 104.

74. *Idem.*
75. *Veja*, n. 744, p. 32, 8 dez. 1982.
76. *O Globo*, O País, p. 8, 1º dez. 1982.
77. *Veja*, n. 743, p. 131-132, 1º dez. 1982.
78. *O Globo*, O País, p. 6, 2 dez. 1982.
79. A Columbia foi o primeiro "ônibus" do programa aeroespacial norte-americano, construído após os testes realizados com o protótipo Enterprise. Seu primeiro lançamento foi em 1981. Em 2003, a nave sofreu um grave acidente que levou a sua explosão no momento do retorno à órbita da Terra, vitimando fatalmente os sete astronautas que a tripulavam.
80. *Veja*, n. 744, p. 34, 8 dez. 1982.
81. *Piauí*, "Cavalo sem cheiro", n. 79, abr. 2013.
82. REAGAN, Ronald. *Os diários de Reagan.* Tradução Gonçalo Praça. Alfragide: Casa das Letras, 2009. p. 135.
83. *O Globo*, O País, p. 6, 2 dez. 1982.
84. REAGAN, Ronald. *Os diários de Reagan.* Tradução Gonçalo Praça. Alfragide: Casa das Letras, 2009. p. 135.
85. *Piauí*, "Cavalo sem cheiro", n. 79, abr. 2013. Em sentido análogo, *Veja*, n. 744, p. 39, 8 dez. 1982.
86. GASPARI, Elio. *A ditadura acabada.* Rio de Janeiro: Intrínseca, 2016. p. 398.
87. *Jornal do Brasil*, Nacional, p. 6, 16 mar. 1983.
88. *Jornal do Brasil*, Política, p. 4, 3 jan. 2000.
89. D'ARAUJO, Maria Celina; CASTRO, Celso (orgs.). *Ernesto Geisel.* 4. ed. Rio de Janeiro: FGV, 1997. p. 434.
90. *O Globo*, O Mundo, p. 15, 15 jun. 1982.
91. *O Globo*, O País, p. 2, 3 jul. 1982.
92. *O Globo*, Economia, p. 19, 5 fev. 1983.
93. *Jornal do Brasil*, 1º Caderno, p. 3, 8 jul. 1984.
94. Aureliano Chaves, Antônio Carlos Magalhães, Costa Cavalcanti, Mário Andreazza e Marco Maciel.
95. *Jornal do Brasil*, Política, p. 3, 10 mar. 1983.
96. *O Globo*, O País, p. 3, 11 mar. 1983.
97. *Jornal do Brasil*, 1º Caderno, p. 2, 8 jul. 1984.

NOTAS

98. *O Globo*, O País, p. 3, 7 jul. 1984.
99. D'ARAUJO, Maria Celina; CASTRO, Celso (orgs.). *Ernesto Geisel*. 4. ed. Rio de Janeiro: FGV, 1997. p. 439-440.
100. *O Globo*, O País, p. 3, 8 jul. 1984.
101. *Jornal do Brasil*, 1º Caderno, p. 3, 8 jul. 1984.
102. D'ARAUJO, Maria Celina; CASTRO, Celso (orgs.). *Ernesto Geisel*. 4. ed. Rio de Janeiro: FGV, 1997. p. 440-441.
103. *Idem,* p. 440.
104. *Folha de S.Paulo*, Política, p. 4, 25 jan. 1985.
105. *O Globo*, O País, p. 5, 2 dez. 1995.
106. *Veja*, n. 822, p. 22, 6 jun. 1984.
107. *O Globo*, Economia, p. 22, 30 mai. 1984.
108. *Veja*, n. 1631, p. 46, 12 jan. 2000.
109. *Veja*, n. 822, p. 22, 6 jun. 1984.
110. *O Globo*, O País, p. 4, 3 jan. 2000.
111. 62 *Jornal do Brasil*, Política, p. 3, 18 jan. 1984.
112. ECHEVERRIA, Regina. *Sarney:* a biografia. São Paulo: Leya, 2011. p. 272.
113. *Jornal do Brasil*, capa, p. 1, 18 jan. 1984.
114. *Idem.*
115. *Jornal do Brasil*, Política, p. 3, 18 jan. 1984.
116. *Jornal do Brasil*, Política, p. 3, 18 jan. 1984.
117. *Veja*, n. 803, p. 23, 25 jan. 1984.
118. *Folha de S.Paulo*, Política, p. 4, 25 jan. 1985.

CAPÍTULO 18: Casos e acasos

1. *O Globo*, Jornais de Bairro (Ipanema), p. 7, 14 mai. 1984.
2. *O Globo*, O País, p. 10, 24 ago. 1978.
3. MORAES, Denis. *O rebelde do traço*. Rio de Janeiro: José Olympio. 2016. p. 181.
4. *Idem.*
5. *Jornal da República*, Editorial, p. 4, 1º set. 1979.
6. *Jornal da República*, Editorial, p. 4, 14 set. 1979.

7. MORAES, Denis. *O rebelde do traço*. Rio de Janeiro: José Olympio. 2016. p. 197.
8. *Idem*, p. 242.
9. *Jornal da República*, Editorial, p. 4, 6 set. 1979.
10. MORAES, Denis. *O rebelde do traço*. Rio de Janeiro: José Olympio. 2016. p. 241.
11. *Idem*, p. 181.
12. *Veja*, n. 578, p. 20, 3 out. 1979.
13. *Jornal da República*, Política, p. 3, 29 set. 1979.
14. *O Estado de S. Paulo*, Geral, p. 2, 9 out. 1979.
15. *O Globo*, O País, p. 6, 3 out. 1979.
16. *Idem*.
17. *Idem*.
18. CLARK, Walter; PRIOLI, Gabriel. *O campeão de audiência*. 2. ed. São Paulo: Summus Editorial, 2015. p. 342.
19. *Jornal do Brasil*, Política/Nacional, p. 8, 18 jul. 1980.
20. *Jornal do Brasil*, 1º Caderno, p. 6, 19 jul. 1980.
21. "Lacração da TV Tupi (remasterizado)". Disponível em: <https://www.youtube.com/watch?v=vg7nMj9B9pc>. Acesso em: 27 set. 2019.
22. CLARK, Walter; PRIOLI, Gabriel. *O campeão de audiência*. 2. ed. São Paulo: Summus Editorial, 2015. p. 343.
23. SINGER, André et al. *No Planalto, com a imprensa:* entrevistas de secretários de imprensa e porta-vozes: de JK a Lula. Brasília: Massangana, 2010. p. 264.
24. *Idem*.
25. *Folha de S.Paulo*, Economia, p. 16, 20 mar. 1980.
26. *Idem*.
27. *Idem*.
28. As novas tevês. TV Baú. Disponível em: <http://tvbau.blogspot.com.br/2010/07/1981-concessoes-da-manchete-e-sbt.html>. Acesso em: 22 mar. 2019.
29. *Idem*.
30. *Jornal do Brasil*, Política, p. 3, 3 jan. 2000.
31. *O Globo*, O País, p. 4, 3 jan. 2000.

NOTAS

32. *Idem.*

33. Julho/2019.

34. SILVIO Santos sobre Figueiredo: "Se não fosse ele, eu tava vendendo caneta na Sé". *Brasil 247.* Disponível em: <https://www.brasil247.com/midia/silvio-santos-sobre-figueiredo-se-nao-fosse--ele-eu-tava-vendendo-caneta-na-se>. Acesso em: 25 mar. 2019.

35. STYCER, Maurício. No "Jogo das 3 Pistas", Silvio diz que Figueiredo "deu" o SBT para ele". *Uol.* Disponível em: <https://mauriciostycer.blogosfera.uol.com.br/2018/12/24/no-jogo-das-3--pistas-silvio-diz-que-figueiredo-deu-o-sbt-para-ele/>. Acesso em: 22 mar. 2019.

36. *Jornal do Brasil*, Política e Governo, p. 3, 5 mar. 1980.

37. *Jornal do Brasil*, p. 2, 3 mai. 1980.

38. SINGER, André et al. *No Planalto, com a imprensa:* entrevistas de secretários de imprensa e porta-vozes: de JK a Lula. Brasília: Massangana, 2010. p. 242.

39. *O Globo*, O País, p. 3, 11 nov. 1980.

40. SINGER, André et al. *No Planalto, com a imprensa:* entrevistas de secretários de imprensa e porta-vozes: de JK a Lula. Brasília: Massangana, 2010. p. 267.

41. *O Globo*, O País, p. 3, 11 nov. 1980.

42. *Veja*, n. 636, p. 22, 12 nov. 1980.

43. *O Globo*, O País, p. 3, 11 nov. 1980.

44. *Veja*, n. 636, p. 22, 12 nov. 1980.

45. Entrevista concedida pelo jornalista Alexandre Garcia, em agosto de 2006, a Marcone Formiga, do *Brasília em Dia.* Disponível em: <http://cloacanews.blogspot.com.br/2009/08/vestal-da-globo-posou-seminu-para.html>. Ver também SINGER, André *et al.* No Planalto, com a imprensa: entrevistas de secretários de imprensa e porta-vozes: de JK a Lula. Brasília: Massangana, 2010. p. 266.

46. *Jornal do Brasil*, Política e Governo, p. 4, 11 nov. 1980.

47. *O Globo*, O País, p. 4, 12 nov. 1980.

ME ESQUEÇAM – FIGUEIREDO

48. SINGER, André *et al. No Planalto, com a imprensa*: entrevistas de secretários de imprensa e porta-vozes: de JK a Lula. Brasília: Massangana, 2010. p. 267.

49. *O Globo*, O País, p. 4, 12 nov. 1980.

50. *Idem*.

51. *Idem*.

52. *Veja*, n. 637, p. 29, 19 nov. 1980.

53. Entrevista concedida pelo jornalista Alexandre Garcia, em agosto de 2006, a Marcone Formiga, do *Brasília em Dia*. Disponível em: <http://cloacanews.blogspot.com.br/2009/08/vestal-da-globo-posou-seminu-para.html>. Ver também SINGER, André *et al. No Planalto, com a imprensa*: entrevistas de secretários de imprensa e porta-vozes: de JK a Lula. Brasília: Massangana, 2010. p. 264.

54. *O Globo*, O País, p. 4, 12 nov. 1980.

55. Depoimento do diplomata Carlos Átila ao autor deste livro em 5 de fevereiro de 2019.

56. Memória Globo. "O povo e o presidente". Disponível em: <https://memoriaglobo.globo.com/jornalismo/jornalismo-e--telejornais/o-povo-e-o-presidente/>. Acesso em 13 mar. 2020.

57. Depoimento do diplomata Carlos Átila ao autor deste livro em 5 fevereiro de 2019.

58. *Jornal do Brasil*, Política, p. 2, 31 mai. 1982.

59. *Memorial da Democracia*, "TV Globo dá espaço para presidente". Disponível em: <http://memorialdademocracia.com.br/card/tv-globo-da-espaco-para-o-presidente#card-243>. Acesso em: 26 jul. 2018

60. *O Globo*, O País, p. 2, 7 jul. 1982.

61. *Jornal do Brasil*, Política, p. 2, 15 out. 1982.

62. *Jornal do Brasil*, Política/Nacional, p. 4, 16 set. 1982.

63. *Jornal do Brasil*, Política, p. 2, 21 out. 1982.

64. *Jornal do Brasil*, Política/Nacional, p. 3, 7 set. 1982.

65. *Memorial da Democracia*, "TV Globo dá espaço para presidente". Disponível em: <http://memorialdademocracia.com.br/card/

NOTAS

tv-globo-da-espaco-para-o-presidente#card-243>. Acesso em: 26 jul. 2018

66. VERISSIMO, Luis Fernando. *A Velhinha de Taubaté*. Porto Alegre: L&PM, 1983. p. 10.

67. *Idem*, p. 55.

68. *Idem*, p. 76.

69. *Idem*, p. 100.

70. D'ARAUJO, Maria Celina; CASTRO, Celso; SOARES, Gláucio (orgs.). *A volta aos quartéis*. Rio de Janeiro: Relume Dumará, 1995. p. 144.

71. SINGER, André et al. *No Planalto, com a imprensa:* entrevistas de secretários de imprensa e porta-vozes: de JK a Lula. Brasília: Massangana, 2010. p. 346-347.

72. Depoimento do escritor Luis Fernando Verissimo ao autor deste livro em 20 de dezembro 2018.

73. *Jornal do Brasil*, capa, p. 1, 7 nov. 1982.

74. *Jornal do Brasil*, Política e Governo, p. 12, 7 nov. 1982.

75. *O Globo*, capa, p. 1, 7 set. 1982.

76. *Jornal do Brasil*, capa, p. 1, 8 nov. 1982.

77. *Jornal do Brasil*, Política, p. 4, 8 nov. 1982.

78. *O Globo*, O País, p. 8, 7 set. 1982.

79. *Veja*, n. 741, p. 38, 17 nov. 1982.

80. Discurso do presidente Figueiredo em Nova Iguaçu, abril de 1981. Citação extraída da apresentação de Carlos Átila no Clube Militar em abril de 2000.

81. *Veja*, n. 741, capa, 17 nov. 1982.

82. *O Globo*, Esportes, p. 28, 26 out. 1982.

83. *O Globo*, capa, p. 1, 26 out. 1982.

84. Investimento a fundo perdido ou subvenção (denominação técnica dessa modalidade de investimento) é a hipótese de o governo investir em alguma atividade ou área específica sem esperar de volta o pagamento direto do investimento realizado, tendo como retorno os benefícios que o projeto traz para a sociedade de uma maneira geral.

85. *O Globo*, Esportes, p. 26, 11 dez. 1982.

86. *O Globo*, p. 19, 24 dez. 1982.

87. Depoimento do ex-ministro Delfim Netto ao autor deste livro em 22 de outubro de 2018.

88. *O Globo*, Cultura, p. 28, 11 mar. 1983.

89. *Idem*.

90. *Idem*.

91. *Idem*.

92. *Idem*.

93. *Jornal do Brasil*, Política, p. 2, 13 mar. 1985.

94. *O Globo*, O País, p. 3, 14 mar. 1983.

95. *Jornal do Brasil*, Nacional, p. 4, 16 mar. 1983.

96. *Veja*, n. 759, p. 21, 23 mar. 1983.

97. *Jornal do Brasil*, capa, p. 1, 15 mar. 1983.

98. *Idem*.

99. *Jornal do Brasil*, 1º Caderno, p. 10, 16 mar. 1983.

100. *Veja*, n. 759, p. 30, 23 mar. 1983.

101. *Idem*, p. 35.

102. *Jornal do Brasil*, Política, p. 2, 13 mar. 85.

103. *O Globo,* País, 9 mar. 2018.

104. GODOY, Roberto. "Brasil impediu ação americana no Suriname". *Estadão*. Disponível em: <https://www.estadao.com.br/noticias/geral,brasil-impediu-acao-americana-no-suriname,488527>. Acesso em: 26 jul. 2018.

105. *Veja*, n. 1503, p. 54, 9 jul. 1997.

106. Em pelo menos duas publicações norte-americanas sobre o tema, há menção de que o próprio diretor da CIA, William Casey, teria viajado, em missão secreta ao Brasil e à Venezuela para participar das tratativas relativas a uma invasão ao Suriname. REAGAN, Ronald. *Os diários de Reagan*. Tradução Gonçalo Praça. Alfragide: Casa das Letras, 2009. p. 164; e REED, Thomas. *At the Abyss:* An Insider's History of the Cold War. Nova York: Presidio Press, 2004. p. 271.

107. REED, Thomas. *At the Abyss:* An Insider's History of the Cold War. Nova York: Presidio Press, 2004. p. 272.

NOTAS

108. GUERREIRO, Saraiva. *Lembranças de um empregado do Itamaraty.* São Paulo: Siciliano, 1992. p. 127.

109. GODOY, Roberto. "Brasil impediu ação americana no Suriname". *Estadão.* Disponível em: <https://www.estadao.com.br/noticias/geral,brasil-impediu-acao-americana-no-suriname,488527>. Acesso em: 26 jul. 2018.

110. REAGAN, Ronald. *Os diários de Reagan.* Tradução de Gonçalo Praça. Alfragide: Casa das Letras, 2009. p. 163.

111. FGV, CPDoc, pesquisa por "Otávio Aguiar de Medeiros", em 29 de outubro de 2018.

112. *Veja*, n. 1503, p. 54, 9 jul. 1997.

113. LESSA, Eduardo. *A missão Venturini ao Suriname (1983).* Brasília: Instituto Rio Branco, 2009. p. 67.

114. *Idem.*

115. LESSA, Eduardo. *A missão Venturini ao Suriname (1983).* Brasília: Instituto Rio Branco, 2009. p. 68.

116. Depoimento do diplomata Eduardo Lessa ao autor deste livro em 5 de junho de 2019.

117. *Veja*, n. 1503, p. 55, 9 jul. 1997.

118. Em 2009 cerca de um terço das Forças Armadas do Suriname dominavam o idioma português.

119. REAGAN, Ronald. *Os diários de Reagan.* Tradução de Gonçalo Praça. Alfragide: Casa das Letras, 2009. p. 164.

CAPÍTULO 19: A ameaça vermelha

1. ABREU, Hugo. *Tempo de crise.* Rio de Janeiro: Nova Fronteira, 1980. p. 240.

2. D'ARAUJO, Maria Celina; CASTRO, Celso (orgs.). *Ernesto Geisel.* 4. ed. Rio de Janeiro: FGV, 1997. p. 363-364.

3. Faculdade de Direito da UERJ, "Setenta anos de história e memória (1935-2005)", depoimento do professor Luís Roberto Barroso. Disponível em: <http://www.direitouerj.org.br/2005/fdir70/index.htm>. Acesso em: 30 abr. 2018.

4. *Idem.*

5. D'ARAUJO, Maria Celina; CASTRO, Celso (orgs.). *Ernesto Geisel.* 4. ed. Rio de Janeiro: FGV, 1997. p. 366.

6. *Jornal do Brasil*, Política, p. 4, 3 jan. 2000.

7. FARHAT, Said. *Tempo de gangorra.* São Paulo: Tag e Line, 2012. p. 305.

8. *Folha de S.Paulo*, Nacional, p. 4, 5 abr. 78.

9. Figueiredo na Novembrada". Disponível em: <https://www.youtube.com/watch?v=C8IOoK3BB58>. Acesso em: 14 jun. 2020.

10. *O Estado de S. Paulo*, Internacional, p. 10, 30 abr. 2012.

11. *Idem.*

12. *Idem.*

13. ARRUDA, Pedro. *Partidos políticos e disputa eleitoral no Brasil.* São Paulo: EDUC, 2016. p. 172.

14. *Folha de S.Paulo*, Poder, p. 10, 30 jul. 2018.

15. *Idem.*

16. *O Globo*, O País, p. 4, 3 jan. 2000.

17. *Idem*, p. 5, 19 set. 1987.

18. GADDIS, John. *A Guerra Fria.* Tradução Jaime Araújo. Lisboa: Ed. 70, 2007. p. 212.

19. *Idem*, p. 214.

20. Comitê Executivo do Partido Comunista da União Soviética.

21. No início da década de 1980, após o ex-espião Yuri Andropov assumir a liderança da União Soviética, até existiram momentos de tensão com os Estados Unidos. Contudo, o líder soviético ficou pouco mais de um ano no poder e nada apontava naquele momento que houvesse qualquer resquício de iniciativa da União Soviética em infiltrar supostos ideólogos no Brasil.

22. GADDIS, John. *A Guerra Fria.* Tradução de Jaime Araújo. Lisboa: Ed. 70, 2007. p. 229.

23. COUTO, Ronaldo. *História indiscreta da ditadura e da abertura.* 5. ed. Rio de Janeiro: Record, 2010. p. 136.

NOTAS

CAPÍTULO 20: A sucessão

1. Moção de Apoio aprovada pela Executiva Nacional do Partido Democrático Social (PDS), Brasília, 22 jan. 1983.
2. *Idem.*
3. *Jornal do Brasil*, Política, p. 3, 18 jan. 1984.
4. KOTSCHO, Ricardo. *Explode um novo Brasil:* diário da campanha das diretas. São Paulo: Brasiliense, 1984. p. 76.
5. GASPARI, Elio. *A ditadura acabada.* Rio de Janeiro: Intrínseca, 2016. p. 267.
6. *Veja*, n. 835, p. 54, 5 dez. 1984.
7. MEMÓRIA GLOBO. *Jornal Nacional:* a notícia faz história. Rio de Janeiro: Jorge Zahar. 2004. p. 161.
8. MEMÓRIA GLOBO. "Diretas Já". Disponível em: <https://memoriaglobo.globo.com/erros/diretas-ja>. Acesso em 14 mar. 2020.
9. MEMÓRIA GLOBO. *Jornal Nacional:* a notícia faz história. Rio de Janeiro: Jorge Zahar. 2004. p. 158.
10. Depoimento do jornalista João Roberto Marinho ao autor deste livro em 31 de outubro de 2018.
11. *O Globo*, O País, p. 2, 1º abr. 1984.
12. *O Globo*, p. 4, 11 nov. 1983.
13. MEMÓRIA GLOBO. *Jornal Nacional:* a notícia faz história. Rio de Janeiro: Jorge Zahar. 2004. p. 155.
14. *Veja*, n. 794, p. 36-37, 23 nov. 1983.
15. *Idem.*
16. *Idem.*
17. LEONELLI, Domingues; OLIVEIRA, Dante. *Diretas Já:* 15 meses que abalaram a ditadura. 2. ed. Rio de Janeiro: Record, 2004. p. 290.
18. *Folha de S.Paulo*, Capa, p. 1, 21 nov. 1983.
19. *Folha de S.Paulo*, Política, p. 4, 21 nov. 1983.
20. LEONELLI, Domingues; OLIVEIRA, Dante. *Diretas Já:* 15 meses que abalaram a ditadura. 2. ed. Rio de Janeiro: Record, 2004. p. 491.

21. *Veja*, n. 815, p. 38, 18 abr. 1984.

22. *Folha de S.Paulo*, capa, p. 1, 12 abr. 1984.

23. SINGER, André et al. *No Planalto, com a imprensa:* entrevistas de secretários de imprensa e porta-vozes: de JK a Lula. Brasília: Massangana, 2010. p. 351.

24. *Folha de S.Paulo*, 1º Caderno, p. 2, 14 abr. 1984.

25. *Veja*, n. 815, p. 41, 18 abr. 1984.

26. *Folha de S.Paulo*, Política, p. 4, 13 abr. 1984.

27. *Folha de S.Paulo*, 1º Caderno, Opinião, p. 2, 14 abr. 1984.

28. KOTSCHO, Ricardo. *Explode um novo Brasil:* diário da campanha das diretas. São Paulo: Brasiliense, 1984. p. 84.

29. KAPA, Raphael. "'Hoje é dia de ser brasileiro, bebê!', diz Christiane Torloni após 30 anos das Diretas Já". *O Globo.* Disponível em: <https://oglobo.globo.com/brasil/hoje-dia-de-ser-brasileiro-bebe-diz-christiane-torloni-apos-30-anos-das-diretas-ja-12291258>. Acesso em: 29 set. 2017.

30. KOTSCHO, Ricardo. *Explode um novo Brasil:* diário da campanha das diretas. São Paulo: Brasiliense, 1984. p. 106.

31. *Idem*, p. 37.

32. *Idem*, p. 36.

33. *Idem*, p. 62.

34. *Folha de S.Paulo*, Política, p. 4, 17 abr. 1984.

35. NEVES, Marcos Eduardo. *Anjo ou demônio:* a polêmica trajetória de Renato Gaúcho. Rio de Janeiro: Ed. Rotativa, 2013. p. 120.

36. ARRUDA, Pedro. *Partidos políticos e disputa eleitoral no Brasil.* São Paulo: EDUC, 2016. p. 138.

37. *Folha de S.Paulo*, Política, p. A-5, 3 jun. 1988.

38. *Veja*, n. 816, p. 27, 25 abr. 1984.

39. KOTSCHO, Ricardo. *Explode um novo Brasil:* diário da campanha das diretas. São Paulo: Brasiliense, 1984. p. 112.

40. FRAGA, Plínio. *Tancredo Neves, o príncipe civil.* Rio de Janeiro: Objetiva, 2017. p. 376.

41. Em realidade, foram bastonadas.

42. *Jornal do Brasil*, 1º Caderno, Coluna do Castello, p. 2, 25 abr. 1984.

NOTAS

43. KOTSCHO, Ricardo. *Explode um novo Brasil:* diário da campanha das diretas. São Paulo: Brasiliense, 1984. p. 114.

44. NEGREIROS, José et al. *O complô que elegeu Tancredo.* Rio de Janeiro: Ed. JB, 1985. p. 43, 95.

45. ECHEVERRIA, Regina. *Sarney:* a biografia. São Paulo: Leya, 2011. p. 278.

46. *Veja*, n. 837, p. 31, 19 set. 1984.

47. ARRUDA, Pedro. *Partidos políticos e disputa eleitoral no Brasil.* São Paulo: EDUC, 2016. p. 145.

48. LEONELLI, Domingues; OLIVEIRA, Dante. *Diretas Já:* 15 meses que abalaram a ditadura. 2. ed. Rio de Janeiro: Record, 2004. p. 42, 243-244.

49. Aureliano Chaves retirou a candidatura antes do fim do processo, não participando da convenção do PDS.

50. NEGREIROS, José et al. *O complô que elegeu Tancredo.* Rio de Janeiro: Ed. JB, 1985. p. 11-12, 50.

51. *Folha de S.Paulo*, Política, p. 6, 11 set. 1983.

52. *Veja*, n. 802, p. 24, 18 jan. 1984.

53. *Idem*, p. 25.

54. *Correio Braziliense*, Política, p. 8, 07 ago. 1983.

55. NEGREIROS, José et al. *O complô que elegeu Tancredo.* Rio de Janeiro: Ed. JB, 1985. p. 21.

56. *Idem*, p. 38.

57. GARCIA, Alexandre. *Nos bastidores da notícia.* São Paulo: Globo, 1990. p. 272.

58. NEGREIROS, José et al. *O complô que elegeu Tancredo.* Rio de Janeiro: Ed. JB, 1985. p. 175.

59. ECHEVERRIA, Regina. *Sarney:* a biografia. São Paulo: Leya, 2011. p. 273.

60. Depoimento do diplomata Carlos Átila ao autor deste livro em 5 de fevereiro de 2019. Nessa parte da entrevista, Átila narrou uma conversa em que o próprio Figueiredo relatou o episódio.

61. *Idem.*

62. *Jornal do Brasil*, capa, p. 1, 20 jan. 1984.

63. COUTO, Ronaldo. *Memória viva do regime militar:* 1964-1985. Rio de Janeiro: Record, 1999. p. 102.
64. *Folha de S.Paulo*, Política, p. 4, 16 fev. 1984.
65. *Idem*, p. 2.
66. COUTO, Ronaldo. *Memória viva do regime militar:* 1964-1985. Rio de Janeiro: Record, 1999. p. 289.
67. Depoimento do engenheiro Mário Gualberto ao autor deste livro em 14 fev. 2019.
68. *Idem*.
69. *Veja*, n. 854, p. 26, 16 jan. 85.
70. NEGREIROS, José et al. *O complô que elegeu Tancredo.* Rio de Janeiro: Ed. JB, 1985. p. 17.
71. *Idem*, p. 31.
72. GARCIA, Alexandre. *Nos bastidores da notícia.* São Paulo: Globo, 1990. p. 271.
73. NEGREIROS, José *et al. O complô que elegeu Tancredo.* Rio de Janeiro: Ed. JB, 1985. p. 20.
74. PAIM, Gilberto (org.). *João Figueiredo:* missão cumprida. Rio de Janeiro: Ed. Escrita, 2005. p. 246.
75. *Idem*.
76. *Veja*, n. 854, p. 25, 16 jan. 1985.
77. *Jornal do Brasil*, 1º Caderno, Coluna do Castello, p. 2, 31 mar. 1983.
78. *O Globo*, O País, p. 5, 21 set. 1984.
79. *Jornal do Brasil*, capa, p. 1, 13 mai. 1983.
80. *Folha de S.Paulo*, capa, p. 1, 12 mai. 1983.
81. *Veja*, n. 854, p. 26-27, 16 jan. 1985.
82. *O Estado de S. Paulo*, Geral, p. 4, 12 mai. 1983.
83. *Idem*.
84. ECHEVERRIA, Regina. *Sarney:* a biografia. São Paulo: Leya, 2011. p. 271.
85. *Jornal do Brasil*, 1º Caderno, p. 3, 13 mai. 1983.
86. *O Estado de S. Paulo*, Geral, p. 4, 12 mai. 1983.
87. COUTO, Ronaldo. *Memória viva do regime militar:* 1964-1985. Rio de Janeiro: Record, 1999. p. 351.

NOTAS

88. *O Globo*, O País, p. 10, 28 abr. 1991.

89. SINGER, André et al. *No Planalto, com a imprensa:* entrevistas de secretários de imprensa e porta-vozes: de JK a Lula. Brasília: Massangana, 2010. p. 361-362.

90. GASPARI, Elio. *A ditadura acabada.* Rio de Janeiro: Intrínseca, 2016. p. 282.

91. *Jornal do Brasil*, 1º Caderno, "Análise da Notícia", p. 2, 31 mar. 1983.

92. O presidente Figueiredo confirmou em uma de suas últimas entrevistas como presidente da República. *Folha de S.Paulo*, Política, p. 4, 25 jan. 1985.

93. *Veja*, n. 1631, p. 41, 12 jan. 2000.

94. *O Globo*, O País, p. 4, 25 abr. 1984.

95. *Jornal do Brasil*, 1º Caderno, p. 2, 29 nov. 1983.

96. GASPARI, Elio. *A ditadura acabada.* Rio de Janeiro: Intrínseca, 2016. p. 293.

97. NEGREIROS, José et al. *O complô que elegeu Tancredo.* Rio de Janeiro: Ed. JB, 1985. p. 20.

98. *O Globo*, O País, p. 3, 17 jun. 1983.

99. LEONELLI, Domingues; OLIVEIRA, Dante. *Diretas Já:* 15 meses que abalaram a ditadura. 2. ed. Rio de Janeiro: Record, 2004. p. 170-171.

100. *Idem*, p. 146.

101. *Veja*, n. 854, p. 25, 16 jan. 1985.

102. COUTO, Ronaldo. *História indiscreta da ditadura e da abertura.* 5. ed. Rio de Janeiro: Record, 2010. p. 141.

103. FARHAT, Said. *Tempo de gangorra.* São Paulo: Tag e Line, 2012. p. 378.

104. NEGREIROS, José et al. *O complô que elegeu Tancredo.* Rio de Janeiro: Ed. JB, 1985. p. 46.

105. ECHEVERRIA, Regina. *Sarney:* a biografia. São Paulo: Leya, 2011. p. 280.

106. *Veja*, n. 805, p. 20, 8 fev. 1984.

107. Depoimento do ex-presidente José Sarney ao autor deste livro em 14 de fevereiro de 2019.

108. ECHEVERRIA, Regina. *Sarney:* a biografia. São Paulo: Leya, 2011. p. 253, 273, 278.

109. *Idem*, p. 282.

110. *Idem*, p. 273.

111. *Idem*, p. 271.

112. OLINTO, Antônio (coord.). *Mario Andreazza e a integração brasileira*. Rio de Janeiro: Ed. Abm, 2009. v. III, p. 1138.

113. *Veja*, n. 807, p. 24, 22 jan. 1984.

114. NEGREIROS, José et al. *O complô que elegeu Tancredo*. Rio de Janeiro: Ed. JB, 1985. p. 105-106.

115. Depoimento do capitão de mar e guerra Pedro Getúlio ao autor deste livro em 15 de março de 2019.

116. GASPARI, Elio. *A ditadura acabada*. Rio de Janeiro: Intrínseca, 2016. p. 253.

117. *Folha de S.Paulo*, Política, 9 fev. 1983, p. 4.

118. *Idem*.

119. Em realidade, Geisel preferia Olavo Setúbal, mas se rendeu à preferência de Figueiredo, tendo em vista que seria o futuro presidente que teria de conviver com o governador de São Paulo durante o seu governo.

120. *Folha de S.Paulo*, Política, p. 6, 11 set. 1983.

121. *Veja*, n. 804, p. 24, 1º fev. 1984.

122. NEGREIROS, José et al. *O complô que elegeu Tancredo*. Rio de Janeiro: Ed. JB, 1985. p. 24.

123. Os governadores Jair Soares (Rio Grande do Sul), Divaldo Suruagi (Alagoas), João Durval (Bahia), Luís Rocha (Maranhão), João Alves (Sergipe) e Agripino Maia (Rio Grande do Norte), em encontro realizado em junho de 1984, hipotecavam apoio a Andreazza, mas garantiram que não transfeririam esse apoio ao partido. Assim, em nenhuma hipótese apoiaram Maluf no Colégio Eleitoral. A exceção foi o governador Wilson Braga (Paraíba), que apoiava Andreazza, mas afirmara que se curvaria à decisão da convenção do PDS.

124. *Folha de S.Paulo*, Política, p. 5, 22 jun. 1984.

125. *Folha de S.Paulo*, capa, p. 1, 22 jun. 1984.

NOTAS

126. *O Globo*, capa, p. 1, 23 jul. 1984.

127. *Veja*, n. 829, p. 36-37, 25 jul. 1984.

128. NEGREIROS, José et al. *O complô que elegeu Tancredo*. Rio de Janeiro: Ed. JB, 1985. p. 92.

129. OLINTO, Antônio (coord.). *Mario Andreazza e a integração brasileira*. Rio de Janeiro: Ed. Abm, 2009. v. III, p. 1129.

130. Entrevista de um integrante do primeiro escalão do governo Figueiredo para este livro em agosto de 2018.

131. Depoimento do ex-ministro Delfim Netto ao autor deste livro em 22 de outubro de 2018.

132. Depoimento do jornalista Roberto Lopes ao autor deste livro em 4 de junho de 2019.

133. *O Globo*, O País, p. 2, 20 abr. 1988.

134. OLINTO, Antônio (coord.). *Mario Andreazza e a integração brasileira*. Rio de Janeiro: Ed. Abm, 2009. v. III, p. 1132.

135. *O Estado de S. Paulo*, Geral, p. 6, 20 mar. 1984.

136. FONSECA, Maximiano. *O que segura este país*. Rio de Janeiro: Civilização Brasileira, 1987. p. 113.

137. *Idem*, p. 59.

138. *Idem*.

139. FONSECA, Maximiano. *O que segura este país*. Rio de Janeiro: Civilização Brasileira, 1987. p. 102.

140. FGV, CPDoc, pesquisa por "Maximiano Eduardo da Silva Fonseca", em 22 de março de 2018.

141. *Veja*, n. 812, p. 22, 28 mar. 1984.

142. FONSECA, Maximiano. *O que segura este país*. Rio de Janeiro: Civilização Brasileira, 1987. p. 121.

143. *Idem*.

144. Depoimento do almirante Fernando da Fonseca ao autor deste livro em 1º de agosto de 2019.

145. *Veja*, n. 812, p. 22, 28 mar. 1984.

146. *Jornal do Brasil*, 1º Caderno, p. 3, 17 mar. 1984.

147. *Idem*.

148. *Idem*.

ME ESQUEÇAM – FIGUEIREDO

149. PAIM, Gilberto (org.). *João Figueiredo:* missão cumprida. Rio de Janeiro: Ed. Escrita, 2005. p. 299.

150. FONSECA, Maximiano. *O que segura este país.* Rio de Janeiro: Civilização Brasileira, 1987. p. 126.

151. *Veja,* n. 812, p. 22, 28 mar. 1984.

152. *Jornal do Brasil,* 1º Caderno, p. 3, 20 mar. 1984.

153. *Idem.*

154. *Idem.*

155. *Idem.*

156. *O Estado de S. Paulo,* Geral, p. 3, 2 jul. 1985.

157. *Idem.*

158. *Idem.*

159. FONSECA, Maximiano. *O que segura este país.* Rio de Janeiro: Civilização Brasileira, 1987. p. 129-132.

160. *Folha de S.Paulo,* Política, p. 5, 5 dez. 1987.

161. *Idem.*

162. *Jornal do Brasil,* 1º Caderno, p. 6, 9 dez. 1987.

163. *Veja,* n. 854, p. 24, 16 jan. 1985.

164. *Idem,* p. 358-359.

165. ECHEVERRIA, Regina. *Sarney:* a biografia. São Paulo: Leya, 2011. p. 288.

166. *Piauí,* n. 155, p. 34, 13 ago. 2019.

167. *IstoÉ,* p. 25, 1º ago. 1984.

168. Tanto o Partido Comunista Brasileiro (PCB) como o Partido Comunista do Brasil (PCdoB) só voltaram à legalidade no ano seguinte, após a instauração da Nova República.

169. *Veja,* n. 837, p. 30, 19 set. 1984.

170. GASPARI, Elio. *A ditadura acabada.* Rio de Janeiro: Intrínseca, 2016. p. 289.

171. *Veja,* n. 854, p. 41, 16 jan. 1985.

172. *Veja,* n. 842, p. 22, 24 out. 1984.

173. COUTO, Ronaldo. *História indiscreta da ditadura e da abertura.* 5. ed. Rio de Janeiro, Record, 2010. p. 353.

174. *Idem.*

NOTAS

175. FRAGA, Plínio. *Tancredo Neves, o príncipe civil*. Rio de Janeiro: Objetiva, 2017. p. 31.

176. O ditado de que Tancredo gostava era o mundialmente famoso *"Yo no creo em brujas, pero que las hay, las hay"*.

177. GASPARI, Elio. *A ditadura acabada*. Rio de Janeiro: Intrínseca, 2016. p. 291.

178. *Veja*, n. 836, p. 20, 12 set. 1984.

179. *Veja*, n. 836, p. 19, 12 set. 1984.

180. *Veja*, n. 836, p. 20, 12 set. 1984.

181. *Idem.*

182. Depoimento do ex-deputado federal Miro Teixeira ao autor deste livro em 28 de novembro de 2018.

183. *Veja*, n. 854, p. 45, 16 jan. 1985.

184. *Jornal do Brasil*, Política, p. 4, 20 set. 1984.

185. *Idem.*

186. *Idem.*

187. *Idem.*

188. *Veja*, n. 842, p. 21, 24 out. 1984.

189. Enciclopédia Itaú Cultural. "Dina Sfat". Disponível em: <http://enciclopedia.itaucultural.org.br/pessoa349566/dina-sfat>. Acesso em 14 mar. 2020

190. *Veja*, n. 842, p. 21, 24 out. 1984.

191. *Idem.*

192. *Idem.*

193. GASPARI, Elio. *A ditadura acabada*. Rio de Janeiro: Intrínseca, 2016. p. 293.

194. Estagnação econômica aliada à inflação.

195. ARRUDA, Pedro. *Partidos políticos e disputa eleitoral no Brasil*. São Paulo: EDUC, 2016. p. 172-173.

196. *Veja*, n. 895, p. 43, 30 out. 1985.

197. *Jornal do Brasil*, 1º Caderno, Coluna do Castello, p. 2, 22 set. 1984.

198. COUTO, Ronaldo. *História indiscreta da ditadura e da abertura*. 5. ed. Rio de Janeiro: Record, 2010. p. 386.

199. *Jornal do Brasil*, 1º Caderno, p. 4, 22 set. 1984.

200. *O Globo*, O País, p. 5, 21 set. 1984.

201. FRAGA, Plínio. *Tancredo Neves, o príncipe civil*. Rio de Janeiro: Objetiva, 2017. p. 39.

202. *Idem*, p. 40.

203. *Idem*.

204. *O Globo*, O País, p. 2, 22 set. 1984.

205. *Idem*.

206. *Folha de S.Paulo*, Política, p. 6, 20 set. 1984.

207. FRAGA, Plínio. *Tancredo Neves, o príncipe civil*. Rio de Janeiro: Objetiva, 2017. p. 51, 55-56.

208. *Folha de S.Paulo*, capa, p. 1, 25 set. 1984.

209. Depoimento do advogado Carlos Alberto Pires ao autor deste livro em 23 de julho de 2019.

210. *Folha de S.Paulo*, capa, p. 1, 25 set. 1984.

211. *Folha de S.Paulo*, Política, p. 4, 24 set. 1984.

212. *Idem*.

213. *Veja*, n. 854, p. 41, 16 jan. 1985.

214. *Idem*, p. 23.

215. *Jornal do Brasil*, capa, p. 1, 19 set. 1984.

216. *Veja*, n. 1901, p. 65, 20 abr. 2005.

217. ARRUDA, Pedro. *Partidos políticos e disputa eleitoral no Brasil*. São Paulo: EDUC, 2016. p. 177.

218. *Veja*, n. 1901, p. 62, 20 abr. 2005.

219. Ver nota 1268.

220. *Veja*, n. 1901, p. 65-66, 20 abr. 2005.

221. Depoimento do ex-ministro da Marinha Alfredo Karam ao autor deste livro em 6 de julho de 2019.

222. *Idem*.

223. *Veja*, n. 1901, p. 65-66, 20 abr. 2005.

224. Em entrevista ao autor deste livro, Karam afirmou que só poderia confirmar que três pessoas não teriam cogitado a virada de mesa: além dele próprio, não teriam aventado tal possibilidade o presidente Figueiredo e o ministro do Exército Walter Pires.

225. *Veja*, n. 1901, p. 66, 20 abr. 2005.

226. *Idem*.

NOTAS

227. *Idem.*

228. *Veja*, n. 1901, p. 62, 20 abr. 2005.

229. *Idem.*

230. GASPARI, Elio. *A ditadura acabada*. Rio de Janeiro: Intrínseca, 2016. p. 281.

231. *Veja*, n. 854, p. 28, 16 jan. 1985.

232. ARRUDA, Pedro. *Partidos políticos e disputa eleitoral no Brasil*. São Paulo: EDUC, 2016. p. 107.

233. FRAGA, Plínio. *Tancredo Neves, o príncipe civil*. Rio de Janeiro: Objetiva, 2017. p. 390.

234. *Veja*, n. 846, p. 42, 21 nov. 1984.

235. FRAGA, Plínio. *Tancredo Neves, o príncipe civil*. Rio de Janeiro: Objetiva, 2017. p. 49.

236. *Jornal do Brasil*, Política, p. 2, 3 dez. 1983.

237. *Jornal do Brasil*, p. 4, 20 set. 1984.

238. *Jornal do Brasil*, Política, p. 3, 4 nov. 1984.

239. *Jornal do Brasil*, 5 nov. 1984.

240. Depoimento do jornalista Elio Gaspari para este livro em 25 de mai. de 2018.

241. *Jornal do Brasil*, Política, p. 4, 7 nov. 1984

242. *Veja*, n. 846, p. 41-42, 21 nov. 1984.

243. *Jornal do Brasil*, 1º Caderno, Coluna do Castello, p. 2, 13 jun. 1984.

244. FRAGA, Plínio. *Tancredo Neves, o príncipe civil*. Rio de Janeiro: Objetiva, 2017. p. 382.

245. KOTSCHO, Ricardo. *Explode um novo Brasil:* diário da campanha das diretas. São Paulo: Brasiliense, 1984. p. 74.

246. MORAES, Denis. *O rebelde do traço*. Rio de Janeiro: José Olympio. 2016. p. 312.

247. *Veja*, n. 855, p. 22, 23 jan. 1985.

248. *Folha de S.Paulo*, Política, p. 4, 25 jan. 1985.

249. *O Globo*, O País, p. 3, 29 abr. 1991.

250. *O Globo*, O País, 9 out. 1991.

ME ESQUEÇAM – FIGUEIREDO

251. *O Globo*, capa, p. 1, 16 jan. 1985. Disponível também em: <https://www.youtube.com/watch?v=DdB1CLYcNgE>. Acesso em: 23 jan. 2019.

252. *Jornal do Brasil*, capa, p. 1, 16 jan. 1985.

253. *O Globo*, capa, p. 1, 16 jan. 1985.

254. NEGREIROS, José et al. *O complô que elegeu Tancredo*. Rio de Janeiro: Ed. JB, 1985. p. 222.

255. *Veja*, n. 1631, p. 41, 12 jan. 2000.

256. FRAGA, Plínio. *Tancredo Neves, o príncipe civil*. Rio de Janeiro: Objetiva, 2017. p. 512.

CAPÍTULO 21: A despedida

1. *Jornal do Brasil*, Capa, p. 1, 5 jan. 1985.

2. SINGER, André *et al. No Planalto, com a imprensa:* entrevistas de secretários de imprensa e porta-vozes: de JK a Lula. Brasília: Massangana, 2010. p. 272.

3. *Folha de S.Paulo*, Política, p. 4, 25 jan. 1985.

4. GARCIA, Alexandre. *Nos bastidores da notícia*. São Paulo: Globo, 1990. p. 287.

5. *Veja*, n. 463, p. 16, 20 jul. 1977.

6. *Folha de S.Paulo*, Política, p. 4, 25 jan. 1985.

7. UNIVERSIDADE ESTÁCIO DE SÁ. *Presidentes do Brasil:* de Deodoro a FHC. Ed. Rio. Rio de Janeiro: Ed. Rio, 2002. p. 735.

8. SINGER, André et al. *No Planalto, com a imprensa:* entrevistas de secretários de imprensa e porta-vozes: de JK a Lula. Brasília: Massangana, 2010. p. 272-273.

9. *Veja*, n. 863, p. 53, 15 mar. 1985.

10. GARCIA, Alexandre. *Nos bastidores da notícia*. 2. ed. São Paulo: Globo, 1990. p. 287.

11. *O Globo*, O País, p. 5, 16 mar. 1985.

12. GARCIA, Alexandre. *Nos bastidores da notícia*. 2. ed. São Paulo: Globo, 1990. p. 289.

NOTAS

13. Em abril de 1991, o ex-presidente Figueiredo conversou por telefone com um jornalista de *O Globo*, afirmando que a conversa tinha caráter informal, sem o caráter de entrevista. O jornal publicou a conversa na edição de 28 de abril de 91, com a ressalva feita pelo ex-presidente.

14. *O Globo*, O País, p. 10, 28 de abr. 1991.

15. "Presidentes do Brasil — De Deodoro a FHC", Ed. Rio (Universidade Estácio de Sá), p. 735, Rio de Janeiro, 2002.

16. *Folha de S.Paulo*, Política, p. 4, 25 jan. 1985.

17. RIBEIRO, José Augusto. *Tancredo Neves:* a noite do destino. Rio de Janeiro: Civilização Brasileira, 2015. p. 656.

18. *Idem*, p. 688.

19. *Folha de S.Paulo*, Política, p. 4, 25 jan. 1985.

20. *Idem*.

21. SINGER, André et al. *No Planalto, com a imprensa:* entrevistas de secretários de imprensa e porta-vozes: de JK a Lula. Brasília: Massangana, 2010. p. 272-273.

22. *Idem*.

23. *O Globo*, O País, p. 4, 3 jan. 2000.

24. *O Globo*, O País, p. 8, 5 ago. 2012.

25. *Veja*, n. 862, p. 39, 13 mar. 1985.

26. *Idem*.

27. *O Globo*, O País, p. 18, 12 set. 2010.

28. *Idem*.

29. *Veja*, n. 862, p. 38, 13 mar. 1985.

30. *Idem*.

31. *Idem*.

32. FRAGA, Plínio. *Tancredo Neves, o príncipe civil*. Rio de Janeiro: Objetiva, 2017. p. 455.

33. *O Globo*, O País, p. 18, 12 set. 2010.

34. *Idem*.

35. *Idem*.

36. *Idem*.

37. *Idem*.

38. *Idem*.

ME ESQUEÇAM – FIGUEIREDO

39. Disponível em: <https://www.youtube.com/watch?v=ALiRWbj-KGN0>. Acesso em: 24 ago. 2019.

40. FRAGA, Plínio. *Tancredo Neves, o príncipe civil.* Rio de Janeiro: Objetiva, 2017. p. 518-519.

41. Depoimento do jornalista Francisco Rezek ao autor deste livro em 4 de fevereiro de 2019.

42. ECHEVERRIA, Regina. *Sarney:* a biografia. São Paulo: Leya, 2011. p. 307.

43. Na biografia de José Sarney é afirmado que o ministro Luís Octávio tinha entendimento contrário à posse de Sarney, entendimento compartilhado com o ministro Sydney Sanches. Em curta entrevista para este livro, o ex-ministro Octavio Gallotti reconheceu que participou da reunião de emergência no início da madrugada de 15 de março de 1985 junto aos demais ministros que compunham o STF à época, no entanto afirmou que o seu entendimento era pela viabilidade jurídica da posse de José Sarney.

44. Depoimento do ex-ministro do STF Sydney Sanches ao autor deste livro em 31 de agosto de 2018.

45. COUTO, Ronaldo. *Memória viva do regime militar:* 1964-1985. Rio de Janeiro: Record, 1999. p. 188-189.

46. Constituição da 1967 com a Emenda Constitucional nº 1 de 1969.

47. Constituição de 1967, art. 77: "Substituirá o presidente, no caso de impedimento, e suceder-lhe-á, no de vaga, o vice-presidente."

48. COUTO, Ronaldo. *Memória viva do regime militar:* 1964-1985. Rio de Janeiro: Record, 1999. p. 190-191.

49. GUTEMBERG, Luiz. *Moisés:* codinome Ulysses Guimarães: uma biografia. São Paulo: Companhia das Letras, 1994. p. 219.

50. COUTO, Ronaldo. *Memória viva do regime militar:* 1964-1985. Rio de Janeiro: Record, 1999. p. 190.

51. MIR, Luis. *O paciente:* o caso Tancredo Neves. São Paulo: Ed. de Cultura, 2010. p. 138.

52. COUTO, Ronaldo. *Memória viva do regime militar:* 1964-1985. Rio de Janeiro: Record, 1999. p. 301.

NOTAS

53. ECHEVERRIA, Regina. *Sarney:* a biografia. São Paulo: Leya, 2011. p. 304.

54. COUTO, Ronaldo. *Memória viva do regime militar:* 1964-1985. Rio de Janeiro: Record, 1999. p. 67.

55. FRAGA, Plínio. *Tancredo Neves, o príncipe civil.* Rio de Janeiro: Objetiva, 2017. p. 521.

56. Depoimento do ex-presidente José Sarney ao autor deste livro em 14 de fevereiro de 2019.

57. COUTO, Ronaldo. *Memória viva do regime militar:* 1964-1985. Rio de Janeiro: Record, 1999. p. 68.

58. ECHEVERRIA, Regina. *Sarney:* a biografia. São Paulo: Leya, 2011. p. 305.

59. *Idem*, p. 301.

60. MIR, Luis. *O paciente:* o caso Tancredo Neves. São Paulo: Ed. de Cultura, 2010. p. 138.

61. *Idem*, p. 101.

62. COUTO, Ronaldo. *Memória viva do regime militar:* 1964-1985. Rio de Janeiro: Record, 1999. p. 303.

63. ECHEVERRIA, Regina. *Sarney:* a biografia. São Paulo: Leya, 2011. p. 303.

64. MIR, Luis. *O paciente*: o caso Tancredo Neves. São Paulo: Ed. de Cultura, 2010. p. 100.

65. *Folha de S.Paulo*, Política, p. 12, 16 mar. 1985.

66. COUTO, Ronaldo. *Memória viva do regime militar:* 1964-1985. Rio de Janeiro: Record, 1999. p. 68.

67. *Veja*, n. 863, p. 49, 20 mar. 1985.

68. *Idem.*

69. A saída utilizada por Figueiredo em seu último dia como presidente da República era aquela usada rotineiramente por ele em sua chegada e saída do Palácio do Planalto. A rampa principal do Palácio normalmente era utilizada apenas em ocasiões solenes.

70. *O Globo*, O País, p. 5, 16 mar. 1985.

71. *Veja*, n. 863, p. 47, 20 mar. 1985.

72. Depoimento do ex-presidente José Sarney ao autor deste livro em 14 de fevereiro de 2019.

ME ESQUEÇAM – FIGUEIREDO

73. FRAGA, Plínio. *Tancredo Neves, o príncipe civil.* Rio de Janeiro: Objetiva, 2017. p. 523.

74. *Veja*, n. 863, p. 48, 20 mar. 1985.

75. ECHEVERRIA, Regina. *Sarney:* a biografia. São Paulo: Leya, 2011. p. 305.

76. COUTO, Ronaldo. *História indiscreta da ditadura e da abertura.* 5. ed. Rio de Janeiro: Record, 2010. p. 419.

CAPÍTULO 22: Day After

1. *O Globo*, O País, p. 5, 16 mar. 1985.

2. PAIM, Gilberto (org.). *João Figueiredo:* missão cumprida. Rio de Janeiro: Ed. Escrita, 2005. p. 50.

3. *Idem.*

4. *Veja*, n. 863, p. 47, 20 mar. 1985.

5. *Folha de S.Paulo*, Política, p. 12, 16 mar. 1985.

6. Entrevista do ex-presidente Figueiredo à repórter Leila Cordeiro em 15 de março de 1985. Disponível em: <https://www.youtube.com/watch?v=abTXmFDdiPE>. Acesso em: 25 jun. 2019.

7. *Idem.*

8. *O Globo*, O País, p. 5, 21 jul. 1987.

9. COUTO, Ronaldo. *Memória viva do regime militar:* 1964-1985. Rio de Janeiro: Record, 1999. p. 214.

10. *O Globo*, O País, p. 5, 21 jul. 1987.

11. Depoimento do ex-presidente José Sarney ao autor deste livro em 14 de fevereiro de 2019.

12. ECHEVERRIA, Regina. *Sarney:* a biografia. São Paulo: Leya, 2011. p. 306.

13. *O Globo*, O País, p. 3, 9 out. 1991.

14. *Idem.*

15. *O Globo*, Rio, p. 23, 2 jul. 1992.

16. *Idem.*

17. ECHEVERRIA, Regina. *Sarney:* a biografia. São Paulo: Leya, 2011. p. 310.

NOTAS

18. GASPARI, Elio. *A ditadura acabada*. Rio de Janeiro: Intrínseca, 2016. p. 308.
19. D'ARAUJO, Maria Celina; CASTRO, Celso; SOARES, Gláucio (orgs.). *A volta aos quartéis*. Rio de Janeiro: Relume Dumará, 1995. p. 110.
20. Ver Cap. 1, nota 34.
21. *O Globo*, O País, p. 6, 11 out. 1985.
22. *Veja*, n. 893, p. 39, 16 out. 1985.
23. *Idem*.
24. *O Globo*, O País, p. 3, 12 out. 1985.
25. *Veja*, n. 893, p. 39, 16 out. 1985.
26. *Idem*, p. 38.
27. *Veja*, n. 802, p. 24, 18 jan. 1984.
28. *O Globo*, O País, p. 10, 28 abr. 1991.
29. *Idem*.
30. *O Globo*, O País, p. 3, 9 out. 1991.
31. COUTO, Ronaldo. *Memória viva do regime militar*: 1964-1985. Rio de Janeiro: Record, 1999. p. 186.
32. *Idem*, p. 189.
33. *Folha de S.Paulo*, Nacional, p. 4, 5 abr. 1978.
34. PAIM, Gilberto (org.). *João Figueiredo*: missão cumprida. Rio de Janeiro: Ed. Escrita, 2005. p. 247.
35. Em abril de 1991, o ex-presidente Figueiredo conversou por telefone com um jornalista de *O Globo*, afirmando que a conversa tinha caráter informal, sem o caráter de entrevista. O jornal publicou a conversa na edição de 28 abr. 1991, com a ressalva feita pelo ex-presidente.
36. *O Globo*, O País, p. 10, 28 abr. 1991.
37. *Idem*.
38. *Idem*.
39. *O Globo*, O País, p. 7, 17 set. 1987.
40. COUTO, Ronaldo. *Memória viva do regime militar*: 1964-1985. Rio de Janeiro: Record, 1999. p. 191.
41. *O Globo*, O País, p. 5, 18 set. 1987.
42. *Correio Braziliense*, Política, p. 10, 18 set. 1987.

ME ESQUEÇAM – FIGUEIREDO

43. *Idem.*
44. *O Globo*, O País, p. 6, 15 out. 1987.
45. *Idem.*
46. *Idem.*
47. *Idem.*
48. *Veja*, n. 998, p. 32, 21 out. 1987.
49. *Jornal do Brasil*, Política, p. 2, 15 out. 1987.
50. *O Globo*, O País, p. 6, 15 out. 1987.
51. *Veja*, n. 998, p. 33, 21 out. 1987.
52. *O Globo*, O País, p. 7, 16 out. 1987.
53. *Idem.*
54. *Veja*, n. 998, p. 32, 21 out. 1987.
55. *Veja*, n. 863, p. 52, 20 mar. 1985.
56. *O Globo*, O País, p. 2, 16 out. 1987.
57. *Veja*, n. 998, p. 32, 21 out. 1987.
58. Dito popular brasileiro.
59. *O Globo*, O País, p. 2, 16 out. 1987.
60. *Idem*, p. 8, 17 out. 1987.
61. *Idem*, p. 3, 09 out. 1991.
62. *Jornal do Brasil*, Capa, p. 1, 3 jan. 2000.
63. *O Globo*, O País, p. 4, 3 jan. 2000.
64. *Idem.*
65. *O Globo*, O País, p. 5, 3 jan. 2000.
66. *Idem*, p. 4.
67. *O Globo*, O País, p. 5, 3 jan. 2000.
68. *Folha de S.Paulo*, Brasil, p. 5, 6 jan. 2000.
69. *Idem.*
70. GASPARI, Elio. *A ditadura acabada*. Rio de Janeiro: Intrínseca, 2016. p. 75.
71. *Veja*, n. 1037, p. 42-43, 20 jul. 1988.
72. *Idem.*
73. *Idem.*
74. *Veja*, n. 1037, p. 40-41, 20 jul. 1988.
75. *Jornal do Brasil*, 1º Caderno, p. 12, 20 jun. 1990.
76. *Idem.*

NOTAS

77. *Jornal do Brasil*, p. 7, 14 mai. 1991.

78. *O Globo*, Rio, p. 29, 6 dez. 1992.

79. *Jornal do Brasil*, Política e Governo, p. 4, 9 jan. 1995.

80. Ex-servidora não esquece Figueiredo e quer voltar ao cargo. Disponível em: <https://www.conjur.com.br/2004-out-16/ex--servidora_nao_esquece_figueiredo_voltar_cargo>. Acesso em: 30. jun.2019.

81. *Jornal do Brasil*, 1º Caderno, p. 22, 16 set. 1990.

82. Ex-servidora não esquece Figueiredo e quer voltar ao cargo. Disponível em: <https://www.conjur.com.br/2004-out-16/ex--servidora_nao_esquece_figueiredo_voltar_cargo>. Acesso em: 24 ago. 2019.

83. *Idem*.

84. *O Globo*, Rio, p. 29, 06 dez. 1992.

85. *JB*, Política e Governo, p. 4, 09 jan. 95

86. Depoimento de Edine Correia ao autor deste livro em 16 de maio de 2019.

87. *Idem*.

88. Depoimento de Edine Correia ao autor deste livro em 16 de maio de 2019.

89. *O Globo*, O País, p. 6, 4 dez. 2012.

90. *Idem*.

91. *Idem*.

92. *Jornal do Brasil*, Política e Governo, p. 4, 20 fev. 1994.

93. *Jornal do Brasil*, Política, p. 3, 3 jan. 2000.

94. Entrevista do ex-presidente Figueiredo à repórter Leila Cordeiro em 15 de março de 1985. Disponível em: <https://www.youtube.com/watch?v=abTXmFDdiPE>. Acesso em: 18 set. 2019.

95. *O Globo*, O País, p. 3, 9 out. 1991.

96. *Idem*.

97. *Idem*, p. 4, 23 mar. 1992.

98. *Idem*, p. 4, 10 abr. 1993.

99. *Idem*, p. 2, 6 abr. 1993.

100. *Jornal do Brasil*, Política e Governo, p. 5, 9 abr. 1993.

101. *Jornal do Brasil*, Coluna do Castello, p. 2, 11 abr. 1993.

102. *Jornal do Brasil*, Política e Governo, p. 5, 13 abr. 1993.

103. *O Globo*, O País, p. 3, 13 abr. 1993.

104. *Idem.*

105. *Jornal do Brasil*, Brasil, Informe, p. 6, 13 abr. 1993.

106. *Folha de S.Paulo*, Brasil, p. 6, 13 abr. 1993.

107. *Idem*, p. 2, 14 abr. 1993.

108. *Jornal do Brasil*, Política e Governo, p. 5, 9 abr. 1993.

109. *O Globo*, O País, p. 3, 4 abr. 1994.

110. *O Globo*, O País, p. 9, 7 mai. 1994.

111. *Jornal do Brasil*, Política e Governo, p. 3, 7 mai. 1994.

112. *O Globo*, O País, p. 9, 7 mai. 1994.

113. Ver Cap. 11, subseção "Bastonadas no Asfalto"

114. *Jornal do Brasil*, Política e Governo, p. 3, 7 mai. 1994.

115. *Idem.*

116. *O Globo*, O País, p. 10, 6 ago. 1994.

117. *Jornal do Brasil*, Política e Governo, p. 3, 7 mai. 1994.

118. *O Globo*, O País, p. 12, 4 out. 1994.

119. *O Globo*, O País, p. 4, 14 out. 94.

120. *O Globo*, O País, p. 3, 30 mar. 1997

121. SINGER, André et al. *No Planalto, com a imprensa:* entrevistas de secretários de imprensa e porta-vozes: de JK a Lula. Brasília: Massangana, 2010. p. 274.

122. *Veja*, n. 1631, p. 47, 12 jan. 2000.

123. *O Globo*, O País, p. 11, 18 set. 1996.

124. *O Globo*, O País, p. 3, 30 mar. 1997.

125. FGV, CPDoc, pesquisa por "João Baptista Figueiredo" em 4 de janeiro de 2017. Disponível em: < http://www.fgv.br/cpdoc/ acervo/dicionarios/verbete-biografico/joao-batista-de-oliveira- -figueiredo>. Acesso em 14 jun. 2020.

126. *O Globo*, O País, p. 4A, 25 dez. 1999.

127. *Idem*, p. 5.

128. Depoimento do ex-presidente José Sarney ao autor deste livro em 14 de fevereiro de 2019.

NOTAS

129. *O Globo*, Segundo Caderno, p. 4, 10 mar. 2001.

130. *Idem.*

131. *IstoÉ*, Comportamento, "A última do general". Disponível em: <https://istoe.com.br/39582_A+ULTIMA+DO+GENERAL/>. Acesso em: 29 Jul. 2019.

132. *Folha de S.Paulo*, Brasil, p. A-10, 12 mar. 2001.

133. *O Globo*, O Mundo, p. 28, 26 dez. 2007.

134. *Idem*, p. 29.

135. MEMORANDUM From Director of Central Intelligence Colby to Secretary of State Kissinger. Disponível, em inglês, em: <https://history.state.gov/historicaldocuments/frus1969-76ve11p2/d99>. Acesso em: 12 Jul. 2019.

136. O documento liberado pela CIA não teve todo o seu conteúdo revelado. Até o momento da publicação deste livro, em 2020, o primeiro e o quinto parágrafos ainda permaneciam tarjados e não tiveram o seu acesso liberado ao público.

137. *O Estado de S. Paulo*, 10 mai. 2018.

138. GASPARI, Elio. *A ditadura derrotada*. São Paulo: Companhia das Letras, 2003. p. 319-327.

139. *O Globo*, O País, p. 3, 11 mai. 2018.

140. *Idem.*

141. *Idem.*

EPÍLOGO: O final que não houve e o governo que não foi

1. MIR, Luis. *O paciente:* o caso Tancredo Neves. São Paulo: Ed. de Cultura, 2010. p. 58.

2. GASPARI, Elio. *A ditadura acabada*. São Paulo: Companhia das Letras, 2016. p. 298.

3. Depoimento do advogado Carlos Alberto Pires ao autor deste livro em 23 de julho de 2019.

4. FRAGA, Plínio. *Tancredo Neves, o príncipe civil*. Rio de Janeiro: Objetiva, 2017. p. 512.

ME ESQUEÇAM – FIGUEIREDO

5. Para um relato detalhado sobre a agonia do presidente eleito Tancredo Neves desde o momento de sua primeira internação, cf. MIR, Luis. *O paciente:* o caso Tancredo Neves. São Paulo: Ed. de Cultura, 2010.

6. Por se tratar de um leiomioma (espécie de tumor benigno), não havia risco de vida, tratando-se de hipótese de cirurgia eletiva. Cf. MIR, Luis. *O paciente:* o caso Tancredo Neves. São Paulo: Ed. de Cultura, 2010. p. 57.

7. FRAGA, Plínio. *Tancredo Neves, o príncipe civil.* Rio de Janeiro: Objetiva, 2017. p. 500.

8. GASPARI, Elio. *A ditadura acabada.* São Paulo: Companhia das Letras, 2016. p. 305.

9. *Veja,* n. 2443, p. 72, 16 set. 2015.

Fontes

Entrevistas e depoimentos

Aarão Reis, juiz federal autor da decisão que suspendeu a demolição da sede da UNE

Alcides Franciscato, engenheiro e deputado federal pelo PDS

Alfredo Karam, almirante e ministro da Marinha durante o governo Figueiredo

Antônio Cabral, procurador da República, atuou na reabertura do caso Riocentro

Bertha Nicolaevsky, bióloga e filha do fotógrafo Guinaldo Nicolaevsky

Carlos Alberto Pires, advogado e primo do ex-ministro do Exército Walter Pires

Carlos Átila, diplomata e porta-voz do governo Figueiredo

Carlos Henrique, jornalista e porta-voz do governo Sarney

ME ESQUEÇAM – FIGUEIREDO

Carlos Langoni, economista e presidente do Banco Central no governo Figueiredo

Chico Otávio, jornalista e escritor

Cláudio Versiani, jornalista e editor de fotografia

Cristina Serra, jornalista e escritora

Delfim Netto, economista e ministro do Planejamento do governo Figueiredo

Domingos Meirelles, jornalista e presidente da ABI

Edine Correia, autônoma, trabalhou no SNI durante o regime militar

Eduardo Lessa, diplomata e autor de dissertação sobre a missão brasileira no Suriname

Elio Gaspari, jornalista e autor da série em cinco volumes *Ditadura*

Ernane Galvêas, economista e ministro da Fazenda do governo Figueiredo

Etevaldo Dias, jornalista e chefe da sucursal da *Veja* em Brasília no governo Figueiredo

Evandro Bendito, jurista e chefe de cartório do II Tribunal do Júri do Rio de Janeiro

Fernando Fonseca, Almirante e filho do ex-ministro da Marinha Maximiano da Fonseca

Fernando Henrique Cardoso, sociólogo e ex-presidente do Brasil

Francisco Eufrásio, secretário particular do ex-ministro da Marinha Alfredo Karam

Francisco Mendonça, coronel do Exército e chefe de gabinete do ministro Walter Pires

FONTES

Francisco Rezek, jurista e ministro do STF durante o governo Figueiredo

Javier Alfaya, professor e presidente da UNE durante o governo Figueiredo

João Jabbour, jornalista e assessor da família do ex-deputado Alcides Franciscato

João Roberto Marinho, jornalista e vice-presidente das Organizações Globo

José Casado, jornalista e estudioso do caso Riocentro

José Sarney, escritor e ex-presidente da República

Leonêncio Nossa, jornalista e biógrafo do jornalista Roberto Marinho

Luis Fernando Verissimo, escritor e criador da Velhinha de Taubaté

Luiz André Alzer, jornalista e coautor do livro *Almanaque dos anos 80*

Luiz Guilherme Figueiredo, engenheiro e sobrinho-neto do presidente Figueiredo

Luiz Puntel, escritor e autor da obra *Meninos sem pátria*

Marcílio Marques Moreira, diplomata e ex-ministro da Fazenda do governo Collor

Marcos Eduardo Neves, jornalista e biógrafo

Marco Vargas, jornalista e documentarista

Maria Costa Nicolaevsky, viúva do fotógrafo Guinaldo Nicolaevsky

Mário Gualberto, engenheiro e filho do ex-ministro do Interior Mário Andreazza

Mauro Pedrazzi, jogador de futebol profissional nas décadas de 1970 e 1980

ME ESQUEÇAM – FIGUEIREDO

Miro Teixeira, advogado e ex-deputado federal

Najad Khouri, engenheiro, trabalhou em Bagdá pela Interbras durante a década de 1980

Newton Cruz, general e chefe da Agência Central do SNI no governo Figueiredo

Octavio Gallotti, jurista e ministro do STF durante o governo Figueiredo

Omar Chohfi, diplomata e secretário do Itamaraty durante o governo Figueiredo

Orlando Brito, fotógrafo e editor de fotografia da revista *Veja* e do *Jornal do Brasil*

Ozana Chaves, maître do restaurante Piantella em Brasília

Pablo Cardoso, diplomata e escritor

Paschoal Filho, jornalista e escritor

Pedro Getúlio, capitão de mar e guerra e ajudante de ordens do presidente Figueiredo

Periassú Mattos, coronel e chefe da segurança do presidente Figueiredo

Plínio Fraga, jornalista e biógrafo do ex-presidente Tancredo Neves

Roberto Godoy, jornalista e editor do jornal *O Estado de S. Paulo*

Roberto Lopes, jornalista e autor da obra *Rede de intrigas*

Roberto Sander, jornalista e autor de livros sobre o regime militar

Roberto Stuckert, fotógrafo da Presidência da República durante o governo Figueiredo

Ronald Young, engenheiro, trabalhou em Bagdá pela Interbras durante a década de 1980

FONTES

Rubens Ricupero, diplomata e ministro da Fazenda no governo Itamar Franco

Ruy Telles, jornalista e autor de um livro sobre a trajetória do general Newton Cruz

Sydney Sanches, jurista e ministro do STF durante o governo Figueiredo

Synesio Sampaio, diplomata e chefe do cerimonial do governo Figueiredo

Tuca Stuckert, fotógrafo e ganhador do Prêmio Esso de Jornalismo

Válber Carvalho, jornalista e produtor cultural

William Douglas, jornalista e biógrafo da ex-primeira-dama Maria Thereza Goulart

Yolanda Mattos, profissional de educação física e filha do coronel Periassú Mattos

Jornais e periódicos

Correio Braziliense
Correio de Brasília
El Clarín
Folha de S.Paulo
Gazeta Mercantil
Jornal da Bahia
Jornal da República
Jornal do Brasil
O Dia
O Estado de S. Paulo
O Globo
The Guardian
The New York Times
Valor Econômico
Zero Hora

Revistas

Afinal
Eles e Elas
Época
IstoÉ
Manchete
O Pasquim
Piauí
Playboy
Senhor
Veja

Bibliografia

ABREU, Hugo. *Tempo de crise*. Rio de Janeiro: Nova Fronteira, 1980.

_____. *O outro lado do poder*. Rio de Janeiro: Nova Fronteira, 1979.

ALVES, Maria Helena. *Estado e oposição no Brasil (1964-1984)*. Petrópolis: Vozes, 1984.

ALZER, Luiz André; CLAUDINO, Mariana. *Almanaque dos anos 80*. Rio de Janeiro: Ediouro, 2004.

AMORIM, Paulo Henrique. *O quarto poder*. São Paulo: Hedra, 2015.

ARGOLO, José Amaral; RIBEIRO, Kátia; FORTUNATO, Luiz Alberto. *A direita explosiva no Brasil*. Rio de Janeiro: Mauad, 1996.

ARIDA, Pérsio (org.). *A dívida externa, recessão e ajuste estrutural:* o Brasil diante da crise. São Paulo: Paz e Terra, 1983.

ARRUDA, Pedro. *Partidos políticos e disputa eleitoral no Brasil*. São Paulo: EDUC, 2016.

ASSAF, Roberto; MARTINS, Clóvis. *História dos campeonatos cariocas de futebol (1906-2010)*. Rio de Janeiro: Maquinária, 2010.

AUGUSTO, Agnaldo Del Nero. *A grande mentira.* Rio de Janeiro: Biblioteca do Exército, 2001.

_____. *Médici:* a verdadeira história. Belo Horizonte: Artes Gráficas, 2011.

BAFFA, Ayrton. *Nos porões do SNI:* o retrato do monstro de cabeça oca. Rio de Janeiro: Objetiva, 1989.

BITTENCOURT, Getúlio. *A quinta estrela:* como se fazer um presidente no Brasil. São Paulo: Ciências Humanas, 1978.

ARNS, Paulo Evaristo. *Brasil nunca mais.* 9 ed. Petrópolis: Vozes, 1985.

BOUGHTON, James. *FMI, Silent Revolution:* the International Monetary Fund 1979-1989. Washington: FMI, 2001.

BRITTO, Antônio. *Assim morreu Tancredo.* Porto Alegre: L&PM, 1985.

CHAGAS, Carlos. *113 dias de angústia:* impedimento e morte de um presidente. Rio de Janeiro: Agência Jornalística Image, 1970.

CHIRIO, Maud. *A política nos quartéis:* revoltas e protestos de oficiais na ditadura militar brasileira. Tradução André Telles. Rio de Janeiro: Jorge Zahar, 2012.

_____. *A guerra das estrelas (1964-1984):* os bastidores das sucessões presidenciais. Porto Alegre: L&PM, 1985.

CLARK, Walter; PRIOLI, Gabriel. *O campeão de audiência.* 2. ed. São Paulo: Summus Editorial, 2015.

COUTO, Ronaldo. *História indiscreta da ditadura e da abertura.* 5. ed. Rio de Janeiro: Record, 2010.

_____. *Memória viva do regime militar:* 1964-1985. Rio de Janeiro: Record, 1999.

CUNHA, Luiz Cláudio. *Operação Condor:* o sequestro dos uruguaios. Porto Alegre: L&PM, 2018.

BIBLIOGRAFIA

D'ARAUJO, Maria Celina; CASTRO, Celso (orgs.). *Ernesto Geisel.* 4. ed. Rio de Janeiro: FGV, 1997.

D'ARAUJO, Maria Celina, CASTRO, Celso; SOARES, Gláucio (orgs.). *A volta aos quartéis.* Rio de Janeiro: Relume Dumará, 1995.

DINES, Alberto, FERNANDES JR., Florestan; SALOMÃO, Nelma. *Histórias do poder:* 100 anos de política no Brasil. 2. ed. São Paulo: Editora 34, 2001.

DIRCEU, José. *Zé Dirceu:* memórias. São Paulo: Geração Editorial, 2018. v. I.

ECHEVERRIA, Regina. *Sarney:* a biografia. São Paulo: Leya, 2011.

FALCÃO, Armando. *Tudo a declarar.* Rio de Janeiro: Nova Fronteira, 1989.

FARHAT, Said. *Tempo de gangorra.* São Paulo: Tag e Line, 2012.

FICO, Carlos. *A negociação parlamentar da anistia em 1979 e o chamado "perdão aos torturadores".* San José, Costa Rica: Corte Interamericana de Derechos Humanos, [2010?]. Disponível em: http://www.corteidh. or.cr/tablas/r30005.pdf.

FONSECA, Maximiano. *O que segura este país.* Rio de Janeiro: Civilização Brasileira, 1987.

FRAGA, Plínio. *Tancredo Neves, o príncipe civil.* Rio de Janeiro: Objetiva, 2017.

FRANCFORT, Elmo. *Rede Manchete:* aconteceu virou história. São Paulo: Ed. Imprensa Oficial, 2008.

FROTA, Sylvio. *Ideais traídos.* Rio de Janeiro: Jorge Zahar, 2006.

GABEIRA, Fernando. *O que é isso, companheiro?* São Paulo: Companhia das Letras, 2009.

GADDIS, John. *A Guerra Fria.* Tradução de Jaime Araújo. Lisboa: Ed. 70, 2007.

GALVÊAS, Ernane. *As crises da minha vida*. Rio de Janeiro: EPGE, 2017.

GARCIA, Alexandre. *João presidente*. Rio de Janeiro: Artenova, 1978.

_____. *Nos bastidores da notícia*. 2. ed. São Paulo: Globo, 1990.

GARNERO, Mário. Jogo Bruto. *O caso Brasilinvest e outras histórias das velhas e novas repúblicas*. São Paulo: BestSeller, 1988.

GASPARI, Elio. A *ditadura envergonhada*. 2. ed. Rio de Janeiro: Intrínseca, 2014.

_____. *A ditadura derrotada*. São Paulo: Companhia das Letras, 2003.

_____. *A ditadura encurralada*. Rio de Janeiro: Intrínseca, 2014.

_____. *A ditadura acabada*. Rio de Janeiro: Intrínseca, 2016.

GASPARI, Elio; HOLLANDA, Heloisa; VENTURA, Zuenir. *70/80: cultura em trânsito*. Ed. Aeroplano. Rio de Janeiro. 2000.

GERMAN, Ferrari. *1983: El año de la democracia*. Buenos Aires: Ed. Planeta, 2003.

GODOY, Marcelo. *A casa da vovó*: uma biografia do DOI-Codi (1969-1991). 2. ed. São Paulo: Alameda, 2014.

GOMES, João Carlos. *Glauber Rocha, esse vulcão*. Rio de Janeiro: Nova Fronteira, 1997.

GONÇALVES, José Esmeraldo; BARROS, J. A. *Aconteceu na Manchete: as histórias que ninguém contou*. Rio de Janeiro: Desiderato, 2008.

GORENDER, Jacob. *Combate nas trevas*: a esquerda brasileira: das ilusões perdidas à luta armada. 5. ed. São Paulo: Fundação Perseu Abramo, 2014.

GOULART, João Vicente. *Jango e eu*: memórias de um exílio sem volta. Rio de Janeiro: Civilização Brasileira, 2016.

GRAEL, Dickson. *Aventura, corrupção e terrorismo*: à sombra da impunidade. 2. ed. Petrópolis: Vozes, 1985.

BIBLIOGRAFIA

GREEN, James. *Apesar de vocês:* oposição à ditadura brasileira nos Estados Unidos 1964-1985. Tradução S. Duarte. São Paulo: Companhia das Letras, 2009.

_____. *Revolucionário e gay:* a vida extraordinária de Herbert Daniel. Tradução Marcela Sette Câmara. Rio de Janeiro: Civilização Brasileira, 2018.

GREMAUD, Amaury; VASCONCELLOS, Marco Antônio; TONETO JUNIOR, Rudinei. *Economia brasileira contemporânea.* 7. ed. São Paulo: Atlas, 2008.

GUERREIRO, Saraiva. *Lembranças de um empregado do Itamaraty.* São Paulo: Siciliano, 1992.

GUTEMBERG, Luiz. *Moisés:* codinome Ulysses Guimarães: uma biografia. São Paulo: Companhia das Letras, 1994.

JUPIARA, Eloy; OTAVIO, Chico. *Os porões da contravenção.* 2. ed. Rio de Janeiro: Record, 2015.

KOTSCHO, Ricardo. *Explode um novo Brasil:* diário da campanha das diretas. São Paulo: Brasiliense, 1984.

LANGONI, Carlos. *A crise do desenvolvimento*: uma estratégia para o futuro. 2. ed. Rio de Janeiro: José Olympio, 1985.

LIMA, Luiz Octávio de. *1932:* São Paulo em chamas. São Paulo: Planeta, 2018.

LEITE FILHO, F. C. *El Caudillo*: Leonel Brizola, um perfil biográfico. São Paulo: Ed. Aquariana, 2008.

LEITE, Paulo. *A mulher que era o general da casa.* Porto Alegre: Arquipélago Editorial, 2012.

LEMOS, Renato. *Justiça fardada:* o general Peri Bevilaqua no Superior Tribunal Militar (1965-1969). Rio de Janeiro: Bom Texto, 2004.

LEONELLI, Domingues; OLIVEIRA, Dante. *Diretas Já:* 15 meses que abalaram a ditadura. 2. ed. Rio de Janeiro: Record, 2004.

LESSA, Eduardo. *A missão Venturini ao Suriname (1983).* Brasília: Instituto Rio Branco, 2009.

LIMA, Haroldo, ARANTES, ALDO. *História da Ação Popular:* da JUC ao PCdoB. São Paulo: Alfa Ômega, 1984.

LOPES, Roberto. *Rede de intrigas.* Rio de Janeiro: Record, 1994.

LYRA, Fernando. *Daquilo que eu sei:* Tancredo e a transição democrática. São Paulo. Iluminuras, 2009.

MAGALHÃES, Antônio Carlos. *Política é paixão.* Rio de Janeiro: Revan, 1995.

MAGALHÃES, Mário. *Marighella:* o guerrilheiro que incendiou o mundo. São Paulo: Companhia das Letras, 2012.

MARCELO, Carlos. *Renato Russo, o filho da revolução.* 2. ed. São Paulo: Planeta, 2018.

MARCHI, Carlos. *Senhor República.* Rio de Janeiro: Record, 2017.

MÉDICI, Roberto. *Médici, o depoimento de Roberto Nogueira Médici.* Rio de Janeiro: Mauad X, 2012.

MEMÓRIA GLOBO. *Jornal Nacional:* a notícia faz história. Rio de Janeiro: Jorge Zahar. 2004.

MEZAROBBA, Glenda. *Um acerto de contas com o futuro:* a anistia e suas consequências. São Paulo: Humanitas; Fapesp, 2006.

MIR, Luís. *O paciente:* o caso Tancredo Neves. São Paulo: Editora de Cultura, 2010.

MORAES, Denis. *O rebelde do traço.* Rio de Janeiro: José Olympio. 2016.

MOREIRA, Marcílio Marques. *Diplomacia, política e finanças.* Rio de Janeiro: Objetiva, 2001.

MOTTA, CÉSAR, *Até a última página:* uma história do *Jornal do Brasil.* Rio de Janeiro: Objetiva, 2018.

BIBLIOGRAFIA

NEGREIROS, José et al. *O complô que elegeu Tancredo*. Rio de Janeiro: Ed. JB, 1985.

NEVES, Marcos Eduardo. *Anjo ou demônio:* a polêmica trajetória de Renato Gaúcho. Rio de Janeiro: Ed. Rotativa, 2013.

NOSSA, Leôncio, *Mata!:* o Major Curió e as guerrilhas do Araguaia. São Paulo: Companhia das Letras, 2012.

_____. Roberto Marinho. *O poder está no ar:* do nascimento ao *Jornal Nacional*. Rio de Janeiro: Nova Fronteira, 2019.

OLINTO, Antônio (coord.). *Mario Andreazza e a integração brasileira*. Rio de Janeiro: Ed. Abm, 2009. v. III.

OKUCHI, Nobuo. *O sequestro do diplomata*. São Paulo: Estação Liberdade, 1989.

O'REILLY, Bill; DUGARD, Martin. *Ronald Reagan: o atentado, os bastidores e as polêmicas de um dos presidentes mais populares dos EUA*. Tradução Lucas Jim. Rio de Janeiro: Record, 2016.

PAIM, Gilberto (org.). *João Figueiredo:* missão cumprida. Rio de Janeiro: Ed. Escrita, 2005.

PAIVA, Maurício. *O sonho exilado*. 2. ed. Rio de Janeiro: Mauad, 2004.

PARANÁ, Denise. *Lula, o filho do Brasil*. São Paulo: Fundação Perseu Abramo. 2003.

PEREIRA, Merval; STUMPF, André. *A segunda guerra:* sucessão de Geisel. São Paulo: Brasiliense, 1979.

PORENER, Artur. *O poder jovem:* história da participação política dos estudantes brasileiros. 2. ed. Rio de Janeiro: Civilização Brasileira, 1979.

PUNTEL, Luiz. *Meninos sem pátria*. 18. ed. São Paulo: Ática, 1997.

REAGAN, Ronald. *Os diários de Reagan*. Tradução de Gonçalo Praça. Alfragide: Casa das Letras, 2009.

REALE, Miguel. *De Tancredo a Collor.* São Paulo: Siciliano, 1992.

REED, Thomas. *At the Abyss:* An Insider's History of the Cold War. Nova York: Presidio Press, 2004.

REIS, Daniel Aarão. *Luís Carlos Prestes:* um revolucionário entre dois mundos. São Paulo: Companhia das Letras, 2014.

REMNICK, David. *O túmulo de Lenin:* os últimos dias do império soviético. Tradução José Geraldo Couto. São Paulo: Companhia das Letras, 2017.

RIBEIRO, Belisa. *Jornal do Brasil:* história e memória. 2. ed. Rio de Janeiro: Record, 2016.

RIBEIRO, José Augusto. *Tancredo Neves:* a noite do destino. Rio de Janeiro: Civilização Brasileira, 2015.

RICUPERO, Rubens. *Diário de bordo:* a viagem presidencial de Tancredo. São Paulo: Imprensa Oficial do Estado de São Paulo, 2010.

RISCHBIETER, Francisco. *Fragmentos de memória.* Curitiba: Travessa dos Editores, 2007.

ROSS, Michael. *A maldição do petróleo.* Tradução Giselle Viegas. Porto Alegre: CDG, 2015.

SANDER, Roberto. *1964:* o verão do golpe. Rio de Janeiro: Maquinária, 2013.

_____. *1968:* quando a terra tremeu. São Paulo: Vestígio, 2018.

SANTOS, Joaquim Ferreira. *Enquanto houver champanhe há esperança:* uma biografia de Zózimo Barroso do Amaral. Rio de Janeiro: Intrínseca, 2016.

SCARTEZINI, Antônio Carlos. *Dr. Ulysses, uma biografia.* São Paulo: Marco Zero, 1993.

BIBLIOGRAFIA

SILVA, Ernani da Ayrosa. *Memórias de um soldado*. Rio de Janeiro: Biblioteca do Exército, 1985.

SILVA, Hélio. *Os presidentes:* João Figueiredo (1979-1982). São Paulo: Três, 1983.

SILVA, Tamy. Therezinha Godoy Zerbini e Carmen Lara de Castro: as "burguesas" que foram à luta. *In:* SEMINÁRIO INTERNACIONAL FAZENDO GÊNERO, 10. Florianópolis, 2013. *Anais [...]* Florianópolis: UFSC, 2013. Disponível em: <http://bit.do/fi4sk>. Acesso em: 28 nov. 2019.

SHULTZ, George. *Turmoil and Triumph*. Nova York: Books on Tape, 1995.

SINGER, André *et al. No Planalto, com a imprensa:* entrevistas de secretários de imprensa e porta-vozes: de JK a Lula. Brasília: Massangana, 2010.

SODRÉ, Nelson Werneck. *A intentona comunista de 1935*. Porto Alegre: Mercado Aberto, 1986.

TELLES, Ruy. *General Newton Cruz*: Cassado e caçado por ser patriota. São Paulo: Chiado, 2018.

UNIVERSIDADE ESTÁCIO DE SÁ. *Presidentes do Brasil:* de Deodoro a FHC. Rio de Janeiro: Rio, 2002.

VARGAS, Mariluci. O Movimento Feminino pela Anistia como partida para a redemocratização brasileira. *In:* IX ENCONTRO ESTADUAL DE HISTÓRIA, 9. Porto Alegre, 2008. *Anais [...]* Porto Alegre: ANPUH-RS, 2008.

VERISSIMO, Luis Fernando. *A Velhinha de Taubaté*. Porto Alegre: L&PM, 1983.

VIANA, Gilney; CIPRIANO, Perly. *Fome de liberdade*. 2. ed. São Paulo: Fundação Perseu Abramo, 2009.

ZAPPA, Regina; SOTO, Ernesto. *1968:* eles só queriam mudar o mundo. Rio de Janeiro: Jorge Zahar, 2018.

WILLIAM, Wagner. *Uma mulher vestida de silêncio:* a biografia de Maria Thereza Goulart. Rio de Janeiro: Record, 2019.

YERGIN, Daniel. *O petróleo.* São Paulo: Paz e Terra, 2012.

YOFRE, Juan. *1982:* los documentos secretos de la guerra de Malvinas. Buenos Aires: Editorial Sudamericana, 2011.

Índice onomástico

A

Academia Brasileira de Letras (ABL), 285
Adalberto Pereira dos Santos, 100
Adolfo Bloch, 474, 546
Adolph Frederick Yeperssoven, 665
Aécio Neves, 648
Agência Central de Inteligência (CIA), 498, 500, 670, 744, 767
Airton Soares, 602
Albuquerque Lima, 52
Alceu Valença, 199
Alcides Franciscato, 400, 529-530, 613, 769
Alexander Haig, 441
Alexandre Garcia, 476-478, 610, 612-613, 617, 741-742
Alexandre von Baumgarten, 257, 259, 269, 484
Alfredo Karam, 572, 593-595, 687, 756, 769
Aliança Democrática, 577-578, 602
Aliança Renovadora Nacional (Arena), 37, 48, 50, 56-60, 65, 71, 73, 83, 108, 115, 122-123, 163, 166-167, 169, 175-176, 178, 224, 311, 424, 553, 557, 563

Álvaro Pereira, 91
Alzira Vargas do Amaral Peixoto, 24, 425-426, 692
Andrea Neves, 201
Aniz Abraão David, 425
Anthony Motley, 443, 499-500
Antônio Cabral, 769
Antônio Carlos de Andrada Serpa ("Serpa Louro"), 53, 55, 694-695
Antônio Carlos de Carvalho, 195
Antônio Carlos Magalhães ("ACM"), 64, 108, 212, 410-411, 413, 450, 464-465, 546, 582-583, 647, 651, 738
Armando Falcão, 449, 712
Armindo Doutel de Andrade, 524
Arnaldo Calderari, 54
Artur da Costa e Silva, 43-44, 52-53, 56, 91, 234, 239, 271-272, 448, 540, 568, 718
Ascânio Seleme, 281
Assembleia Geral da Organização das Nações Unidas (AGNU), 340
Assis Chateaubriand, 466-467

ME ESQUEÇAM – FIGUEIREDO

Associação Brasileira de Imprensa (ABI), 117, 196, 206, 228, 285, 665, 684
Ataulfo Alves, 651
Ato Institucional nº 2 (AI-2), 179, 709
Ato Institucional nº 5 (AI-5), 17-18, 23-24, 39, 56, 75-76, 82, 84, 87, 94, 98, 105, 107, 211, 239, 289, 363-364, 367, 423, 462, 498, 712
Augusto Pinochet, 667
Aureliano Chaves, 27, 119, 234, 237-245, 271-272, 439, 451, 521-522, 539-545, 548, 556, 559, 565, 567, 576-577, 601-602, 604, 620, 626, 638, 738, 749
Avelar Brandão Vilela, 411

B

Banco Central do Brasil, 281, 328-332, 336, 341, 348, 355-358, 686, 770
Banco Central norte-americano, 300, 304, 321, 516
Banco do Brasil, 75, 253, 329, 331, 424, 494, 557
Banco do Estado do Rio de Janeiro (Banerj), 185
Banco Nacional de Habitação (BNH), 570
Bandeirantes, ver Rede Bandeirantes de Televisão
Barbosa Lima Sobrinho, 117, 228, 231

Beija-Flor de Nilópolis, 426
Belisa Ribeiro, 229
Benjamin Constant, 104
Bertha Nicolaevsky, 415, 735, 469, 769
Bete Mendes, 602
Betinho (Herbert José de Sousa), 132
Bhagwan Rajneesh ("Osho"), 511
Blair House, 31
Bloch Editores, 468
Bocaiúva Cunha, 550
Bruce Laingen, 302

C

Caixa Econômica Federal, 265, 395
Campos Sales, 632
Carlos Aarão Reis, 276-278, 769
Carlos Alberto da Fontoura, 42
Carlos Alberto Pires, 769
Carlos Átila, 73, 92, 224, 236, 238, 479-481, 483, 489, 527, 551, 612, 632, 685, 696, 742-743, 749, 769
Carlos Eduardo de Freitas, 328
Carlos Lamarca, 664
Carlos Langoni, 298, 305, 319, 325, 329, 336, 341, 355-358, 686, 730, 770
Carlos Marighella, 664
Carlos Medeiros e Silva, 116
Carlos Prestes, ver Luís Carlos Prestes
Casa Militar, 49, 69, 87, 237, 407, 595, 626, 699

Castor de Andrade, 426
Célio Borja, 384
Célio Lobão, 209, 221
Celso Furtado, 578
Celso Pastore, 358
Central Única dos Trabalhadores (CUT), 242
Centro Brasil Democrático (CEBRADE), 199
Centro Cultural Banco do Brasil (CCBB), 707
Centro de Inteligência do Exército (CIE), 219, 228, 671
Centro Esportivo Municipal General Euclides Figueiredo, 427
César Cals, 395, 549, 551
Charles Elbrick, 127

ÍNDICE ONOMÁSTICO

Chico Buarque, 86, 199, 406
Chico Otávio, 770
Christiane Torloni, 531
CIA, *ver* Agência Central de Inteligência (CIA)
Clara Araújo, 158
Cláudio Versiani, 770
Cleveland State University, 404
Colégio Eleitoral, 28, 37, 57, 70, 73, 160, 166, 179, 188, 520, 528, 533, 537, 539, 545-547, 554, 559-561, 564, 566-568, 576-579, 590, 592-593, 595-604, 607, 639, 712, 752
Comando Geral dos Trabalhadores (CGT), 104
Comissão de Constituição e Justiça (CCJ), 220, 537
Comissão Estadual da Verdade do Rio de Janeiro (CEV-Rio), 268
Comissão Nacional de Energia Nuclear (CNEN), 253
Comitê Brasileiro pela Anistia (CBA), 102, 104-105, 121, 128
Companhia Vale do Rio Doce, 419, 422

Confederação Brasileira de Futebol (CBF), 491-493
Conferência Nacional dos Bispos do Brasil (CNBB), 206
Congresso Nacional, 37, 43, 60-61, 83-84, 103, 107, 116-118, 120, 123, 157, 177, 180, 180, 239, 256, 290-291, 363-370, 379, 523, 529-530, 533-534, 536-537, 559-600, 602, 604-605, 625, 627, 630, 712
Conselho de Segurança Nacional (CSN), 118-119, 214, 427, 501
Conselho Monetário Nacional (CMN), 307, 317
Conselho Regional de Medicina (Cremerj), 665
Copa do Mundo de 1982, 481
Copa do Mundo de 1986, 32, 491, 493, 496
Correio Braziliense, 288, 497, 541, 543, 645, 773
CPDoc (Centro de Pesquisa e Documentação de História Contemporânea do Brasil), 451, 689
Cristina Serra, 770

D

D'Ávila Mello, ver Ednardo D'Ávila Mello
Dalmo Dallari, 194, 198
Danilo Venturini, 81, 119, 226, 237, 282, 502-503, 699
Dante de Oliveira, 290, 292-293, 522-523, 530, 533, 535-538, 544, 575, 592, 597
Decreto-Lei nº 2.024, 365-366
Decreto-Lei nº 2.045, 366-367, 369
Decreto-Lei nº 2.065, 370
Defesa Nacional (revista), 257
Delfim Netto, 47, 78, 90, 215, 244, 288, 304, 311-319, 327-329, 334-335, 341, 346, 349, 352-358, 369-370, 379, 404-405, 441,

485, 494, 516, 542, 553, 566-567, 686, 698, 700, 720, 725, 728, 734, 744, 753, 770
Délio Jardim de Matos, 81, 117, 280, 540, 547, 581, 583, 595, 618-619, 621, 648
Deng Xiaoping, 56, 452-454
Denize Goulart, 100-101, 172
Departamento de Polícia Política e Social (DPPS), 508
Departamento Nacional de Estradas de Rodagem (DNER), 78
Departamento Nacional de Telecomunicações (Dentel), 469

Desiré Bouterse, 503
Di Cavalcanti, 667
Dilma Rousseff, 95
Dina Sfat, 585
Diogo Figueiredo, 225
Diretas Já, 28, 291, 522-524, 527-528, 530, 532, 535, 537, 556, 574, 657, 687
Djalma Marinho, 122-123

DOI-Codi (Destacamento de Operações de Informação — Centro de Operações de Defesa Interna), 200-201, 212, 214, 217
Domingos Meirelles, 233, 684, 718, 770
Donald Regan, 443
Dorival Caymmi, 396
Dulce Figueiredo, 389, 404, 407, 476, 651, 664, 668

E

Edine Souza Correia, 652-656, 765, 770
Editora Abril, 402
Edmundo de Oliveira, 209
Ednardo D'Ávila Mello, 210, 447
Eduardo Lessa, 770
Eduardo Seabra Fagundes, 195
Eduardo Suplicy, 219
Ehrenfried von Holleben, 127
Elba Ramalho, 199
Eles e Elas (revista), 477-478, 774
Elio Gaspari, 17, 20, 29, 47, 111, 124, 138, 193, 268-269, 306, 324, 597, 652, 683, 696, 705, 757, 770
Elis Regina, 127
Eliseu Resende, 78, 311
Emílio Médici, 26-27, 41-43, 46, 65, 69, 74, 77-78, 127, 215-216, 247-248, 297-299, 311-313, 391, 404, 417, 440, 448, 519, 543, 561-562, 639-641, 670, 672, 694, 718
Ernane Galvêas, 279-282, 314, 317, 334, 341, 357, 635, 686, 723, 725, 727, 770
Ernani Ayrosa da Silva, 53, 55, 695
Ernani do Amaral Peixoto, 425
Ernani Satyro, 122
Ernesto Geisel, 18, 24, 26, 36-52, 54-57, 61, 64-65, 67, 69, 72-78, 80-81, 83-85, 90, 94, 97, 99-100, 102, 106-108, 122, 136, 139, 141, 182, 192, 204, 210, 214-215, 225, 241-242, 244, 247-248, 250-251, 260, 271, 278, 289, 297, 299-301, 305-306, 313, 320, 363, 367, 438, 446-451, 458-459, 497, 507, 509, 519-520, 522, 540-543, 552-553, 559, 561-563, 593, 628, 630, 637, 640-641, 647, 670-671, 694-695, 699, 712, 734, 752
Escola do Comando e Estado-Maior do Exército (ECEME), 257
Escola Dom Bosco de Educação Física, 291
Escola Militar do Realengo, 81, 389, 426-427
Estado-Maior das Forças Armadas (EMFA), 104, 595
Ester Figueiredo Ferraz, 403, 734
Etevaldo Dias, 770
Euclides da Cunha, 88
Euclides Figueiredo, irmão de João Figueiredo, 187, 663, 669
Euclides Figueiredo, pai de João Figueiredo, 45, 119, 177, 373, 389, 425-427, 589
Euclides Quandt de Oliveira, 473
Euler Bentes Monteiro, 57-60, 66-73, 81
Euryale Zerbini, 94
Evandro Bendito, 770
Evita Perón, 531
Exame (revista), 541
Exército Vermelho, 514

ÍNDICE ONOMÁSTICO

F

Faculdade de Direito da UERJ, 508, 684

Fantástico (programa de TV), 132, 412, 480, 650, 667

Federação Colombiana de Futebol, 491

Federação das Indústrias do Estado de São Paulo (Fiesp), 461

Federação Internacional de Futebol (FIFA), 491, 493

Fernanda Montenegro, 531

Fernando Bethlem, 41

Fernando Collor de Mello, 255, 381

Fernando Fonseca, 770

Fernando Gabeira, 127-128

Fernando Henrique Cardoso (FHC), 627, 630, 663-664, 666, 669, 687, 770

Fernando Terry, 548

Firmino Paz, 118

Floriano Peixoto, 631

Folha de S.Paulo, 53, 63, 70, 99, 124, 169, 185, 255, 257, 274, 321, 375, 388, 402, 524, 529-530, 544, 549, 562, 564, 574, 591, 630, 643, 660, 696, 751

Força Aérea Brasileira (FAB), 249, 450

Forças Armadas, 36, 38, 40-41, 46, 52, 80, 83, 104, 126, 184, 187, 193, 197, 203, 224, 257, 569, 571, 578, 587-588, 593, 595, 606, 645-646, 745

Francelino Pereira, 113, 167

Francisca Brizola, 96

Francisco Dornelles, 307, 621, 629

Francisco Eufrásio, 770

Francisco Mendonça, 770

Francisco Rezek, 771

Franco Montoro, 362, 373-374, 553

François Mitterrand, 614

Freitas Nobre, 627

Frente Liberal, 576, 578, 601-602

Frente Nacional de Redemocratização (FNR), 68

Fundação Getulio Vargas (FGV), 185, 358, 507, 607

Fundação Nacional do Índio (Funai), 287

Fundo Monetário Internacional (FMI), 26, 161, 303, 320, 325-328, 333, 336-346, 350-353, 355-357, 359-360, 364-365, 369-371, 376, 379, 380, 405, 443-444, 446, 460, 483, 485, 492-494, 586, 614-616, 648, 686

G

Gabinete Civil da Presidência, 55, 76, 93, 153, 164, 211, 214-216, 236-237, 404, 423, 471, 479, 532, 549, 566, 600, 620, 627, 675-678, 688, 699

Gabinete Militar, 49-50, 53, 81, 119, 226, 360, 499, 502, 543, 572, 699

Gentil Marcondes Filho, 203-204, 207, 220-221

George Bush, 441

George Orwell, 88

George Shultz, 340, 443, 615

Georges Gazalle, 636, 657, 659

Getúlio Vargas, 23-25, 45, 97, 119, 129, 131, 171, 174, 181, 388-390, 425-428, 618, 658

Gil Macieira, 395

Giulite Coutinho, 491-492

Glasnost, 512

Glauber Rocha, 18, 23, 423-424

Gleuber Vieira, 666

Golbery do Couto e Silva, 26, 42-44, 76-77, 79, 102, 106-107, 111-112, 122, 149, 152, 164-166, 169-171, 174, 178, 188, 197-199, 210-216, 222, 244, 260, 262, 265, 278, 310, 312, 316-317, 364, 404, 423,

ME ESQUEÇAM – FIGUEIREDO

446, 462, 471, 477, 498, 520, 541-543, 562, 640, 645
Grande Otelo, 547
Granja do Riacho Fundo, 18
Granja do Torto, 18, 65, 87, 341, 445, 499, 546, 552, 605, 610-611, 639, 652, 664
Grupo Abril, 468, 471, 473
Grupo Bloch, 471-472
Grupo Capital, 471
Grupo Jornal do Brasil (JB), 471, 473

Grupo Maksoud, 471
Guerra das Malvinas, 31, 391, 438-443, 510
Guerra do Paraguai, 487
Guerra do Vietnã, 103
Guerra Fria, 304, 498, 506, 515
Guerrilha do Araguaia, 152, 420
Guilherme do Rosário, 200
Guilherme Figueiredo, 119
Guilherme Palmeira, 576
Guinaldo Nicolaevsky, 414-415, 769, 771

H

Harry Jackson, 668
Hélder Câmara, 103
Hélio Beltrão, 539
Hélio Garcia, 546
Hélio Silva, 223, 316
Henfil (Henrique de Souza Filho), 132, 458-462
Henry Kissinger, 152-156, 158, 588-590, 670

Hospital dos Servidores do Estado (HSE), 233, 236
Hugo Abreu, 48-51, 53-55, 58-59, 67-70, 72, 385-386, 507, 695
Hugo de Andrade Abreu, ver Hugo Abreu
Humberto Barreto, 61
Humberto de Alencar Castelo Branco, 44, 46, 104, 116, 271, 307, 448, 540

I

Ibrahim Abi-Ackel, 150, 198, 206, 286
Ibrahim Sued, 103
Idi Amin Dada, 628
III Plano Nacional de Desenvolvimento (PND), 308
Indústria de Material Bélico do Brasil (Imbel), 54
inquérito policial militar (IPM), 207-209, 218-219, 221-222, 225-226, 228, 230

Interbras, 253, 772
Internacional Socialista (IS), 172
Iris Lustosa, 585
irmã Dulce, 410, 412, 463-464
Isabelita Perón, 98
IstoÉ (revista), 221, 309, 458
Itaipu Binacional, 539
Itamar Franco, 70-71, 104, 115-116, 773
Ivete Vargas, 171-173
Ivo Pitanguy, 279

J

Jacques de Larosière, 356-357
Jânio Quadros, 32, 109, 165, 171, 173, 176-177, 181, 428-430, 434, 704
Jarbas Barbosa, 423

Jarbas Passarinho, 216, 421, 539
Javier Alfaya, 155-158, 771
Jean-Baptiste Debret, 283, 286
Jimmy Carter, 103, 111, 300, 302, 438, 515

ÍNDICE ONOMÁSTICO

João Cunha, 603
João Goulart (Jango), 25, 32, 56,
    95-96, 99, 101, 104, 109, 129,
    162, 172, 181, 239, 390, 429,
    435-436, 704
João Havelange, 493
João Jabbour, 771
João Leitão de Abreu, 29, 42, 153-
    154, 215-216, 236-238, 240, 243,
    363, 449-451, 479-480, 532-533,
    539, 549, 553, 555, 564-565,
    588, 599-600, 610, 620, 627-
    630, 635-637, 688
João Paulo II, 194, 369, 416-419,
    469, 614-615
João Roberto Marinho, 525, 687,
    747, 771
João Sales de Oliveira, 125
João VI, 487
João Vicente Goulart, 97-98, 101-
    102, 435-436
Job Lorena de Santana, 205, 207-
    209, 228
Jorge Bastos Moreno, 656
Jorge Bornhausen, 392, 394, 576
Jorge Cury, 84
Jorge Dodaro, 208
Jornal da Globo, 130, 414
Jornal da República, 459
Jornal do Brasil (JB), 17-18, 67, 71,
    75, 101, 105-106, 128, 167, 197,
    202, 211, 229, 238, 251-252, 255,
    261, 280-281, 283, 285-286,
    332, 368, 370, 385, 449, 468,
    476, 482, 498, 549, 571-572, 574,
    650, 657, 659, 713
*Jornal Nacional, 226-227, 450, 479,
    524-526, 582, 622*
José Bonifácio de Oliveira Sobrinho
    (Boni), 480-481
José Camargo, 549
José Carlos Moreira Alves, 623
José Casado, 771
José Costa Cavalcanti, 539, 577,
    642-643, 738
José de Magalhães Pinto, 56-60, 66,
    68, 108, 170, 177, 695
José Eudes, 602
José Genoino, 152
José Maria de Andrada Serpa
    ("Serpa Preto"), 694
José Ribamar de Freitas, 196
José Sarney, 27, 161, 163, 167, 206,
    222, 381, 533, 537, 542, 544,
    548, 550, 554-555, 557-559,
    565, 576-577, 601, 607, 622-
    639, 643-646, 648-649, 654,
    658, 666, 677, 688, 751, 760-
    762, 766, 769, 771
José Serra, 147
Juan Carlos (rei da Espanha), 667
Juan Domingo Perón, 98
Junta Militar, 234, 239, 243, 272
Juscelino Kubitschek (JK), 32, 100,
    428-434, 658
Justiça Militar, 124-125, 208, 221,
    230

K

Karlos Rischbieter, 78, 303-304,
    314-318, 355
KGB, 498

Khaled Al Saud, 448
Konstantin Chernenko, 453, 514,
    517

L

Laudo Natel, 563
Leda Nagle, 128
Lei da Anistia (Lei nº 6.683/ 1979),
    21, 25, 104, 120, 122-124, 127-
    128, 164, 231, 427, 701

Lei de Segurança Nacional (LSN),
    105, 142, 154, 603
Lei Falcão (Lei nº 6.339/76), 57,
    180, 481-482, 712
Leila Cordeiro, 636, 657

ME ESQUEÇAM – FIGUEIREDO

Lenin, 217, 224
Leonel Brizola, 25, 28, 96, 109-114, 117, 128-131, 157, 159, 165, 171-172, 174, 181, 185-187, 362, 373, 378, 416, 423, 462, 488-489, 536, 550-551, 631, 650-651, 704
Leonêncio Nossa, 771
Leonid Brejnev, 513-514
Luís Carlos Prestes, 131-132, 165, 462, 707,
Luis Fernando Verissimo, 483-484, 486, 743, 771
Luís Roberto Barroso, 508, 691
Luís Rocha Filho ("Rochinha"), 601

Luiz André Alzer, 771
Luiz Antônio do Prado Ribeiro, 207, 220-221, 228
Luiz Felipe Lampreia, 503
Luiz Guilherme Figueiredo, 771
Luiz Inácio Lula da Silva, 138-139, 141-142, 144, 173-174, 210, 286, 371, 482, 511, 524, 533, 597, 603, 660
Luiz Mendes, 113
Luiz Octavio Gallotti, 623, 760, 772
Luiz Puntel, 771
Luiz Viana, 123
Lyda Monteiro da Silva, 195

M

Manchete (revista), 104, 472
Marcelo Alencar, 185
Marcílio Marques Moreira, 153, 319-320, 324, 771
Márcio Moreira Alves, 289
Marco Maciel, 539, 545, 576, 738
Marco Vargas, 771
Marcos Eduardo Neves, 771
Margaret Thatcher, 442
Maria Costa Nicolaevsky, 771
Maria Gabriela, 613
Maria Helena Moreira Alves, 187
Maria Lenk, 403
Maria Luiza Figueiredo, 389
Maria Thereza Goulart, 32, 98, 172-173, 390, 429, 435, 773
Mário Andreazza, 27-28, 77-78, 249, 311, 521, 539-540, 543-548, 554, 556, 559-562, 564-568, 604-605, 607, 642-643, 685, 687, 738, 752
Mário Gualberto, 546-547, 687, 750, 771
Mário Henrique Simonsen, 76-77, 88, 90, 215, 306-312, 314-318, 320-321, 334-335, 344, 355, 358, 404

Mário Juruna, 286-289
Mário Lago, 651
Mário Soares, 614
Martins de Porangaba, 407
Matias Spektor, 670
Mauro Brandão, 665
Mauro Pedrazzi, 771
Maximiano Fonseca, 81, 568-575, 770
Merval Pereira, 46
Miguel Arraes, 97, 102, 130, 165, 462
Miguel Reale, 622
Mikhail Gorbatchov, 512, 517, 579
Mila Cauduro, 96, 100
Milton Friedman, 88
Milton Menezes, 221
Miro Teixeira, 583, 755, 772
Moacyr Dalla, 537
Moacyr Maciel, 418
Movimento (jornal), 194
Movimento Comunista Internacional, 96
Movimento Democrático Brasileiro (MDB), 57-58, 60, 67-68, 70-72, 104, 108, 110, 114-115, 122, 147, 163-166, 168-169, 462, 526, 565, 593, 628

ÍNDICE ONOMÁSTICO

Movimento Feminino pela Anistia (MFPA), 94-96, 100, 102, 104
Movimento Revolucionário Oito de Outubro (MR-8), 585

Museu de Arte Moderna de São Paulo (MAM), 667
Myrian Abicair, 656

N

Najad Khouri, 772
Nancy Reagan, 437
Nascimento Brito, 468
Nelson Marchezan, 109, 112-113, 598
Nelson Rodrigues Filho, 122, 286
Newsweek (revista), 142

Newton Cruz, 81, 223, 226-227, 259, 263, 269, 291-293, 368, 534, 592, 637, 661-663, 665, 772-773
Nilo Coelho, 177
Nova República, 158, 229, 407, 517, 603, 633, 648, 676, 754

O

O Cruzeiro (revista), 258, 263-267, 269
O Estado de S. Paulo, 315, 441, 464, 573
O Globo, 19, 103, 124, 160, 170, 218-219, 222, 224-226, 229, 238, 255, 281, 292, 408, 420, 424, 426, 458, 475, 477, 492, 495, 551-552, 594, 613, 642, 644, 647, 656, 659, 662, 664, 695, 759, 763
O Pasquim (revista), 96, 459
O Povo e o Presidente (programa de TV), 479-480, 483, 485
Octávio Moreira Lima, 648
Omar Chohfi, 503, 685, 772
Operação Bandeirantes (OBAN), 95, 701
Operação Condor, 669

Opinião (jornal), 194
Ordem dos Advogados do Brasil (OAB), 116, 157, 195-196, 206, 228, 277, 285, 368
Organização das Nações Unidas (ONU), 94, 255, 332-333, 400, 616
Orlando Brito, 664, 772
Orlando Geisel, 43, 47, 97
Oscar Bloch, 472
Oscar Dias Corrêa, 508
Oscar Niemeyer, 132, 431-432, 707
Otávio Medeiros, 81, 198, 217, 222, 226-227, 257, 259-263, 269, 450, 472-473, 478, 502, 595, 699
Ozana Chaves, 772
Oziel Carneiro, 421

P

Pablo Cardoso, 772
Pacote de Abril, 182, 712
Pacote de Julho, 45, 61
Pacote de Novembro, 175
Palácio de Ondina, 410-411, 464
Palácio do Planalto, 32, 43-44, 55, 60, 63, 65, 84, 102, 118, 124, 161, 216-217, 241, 256-257, 380, 395,

417, 430, 434-436, 444, 462, 466, 471, 476-477, 496, 561-562, 583, 607, 613, 620, 629-633, 637, 639, 677, 761
Palácio dos Bandeirantes, 374, 563
Partido Comunista Brasileiro (PCB), 131, 193, 199, 579-580, 585, 754

Partido Comunista chinês, 56

Partido Comunista da União Soviética (PCUS), 453, 513-514, 746

Partido Comunista do Brasil (PCdoB), 156, 184, 531, 580, 585, 754

Partido Democrático Social (PDS), 27-29, 83, 150, 158, 167, 169-170, 174-176, 180-183, 188-189, 206, 224, 365, 421, 424-425, 482, 487-490, 519-522, 526-529, 535-536, 539-540, 543-545, 547, 549, 552-560, 562-566, 568, 570, 576, 578, 598-601, 604-605, 607, 627, 634, 637, 642, 687, 692, 711, 747, 749, 752

Partido Democrático Trabalhista (PDT), 159, 160, 172-174, 181, 183-184, 287, 436, 537, 711

Partido do Movimento Democrático Brasileiro (PMDB), 168, 170, 172, 174, 177-179, 181-184, 189, 433, 545, 564, 575, 577-578, 590-591, 601, 627, 630, 635-636, 711

Partido do Trabalhismo Democrático (PTD), 172

Partido dos Trabalhadores (PT), 160, 172-174, 181, 482, 533, 537, 597, 602-603, 711

Partido Getulista da Libertação Nacional (PGLN), 172

Partido Popular (PP), 169-170, 174, 177-179, 182, 711

Partido Revolucionário Comunista (PRC), 585

Partido Trabalhista Brasileiro (PTB), 114, 129, 166, 171-173, 176-177, 181, 711

Paschoal Filho, 772

Passeata dos Cem Mil, 132

Patrimônio Histórico e Artístico Nacional (Iphan), 668

Paul Volcker, 300, 303-304, 321, 329, 686

Paulipetro, 562

Paulo Affonso, 629

Paulo Evaristo Arns, 116, 172

Paulo Freire, 157

Paulo Malhães, 268

Paulo Maluf, 27-28, 198, 454-457, 521-522, 539, 542-545, 548, 550, 553-557, 559, 561-568, 582-583, 587, 590, 597-607, 618, 639, 752

Paulo Tarso Flecha de Lima, 472

Pedro Aleixo, 234, 238, 243, 272, 718

Pedro Getúlio, 772

Pedro Simon, 242, 633, 647

Pelé, 657

Perestroika, 512

Peri Constant Bevilacqua, 104-105

Periassú Mattos, 772

Péricles Barros, 418

Petrobras, 41-42, 197, 247, 253, 331-332, 359-361

Petrônio Portella, 77, 108-109, 113, 164, 169-170, 178, 188, 215, 364

Plano Cruzado, 644

Plano Marshall, 728

Plínio Fraga, 632, 688-689, 772

Politburo, 515

ponte Rio-Niterói, 77, 560

Prêmio Esso de Fotografia, 286

Prêmio Esso de Jornalismo, 64, 229, 773

Prêmio Jabuti de Literatura, 128

Presidência da República, 29, 36-39, 42-44, 52, 54, 56, 58, 62-64, 66, 75, 79, 81-83, 88, 115, 188, 234, 236, 239-240, 244, 260-261, 271-272, 297, 377, 385, 388-389, 391, 399, 407-408, 410, 414, 449, 459-460, 471, 476, 478-479, 481, 490, 509, 520-521, 541, 543, 547, 551, 561, 572, 604, 606, 611, 622, 626, 628, 631, 639, 642,

ÍNDICE ONOMÁSTICO

649, 652, 658-659, 669, 673, 680, 693, 704, 718, 772
Primeiro Choque do petróleo, 26, 247, 297, 299, 304-305

Procuradoria-Geral da Justiça Militar (PGJM), 230
Prudente de Moraes, 631-632

R

Rachel Clemens, 414-415, 735
Ramiro Saraiva Guerreiro, 78, 418, 441, 500, 503
Raúl Alfonsín, 531, 614
Raymundo Faoro, 116
Rede Bandeirantes de Televisão, 468, 475, 524
Rede Globo, 132, 227, 412, 468, 474-475, 479-480, 524-525, 622, 687
Rede Manchete, 470, 472, 474-475, 546, 610
Regina Echeverría, 772
Regulamento da Salvaguarda de Assuntos Sigilosos (RSAS), 672
rei Fahd, 448
Renato Portaluppi, 532
Renilda de Oliveira Figueiredo, 463-464
Renildo Calheiros, 160-161
Revolução Bolchevique de 1917, 586
Revolução Constitucionalista de 1932, 23, 45, 119, 427
Revolução Islâmica, 302
Reza Pahlavi, 301-302
Ricardo Kotscho, 184, 186, 601
Richard Nixon, 440
Riocentro, 25, 30-33, 199-203, 205, 208-210, 212, 217-219, 221-231, 235, 242, 269, 283, 379, 388, 447-448, 484, 499, 509-510, 512, 585, 611, 613, 643, 649, 684-685

Risoleta Neves, 602
Roberto Campos, 312
Roberto Freire, 590
Roberto Godoy, 772
Roberto Haddad, 667
Roberto Lopes, 262, 567, 720, 722, 753, 772
Roberto Marinho, 474-475, 479-480, 524-525, 687
Roberto Médici, 42, 69, 640-641
Roberto Sander, 772
Roberto Saturnino, 67
Roberto Stuckert, 772
Romeu Antônio Ferreira, 230
Ronald Reagan, 27, 31, 87, 153, 235, 300, 304, 339-342, 391, 437-438, 440-446, 500-501, 504, 510, 512, 515-516, 590, 614, 616, 667, 669, 728
Ronald Young, 772
Ronaldo Costa Couto, 180, 311, 370, 576, 624
Rosalyn Carter, 103
Rubem Carlos Ludwig, 73, 360, 572, 595, 626
Rubens Faria, 665
Rubens Ricupero, 773
Ruhollah Khomeini, aiatolá, 300-303
Rui Moreira Lima, 618-620
Ruy Telles, 773

S

Saddam Hussein, 248-250, 252, 258, 262, 266, 315
Said Farhat, 78, 86, 89, 92-93, 123, 277, 476, 478, 554

Salgado Filho, 619
Salvador Mandim, 84
Santos Dumont, 197, 619
Sarah Kubitschek, 32, 429-430, 433

Sarney Filho, 536

Sebastião Curió Rodrigues Moura ("Major Curió"), 420-422

Segunda Guerra Mundial, 428, 665, 728

Segundo Choque do petróleo, 301, 303, 305-306, 322, 325, 327, 345, 513

Senado Federal, 63, 72, 108, 118, 123, 165, 174, 177, 179, 188, 219-220, 421, 536, 541, 558, 625, 711-712

Sérgio de Ari Pires, 203

Sérgio Mallandro, 489

Serviço Nacional de Aprendizagem Industrial (Senai), 65, 384

Serviço Nacional de Informações (SNI), 22, 24, 43, 45, 47, 54, 59, 63-64, 81, 86-87, 96, 155, 198, 217, 219, 223, 226, 228, 250, 252, 254, 257-265, 269, 407, 423, 450, 472-473, 478, 496-498, 502, 504, 511, 533, 556, 561, 574, 595, 652, 670-671, 699, 770, 772

Shigeaki Ueki, 332

Sidney Sanchez, 773

Sílvio Caldas, 429, 431

Silvio Santos, 471-473, 475-476

Sindicato dos Metalúrgicos de São Bernardo do Campo, 173-174, 360

Sistema Brasileiro de Televisão (SBT), 470, 473-476

Stanley Kubrick, 310

Superior Tribunal Militar (STM), 81, 104, 122, 125, 209, 221, 230

Supremo Tribunal Federal (STF), 20, 215-216, 221, 231, 460, 508, 622-623, 625, 629, 638, 664, 688, 691, 760, 771-773

Sydney Sanches, 623, 688, 760, 773

Sylvio Frota, 37-40, 44-46, 49-50, 61, 69, 83, 99-100, 271, 368

Synesio Sampaio Goes, 630, 675, 689, 773

T

Tancredo Neves, 28-29, 67, 104, 108, 159-160, 168-170, 177, 179, 184, 201, 206, 308, 369, 373, 517, 522, 537, 545-547, 553-554, 558, 575-581, 583-584, 587, 589-591, 593, 596-598, 601-609, 611, 613-626, 629-630, 632, 635-636, 638-639, 648, 673-674, 676, 680, 688-689, 768, 772

Tarso Dutra, 108

Ted Kennedy, 98

Telecomunicações do Rio de Janeiro (Telerj), 258

Teotônio Vilela, 121-122, 177

Thales Ramalho, 108-109, 113, 128, 567

Theodorico Ferraço, 311

Therezinha Zerbini, 94-96, 102-104

Transamazônica, 77, 560

Tribuna da Imprensa, 105, 197-198, 508

Tribuna da Luta Operária, 195

Tribunal de Contas da União (TCU), 65

Tribunal Federal de Recursos (TFR), 157, 277-278

Tribunal Regional Federal (TRF), 231

Tribunal Superior Eleitoral (TSE), 482, 600

Tuca Stuckert, 773

TV Manchete, ver Rede Manchete

TV Tupi, 466-471, 474-475

ÍNDICE ONOMÁSTICO

U

Ulysses Guimarães, 67, 73, 147, 157, 169, 172, 365-366, 523-524, 526, 534, 602, 622-624, 626-630, 632, 635-637

União Nacional dos Estudantes (UNE), 24, 33, 95, 145-156, 158-161, 242, 273-274, 276-278, 771

Universidade de Brasília (UnB), 69-70, 153-154, 156, 291, 534

Universidade de Estocolmo, 127

Universidade do Estado do Rio de Janeiro (Uerj), 19, 159

Universidade Estadual de Campinas (Unicamp), 90

Universidade Federal do Estado do Rio de Janeiro (Unirio), 273

Universidade Metodista de Piracicaba (Unimep), 150

URV (Unidade Real de Valor), 663

V

Válber Carvalho, 773

Valery Giscard, 667

Valor Econômico, 331

Vanguarda Popular Revolucionária (VPR), 208, 228, 585

Veja (revista), 30, 48, 77, 85, 90, 114-115, 125, 171, 189, 217, 219-220, 235, 243, 279, 293, 310, 317, 332, 337, 341, 354-355, 365, 376, 380, 416, 422, 440, 444, 477-478, 490, 497, 527, 575, 582, 587, 593-596, 619, 647, 653, 770, 772,

Viação Aérea Rio-Grandense (Varig), 113, 278-282

Viação Aérea São Paulo (VASP), 257, 562

Vicente Pedrosa Neto, 631

Vinícius Kruel, 207-208

Vladimir Palmeira, 132-133

W

Waldir de Vasconcelos, 595

Walter Clark, 468

Walter Pires de Carvalho de Albuquerque, 53, 55, 80, 187, 203, 220, 238, 270, 272, 460, 540, 549, 581, 586, 589, 591-592, 594-595, 619, 628, 648, 674, 687, 689, 695, 699, 719, 756, 769-770

Wellington Moreira Franco, 425, 488-489, 692

William Colby, 670

William Douglas, 773

Wilson Braga, 604, 752

Wilson Machado, 200, 218

X

Xico Vargas, 268

Xuxa Meneghel, 657

Y

Yasser Arafat, 155

Yolanda Mattos, 773

Yuri Andropov, 514, 517, 746

Este livro foi composto na tipografia Elegant
Garamond BT, em corpo 12/15,5, e impresso
em papel off-white no Sistema Cameron da
Divisão Gráfica da Distribuidora Record.